서정시학 신서 49

한국어 어휘와 표현 II
−관용어 · 한자성어 · 산업어−

김종성

서정시학

김종성(金鍾星)

소설가, 문학박사.
1952년 강원도 평창 출생, 태백에서 성장.
고려대학교 문과대학 국어국문학과 및 경희대 대학원과 고려대 대학원 졸업
1986년 월간 『동서문학』 제1회 신인문학상 중편소설 「검은 땅 비탈 위」 당선.
연작소설집 『마을』(실천문학사, 2009), 『탄(炭)』(미래사, 1988) 출간.
중단편집 『연리지가 있는 풍경』(문이당, 2005), 『금지된 문』(풀빛, 1993), 『말 없는 놀이꾼들』(풀빛, 1996) 출간.
2006년 제19회 경희문학상 소설 부문 수상.
논저 『한국 환경생태소설 연구』, 『한국어 어휘와 표현 I·II·III』, 『글쓰기의 발견』(공저)
전 도서출판 한벗 주간 및 도서출판 집문당 기획실장.
전 경희대학교 문과대학 국어국문학과 겸임부교수.
현 고려대학교 인문대학 교양교직과 조교수.

서정시학 신서 49
한국어 어휘와 표현 II - 관용어 · 한자성어 · 산업어

2015년 3월 10일 초판 1쇄 발행

지 은 이 · 김종성
펴 낸 이 · 최단아
펴 낸 곳 · 서정시학
편집교정 · 최진자
인 쇄 소 · 서정인쇄
주소 · 서울시 성북구 보문로 34길 39(동선동 1가, 백옥빌딩 6층)
전화 · 02-928-7016
팩스 · 02-922-7017
이 메 일 · poemq@dreamwiz.com
출판등록 · 209-91-66271

ISBN 978-89-98845-87-2   94800
ISBN 978-89-98845-66-7   (세트)

계좌번호: 070101-04-072847(국민은행, 예금주: 최단아)

값 27,000원

* 잘못된 책은 바꾸어 드립니다.

서정시학신서

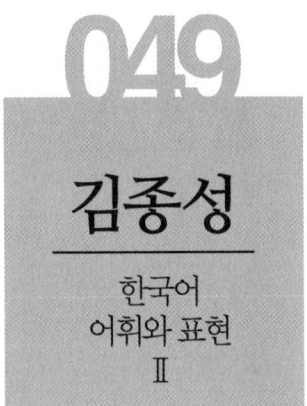

김종성

한국어
어휘와 표현
II

서정시학

이 도서의 국립중앙도서관 출판예정도서목록(CIP)은 서지정보유통지원시스템 홈페이지 (http://seoji.nl.go.kr)와 국가자료공동목록시스템(http://www.nl.go.kr/kolisnet)에서 이용하실 수 있습니다.(CIP제어번호: CIP2015005674)

머리말

대학에서 '사고와 표현' 등 글쓰기 관련 과목을 강의하면서 언어 문제, 특히 '어휘와 표현'에 대해 많은 관심을 가지게 되었다. 그동안 여러 학자들이 어휘와 표현에 관한 전문서적과 사전을 펴냈다. 여러 학자들의 전문서적들은 '어휘와 표현'을 어떻게 글쓰기에 접목시킬 것인가를 고민하는 저자에게 많은 가르침을 주었고, 어휘 전문사전 역시 저자에게 많은 깨달음을 주었다. 그러나 이러한 전문서적과 어휘 전문사전은 너무 전문적이거나 방대한 내용을 담고 있어 학생들이 글쓰기 학습서로 읽기에는 어려움이 있다.

글쓰기는 '어휘와 표현'에 대한 철저한 공부가 우선이라는 생각을 갖고 집필한 『한국어 어휘와 표현Ⅰ·Ⅱ·Ⅲ』은 언어 이론, 어휘 및 어휘 풀이, 문장 용례가 한데 어우러져 삼위일체가 되어 글쓰기 학습에 실질적으로 도움이 되도록 집필했다.

5년 동안 준비해온 200자 원고지 7,500장 분량의 원고를 『한국어 어휘와 표현Ⅰ』, 『한국어 어휘와 표현 Ⅱ』, 『한국어 어휘와 표현 Ⅲ』으로 분책하여 펴내면서, 저자가 정한 원칙은 다음과 같다.

1. 이 책은 언어 이론, 어휘 및 어휘풀이, 문장 용례를 비전공자도 이해할

수 있도록 쉽게 서술했다.
2. 이 책에 수록된 어휘와 용례는 대한제국 시대부터 2010년대 초까지 발표된 문학작품이나 일반서적에서 채록했다. 특수한 경우 개화기 이전에 발간된 서적의 번역서와 북한 문학작품과 중국 조선족 문학작품에서 채록한 경우도 있다. 다만 외국서의 번역서에서는 채록하지 않았다.
3. 저자와 작가의 특수성과 지역성도 고려해, 어휘와 문장 용례를 채록했다.
4. 문학작품뿐만 아니라, 비문학작품에서도 어휘와 용례를 채록했다.
5. 방언과 외래어, 고사성어도 어휘와 용례를 채록하고 풀이와 함께 실었다.
6. 어휘의 사전적 풀이는 주로 김민수 외 편 『국어대사전』(금성출판사, 1997), 한글학회 편 『우리말 큰사전』(어문각, 1997), 동아사전연구회 편 『동아새국어사전』(동아출판사, 1992) 그리고 '다음국어사전'의 도움을 받았다.
7. 언어 이론은 기존 학계의 성과를 수용하여 간략하게 서술하고, 책 끝에 어휘 찾아보기를 넣어 어휘용례사전으로도 쓰일 수 있도록 했다.

『한국어 어휘와 표현Ⅰ·Ⅱ·Ⅲ』은 글 읽기와 글쓰기가 두려웠던 대학생은 물론 독해력과 문장력을 키워보려는 일반인들과 각종 시험 준비생에게도 좋은 지침서가 되리라 믿는다.

끝으로 『한국 환경생태소설연구』(서정시학, 2012)에 이어 『한국어 어휘와 표현Ⅰ·Ⅱ·Ⅲ』의 출간을 맡아준 최동호 주간님과 난고를 산뜻하게 편집한 최진자 실장님께 감사드린다.

2015년 2월 21일
용인 호수 마을 서재에서 김종성

일러두기

< > 노래, 영화, 그림.
/ 행이 바뀔 때
// 연이 바뀔 때
「」 단편소설, 논문, 시, 수필
『』 장편소설, 단행본.
* 용례(用例)
◐ 원전(原典)

차 례

머리말 / 5
일러두기 / 7

제Ⅱ권

제5부 관용어와 한자성어

제1장 관용어와 표현 ········ 17
  1. 용언형 관용어 ········ 18
  2. 체언형 관용어 ········ 148
  3. 부사격 조사가 첨가된 관용어 ········ 156
  4. 용언의 부사적 용법에 의해 형성된 관용어 ········ 157

제2장 한자성어와 표현 ········ 161
  1. 한자성어의 의미방식상의 유형 ········ 161
    1) 단순히 지시적인 것 ········ 162
    2) 지시와 비유·상징이 섞인 것 ········ 176
    3) 전체가 비유·상징적인 것 ········ 183
    4) 의미가 유사한 한자성어와 표현 ········ 207
      (1) 길거리의 뜬소문을 나타내는 한자성어와 표현 ········ 207
      (2) 가혹한 정치를 나타내는 한자성어와 표현 ········ 208
      (3) 부모에 대한 효도를 나타내는 한자성어와 표현 ········ 210

(4) 겉과 속이 다름을 나타내는 한자성어와 표현 ········ 213
(5) 학문이나 재주가 갑자기 늘어남을 나타내는 한자성어와 표현 ········ 215
(6) 아주 무식함을 나타내는 한자성어와 표현 ········ 217
(7) 매우 태평스러운 시절을 나타내는 한자성어와 표현 ········ 218
(8) 많은 것 가운데 극히 적은 것을 나타내는 한자성어와 표현 ········ 221
(9) 제자가 스승보다 뛰어남을 나타내는 한자성어와 표현 ········ 222
(10) 은혜를 잊지 못함을 나타내는 한자성어와 표현 ········ 223

2. 한자성어와 표현 ········ 225
   1) 2음절 및 3음절 한자성어와 표현 ········ 225
   2) 4음절 한자성어와 표현 ········ 231

제6부 산업과 어휘

제1장 1차산업 산업어와 표현 ········ 387
  1. 농업 어휘와 표현 ········ 388
  2. 수산업 어휘와 표현 ········ 402

제2장 2차산업 산업어와 표현 ········ 420
  1. 공업 어휘와 표현 ········ 421
  2. 광업 어휘와 표현 ········ 434

제3장 3차산업 산업어와 표현 ········ 452
  1. 상업 어휘와 표현 ········ 453
  2. 금융업 어휘와 표현 ········ 468

  참고문헌 ········ 481
  관용어 찾아보기 ········ 488
  한자성어 찾아보기 ········ 497
  어휘 찾아보기 ········ 504

제 I 권

제1부 어휘와 한국어 어휘의 특질

제1장 어휘와 단어 / 15

1. 단어와 어휘 ········ 17
   1) 단어 ········ 17
   2) 어휘 ········ 17
2. 한국어 어휘의 특질 ········ 17
3. 한국어 어휘의 구성 ········ 19

제2장 어휘의 형성 / 20

1. 파생어 ········ 20
   1) 접두 파생어 ········ 21
      (1) 고유어 계통 접두사+명사 어근=파생어 ········ 21
      (2) 고유어 계통 접두사+용언 어근=파생어 ········ 55
      (3) 한자어 계통 접두사+명사 어근=파생어 ········ 63
   2) 접미파생어 ········ 87
      (1) 명사 어근+접미사=사람을 뜻하는 명사 ········ 87
      (2) 동사화 접미사 ········ 132
      (3) 형용사화 접미사 ········ 135
      (4) 부사화 접미사 ········ 140
      (5) 관형사화 접미사 ········ 146
   3) 한자어 접미사 ········ 148
      (1) '사람'의 의미성분을 지닌 한자어 접미사 ········ 148
      (2) 직업의 의미성분을 지닌 접미사 ········ 153

2. 합성어 ……… 156
  1) 통사적 합성어 ……… 156
  2) 비통사적 합성어 ……… 160
    (1) '명사 어근+명사 어근'의 구성: 사이시옷이 개입된 형태 ……… 160
    (2) '용언 어근+명사 어근'의 구성: 용언이 명사를 수식할 경우 ……… 162
    (3) '부사 어근+명사 어근'으로 구성된 형태 ……… 163
    (4) '용언 어근+용언 어근'으로 구성: 동사 합성어 ……… 164
    (5) '용언 어근+용언 어근"으로 구성: 형용사 합성어 ……… 165

제2부 사람과 어휘

제1장 사람과 표현 / 169

1. 사람과 몸의 어휘와 표현. ……… 170
  1) 사람을 가리키는 어휘와 표현 ……… 170
  2) 신체어와 표현 ……… 186
    (1) 가슴과 관련된 어휘와 표현 ……… 186
    (2) 궁둥이와 관련된 어휘와 표현 ……… 189
    (3) 귀와 관련된 어휘와 표현 ……… 191
    (4) 눈과 관련된 어휘와 표현 ……… 195
    (5) 다리와 관련된 어휘와 표현 ……… 202
    (6) 등과 관련된 어휘와 표현 ……… 205
    (7) 머리와 관련된 어휘와 표현 ……… 208
    (8) 목과 관련된 어휘와 표현 ……… 213
    (9) 발과 관련된 어휘와 표현 ……… 217
    (10) 배와 관련된 어휘와 표현 ……… 221
    (11) 손과 관련된 어휘와 표현 ……… 223
    (12) 수염과 관련된 어휘와 표현 ……… 231
    (13) 어깨와 관련된 어휘와 표현 ……… 232
    (14) 얼굴과 관련된 어휘와 표현 ……… 235
    (15) 이와 관련된 어휘와 표현 ……… 237
    (16) 이마와 관련된 어휘와 표현 ……… 239
    (17) 입과 관련된 어휘와 표현 ……… 240
    (18) 젖과 관련된 어휘와 표현 ……… 245

(19) 코와 관련된 어휘와 표현 ········ 247
(20) 턱과 관련된 어휘와 표현 ········ 252
(21) 팔과 관련된 어휘와 표현 ········ 253
(22) 허리와 관련된 어휘와 표현 ········ 255
(23) 혀와 관련된 어휘와 표현 ········ 256

제2장 나이와 친족 표현 / 258

1. 나이를 가리키는 어휘와 표현 ········ 258
2. 친족과 관련된 어휘와 표현 ········ 262
   1) 아버지를 통해 맺어진 친족 어휘와 표현 ········ 262
   2) 어머니를 통해 맺어진 친족 어휘와 표현 ········ 277
   3) 아내·처(妻)를 통해 맺어진 친족 어휘와 표현 ········ 281
   4) 남편(夫)을 통해 맺어진 친족 어휘와 표현 ········ 284
   5) 죽은 친족을 일컫는 어휘와 표현 ········ 288
   6) 타인의 친족을 일컫는 어휘와 표현 ········ 291

제3장 사람의 성격 표현 / 294

1. 긍정적 성격의 어휘와 표현 ········ 295
2. 부정적 성격의 어휘와 표현 ········ 306
3. 사람의 생김새와 겉모습을 나타내는 어휘와 표현 ········ 321

제3부 자연과 어휘

제1장 시간과 표현 / 335

1. 시간을 나타내는 어휘 ········ 336

1) 십이시를 나타내는 어휘와 표현 ……… 336
2) 하루의 시간을 나타내는 어휘와 표현 ……… 338

2. 날짜를 나타내는 어휘 ……… 350
   1) 날짜를 나타내는 고유어와 표현 ……… 350
   2) 날짜를 나타내는 한자어와 표현 ……… 352

제2장 자연현상과 표현 / 355

1. 자연 현상을 나타내는 어휘 ……… 355
   1) 구름과 관련된 어휘와 표현 ……… 355
   2) 날씨와 관련된 어휘와 표현 ……… 361
   3) 눈과 관련된 어휘와 표현 ……… 362
   4) 달과 관련된 어휘와 표현 ……… 365
   5) 바람과 관련된 어휘와 표현 ……… 370
   6) 별과 관련된 어휘와 표현 ……… 377
   7) 비와 관련된 어휘와 표현 ……… 383
   8) 서리와 관련된 어휘와 표현 ………391
   9) 안개와 관련된 어휘와 표현 ……… 394
   10) 천둥과 관련된 어휘와 표현 ……… 397
   11) 하늘과 관련된 어휘와 표현. ……… 399
   12) 해와 관련된 어휘와 표현 ……… 401

2. 수량 및 단위를 나타내는 어휘와 표현 ……… 408
   1) 길이, 너비, 부피, 수량을 나타내는 어휘와 표현 ……… 408
   2) 단위를 나타내는 어휘와 표현 ……… 410

제4부 어휘의 차용과 관용

제1장 외래어와 표현 / 435

1. 영어에서 온 외래어와 표현 ……… 436

2. 일본어에서 온 외래어와 표현 ········ 452
  3. 그 밖의 언어에서 온 외래어와 표현 ········ 456

제2장 속담과 표현 / 458
  1. 속담과 문학 ········ 458
  2. 속담과 표현 ········ 459

◼ 참고문헌 ◼ ········ 508
◼ 어휘 찾아보기 ◼ ········ 512
◼ 속담 찾아보기 ◼ ········ 531

관용어와 한자성어

제1장 관용어와 표현
제2장 한자성어와 표현

제1장 관용어와 표현

관용어(慣用語)는 "광의로는 다른 언어와의 상대적인 특색에 기초한 한 언어의 전 체계를 가리키지만, 보통은 협의로 어떤 언어 내부의 특유한 표현 방법만을 그 언어의 관용어 또는 관용구"1)라고 한다. 두 개 이상의 단어가 합하여 하나의 뜻을 이루는 말인 숙어(熟語)도 관용어와 다름이 없는 것이다. 관용구의 유형을 비논리적(非論理的)이고 비문법적(非文法的)인 표현인 '형태론적 관용구,' 문법적인 구조는 정상적이지만 구성요소의 의미들을 그대로 결합해서는 전체적인 뜻을 이해할 수 없는 표현인 '의미론적 관용구,' 문법적으로나 의미적으로 비정상적(非正常的)인 표현인 '형태·의미론적 관용구'로 나누어2) 볼 수 있다. 속담(俗談)과 한자성어(漢字成語)도 관용어에 포함된다.

대체로 구조적 특징이 구절형에 있다고 볼 수 있는 관용어(idiom)를, 구성요소가 동사 또는 형용사로 되어 있는 '용언형 관용어'와 구성체가 체언의 역할을 하는 '체언형 관용어,' 그리고 '용언의 부사적 용법'에 의해 형성된

---

1) 서울대학교 동아문화연구소 편, 『국어국문학사전』, 신구문화사, 1973, 99쪽.
2) 서울대학교 동아문화연구소 편, 위의 책, 99쪽.

관용어'와 '부사어로 기능하는 부사형 관용어' 등으로 나누어3) 그 의미와 표현을 살펴본다.

1. 용언형 관용어

가려운 데를 긁어주다: 꼭 필요한 것을 잘 알아서, 욕구를 만족시켜 주다. *"도적들이 비록 민간에 기대어 감언이설로 민심만 교란시키고 가려운 곳을 긁어서 부추긴다 하더라도 그것은 다만 저들의 세력이나 명을 부지하자는 술수에 지나지 않는다는 것을 알아차리지 못한단 말인가."(김주영, 『객주(客主)』)

가면을 벗다: (사람이) 원래의 모습을 드러내거나 속마음을 나타내다. *페르조나(persona)는 고대 그리스의 연극에서 배우들이 쓰던 가면을 말한다. 우리는 저마다 아버지라는 가면, 자식이라는 가면, 직장에서는 선배와 후배라는 가면을 쓰고 있다. 우리는 사회에서 가지고 있는 여러 가지 역할만큼의 가면을 벗었다, 썼다를 반복하며 살아가고 있는 셈이다(이문희·박정민, 『남자의 공간』).

가선이 지다: 눈시울에 쌍꺼풀이 져서 금이 생기다. *'가선'은 두 가지 뜻을 가지고 있다. 하나는 옷 가장자리 끝을 다른 헝겊으로 감아 돌린 선을 말하는 것이고, 다른 하나는 눈시울에 쌍꺼풀진 금이나 주름을 말한다. 그렇게 주름이 지는 것을 '가선 지다'라고 한다. 많은 돈을 들여 가선을 없애는 수술을 하는 사람도 있지만, 나이가 들면서 자연스럽게 형성된 가선은 연륜(年輪)과 인생의 깊이를 나타내는 그윽한 상징이다(박남일, 『좋은 문장을 쓰기 위한

---

3) 우형식·배도용, 『한국어 어휘의 이해』, 부산외국어대학교출판부, 2009, 194쪽 참조.

우리말 풀이사전』).

가슴이 뜨끔하다: (어떤 자극을 받아) 갑자기 마음이 깜짝 놀라거나 양심의 가책을 받다. *정말이지, 그땐 무생이가 날 짝사랑하는 줄은 까맣게 몰랐어. 나이도 한 살 아래이고 정심의 사촌동생이라 어린아이로만 알았는데…… 저 애는 나 때문에 가슴이 멍들고 나는 나대로 이 지경이니, 세상 인연이 왜 일 못되게 뒤틀려버렸을까./물속을 몇 번 드나들다가 다시 한 번 눈길이 마주쳤는데, 그 순간 가슴이 뜨끔했다. 그의 얼굴에서 어느새 우울한 기색은 싹 가시고, 눈빛이 집요하게 빛나는 것이 아닌가! 아뿔싸, 깜짝 놀란 순주는 얼른 물에 얼굴을 묻고 물속으로 자맥질해 들어갔다(현기영, 『바람타는 섬』).

가슴에 맺히다: (통절한 원한이나 근심 따위가) 가슴에 뭉쳐 있다. *이렇게 허망하게 가 버릴 줄 알았더라면, 면회라도 좀 자주 가 봤을 것인데, 그렇게 붕대의 덩어리처럼 되어 누워 있는 사람을 꼭 한번밖에 찾아가 보지 못한 것이 갑례는 가슴에 맺혀 견딜 수가 없었다. 죽으면서도 얼마나 원망을 했을까 싶으니, 미칠 것 같았다. 정말 사람이 어떤 지경에 이르러야 미치는 것인지, 알 수가 없었다. 이렇게 허망하고 답답하고, 눈앞이 캄캄하고, 찢어지는 듯 가슴이 아픈데도 돌아버리지 않는다니, 참 모질기도 하다 싶었다. 차라리 실성이라도 해서, 냅다 소리를 지르며 훨훨 거리를 좀 쏘다니기라도 했으면 속이 시원할 것 같은데 말이다(하근찬, 『야호(夜壺)』).

가슴에 못을 박다: 마음에 상처를 주다. *갸우뚱 자존심을 눌러 쓴 한 시인과 손님 하나 없는/카페에 앉아 티격태격 말씨름을 한다 그는 내가/모호한 회색이라고 일테면 확실한 검정이나 흰색이/아니라고 무섭게 화를 냈다 나는 그에게 왜 회색을/이해하지 못하느냐고 비아냥거렸다 그는 회색은/색깔이 아니라고 못을 박았다 나는 색깔이 아닌 것은/검정이나 흰색이 아니냐고 늠름하게 말했다 무식한것,/그는 내 가슴에 대못을 꽝! 쳤다 느닷없이 가슴에서/무식무식 선혈이 피어올랐다 무식이라고? 그것이 얼마나/아름다운지 지금 내 가슴에 피어오르는 꽃을 보고도/모르겠느냐고 나는 아픈 가슴을 싸

안고 소리쳤다(이경림,「말과 말 사이로」).

가슴에 불(이) 붙다: 감정이 격해지다 *그런 일이 있은 지 얼마 안 되어서다. 이번엔 자유중·고등학교에 경찰의 수사 선풍이 불었다. 5천여 만 환에 달하는 밀수품과 하주를 적발하고 보니 의외에도 그 자금의 출처가 자유중·고등학교였던 것이다. 일체의 장부가 압수되고, 경리 책임자인 시종의 부친이 구속당하는 동시에 신문에 대대적으로 보도가 되었다. 그러고서도 어찌 된 일인지 교장은 까닭 없었다. 어렴풋이 눈치챘던 일이 있어 내막을 꼬집어 밝히고 보니, 윤 교장이 직접 밀수업자와 결탁한 사실이 드러났다. 시종의 부친은 애매했다. 뻔뻔한 윤 교장의 엄명에 의해서 엉뚱하게도 시종의 부친은 범행 책임을 혼자 걸머지고 나선 것이다. 이러한 사실을 캐낸 시종은 가슴에 불이 붙었다. 잠시도 유예할 수는 없었다. 댓바람에 그는 윤 교장네 집으로 달려갔다. 시종의 눈에는 살기 띤 핏발이 서려 있었다(손창섭,「반역아」).

가슴에 새기다: 단단히 기억하여 두다. *산막에서의 밤은 잔돌평전의 풍광과 더불어 두고두고 잊을 수 없는 인상을 이태4)의 가슴에 새겼다. 그런데 훗날의 얘기가 되지만, 그해 겨울 국군의 대규모 작전이 있은 직후 그곳을 지나게 된 선 요원들이 둘러봤더니, 산막은 불에 타서 없어지고 주인 내외는 시체가 되어 눈 속에 묻혀 있더라는 것이었다(이병주,『지리산(智異山)』).

가슴을 불태우다: 어떤 의욕이나 기세가 몹시 끓어오르게 하다. *할 말을 잃었다. 너무나 막강한 경쟁자들이 밤하늘의 별처럼 많았다. 전형필5)은 스스로 가진 재산을 가늠해보았다. 마치 소총을 들고 대전차부대를 막아야 하는 참담함에 머리가 어지러웠다. 그러나 지쳐 쓰러질 때까지 싸울 것을 다짐하며 일어섰다./"심보상, 좀 더 새로운 정보를 알아봐주세요. 아시다시피 나도 이제는 자금이 만만치 않아요. 하지만 눈 딱 감고 해봅시다. 꼭 내가 살

---

4) 이태(1922~1997). 본명은 이우태이다. 소설가. 기록문학가. 소설집『시인은 어디로 갔는가』, 기록문학작품집『남부군(南部軍)』등이 있다.
5) 전형필(全鎣弼, 1906~1962). 호(號)는 간송(澗松). 문화재 수집, 보존, 연구가.

수 있도록 해주시오."/간곡했다. 심보 또한 비장한 각오로 가슴을 불태웠다(고제희, 『우리 문화재 속 숨은 이야기』).

가슴을 앓다: (일이 뜻대로 되지 않아) 안달하여 마음의 고통을 느끼다. *병속에 들어 있는 꼴망둥이까지 꺼내서 미친 듯이 짓찧는다. 꼬마 계집애가 큰 눈을 더 크게 뜨고 꼼짝을 못한 채 지켜본다. 얼굴이 새파랗게 질린다. 왜 그랬을까? 뭉뚱그려진 생명의 충동으로부터 분화되지 못한 성적 충동 같은 거였을 것이다. 그래서 그런지 그게 마음에 깊은 상처로 남았다. 꼴망둥이를 짓찧은 것은 사실 자해행위 같은 거였다. 그게 가슴에 깊은 상처로 남아 가을 내내 가슴을 앓았다. 아마 다친 가슴이 너무 아파서 타작마당에 가슴을 대고 엎어져 있었을 것이다. 묘하게 가슴이 조금씩 가라앉는다(김진경, 『이리』).

가슴이 미어지다: (심한 슬픔·고통·감동 따위로) 가슴이 터지는 듯하다. *"내가 잘못했어. 정말 다시는 안 그럴 거야. 널 사랑해." 나는 돌고래에게 사죄했다. 자기 때문에 쓰러지신 아버지, 사랑하는 남자가 다른 여자들과 헝클어지는 모습, 또 그 여자에 의한 폭행과 수술, 지난 이틀 동안 그녀가 겪은 일이다. 나는 가슴이 미어졌다. 돌아가신 우리 어머니는 늘, 가슴이 미어진다고 말씀하셨다. 그게 어떤 것인지 몰랐다. 그런데 지금 내 가슴이 미어지고 있는 것이다(하재봉, 『황금동굴』).

가슴이 벅차다: (기쁨이나 자부심, 영예 따위로) 가슴에 가득 차서 넘치는 듯하다. *아기가 뱃속에 있다는 사실, 그 아이의 심장 소리를 들은 것만으로도 채현은 가슴이 벅찼다(박소연, 『눈부처』).

가슴이 뿌듯하다: 흥분과 감격의 만족감이 가슴에 그득하다. *선율이 흐르면 정다음이 떠오른다. 평범하기만 한 그녀에게 과민하게 반응하는 자신이 우습다. 그녀가 앙케트 설문지를 경제학과에 돌려 달라고 부탁할 때 가슴 뿌듯한 일이라니. 파트너 거절 후 상한 자존심, 마리와의 허망한 성인식, 한 학기 철학강좌의 종강 등으로 그녀와의 만남은 사실상 끝난 것으로 생각했다. 그러나 설문지를 들고 온 그녀를 본 순간 모든 서운한 감정의 앙금들은 봄눈

녹듯이 사라졌다(김하기, 『항로 없는 비행』).

가슴이 섬뜩하다: 몹시 놀라서 두렵거나 무서운 느낌이 들다. *창주는 얼핏 상념에서 깨어났다. 벌써 동산마루에 다다른 것이다. 이 고개를 넘어 조금만 더 가면 새밋드르다. 어린 시절의 낯익은 무섬증이 불쑥 고개를 쳐들었다. 귀신이 나온다고 한때 해만 떨어지면 인적이 끊기던 곳이다. 우르르 소소리바람이 일어 길 양옆의 검은 솔숲을 흔든다. 그 음산한 소리에 몸이 오싹해진다. 죽은 혼령들의 울음인가. 나무들 사이로 희끗거리는 눈빛도 거기에 어지러이 널려 오랫동안 방치되었던 시체들의 흰옷인 양 가슴이 섬뜩하다. 저 키 큰 소나무들은 아직 어린 다복솔일 때의 기억을 여전히 기억하고 있을까? 그러나 지금 창주가 걷고 있는 아스팔트가 저 검은 숲의 기억보다 더 강인하다. 눈이 녹아 흐르는 아스팔트는 냉랭한 강철빛 광택이 떠올라 있다. 풀씨 하나도 받아들이지 않는 아스팔트, 그 어떤 생명력도 그 강인한 불모성을 꿰뚫지는 못한다(현기영, 「아스팔트」).

가슴이 아프다: 몹시 마음이 쓰리다. *그러나 하나 안타까운 일이 있으니, 그건 나이 오십이 되도록 자식이 하나도 없는 것이었다./그들 부부는 앞마당 나무 위에서 지저귀는 새 떼만 보아도 부럽고, 가을날 섬돌 아래에서 같이 울어대는 벌레 소리에도 가슴이 아팠다. 더구나 어미 닭이 병아리를 품고 있는 걸 보면 가슴이 찢어지는 듯했다./그들은 있는 재산을 모두 털어주고서라도 자식 하나 얻는 게 소원이었다(현길언, 「무당의 조상 이야기」, 『제주도 이야기』).

가슴이 설레다: (기쁨이나 기대 또는 불안 등으로) 가슴이 두근거리다. *절을 받고 난 김춘추는 문희의 동글납작한 얼굴을 오래오래 건너다보았다. 가야 사람들은 특징이 있었다. 머리가 반 곱슬이고 부리부리한 눈매가 쌍꺼풀이고 기다란 속눈썹이 위쪽으로 휘어져 있었다. 입술이 얄따랬고 코가 오똑했다. 여자들은 몸이 호리호리했고, 남자들은 키가 훤칠하고 늠름했다./얼근해진 김춘추는 거슴츠레한 눈으로 문희의 얼굴과 몸매를 속속들이 살폈다.

그녀의 양볼은 능금처럼 붉어 있었고 힘주어 입을 다물자 보조개가 깊이 패었다./김춘추는 가슴이 설렜다. 미녀를 품에 넣게 되었다는 생각으로 가슴이 부풀었다(한승원, 『소설 원효(元曉)』).

가탈을 부리다: 일이 순조롭게 되지 못하도록 트집을 잡아 까다롭게 굴다. *아무리 기사의 팁을 포함해서 계약을 해도 따로 '인사'를 하지 않으면 관광버스는 오가는 길에서 가탈을 부리기 쉽다. 회갑연이나 고희연에서 헌수를 도와주는 출장 도우미와의 계약은 대체로 휴지조각에 지나지 않는다. 사돈의 팔촌까지 점고하여 수금을 해야 하기 때문이다. 그것은 누구도 잔치자리에서 약속 사항 운운하며 따지려 들 수는 없으리라는 약점을 알고 파고드는 '얄미운 손'이다(윤득길, 「틈새 시장」).

각광(脚光)을 받다: (배우가 무대에서 각광을 받아 그 모습을 화려하게 드러내는 데에서) 많은 사람들로부터 주목(注目)을 받다. *연금술의 기원은 로마시대의 이집트(알렉산드리아)와 중국 도가의 출현 시대로 소급되는데, 전자는 귀금속의 제조에 주력하고, 후자는 선약의 제조에 역점을 두었다. 그러다가 자비르 이븐 하얀(723~815)을 비롯한 중세의 무슬림 화학자들이 양자를 비로소 결합하여 의학과 화학의 발전을 촉진하였으며, 그것이 13세기 이후 유럽에 전파됨으로써 비로소 현대 실험 과학의 기초가 마련되었다./중국을 비롯한 동방에서 출현한 연단술의 주 소재는 금가루(金屑)인데, 고구려의 것이 잘 정련되어 진품으로 중국에서도 각광을 받았다. 이것은 고구려 금설의 중국 유입을 시사해준다. 그런데 중국의 연단술은 아랍-무슬림 상인들과 마니교도들을 통해 중앙아시아와 아랍 지역에 소개되었다(정수일, 『이슬람 문명(文明)』).

간담이 서늘하다: 몹시 놀라서 섬뜩해지다. *그는 방앗간을 막 뒤로 돌아서자 신치규와 자기 아내가 방앗간에서 나오는 것을 보았다./"아!"/그는 너무 뜻밖의 일이므로 아무 말도 하지 못하고 그대로 한참이나 멀거니 서서 보기만 하였다./그의 눈에서 쌍심지가 거꾸로 섰다. 열이 올라와서 마치 주홍

을 칠한 듯이 그의 눈은 붉어지고 번개 같은 광채가 번뜩거리었다./그는 한참이나 사지를 떨었다. 두 이가 서로 맞춰서 달그락달그락하여졌다. 그의 주먹은 부서질 것같이 단단히 쥐어졌다./계집과 신치규는 방원이 와서 선 것을 보고서 처음에는 조금 간담이 서늘하여졌으나 다시 태연하게 내려앉혔다. 일이 이렇게 되었으매 할 대로 하라는 뜻이다./방원은 달려들어서 계집의 팔목을 잡았다. 그리고 이를 악물고 부르르 떨었다(나도향, 「물레방아」).

간 빼 먹고 등치다: 겉으로는 비위를 맞추며 잘해 주는 척하면서 정작 중요한 것은 나쁜 방법으로 이리저리 빼앗고 이용해 먹는다는 것을 비유적으로 이르는 말. *정수 어머니가 가지고 간 것을 받아 툇마루에 올려놓고 풀어 헤쳐 보는 생김새며 눈길 돌아가는 품이 과연 지주첩답게 등치고 간 빼 먹을 것 같은 여자였다(박종렬, 「힘차게 걸어가라」).

간에 기별도 안 가다: 먹은 것이 양에 차지 않다. *"그 새는 그럭저럭 참았지마는 이 빈대 볼기짝만밖에 안한 일판에다 일꾼을 다섯이나 쓴다면, 결국 우리가 다 먹어도 간에 기별이 갈 둥 말 둥한 것을 나눠 먹으란 얘기라구"(이문구, 『장한몽(長恨夢)』).

간을 녹이다: ㉠ 몹시 애타게 하다. *그의 형은 비틀즈의 명곡들 중에서도 특히 <노란 잠수함>을 좋아했었는데, 그가 고등학교에 들어가자 동사무소 서기였던 그의 형은 병원에 입원한 지 이틀 만에 병명도 알아내기 전에 맥없이 죽었다고 했다. 그의 어머니는 술이 그를 데려갔다고 믿고 있었다. <노란 잠수함>을 어두운 골방에 붙여두었던 그의 형은 두 살 때 소아마비를 앓아 다리 한쪽을 조금 절었는데 술을 마시기 시작한 것이 아마 그것 때문일 거라고 그는 말했다. 그것 말고도 한두 가지 술을 마셔야 했던 이유는 더 있었지만 결정적으로 그의 형의 간을 녹인 것은 불구였던 그 한쪽 다리였다. 나는 싱크대에 바짝 붙어 서서 이제 막 물이 올라 연둣빛의 연한 살갗을 드러낸 애호박이 물러터지는 줄도 모르고 힘차게 씻고 또 씻었다(함정임, 「병신 손가락」). ㉡ 사람의 마음이 매혹되게 하다.

간을 졸이다: 매우 걱정되고 불안스러워 마음을 놓지 못하다. *나빠지지도 않았지만 좋아지지도 않아서 여전히 어머님을 어매로 부르고 난데없이 화를 내서 어머님이 간을 졸이는 모양이다. 아버님이 혼동할 만큼 두 분 모습이 닮았을까. 외모 때문이 아니라 집안에 그렇게 나이 든 사람이라곤 '어매'밖에 없다고 생각하는지도 모른다. 다행히 아버님이 착각하는 시간은 길지 않다. 그 수초 동안 아버님은 얼마나 먼 과거까지 다녀오는 걸까. 어쩌면 결혼도 하지 않은 먼 과거일지도 모른다(하성란,「엄마」,『아직 설레는 일은 많다』).

간이 떨어지다: 순간적으로 몹시 놀라다. *솔다람은 얼마 전에 본 뭉실뭉실, 느릿느릿이 무언지 궁금했습니다. 그래서 솔다람은 소나무 둥치를 타고 쪼르르 달음박질쳐 내려갔습니다./정전은 조용했습니다. 들쥐 한 마리가 휴지통 뒤에 숨어 있다 쭈르르 달아났습니다. 솔다람은 놀라 간이 떨어지는 줄 알았습니다./"이야오옹! 이야옹!"/도둑고양이 깜코였습니다(이상교,『종묘 너구리네』).

간이 붓다: '배짱이 늘다'를 속되게 이르는 말. *콧등에 주름을 만든 서병로가 김범오에게 이를 갈 듯이 말했다./"자넨 목이 다 잘렸다가 살아난 거야. 죽은 개 한 마리 치우는 일도 제대로 못해서 그룹을 분란에 빠지게 했지. 그거 사장님께서 직접 지시하신 일이었어. 알겠나? 그룹 오너가 될 사장님이! 거기다 자네는 강원도 회사 땅 옆에 수목원 하나 매집하라는 것도 거절해버렸지. 아니, 매집 정보 수집하라는 것조차 거절했지. 그것도 사장님 지시 사항인데. 자네, 간이 부은 거 아닌가? 지금 같은 때?"/김범오는 피식, 웃음이 새어 나왔다."/"간이 부은 쪽은 서 전무 같은데요?"/김범오는 서병로의 얼굴이 아래에서부터 벌겋게 달아오르는 것을 음미하듯 지켜봤다(권기태,『파라다이스 가든』).

간이 작다: 대담하지 못하고 몹시 겁이 많고 소심하다. *"……왜 저래?"/혜미는 납득이 안 되는 얼굴이었다."/"싫다잖니? 싫다는 사람을 왜 끝까지 잡

고 늘어져?"/"가증스럽잖아? 그렇게 간이 작아서 어떻게 오빠 같은 사람과 사랑이 되겠어? 오빠의 실체를 파악하자마자 다리야, 나 살려라 하고 도망갈 게 뻔해."/"바이킹 가지고 비약이 심하다."/"그런 것도 아니라니까, 살든지 죽든지 간에 바이킹 정도는 탈 수 있어야 한다고."/혜미와 혜규는 각각 바이킹 반대편 끝에 앉아 마주 보았다(전경린, 『언젠가 내가 돌아오면』).

간이 콩알만 해지다: 몹시 두려워지거나 무서워지다. *어느 날, "전중이 온다!" 하고 한 아이가 고함을 치니까 모든 아이들이 일제히 도망가서 너른 마당에 있는 회색빛 건물 뒤에 숨는 사건이 있었다. 나는 영문을 몰라 맨 나중에 도망치면서 거의 악을 쓰고 울어버릴 것 같은 심한 무서움증을 느꼈다. 나는 '전중이'란 말뜻은 잘 몰랐지만 아이들한테 몇 번 들은 적이 있었다. 그러나 보긴 처음이었다. 흘긋 보았을 뿐인데 그건 무섭다기보다는 불길했다. 회색빛 건물 뒤에 숨어서 좀더 자세히 본 그 모습도 마찬가지였다. 말라붙은 팟빛 같은 옷을 입고 쇠사슬 같은 걸 철렁거리고 있었고, 고개를 푹 숙이고 걷는 게 몹시 지쳐 보였다. 중간중간에 칼 찬 사람들이 지키는 이 전중이의 힘없고 느릿느릿한 행렬은 층층다리 위 붉은 담장을 끼고 한없이 이어지고 있었다. 그들이 누굴 해칠 처지도 못 됐지만 그럴 뜻이나 힘이 전혀 있어 뵈지도 않았다. 그럼에도 불구하고 우리는 간이 콩알만 해지는 것처럼 그들이 무서웠다. 그것은 거의 미신적인 공포감이었다. 그래서 그 공포에서 헤어나려는 몸짓도 다분히 미신적이었다. 어떤 아이는 침을 퉤퉤 뱉었고 어떤 아이는 발을 쾅쾅 굴렀다. 어떤 아이는 시골아이들이 지나가는 기차에다 대고 하는 것 같은 이상한 주먹질을 하고 나서 씩 웃기도 했다. 나는 얼떨결에 아이들이 하는 짓을 조금씩 섞어서 흉내내 보았지만 마음으로부터 개운해지진 않았다(박완서, 「엄마의 말뚝 1」).

간이 크다: 매우 대담하다. *"깡마른 얼굴만큼이나 매사에 빈틈없는 분이지요. 치켜 올라간 눈으로 죄인을 추궁하면 아무리 간이 큰 자라도 움찔 몸을 떨고 맙니다. 판의금부사는 바뀌어도 동지사 자리는 삼 년 내내 변치 않

는 이유가 다 있었습니다. 강직함과 청빈함. 이 두 가지를 함께 지닌 이가 드
무니까요"(김탁환, 『방각본 살인 사건』).

간이 타다: 너무 근심스럽고 안타까워서 속이 타는 듯하다. *임금의 몽진
길에 함부로 가족을 동행시킬 수 없고 보면 한시바삐 이 무모한 논쟁을 끝내
고 장차 적지에 남겨둬야 할 가족들을 그동안 궁리한 대로 병화(兵火)가 미
치지 않을 어딘가로 피난 보낼 의견도 내야 할 각자의 간이 타는 듯한 사정
을 저 허준이란 자, 미친놈은 아는가 모르는가(이은성, 『소설 동의보감(東醫寶
鑑)』).

간장을 태우다: 애를 태우다. *노랫가락 반 푸념을 겸하여 탄식하는 음성
이 들리는데 길산이 듣기에도 소리에 능하거니와 사설 또한 사람의 간장을
태우는 듯하였다. 길산은 저도 모르는 사이에 옥벽을 쿵쿵 두드렸다. 토벽에
서 흙덩이가 우수수 떨어진다(황석영, 『장길산(張吉山)』).

감칠맛이 나다: 음식이 자꾸 입에 당기게 맛이 있다. *감칠맛에 대한 관심
이 집중되었을 때 우리는 한국요리의 세계화를 위해서 노력해야 한다. 일본
뿐만 아니라 한국에도 감칠맛이 나는 요리가 많고 또 그것을 맛보고 만족감
을 표하는 외국인들도 점차 늘어나고 있다. 이렇게 우리 나라만의 감칠맛을
직접 체험할 수 있도록 한다면 한국요리에 대해 자연스럽게 이해하고 그 맛
을 기억하게 되리라 생각한다. 우리 또한 태어나서부터 자연스럽게 느끼고
즐기는 맛인 감칠맛에 대해 잘 알고 깊이 이해한다면 한국요리의 세계화에
도 크게 기여할 것이다(김정은, 『감칠맛의 비밀』).

개나발을 불다: 사리에 맞지 않는 허튼소리를 하다. *"되레 그게 낫지. 핏
대를 올리고 개나발 부는 작자들 구역질이 나 못 견디겠어. 이전 신물이 난
단 말이야. 데모가 글렀으니(데모크라시) 고민이 수태느니(커뮤티스트) 그따
위 소리 않게 돼야 잘 살게 되는 거야."/"또 이놈저놈 모두 썩은 돌부스러기
가 되는군."/"그놈이 그놈이지. 알고 보면 서둘러서 붙들려. 얻어터졌거나
콩밥을 먹은 봉창을 해 보겠다는 속셈이야."/"그 말엔 일리가 있어."/윤이

형운의 편을 들었다(선우 휘, 『깃발 없는 기수(旗手)』).

개 발에 땀 나다: 매우 어려운 일을 해내다. *나도 오빠처럼 훌쩍 나가버릴 수가 있을까. 침몰하는 선체에서 구명조끼를 입고 결사적으로 탈출하듯 그렇게 달아나 버릴 수가 있을까. 나는 매조를 먹을까 칠띠를 깨뜨릴까에 긴장되어 있는 아버지의 얼굴을 새삼스럽게 바라보았다. 좁고 긴 얼굴, 매처럼 구부러진 코끝은 볼의 살이 빠짐에 따라 더욱 길게 늘어져 보였다. 아가, 날 데려가 다오. 여긴 무섭고 쓸쓸하단다. 그러나 어디나 마찬가지예요. 화투는 아버지의 손에서 내 손으로 옮겨 갔다./"개 발에 땀 날 때가 있구나."/거푸 두 판을 이기자 아버지는 심술난 얼굴로 야비하게 이기죽거렸다(오정희, 「저녁의 게임」).

개발에 진드기 끼듯 한다: 붙지 않아야 할 곳에 지저분하고 더러운 곳이 많이 붙어 있음을 이르는 말. *"뭐. 상어?" 샥치 떼를 찾아 달팽이 눈으로 바다를 견시6)하던 갑판장은 입만 벌리고 서 있었다. "개발에 진드기 붙네"(김중태, 『해적(海賊)』).

개 콧구멍으로 알다: 시시한 것으로 알아 대수롭지 않게 여기다. *황진이가 죽은 뒤에 진이의 무덤 앞에는 석벽 사이에 약수 우물 하나가 솟구쳐 솟아났다./이 우물은 석벽 사이에 입을 대야만 물을 마실 수 있는 것이었다. 바가지나 두레박질을 할 수가 없을 만큼 좁았다. 이 우물 이름을 입우물이라고 불렀다. 우물 형국이 바로 여자의 분비기 모습을 가졌다는 것이다. 이것은 진이가 죽어서도 뭇 사나이들을 개 콧구멍으로 알고 장난해 보자는 게라고 떠들었다(박종화, 「황진이의 역천(逆天)」).

거드름을 피우다: 거만한 태도를 나타내다. *소설의 뒷부분에 가서는 투르게네프7)의 작품에 집중 포화를 퍼붓는데, 이것은 너무 원색적이어서 도스토

---

6) '견시(見視)'란 군함이나 어선에서 육안으로 접촉물을 확인, 상황을 보고하는 임무.
7) 투르게네프(Ivan Sergeyevich Turgenev 1818~1883). 러시아의 소설가. 주요작품으로는 『사냥꾼의 수기 Zapiski okhotnika』, 『루딘 Rudin』, 『귀족의 보금자리 Home of the Gentry』, 『아버지와 아들 Otsi i deti』 등이 있다.

예프스키8))의 인격을 진지하게 의심하게끔 한다. 도스토예프스키는 투르게네프의 이전 작품들을 모두 "너무 지나치게 갈고 닦은 나머지 거드름을 피우는 수작이 빤히 보이는 조그만 단편들"이라 칭하고, 그가 문학 축제에서 낭독하는 장면을 무려 15쪽에 걸쳐 자세하고도 모욕적으로 기술한다(석영중, 『도스토예프스키, 돈을 위해 펜을 들다』).

건몸이 달다: 공연히 혼자 애쓰며 몸이 달다. *교육 체제가 학생들의 영혼을 파괴한다고 하면 놀랄지 모르겠지만, 사실을 알면 더 놀랄 것이다. 애당초 교육 목표는 그거였다. 이것을 내 말로 하지 않고, 그 체제를 세운 사람들한테서 말을 빌려와 보자. 1888년, 상원 교육위원회는 표준화되지 않고 지역화 된 학교들(그곳에서는 선생들이 학생들에게 스스로 생각하라고 실제로 가르쳤다!)이 제공하는 교육의 높은 질에 건몸 달아서는, "우리는 교육이 지난 몇 년 동안에 노동계급들에서 나타나는 불만의 주요 원인들 가운데 하나라고 믿습니다"라고 보고했다(임승수, 「네 멋대로 쓰라」).

경을 치다: 호된 꾸지람을 듣거나 벌을 받다. *최 노인 아들의 병은 일진일퇴라고 하는데 공교롭게도 그 집에 도둑이 들었다. 천 원짜리쯤 되는 라디오를 훔쳐가는 것을 늙었어도 일제 때 형사 노릇을 한 경력을 가진 최 노인이 날쌔게 행동해서 도둑놈을 잡았다. 잡힌 도둑은 아랫마을에 사는 열일곱 살 소년. 최 노인은 소년을 실컷 때려놓고도 경찰관을 불렀다. 소년이 울며 애원해도 막무가내다. 내가 어름어름 조명(助命)운동을 했다가 호되게 경을 쳤다./"경찰서에 가서 콩밥을 먹어봐야 버릇이 고쳐지지."/최 노인의 성화엔 당할 길이 없었다(이병주, 「마술사(魔術師)」).

경종을 울리다: 잘못이나 위험을 미리 경계하여 주의를 환기시키다. *'살아 있는' 사람을 대상으로 몸의 진실을 캐내기가 그리 쉬운 일은 아니었다.

---

8) 도스토예프스키(Dostoevskii, Fyodor Mikhailovich, 1821~1881). 러시아의 소설가. 주요작품으로는 『백치Idiot』, 『죄와 벌Prestupleniye i nakazaniye』, 『악령Besy』, 『카라마조프의 형제Bratya Karamazovy』 등이 있다.

생체 해부를 한 경우가 있지만, 그것은 몸의 진실을 캐내기 위한 것이라기보다는 주로 큰 죄를 지은 사람에 대한 처벌 수단이었다. 2차 대전 때 일본과 독일의 의사들이 살아 있는 사람을 대상으로 저지른 끔찍한 생체실험은 후세에 경종을 울리는 반인륜 범죄행위로 남았다. 살아 있는 몸에서 안전하게 진실을 캐내기 위해서는 사람이 아닌 다른 대상이 필요했고 생리학자들은 동물의 몸에 관심을 갖게 되었다(강신익, 『몸의 역사: 의학(醫學)은 어떻게 몸을 바라보았나』).

걸신(乞神)이 들리다: 굶주려 음식에 대한 욕심이 몹시 나다. *정민이가 보기에 그녀는 마치 걸신이 들린 사람처럼 맛있게 먹었다(문순태, 『걸어서 하늘까지』).

고배(苦杯)를 들다: 실패나 패배의 쓰라린 일을 겪다. *4·19가 나면서 완전 정계에서도 사라진 듯 보이던 그가 박정권과는 또 어떻게 밀착이 됐는지 민정 이양 이후 또 한 차례 출마를 했다가 고배를 들었다(최학, 「다리를 절며」).

고배를 마시다: 고배를 들다. *극장 주인 맹꽁이배는 읍내에선 손꼽는 부자요 유지다. 지난번 국민회의 대의원에 나섰다가 채운산 고아원 원장한테 고배를 마셨지만, 아직 읍내에서 그의 영향력은 대단했다. 염천동에 방앗간과 연탄공장도 하고 있고 역전 거리 목욕탕도 그의 재산이다(박범신, 「읍내 떡뻥이」).

골머리를 앓다: 어떻게 해야 할지 몰라서 머리가 아플 정도로 생각에 몰두하다. 골치를 앓다. *물론 나는 이를 위해 이사 때마다 책들을 다 싸서 다니느라 골머리를 앓았고, 또 늘어나기만 하는 책들을 제대로 펼쳐놓을 공간을 확보해야 하는 새로운 숙제를 늘 안고 살아야 했다. 책 마니아들이 꼽는 첫 번째 문제가 바로 책을 둘 수 있는 공간이라고 한다(정은숙, 『책 사용법』).

골수에 사무치다: 원한이나 느낌을 잊을 수 없게 크다. *이에 철없는 이 몸은 감히 옛날 어진 여자의 본을 받아 몸으로써 부친을 구하려는 마음을 품고 어떤 사람의 소개로 기생에 판 것이 이 몸이 열세 살 되던 해 가을이로소

이다. 그러하오나 이 몸을 팔아 얻은 이백 원은 이 몸을 팔아 준 사람이 가지고 도망하니 부모의 혈육을 팔아 얻은 돈으로 부친의 몸을 구원하지도 못하고 철장에서 신음하시는 늙으신 부친에게 맛난 음식 한 때도 받들어 드리지 못한 것이 골수에 사무치는 원한이려든 하물며 이 몸이 기생으로 팔림으로 인하여 부친과 두 형이 사오 일 내에 세상을 버리시니, 슬프다, 이 무슨 변이 오리이까(이광수, 『무정(無情)』).

골탕을 먹이다: 한꺼번에 크게 손해를 입거나 낭패를 당하다. *이 이야기 중 특징적인 것은 어떤 동물이 상대방의 말에 속아 물고기를 잡으려고 꼬리를 물속에 담그고 있다가 마침내는 꼬리가 물에 얼어붙어 골탕을 먹었다는 것이다(최인학, 『비교 민속학과 비교 문화』).

구색을 맞추다: 여러 가지가 고루 갖추어지게 하다. *노파는 망사장갑을 낀 왼쪽 손바닥 안에 파스텔 조각을 밀어 넣고 오른쪽 손바닥 안으로는 그림을 문지르는 데 사용했던 휴지를 넣었다. 몇 장의 달러는 허리에 맨 까만 가죽지갑에 챙겼다. 그 모든 행동들이 꼼꼼하고 조심스러워 보이기까지 했다. 챙 달린 모자까지 쓴 구색 맞춘 옷차림이었지만 그녀는 비어져 나온 옆구리께에 옷섶이 터진 걸 놓치지 않았다. 발밑에는 흰 종이가 든 종이가방이 놓여 있었다(조경란, 「천국(天國)처럼 낯선」).

국물도 없다: 아무것도 돌아오는 몫이나 이득이 없다는 것을 비유적으로 이르는 말. *일본 음식물은 고체와 액체 두 가지로 분명하게 나누어져 있지만 한국에서는 건더기가 있는 데는 국물이, 국물이 있는 데는 건더기가 섞여 있다. 국물 없는 것을 싫어했던 말하자면 빡빡한 것을 좋아하지 않은 한국인의 성향을 반영하고 있다. 한국인의 가장 심한 욕은 "국물도 없다"는 말이다. 이것과 저것으로 분명히 분류된 것보다 그 한계가 애매한 중간의 그늘을 찾으려 하고 그것을 사랑한 한국인이기 때문이다./그러므로 식사하는 것도 일본인은 젓가락만 쓰는 데 비해 한국인은 젓가락 쓰는 도수만큼 숟가락도 많이 쓴다(이어령, 『축소지향(縮小志向)의 일본인(日本人)』).

국수를 먹다: 남의 결혼 잔치에 초대되다. *"자네, 국수 언제 먹여 줄 거야?" 이 말은 "자네, 시집장가 언제 갈 거야?"라는 말이다. 중국에서는 "언제 결혼 술 살 거야?" "언제 결혼 사탕 줄래?" 술과 사탕이 나온다는데, 우린 왜 국수일까? 이것이 궁금하다(양창삼, 「국수 언제 먹여 줄 거야?」).

궁둥이가 무겁다: 한자리에 앉기만 하면 일어날 줄 모르고 오래 앉아 있다는 말. *막배가 선창을 떠나고, 감독조원은 견인선에서 내려와 그들에게로 걸어왔다. 아무도 그를 거들떠보지 않았다. 그들은 무릎이 뻐근하고 궁둥이가 무거워져서 일어나지지가 않았다(황석영, 「객지(客地)」).

귀가 가렵다: 흔히, 귀가 가려울 때 하는 말로, 남이 제 말을 한다고 느끼거나, 또는 그 자리에 없는 남의 말을 할 때에, 그의 귀가 간지러울 것이라고 하는 말. *"마누라 혼자만 춘천집의 행실 그른 줄을 안 듯이…… 나는 먼저 알았어……"/하면서 얼굴이 빨개지니, 부인은 그 남편이 다시는 첩 둘 생각도 못하도록 말을 하느라고 애꿎은 춘천집의 험언만 하는데, 밤이 깊어서 닭이 울도록 부인의 말이 줄기차게 나오더라./불쌍한 춘천집은 그날 밤 귀가 가려워도 여간 가려울 터이 아니나, 오장이 슬슬 녹는 듯이 애를 쓰느라고 귀가 가려운 줄도 모르고 지낸다(이인직, 『귀(鬼)의 성(聲)』).

귀가 따갑다: 소리가 귀에 세게 울리어 시끄럽다. *예리가 내 손을 이끈다. 우리는 단란주점을 나서 클럽 안으로 들어간다. 무대에는 사이키델릭 조명이 돌아간다. 아직 점등된 테이블은 반이 안 된다. 보이스 댄스곡 〈떠오르는 너〉가 흥청 된다. 귀가 따갑다. 젊은 애들 몇이 몸을 흔들어댄다. 예리가 나를 끌고 무대로 간다./"난 양쪽에서 뛰어. 클럽하구 단란하구. 어떤 땐 세 탕이나. 속이 부대껴 미치겠어."/예리가 허리를 흔든다. 굽 높은 발을 비틀며 꼰다. 예리는 쇼걸 출신이라 춤은 선수다(김원일, 『아우라지 가는 길』).

귀가 뚫리다: 말을 알아들을 줄 알게 되다. *부러 큰소리를 질렀으니 귀가 뚫렸다면 들어도 똑똑히 들었을 터였다(이상섭, 「수평선, 그 가깝고도 먼」).

귀가 번쩍 뜨이다: 뜻밖의 말에, 정신이 펄쩍 들어 듣게 되다. *애어머니

가 집터서리를 둘러보고 들어와 안방에 등잔불을 쓰고 아이를 뉘는 기척에 이어 짐짓 들으라고 하는 소리에 귀가 번쩍 뜨였다./"똑 팔대장승같이 생긴 사내가 시 늠인지 니 늠이 총 끝에 칼까장 꼽구 쳐들어오너 물두멍할래 들여다보구 지랄이더니, 죄 뉘집으루 몰려갔는지 가이 한 마리 안 짖고 죄영허네 그려."/홍은 서슴없이 가마솥에서 나왔다. 그리고 자기를 살려준 그 빈가마니를 아까 그 자가 보고 간 그대로 속이 찬 여느 볏가마처럼 매만져 놓았다. 발짝소리가 달개방께로 다가왔다(이문구,「장석리 화살나무」).

귀가 빠지다: 태어나다. *창만이가 밥숟갈을 떠올리려다 말고,/"말이 났으니 말이오만 난 사실 귀빠진 날이 언제인지 모르오"(김주영,『야정(野丁)』).

귀가 솔깃하다: 듣기에 그럴듯하여 마음이 좀 쏠리다. *그러나 선영은 방화문제로 더 이상 고민할 필요가 없었다. 이사가 갑자기 결정되었던 것이다. 일주일 만에 집에 돌아온 한씨는 들어서자마자 경자에게 계약금을 내놓으라고 재촉했다. 무슨 계약금? 무슨 계약금은, 가게 계약금이지. 가게라니? 상계동 아파트단지 안에 있는 종합상가 이층 가게 하나를 보고 오는 길이라니까. 옷도 팔고 스타킹이니 뭐니 하는 양품도 팔고 하는 집이야. 우리 고향 선배가 하던 집인데, 다른 데로 옮긴다고 복덕방에 내놓았다는 거야. 그 대목에서 경자는 입을 다물었다. 그러나 선영은 귀가 솔깃해졌다./한씨는 경자에게 열심히 얘기를 계속했다. 어려울 게 없는 장사야. 지금 거래선에서 물건들 계속해서 다 갖다 줄 거고, 그러면 찾아오는 손님들한테 팔기만 하면 되는 거야. 몇천 가구 정도가 사는 아파트 단지 안에 있는 상가고, 바로 코앞에 주택가가 있기 때문에 손님 걱정도 할 필요가 없어. 당신은 그저 앉아 있기만 하면 돼. 나랑 선영이는 도와줄 거고(최인석,「심해(深海)에서」).

귀가 아프다: 큰소리로 떠들거나 같은 소리를 자꾸 하여 듣기가 싫다. *나무는 겨울 들판에 서 있었다/나무는 장신구를 떼어버리듯/사소한 귀들을 떨어뜨렸다/모호한 악기들처럼/나무를 흔들던 잎사귀들이 사라졌다//흔들리는 것들이 너무 많았던 나무는/늘 귀가 아팠다//허공이 흔들리는 잎사귀들로 꽉

채워져서/나무는 아무런 소리도 들을 수 없었다(이경임, 「반 고흐의 귀」).

귀가 얇다: 다른 사람의 말을 쉽게 믿는다. *미래를 준비하는 과정에서도 중간에 여러 가지 장애물이 버티고 있다. 그것은 외부 사람들이 들려주는 회의적인 의견이나 조언일 수도 있고, 다른 하나는 자신의 내부로부터 나오는 지속적인 노력에 대한 의문일 수도 있다. 귀가 얇은 사람이나 의지력이 약한 사람들은 이런 장애물이 앞을 가로막으면 포기하고 만다. 그렇게 한두 번 포기와 진행을 반복하다 보면 어느 새 젊은 날은 지나가 버리고 만다. 물론 도중에 환경 변화에 따라 자신이 투자하는 대상을 바꿀 수 있으며, 이런 유연성을 갖는 일이 필요하다(공병호, 『미래인재의 조건』).

귀가 어둡다: ㉠ 귀가 멀다. 소리를 듣는 힘이 약하다. ㉡ 남보다 소식을 얻어듣는 것이 더디다. *태영 씨, 얼마 전 중앙언론사 국장단 초청 오찬 시, ○○일보 국장이 "대통령이 귀가 어두운 것 아닌가?" 하는 취지의 질문을 했지요. 질문이 아니라 여러 사람 보는 앞에서 대통령을 궁지로 몰아 보자는 속셈으로 시비를 한 것이지요. 내가 "대중매체의 시대, 인터넷의 시대에 '인의 장막'이라는 것이 가능이나 한 일이겠는가? 특히 참여정부는 모든 언론 기사를 모니터링하여 수용과 대응을 하는 것이 '제도화' 되어 있으므로 기사를 놓치는 일이 없다"고 설명하고, 마지막에 "대통령의 귀가 어둡다면 그것은 언론의 책임일 것이다"라고 대답해준 일이 있지요(윤태영, 『기록(記錄)』).

귀가 여리다: 속는 줄 모르고 남의 말을 곧이듣기를 좋아하다. *"누가 그러고 접지 않아서 안 그랬십니까? 저거들 재산 넘기다볼까 싶어서 미리 똥을 싸는데, 앵이곱고 디럽와서 지도 자연 성질이 났지요. 한마디로 성은 졸장부요, 돈이야 벌었는지 모르지마는."/"그거 다 서울네 농간 아니가. 답댑이, 두만이 가아는 귀가 여린 기이 병이다. 밤에 잠이 안 오고, 이 일 저 일 생각을 해보믄 후회가 될 때도 있네라. 그만 그때, 윤보 목수 딸리서 서울로 보내는 거 아니었는데 싶기도 하고, 요새는 왜 그런지 자꾸 지난 일 생각이 난다"(박경리, 『토지(土地)』).

귀를 기울이다: 잘 들으려고 정신을 집중하다. *눈 내리는 밤, 강원도 시골집에서 백석의 시를 읽고 있습니다. 아이들은 여전히 이불을 차 내던진 채 잠들고 저는 몇 번이나 어린 것들의 방을 드나들며 이불을 여며주다가 말았습니다. 보일러를 너무 올려놓은 탓인지 아이들 이마에 엷은 땀들이 자잘자잘 배어 있었거든요. 살금살금 부엌으로 들어가 얼큰한 소주에 참기름 한 방울 떨어뜨린 명란젓갈, 조금 매운 풋고추를 종종 썰어놓은 것과 시원한 생수를 가져다놓고 가만히 창밖으로 들어가 귀를 기울여봅니다. 눈 내리는 소리가 들리나 싶어서요(공지영, 『빗방울처럼 나는 혼자였다』).

귀를 의심하다: 믿어지지 않는 말을 들었을 때, 잘못 들은 것이 아닌가 생각하다. *따마라가 부또보에서 생활하자면 시간제 가정부가 필요할 것 같아 아주 적당한 사람을 데리고 왔다고 말했을 때 나는 귀를 의심했다(송영(宋榮), 「고려인 나나」).

귀를 쫑긋 세우다: 유심히 듣다. *그는 사방에 돌아와 계속 가래질만 하고 있었다. 바각바각 바각바각 까망이가 가래 소리에 귀를 쫑긋 쫑긋 세웠다(김하기, 「뿌리내리기」).

귀에 거슬리다: 어떤 말에 비위가 상하다. *고모부는 다른 사람들 귀에 거슬리는 줄도 모르고 다시 이북 사투리로 말을 꺼냈다(현기영, 「순이삼촌」).

귀에 들어가다: 누구에게 알려지다. 듣고 알게 되다. *아이들이 비누를 훔친 일은 제때에 어머니의 귀에 들어갔다. 나는 걸뱅이 같은 동네 아이들과 다시는 놀지 말라고 훈계를 받았다. 아이들과 노는 데 재미를 들인 내게 그 말이 귀에 들어올 리 없다. 나는 다시 공장 밖으로 나가 큰 아이들을 졸병으로 만들 궁리를 했다(강석경, 「폐구(閉口)」).

귀에 못이 박이다(박히다): 같은 말을 자꾸 되풀이해서 들어, 더 이상 듣기 싫을 정도로 되다. *여자를 발견하고 보름쯤 지났을 때 들판을 걸으며 여자는 조용한 목소리로 말했다./"난 그때 깨달았어요. 우리네 전쟁 난민의 절실한 생존이 선데이 매거진의 한 가십거리에 불과하다는 걸요. 나와 불쌍한 저

어린 것들의 얼굴이 당신네 나라의 빵봉지가 되어 굴러다니는 걸 원치 않았기 때문이에요."/그 말은 못이 되어 그의 귀에 박혔다(박영한, 『머나 먼 쏭바강』).

귀에 익다: ㉠ 들은 기억이 있다. ㉡ 어떤 말이나 소리를 자꾸 들어 그것에 익숙하다. *가로수가 일직선으로 뻗어 있는 시골 길을 혼자서 한없이 걸어가는 꿈도 꾸었다. 누군가 뒤에서 목마르게 부르는 소리가 들렸다. 귀에 익은 소리였지만 누구의 목소리인지 분명하게 떠오르지 않았다./누굴까. 누가 부르는 소리일까(김영현, 『폭설(暴雪)』).

귓등으로 듣다: 귀 밖으로 듣다. 듣는 둥 마는 둥 하는 태도로 듣다. *현수는 처음은 귓등으로 들었다. 그리고 그냥 모른 체하고 가려 하였다. 그때에 다시,/"젊은 양반!"/하고 찾는 소리가 들렸다./현수가 천천히 머리를 돌리며 보매 현수가 있는 곳에서 여남은 걸음쯤 뒤에 웬 사람이 서서 현수에게 오라고 손을 치고 있었다(김동인, 『해는 지평선(地平線)에』).

근처도 못 가다: 견주어 볼 정도도 못되다. *우리도 엄청 경쟁에 시달리는 것 같지만, 사실은 그렇지 않다. 1997년 외환위기를 맞아 IMF의 엄격하고도 야멸찬 프로그램에 따라 피나는 구조조정을 한 끝에 구제 기금을 조기 졸업한 건 사실이지만, 제대로 된 경쟁 정책은 아직 근처에도 못 갔다. 무지하게 노력해야 살아남느냐, 슬슬 해도 그럭저럭 살 수 있느냐가 진짜 경쟁이 있느냐 없느냐의 차이인데, 이 잣대로 보면 우린 한참 멀었다(김순덕, 『글로벌리스트』).

금이 가다: ㉠ 물건이 터져서 금이 생기다. ㉡ 서로 지내는 사이가 벌어지다. *정진영은 김두한(金斗漢)과 더불어 서울 수표교 밑에서 성장했다. 김두한이 종로의 제일 주먹이 되면서 그들의 우정에 금이 갔다. 친구는 될 수 있어도 주종관계는 될 수 없었다. 두목이 된 친구에게 굴종할 수 없다면 떠나야 했다(김종광, 『왕자 이우』).

기가 꺾이다: 의기가 줄어들다. *웬푸는 아무런 반응도 보이지 않았다. 자

기로선 아무래도 상관없다는 태도였다. 고문간과 진가도는 서로 쳐다보았다. 일백 대의 태형은 매를 맞는 도중에 죽을 수도 있는, 무서운 형벌이었다. 웬 푸의 담담함은 도저히 그런 혹형을 기다리는 죄수 같지 않았다. 진가도는 기가 꺾이어 물었다(이인화, 『초원(草原)의 향기(香氣)』).

기가 나다: 기세가 오르다. *명학이도 그런 이야기는 얼마든지 들었고 사장도 직접 그 비슷한 말을 명학에게 한 기억이 있었다. 그러니 명순이가 지금 그런 말을 한댔자 개구리 낯짝에다 물 끼얹는 것으로 사장은 아무렇지도 않았다./그런데 이 눈치를 본 명순이는 기가 나서 더 중상적인 말을 생각해 내려고 씨끈거리는 동정이었다. 그러자 명학이는 제김에 몸이 솔깃해났다. 제가 사장에 대해서 언짢은 소리를 한 일이 있는 것이다(한설야, 『청춘기(靑春記)』).

기가 막히다: ㉠ 숨을 잘 쉬지 못하다. ㉡ 너무 놀랍거나 좋거나 언짢아서 어이없다. *"그간 몸 성히 잘 계셨는가"/토 생원은 별 주부가 반갑기는커녕 알밉기만 하였다. 용왕 앞에 가는 즉시 간을 빼앗기고 죽을 생각을 하니 기가 막혔다. 그러나 하늘이 무너져도 솟아날 구멍이 있다고 했는데, 무슨 좋은 수가 없을까 궁리하면서 대꾸한다(이혜숙, 『토끼전』).

기가 죽다: 기세가 꺾이어 약해지다. *동생들은 언제나 기가 죽어 커왔다. 밖에서는 과자를 사먹는 아이들이 부러워 침을 흘리다 동네 개천 뚝방에서 흙을 주워 먹으며 기가 죽었고, 안에서는 가난을 팔자로 타고난 것을 비관한 아버지 때문에 기가 죽었다(김한수, 「성장(成長)」).

기가 질리다: 두려워서 기가 꺾이다. *그가 마악 산모퉁이를 돌아서면 마을의 불빛이 보일 그런 찰나에 마을의 불빛 대신 호랑이 눈의 불빛이 먼저 그를 기다리고 있었다. 몸뚱이가 바위처럼 큰 것이 눈을 사발만하게 뜨고 웅크리고 앉아 있었다. 무엇이 나올는지도 모른다는 두려움을 갖고 그는 더욱 놀라고 기가 질렸다. 머리카락이 쭈뼛이 서고 등골이 오싹오싹하며, 사지는 제멋대로 흔들려 놀았다./그러나 곧 정신을 차리고 오늘 무술 연마의 기술을

발휘해 보려고 칼을 빼어들었다. 그는 눈을 딱 감고 호랑이의 급소를 향해 겨냥하며 달려갔다(이가원, 『조선 호랑이 이야기』).

기가 차다: 하도 어이없어 말이 나오지 아니하다. *느닷없이 농토를 빼앗긴 것을 생각하면 참으로 어처구니없고 기가 찼다. 어느 날 갑자기 국유지 통고와 함께 소작료가 배정되었다. 합방이라는 것이 되기도 전인 그해 4월이었다. 대물림해 온 사유지가 주인도 모르게 국유지로 둔갑한 날벼락은 혼자만 맞은 것이 아니었다. 그 피해자는 수두룩했다. 같은 피해자들끼리 모여 뒤늦게 그 연유를 캐려고 나설 수밖에 없었다(조정래, 『아리랑』).

기를 쓰다: 온힘을 다하다. *집에까지 죽기 기 쓰고 기어들어와 턱 눕는 것을 보면 원재 어머니는,/"아이고, 채 선생님, 이러다간 큰 병 나시겠구려. 사람이 성허구서야 학원 집이구 뭣이구 짓지, 온 가엾어라. 아주 초죽음이 되셨구려."/하고는 영신의 다리 팔을 주물러 주고, 더위를 먹었다고 영신환을 얻어다 먹이고 하였다(심훈, 『상록수(常綠樹)』).

기를 펴다: 억눌림이나 어려운 지경에서 벗어나 마음을 자유롭고 활발하게 가지다. *「봉별기」9)에서 금홍과 '나'는 스물세 살의 청춘과 죽음(각혈) 때문에 첫 만남을 갖게 된다. 스물세 살의 삼월, 각혈한 '나'는 휴양을 위해 신개지 한적한 온천으로 '죽어도 좋'다는 생각을 가지고 떠나온다. 나의 온천행은 사실 삶보다는 죽음에 가까운 의미로 각인되었기에 '나'는 그곳에서 어떠한 욕망도 품지 않아야 한다. 하지만 '아직 기를 펴지 못한' 스물세 살의 청춘은 죽음이 아니라 생의 욕망, 성욕으로 나의 사람을 부추기고 그래서 찾아간 장고소리 들리는 곳에서 나는 금홍과 만나게 된다. 그렇지만 첫 만남에서 '나'에 대한 금홍의 인상을 지배한 것은 '스물세 살'의 '아직 기를 펴지 못한 청춘'이 아니라 '코밑에 다만 나비만큼 남겨진' 수염과 각혈로 인한 쇠잔

---

9) 「봉별기(逢別記)」는 이상(李箱)이 『여성(女性)』(1936.12)에 발표한 단편소설이다. 자전적인 소설로 첫 여인인 금홍(錦紅)과의 '만남(逢)에서 헤어지기(別)까지의 기록'이란 뜻을 갖고 있다.

에서 비롯된 '마흔,' 노쇠의 흔적이다(김주리, 『근대소설(近代小說)과 육체(肉體)』).

김이 새다: 김새다. 김빠지다. ㉠ 본디의 맛이나 냄새가 없어지다. ㉡ 흥미나 의욕이 없어지다. *게을러 이발도 제때 못 하는 남편이었다. 늘 추리닝에 면 티셔츠만 입었고, 자기가 피울 담뱃값조차 벌 줄 모르는 사람이었다. 나는 그런 남편과 사는 여자였다. 그게 내 현실이었다. 나는 남자에게 고개 숙이고 사과를 했다./"죄송해요. 기분 상하셨다면 용서하세요. 씻고 나올게요."/화장실로 들어가는데 남자가 그만두라고 했다. 김샜다며 뒤로 물러나 앉았다. 나는 무릎을 꿇었다(김이설, 『환영』).

깨가 쏟아지다: '매우 아기자기하고 재미가 나다'를 비유하는 말. *배고픈 호랑이가 원님을 알아볼 리 없고, 무슨 돈이 되었든지 간에, 마침 또 간밤에는 용꿈을 꾸었겠다 하니, 북어값 삼 원을 밑천으로 든든히 믿고서 아침부터 붙배기로 하바를 하느라 깨가 쏟아졌다. 그러나 따먹기도 하고 게우기도 했지만, 필경 끝장에 와서 보니 옴팡장사다. 밑천이 절반이나 달아나고 일 원 오십 전밖에 남지를 않았던 것이다(채만식, 『탁류(濁流)』).

꼬리가 길면 밟힌다: 아무리 남몰래 하는 일이라도 오래 끌면 끝내는 들키고야 만다는 말. *그런데 꼬리가 길면 밟힌다고 했던가. 그는 누구의 입놀림에 의해선지 경찰의 의심을 받게 되었다. 경찰에게 잡혀가다가 도망을 쳐 산으로 빨치산을 찾아들고 말았다. 경찰을 피해 빨치산한테 피신해온 그는 웃음거리가 아닐 수 없었다(조정래, 『태백산맥(太白山脈)』).

꼬리를 감추다: 자취를 감추어 숨다. *1999년 이후 꼬리에 꼬리를 물고 터진 이미지—음란물 논쟁의 근원지인 'O양 비디오'와 <노랑머리>의 등급보류, <거짓말>은 음란폭력성조장매체공동대책시민단체협의회(이하 음대협)라는 긴 이름의 시민단체가 음란물로 고발하기도 했다. 저예산에 유명 영화인이 참여하지 않아 등급보류가 되었어도 제대로 화젯거리가 되지 못한 독립영화 <둘 하나 섹스>도 있었다. 이미지로 확장되진 못했지만 단기간에 불붙

듯 논쟁을 형성하다 꼬리를 감춘 서갑숙의 성고백 담론『나도 때론 포르노그라피의 주인공이고 싶다』를 둘러싼 해프닝도 여기에 추가될 자격이 있다(유지나, 『여성영화 산책』).

꼬리를 물다: 줄곧 잇달리다. *우리가 진화하지 않았다/영생할 수 있지 않았을까?/엉치뼈가 이렇게 볼품없이/바싹 닳아지지 않았다면/입마다 하나씩 꼬리를 물고 돌며/쓸데없는 말 짓지 않았을 테고/핵이니 공해 따위 만들지 않았겠지(장정일, 「꼬리」)

꼬리를 잡다: 약점을 잡다. *'분참봉 첩지 위조 사건'은 윤덕영 자작이 주도하고 다수의 귀족이 연루된 희대의 사기극이었다. 황제의 장례식을 주관하는 임시직 관리인 '분참봉'에 임명한다는 첩지를 다량으로 위조하여 '양반이 될 수 있는 마지막 기회'라 선전하며 팔고 다니다가 꼬리를 잡힌 것이다. 매관매직으로 나라 말아먹은 귀족들은 나라가 망한 뒤에도 제 버릇을 버리지 못했던 것이다(전봉관, 『경성기담(京城奇談)』).

꼭지를 따다: 처음으로 시작하다. *지금 내 앞에서 "이 해어진 빅토리언의 레인코트는 어서 벗어버려야지" 운운하는 이 친구는 그때 요령부득의 얘기를 들었다는 듯이 한동안 입을 다물지 못하다가 이렇게 말꼭지를 땄다(김연수, 「연애인 것을 깨닫자마자」).

꽁무니를 빼다: 슬그머니 피하여 달아나다. *"그런데 경혜 언니는 어디 가고 없는 거니?"/"그건…… 저도 잘 몰라요."/정희가 그 대목에서 꽁무니를 뺐다(박범신, 『수요일은 모차르트를 듣는다』).

꽁무니를 사리다: 슬그머니 피하여 달아나려 하다. *오주가 소리치자 하인들은 감히 달려들 엄두를 내지 못하고 슬슬 꽁무니를 사렸다./오주는 담장 밑에 놓여 있는 큰 항아리만한 돌절구를 단번에 뽑아 올려 치켜들었다. 하인들과 정 첨지의 입이 쩍 벌어졌다(이영호, 『임꺽정』).

나발을 불다: 낮은 말로서 ㉠ 당치도 않거나 미친 소리를 함부로 떠벌리다. *"하늘을 두고 맹세하지예. 그러나 남아 있는 우리도 살길을 도모할라

카모 최씨 동무의 하산에도 문제가 좀 있심더. 서가늠이나 최씨 동무가 지서로 불리 가모 바늘로 꾸맨 입이라 캐도 결국 고문을 당하모 나발을 불게 될 테이까예. 지난 분 화차 고개서 잡힌 동지들이 다 불어 새삼 나발 불 것도 없겠지만서도예"(김원일, 『불의 제전(祭典)』). ⓒ 과장하여 말하다. ⓒ 병째로나 통째로 들이마시다. *수사의 진척 상황이 궁금했다. 그렇다고 함부로 텔레비전을 켜기도 무엇 했다. 답답증을 견디다 못한 학수는 벌떡 일어나 냉장고에서 소주병을 하나 꺼내 왔다. 술이라도 마셔야 부글부글 끓는 속이 가라앉을 것 같았다./병째 나발을 불었다. 술이 들어가자 한결 숨쉬기가 나았다(윤정규, 『얼굴 없는 전쟁』). ⓐ 어린이가 소리내어 울다.

난장(亂場)을 치다: 함부로 마구 떠들다.

난탕을 치다: 무질서하게 행동하다. *인동은 홍수에게 확실히 한 대 먹은 것 같았다. 그역 갑내집에 대하여서는 홍수와 같은 생각을 가지고 있었다. 자기가 하고 싶던 것을 홍수가 한 걸음 먼저 가로채어서 해버린 셈이었다. 인동은 자기의 고립장이의 성질을 안타깝게 여기고 나무에 오르는 재주 없음을 한탄하는 수밖에 없었다. 홍수는 민첩한 감동으로 인동의 심중을 족히 헤아릴 수 있었다./"생각이 있거든 두말 말고 오늘밤 내 뒤를 대서라. 나무에는 내떠받들어 올려줄게. 오늘 밤엔 기막힌 장난해보지 않으련? —갑내집이 물에 들어갔을 때 몰래 가 벗어 놓은 옷을 집어다 감추는 것이다. 얼마나 난탕을 칠까? 우리말을 듣거든 의젓이 항복을 받고 내주자꾸나. 갑내집과 친해가지고 됩데 어른들에게 골탕을 먹이잔 말이다. 달이 벌써 높았다. 갑내집은 갔을 게다. 뛰어나가 보자."/꽁하게 맺혔던 인동의 심사도 적이 풀려 이제는 새로운 모험에 가슴이 두렵게 뛰놀았다(이효석, 「고사리」).

날개 돋치다: ⓐ 상품 따위가 때를 만나 잘 팔리거나 나가다. ⓒ 돈 따위가 불어나다. ⓒ 소문이 빨리 퍼지다. ⓐ 기세가 치솟다. *'공화국을 만든다!'/빛나는 꿈이었다./'공화국을 만들어 우리는 그 최초의 국민이 되고 최초의 주인이 된다. 살아선 그 영광을 위해 노력하고, 죽을 땐 그 이름 아래에서

죽는다!'/그 이름 아래에서 죽을 수만 있다면 아무런 두려움도 없겠다는 생각이 들기도 했다. 태영의 공상에 날개가 돋쳤다(이병주, 『지리산』).

낯가죽이 두껍다: 도무지 부끄러운 것을 모르도록 염치가 없다. *'네 말이 맞다. 너보다 나약하다는 것은 맞는 말이야. 만신창이가 되어 외딴 바닷가로 쫓기듯 내려갔던 너, 죽으려고 바다에 투신도 했고 시골 코흘리개한테 수예를 가르치며 하루하루 시간을 저미듯 수년 간을 보내었던 너, 너는 너 자신에게 이기고 돌아왔다. 그런 너의 고통과 희생의 대가로 우리 식구들은 살 수 있었다. 아이들 공부도 시켰고 시집 장가도 보냈고 무능한 나는 기와공장을 때려 엎으면서도 양복때기 걸치고 하늘 밑에서 거닐고 다녔다. 너무 뻔뻔했지. 낯가죽이 두꺼워도 이만저만? 명희 네가 피 흘릴 적에 이 오래비는 무얼 했나. 물속에서 너를 건져준 어부만큼의 할 짓도 못한 내가 아니더냐? 그러고서 뭣 땜에 병이 났지? 서의돈 유인성도 병이 안 나는데 왜 내가 앓느냐 말이다. 감옥에 있는 그들은 지금 화등잔같이 눈을 부릅뜨고 앉아 있을 건데 뭘했다고 임명빈은 병명도 없는 병을 앓고 있느냐 말이다. 약이다, 의원이다, 호강에 받혀서 요강에 똥 싼다는 말이 있긴 있지. 허허허어, 허허어!'(박경리, 『토지』)

낯을 가리다: ㉠ 어린애가 낯선 사람을 대하기 싫어하다. ㉡ 친하고 친하지 아니함에 따라 달리 대우하다. *얼굴은 핼쑥하게 야위었지만 차림새는 한이가 몰라볼 정도로 말쑥했고, 그런 그가 우주에서 온 사람만큼이나 너무나 대하기 어려운 나머지 한이는 수줍게 낯을 가렸다(함정임, 「그녀는 노래부른다」). *아직 결혼하지 않은 처녀라고 해도 믿을 것 같았다. 영섭은 며칠 사이에 부쩍 옆집 여자한테 눈길이 갔다. 무심코 쳐다보는 영섭의 시선이 부담스러워서인지 여자 쪽에서는 영섭을 보면 낯을 가렸다(원재길, 『오해(誤解)』).

낯을 붉히다: 부끄럽거나 성이 나서 얼굴빛이 붉어지다. *나는 새삼스럽게 노름은 무서운 것이라는 느낌을 금할 수 없었다. 우리들의 고상한 목적을 늘 생각하면서도 나는 놀랍게도 이기자는 노력을 하고 있는 자신을 발견하

고는 깜짝 놀라서 약단짜리를 팽개치곤 했기 때문이다. 그러고 보니 아버님 역시 그런 실수를 자주 하시는 것을 알 수 있었다. 그럴 때마다 그는 낯을 붉혔다(최인훈, 「크리스마스 캐럴 I」).

낯이 간지럽다: 떳떳하지 못하여 말하기가 듣거나 보기에 거북하다. *별수가 없이 되었으니 "네 그렇습니까" 하고 선선히 일어서야 할 것이지만 지금까지에 은근히 모시고 있던 태도에 비하여 그것이 너무 낯이 간지러운 표변임을 알기 때문에 실망이나 하는 체하고 잠시 더 앉아 있는 것이다./"거 참 큰일 났어."/K사장은 P가 낙심해하는 것을 보고 밑천이 들지 아니하는 일이라서 알뜰히 걱정을 나누어준다./"저렇게 좋은 청년들이 일거리가 없어서 저렇게들 애를 쓰니."/P는 속으로 코똥을 '흥' 하고 뀌었으나 아무 대답도 아니 하였다(채만식, 「레디 메이드 인생」).

낯이 깎이다: 체면이 떨어지다. *선비의 집 자손으로 어디 내놓아도 낯 깎일 일이 없으리라고 안심을 했고, 돌아갈 때에도 편안히 눈을 감았다(채만식, 『탁류(濁流)』).

낯이 두껍다: 낯가죽이 두껍다. 도무지 부끄러운 것을 모르도록 염치가 없다. *사람은 낯이 있다. 낯이 얇은 사람이 있는가 하면, 낯이 두꺼운 사람도 있다. 우리말과 영어가 똑같이 피부가 얇거나 두꺼운 것을 비유적 표현으로 쓴다는 사실은 흥미롭다. "낯가죽이 얇은(thin-skinned)"이라는 말은 부끄러움을 잘 타거나 소심한 성품을 묘사하고, "낯가죽이 두꺼운(thick-skinned)"이라는 말은 좀 뻔뻔하고 남의 말에 개의치 않는다는 의미를 내포한다(김용성, 『만남의 철학 이야기』).

낯이 뜨겁다: 몹시 무안하거나 부끄럽다. *"아무리 궁합이 찰떡인 조강지처래두 스물일곱 난 첩맛에 대?"/숙희가 말했다. 영실은 다시 얼굴에 불이 붙었다. '첩맛'이 라는 말에 낯이 뜨거운 건 물론이거니와, 숙희에게 너무 섭섭했다. 여태 은인 같은 친언니로 믿어 왔는데 자기를 그런 대접한다는 게 섭섭한 맘으로는 해결이 안 됐다. 그런 영실의 맘이 숙희에게 전해지고도 남

았다(이경자,『정(情)은 늙지도 않아』).

낯이 부끄럽다: 체면에 부끄럽다. *그 결과, 고유의 풍습이던 처가살이는 어느새 못난 놈이나 하는 낯부끄러운 일로 인식되기에 이르렀고, "며느리는 죽어도 시집귀신이 되어야 한다"든지 '출가외인'이란 말이 전통의 자리를 차지하여 오늘에 이르게 되었다(박은봉,『한국사 상식 바로잡기』).

낯이 설다: 낯설다. ㉠ 얼굴이 눈에 익지 아니하거나 서먹하다. ㉡ 사물이 눈에 익지 아니하다. *보랏빛 코트를 입은 은자의 모습은 사라지고 밤차는 슬픈 기적을 울리며 서울역에서 벗어나 둑을 달리고 있었다. 전혀 새로운 분위기로 옮겨버린 기차 안에 사람들은 아직은 낯이 설어서 웅성웅성하여 마음의 자리를 잡지 못 하였는가 눈빛들이 스산하다./어둠이 밀려들기 시작한 철로 연변의 풍경을 바라보고 인애는 있었다. 그는 낯이 선 분위기에 대한 불안보다 조금 전에 자기가 있었던 서울과 그리고 마지막에 본 아는 얼굴, 다정한 은자의 얼굴이 참으로 멀고 먼 곳으로 물러간 듯, 그 엄청난 거리감의 허무를 되씹어보고 있는 것이다(박경리,『녹지대(綠地帶)』).

냄새를 맡다: 눈치나 낌새를 알아채다. *한눈파는 버릇이 있는 계집아이가 술 거르는 시중을 들다가 홀저에 깜짝 놀라며/"아이구, 저기 사람 좀 보세요!"/하고 마루에서 마주보이는 산 위를 가리켰다. 유복이의 아내가 손에 체를 쥔 채 계집아이 손가락 가는 곳을 바라보니 과연 산 위에 사람이 섰는데 하나도 아니요 여럿이다. 체를 던지다시피 놓고 일어서서 발에 신을 꿰며 말며 아랫방으로 쫓아내려 와서 사람들이 앞산 위에 나섰다고 말하였다. 오가는/"사람이야?"/하고 먼저 일어나 나오고 유복이는 오주를 향하여/"잠깐 혼자 앉아 있거라."/하고 그 뒤를 따라나왔다./"사람이 셋이지?"/"셋 같지 않소. 넷인가 보우."/"손에 무엇들을 든 사람이 셋 아니야?"/"사냥꾼들인가 보우."/"요즈막 송도 군관이 자주 나오더니 냄새를 맡구 밟아 들어온 겔세"(홍명희,『임꺽정(林巨正)』).

네발(을) 타다: (쇠고기 양고기 따위) 네 발 가진 짐승의 고기를 먹으면 두

드러기가 나다.

녹초가 되다: 맥이 풀어져 힘을 못 쓰고 늘어지다. *판쇠도 사내에 대해서 그 이상 들을 수 없었다고 했다. 종혁은 묘한 마음이었다. 어떻게 된 일이 한 집에 두 사람이나 장기징역을 치른 사람이 살게 됐는가 말이다. 종혁은 많이 보아온 것이다. 징역을 사는 동안 멀쩡한 사람들이 악령의 포로가 되어 드디어 녹초가 되어 가는 과정을 말이다. 장기수들은 그들이 나갈 날을 기다리다가 가끔 악령의 포로가 돼서 엉뚱한 짓을 하였다. 통일이 됐다고 외치며 만세를 부르는 사람이 있는가 하면,/"기리티, 내사 이럴 줄 알고 있었시다. 히히히!"/하고 웬 휴지쪽을 들고 일어서선 통일 조국의 부름을 받았다는 것이었다(이정환, 『샛강』).

눈감다: ㉠ 위아래의 눈시울을 마주 붙이다. ㉡ 목숨이 끊어지다. ㉢ 남의 잘못을 알고도 모른 체하다. *행정권을 자의적으로 행사하는 것도 문제이지만 국민의 생명과 건강을 보호하기 위해 행정권을 행사해야 함에도 행정권을 행사하지 않는 것도 문제이다. 경찰권이 발동될 필요가 있음에도 경찰권이 발동되지 않거나 적당히 형식적으로만 발동하는 경우, 위법행위에 대해 단속권을 행사하지 않거나 형식적으로 행사하여 눈감아 주는 경우를 예로 들 수 있다. 불법 유흥업소에 대한 신고에 경찰이 출동은 하지만 형식적으로 둘러보고 돌아가는 것은 그 대표적인 예이다(박균성, 『경세치국론(經世治國論)』).

눈도 깜짝 안 하다: 조금도 놀라지 않는다는 뜻. *영식이는 일손을 놓고 소맷자락을 끌어당기어 얼굴의 땀을 훑는다. 이놈의 줄이 언제나 잡힐는지 기가 찼다. 흙 한 줌을 집어 코밑에 바짝 들여대고 손가락으로 샅샅이 뒤져본다. 완연히 버력은 좀 변한 듯싶다. 그러나 불통버력이 아주 다 풀린 것도 아니었다. 밀똥버력이라야 금이 온다는데 왜 이리 안 나오는지./곡괭이를 다시 집어든다. 땅에 무릎을 꿇고 궁뎅이를 번쩍 든 채 씩씩거린다. 곡괭이를 무작정 내려찍는다. 바닥에서 물이 스미어 무르팍이 흥건히 젖었다. 굿엎은 천판에서 흙방울은 내리며 목덜미로 굴러든다. 어떤 때에는 윗벽의 한쪽이

떨어지며 등을 탕 때리고 부서진다./그러나 그는 눈도 하나 깜짝하지 않는다. 금을 캔다고 콩밭 하나를 다 잡쳤다. 약이 올라서 죽을 둥 살 둥 눈이 뒤집힌 이 판이다. 손바닥에 침을 탁 뱉고 곡괭이자루를 한번 꼬나 잡더니 쉴 줄 모른다(김유정,「금 따는 콩밭」).

눈 뜨고 볼 수 없다: 참혹함이나 꼴불견의 정도가 매우 심해 차마 볼 수가 없다. *무후의 호통소리와 함께 보명은 아랫배에 화끈한 감각을 느꼈다. 순식간에 숨이 막히고 눈앞이 흐릿해졌다. 한 자쯤 되는 칼이 그의 배를 깊숙이 찌른 것이다. 칼날의 혈조(血漕)를 따라 뜨거운 피가 분수처럼 솟구치고 있었다. 피를 본 무후의 영혼은 저주스런 마성(魔性)의 눈을 떴다. 무후는 칼을 뽑았다./"무엄한 놈"/이때부터는 차마 눈뜨고 볼 수 없는 광태였다. 무후는 알아들을 수 없는 괴성을 지르며 보명의 목을 자르고 그의 가슴과 어깨, 팔다리를 무수히 난자했다. 비명 소리를 듣고 달려오던 환관들은 질겁을 하고 고개를 외면했다. 가끔씩 겪는 무후 마마의 '진노'였다. 환관들은 무릎으로 기어서 방 밖으로 달아났다(이인화,『초원의 향기』).

눈 밖에 나다: 신임을 잃고 미움을 받게 되다. *우리가 우리의 윗계급의 눈 밖에 나듯이 그네는 우리의 눈 밖에 났다. 그것은 우리나 그네나 다 같이 비열한 놈들이라는 조건하에서……/생각하면 같은 처지언만 어찌 하여 그네와 우리 사이에는 금이 그어졌는가. 우리는 어찌하여 그네를 괄시하는가. 오히려 우리네는 지식 계급이라는 간판 아래서 갖은 화장과 장식으로써 세상을 속이지만 그네들은 표리를 꼭 같이 가지고 있지 않은가. 그것이 우리보담 귀할는지 모른다. 나는 이러한 미적지근한 검은 구름에 머리를 쓰고 가슴을 만지면서도 모아 들고나는 그 꼴을 그대로 보았다. 보지 않으면 금시로 어찌 하랴? 이 금시로 어찌 하랴 하는 것도 우리네의 일종 변명이거니 느끼면서도 나는 어쩔 수 없었다. 그렇게 된 지 사흘 뒤였다(최서해,「갈등(葛藤)」).

눈 빠지다: ㉠ 눈 삐다. 무엇을 잘못 보아 실수하였을 때, 눈이 온전치 못하다고 나무라는 투로 빈정거리는 말. ㉡ 얼빠지다. 정신이 나가다. *그의 말

아들은 오래 전에 죽어버린 늙은이의 남편과 마찬가지로 '돼지'라고 별명을 듣는 심술사나운 멍청이로서 모든 일에는 돼지같이 둔하고 욕심 굳고 철딱서니 없고 소견 없는 명짜이면서도 술 먹고 담배 피우는 데는 그야말로 일당백(一當百)이었다./그래서 남의 집에서 품팔이라도 하면 돈이 손에 들어오기 바쁘게 술집으로 달려가는 터이므로 몸에 입은 옷이라고는 자칫하면 숨겨야 할 물건까지 벌름 내다보일 지경이었다./그리고 그 동생이 스물여덟에 남의 집 고용살이로 모았던 몇 냥 돈으로 장가를 들고 얼마 남은 것으로 돼지에게도 장가를 들게 해주려고 했으나 눈 빠진 사람이 아니고는 그에게 딸을 내어줄 사람이 없어 그대로 홀아비로 지내왔었다. 그랬더니 정말 천생연분이라는 것이 반드시 있는 법인지라 이 돼지에게 장가 오라는 사람이 꼭 하나 있었다(백신애, 「적빈(赤貧)」).

눈에 넣어도 안 아프다: 매우 귀엽거나 사랑스럽다는 말. *'자식은 눈에 넣어도 안 아프다'는 말이 있다. 얼마 전 눈이 아파 병원에 갔더니 의사가 빠진 속눈썹이 안구에 들어가 아픈 거라며 속눈썹을 한 개 빼주었다. 속눈썹 하나가 눈에 들어가도 아파 병원에 가는데 만일 자식을 눈에 넣는다고 가정하면 그 얼마나 아프겠는가. 그런데 우리 부모들은 '눈에 넣어도 안 아픈 자식'이라고 한다(정호승, 『당신이 없으면 내가 없습니다』).

눈에 거슬리다: 보기에 마뜩지 않아 불쾌한 느낌이 들다. *아이들에게 둘러싸여 이야기를 해줄 때, 그 여자의 시선은 절대로 한 아이에게만 고정되지 않고 모든 아이들에게 골고루 나누어졌다. 그런 '엄마'의 태도에서 한 가지 예외가 있었다면, 그것은 그 여자가 가끔 시내 예배당으로 주일 예배를 나갈 때뿐이었다. '엄마'가 시내 예배를 나갈 땐 언제나 한 사내아이만을 정해서 손을 잡고 간다는 것이었다. 그러나 그것은 아이들 중 누구도 그 아이처럼 고분고분 시내 예배당으로 예배를 보러 '엄마'를 따라가려고 하지 않기 때문이라고들 생각했다. 하지만 어쨌든 그것은 눈에 거슬리는 일이었다. 녀석의 희고 발그레한 얼굴은 '행복원'의 다른 애들과는 달리 언제나 이발소에서 갓

나온 것처럼 매끈했는데, 그런 것도 나에겐 녀석이 눈에 거슬리는 일의 하나였다(이청준, 「행복원(幸福園)의 예수」).

눈에 들다: ㉠ 눈에 바라보이다. ㉡ 마음에 들다. *어찌 생각하면 그도 남에게 돈 때문에 부리는 사람으로 같이 어려운 사람의 사정을 보아 주지 않는 것이 야속스럽기도 하나 어찌 생각하면 그럴 수밖에 없는 일이다. 그렇게라도 하여서 성적이 좋아야 집주인의 눈에 들게 되는 것이요, 집주인의 눈에 들어야 밥알이나 입에 들어갈 것이다. 그에게도 자기와 같이 여러 식구가 달려서 그의 어깨에 매달려 지내게 될 것이다. 그렇게 생각하니 볕에 그을어서 거무접접한 이마에 구슬 같은 땀을 흘리고 앉았는 그의 운명과 자기의 운명이 별로 다를 것이 없었다(최서해, 「무명초(無名草)」).

눈에 띄다: 나타나 눈에 보이다. *우리가 보통 랜드마크라고 할 때 '주변에서 두드러지게 눈에 띄기 쉬운 것' 정도로 이해하고 있다. 그렇다면 두드러지게 보이는 것은 어떤 것이 있을까?/많은 사람들이 모여 있는 광장에 있다고 하자. 여기에서 눈에 띄는 사람은 어떤 사람일까? 덩치가 엄청 크거나 키가 머리 하나 더 큰 사람은 쉽게 눈에 띌 것이고, 화려한 컬러의 셔츠나 독특한 옷이나 모자를 쓴 사람 그리고 마구 군중을 헤치고 달리는 사람도 눈에 띌 것 같다./『금지된 장소, 연출된 유혹』에서 크리스티안 미쿤다는 랜드마크를 만드는 기본적인 4가지 방법을 제시하고 있다./'크게, 눈에 잘 띄게, 그림처럼 아름답게, 의미 있게'(서재효, 『건축, 세상을 향해 소리치다』).

눈에 밟히다: 잊혀지지 않고 눈에 선하여 사라지지 않는다. *데모대가 을지로 4가를 지나고 있을 때 불현듯 불길한 예감이 들어 대열을 빠져나온 것도 그 얼굴이 눈에 밟혀서였다. 틀림없다고 우기는 내장 한구석의 직감을 뿌리치면서 헐레벌떡 자취방으로 뛰어들자, 책상 위의 쪽지 하나만이 대뜸 눈에 들어오고 있었다(이제하, 『진눈깨비결혼』).

눈에 불을 켜다: 몹시 욕심을 내거나 관심을 기울이다. *눈물이 앞을 가려 길인지 골짜긴지 모르고 재를 넘어오다가, 얼핏 아침에 늑대가 빠졌던 함정

으로 눈이 갔다. 순간 용골댁 눈에 긴장이 감돌았다. 용골댁은 한참 동안 그쪽을 보고 섰다가 치맛귀로 눈물을 말끔히 닦고 그쪽으로 발을 옮겼다. 안을 들여다보았다. 늑대가 그대로 눈에 불을 켠 채 위를 쳐다보고 있었다. 큰 개만한 늑대였다(송기숙,『자랏골의 비가(悲歌)』).

눈에 불이 나다: ㉠ 몹시 긴장하거나 머리를 얻어맞거나 하여 눈에서 불이 이는 듯하다. *"내가 이 눈깔로 똑똑히 봤는데도?"/"이놈의 새끼 그건 눈깔이 아니라 개 밑구멍이다."/둘이는 눈에 불이 나서 싸워댔다. 이러는데 그들의 앞으론 일본군 몇 놈이 숨을 헉헉거리며 기어올라 왔다. 그걸 띄어본 장경도는 총을 내대고 갈기기 시작했다. 양치근이도 총을 겨누고 갈겨댔다(천세봉,『안개 흐르는 새 언덕』). ㉡ 몹시 싫거나 미워서 몹시 거슬린다는 말.

눈에 선하다: 잊혀지지 아니하고 눈앞에 환히 보이는 듯하다. *평양의 난리 소문이 다른 사람 듣기에는 이웃집에 초상났다는 소문과 같이 심상히 들리나, 부산 사는 최항래 최주사의 귀에는 소름이 끼치도록 놀랍고 심려되더니, 하루는 그 사위 김관일이가 부산 최씨 집에 와서 난리 겪은 말도 하고, 외국으로 공부하러 가고자 하는 목적을 말하니, 최씨가 학비를 주어서 외국에 가게 하고, 최씨는 그 딸과 외손녀의 생사를 자세히 알고자 하여 평양에 왔더니, 그 딸이 대동강 물에 빠져 죽을 차로 벽상에 그 회포를 쓴 것을 보니, 그 딸 기를 때의 불쌍하던 마음이 새로이 나서, 일곱 살에 저의 어머니 죽을 때에 죽은 어미의 뺨을 대고 울던 모양도 눈에 선하고, 계모의 눈살을 맞아서 조잡이 들던 모양도 눈에 선하고, 내가 부산 갈 때에 부녀가 다시 만나 보지 못하다는 듯이 낙루하며 작별하던 모양도 눈에 선한 중에 해는 점점 지고 빈집에 쓸쓸한 기운은 날이 저물수록 형용하기 어렵더라(이인직,『혈(血)의 누(淚)』).

눈에 쌍심지를 켜다: 감정이 격해지거나 하여 눈에 핏대를 올리다. *홧김에 내키는 대로 몰아붙였지만 여자는 일단 눈에 불을 켠 뒤로는 한치도 물러서지 않았다. 한쪽 주먹을 그러쥔 채 여차하면 배를 한 대 치겠다는 기세였

다./"하아 이것 봐라? 보통내기가 아닌 걸?"/영섭은 더 이상 성질을 더 건드렸다가는 그 여자가 그 날 있었던 일을 모든 사람 앞에서 털어놓을지도 모른다는 생각이 들었다. 눈에 쌍심지를 켜고 조금씩 다가서는 꼴이 그러고도 남을 사람 같았다. 이 광경을 누군가한테 들켰다가는 큰 일이었다. 개를 좋아하다보면 성질도 개를 닮게 되는 모양이라는 생각이 스치는 순간, 영섭은 광견병을 예방할 겸 일단 퇴각하는 게 신상에 좋겠다고 결론을 내렸다(원재길, 『오해』).

눈에 어리다: 어떠한 모습이 잊혀지지 않고 뚜렷하게 머릿속에 떠오르다. *그는, 바다 위에 검은 점으로 더러 눈에 띄는 갯배들을 보며 잠시 아버지의 삶을 떠올렸다. 어제는 하루를 쉬셨지만 지금쯤 아버지도 바다에 배를 띄워 명태잡이를 하고 있을 것이다. 시름겹게 함경도 지방의 민요 <애원성>을 흥얼거리며 노를 젓고 있을 아버지의 늙은 모습이 눈에 어렸다(김원일, 「환멸(幻滅)을 찾아서」).

눈에 이슬이 맺히다: 눈물이 흐른다는 뜻. *사무실을 나가는 봉태의 뒷모습을 지켜보는 강 기사의 눈에 이슬이 맺혀 있었다(이북명, 『등대(燈臺)』).

눈에 차다: 흡족하게 마음에 들다. *동리에 소문이 났다. 주막집 처녀하고 김상인하고 정분났다는 것이다./"어린년이 눈이 높아서 양복쟁이 서방이 아니면 눈에 차지를 않고, 흥. 속 못 차렸다. 뱁새가 황여 걸음을 따라가려면 가랑이가 찢어지지."/동리 총각이 비꼬는 수작이요,/"될 일인가. 그의 삼촌이 알아보게. 당장 벼락이 내리지. 그래 양반이요 부자에다 어디 색시가 없어서 주막집 계집애를. 나이 어려 철없는 짓이지. 당장에 일이 날 걸."/이것은 봉당마루에 모여 앉은 늙은이들 수작이다(나도향, 「화염(火焰)에 싸인 원한(怨恨)」).

눈에 흙이 들어가기 전: 사람이 죽기 전. *"어차피 가야 할 길이니 빨리 떠나겠소이다. 피차간에 죽지 않으면 반드시 재회할 날이 있을 테지요. 설사 영영 못 만난다손 치더라도 내 눈에 흙이 들어가기 전에는 오명보를 잊지 못할 것이오."/손무가 그렇게 말하고 미리 대기시켜 놓았던 말에 오르려고 하는데, 근시(近侍) 하나가 대궐에서 마차 한 대를 급히 몰아 나오더니 손무를 부른다(정비석, 『소설 손자병법(孫子兵法)』).

눈을 뜨다: 깨달아 알다. *고대의 희랍민족이 도시국가(都市國家)를 건설하면서 해외로 진출했듯, 이들도 다물(多勿)·담로(擔魯)10)를 개척하면서 제해(濟海)했던 것이다. 추측컨대, 비류백제가 온조계나 초기신라(初期新羅)보다 일찍이 동이강국(東夷强國)으로 성장했던 것도, 실은 마필(馬匹)이 부족했을 고대초기부터 대량 운송수단(輸送手段)이던 해운(海運)에 눈을 떴기 때문인 듯하다(김성호, 『비류백제(沸流百濟)와 일본(日本)의 국가기원(國家起源)』).

눈을 붙이다: 잠깐 잠을 자다. *그는 조반을 먹고 나면 언제나 이렇게 한숨 눈을 붙였다. 그래야만 피로가 가시고 기분도 가벼워졌다. 이상하게도 아무 하는 일이 없는 데도 몸에서 피로가 떠나는 날이 없었다. 그렇다고 몸 어디가 고장이 난 것도 아니었다. 하는 일이 없는 노인들이 흔히 겪는 노인성 피로였다. 30분 정도 눈을 붙이고 나면 피로가 상당히 가시곤 했다. 때문에 아침 식사 후의 개잠은 반드시 치러야 하는 일이었다(윤정규, 『얼굴 없는 전쟁』).

눈이 높다: ㉠ 수준이 높은 것에만 관심을 두고 여간 것은 시시하게 여길 만큼 거만하다. *동리에 소문이 났다. 주막집 처녀하고 김상인하고 정분났다는 것이다./"어린년이 눈이 높아서 양복쟁이 서방이 아니면 눈에 차지를 않고, 흥. 속 못 차렸다 뱁새가 황여 걸음을 따라가려면 가랑이가 찢어지지."/동리 총각이 비꼬는 수작이요, "될 일인가. 그의 삼촌이 알아보게, 당장 벼락이 나리지. 그래 양반이요 부자에다 어디 색시가 없어서 주막집 계집애를.

---

10) 백제어(百濟語)로 읍성(邑城)을 뜻한다. 『양서(梁書)』「백제전(百濟傳)」에, "도성은 고마, 읍은 담로라 하는데 이는 중국의 군현과 같다(號所治城曰固麻, 謂邑曰檐魯, 如中國之言郡縣也)"라 기술하고 있다. 이어서 "전국에는 22개의 담로가 있었는데 왕자와 왕족이 각 지방 장관으로 임명되어 통치했다(其國有二十二檐魯, 皆以子弟宗族分據地)"라고 기술하고 있다.

나이 어려 철없는 짓이지. 당장에 일이 날 걸."/이것은 봉당마루에 모야 앉은 늙은이들 수작이다(나도향, 「화염에 싸인 원한」). ㉡ 사물을 보는 안식이 높다.

눈이 뒤집히다: 어떤 일에 정신을 팔려 이성을 잃을 지경이 되다. *"이것 참 답답한 일이구만."/전봉준은 입술을 빨았다. 또 당할 것은 불을 보듯 훤한 일이었다. 어제 경군 화력에 당해봤으면서도 저렇게 날뛰고 있으니 답답하기 짝이 없는 일이었다. 그러나 눈이 뒤집힌 사람들을 진정시킬 방법이 없었다. 앞에 나서서 설치는 사람들은 집을 잃은 사람들이라 일반 농민군과는 달리 전주 두령들 손안에 들어오지도 않았다. 서영두를 비롯한 농민군 우두머리들도 그들 서슬에 밀려다니고 있었다(송기숙, 『녹두장군(綠豆將軍)』).

눈이 맞다: 두 사람의 눈치가 서로 통하다. *"큰일이라니. 또 먼 일을 저지르고 자빠졌단 말이오?"/"아까, 왜놈이야, 양놈이야, 이런 놈들이 우리 궁중을 제놈들 안방 들어댕기대끼 들어댕긴다고 했는디, 그것이 그냥 안방 출입만 하고 마는 것이 아니라 이 예팬네가 왜놈 한나 하고 눈이 맞았다는 것 같소."/"아니, 멋이라우? 명색이 임금 예팬네가 왜놈 하고 눈이 맞아라우? 그라면 왜놈하고 서방질을 했단 말이오?"/모두 입이 떡 벌어졌다. 신 삼던 손이나 새끼 꼬던 손들을 멈추고 모두 멍청한 표정으로 사내 얼굴을 건너다보고 있었다(송기숙, 『녹두장군』).

눈이 멀다: ㉠ 눈이 보는 힘을 잃다. ㉡ 실명하다. ㉢ 어떤 일에 몹시 마음이 쏠리어 이성을 잃다. *제자들이 밤새도록 헛되이 욕망의 그물질을 되풀이하던 그 욕망의 바닷가에 예수님께서 서 계셨지만, 제자들은 예수님을 알아보지 못했다. 욕망에 눈이 먼 제자들에게 예수님이 보일 리가 없었다. 개역 개정판 성경에는 "예수께서 바닷가에 서셨으나 제자들이 예수이신 줄 알지 못하는지라"로 번역되어 있다. 즉 예수님께서는 과거형으로 서 계시고, 제자들은 현재형으로 예수님을 알아보지 못하는 것으로 되어 있다(이재철, 『복음(福音)을 삶으로 행동(行動)으로』).

눈이 삐다: 무엇을 잘못 보아 실수하였을 때, 눈이 온전치 못하다고 나무라는 투로 빈정거리는 말. *소 두령이 어물과 구운 굴비에 토장국에다 기름이 잘잘 흐르는 이밥을 지어 한상 차려 들어왔다. 길산1)이 인사조로 말하면서 수저를 들었다./"우리 때문에 공연히 욕보네."/"아니올시다. 장 두령께서 산채에 오시면 가장 큰성님이시라고 모두들 그러셨지요. 저희들이 눈이 삐어 봉변을 당하셔서 뵐 낯이 없습니다"(황석영, 『장길산』).

눈치를 채다: 남의 마음의 태도를 알아채다. *"동네 사람들이 모두가 눈치를 챈 것만 같아서 날마동 나는 똑 죽겠소 어지께도 댁에 일하로 가서 본게 쟁우댁이 꼭 눈치를 챈 것만 같습디다."/예동댁은 이상만이 손을 밀어내며 징징 우는 소리를 했다./"눈치를 채기는 어뜨코 눈치를 챘단 말이여? 이라고 있으면 시간만 가잖여?"/이상만이가 성난 소리로 채근했다(송기숙, 『녹두장군』).

눈코 뜰 새 없다: 몹시 바쁨을 이르는 말. *"세희한테 혹시 연락이 오마 여러 번 편지를 부쳤띤데 이적지 메아리가 없어 내가 섭섭해 하더라꼬 전해래이. 가시나가 아무리 공부한다꼬 눈코 뜰 새 없다 캐도 엽서라도 한장 띄울 수 있을 낀데…… 목딱 겉은 가시나 아이가."/사뭇 엉뚱한 곳에 발길질이었다./"누야가 참아야제. 오죽 바빴이마 편지조차 안하겠노. 누야가 날 봐서라도 봐조라."/"오이냐. 내 맘이 심란해가꼬 부러 트집잡아봤으니 몬 들은 거로 해래이."/갈림길에 이르러 헤어지려는데 순자네 삽짝 밖에 까막골양반이 나와 있었다. 세진이 자신이 뜨끔한데 순자는 여북하겠는가. 그는 "저녁

---

11) 조선 숙종 때의 도적인 장길산(張吉山)은 『조선왕조실록(朝鮮王朝實錄)』의 『숙종실록(肅宗實錄)』 권24 '숙종(肅宗) 18년 임신(壬申) 12월 정해조(丁亥條)'에 "임금이 의식을 갖추고 대신들과 비국의 여러 재상(宰相)들을 만나보았다. 이때 도둑의 우두머리 장길산이 양덕 땅에 남의 눈에 띄지 않도록 몸을 감추고 있으므로, 포도청에서 장교를 보내어 덮쳐서 잡도록 했었는데 관군이 놓쳐 버렸었다. 대신이 그 고을 현감에게 죄를 묻도록 하고 다른 고을들을 미리 조심하여 단속하도록 청하니, 임금이 그리하라 했다(引見大臣備局諸宰, 時賊魁張吉山, 圈易ămǎ地, 捕盜廳遣將校掩捕, 官軍失捕, 大臣請罪其縣監, 以警他邑, 上可之)"라는 기사에 그 이름이 보인다. 황석영은 『조선왕조실록』의 짧은 기사에서 대하소설 『장길산』의 모티브를 찾았다.

자이십니꺼"란 밤인사만 달랑 남기고 몸을 뺐다(김태연, 『그림 같은 시절』).

다리품을 팔다: *㉠ 길을 많이 걷다. *내친 김이라 남경사는 치안국에다 전과자 조회(照會)를 내보았다. 역시 마찬가지였다. 직감을 자극하는 짙은 범죄의 냄새에도 불구하고 조동팔과 민요섭은 적어도 법적 차원에서의 범죄와는 무관했다./거기다가 더욱 이상한 것은 그들의 주민등록이었다. 거기까지는 착실하게 옮겨 가며 다녔으나 그때부터는 더 움직이지 않고 있었다. 정확히 3년 6개월의 행적이 이제는 더 추적조차 하기 어려운 어둠 속으로 자취를 감춰 버린 것이었다. 남경사는 그때 그들이 데리고 있었던 소년들 중 하나라도 만나 보려고 백방으로 뛰어다녀 보았지만 끝내 허사였다. 기껏 한나절 호되게 다리품만 팔다가 대구로 돌아가는 기차에 지친 몸을 싣고 곯아떨어진 게 고작이었다(이문열, 『사람의 아들』). ㉡ 품삯을 받고, 남의 심부름으로 먼 길을 걸어서 다녀오다.

다리를 놓다: 상대자와 관련을 짓기 위하여 사이에 딴 사람을 넣다. *이렇게 사내와 딸 사이로 다리를 놓다가, 놓다가도 결국은 명구와 예쁜이는 갈라지고야 말았다./예쁜이는 밥 먹을 턱은 없고 하여 하는 수 없이 읍으로부터 몇 고개 넘어가 무초리라는 곳에서 술장사를 시작하였다(강경애, 「어머니와 딸」).

담을 쌓다: 담쌓다. 관계를 끊다. *복거일의 앞선 산문집들이 그렇듯, 국제어 시대의 민족어 역시 체계적인 저술은 아니다. 저자가 여기저기 흩어놓았던 글들 가운데 민족주의에 관련된 짤막한 글들을 모아놓은 듯한 이 책은, 그러나 그의 이전의 산문집들이 그랬듯, 자유주의라는 커다란 틀 안에서 민족주의 문제를 살피며 세상사를 바라보는 혜안을 보여주고 있다./예컨대 재일동포들이 차이나타운을 본떠 카와사키시에 코리아타운을 세우려 한다는 소식을 걱정스러워하며 그가 "이민의 궁극적 목표는 낯선 사회에 살러 간 사람들이 그 사회의 완전한 구성원들이 되어서 아무런 차별대우를 받지 않게 되는 상태"라고 말할 때, 또 일본과의 사이에 독도 문제가 불거지자 곧바

로 무력시위라는 충동적 외교를 선택한 당시 김영삼 대통령을 비판하며 "경제에 무지한 대통령이 경제에 해를 입히는 데는 한도가 있지만 민족주의를 자신의 정치적 목적에 서슴없이 이용하는 정치지도자는 단숨에 나라를 망칠 수 있다고" 경고할 때, 또 우리 사회 일각의 반일 감정이 '손해를 좀 보더라도 민족적 자긍심을 지키면서 일본과 담을 쌓고 살자'는 태도에까지 이르는 것을 고약한 패배주의라고 비판하면서 "이웃나라들과 담을 쌓고 지내는 것은 그들과 관계를 맺지 않는 것이 아니라 가장 나쁜 관계를 맺는 것"이라는 점을 상기시킬 때, 또 '국적을 가진' 작품을 만들라는 주문의 분별없음을 일깨우며 "어떤 예술작품의 '국적'은 그 자체로 가치를 지닌 것이 아니라, 그것이 그 작품의 예술적 가치를 높이는 한도 안에서 가치를 가진다"고 지적할 때, 또 '국익'이라고 불리는 흔히 모호하고 정리되지 않는 개념을 좀 더 또렷이 드러내려면 "그런 국익이 궁극적으로는 어떤 개인들의 이익들로 환원되는가"라는 물음을 던져보라고 그가 권할 때, 그의 그런 발언들은 민족주의에 깊이 침윤된 우리 언론이나 지식인들의 주류 담론과 배치되는 것이어서 어떤 독자들을 불편하게 하겠지만, 곰곰 생각해보면 그 발언들을 비판할 여지가 거의 없다(고종석, 『감염된 언어』).

대포를 놓다: ㉠ '허풍을 치다'의 결말. ㉡ '터무니없는 거짓말을 하다'의 결말.

더위를 먹다: 여름철에 더위에 걸리다. *더운 여름날 당신은 그 고구마 밭에 아기구덕을 지고 가 김을 매었다. 옴팡진 밭이라 바람이 넘나들지 않았다. 고구마 잎줄기는 후줄근하게 늘어진 채 꼼짝도 하지 않았다. 바람 한 점 없는 대낮. 사위는 언제나 조용했다. 두 오누이가 묻힌 봉분의 뗏장이 더위 먹어 독한 풀냄새를 내뿜었다. 돌담 그늘에는 구덕에 아기가 자고 있었다. 당신은 아기구덕에 까마귀가 날아들까 봐 힐끗힐끗 눈길을 주면서 김을 매었다. 이랑을 타고 아기구덕에서 아득히 멀어졌다가 다시 이랑을 타고 돌아오곤 했다. 호미 끝에 때때로 흰 잔뼈가 튕겨 나오고 녹슨 납 탄환이 부딪쳤

다. 조용한 대낮일수록 콩 볶는 듯한 총소리의 환청(幻聽)은 자주 일어났다. 눈에 띄는 대로 주워냈건만 잔뼈와 납탄환은 삽십 년 동안 끊임없이 출토되었다. 그것들을 밭담 밖의 자갈더미 속에다 묻었다(현기영, 「순이 삼촌」).

덜미가 잡히다: ㉠ 약점을 잡히다. ㉡ 꼬리를 밟히다. *경계를 겨냥하고 압록강을 건넌 종구는 김치근의 말대로 봉변을 당한 것은 아니었지만 난감한 지경에 빠진 것은 사실이었다. 수자리들에게 색출당해 덜미가 잡힌 것도 아니었고, 등빙을 하다가 물에 빠진 것도 아니었지만 신직수가 출타하고 집에 없었기 때문이었다. 며칠을 정탐해 봐도 신직수가 없다는 것을 알아챈 종구는 꿩 대신 닭이라, 한밤중에 헐숙청으로 숨어들어서 잠자고 있는 겸인이란 놈을 통째로 엮어서 북천교 아래 잔풍한 곳에다 내려놓았다. 아갈잡이한 것을 풀어준 뒤 신직수의 행방을 물었다. 시퍼런 동삼에 잠자다가 잡혀온 겸인은 사시나무 떨 듯하다가 종구가 만주에서 건너온 자객임을 알아챈 뒤로는 진땀을 흘리기 시작하였다. 겸인의 볼멘소리에 낭패가 된 사람은 종구였다(김주영, 『야정』). ㉢ 어떤 단서를 제공하게 되다.

덤터기를 쓰다: ㉠ 남의 걱정거리를 넘겨 맡다. ㉡ 억울한 누명이나 오명을 쓰다. *"그래도 조심하는 게 낫지. 걔네들이 나이롱환자를 한두 번 겪어봤겠어요? 걔네들은 척하면 삼천리라니까. 통박 굴리는 데는 선수라구. 내가 입원 하던 날 안 그럽디까? 합의가 될 때까지 시도 때도 없이 들이닥칠 거라고, 나중에 우리 병원까지 덤터기 쓰는 일은 없도록 해주셔야지. 생각해서 원장님이 수술까지 해주셨는데. 그만 식사들 하고 쉬세요"(김지우, 「디데이 전날」).

도마 위에 오르다: 어떤 사물이나 비판의 대상이 되다. *해방 후 친일 미술이 본격적인 논쟁의 도마 위에 오른 것은 40년 가까이나 지난 83년 『계간미술』이 '한국 미술의 일제 식민지 잔재를 청산하는 길'이란 특집 기사를 내면서다(이주헌, 『20세기 한국의 인물화: 수줍게 뒤돌아선 누드』).

된서리를 맞다: ㉠ 되게 내리는 서리를 맞다. ㉡ 모진 재앙을 당하거나 타

격을 받다. *성애소설이 금지되자 방중술에 관한 여러 문헌과 성을 묘사한 책들도 된서리를 맞고 지하로 숨어들게 되었다. 문인들도 문자옥이라는 족쇄를 피하기 위해 성애에 관한 글은 아예 쓰지 않았다. 성문제를 말하는 것조차 극단적으로 꺼렸고 성적인 문제로 구설수에 오르는 것을 최고의 수치로 여기게 되었다(김명석, 『역사 속 중국의 성문화(性文化)』).

독이 오르다: ㉠ 독살이 치밀다. *그런데 어떤 날(그것은 연실이가 학교를 그만둔 지 만 일 년쯤 뒤였다) 연실이는 동무이던 어떤 계집애의 집에 놀러갔다가 그곳서 불쾌한 일을 보았다. 불쾌한 일이라야 계집애들 특유의 일종의 시기일 따름이었다. 그때 마침 그 동무 계집애는 자기의 동무와 무슨 이야기를 하다가 연실이가 오는 것을 보고 입을 비죽거리며 이야기를 멈추어 버렸다./이 기수를 챈 연실이는 불쾌한 낯 색으로 앉아 있다가 드디어 제 동무에게 따져 보았다. 따지다가 종내 충돌되었다. 이 엠나이(계집애) 저 엠나이 하면서 맞잡고 싸우기까지 하였다. 그리고 잔뜩 독이 올라서 제 집으로 돌아왔다(김동인, 「김연실전(金姸實傳)」). ㉡ 고추 따위에 약이 오르다.

독을 올리다: 남을 건들어서 독살이 나게 하다.

등골이 빠지다: 견디기 힘들 만큼 고된 일을 하여 진기가 빠지다. *내 고향 당숙은 등골 빠지게 일군 외지고 가파른 산기슭에 있는 그 화전을 모두 묵히어 두었다. 그 묵정밭에는 실망초도 없고 명아주도 없고 쑥들도 없다 오직 개망초들만 군락을 이루어 살고 있다 그 묵정밭에 서서 마을 앞 예수교당 마당의 벚나무숲과 빨랫골의 아카시아 숲을 본다(한승원, 「묵정밭」).

뒤끝이 없다: ㉠ 마음속의 분노를 밖으로 다 쏟아내어 속이 시원하다. ㉡ 한 번 결정이 난 일이나 지적한 일에 대해서 트집을 잡거나 혹은 뒷말을 일삼지 않고 결과에 대해 깨끗하게 인정하고 더 이상 신경 쓰지 않는다. *내가 모든 노름을 해보았다는 건 허풍이 아니다. 미국은 전세계에서 가장 노름이 발달한 나라다. 거기서 못해볼 노름이라곤 없다. 그 사람들은 일상적으로 노름을 한다. 농구나 야구, 아이스하키나 미식축구 같은 프로 스포츠가 발달한

것도 노름을 좋아하는 사람들이 끊임없이 돈을 걸기 때문이다. 일상적으로 많은 돈을 걸지 않는다. 5달러, 10달러이다. 이겨도 져도 깨끗이 지불한다. 어릴 때부터 그런 문화가 몸에 배서 그런지 뒤끝이 없다. 약속을 어기고 도망가는 건 상상할 수 없다. 있긴 하겠지만 한번 그런 사람으로 낙인이 찍히면 다시는 노름을 할 수 없다. 노름을 할 수 없다는 것은 인생의 반 이상을 포기하는 것이나 마찬가지다. 한두 번 거짓말을 할 수는 있겠지만 거듭하면 거짓말쟁이로 낙인이 찍힌다. 그러면 인생의 나머지 반을 포기해야 한다. 노름에 져서 돈 안 내고 도망갔다가 잡혀서 돈 없다고 거짓말하면 인생이 끝나는 게 미국이다(성석제, 「꽃피우는 시간: 노름하는 인간」).

뒤끝이 흐리다: 어떤 일의 끝맺음이 확실하지 않다. *"이모, 내가 언제 주눅이 들었다고 그래?"/영애가 또 파르르 했다."너무 주눅이 안 들리고 조바심하는 것처럼 주눅들어 보이는 것도 없다, 너."/나는 나 하고 싶은 말만 다 하고 나서 시침 딱 떼고 돌절구 속의 금붕어를 들여다보았다. 겨울을 나는 동안 수초는 다 죽고, 금붕어도 한 마리밖에 남아 있지 않았다. 남은 한 마리도 아까 영애 손끝에 매달렸던 죽은 놈처럼 붉은 빛의 생기가 바래 사색(死色)이 완연한 게 밑바닥에 조용히 머물러 있었다. 모로 눕지 않았다는 게 그놈이 아직 죽지 않았다는 유일한 표시였다. 마당 구석에서 이끼를 뒤집어쓰고 엎어져 있는 돌절구에다 금붕어를 기를 생각을 해낸 건 영애였다. 그건 처음부터 영애가 해낸 생각이라기보다는 어디서 보고 들은 흉내일 수도 있었다. 그녀는 어떤 부자 친구네서 옛날엔 짐승의 먹이통이나 했음 직한 돌확을 응접실에 들여놓고 금붕어와 수초를 기르는 걸 보았는데 참 보기 좋더라 하면서 집 안에서 그와 유사한 걸 찾다가 돌절구를 발견했다. 곧 그 오지게 무거운 걸 힘들여 마루로 옮겨 놓고 금붕어와 수초를 사다 넣었다. 그러나 그녀는 시작보다는 뒤끝이 흐린 편이어서 처음에 신바람을 낼 때와는 딴판으로 곧 관심도 안 가지게 돼, 한겨울을 나는 동안, 열 마리의 금붕어 식구가 한 마리로 줄었다. 돌 사이에 남아 있을 독한 양념 냄새 때문일까? 나 역시

금붕어가 죽어 나갈 때마다 그 정도의 관심을 가져보는 것 외엔 달리 어째 볼 도리가 없었다. 그 돌절구는 맵고 짜고 양념이 진한 남도김치를 즐기는 남편을 위해 고추와 생강을 넣고 갈 때 쓰던 거였다. 남편이 혈압이 높다는 걸 알고 맵고 짠 음식을 삼가게 되면서부터 마당 구석으로 밀려나 잊혀졌다(박완서, 「저녁의 해후(邂逅)」).

듣기 좋은 꽃노래도 한두 번이지: 듣기 좋은 노래도 자꾸 들으면 싫다. *다음날 바닷가로 가는 자동차에서 나의 고통은 시작되었다. K1은 K2에게 봄날에 어울리는 선곡을 부탁했고, (술이 덜 깬) K2는 휴대전화로 인터넷 음원 사이트를 뒤지더니 장사익12)씨 버전의 <봄날은 간다>를 골랐다. 좋은 노래라는 건 안다. 봄날에 어울리는 노래라는 것도 안다. 장사익 씨의 노래 실력도 인정한다. 손로원13) 선생의 작사도 기가 막히다는 걸 인정한다. 하지만 나는 장사익의 목소리를 듣는 내내 괴로웠다. 여기에 딱 어울리는 문구가 있다. 듣기 좋은 꽃노래도 한두 번이지(김중혁, 「봄비보다 봄, 달변(達辯)보다 눌변(訥辯)」).

들통나다: 비밀이나 잘못이 드러나다.

등에 업다: 남의 세력에 기대다. *다시 말해서 실학사상은 기존 질서에 대한 반기였다. 양반 중심의 유교적 사회가 실학의 비판대 위에 오르자, 문학에서 이에 발맞추어 양반 사회를 풍자적으로 비꼬며 대중의 문제로 주제 의식을 삼는 경향이 짙어졌다. 이 시대의 문학의 특성을 보면, 그러한 반항 정신의 낌새를 알 수 있다. 또한 문학어로서의 주인 노릇을 하던 한자가 서서히 한글에 밀려나가기도 했으니, 진실로 서민을 위한 것임과 동시에 때로는 서민에 의한 문학이 태동하게 된 셈이다./『춘향전』은 바로 이러한 시대적 배경을 등에 업고 태어났다. 따라서 『춘향전』은 사랑의 문학이라는 평가 이면

---

12) 가수. 국악인. '한국적으로 노래하는 소리꾼'으로 평가받고 있는 장사익의 대표곡은 <찔레꽃>이다.
13) 작사가. 손로원의 대표작은 <귀국선>, <물방아도는 내력>, <백마강>, <잘 있거라 부산항>, <님 계신 전선>, <경상도 아가씨>, <봄날은 간다> 등이 있다.

에 항상 잊지 말아야 할 것 가운데 하나가 곧 저항의 요소라 하겠다(한형곤, 『이탈리아 문학의 연구』).

등을 돌리다: 뜻을 같이하던 사람이나 단체와 관계를 끊고 돌아서다. *나쁜 놈의 자식들, 각하와 내가 어디 구멍가게의 츄잉껌이냐, 마당굿 판의 사물이냐./생각하면 생각할수록 기가 찬 노릇이었다. 그러나 어찌하랴. 이미 여론은 그들 내외로부터 완전히 등을 돌려버렸고, 평소 수족처럼 부리고 있던 신하들도 마음을 돌렸으니 말이다(하성란, 「돼지꿈 해몽법(解夢法)」).

등치고 간 내먹다: 다른 사람에게 해를 끼쳐놓고 그 서슬에 자기의 잇속을 채운다는 말. *"언니 왜 이러세요?"/명희는 말리려 든다. 그러나 강신혜는 만만하게 주저앉을 성미는 아니다. 다만 명희 앞이어서 많이 자제하는 눈치였다./"사모님 흥분이 지나치십니다. 피차가 다 손님인데 삼가는 것이 좋겠습니다."/"나도 교양 있다 그 말이군. 남의 등치고 간 내먹는 교양 말이냐?"/"술 취한 사람을 상대하지 말라, 우리 아버님이 그렇게 말씀하셨지요"(박경리, 『토지』).

딴 주머니를 차다: 다른 속셈을 가지거나 일을 꾀하다. *"송충이는 솔잎을 묵어야 산다 안카더나."/"와 아니라요, 장사는 장사눈이 밝은 사람이 하는 기라요, 우리 식구들 월선이 국밥집에 냄기놓고 판술아배는 돈 번다고 구리광산으로 갔는데 우리 식구가 몇입니까? 주렁주렁 매달린 애새끼들, 참말 이제 목구멍에 밥이 안 넘어갑디다. 월선이사 부치(부처) 겉은 여자니까 굶어도 함께 굶고 묵어도 함께 묵자 했지마는 임이네는 어디 그렇십니까? 더군다나 월선이 몰래 딴 주머니 차고, 국밥값 빼돌리는 데는 비호 겉고 구신 같았인께 그를 보는 우리 식구들 눈의 까시였지요."/"그 제집 능히 그랬을 기다. 그러고도 남았일 기다"(박경리, 『토지』).

딴전을 보다: 어떤 일을 하는데, 그 일과는 상관이 없는 아주 딴 말이나 딴 짓을 하다. *훈이가 대학에 다니는 4년 동안 내내 대학가는 어수선해서 데모, 휴교, 조기 방학의 악순환의 연속이었다. 데모가 있을 때마다 나는 훈

이가 그런 데 휩쓸릴까 봐 애를 태우고 미리미리 타이르고 했다./"행여 그런 데 끼지 마. 관심도 갖지 마. 너는 기술자가 될 사람야. 세상이 어떻게 되든 밥벌이 걱정은 안 해도 될 기술자란 말야. 기술자는 명확한 해답을 얻어낼 수 있는 문제에만 관심을 가지면 되는 거야. 알았지?"/그리고는 혹시 꼬임에 빠져서라도 그런 데 끼어들었다간 졸업 후 취직도 못하고 일생 망치기 십상이라고 공갈을 쳤고, 너는 꼭 대기업에 취직해서 안정된 생활을 누리고 예쁜 색시 얻어 일요일이면 카메라 메고 동부인해서 야외로 놀러 나갈 만큼은 재미있게 살아야 한다고 설교를 했다. 훈이는 한 번도 말대꾸하는 법이 없었지만 거칠고 대담한, 그리고 경멸하는 듯한 시선으로 나를 쏘아봤다. 그러면 나는 괜히 부끄러워져서 딴전을 보며 지껄여댔다. 나는 부끄럼을 타면서도 꽤나 줄기차게 그런 말을 훈이에게 했었나 보다. 대학교 졸업반 때 나는 돈의 여유가 좀 생긴 김에 훈이에게 카메라를 하나 사주고 싶어 의향을 물어 봤더니 단호하게 거절하며 하는 말이/"고모, 난 카메라라면 지긋지긋해. 이가 갈려. 생전 그런 거 안 가질 거야"(박완서, 「카메라와 워커」).

딴죽을 걸다: ㉠ 씨름이나 태껸에서, 발로 상대편의 다리를 옆으로 치거나 끌어당겨 넘어뜨리는 기술. *밤나무 썩은등걸/딴죽걸어 걷어차고//후미져 성난 물이/콸콸소리 지를 제면//바위에 졸던 다람쥐/깜짝놀라 숨느니(최남선, 「우이천(牛耳川):기이(其二)」). ㉡ 이미 동의하거나 약속한 일에 대하여 딴전을 부림을 비유적으로 이르는 말. *천둥이여, 가령/내 머리와 갈비뼈 속에서 우르렁거리다/말다 하는 내 천둥은/시작과 끝에 두려움이 없는 너와 같이/천하를 두루 흐르지 못하지만, 그래도/이 무덤 파는 되풀이를 끊고/이 냄새 나는 조직을 벗고/엉거주춤과 뜨뜻미지근/마음 없는 움직임에 일격을 가해/가령 어저께 나한테 "선생님/요새 어떻게 지내세요"라고/떠도는 꽃씨 비탈에 터잡을까/망설이는 목소리로 딴죽을 건/그 여학생 아이의/파르스름 과분(果粉) 서린 포도알 같은 눈동자의/참 그런 열심히 마름하는 치수로 출렁거리고도 싶거니(정현종, 「천둥을 기리는 노래」)

마(魔)가 끼다: 마가 들다. 어떤 일을 하려는데 훼방이나 장애가 생기다. *그들에겐 재봉틀이 큰 밑천이었다. 가정용하고 달라서 오버루크도14) 되고 아무리 두꺼운 천도 척척 넘어가는 공업용 미싱은 값이 비쌌다. 그들은 미싱15)을 두 대 놓고 영업하기를 벌써 몇 년 전부터 계획해왔다. 그러나 그만한 목돈이 모일만 하면 꼭 마(魔)가 끼었다. 월세 보증금을 껑충 올려 달라기도 하고 아이가 큰돈 들 병을 앓기도 하고 사기를 당하기도 했다. 작년에 그가 믿거라 하던 친구에 당한 사기로 또 한 번 목돈을 날리자 그 벌충을 하려고 아내가 한 푼을 쪼개 써가며 안달을 떤 덕에 거의 그만한 목돈이 모여 가는 중이었다. 그때가 바로 마가 끼기에 가장 적절한 시기였다(박완서,「재이산(再離散)」).

마음을 놓다: ㉠ 안심하다. *그들은 한결같이 자기의 짐짝 때문에 마음을 못 놓고들 있다(정연희,「대합실」). ㉡ 무관심하거나 의욕을 버리다. *눈을 한 차례 쏟고 나서 다시 두꺼운 구름들을 모으는 음산한 바람처럼 지숙의 마음에도 갈기갈기 찢긴 구름들이 어지럽게 흘렀다./지숙은 꼭 산꼭대기에 마음을 놓고 내려온 사람처럼 멍한 얼굴이었다. 아무런 표정도 없었다. 그녀는 가끔 고르지 못한 눈자위를 말아 올려 하늘을 쳐다보면서 걸었다(문순태,『걸어서 하늘까지』).

마음을 먹다: 무엇을 하겠다는 생각을 가지다. *1957년 '반우파투쟁'16)으로 55만여 명의 무고한 지성인들이 숙청을 당해 전국 각지의 강제노동수용소들이 공전의 호황을 누릴 때, 그리고 잇달아서 들이닥친 '대약진' '인민공

---

14) 오버로크(overlock). 휘갑치기(바느질 방법의 하나).
15) 어원: 일본어(mishin ミシン), 영어(machine). '재봉틀(裁縫-)'을 속되게 이르는 말.
16) 1957년 중국 전국을 휩쓴 '반우파투쟁(反右派鬪爭)'은 1957년 4월, 민주적 당파의 인사나 지식인들이 관료주의, 종파주의, 주관주의에 대한 정풍운동을 펼쳐 중국 공산당에 대한 비판의 목소리를 높이면서 시작됐다. 마오쩌둥(毛澤東)은 중국 공산당 기관지『인민일보』에 "공산당에 대해 악의에 찬 공격을 하며 그 지도권을 부정하고자 하고 있는 부르조아 우파들에게 반격을 가해야 한다"는 논설을 기고했다. 그 후 중국 공산당은 '반자산계급우파투쟁(反擊資産階級右派鬪爭)'을 본격적으로 전개하여 비판자들을 우파로 몰아 숙청했다.

사'로 말미암아 아사자들이 속출할 때, 나는 비로소 체어맨 마오에 대한 개인숭배의 미망에서 깨어나기 시작했다./가중되는 정치적 압박과 극단적인 궁핍(굶주림)은 나의 반발심을 더욱 불러일으켰다. 마침내 나는 1인 독재의 해악을 낱낱이 폭로해 만천하에 경종을 울리기로 마음을 먹었다. 마음은 먹었어도 깜냥 없는 속이 자꾸 후들후들 떨리기만 하니, 이를 어쩌랴(김학철,『20세기의 신화(神話)』).

마음을 쓰다: ㉠ 걱정하거나 염려하다. ㉡ 남에게 좋은 마음을 베풀다.

마음을 잡다: 마음을 다잡아 가라앉히거나 바로 가지다. *허균의 아내는 기생집을 들락거리는 남편에게 질투심을 드러내지 않고 따뜻하고도 진지하게 충고를 해 그가 마음을 잡고 글공부를 하도록 이끌어주었다. 그녀는 늦은 밤까지 남편 앞에 마주앉아 허균이 글공부 하는 모습을 흐뭇하게 지켜보았고, 남편이 깜빡 졸면 "공부를 게을리 하지 마셔요. 내 숙부인(淑夫人) 직함이 그만큼 늦어진답니다" 하고 농을 하면서 격려해주었다. 그뿐만이 아니다. 그녀는 넉넉하지 못한 살림을 지탱하기 위해 길쌈을 했고 집안을 잘 다스렸으며 홀어머니도 정성껏 모셨다(김태형,『심리학자, 정조의 마음을 분석하다』).

마음이 무겁다: 걱정이 많다. *겨우 공노인이 주선해준 것이 객줏집에 야채를 팔러오는 아낙네 집인데 용정에서는 상당히 거리가 있는 외진 곳의 농가였다. 서희는 멀리 떨어져 가는 것을 잘된 일이라 하여 찬성이었고 그 농가에 가보고 온 길상은 마음이 무거웠다. 그러나 달리 방도가 없는 바에야 하는 수 없는 일이었다. 김훈장을 찾아가서 이러저러한 집이 있기는 있으나 음식도 험할 것이요 비바람을 가릴 정도로 퇴락한 방인데 어떻게 할까 보냐고 했었다. 김훈장은 숨이 트이는 듯 얼굴이 환해지며 기뻐했다(박경리,『토지』).

맥을 못 추다: 힘을 못 쓰다. *학교도 참 어렵사리 졸업했다. 체질도 야행성이어서 낮에는 맥을 못 추다 어둠이 깃들 무렵에야 눈빛이 또렷해지곤 하는 것이다. 이런 체질은 어쩔 수 없이 성격에도 영향을 미쳐 나는 20대까지

심한 조울증에다 우울증을 앓고 살았다. 늘 밤낮을 바꿔 살다 보니 사람을 만날 기회도 별로 없었다. 남들은 단꿈을 꾸며 자는 동안 나는 올빼미처럼 혼자 이곳저곳을 기웃거리며 다니기가 일쑤였다. 그러다 보니 나는 숯처럼 외로운 사람이 되었고 어느 날 내게 빛을 가져다 줄 사람을 몽매에도 그리워 하게 되었다. 그리고 나도 향양성(向陽性)의 존재임을 깨달았던 것이다. 비록 늦긴 했으나 사람이 빛이라는 걸 알고 나서 나는 비로소 안대를 풀고 세상 밖으로 나왔다(윤대녕, 「빛」).

맥이 빠지다: 맥 빠지다. 실망하거나 의욕 따위가 상실되어 기운이 없어지다. *한국 교회 젊은이들이 최근 들어 갑자기 맥이 빠진 것은 아니지만, 교회 젊은이들이 맥이 빠져버린 것만은 부인할 수 없는 것 같습니다. 게다가 이 젊은이들이 기백만을 상실한 것이 아니라, 더 깊숙한 곳에서 정체성 위기에 시달리고 있다는 사실이 우리를 슬프게 합니다(한완상, 『한국 교회여, 낮은 곳에 서라』).

머리가 굳다: 생각이 완고하거나 무디다.

머리가 크다: 나이를 먹고 자라다. *그들이 그렇게 사는 동안 정옥은 부산 남자와 결혼했다. 부산에서 태어나 부산에서 학교 다닌 도시 남자다. 남편의 어머니는 자갈치 시장 상인들을 상대로 하는 식당에서 종업원으로 20년째 일하고 있고, 아버지는 트럭운전을 하다가 운전해서 버는 돈보다 지입료17)니 보험료로 나가는 돈이 더 많아 결국 빚을 지고 트럭을 팔아 빚을 갚고 난 뒤로 20년째 실업자로 늙어가는 중이었다. 남편은 그런 부모의 맏이이자 여섯 동생의 형이자 오빠였지만. 이건 순전히 정옥의 판단이긴 하지만. 손에 흙 한번 묻히고 살아본 적 없는 도시 남자였는지라 끝없이 자기 부모 원망하면서 성장하였다. 머리가 커지자 부모를 향한 원망이 이제 사회를 향한 원한

---

17) 기업의 화물운송과 관련된 물류업무를 대행할 차량 및 기사를 공급하는 행위를 지입이라고 하고, 개인이 차량을 구입하여 물류회사에 차량위탁 관리비를 납부하는 것을 지입료라고 한다.

으로, 적의로 변질되어 갔다. 그와 헤어진 이유라면 그것이 이유다. 성실하게 일해서 먹고 살 생각보다는 크게 한탕해서 일확천금을 노리는 곳으로 시선이 옮아갔다(공선옥,「홀로어멈」).

머리를 굴리다: 머리를 써서 이것저것 생각하다. *머릿속이 근질거렸다. 머릿속에 작은 생명체들이 꿈틀거리는 것 같았다. 내 머릿속에 잉태된 것은 무엇인가. 누가 내 머리에 구멍을 뚫고 시간의 정충들을 방사했는가. 머리는 왜 자궁이 되었나. 머리를 흔들 때마다 출렁거렸다. 피가 몰렸다. 붉게 달아올랐다. 멍투성이의 머리 자궁이 부풀어 올랐다. 자궁이 열렸다. 딱딱한 두피에 조각조각 금이 가고 껍데기가 벗겨지고 쪼개지고 작은 머리들이, 머리 쪼가리들이 머릿속에서 쏟아져 나와 제멋대로 해변을 굴러다녔다. 수많은 나의 머리 쪼가리들이 끼리끼리 작당해 모래머리, 이빨머리, 탄환머리가 되었다. 서로 다른 언어와 몸짓으로 싸움을 벌였다. 질투로 시기로 점철된 눈빛을 교환하며 서로가 서로를 음해하고 조롱했다. 결국 서로의 혀를 잡아 뽑고 안구를 도려냈고 살점을 물어뜯고 씹어 삼키고 뱉었다. 그 어떤 어휘와도 조합될 수 없는 언어의 피톨이 터졌다. 머리 쪼가리의 시체들이 즐비했다. 모래머리, 이빨머리, 탄환머리, 모두가 패배했다. 머릿속에서 빠져 나온 머리 쪼가리들은 두 번 다시 머리로 돌아갈 수 없었다. 아무리 머리를 굴려도 머리가 되지 않았다. 기억이 돌아오지 않았다. 기억이 돌아오지 않는 순간에도 새로는 기억들이 망각의 실핏줄을 터뜨리며 모래의, 이빨의, 탄환의, 혈관 속으로 주입됐다(김태용,『숨김없이 남김없이』).

머리를 깎다: ㉠ '중이 되다'의 뜻. *이미 당나라 황실과 조정은 측천무후18) 미랑의 놀라운 정치역량으로 권력이 집중되고 있었다. 그러므로 기나

---

18) 유명한 목재상 무사확(武士彟)의 둘째딸로 태어난 측천무후(Wu Hou, 則天武后, 625~705)의 이름은 조(照)이고, 아명은 미랑(媚娘)이다. 당나라 고종(高宗)의 비(妃)로 들어와 황후(皇后)의 자리에 올라 고종을 대신하여 실권을 쥐었으며, 고종이 죽은 뒤에는 자기 아들인 중종(中宗), 예종(睿宗)을 차례로 황제의 자리에 오르게 하였다. 690년에 나라 이름을 주(周)로 바꾸면서 스스로 성신황제(聖神皇帝)라 칭하여 중국 역사상 유일한 여자 황제가 되었다. 705년 장간지(張柬之) 등이 정변을 일으켜 황제

긴 고종 연간은 고종 자신을 허수아비로 만드는 세월이기도 했다./바로 이런 시대에 철저하게 비정치적인 변방에서 혜능은 처음으로 머리를 깎은 것이다. 머리를 깎고 절에 들어가 수행을 한 다음 도를 얻은 것이 아니라 모든 것을 거꾸로 시작했다./먼저 도를 얻고 그 도를 이어받아 남몰래 숨어 다니다가 이제야 머리를 깎는 수행자의 첫걸음을 내딛기 시작하였다(고은, 『소설 선(禪)』). ⓒ '징역살이를 하게 되다'의 뜻.

머리를 맞대다: 함께 의논을 하다. *북한 인권문제를 예로 든다면, 북한 인권문제를 어떻게 다루느냐는 민족의 운명이 걸린 문제니까, 여야, 진보와 보수가 자기 입장에서 유리하게만 문제를 다루지 말고, 머리를 맞대고 어떻게 다뤄야 우리 민족의 미래를 희망적으로 만들어갈 수 있는지에 대한 길을 찾아보고자 하는 것이 올바른 방법입니다. 그래야 진정 민족을 아낀다고 말할 수 있습니다(도법, 『지금 당장: 도법 스님의 삶의 혁명』).

머리를 숙이다: 탄복하여 수긍하거나 경의를 나타내다. *만주사변 전만 하여도 시형이 자기 남편을 하늘같이 떠받치었으며 그래서 자기들까지도 시형이 군말 없이 생활비를 대주었던 것이나 일단 만주사변이 일어나고 그리고 이 용정 사회가 돌변하면서부터는 시형도 마음이 변하여 끔찍하게 알던 그 아우를 밤낮으로 욕질을 해가며 역시 자기네 모자를 한결같이 대하였다. 그래서 일체 생활비도 대주지 않는 까닭에 승호 어머니는 남의 어멈으로 들어가게 되었던 것이다. 그리고 특히 일 년 전에 남편이 객지에서 죽었다는 기별이 왔을 때 시형은 오히려 좋아하는 눈치를 보였기 때문에 승호 어머니는 있는 악이 다 치밀어서 큰 싸움을 하게 되었으며 그 후로는 아주 발길을 끊고 말았던 것이다. 그런데 오늘 이렇게 그가 머리 숙여 들어간대야 시형네 내외가 물론 덜 좋아할 것을 뻔히 아는 터이고 해서 그는 이렇게 주저하고 망설이지 않고는 견디지 못하였다(강경애, 「모자(母子)」).

머리를 얹다: ㉠ 여자의 머리를 두 갈래로 땋아 엇바꾸어 양쪽 귀 뒤로 돌

의 자리에서 쫓겨났다.

려서 이마 위쪽에 한데 틀어 꽂다. ⓒ 전날, 아기 기생이나 여자 종이 자라서 머리를 쪽지다. *홍련은 김(金)거사의 말이 묘옥에게서 나오자 홀로 한숨을 푹 내리쉬었다. 김거사는 홍련이 행중으로 들어올 때 화방사에서 처음으로 인연을 맺어 머리를 얹어 준 젊은 거사였다. 그러나 행중이 뿔뿔이 흩어지면서 중매구 패거리는 이쪽 저쪽의 사당패19)로 섞이고 흘러들었던 것이다. 홍련은 아직도 첫남자인 그를 잊지 못하고 있었다. 워낙에 장터마다 걸립패며, 괴뢰배며, 상당패, 재인패 등등이 떼를 지어 흘러 다니니, 만나보기란 이미 까마득한 일이었다. 집과 땅과 처자권속을 잃은 유민들은 재주를 이것저것 익혀가지고는 광대로 떠돌았던 것이다. 따라서 장터와 향시를 흘러 다니는 광대들은 날이 갈수록 늘어가고 있었다(황석영, 『장길산』). ⓒ 처녀가 혼인을 하다.

머리를 흔들다: ㉠ 싫어하거나 부인하는 뜻을 나타내다. *"홍실이 위험해! 위험하다니까!"/어느새 잔교 위에 뛰어오른 박영진이 홍실의 등을 떠밀었다. 지친 듯하면서도 애정이 마디마디 깃든 박영진의 목소리는 이상하게 노동민의 마음을 흔들었다. 위험을 피했던 사람들이 하나 둘 잔교 위에 뛰어오르기 시작했다. 노동민도 배에서 뛰어내리긴 했으나 지홍실 가까이에는 다가가지 못하였다./'쇠밧줄을 왜 저렇게 밖으로 걸어놓았는가? 쇠밧줄이 팽팽해지면 위험할 수 있다.'/노동민은 가슴을 조이며 불안한 눈길을 떼지 못하였다. 무거운 쇠들보가 하나하나 부두에 옮겨지자 그 무게에 눌리웠던 잔교가 물 위로 점점 떠올랐다./"어서 내려가거라. 어서!"/박영진은 또다시 지홍실의 등을 떠밀었다./"일 없어요."/지홍실은 고집스럽게 머리를 흔들었다. 이마 위에 흘러내린 머리가 해풍에 날렸다. 지홍실은 그것이 성가신 듯 자주 손으로

---

19) 사당패(寺黨牌). 조선시대 후기에 각 지방을 돌면서 노래와 춤을 추던 유랑예인집단. 사당패의 책임자는 모갑이라 했고, 그 밑에 남자 거사와 여자 사당이 있었다. 모갑이는 예술면에서 책임자이며 거사는 자기 밑에 사당 1~2명을 데리고 예술적 지도와 생계 꾸리는 것을 맡았다. 이때 사당은 연희 이외에 매춘도 하여 해의채(몸값)를 받기도 했다.

이마의 머리를 쓸어 넘기면서도 물러서려고는 하지 않았다. 지홍실은 일손을 다그치면서도 우등의 불빛이 희미한 잔교 한끝에서 사람의 그림자가 얼른거리는 것을 보는 일순간 바라보기는 하였으나, 그가 노동민임을 알아보지 못하였다. 이어 지홍실은 흔들리는 잔교를 든든히 비끄러매기 위하여 정강이를 넘는 바닷물을 가르면서 저쪽으로 달려갔다. 마주 달려오던 노동자들이 지홍실을 에워쌌다(현승걸, 『아침해』). ⓛ 몹시 싫어 진저리를 치다.

머리칼이 곤두서다: 무섭거나 놀라서 신경이 곤두서다. *얼어붙었던 대지가 철을 맞아 지르르 녹아나기 시작할 무렵이었다. 밤이 되면 추위가 뼛속에 스며들었다. 으스름달밤. 현은 보초를 서다가 틈을 탔다./덮어놓고 서쪽으로 달리면 된다는 막연한 계획이었다. 숨겨두었던 건빵 두 주머니, 통조림 한 통, 캐러멜 두 개를 끼고 밤새 허리까지 오는 마른 잡초 사이를 걸었다. 몇 번 뒹굴어 손등과 얼굴을 긁혔다. 끝없는 대지 위 칠흑(漆黑) 속에서 현은 머리카락이 곤두서는 공포에 떨었다. 지구 밖 어두운 허공 속에 혼자 던져진 느낌이었다. 그대로 지옥으로 열린 문을 향해 걷고 있는 것 같았다(선우 휘, 「불꽃」).

명암이 엇갈리다: 기쁜 일과 슬픈 일 또는 행복과 불행이 서로 바뀌다. *2차 세계대전 이후의 신생독립국가에는 산업화와 민주화라는 두 가지 과제가 있었다. 이것을 실현하기 위한 방법에는 세 가지 길이 있었는데 산업화를 먼저 하느냐, 민주화를 먼저 하느냐 그렇지 않으면 이 두 가지를 함께 하느냐 하는 것이었다. 그런데 어느 길을 택했는가에 따라 명암이 엇갈렸다. 하버드대학교의 경제학 교수 로버트 배로(Robert Joseph Barro)는 1994년에 발표한 「민주주의는 성장을 위한 처방인가」라는 논문에서 산업화를 먼저 한 나라만이 성공했다고 밝혔다. 그는 이것을 증명하기 위해 100여 개 신생국을 대상으로 실증조사를 했다. 그 결과 1인당 국민소득이 낮아지는 나라는 갈수록 자유를 잃어간다는 사실을 입증했다. 한국, 대만, 싱가포르가 성공한 나라로 꼽혔다. 나라 형편이 어려워지면 박정희라는 인물을 그리워하는 사람들이 자꾸 늘어

나고 있는 이유를 생각해보아야 한다(최서영,『내가 본 현장 여울목 풍경』).

명함도 못 내밀다: 도저히 상대가 되지 않아 감히 나서지도 못하다. *아버지를 싫어하는 세상의 아들들이란 능력이 닿는 한에서 아버지에게 저항하지만 결국 닮게 마련이다. 그것도 자신이 싫어했던 부분만. 다행인지 불행인지 아버지의 아들들 중에 난봉꾼은 없다. 적어도 내가 알기로는 그렇다. 세상은 더 많이 바뀌었고 집안에 돈은 없었으며 아버지가 우리 형제들에게 물려준 자질이란 그런 악조건 아래서는 명함도 못 내밀 정도의 것에 불과했다(박현욱,『아내가 결혼했다』).

모골이 송연하다: 몸이 옹송그려지고 털끝이 쭈뼛해질 정도로 아주 끔찍하다. *술김에도 나는 모골이 송연해졌다. 아홉시 뉴스에 종종 간첩단이네 지하당이네 하는 사건들이 터져 공안검사들이 연락책이니 자금책이니 하는 직함을 써 붙인 조직표를 그려 놓고 기자 회견을 하는 광경이 방송되던 시절이었다. 그런 방송을 볼 때의 느낌이란 반신반의, 그리고 두려움이었다. 세상이 온통 간첩으로 우글거리는 것이 아닌가 하는 두려움. 그리고 어쩌다 재수 없으면 나 같은 별 볼일 없는 자도 저런 조직표에 이름이 내걸리게 될지도 모른다는 두려움이 그것이었다. 가끔 저런 사건을 만들어내어 공표하는 자들의 목적은 바로 그런 것인지도 몰랐다(최인석,「모든 나무는 얘기를 한다」).

목구멍에 풀칠하다: 굶지 않고 겨우 먹고 살아가다 *"오빤 뭣하러 사는지 몰라?" 이게 날더러 하는 소리다. 물론 나 따위는 거들떠보지도 않고 외면한 채 하는 소리인 것이다. 그래도 어머니만은 좀 다르다. "얘, 미국이구 뭐구 밥부터 먹어야겠다. 목구멍에 풀칠도 제대로 못하는 주제에 미국은 다 뭐니." 이러한 어머니를 대장은 점잖게 나무라는 것이다. "원 저렇게라구야 아이들의 웅지(雄志)를 북돋아 주지는 못할망정 그 무슨 좀된 소리요. 그러니까 한국 사람은 천생 이런 꼴을 못 면하는 거여!" 그러자 3남매는 일제히 어머니를 몰아세우는 것이다. 비록 밥을 굶는 한이 있더라도 미국유학만은 꼭 해야 한다는 것이다. 정계나 학계에 출세한 사람들의 이름을 여럿 들어

보이며, 그들은 모두 미국 유학을 했다는 것이다. 그 중에서도 지웅(志雄)이는 고학의 길이 얼마든지 있다는 것을, 실례와 세밀한 숫자까지 일일이 들어가며 웅변조로 나오는 것이다. 마침내 모친도 누그러져서, "오냐, 오냐, 그러문야 작히나 좋겠니. 하 답답해하는 소리다. 될 수만 있으면 미국은 한 번씩 다녀와야지. 암 그렇구말구" 하고, 그 가느다란 목을 주억거려 보이는 것이다. 그리고 나면 결론이나 내리듯이 대장은 극히 만족한 어조로 중얼거리는 것이다. "오냐, 다섯 놈이 모두 박사, 석사 자격을 얻어가지고 미국서 돌아만 와 봐라!" 5남매가 미국서 박사, 석사 학위를 얻어 가지고 귀국하게 된 것처럼 대장은 신이 나는 것이다. 그러다가 문득 윗목에 누워 있는 나를 발견하고 나서 대장은 무슨 모욕이라도 당한 듯이 노려보는 것이다. "죽어라, 죽어!" 그러나 그 이상 더 만족할 만한 욕설이 얼른 떠오르지 않아서 대장은 입만 쭝깃쭝깃거리다가 외면하고 마는 것이다. 나는 약간 실망하는 것이다. 왜냐하면 "죽어라, 죽어!" 소리 뒤에는, 고무장갑 같은 대장의 손이 내 따귀를 갈기는 것이 거의 공식화되어 있었기 때문이다. 이러한 식구들 가운데서 나만 정말 아무 것도 아닌 것이다. 암만해도 자신이 미국을 가야 할 하등의 이유도 나는 발견하지 못하는 것이다. 미국은 고사하고 나는 요즘은 대학에도 제대로 나가지 못하는 것이다. 그것은 납부금을 제때에 바치지 못해서만도 아닌 것이다. 물론 그것이 하나의 중요한 동기이기는 하다. 그러나 그보다도 나는 주위와 자신의 중압감을 감당해 나갈 수 없는 것이다. 이 대가리가, 동체가, 팔다리가, 그리고 먼지와 함께 방 안에 빼곡 차 있는 무의미가 나는 무거워 견딜 수 없는 것이다(손창섭,「미해결(未解決)의 장(章)」).

목에 핏대를 세우다: 몹시 노하거나 흥분하다. *여느 때 그는 늘 자기 아버지의 생각이 잘못되어 있음을 지적하고, 그것을 바로잡아 주려고, 목에 핏대를 세운 채 목청을 높여 말을 해주곤 하였었다. 여기서 시아버지 김달진 씨는 그러한 아들의 말에 호락호락 머리를 끄덕이거나, 네 생각 네 하고 내 생각 내 하자는 투로 왼고개를 트는 위인이 아니었다(한승원,「산초나무」).

목에 힘을 주다: 거만하게 굴거나 남을 깔보는 듯한 태도를 취하다. 매우 자랑스러워하거나 뻐기다. *그러므로 교회에서도 높은 자가 낮은 자를 섬겨야 합니다. 목사나 전도사는 있는 힘을 다해서 성도를 섬기려고 애써야 합니다. 장로도 마찬가지입니다. 장로는 평신도 중에서 가장 어른이기 때문에 성도들에게 고개를 숙여야 합니다. 그런데 장로님들 중에 집사나 안수집사일 때에는 참으로 친절하고 열심히 봉사하시다가 장로 배지를 달면 목에 힘을 주고 큰소리하는 분이 있습니다. 대부분은 잘합니다. 100명 중에 98명은 잘하는데, 그 중에 한두 분이 목에 힘을 주고 어깨에 힘을 주어서 지역장, 구역장들에게 상처를 주고 눈물을 흘리게 만드는 것입니다(조용기, 『마태복음 강해 IV』).

목을 걸다: 소중한 목을 내놓고 어떤 일을 하다. 목숨을 걸다. *"광대가 사람을 곧잘 웃기고 또 울리고 한다던데 그것을 듣는 사람들이 천한 사람이기에 가능한 일이요, 기백이 있고 감정에 좌우되지 않는 사대부야 그렇게 할 수 없을 것이다. 만약 네가 나를 소리로써 울린다면 천금의 상을 내릴 것이요, 그렇게 못하면 목을 내어 놓을 수가 있겠느냐."/명창 이날치는 목을 걸고 이 사대부 재상의 내기에 응했다. <심청가>의 클라이맥스인 심청이가 눈먼 아버지를 위해 몸을 팔아 인당수 물에 빠지러 가는 날 아침, 이별 장면에 이르자 그 애절한 목소리에 재상은 자신도 모르게 흐느끼고 있었다(이규태, 『한국인의 힘 2』).

목을 빼다: 몹시 초조하게 기다리다. *경상 감사 인형은 제 아우를 잡아 올린 뒤 이제나 저제나 대궐 소식만 목을 빼고 기다렸다. 이윽고 고대하던 임금의 교지가 도착하였다. 인형은 북쪽 대궐을 향하여 네 번 절하고 교지를 받아 들었다(정정목, 『홍길동전』).

목을 빼들다: 무엇을 보려고 목을 곧추세워 길게 하다. *먼동이 튼다/강물이 언 줄도 모르고/오리는 빛이 쏟아지는/저쪽을 바라본다//물을 젓던 갈퀴를/그대로 강물 아래 놓고/불안의 긴 목을 빼든 채/눈발 사이에 떠 있는 빛

같은/털을 바람에 흩날린다(박형준,「오리」).

목을 죄다(조이다): 몹시 괴롭혀 살기 힘들게 하다. *그는 지난날의 경험, 지금의 형편을 설명하고 이렇게 덧붙였다./"부산을 봉쇄하면 적의 목을 완전히 조이는 것이 됩니다만 그것은 힘에 부치는 일입니다. 한산도에 버티고 적의 남해 진출을 막는 것은 9분 정도 적의 목을 조이는 것이고, 이것이 우리 수군의 힘의 한계올시다"(김성한,『7년 전쟁』).20)

목을 축이다: 목이 말라서 물이나 술 따위를 마시다. *황진이./그대의 목에는 뱀이 있네./그대 열다섯 살 땐가 그대를 짝사랑하던 이웃집 머슴 녀석이 죽어 뱀이 되었다./그 뱀이 그대의 목을 감고 있네./녀석의 혼이 관 뚜껑을 뚫고 뱀으로 변해 칠흑처럼 어두운 산길을 타고 목마르면 산 계곡 물에 목을 축이고 황진이네 방을 찾아들었지(최인호,「황진이 1」).

목이 달아나다: 직위에서 떨려나다. *"말이라고 다 하는 게 아니지."/"물론이죠. 틀린 말은 해서는 안 되죠."/"아니야, 옳은 말이라도 다 하는 게 아니란 뜻이야."/"그래요. 옳은 말이라고 다 해서는 안 되죠. 옳은 말을 하다가 목이 달아난 사람들이 얼마나 많은 데요. 아마 틀린 말을 해서 목이 달아난 사람들보다 더 많을 거예요."/"반드시 목이 달아난대서가 아니야. 목이 제자리에 잘 붙어 있더래도, 바른말이라고 나불나불 다 하는 게 아니란 뜻이야."/"바른말 한다고 모두 목이 달아날라구요. 세상에는 목이 달아나도 말을 하는 사람이 있고, 안 달아나도 못하는 사람이 있겠지요. 혀를 위해서 목을 희생하는 것도 썩 현명하다고는 할 수 없지만, 목을 위해서 혀를 희생하는 것도 꼭 잘한 짓이라고만은 할 수 없어요. 하물며 목이 떨어질 위험이 없는 데도 혀를 희생해야 하다니, 그건 어리석고 비겁해요." 철순이가 단호하게 말했다(서정인,「철죽제」).

---

20) 1984년부터 1989년까지 5년 동안『동아일보』에 연재한 후, 1990년『임진왜란』(전7권, 행림출판사)이라는 제목으로 출판했던 것을 2012년『7년 전쟁』(전5권, 산천재)으로 재출간했다.

목이 막히다: 어떤 감정이 북받쳐서 목소리가 잘 나지 않다. *어머니에게서 전화가 왔다/어머니의 목소리는 떨리고 있었다/나는 밤새도록 잠을 못 자고 있었다 어머니의/떨리는 목소리에 우선 가슴부터 철렁했다//재홍이는……거기 갔드냐……//웬일이세요, 이렇게 아침 일찍?/응…… 내가 니인데 머 부탁할 일이 하나 있가나……/동생은 첫휴가를 나왔었다 그가 귀대하는 날 아침/나는 3만 원을 주자는 아내에게 단호히 2만 원만 줘서 보내라 했다//아버지는 잘 계시고요? 응……인자 논에 나가셨다……/아버지는 대구 공사장에서 내려오신 거로 게군/우린 논을 다 팔았다 시골집은 저당 잡혀 있고/웬일이세요, 말씀해 보시라니까요, 통화료 올라가요……//아버님이 아무 일 없으시다면 우선 걱정은 어머닌데/이렇게 전화를 하시는 걸 보니 무슨 갑작스러운 노릇은 아닌 듯하고//어머니와 나는 지지난 달에 똑같이 한양대신경정신과엘/들렀다 나는 신경쇠약이고 어머니는 나보다도 더 심하시다/조금만 움직여서도 픽 쓰러지시고 가슴은 마구 둥당거리신단다//야야……내가 이거 자식한테 처음 하는 말인데……//어머니는 순간 목이 콱 막혀 오셨다 돈이 얼마쯤 필요해가……/나도 순간 목이 콱 막혀 왔다 어 얼마가 필요하세요, 어무이……/나는 순간 눈물이 핑 돌았다 한 9만년, 아니, 딱 7만년만 하모 되겠구나……//나는 더욱 눈물이 핑 돌았다 어머니의 가슴 두근거리는 소리가 마구 들려오는 듯했다/예에, 그걸 뭐 그렇게 어렵게 얘기하세요 아무 걱정 마세요 어무이……(박남철,「어머니」)

목이 빠지다: 오랫동안 몹시 애태우다. *제비가 날기 공부를 익힐 때였다. 모질고 사나운 놀부는 구렁이 오기를 목이 빠지게 기다렸다. 축문을 지어 제사도 드렸다. 그러나 기다리던 구렁이는 오지 않았다. 대발 틈에 다리가 부러지면 친친 동여서 살려 주겠다고 밤낮으로 빌었다. 그래도 제비는 떨어지지 않았다(손연자,『흥부전』).

목이 붙어 있다: ㉠ 살아남아 있다. *그는 코를 무척 심하게 골았고 나는 죄지은 사람처럼 야윔하게 앉아서 그를 지켜보았다. 내 스스로 아무리 생각

해보아도 도저히 영문을 알 수 없었고 종잡을 수 없었다. 모든 것이 믿어지지 않았지만 그렇다고 별수도 없었다. 누군가에게 전화를 하려 했지만 전자수첩을 찾을 수 없었다. 휴대폰 번호와 집 번호와 사무실 번호가 서로 마구잡이로 엉켜 머릿속을 돌아다녔기에 전화 너머에는 항상 다른 사람이 나오곤 했다./나는 그 사람을 세차게 흔들었다. 커다란 몸에 야리고 가는 목이 붙어 있어 자칫 심하게 흔들면 목이 떨어져나갈 것 같았다./"이보시오, 대체 당신은 누구요? 아무리 봐도 여기는 내 집인 것 같소만……"/그는 투상스레 눈을 뜨고는 기지개를 켰다. 그리고는 나를 한동안 직수굿하게 바라보았고 이어 한심하다는 듯이 말했다./"도대체 내게 원하는 게 뭐요?"/나는 말더듬는 더퉁아리처럼 웅얼거렸다. 모든 것이 궁금했기에 무엇부터 물어야 할지 선뜻 생각나지 않았다. 내가 말을 못 하고 있자 그는 찜부럭을 내며 다시 잠을 청하려 했다. 나는 그의 어깨를 외틀면서 다급하게 물었다./"아내……제 아내는 어디 있습니까?"/그는 꽤나 웃긴다는 듯이 지싯거리며 말했다./"당신 아내를 내가 어찌 아오."/그러면서 그는 다시 고개를 베개 안으로 파묻었다. 이내 코고는 소리가 들렸고 나는 방 밖으로 나왔다. 오직 무언가 찾아야 한다는 생각뿐이었다. 그러니까 여기가 내 집이라는 것을 증명할 실마리라든가, 단서 같은 것들을. 그래서 경찰에 신고해 저기 점령군 같은 사내를 쫓아내고 어서 아내를 찾아야만 한다는 생각뿐이었다(박성원, 「실마리」). ⓒ 어떤 직위에 겨우 머물러 있다.

목이 잠기다: (목이 쉬어서) 목소리가 제대로 나오지 않다. *"이눔아, 정신 채려! 명창덜이 부르는 춘향가나 적벽가만 소린지 아냐. 요것도 뜬뜬허구 냉랭헌 사람덜 맘얼 흔들고 울리고 웃기고 그려서 가심에 맺힌 것얼 풀어줘야 허는 소리여. 그리 한눈폴아 갖고 목구녕서 그런 소리가 나오겄냐."/늙은 거지의 사정없는 호통이었다./사흘이 지나고 닷새가 되자 쉰 목이 잠겨버렸다. 그 때쯤에 득보는 어깨춤과 바가지를 두들기는 장단과 가락을 한덩어리로 어우러지게 하는 묘미를 깨닫고 있었다(조정래, 『아리랑』).

목이 타다: 물이 매우 마시고 싶어지다. *어둑해진 폐교 앞마당에서 시낭송 듣는데/나는 건성이고 잔디밭의 저이들은/제법 솔깃한 귀를 가졌다//잔디밭에 뿌린 호박 넝쿨처럼 앉은 저이들은/어디서 귀를 가지고 왔는지 모르게 귀가 솟고/내 건성 귓바퀴엔/여름을 꼴깍 넘긴 밤새 소리가 두런두런 걸려들고/내가 목이 출출한 벅수처럼 서 있다 보니//풀밭 한가운데 놓인 소주 박스에서/갓난쟁이 업은 여인이 소주 두 병을 부끄러운 듯 뽑아드는 거였다/어둠 풀밭에 목이 타서 묵묵히 앉아 있는 서방님 생각엔 듯(유종인, 「밤인사」)

몸에 배다: 익숙해지다. *나는 소설 쓰기를 근육의 작용이라는 식으로 말해버렸다. 고개를 저으며 거부 반응을 보이는 사람을 예상할 수 있다. 그러나 나는 내 생각을 견지해야겠다. 소설 쓰기는, 내 경험에 의하면, 학습되는 것이 아니라 숙달되는 것이다. 기술을 익히는 것이 아니라 길들이는 것이다. 말하자면 한 편의 소설은, 그 소설이 씌어지는 시간까지의 그의 전 삶의 과정의 투사다. 그때까지 먹고 듣고 보고 읽고 느끼고 배우고 경험한 모든 것들이 몸과 근육을 만든다. 소설은 그 근육의 움직임이다. 몸에 배어 있는 것들이, 배어 있는 것들만이 밖으로 배어 나오는 것이다. 그러니 언제 어떻게 새로운 근육을 만들겠는가(이승우, 『소설을 살다』).

몸이 달다: 몹시 하고 싶거나 기다려져 마음이 조급해지다. *저는 제 손아귀에 들어온 이 짐승을 어떻게 요리할까 궁리를 했습니다. 어쨌든 저는 놈이 동고의 이름을 달고 있을 때 놈을 욕정의 늪 속으로 끌고 들어가야 했으니까요. 궁리 끝에 중요한 것은 시점이라는 걸 알았습니다. 놈을 불러내는 시점, 어느 시점에서 불러내는 것이 놈을 무너뜨리는 데에 가장 효과적인가, 하는 것이었습니다. 놈은 재봉틀 얘기로 몸이 달아올랐습니다. 몸이 달아오르자 동고의 허울을 벗고 달아나 댄싱 울프로 변신해서 명월이를 불러 일을 치렀던 것입니다. 실패했지만 한 가지 알 수 있었던 사실은 놈은 몸이 달아오르면, 달아오른 그 몸을 기어코 풀어야 한다는 것이었습니다. 문제는 그 '기어코'지요. 그 기어코의 시점에 놈을 혼란에 빠뜨린다면 일은 쉬운 것입니다.

수단과 방법을 가리지 않을 그 시점에 놈의 파멸이 기다리고 있을 것입니다(이명행, 『사이보그 나이트클럽』).

무섬을 타다: 무서워하는 느낌이 있다. *무섬 잘 타기로 유명한 왕눈이 김 서방은 숨을 죽이고 살려 달라는 듯이 나에게로 바짝 붙었다(이효석, 「도시와 유령」).

물불을 가리지 않다: 온갖 장애나 위험을 무릅쓰고 닥치는 대로 행동하거나 일을 밀고 나가다. *오늘은 3월 10일 근로자의 날이다./그동안 일년 삼백육십오일 동안/밤낮을 가리지 않고 물불을 가리지 않고 일해줬다고/손가락이 잘려나간 줄도 모르고 팔목이 잘려나간 줄도 모르고 일해줬다고/자본가가 노동자에게 상을 주는 날이다/피 묻은 감투상을 주며 노사협조의 건배를 드는 날이다/오늘은 5월 1일 메이데이 날이다./한사람은 만인을 위해 만인은 한사람을 위해/만국의 노동자들이여 단결하라 외치며/투쟁의 무기를 치켜든 날이다(김남주, 「깃발」).

물거품이 되다: 희망이 사라지다. *기억하고 있으므로 나는 안다. 그날 아내는 점심시간에 회사 근처 광화문 우체국에 들러 장인 생신 선물로 구입한 등산용 재킷을 부쳤고 결혼기념일이어서 저녁에는 연애 시절 종종 함께 갔던 신촌의 레스토랑에서 나를 만나 외식을 했고 집에 돌아오는 길에 대형 할인 매장에서 장을 보았다. 초 단위까지 기재된 한 개인의 소비에 관한 목록은 그러나 그 개인의 삶에 대해 아무것도 증거하지 못한다. 난수표 같은 그 종이 쪼가리에는 화폐로 교환된 취향만 있을 뿐 드라마가 없기 때문이다. 이를테면 이마트의 구매 내용은 이튿날 아침의 메뉴로 북엇국과 방울토마토 샐러드를 암시하고 있지만 2002년 4월 2일 아침 아내는 밥을 짓지 않았다. 내가 아버지의 거래 은행에 보증인으로 서명했다는 사실을 아내가 뒤늦게 알게 되어 심하게 다투었기 때문이다. 아내의 분노는 보증을 섰다는 사실이 아니라 자신과 사전에 상의하지 않았다는 사실에 근거했다. 아내가 알게 되었을 때 상황은 이미 돌이킬 수 없었다. 요컨대 아내는 돈이 아니라 믿음에

대해 이야기하고 있었던 것이다. 그러므로 차마 말을 꺼낼 수 없었다는 나의 변명은 아내의 날 선 분노 앞에서 궁색했다(김경욱, 「장국영이 죽었다고?」).

물망에 오르다: 주로 높은 직위의 인재를 뽑을 때 유력한 인물로 지목되거나 어떤 일에서 성공할 가능성이 많은 대상으로 점쳐지다. *도정 이하전은 선조의 부친인 덕흥대원군의 장손으로 종친 중에 가장 학문이 높고 인품이 훌륭하여 헌종이 승하했을 때 사왕의 물망에 올랐던 사람이었다. 그러나 장김의 사주를 받은 당시의 왕대비 김씨에 의해 강화의 초동인 철종이 임금으로 보위에 오르고 이하전은 오히려 역적의 누명을 쓰고 죽임을 당했다. 이하전은 왕대비 조씨가 유난히 총애하던 종친이기도 했다(이수광, 『나는 조선(朝鮮)의 국모(國母)다』).

물 샐 틈 없다: 조금도 빈틈이 없다. *백섭이 물었다./"야습이 좋겠습니까?"/"아니다. 신새벽부터 개시하여 중화참쯤에 된목이골을 들이쳐야지, 때를 놓치면 사읍의 군졸이 한 달쯤 고생하게 될 것이다."/이제 기찰이 물샐틈없이 끝났으니 구월산의 식구들은 관군의 손바닥 위에 있는 것이나 다름없었다(황석영, 『장길산』).

미역국을 먹다: ㉠ 시험에서 떨어지다. *시험에서 떨어지거나 경쟁에서 탈락하는 경우 '미역국을 먹었다'는 표현을 쓴다. 이럴 때 왜 미역국을 먹었다고 하는지 외국인은 물론 한국인도 궁금해 하는 사람이 많다. 왜 하필이면 미역인지 외국인의 입장에서 보면 참으로 재미있는 말이다. '미역국을 먹었다'는 표현에는 우리의 아픈 역사가 숨어 있다./구한말 고종이 만국평화회의가 열리는 네덜란드 헤이그에 밀사를 파견한 사건을 구실로 일제는 1907년 고종을 폐위시키고 우리 군대를 강제로 해산한다. 군대가 해산함으로써 나라는 더욱 위기에 처하고 일자리를 잃은 군인들은 매우 곤궁한 상황에 빠지게 된다. 여기에서 '미역국을 먹었다'는 표현이 쓰이기 시작했다고 한다./이때 '미역국을 먹었다'는 말이 사용된 것은 다소 엉뚱하지만 군대의 '해산(解散)'과 아이를 낳을 때 '해산(解産)'이 발음이 같기 때문이라고 한다. 우리 나

라에서는 전통적으로 산모가 아이를 낳으면 미역국을 먹는다. 미역에 산모가 필요로 하는 영양소가 풍부하게 들어 있음을 간파한 조상들의 지혜 덕분이다. 이처럼 여자들이 해산할 때 미역국을 먹기 때문에 이에 빗대 군대가 해산한 것을 두고도 미역국을 먹었다는 표현을 쓰게 되었다는 것이다./물론 미역이 미끄럽기 때문에 시험에서 미끄러졌다는 의미로 '미역국을 먹었다'는 표현을 쓰는 것이 아니냐고 하는 사람도 있다. 의미적 연관성으로 볼 때 이 역시 가능성이 없다고는 할 수 없다. 하지만 군대의 해산과 관련이 있다는 것이 일반적 견해다. 군대의 해산에서 생겨난 말이지만 미역의 미끄럽다는 의미가 연관돼 아직까지 널리 쓰이고 있을 개연성도 있다(배상복·오경순, 『한국인도 모르는 한국어』). ⓛ 직위에서 떨려나다. ⓒ 퇴짜를 맞다.

바가지를 긁다: 듣기 싫은 소리를 하다. 잔소리를 늘어놓다. *그러나 숭이 인격의 존엄을 지키려 할 때에 정선은 이것이 사랑이 없는 까닭이라 하여 원망하고, 심하면 유순이라는 계집애를 못 잊는 까닭이라고 해서 바가지를 긁었다(이광수, 『흙』).

바가지를 쓰다: 요금이나 물건값을 실제 값보다 비싸게 지불하다. *고진의 사유 속에서 이러한 윤리적 계기는 자본주의라는 우리 삶의 현실적 전제조건과 만남으로써 좀 더 구체화된다. 마르크스의 가치형태론을 리카도와 베일리의 입론 사이에서 파악하는 그의 논리가 그 시발점이다. 마르크스의 가치 개념은 물론 그 자체가 초월론적인 것이다. 구체적이고 경험적인 것으로서의 가격이 아니라 추상적인 개념으로서의 가치를 논하고 있다는 점에서 그렇다. 사회적 분업이나 등가교환이라는 개념 역시 마찬가지다. 개별적인 경험의 차원에서는 성립될 수가 없는 개념들이다. 이를테면 우리가 물건을 사고 팔 때 각각의 경우마다 사정이 달라서 등가교환이라는 개념은 성립하기 어렵다. 좋은 물건을 생각보다 싸게 샀다거나, 비싸지만 할 수 없어서 샀다거나, 바가지를 썼다거나, 이익을 많이 남겼다거나, 밑지고 팔았다는 식이기 때문이다. 그런 심정적 부등가교환21)이야말로 구체적 거리가 지니고 있

는 본질적 속성이다. 그것을 등가교환22)이라는 틀로 보기 위해서는 구체적 경험을 넘어서는 추상적인 틀, 즉 서로 다른 가치체계들의 접합으로 이루어지는 사회라는 틀이 필요하다(서영채, 「미메시스의 힘」).

바닥을 보다: ㉠ 밑천이 다 없어지다. ㉡ 끝장을 보다. *아버지는 이사하던 날 아침 식탁에서 가난한 친구들과는 사귀지 말라는 당부를 했다. 잃을 것이 없는 자들과는 대화하지 말라는 것이었다. 연애를 하더라도 바닥은 보이지 말 것이며 상대의 바닥을 보지도 말라고 했다. 감정이든 물질이든 바닥이 확인되면 적나라한 전쟁으로 치닫게 되고 만다는 것이었다(박금산, 「나는 아버지에게 간다」).

바람을 맞다: (어떤 사람이 다른 사람에게) 상대가 만날 약속을 지키지 않아 헛걸음하다. *다방은 날로 번창했다. 사람들은 으레 다방에서 약속을 했고 다방에서 맞선을 봤으며 다방에서 바람을 맞았다. 평대다방은 그들의 고단한 삶의 휴식처였으며 은밀한 거래가 오가는 접선장소이자 하릴없는 건달들의 아지트였다. 다방은 세상으로부터 고립되어 있던 평대 사람들에게 많은 새로운 경험을 제공해주었다. 그것은 마약만큼이나 강렬한 것이었으며 오랫동안 그들의 정서에 지대한 영향을 미쳤다./예컨대, 그들이 평생 맛보지 못한 우아한 정취와 로맨틱한 감정, '바람을 맞다'라는 새로운 표현, 미스 김, 혹은 미스 박, 또는 유 마담, 펄 시스터즈가 부른 〈커피 한 잔〉의 전국적인 히트, 껌, 축구경기, 아메리칸 스타일, 혹은 블랙이란 이름의 만용과 쓰디쓴 후회, 죽돌이 또는 죽순이란 신조어, 쌍화차, 미팅, 담배 소비의 증가, 성냥을 쌓거나 부러뜨리는 나쁜 습관, 퀴즈의 발달, 참새 시리즈, 구석자리에서의 키스, 벽돌 깨기, 킹 크림슨의 〈Epitaph〉23)와 신청곡을 적을 수 있는 작

---

21) 부등가교환(不等價交換). 가치가 대등하지 아니한 것을 서로 바꾸는 일. 자본가가 식민지나 자국의 농민에게 식량과 원료를 헐값으로 사고 상품을 독점 가격으로 비싸게 팔아먹는 방법이다.
22) 등가교환(等價交換). 동일한 가치를 지니고 있는 상품과 상품 또는 상품과 화폐가 교환되는 일.
23) 킹 크림슨(King Crimson)의 노래 제목.

은 메모지, 디제이라는 새로운 직업의 등장, 오늘은 왠쥐, 라는 느끼한 발음, 배달과 티켓, 그리고 '여기 리필 좀 더 주세요'라는 잘못된 영어의 남용 등등……(천명관, 『고래』)

바람을 피우다: ㉠ 한 이성에만 만족하지 않고 몰래 다른 이성과 관계를 가지다. *고작 바람 한 번 피웠다고 감행한 이혼은 내가 보기에는 사치에 가까운 일이다. 하지만 수많은 부부들이 그 이유로 이혼을 한다. 바람을 피우는 건 결혼생활을 위협하는 가장 중요한 사건이다. 특히 남자들은 자신이 오쟁이 지는 사내가 되는 것을 받아들이지 못한다(박현욱, 『아내가 결혼했다』). ㉡ (사람이) 제 일이 아닌 다른 엉뚱한 짓을 하다.

바람이 들다: 허황한 마음으로 들뜨게 되다. *아버지는 개운리 산골짜기에 소를 들여놓기는 했지만 그 소에게 마구간 지어주고 풀을 뜯게 하고 꼴 베어다 쇠죽 끓여준 건 나였고 아내였고 아이들이었다. 그 소 때문에 개운리에서 읍까지 가는 산길이 넓어지고 그 길로 애들이 학교를 다니게 됐다고 하지만 그것 때문에 달라진 게 뭐 있는가. 아이들이 하루 두 끼 조밥, 풀떼기에 감자나 얻어먹는 건 변하지 않았다. 나물 아니면 배를 불리지 못하는 건 같았다. 애들이 학교에 다니는 바람에 일을 못하고 허파에 바람이 들어 헛된 꿈을 꾸게 만드는 바람에 살기가 더 힘들어졌다. 한창 일할 나이에 군대에 끌려가 억울하게 목숨 바치고 하는 빌미가 됐다(성석제, 『투명인간』).

발걸음을 재촉하다: 서둘러 가거나 빠른 걸음으로 가다. *서남쪽으로 천천히 기어가는 검은 구름장들 사이로 한겨울 저녁 무렵의 해가 잠깐 얼굴을 내밀었다. 까만 들판 위의 소나기 줄기같이 보얀 빛살이 쏟아졌다. 순덕이는 서남쪽 들판 건너 산마루 위의 하늘에서부터 차곡차곡 쌓이고 있는 검은 구름장들을 바라보면서 발걸음을 재촉했다. 아홉 살 난 남동생 만수에게 빨리 걸으라고 말했다. 만수는 벙어리장갑 낀 손을 바쁘게 내저었다. 검정 핫바지 저고리를 입고, 흰 털수건으로 귀와 볼을 싸맨 채 목을 움츠린 만수의 걸음은 전보다 빨라지는 것 같지 않았다(한승원, 「극락산(極樂山) 1」).

발뒤꿈치를 물리다: 은혜를 베풀어 주었다가 배신을 당하다. *차가 강변로로 빠지고 있었다. 다방이든 룸살롱이든 내장 공사에서 제일 중요한 일꾼은 목수와 칠장이였다. 타일이나 벽돌이나 미장이들이야 그때 그때 아무나 데려다 시켜도 되지만, 인테리어 공사에서의 목공과 칠장이는 일이 워낙 섬세한지라, 그 방면의 전문가가 필요했다. 따라서 목수 정씨와 칠장이 홍씨는 '한 인터내셔널'로 보면 붙박이 사원이나 다름없는 한 식구였다. 특히 홍씨라 하면 한잔 술에 얼굴을 홍시(紅柿)처럼 물들이고서 만고강산 유람할제 어쩌고, 설익은 노랫가락으로 세월 가는 줄 모르는 허술하기 짝이 없는 인물이 아니던가. 키만 수숫대처럼 컸지, 생긴 것은 모주 먹은 돼지머리 같은 그 자가 지난 1년간 그래도 처자식 굶기지 않은 것이다 누구 덕이냐. 그동안 공사비와 노임이 많이 밀린 건 사실이지만, 뉘 덕으로 잔뼈가 굵었는데 허어, 고얀지고, 언감생심 제 주인의 발뒤꿈치를 물려고 덤비다니, 이거야말로 움지한테 뭣 물린 꼴이 아닌가(박범신,『물의 나라』).

발뒤꿈치도 못 따르다: 상대가 자기와 비교도 안 되게 뛰어나다. *소위 유신들이 수양대군 이하 종친을 배척하는 데는 두 가지 이유가 있다./첫째는 협천자이령제후(挾天子以令諸侯)24)하자는 묵은 꾀요, 둘째는 수양·안평 등 여러 대군이 모두 잘났던 까닭이었다. 그 중에서 수양과 안평은 문으로서나 무로서나 인물로서나 도저히 당시 유신배의 적수가 아니었다. 심지어 글씨까지 안평을 대적할 자가 없고 활쏘기까지도 수양을 따를 자가 없었다. 태조, 태종, 세종의 큰 핏줄에서 나온 이들이라 할 만한 그 식견이 높고, 담략이 있고, 사람을 위압하는 기상에 있어서는 당시 유신들은 그 발뒤꿈치의 먼지도 따를 수가 없었다. 이러니까 미웠다. 시기가 났다. 이 대군들이 정사를 잡는다면 그들은 평생을 졸도로 지낼 수밖에 없었다(이광수,『세조대왕(世祖大王)』).

발등에 불이 떨어지다: 일 따위가 몹시 절박하게 닥치다. *박중근은 어젯

---
24) 천자를 끼고 앉아 제후를 호령한다는 뜻. 출전은 나관중의『삼국지연의』이다.

밤 조맹원이가 반동으로 잡혔단 말을 듣고는 밤새 잠 한잠 못 잤다. 조맹원이가 잡혔다면 조맹원의 입에서 자기 말이 나올 건 뻔하다. 그러니 자기 발등에도 불이 떨어질 게 아닌가! 그런데 불은 당장 떨어졌다(천세봉, 『석개울의 새 봄』).

발등을 찍히다: 다른 사람에게 배신을 당하다. *나는 첫날밤에 속곳 벗어 메고 신방에 들어가는 형국으로 언덕을 내려가기 시작했다. 잡목 가지들이 얼굴을 함부로 후려쳤다. 김혜란 때문에 학교를 그만두어야 하게 됐다거나 하는 따위의 일은 이 순간 생각조차 나지 않았다. 믿는 도끼에 발등을 찍혀도 유분수지. 다른 누가 아니라 김혜란이가, 청강에 노는 학이요 단순호치(丹脣皓齒)25) 반개(半開)하면 별도 같고 옥도 같은 김혜란이가, 그리고 학문도 남다르고 품행도 방정하야 춘향이 찜 쪄 먹을 바로 그 김혜란이가 마흔 살도 더 된 중늙은이와 이 새벽 배꼽 맞춰 꿀로 붙여놓고 있다면 그까짓 대학이 무슨 의미가 있단 말인가(박범신, 『개뿔』).

발 디딜 틈이 없다: 사람이 매우 많이 모여서 성황이다. *"비켜요, 비켜!"/"도청 앞에서 공수놈들 총에 맞았소. 개새끼들이 무차별로……"/복부에 총을 맞은 이십대 처녀를 옮기며 청년이 고함을 지른다. 처녀는 이미 의식을 잃은 듯하다. 잇달아 다른 네 명의 부상자들도 들것에 실려, 혹은 등에 업힌 채 응급실로 옮겨진다./트럭 적재 칸 바닥엔 핏물이 흥건하게 고여 있다. 청년들은 바께쓰에 퍼온 물을 끼얹어서 핏물을 대충 씻어낸 다음, 다시 시내 쪽으로 트럭을 몰고 나갔다./응급실 안은 이미 발 디딜 틈도 없다. 원래 예닐곱 개뿐인 응급실 병상은 말할 것도 없고, 바닥에 매트리스만 깔고 눕혀 놓은 중상자들만도 십여 명이 넘는다. 응급실 밖 복도에도 수십 명, 평상시엔 왜래 환자 대기실로 쓰이는 백 평 가량의 꽤 넓은 회랑에까지도 부상자들로 가득 찼다. 병원 전체가 삼십 분 전부터는 아예 임시 병동으로 변했다./"아가씨, 어, 어디다 눕힐까라우."/방금 트럭에서 들것을 운반해 응급실로 들어

---

25) 붉은 입술과 하얀 이라는 뜻으로, 미인의 얼굴을 비유적으로 이르는 말.

온 청년이 수희의 소맷자락을 붙들고 허겁지겁 묻는다. 청년들의 상의가 땀과 피로 엉망이다(임철우, 『봄날』).

발목을 잡히다: ㉠ 어떤 일에서 벗어나지 못하다. *절간 생활에 조금씩 익숙해지고, 스님들을 비롯한 이런저런 절 식구들과도 사귀게 되고, 설법에도 귀가 다소곳해지면서 지옥 꿈에서는 차츰 벗어날 수 있었지만 응세는 여전히 뒤숭숭한 꿈에 발목을 잡혀 끌려 들어가곤 했다(유재용, 『사로잡힌 영혼(靈魂)』). ㉡ 약점을 잡히다.

발 벗고 나서다: 적극적으로 나서다. *안태훈이 이번에는 태진, 태현 두 형에게 사죄라도 하듯 가볍게 머리를 숙여 보이며 말했다./"저는 이미 그게 우리를 겨냥한 소문이라는 것을 알았습니다만, 신천 군수가 어찌 방패막이가 되어 줄 줄 믿고 구태여 형님들께 말씀드리지 않았습니다. 신천 군수는 저를 의려장으로 세웠을뿐더러, 지난 겨울 동학군에게 쫓겨 가솔들과 함께 석 달이나 이 청계동에서 우리의 보호 아래 있었던 사람 아닙니까? 그 정리로 보아서도 발 벗고 나서 우리를 발명해 줄 줄 알았는데……"/그러자 맏이인 안태진이 어두운 낯빛으로 받았다./"어윤중이나 민영준이 모두 그리 호락호락한 사람들이 아니다. 신천 군수가 발 벗고 나선들 시임26) 탁지부 대신이 이미 먹은 마음이 있어 걸고 드는 것을 어찌 막아낼 수 있겠느냐? 그것 참 난감하게 되었다. 우리 집안 성세가 아버님 살아 계실 때만 같아도 어찌해 볼 수 있었을지 모르지만, 요즘 형편으로는 우리 여섯 형제가 전장(田莊)을 줄여도 쌀 5백 석 물어 주기가 쉽지 않을 터……"(이문열, 『불멸(不滅)』)

발뺌을 하다: (사람이) 자신의 책임을 면하려고 핑계를 대며 피하거나 자신의 어떤 행위를 부인하려고 변명하다. *한마디 언사에 실려 있는 위엄을 듣자 하니, 산골 무지렁이 출신은 아니란 것을 단박 알아차릴 만하였다. 살년을 견디다 못해 산적으로 나선 일자무식 세궁민은 아니었다. 글줄이나 읽은 위인이란 생각이 얼른 뇌리를 스쳐갔다./쉰네는 삯전이나 받는 담꾼일 뿐

---

26) 시임(時任): 현재 벼슬을 하는 사람.

입니다다요./이놈 가재는 게 편이란 말을 듣지 못했느냐? 네놈이 담꾼이든 원상의 행세를 하는 놈이든 상관없이 같은 일행인 것만은 틀림없는데, 비겁하게 발뺌을 하여 그 초라한 목숨이나 구걸하자는 것이냐? 이놈 보아하니 아직도 제 정신을 못 차리고 한 입으로 두 말하고 있네(김주영, 『객주』).

발 뻗고 자다: 곤란한 상황에서 벗어나 마음을 놓거나 편안하게 되다. *나는 겁쟁이다/성문을 결코 열지 않는다//나는 소심한 이기주의자다/때린 사람은 발 옹그려 자고/맞은 사람은 발 뻗고 잔다는/속담을 믿어왔다//무기 없는 자 살아남기 작전/무력함의 위안이다/수천 번 수만 번/나를 부셔버리려 했으나/아직 그 짓을 못하고 있다(박경리, 「문학」).

발에 차이다: 여기저기 흔하게 널려 있다. *방안에는 SO가 돌아앉아 여태껏 울고 있는지 차마 고개를 돌리지 못하고 다만 치마끈으로 눈물을 씻고 있었습니다. 그러나 제가 온 것을 보고서는 그대로 고개를 숙이고 몸을 틀어 돌아앉으면서,/"어서 오십시오" 하고 말갛게 피가 오른 두 눈으로 저를 쳐다보더니 다시 눈을 방바닥으로 향하였습니다. 저는 들어가기를 주저하였습니다. 그렇다고 그대로 돌아갈 수는 없었습니다. 저는 구두끈을 끄르고 그 방안으로 들어갔습니다. 방안으로 들어가려 할 때, 마루 끝에 놓여 있던 SO의 다리를 대신하는 나무다리가 저의 발에 채여 덜컥하더이다. 저는 그때 근지럽고 누가 옆에서 '에비'하고 징그러운 것을 저의 목에다 던져 주는 듯이 진저리를 치는 듯이 방안으로 뛰어들어갔습니다(나도향, 「17원 50전」).

발을 끊다: 서로 오가지 않거나 관계를 끊다. *승재는 이 정주사네가 명님이네와도 또 달라, 낡았으나마 명색 교양이 있다는 사람으로, 그따위 짓을 하는 것은 침을 배앝을 더러운 짓이라 했다. 가난한 사람은 교양이 있어도 그것이 그네들을 선량하게 해주는 것이 못되고, 도리어 교양의 지혜를 이용하여 무지한 사람들보다도 더 간악한 짓을 하는 것이라 했다./작년 가을 계봉이가 집에 없는 뒤로는, 실상 만나볼 사람도 없거니와 정주사네한테 그러한 반감도 생기고 해서, 승재는 그동안 발을 끊다시피 하고 다니지 않았었

다. 그러다가 이번에 아주 군산을 떠나게 되기도 했거니와, 마침 또 계봉이 한테서 형 초봉이가 자나깨나 마음을 못 놓고 불안히 지내니 부디 저의 집에 들러서 장사하는 형편이 어떠한지 직접 자상하게 좀 보아다 달라는 편지가 왔기 때문에 그래 마지못해 내키지 않는 걸음을 한 것이다(채만식,『탁류』).

발을 구르다: 다급해서 몹시 안타까워하다. *그이의 행방이 불명케 된 지 10여 일, 낮에는 그이의 소식이라도 알아지지 않을까 하여, 홀로 시구문 밖을 헤매며 울음으로써 세월을 보내는 동안, 인화는 사람의 세상의 외롭고 쓰라림을 절실히 느꼈다. 스승이 서울 있을 때는 그래도 때때로 하소연할 수도 있었지만, 스승까지 시골로 몸을 피한 뒤에는 하소연할 이도 없었다. 인화는 혼자서 발을 구르며 울고 하였다(김동인,『젊은 그들』).

발을 들여놓다: 어떤 자리에 드나들거나 어떤 일에 몸담다. *도도새는 인도양의 모리셔스(Mauritius) 섬에 서식했던 새이다. 이 섬에는 포유류가 없었고 아주 다양한 종의 조류들이 숲에서 서식하고 있었다고 한다. 이곳에서 이 도도새는 매우 오랫동안 아무 방해 없이 살았고, 하늘을 날아야 할 필요가 없어져 나는 능력을 잃었다고 한다./1505년 포르투갈인들이 최초로 섬에 발을 들여놓게 됨에 따라 이 섬은 향료 무역을 위한 중간 경유지가 되었다. 50파운드의 무게가 나가는 도도새는 신선한 고기를 원하는 선원들에게 매우 좋은 사냥감이었다. 이로 인해 많은 수의 도도새가 죽어갔다./인간의 남획과 외부에서 유입된 종들로 인해 도도새의 수는 급격히 줄어들었다. 모리셔스 섬에 인간이 발을 들여놓은 지 100년 만에 한때 많은 수를 자랑하던 도도새는 희귀종이 되어버렸으며, 1681년에 마지막 새가 죽임을 당했다(박상곤,『톰소여가 가르쳐 준 변화의 기술』).

발을 빼다: 어떤 일에서 완전히 관계를 끊고 물러나다. *수양대군27)은 계전의 말을 듣고 불쾌한 빛을 보인다. 수양대군의 진정은 동기 되는 안평대

---

27) 수양대군(首陽大君): 조선시대 제7대 왕 세조(世祖)의 왕자 시절의 군호(君號). 반정을 일으켜 임금 자리에 올랐다.

군28)을 죽이기까지 할 생각은 없는 것이다. 상감 말씀마따나 안평대군이 무슨 죄가 있나. 한명회29) 말과 같이 여러 형제 중에 뛰어나게 잘난 죄밖에 없는 것이다. 안평대군이 미운 것도 사실이요, 누가 죽여주었으면 다행일 것도 진정이지마는 형 되는 자기 손으로 아우를 죽여서 후세에라도 동기를 죽이었다는 누명을 듣기는 그리 원치 아니하는 바였다. 그러므로 이제 다시 상감 앞에 가서 자기 입으로 안평대군을 죽여 줍소사 하는 말은 하기가 싫었다. 수양대군의 생각에는 어디까지든지 자기는 안평대군 죽이는 일에서는 발을 빼고 싶었다. 다만 발을 뺄 뿐 아니라 수양대군은 어디까지든지 지친의 정리에 안평대군을 죽일 수는 없다고 반대하는 태도로 일관하고 싶었다(이광수, 『단종애사(端宗哀史)』).

발이 넓다: 활동 범위가 넓어 여러 계층에 아는 사람이 많거나 교제 관계가 넓다. *"몇 년 전 뉴욕에서, 전 학생이었고 박 선생은 교환교수로 뉴욕에 체류했구요."/"노 선생도 유학파군요. 하긴 인테리어가 학문적으론 아직 낯선 개념이니깐요. 한국에 나와 누님과 함께한 작업이 얼마쯤 되나요?" 김준은 시시콜콜 알고 싶지 않지만 화제를 만들어야겠기에 대화를 이끈다./"이번이 세 번짼가. 박 선생이 발이 넓어 일을 잘 따내니 제가 하청으로 끼어드는 셈이지요. 이젠 종 쳤어요. 경기가 이토록 냉기류니 어디 일감 생기겠어요."(김원일, 『가족』).

발이 닳다: 분주하게 많이 돌아다니다. *이오덕30)이 쓴 『시정신과 유희정신』은 우리 어린이문학사에서 또 하나의 뚜렷한 전환점을 만들어주었다. 이오덕은 이 책에서 우리 어린이문학이 출발하던 때, 곧 방정환31) · 마해송32) ·

---

28) 안평대군(安平大君): 조선시대 세종의 셋째아들(1418~1453). 시와 글씨는 물론 그림에도 능했는데 특히 글씨는 당대의 명필로 꼽힐 정도였다.
29) 한명회(韓明澮): 조선시대 전기의 문신(1415~1487). 호는 압구정(狎鷗亭), 사우당(四友堂)이다. 계유정난 때 수양대군을 도와 정권을 장악하는 데 큰 공을 세웠다. 후에 단종 복위 운동을 저지하고 사육신의 주살에 적극 가담하였다.
30) 이오덕(李五德, 1925~2003): 아동문학평론가. 저서에 『시정신과 유희정신』 등이 있다.
31) 방정환(方定煥, 1899~1931): 아동문학가. 호는 소파(小波). 1922년 5월 1일 처음으로

이주홍33)·이원수34)의 작품에서는 적어도 어린이가 주인이 되어 있고, 작가는 겨레와 어린이를 위한 어떤 신념을 가지고 있었다. 그런데 8·15와 6·25를 거치면서 대부분 작가들이 겨레와 어린이의 앞날에 대한 신념이 없이 어린이들한테 열등의식을 심어주는 작품을 쓴다고 비판했다. 겨레와 어린이의 앞날에 대한 신념이 사라진 어린이문학 작가들이 물질 중심의 이익, 입신양명을 노리는 출세주의, 어린이보다는 작가 자신의 오락으로 여기는 것으로 보이는 작품을 쓰고 있다고 비판하였다. 이렇듯 엄중하게 비판하면서 어린이문학 작가들이 어린이문학을 어른들의 장난거리로 여기는 '유희정신'을 버리고, 겨레와 어린이를 지키고 살리는 진정한 문학 정신을 되찾아야 한다고 주장하였다. 그 진정한 문학 정신을 '시정신'이라고 규정하였다./이 책이 나오자 대부분의 어린이문학작가들이 비난을 퍼부었다. 비난이라고 표현한 까닭은 문제 제기에 대한 정당한 비판보다는 같은 어린이 문학을 하는 처지에 동료들을 그렇게 비판할 수 있느냐와 비평이나 작품의 몇 구절을 확대 해석해서 좌경 용공이라고 몰아세웠기 때문이다. 예를 들어 이오덕이 어떤 동시 작가가 쓴 동시를 모작이라고 비판했다. 그런데 그에 대한 반론이라는 것이 모작이 아니라는 증거보다는 어린이문학을 같이하는 사람을 그렇게 명예훼손을 시켜서 밥줄을 끊으려고 하면 되느냐는 식이었다. 또 「쉬는 시간」이라는 동시 한 구절인 '까라! 까라! 까라!' 같은 것을 뽑아서 보여주면서 좌경 용공으로 몰아갔던 것이다./그러나 이오덕은 이런 비난에 굴복하지 않고 어린이문학을 다시 바로 세우기 위해 끊임없이 고민하고 발이 닳도록 뛰어다녔다. 어린이 책 출판사에서 방정환·이원수·마해송·이주홍 같은 작가들의 좋은 작품을 다시 출판하도록 주선하였고, 이원수의 작품을 모아 전집(이

'어린이의 날'을 제정했다. 주요저서에 『소파전집』 등이 있다.
32) 마해송(馬海松, 1905~1966): 아동문학가. 동화집 『해송 동화집』 등이 있다.
33) 이주홍(李周洪, 1906~1987): 소설가. 아동문학가. 장편소설 『탈선 춘향전』, 장편 소년소설 『아름다운 고향』 등이 있다.
34) 이원수(李元壽, 1911~1981): 아동문학가. 작품집으로는 동화집 『숲속의 나라』, 동시집 『빨간 열매』, 『종달새』가 있다.

원수아동문학전집, 웅진출판사, 1984)을 간행하였으며, 「강아지똥」을 읽고 바로 그 작가인 권정생35)을 찾아가 만나서 좋은 작품을 받아다 여기저기 잡지에 싣고 책을 출판하기 위해 발품을 팔았다. 이런 노력으로 권정생의 『몽실 언니』, 『점득이네』처럼 우리 겨레의 삶이 고스란히 담긴 작품이 어린이문학으로 살아날 수 있었다(이주영, 『이오덕: 삶과 교육사상』).

발이 떨어지지 않다: 애착 미련 근심 따위로 선뜻 떠날 수 없다. *초부: 아예 그런 생각 말구, 어서 가서 스님 말씀 잘 듣구 있거라./도념: 벌써 언제부터 나갈려구 별렀는데요. 그렇지만 스님을 속이구 몰래 도망가기가 차마 발이 떨어지지 않아서 못 갔어요./초부: 어머니 아버질 찾거나 했으면 좋겠지만 찾지두 못하면 다시 돌아올 수도 없구, 거지밖에 될 게 없을 텐데, 잘 생각해서 해라./도념: 꼭 찾을 거예요. 내가 동냥 달라고 하니까 방문 열구 웬 부인이 쌀을 퍼주며 나를 한참 바라보구 있드니 별안간 '도념아, 내 아들아, 이게 웬일이냐'하구 맨발마당으로 뛰어내려오는 꿈을 여러 번 꾸었지요./초부: 갈라거든 빨리 가자. 퍽퍽 쏟아지기 전에. 이 길루 갈 테니?/도념: 비탈 길루 가겠어요.(함세덕, 「동승(童僧)」).

발이 묶이다: 돈이 떨어지거나 교통수단이 두절되어 어떤 곳에 갇혀 오도 가도 할 수 없게 되다. *그 옴팡밭에 붙박인 인고의 삼십 년. 삼십 년이라면 그럭저럭 잊고 지낼 만한 세월이건만 순이삼촌은 그렇지를 못했다. 흰 뼈와 총알이 출토되는 그 옴팡밭에 발이 묶여 도무지 벗어날 수가 없었다. 당신이 딸네 모르게 서울 우리 집에 올라온 것도 당신을 붙잡고 놓지 않는 그 옴팡밭을 팽개쳐보려는 마지막 안간힘이 아니었을까?(현기영, 「순이삼촌」)

발이 손이 되도록 빌다: 잘못을 해서 용서를 해 달라고 몹시 애원하다. *이 집 조상이 지폈다가는 또 저 집 조상이 지핍니다. 돌아가며 지피는 거지요. 조상에 지펴 한차례 호통을 당하고 손이 발이 되도록 빌다가 결국 눈물

---

35) 권정생(權正生, 1937~2007): 아동문학가. 주요작품으로 『강아지똥』, 『몽실 언니』 등이 있다.

까지 찔끔거린 자손들은, 자기 차례가 끝나면 속이 좀 후련해져서 코를 팽 풀고 큰 한숨을 쉽니다. 이제 새로 조상이 지필 집안의 자손들이 긴장할 차례입니다(구효서, 『라디오 라디오』).

밤이슬을 맞다: 도둑질하다. *흥부는 형 놀부를 보고 바로 엎드려 공손히 절을 하였다./"형님, 오셨습니까?"/흥부는 눈물을 흘리며 반겼다./"이놈아, 누가 죽었느냐? 왜 울고불고 야단이야. 그래, 얼마나 밤이슬을 맞고 다녀서 이렇게 부자가 되었느냐?"/"그게 무슨 말씀이십니까? 형님. 그건 얼토당토않는 말씀입니다."/밤이슬을 맞고 다닌다는 말은 밤에 몰래 다니면서 도둑질을 한다는 뜻이었다(권태문, 『흥부전』).

배가 남산만하다: 배가 많이 나왔다는 뜻으로, 아기를 밴 여자의 배가 몹시 부름을 비유적으로 이르는 말. *아침에 석상처럼 대문간에 서 있던 아내의 남산만한 배가 떠올랐다. 결혼하고 오 년 동안을 한결같이 착하기만 한 훌륭한 아내였다. 그런 아내의 몸가짐은 어려운 살림을 그저 운명이거니 하는 체념에서 비롯되었다. 사무실 낡은 의자에 앉아서도 배가 더 무겁다면서 살며시 고개를 숙이던 아내의 파리한 귀뿌리가 생각났다. 날씨는 찌는 듯이 더웠다. 창가에 서 있는 낡은 선풍기는 책상 위의 종이 한 장도 움직이지 못할 만큼 털털거리는 소리만 내었고 열려진 도어 쪽에도 바람 한 점이 없었다. 전화가 올 때마다 괜히 등을 사렸다(박범신, 「토끼와 잠수함」).

배가 등에 붙다: (사람이) 먹은 것이 없어서 배가 홀쭉하고 몹시 허기지다. *금년에 네 살 나는 학범이는 또 조르기 시작한다. 벌써 세 끼나 굶은 학범 어미는 배가 고프다 고프다 못해서 이제는 배만 허부러 쥐고 걸으려면 다리가 부들부들한다./"밥 흥, 밥이 웬 밥이냐?"/학범 어미도 처음에는 그 아들의 입술이 마르고 배가 등에 붙은 것을 보든지 그 남편이 빈 지게를 걸머지고 어두워서 추들추들히 들어오는 것을 보면 가긍스럽기도 하고 안타깝기도 하여 소리 없는 설움에 흐르는 줄 모르게 눈물이 때문은 옷깃을 적시더니, 그것도 너무 여러 번이니 이제는 시들하다. 시들하다는 것보다 극도의 빈궁

으로 일어나는 악이 머리끝까지 바싹 올라서 만사에 화만 무럭무럭 나고 아무것도 귀찮았다(최서해, 「기아(棄兒)」).

배가 부르다: 재물이나 이익 등 자기의 욕심을 다 채우다. *"빛나야."/"응?"/"나는 말이야, 아무래도 너랑 가는 길이 다른 것 같아."/"달라? 뭐가 달라?"/"나는 말이야. 아직 철이 덜 들었나봐. 나는 좀, 그러니까 뭐라고 말해야 되나. 그냥 좀 무의미한 일을 하고 싶어."/"무의미한 일?"/"사람들은 대부분 의미 있는 일들을 하잖아. 돈을 벌고 사회를 위해서 봉사를 하고 가족을 위해 헌신하고."/"근데? 그게 당연한 거 아니야?"/"뭐랄까, 인생에는 그런 것보다는 더 높은 차원의 뭔가가 있는 거 같아. 잘 표현할 수는 없지만 그런 세계가 전부라는 거는 아니라는 거지. 신문의 경제면에 나는 세계, 그러니까 주식형 펀드니, 환율이니, 청약부금이니, 분양제도 개편이니 하는 세계 너머에 또 다른 뭔가가 있을 거라는 거지. 인간이 그런 일간지 경제면 같은 세계에만 매몰돼서 산다는 건, 그렇게 살다가 죽는다는 건, 너무 허망한 거 같아."/지금껏 한 번도 이런 생각을 해본 적이 없었는데, 의외로 말을 시작하자 내 입에서는 술술술 말이 흘러나왔다. 마치 내 안에 사는 다른 누군가가 원고를 불러주고 있는 것 같았다. 나는 스스로에게 놀라고 있었다. 내 안에는 내가 생각했던 것과는 전혀 다른 존재가 살고 있을지도 모른다는 생각이 들었다./"오빠가 아직 배가 부르구나. 매몰되긴 뭐가 매몰 돼? 그게 전부야. 그 너머엔 아무것도 없어. 꿈 깨."/빛나가 차갑게 말했다./"뭐?"/"아직 세상이 얼마나 무서운지 오빠가 몰라서 그래. 왜 그렇게 허황해? 하여간 남자들이란……"/빛나가 혀를 찼다(김영하, 『퀴즈쇼』).

배가 아프다: 남이 잘되어 못마땅하고 심술이 나다. *특히 인터넷 글쓰기를 보면, 배 아파하며 글쓰는 이가 상당히 많다. 욕설이 난무하는 것은 말할 것도 없고, '죽일 놈' '살릴 놈'이라는 말이 부지기수이다(김오식, 『과학기술계 글쓰기』).

배꼽을 잡다: 웃음을 참지 못하여 배를 움켜잡고 크게 웃다. *우리는 학교

앞 큰길가에 나가 차를 기다렸습니다. 반 시간이 지나야 한 대 볼까 말까 했는데 마침 군인들이 탄 지붕 없는 지프가 달려오고 있었습니다. 우리는 서로 눈빛으로 신호를 하고 일제히 손을 들어 흔들었습니다. 그러자 네 명의 군인들이 환호성을 지르며 양손을 활랑활랑 흔드는 게 아니겠습니까. 그게 어찌나 신기하고 재미있었던지 우리는 배꼽을 잡고 땅바닥에 떼굴떼굴 구르며 눈물이 나도록 웃었습니다. 신기한 세상을 새로 본 것 같았습니다. 우리는 그날 해가 지도록 집에 갈 생각은 않고 길에 서서 지나가는 차마다 손을 흔들었습니다(구효서,『라디오 라디오』).

배를 두드리다: 생활이 풍족하여 안락하게 지내다. *"어기여라 톱질이야."/옛 노인이 배불리 밥을 먹고 흡족해 했어도 저 건너 밭머리에 쉬며 들점심인 새참을 먹었어도 배 두드리며 나만치나 먹었던가, 나만치나 즐기던가(손연자,『흥부전』).

배를 채우다: 많은 재물 따위로 욕심을 채우다. *앞에서 말한 프랑스 대혁명이나 러시아 혁명에는 몇 가지 공통점이 있습니다. 그 중 하나가 민중들이 비판한 부패 세력 가운데 소위 성직자들과 교회가 들어 있었다는 것입니다. 실제로 프랑스 역사가 알베르 마띠에가 『프랑스 혁명사』에서 증언한 내용을 보면 고위 성직자들이 얼마나 호사스럽고 문란한 생활을 했는지 알 수 있습니다. 그런가 하면 러시아 혁명 때도 한때 러시아 정교회 성직자였던 그레고리 라스푸틴(1869~1916)이라는 요망한 인물이 황후인 알렉산드라의 총애를 등에 업고 온갖 문란한 행위를 저지르고 민중들에게 가혹한 세금을 거두어 자기 배를 채우다가 결국 처참한 최후를 맞았던 일이 있습니다(박규태,『번역과 반역의 갈래에서』).

배보다 배꼽이 더 크다: 마땅이 커야 할 것이 작고 작아야 할 것이 오히려 크다는 말. *두 대, 세 대, 네 대…… 빈 택시는 자주 지나가는데 도통 서주질 않아요. 화도 나고 욕설이 목구멍까지 넘어오기도 하고, 어째 가슴 한구석이 자꾸 무너져 내리는 느낌도 듭니다. 울어버리고 싶은 마음입니다. 그래도 어쩌겠어요. 오늘은 엄마랑 특별한 외출을 하는 날이니까 기분 상하지 않으려고 무던히 애쓸 수밖에요. 아빠 마음도 이랬겠죠? 없는 살림에 아빠 말마따나 '타이어 한 개 값' 치르고 낡은 자동차를 구입한 것도 아마 이런 설움 때문일 겁니다. 차를 사고 난 뒤 두 달 사이에 배로 뛰어버린 건강보험료 청구서를 보고 "이러구로 배 보다 배꼽이 더 크다꼬 하는기라"하면서까지요 (박관희,「화장」).

배알이 꼴리다: (속된 말로) 비위에 거슬려 아니꼽다. *"몸은 괜찮소."/형사의 빈정이며 하는 핀잔조의 말 끝에 덕근이 무겁게 입을 뗐다./"아, 세 끼 밥 척척 챙겨주지 잠 잘 재워주지 살판났지 뭡니까. 정말 민주주의가 뭔지 배알이 꼴려서⋯⋯"/그러자 덕근이 그의 말을 자르고 형사를 노려보며 약간 쉰 듯한 목소리로 이북사투리를 섞어가며 말했다. 그것은 지금 그가 견딜 수 없는 감정 상태에 놓여 있다는 표시이기도 했고, 또 그런 감정을 극도로 절제하고 있다는 표시이기도 했다(김영현,『풋사랑』).

배에 기름이 오르다: 살림이 넉넉해지다. *아까부터 행차가 들이닥치던 것이며 그들의 오가는 수작을 지켜보고 앉았던 장정 서넛이서 서로 눈짓들을 하였다. 그들도 행색은 장사치 차림이었으나 모두들 기골이 떡 벌어진 것이 졸연치 않아 보였다. 나무리집 주인이 나오면서 그들 곁을 지나가는데, 장정 중의 하나가 거친 목소리로 불렀다./"어이, 나 좀 보세."/주막 주인은 금방 얼굴에 핏기가 가시면서 주춤 섰다./"언제들 내려왔어⋯⋯"/"쉬이. 요즘 산에 기별두 않구 소식이 감감이더니 배지에 기름이 많이 오른 모양인걸."/"추수기라 요즘은 손님이 더욱 많아서 그간 뜨막하였네"(황석영,『장길산』).

베일에 가리다: 감추어져 있어 잘 알려지지 않다. *박인환36)의 시세계는 두 가지 베일로 가려져 있다./하나는 문단사적 베일이고, 또 하나는 모더니즘의 베일이다. 이러한 현상은 그가 문단의 풍운아였던 만큼 당연한 결과였

---

36) 박인환(朴寅煥, 1926~1956): 시인. 1946년「국제신보(國際新報)」에 시「거리」를 발표하며 문단에 나왔다. 저서에『박인환선시집(朴寅煥選詩集)』이 있다.

는지 모르나 문단적 화제에 의해서 박인환의 시가 재단되는 일이 종종 있었다. 그러나 분명한 것은 문단인과 시인은 다르다는 점이다. 경박한 포즈로 문단 주변에 화제를 뿌렸을망정 시세계 역시 경박하라는 법은 없다. 또 하나는 박인환의 시를 모더니즘 이 역시 모더니스트의 기수를 자처했던 박인환이었던 만큼 자연스런 결과였는지 모르나 분명 또 다른 시세계가 그의 시에 자리잡고 있다. 그의 댄디한 풍모 뒤에 깊은 우수가 숨어 있었던 것처럼 암울한 리얼리즘의 시세계가 모더니즘의 이면에 펼쳐져 있다./따라서 박인환의 시를 올바로 평가하기 위해서는 그에게 가려진 이러한 두 가지 베일을 벗겨내야 한다. 그 동안 박인환에 대한 기존 평가는 대체로 부정적인 것이었다. 그리고 그것은 대부분 모더니즘 쪽에 관한 것이었다. 분명 후반기 동인37)을 중심으로 전개된 1950년대 모더니즘 문학은 큰 성과를 거두지 못하고 끝난 것은 사실이다. 심지어 1930년대 모더니즘 문학에도 미치지 못했다는 평이 나올 정도이다(김영철, 『한국현대시의 좌표』).

법석을 떨다: 사소한 일에 쓸데없이 야단스러운 언행을 하다. *"속담에 '굿해 먹은 집 같다'라는 말이 있듯이 전쟁으로 법석을 떨다가 갑자기 김이 빠져 허탈감을 느끼게 되는 것인지도 모르지요. 자, 그러면 우리들의 허탈함을 달래기 위해 나의 숙소에 가서 술이나 한잔씩 나누기로 합시다."/두 사람은 손무의 막사로 돌아와 술을 마시기 시작했다(정비석, 『소설 손자병법』).

벽에 부딪히다: 어떤 장애물에 가로막히다. *노래가 벽에 부딪혀 되돌아옵니다. 노래의 주인이 무너진 벽을 쌓고 있는 남자라곤 상상하지 못했습니다. 그만큼 노래엔 잡티도, 실처럼 가느다란 숨소리도 없습니다. 남자는 각진 돌을 들어 차곡차곡 무너진 벽을 메웁니다. 돌 하나를 얹을 때마다 노래를 부릅니다. 다시 만나기를 기원하며 '이 벽'과 삶이 얽힌 망자들을 부릅니다(김탁환, 『혜초(慧超)』).

---

37) 박인환, 김경린, 조향, 김규동 등을 주축으로 구성된 후반기(後半期) 동인은 1950년대 모더니즘의 선두주자로 평가받고 있다.

변죽을 울리다: 바로 집어 말을 하지 않고 둘러서 말을 하여 짐작하게 하다. *그 날 나상준씨의 소설을 읽지 않았다는 나의 미안함이 계기가 되어 그와 나는 술을 마셨다. 6·25를 소재로 한 습작소설을 읽지 않았다는 미안함. 그 술자리에서 나는 비로소 그의 습작소설이 그 자신의 얘기라는 것을 알게 되었다. 여러 가지 사업을 했지만 2년 전에 깨끗이 정리하고 지금은 오직 그 소설 한 편을 완성하기 위해 나날을 보낸다고 그는 띄엄띄엄 입을 열었다. 한동안 문학 전반적인 얘기로 변죽을 울리다가, 어째서 단 한 편의 소설만 쓰려 하느냐고 나는 그에게 물었다(박상우,『호텔 캘리포니아』).

보따리를 싸다: 관계하거나 다니던 일을 그만두다. *장막 생활의 장점은 하나님께서 떠나라고 하실 때 언제든지 떠날 수 있다는 점입니다. 그러나 벽돌집을 지어 놓으면 하나님께서 가자고 하셔도 "주님, 여기가 좋사오니 여기 살겠나이다"라는 자세가 나올 수밖에 없습니다. 하나님께서 명령하시면 언제든지 순종할 수 있는 것이 장막 생활의 이점입니다. 그 때문에 그는 언제나 신속히 정리해서 떠날 수 있도록 장막집에 살았습니다. 그리고 그가 장막집에 거한 또 다른 이유는 천국에만 영원히 거할 처소가 있기 때문에 이 땅에 영원히 거할 처소를 만들지 않겠다는 뜻입니다. 아브라함은 두 가지 면에서 탁월했는데, 언제나 하나님의 명령에 순종할 준비가 되어 있었다는 점과 자신의 장막집이 무너지면 하늘에 영원한 집이 있다는 것을 믿었다는 점입니다. 하나님은 이 땅에서 자기 욕망을 채우기 위해 안주하는 것을 원하지 않으십니다. 하나님께서는 자기 욕심을 가지고 안주하고자 하는 사람을 쓰실 수 없습니다. 우리는 하나님께서 떠나라고 명하시면 언제든지 떠날 수 있도록 보따리를 싸고 있어야 됩니다(조용기,『히브리서 강해(講解)』).

보따리를 풀다: ㉠ 숨은 사실을 폭로하다. ㉡ 계획이 짜여진 일을 실지로 시작하다. *'인문학과 자연과학이 만나다'는 부제를 달고 있는『대담』(휴머니스트 펴냄)의 주인공은 도정일 교수(경희대 영어학부, 비평이론)와 최재천 교수(서울대 생명과학부, 생물학)다. 기획자가 "출판 미디어 매개로 인문학과

자연과학이 만나는 최초의 사건"이라고 의미부여를 한 616쪽짜리 이 방대한 작업물 서두에 도 교수는 다음과 같이 썼다./생물학은 우리 시대의 가장 중요하고도 놀라운 연구 분야입니다. 현대 생물학과 그 연관 분야들은 그동안 인문학이 '인간'에 대해 말하고 생각해 왔던 방식들에 일대 충격을 주고 있습니다. 인문학의 인간 그림이 온통 바뀌어야 할 지경이 되었습니다. 학문으로서만 그런 게 아닙니다. 줄기세포, 복제인간, 맞춤아기, 유전자 지도, 성격 개조, 인간 개량 등 생물학 분야가 내놓고 있는 새로운 가능성들은 지금 당장 우리 눈앞에 놀라운 신세계의 도래를 알리고 있습니다. 먼 미래의 가능성이라고 생각되었던 것들을 생물학이 이처럼 빨리 끌어다 우리의 '현재' 속에 실현하게 될 줄이야, 인문학이 미처 몰랐던 일입니다. 그래서 생물학과 인문학의 대화가 필요하다는 생각이 떠올랐습니다./4년 전인 2001년 12월부터 지난해 3월까지 이어진 10여 차례의 대담과 4차례의 인터뷰를 주제에 따라 13개의 장으로 재구성한 책은 '황우석'으로 상징되는 최근 생명과학의 놀라운 성취와 논란을 예견이나 한 듯 실로 적절한 시기에 날카로운 문제의식과 더할 나위 없는 사유거리를 선물한다. 연구자와 교육자로서 오랜 체험과 고민을 거친 "두 먹물이 드디어 보따리를 풀면서" 인문학과 자연과학의 경계를 거침없이 넘나드는 화려한 대화는 깊고도 풍성하게 펼쳐진다. 사회생물학·진화생물학과 인문학의 경계, 우연과 필연, 신화, 동물—인간의 유비, 프로이트 평가 등을 둘러싼 치열한 논전엔 긴장감이 감돈다(한승동, 「공생인간 '호모 심비우스'가 됩시다」).

복장이 터지다: 몹시 마음에 답답함을 느끼다. *문기는 저 따위 거지발싸개 같은 발언을 그냥 놔두고 있어야 하나 불뚝성이 치솟았으나. 회사 측 대표들 역시 복장 터지고 환장하는 순간순간을 견디며 자리를 지키고 있다는 일말의 연민이 스치기도 하였다(김이구, 「꿀맛」).

부아가 나다: 분한 마음이 생기다. *영택이 판 구덩이에 부로꾸 찍는 남자는 빠지지 않는다. 김주사도 빠지지 않는다. 박샌도, 눈 짜부라진 인부도 빠

지지 않는다. 묘자 할머니도 묘자도 산돌이도, 아무도 빠지지 않는다. 영택이 판 구덩이에 오소리만 빠지고 멧돼지만 빠진다. 영택은 구덩이 속에 빠진 오소리, 멧돼지를 김주사한테 팔러 간다. 김주사하고 멧돼지 값을 흥정하다가 김주사가 값을 후려치는 것에 부아가 나서 영택이는 연쇄점 물건을 때려 부순다. 마침 연쇄점에서 술을 마시고 있던 부로꾸 찍는 남자가 어이 처남, 처남, 하면서 영택이를 말린다. 영택이는 부로꾸 찍는 남자가 처남이라고 부르는 통에 울음이 터진다. 울음이 터진 것이 또 화가 나서 부로꾸 찍는 남자 멱살을 잡는다(공선옥, 『그 노래는 어디서 왔을까』).

북새통을 이루다: 많은 사람이 부산스럽고 시끌시끌하게 떠들어 대며 법석이다. *시내 교통은 사실상 마비 상태다. 때문에 시내 운행을 단념한 채 택시들 대부분이 시외로 빠져나갈 사람들을 그곳에서 기다리고 있는 것이다. 자동차를 길가에 세워둔 채로 택시 기사들은 여기저기 모여서 얘기를 주고받고 있는 참이다. 하나같이 심각한 표정들이다./차는 이윽고 무등경기장에 도착했다. 경기장 앞 넓은 광장은 물론이고 주변 도로는 수많은 차량들로 온통 북새통38)을 이루고 있다. 시외로 나가는 버스들, 손님을 잡으려고 흥정하는 택시 기사들, 어느 버스를 타야 할지 갈피를 잡지 못하고 우왕좌왕하는 사람들. 경찰은 보이지 않고 대신 민간인 몇이 나서서 교통정리를 하고 있긴 하지만 주변은 어수선하기 그지없다(임철우, 『봄날』).

불똥이 튀다: 사건이나 말썽의 꼬투리가 엉뚱한 사람에게 미쳐 화를 입히다. *"파오리를 프랑스에 넘겨 줄 수 없다!"/"우리 모두의 힘으로 파오리를 지키자!"/코르시카 사람들의 분노는 불길처럼 섬 안에 번져 갔습니다. 그런데 그 불길이 나폴레옹에게로 튀었습니다. 중구삭금(衆口鑠金)이란 말이 있듯이, 어쩐지 불길한 예감이 듭니다. '중구삭금'이란, '뭇사람의 입에 오르면 쇠도 녹는다'는 뜻으로 '여러 사람의 말은 큰 힘이 있음'을 가리키는 말입니다. 이와는 거의 같은 뜻으로 쓰이는 '적훼소골(積毁銷骨)'이란 말이 있습니

---
38) 여러 사람이 부산하게 떠들어대는 바람.

다. 이는, '사람들의 악담이 많으면 굳은 뼈라도 녹인다'라는 뜻으로, '여러 사람의 악담이 무섭다'는 것을 이르는 말입니다./"파오리를 나쁘다고 한 게 누구냐?"/"누가 프랑스 정부에 이 일을 알렸느냐?"/"나폴레옹이 한 게 틀림없다!"/"그렇다. 나폴레옹은 프랑스 사관이다."/파오리와 가까운 사람들은, 애꿎은 나폴레옹에게 분풀이를 하고자 했습니다. '애꿎다'는 '아무런 잘못도 없이 어떤 일을 당하여 억울하다'는 말이고, '분(憤)풀이'는 앙갚음을 하거나 다른 대상에게 분을 터뜨리거나 하여 '분한 마음을 풀어 버리는 일'을 말합니다. '분풀이'는 한자어로는 '해원(解冤)' 또는 '설분(雪憤)'이라고도 합니다. 애먼 사람에게 불똥이 튀었습니다. '애먼'은 '엉뚱하게 딴'이란 뜻이고, '불똥이 튀다'는 '사건이나 말썽의 꼬투리가 엉뚱한 사람에게 번지다'를 나타냅니다(김재황, 「덤터기를 쓰다」).

붓을 꺾다: 문필 생활을 그만두다. 절필하다. 붓을 놓다. 붓을 던지다. *문학하는 것에서, 묘사하는 것에서 생존의 의의를 발견하지 못하는 자는 붓을 꺾고 전업함이 마땅할 것이기 때문이다. 딴 것으로 자기를 살릴 수 있는 사람이 무엇 때문에 묘사하는 사업에 참가하는 것일까. 붓 한 자루로 나파륜39)의 창검에다 비긴 발자크의 말은 산문정신과 소설가의 지위와 사명을 가장 단적으로 표명한 만고불후의 명언이다(김남천, 「발자크 연구노트 4」).

붙임성 있다: 남과 잘 사귀는 성질, 또는 그런 말씨나 행동이 있다. *저, 저 여자 좀 봐! 그날 큰길 쪽의 창 앞에 서 있던 동료의 외침이었다. 이틀 전에 원고 마감을 끝내고 슬슬 새 기획안을 준비하며 오랜만에 이른 봄의 춘곤증에 가라앉아 있던 동료들은 심드렁한 얼굴로 고개를 들었다. 무슨 여자요? 붙임성 있는 미술부 후배 하나가 물어준 것이 고작이었다(한강, 『검은 사슴』).

비위가 상하다: 하는 짓이 마음에 맞지 않아 아니꼽고 기분이 나빠지다. *아그리파가 세운 판테온은 여러 번의 화재로 전소되어 도미티아누스 황제가 복원했지만, 서기 110년경 하드리아누스 황제는 판테온을 아예 완전히 새로

---

39) 나파륜(拿破崙). '나폴레옹'의 음역어.

지었다. 하드리아누스는 로마제국의 구석구석을 돌아보며 다른 민족의 문화에 지대한 관심을 보였으며, 건축에 매우 조예가 깊은 황제였다. 판테온을 황제 자신이 직접 설계했는지 아니면 다른 건축가가 설계했는지 확실하지 않지만, 어쨌든 그의 입김이 세었으리라는 것은 두말할 나위 없다(당대 최고의 건축가로 꼽히던 아폴로도로스의 이름은 판테온 건축가로 전혀 거론되지 않는다)./한편, 콜로세움 바로 앞 벨리아 언덕 위에는 '베누스와 로마신전'의 유적이 있다. 하드리아누스 황제가 직접 설계했다고 전해지는데, 문제는 이곳에 안치될 베누스 여신상의 높이가 지붕보다 더 컸다. 말하자면 설계를 잘못했다는 뜻이다. 이에 아폴로도로스가 황제에게 핀잔을 주자 비위가 상한 하드리아누스는 자신의 스승과 다름없는 노(老)건축가를 처형하고 말았다고 한다. 그런데 하드리아누스는 판테온을 본래 아그리파가 세웠다는 사실을 청동 글씨로 판테온 입구 윗부분에다가 그대로 붙이게 했다. 반면 건축가로서 능력을 자만하던 하드리아누스 황제는 자신의 이름을 어디에도 새겨 넣지 않았기 때문에 판테온의 건축가 또는 판테온을 세운 건축주로서의 하드리아누스 황제의 이름은 2000년 동안 완전히 잊혀졌다. 하지만 하드리아누스 황제는 판테온을 완전히 다른 형태의 건축으로 복원했다. 아그리파가 세웠던 판테온은 원통형이 아닌 직사각형 평면의 신전으로 여겨지며, 입구는 현재와는 달리 남쪽을 향해 있었다고 한다(정태남, 『건축으로 만나는 1000년 로마』).

비위가 좋다: 아니꼽거나 싫은 일을 잘 견디는 힘이 있다. *가장 낮은 곳에서 함부로 다루어지며, 둔탁한 듯하나 예민하고, 억센 듯하나 무른 발이야말로 시르죽어 있는 뿌리를 단번에 불끈 치세울 만한 자극물이었다. 역겹다느니 그 냄새를 참다니 비위가 좋다느니 하는 친구놈들의 지청구쯤은 간단히 무시했다. 발[足]의 에로스를 모르면 진짜 호색가가 아니라는 게 내 평소 지론이었다(김별아, 『가미가제 독고다이』).

비위를 맞추다: 남의 마음에 들도록 해주다. *비위를 맞추는 쪽은 자신의

행동이 정당한 것이라 믿고 싶어 하고, 아부성 말을 듣는 상사는 그 말이 진실이라고 생각하고 싶어 한다. 결국 비위 맞추기는 비위를 맞추는 쪽의 자기기만과 상사의 허영심, 그리고 착각이 마주칠 때 그 효과를 발휘한다(이철우, 『나를 위한 심리학』).

비행기를 태우다: (남에게 아부하고 잘 보이기 위해) 남을 지나치게 칭찬하거나 높이 추어올려 주다. *최악의 패는 아니었다. 입술에 침을 덧발라가며 면전에서 서푼어치 비행기를 태우다가 뒤돌아서는 순간 단물 빠진 껌을 뱉어내듯 표리부동한 짓거리에 이골이 나 있었기에 그의 발언은 신선한 충격이었다(최문희, 『이중섭(李仲燮)』).

뼈대가 있다: 문벌이 좋다. 심지(心志)가 굳고 줏대가 있다.

뼈도 못 추리다: 상대와 싸움의 적수가 되지 않아 큰 손실만 보고 전혀 남는 것이 없다. *"언제부터 이거 시작한 거야."/그는 멋쩍은 미소를 지었다./"좀 됐지. 일제 잔재를 청산하는 것도 맨입으로 되냐? 쇠말뚝만 뽑아서는 될 일이 아니야. 적이 가진 것으로 적을 치는 거지. 이게 마오식 전술이란 말이지."/재만은 테이블에 앉아 있는 멤버들을 엄지손가락으로 슬쩍 가리키며 말했다./"나도 그렇지만 저 사람들, 이 바닥의 귀신들이야. 너 잘못하면 뼈도 못 추려."/"걱정 마. 나도 옛날의 내가 아니야."/또 연락하자고 의례적인 인사를 건넨 후, 형식은 성큼성큼 엘리베이터 쪽으로 걸어갔다. 재만은 자리로 되돌아왔다(김영하, 「보물선(寶物船)」).

뼈를 깎다: ㉠ 온갖 고생을 다하다. ㉡ 견디기 어려울 정도로 몹시 고통스럽다. *재물이 아무리 크다고 해도 자식과 비하지는 못합니다. 욥40)에게는 칠남 삼녀가 있었는데 늘 모여서 잔치를 했다니 형제간에 화친했던 것 같습니다. 이렇게 잘 지내던 자녀들이 하루 형님 댁에서 잔치를 하다가 집이 무너지면서 열 남매가 한꺼번에 죽임을 당했습니다. 아마 열 자녀를 한꺼번에 잃은 욥의 고통은 뼈를 깎는 고통이었을 것이라고 짐작합니다(곽선희, 『자유

---

40) 욥(Job): 『구약 성서』「욥기」의 주인공.

를 버린 자유인 2』).

뼈에 사무치다: 원한 따위가 뼛속까지 맺히도록 깊고 강하다. *다만 이 숲정이41)에서 순교한 분들이 남긴 이런 말들만이 이끼가 끼어 찬연하다./"매를 맞아 죽는 한이 있더라도 우리 천주를 배반할 수 없습니다. 이런 생각은 살과 뼈에 사무쳐 있어서 사지를 자르면 그 하나하나에 이 생각이 배어 있고, 뼈를 부수면 뼈 한 조각 한 조각에 그것이 그대로 남아 있을 것입니다."/진북 초등학교 앞을 지나는 좁은 길에 서서 바라보면, 자연석을 그야말로 자연스럽게 섞어 회벽치듯 쌓아 올리고 그 위에 기와를 얹은 돌담이 보인다. 길게 둘러쳐진 돌담 안이 성지이다(한수산, 『한수산의 순교자(殉敎者)의 길을 따라 3』).

뼛골이 빠지다: 육체적으로 매우 힘든 일을 하다.

산통 깨다: 어떤 일을 이루지 못하게 망치다. *처음 그녀들은 무언가 살피는 기색이더니 점심을 나누고 오래잖아 떠날 채비들을 했다. 그런 그녀들을 주저앉혀 우리들과 유쾌한 술자리를 벌이게 한 것은 순전히 상철이 녀석의 넉살 덕분이었다. 그러나 채 한 시간도 지나지 않아 술자리의 분위기는 묘하게 흘러갔다. 실직 중이라는 것이 어떤 작용을 했는지는 모르지만, 평소의 주량답지 않게 일찍 돌아버린 상철이 녀석이 느닷없이 우리들의 산통42)을 깨고 나선 것이었다. 아가씨들도 술은 제법 하는 편이어서 권커니 잣거니 준비해간 네 홉들이 소주를 두 병쯤 비웠을 무렵 녀석이 벌떡 일어나더니 앞뒤 없이 소리쳤다./"씨—팔. 야야, 되잖은 거짓말 모두 때려치우고 우리 화통하게 놀자."/그때까지 늘상 해오던 대로 상철이가 대학생 역할을, 내가 유수한 기업의 엔지니어 역할을, 그리고 영남이가 공부에 취미가 없어 아버지의 사업을 돕고 있는 청년실업가를 맡아 잘 돼가고 있었는데 상철이 녀석이 그렇게 나오니 영남이와 나는 당황하지 않을 수 없었다(이문열, 「알 수 없는 일들」).

---

41) 전라북도 전주시 덕진구 진북1동에 소재한 천주교 순교지(殉敎地).
42) 산통(算筒): 소경이나 점쟁이가 점을 치는 데 쓰는 산(算)가지를 넣어 두는 통.

삼십육계(三十六計)**를 놓다**: 도망을 치다.

색안경을 끼다: 좋지 않은 감정이나 주관적인 선입관으로 대하다.

생사람을 잡다: 아무 허물이나 관계가 없는 사람에게 허물을 씌우다. *"빤히 알지, 누구 짓이라는 것. 긴데 증거가 없지 않네. 나도 복수하고 싶은 마음이 굴뚝같지만 함부로 증거 없이 생사람 잡다간 일나지. 기래 백방으로 알아보고 있지만 경찰도 수사한다고 말만 하지 오히려 테러범들을 감추어주는 것이 아닌가 의심들 하고 있지. 그저 한통속이라고 봐야 하지 않겠네?"(장춘식, 『그래도 강물은 흐른다』)

서슬이 시퍼렇다: 기세가 등등하다. *"이 맹랑한 소문을 미끼로 호방이란 놈이 나한테서 돈을 울궈내자는 배짱이네. 군수가 알고 노발대발이라는 걸세. 사대부 집 규수한테 이런 맹랑하고 불칙한 일이 있다면 관의 도리로써 이런 혼사가 이루어지는 것을 어찌 가만 보고 있을 수 있느냐고 펄펄 뛴다는 구만. 상풍죄로 다스려야 한다고 서슬43)이 시퍼렇다는 걸세."/감역은 속에서 불덩어리가 치미는 모양이었으나 내색을 않으려고 안간힘을 쓰는 것 같았다(송기숙, 『녹두장군』).

세상을 뜨다: 사람이 '죽다'를 에둘러서 일컫는 말. *김우옹은 문과에 합격하여 벼슬을 받았으나 사양했고, 이어 어머니가 세상을 뜨자 3년상을 마쳤다(이이화, 『그대는 적인가 동지인가』).

속을 긁다: 남의 속이 뒤집어지게 비위를 살살 건드리다.

속을 달래다: 좋지 아니한 위장의 상태를 좀 편안하게 만들다.

속을 떠보다: 남의 마음을 알아내려고 넘겨짚다. *동호는 황억배에게 술을 권하며 무슨 괴로운 일이라도 있느냐고 은근히 그의 속을 떠보았다(김용만, 『칼날과 햇살』).

속을 썩이다: ㉠ (뜻대로 되지 않거나 좋지 못한 일로) 몹시 괴로워하다. ㉡ 남의 마음을 몹시 상하게 하다. *남편은 이런저런 일로 늘 만돌어멈44) 속을

---
43) 칼날이나 다른 물건의 날카로운 곳.

썩여 왔다. 가난한 살림을 돌아보기 위해 일을 하는 것도 아니다. 가난을 담당하는 것은 늘 만돌어멈의 몫이고 남편은 현실생활에 무관심하였던 것이다. 게다가 남편은 외도를 하며 여자를 집으로 데리고 오기까지 한다. 조강지처를 구박하며 심지어 폭력을 휘두르고 내쫓을 정도이다. 만돌어멈은 남편이 바라는 대로 두 아들까지 데리고 집을 나와 서울에서 남의 집 드난살이를 시작했는데 남편은 다시 만돌어멈을 찾아내고 변하지 않는 외도와 폭행으로 만돌어멈을 괴롭게 한다. 살기 어려워서 찾아온 형편이면서도 만돌어멈 위에 군림하고 폭행과 외도를 계속하는 만돌어멈 남편으로 인해 그녀의 불행은 극에 달한다. 견디다 못해 만돌어멈은 자식들한테까지 숨기고 가출하려는데 이를 눈치챈 아이들이 울며 매달린다. 아이들 걱정에 결국 가출을 포기하고 여전히 폭력에 시달리는 만돌어멈은 하루하루를 '종말 없는 비극'으로 살아간다(조미숙, 『여성의 문학, 문학의 여성』).

속을 차리다: ㉠ 지각 있게 처신하다. ㉡ 자기의 실속을 꾸리다.

속이 뒤집히다: ㉠ 비위가 상해서 욕지기가 날 듯하게 되다. ㉡ 몹시 아니꼽게 느껴지다. *처제부부가 돌아간 뒤, 은주는 있는 대로 성미를 부렸다. 분노의 몸통은 아니꼬움이었다. '집도 없는 것들이 유럽씩이나 나다니는 정신 나간 행태'에 속이 뒤집혀 있었다(정유정, 『7년의 밤』).

속이 보이다: 엉큼한 마음이 들여다보이다. *"시골서 올라오셨니?"/하고 이박사는 허숭을 찾아온 모양을 보이려 하였다./"영감마님입시오? 안 올라오셨습니다."/그것은 이 박사가 올 때마다 그렇게 묻는 까닭도 있거니와, 네 시에 다녀가고 아직 경의선 차 시간도 아니 되었는데 어떻게 그동안에 허숭이가 올라올 수가 있으리라고, 빤히 속이 보이는 소리를 하는 것이 우스웠던 것이다(이광수, 『흙』).

속이 시원하다: (좋은 일이 생기거나 나쁜 일이 없어져서) 마음이 상쾌하다.

속이 타다: 걱정이 되어 마음이 달다. *속이 타서, 사이다 맛이 맹물 맛이

---

44) 박태원의 장편소설 『천변풍경(川邊風景)』의 등장인물.

었다./"느이들 한 번 더 이런 짓 허문, 그땐 그냥 안 놔둔다."/잔을 단숨에 비운 최씨가 말했다./"예. 다신 그런 짓 하지 않겠습니다."/형이 고집스럽게 입을 다물고 있어서, 내가 서둘러 대꾸 했다(복거일,『캠프 세네카의 기지촌(基地村)』).

속이 풀리다: 화를 냈거나 토라졌던 감정이 누그러지다.

손끝이 맵다: ㉠ (손이) 슬쩍 때려도 몹시 아픔을 주다. ㉡ 일하는 것이 야무지다. *그니는 세진이 누나 세희의 단짝이었다. 서울에서 꽤 알아준다는 ㄱ여고 삼학년에 다니는 세희보다 세 살이나 더 먹었지만 너나들이로 지내는 사이여서 친누나 버금갈 만큼 만만하게 대하곤 했다. 야무진 데다가 손끝이 매워 홀치기를 눈감고도 할 정도로 선수여서 지난해에는 상답 한 마지기나 사들인 까막골양반의 살림 밑천이기도 하였다(김태연,『그림같은 시절』). ㉢ 가축을 기르는 일에 번번이 실패하는 사람에게 미신적(迷信的)으로 이르는 말.

손때가 묻다: 오랜 세월을 사용하여 손으로 만진 때가 끼어 있다. *여러 권짜리 책의 손때 묻은 정황을 보면 책 주인의 성품이 드러난다. 대부분 첫 권 앞부분만 손때를 입히고 만다. 앞쪽에는 제법 밑줄도 치고 메모도 해 놓았는데, 다음부터는 손 한 번 대지 않은 깨끗한 상태다. 앞만 재미있고 중간 이후부터는 재미가 없어서가 아니라, 진득하게 공부하는 자세가 갖추어져 있지 않기 때문이다. 처음부터 끝까지 두루 손때가 묻은 책은 책 주인을 다시 보게 만든다. 그는 어쩌면 이렇듯 한결같은 마음으로 책을 읽을 수 있었을까? 경외하는 마음마저 생긴다. 내가 사랑하는 책은 내 손때가 묻은 책이다. 한결같은 내 마음이 그 위로 스쳐간 책이다. 하도 들춰 보아 어느 한 부분에만 집중적으로 손때가 묻은 책을 특별히 나는 사랑한다(정민,『오직 독서뿐』).

손발이 되다: 손과 발같이 남을 대신하여 그의 뜻대로 움직이는 사람이 되다. *중사는 속을 털어놓지 않았다. 영규도 마찬가지였는데 그는 수사대의

근무상태가 엉망으로 돌아가는 것을 눈치채고 있었다. 그것은 중사가 민간인과 손을 잡아서 그들을 원칙대로 다룰 수가 없게 되어버린 때문이었다. 영규는 그의 침울한 얼굴을 바라보며 생각했다. 아마도 자네는 본대로 들어가게 될 것 같군. 자네에게 남아 있는 힘은 아무것도 없다. 자네는 내 바짓가랑이를 꼭 붙들고 있지만, 나는 뒷발로 차버리겠어. 자네 너무 허둥지둥하다가 홍콩아이들한테 덜미를 잡히고 말았군. 자네의 손발이 되어 주는 것도 자네 어깨가 든든할 때까지의 일이다. 자네는 강수병이 귀국하던 무렵에 모든 걸 잃은 거야(황석영,『무기(武器)의 그늘』).

손발이 맞다: 함께 일을 하는 데 의견·수단·방법 등이 서로 맞다.

손사래를 치다: 손을 펴서 함부로 휘젓다. *황이 맞았다. 그는 해변 쪽으로 밀려오는 것 같았다. 그런데 그가 자꾸 손사래를 치는 것이었다. 날 보고 돌아가라는 손짓이었다. 나는 애가 타서 울음 섞인 목소리로 다시 한 번 그의 이름을 간절하게 불렀다. 그러다 나는 주저앉아 소리 내어 울었다(권지예,「투우(鬪牛)」).

손에 땀을 쥐다: 아슬아슬하여 마음이 조마조마하도록 몹시 애가 달다. *태종이 말 무역을 중단하겠다고 한 배짱의 배경에는 나름대로 입수한 핵심 정보가 결정적으로 작용했다. 하정사로 명나라에 갔다가 3월경에 돌아온 최유경은 연왕이 승승장구하고 있으며 황제의 군대는 수는 많지만 백전백패하고 있다고 전황을 전했다. 게다가 혜제 쪽에 붙었던 요동 사람들이 패퇴하여 조선으로 피난해 오는 사태가 발생하자 계속 말을 보내는 것은 자칫 훗날 보복의 빌미를 줄 것이라고 생각했다. 즉, 말 무역 중단은 단순한 자존심을 내세운 결단이 아니라 주변 정세 파악을 바탕으로 한 치밀한 접근의 결과였던 것이다./실제로 5월이 되자 회수를 건넌 연왕의 군대가 남경을 압박하기 시작했고 6월에는 명 혜제는 실종되고 연왕이 황제로 등극한다. 말 무역을 중단한 4월 초부터 6월까지 석 달은 태종에게도 손에 땀을 쥐게 하는 긴박한 기간이었다(이한우,『태종: 조선의 길을 열다』).

손에 익다: 손에 익숙하다.

손에 잡히지 않다: *문중호는 출근하자마자 어머니 일로 마음이 뒤숭숭했다. 자꾸만 전화기 쪽으로 신경이 가고 도무지 일이 손에 잡히지 않았다. 전화벨이 울릴 때마다 그는 흠칫흠칫 놀라며 조바심을 태우는 것이었다. 혹시 어머니가 아닐까? 지금 내게 전화가 걸려온다면 그건 분명 파출소 순경이 대신 걸어주는 전화이리라(현기영,「해룡(海龍) 이야기」).

손에 쥐다: 자기 소유로 만들다.

손을 끊다: 교제나 거래 관계를 끊다.

손을 놓다: 하던 일을 그만두거나 잠시 멈추다. *가슴이 답답해서 나는 회사 일이고 뭐고 아예 손을 놓고 있었다(윤후명,『무지개를 오르는 발걸음』).

손을 늦추다: 긴장을 풀고 일을 더디게 하다. *영철은 다시 설화의 손을 쥐었다. 향내 나는 꽃잎 같은 설화의 손을 쥘 때 화분(花粉)이 묻어 있는 듯이 부드러웁고 바삭거리는 듯하였다. 그리고 또 다시 그의 눈을 들여다보고 그의 코를 보고 그의 눈썹과 두 빰을 볼 때 쌍꺼풀 지은 두 눈이 광채 있게 빛나는 것과 오똑 선 콧날과 초승달 같은 두 눈썹과 도화분 바른 두 빰이 정화(淨化)하지 못한 성욕(性慾)을 일으키지 않는 것이 아닌 게 아니지만 그의 섬세한 앞머리와 보일락 말락한 줄께와 크지 못한 뒤 귀와 검푸른 눈 가장자리와 어디인지 차디차게 도는 슬픈 빛이 그의 마음 한 귀퉁이를 만족치 못하게 하는 동시에 맵시 없는 두 발까지도 그의 마음을 웬일인지 섭섭하였다. 그러나 그를 끼어안고 입을 맞출 때 근질근질 자리자리한 맛과 함께 자지러져 떠는 몸을 두 팔에 안았다가 손을 늦추고 그의 얼굴을 다시 쳐다볼 때 부끄러워 방긋 웃는 그의 반웃음과 살짝 나타났다 사라지는 백옥 같은 이가 그의 모든 불만과 섭섭함을 휩싸는 듯하였다(나도향,『환희(幻戲)』).

손을 떼다: 하던 일을 중도에 그만두다. *그가 친구와의 동업에서 손을 떼고 들어온 상당한 목돈을 가지고 시작한 첫 사업은 부동산투기였다. 그때도 전재산을 거기 투입한 게 아니라 안전한 곳을 몇 군데로 나누어 투자하고 순

전혀 그의 소일거리나 될 만한 액수를 남겨서 시작한 게 뜻밖에 하는 족족 큰 이익을 보게 됐다. 마침내 부동산 붐이 일고 너도 나도 돈 보따리를 싸들고 변두리 개발지역으로 몰려들 때 그는 그 일에서 손을 뗐다. 그의 평형감각이 모든 사람이 쏠리는 곳으로부터 비켜나라는 위험신호를 보냈기 때문이다. 다음으로 투자한 곳은 증권이었다. 증권도 마치 그가 열기를 주도한 것처럼 그가 투자하자마자 불붙기 시작했지만 그 열기가 막바지에 오르기 전에 그는 부동산 때와 똑같은 위기의식으로 남보다 한발 앞서 손을 뗐다. 한참 재미 볼 때 손을 뗀다는 건 쾌속으로 달리는 열차에서 뛰어내리는 것만큼이나 용기를 요하는 일이건만 그는 해냈다. 그의 평형감각이 그가 극단으로 가는 걸 막았다(박완서, 「유실(遺失)」).

손을 맞잡다: 서로 뜻을 같이하여 긴밀하게 협력하다. *은빛연어는 눈맑은연어와 나란히 징검다리 사이로 난 물길을 헤친다. 위로 올라갈수록 물이 얕아서 등지느러미가 물 밖에 드러난다. 이제 초록강은 강이라고 부를 수 없을 정도다. 그런데 은빛연어는 깊은 물속에서는 느끼지 못했던 어떤 충만감이 그의 몸을 감싸는 것을 느낀다./'나는 여태 강물과 땅을 두 개로 나누어 생각했다. 강물 속에 연어가 살고 땅 위에는 연어의 적인 인간이 산다고 생각했다. 자연과 인간, 그리고 인간과 연어를 구분지어 생각했다. 그건 너무 경솔한 생각이었다. 나를 감고 흐르는 이 시냇물은 높은 산 위에서부터 수천, 수억 개의 물방울이 모여 이루어진 것이다! 이 시냇물이 더 큰 강이 되고 나아가 바다가 되는 것을 나는 왜 모르고 있었던가!'/은빛연어는 그의 눈앞에서 시냇물의 밑바닥이 서로 손을 맞잡고 있는 것을 본다. 땅과 땅이 손을 맞잡고 물 밑에서 하나가 되어 있다./그는 또 끊임없이 출렁이는 시퍼런 바다를 생각해본다. 바다는 지구 위의 모든 대륙과 손을 맞잡고 완전한 하나가 되어 있다. 땅은 물을 떠받쳐주고, 물은 땅을 적셔주면서 이 세상을 이루고 있는 것이다(안도현, 『연어』).

손을 빼다: 하고 있던 일에서 빠져나오다.

손(을) 잡다: 함께 힘을 합하여 무슨 일을 하다. *"제 나이 이제 서른하나입니다. 하지만 저는 겪을 일을 다 겪었습니다. 좋은 일도 겪고 나쁜 일도 보았습니다. 이제 나라와 겨레를 위해 참으로 뜻있는 일에 몸 바쳐 일하고 싶습니다. 독립 운동에 목숨을 바치겠다는 생각으로 이곳 상해에 온 것입니다."/김구는 이봉창의 말과 태도에 감격해서 눈물이 핑 돌았다./"고맙소! 젊은이의 열렬한 애국심에 고맙고 감격할 따름이오! 이제 나하고 손잡고 일해 봅시다"(신경림, 『백범 김구』).

손을 털다: 본전을 모조리 잃다.

손이 가다: ㉠ 손이 미치다. ㉡ 손을 대어 만지다.

손이 거칠다: 일을 다루는 솜씨가 세밀하지 못하다. *박거사는 깜짝 놀라서 얼결에 하정배를 드렸다. 그러고는 샌님의 발을 받쳐서 말 위로 올려주고 나니 은근히 속에서 밥알이 곤두섰다. 홧김에 고삐를 잡아채니 말이 높이 소리 지르며 굽을 들고 뛰어올랐고, 양반은 보기 좋게 낙마를 하고 말았다./"어이쿠우, 사람 죽는다!"/"샌님 어디 다친 데 없으십니까?"/하인이 달려들어 일으키니 양반은 상을 찡그리고 절뚝이며 일어났다./"견마는 네가 잡아야지. 이 녀석은 손이 거칠어서 잘못하다간 직산두 못 가서 내 모가지가 부러지겠구나."/아이고 깨소금이야, 하는 기분으로 박거사는 죽을죄를 졌다는 듯이 말궁둥이께에 서 있었고, 하인은 눈을 부라리더니 말고삐를 잡는 것이었다(황석영, 『장길산』).

손이 나다: 어떤 일에서 조금 쉬거나 다른 것을 할 틈이 생기다. *범수는 또 한 번 나른하게 하품을 하고는 안해가 손에 시꺼멓게 물을 들여가지고 검은 빨래를 만지는 것을 보고 내키잖게 묻는다./"건 머야?"/"애들 봄살이……"/"봄? 살이?"/"응."/"걸 지금 왜?"/"이거나마 손질을 해두어야 인제 가을에 가서 입히지…… 봄에 벗어논 것을 발써 빨어는 놓구두 손이 안 나서 그러다가 오늘은 일감도 없구 허길래……"/범수는 고개를 끄덕거렸다./아침에 밀가루 십전어치를 사다가 수제비를 떠서 아이들 둘까지 네 식구가 요기

를 하고는 당장 저녁거리가 가망이 없는 판이다./그러니 하루 앞선 내일 일도 염두에 없을 테거늘 인제 가을에 가서 아이들을 입힐 옷을 시장한 허리를 꼬부려가며 만지고 있는 안해를 보며 범수는 인간이란 것은 '생활(生活)의 명일(明日)'에 동화 같은 본능을 가지는 것이구나 생각했다(채만식, 「명일(明日)」).

손이 놀다: 일이 없어 쉬는 상태에 있다. *"가닥을 추리고 탓을 하기로 하면 한정 없고 못 이긴 대끼 가세. 당장 우리 것 뺏어가는 것도 아니고, 또 마침 손이 놀고 있을 땐게 노는 입에 염불하는 셈쳐."/양찬오는 너울가지 있게 달랬다(송기숙, 『녹두장군』).

손이 뜨다: 일하는 동작이 매우 굼뜨다. *우체국에서 나온 호균은 이제 남아 있는 스물여섯 시간을 어떻게 보내야 할까 생각하였다. 마음은 한사코 지수에게로 달려갔다. 그러나 그는 천천히 걸어서 동해 당구장으로 갔다. 낯익은 사람들과 당구를 쳤지만 손이 떠서 잘되지 않았다(이경자, 『머나먼 사랑』).

손이 맵다: 손끝이 맵다.

손이 작다: ㉠ 물건이나 재물의 씀씀이가 깐깐하고 작다. ㉡ 수단이 적다.

손이 크다: 씀씀이가 크다. *그러므로 어휘 수를 불리지 않고 기존의 단어 중에 의미론적으로 관계 있는 단어에 새로운 뜻을 첨가하는 형식으로 쓰게 된 것이 다의의가 아닌가 한다. 즉 구체적인 의미를 가진 단어에 추상적인 의미를 부여한다든가 하는 방법으로 다의의가 성립하게 된다./(3) ㄱ. 그 여자는 손이 커서 큰 장갑을 사야 한다./ㄴ. 그 여자는 손이 커서 돈을 헤프게 쓴다./ㄷ. 그 여자는 손이 필요하다./ㄹ. 그 일은 그 여자의 손이 미치지 못한다./ㅁ. 그 여자가 이 옷을 손봐 주었다./ㅂ. 그 여자와 손을 끊었다./위의 (ㄱ)-(ㅂ)에서 '손'이란 단어는 모두 뜻이 다르게 쓰였다. (ㄱ)은 신체기관으로서의 손, (ㄴ)은 생각하는 규모, (ㄷ)은 도와주는 사람, (ㄹ)은 능력이나 권력, (ㅁ)은 수리 등의 의미를 가지며, (ㅂ)은 교제관계를 나타낸다(박영순, 『한국어 의미론(韓國語意味論)』).

손톱도 안 들어가다: 무척 야무지고 인색하다. *"한국 돈두 없으실 텐데 택시 값마저 제가 내야 할 거구요."/하인희는 택시 뒷자리로 몸을 밀어넣으며 정말 섭섭한 것처럼 가장했으므로 전치강은 주머니를 뒤져 천 원짜리 지폐 두 장을 꺼내보였다./"어머나, 그 돈 외국에서 통해요?"/"통하다마다."/"정말요."/"응. 기념품으로."/하인희는 입술을 비쭉 내밀며 눈을 흘겼다. 천진난만한 소녀 같은 면을 그녀는 가지고 있었다. 전치강은 손톱 안 들어가는 사나이라는 누명을 벗으려고 그녀의 어깨다 팔을 걸었다. 오랜만에 만난 그녀가 정말 밉지 않았다. 그는 벌써 오숙녀를 잊고 있었다(신상웅, 『바람난 도시(都市)』).

숨 쉴 틈도 없다: 조금 쉴 만한 시간적 여유가 없다. *인터넷의 항해자는 목표도 정처도 없다. 그는 마우스와 화면의 접점들에서 내키는 대로 끌럭끌럭 집게손가락을 누른다. 인터넷이 생겨난 취지에 비하면 이 얼마나 한가로운 호사인가? '정보 고속도로'는 이런 무용한 향락객 때문에 얼마나 지체되겠는가? 그러나 이 고속도로에는 갈림길이 무척 많고 갈림길마다 휴게소가 있다. 견물생심이라고 놀 것이 많은 판에 못 놀 게 없다./물론 그는 아주 바쁜 처지다. 원고를 빨리 달라는 편집장의 독촉 전화를 벌써 닷새째 받고 있다. 요즘식으로 말하면 빨리 정보를 찾아서 보고해야만 하는 것이다. 실로, '정보를 찾아라'는 이 시대의 지상 명령이며, 그 명령은 숨 쉴 틈도 주지 않고 모든 보통 시민들의 머리 위로 쏟아져 내리는 것이다. 그런데도 그는 느긋하고 고독한 산책자이다. 아니, 고독한 산책자이고 싶다. 신속한 통신원의 사명은 창밖 저 멀리 구겨 던지고, 그저 제 기분에 취해서 바다의 색깔과 파도의 무늬를 하염없이 구경하고 있는 것이다(정과리, 「가상은 실제의 반대말이 아니다」).

숨을 돌리다: 가쁜 숨을 가라앉히다. 바쁜 중에 잠시 휴식을 취하다.

숨이 턱에 닿다: 숨이 매우 가쁘게 되다. *한번은 이런 일까지 있었다. 어느 눈 내리던 날 밤 야학을 파하고 사숙으로 돌아가는 길인데, 아버지도 어

머니도 잃어버리고 일갓집에 붙어서 사는 금분이란 계집애가 숨이 턱에 닿아서 쫓아오더니, 선생님의 재킷 주머니에다가 꽁꽁 언 손에 쥐고 있던 것을 넌지시 넣어 주고 달아났다./"아서라, 이런 것 가져오지 말구 네나 먹어라, 응."/하면서도 영신은 어린애의 정을 물리칠 수가 없어서 '왜콩45)이나 밤톨이거니' 하고 만져보지도 않고 가서 재킷을 벗어 거는데 방바닥으로 우르르 쏟아지는 것을 보니 껍질을 말끔 깐 도토리였다./영신은 떫어서 먹지도 못하는 그 도토리를 접시에 소복이 담아 책상머리에 놓고 들여다보고 손바닥에 굴려 보고 하다가 콧마루가 시큰해지더니, 눈물이 뜨끈하게 솟던 생각이 났다. 그런 생각을 하면 금세 아이들이 보고 싶어 당장 날아서라도 가서 안아 주고 싶은 것을 억지로 참고 있었다(심훈, 『상록수(常綠樹)』).

시치미를 떼다: 짐짓 모르는 체, 자기가 하고도 하지 않은 체하다. *우리말에 '시치미떼다'라는 말이 있다. 알고도 모르는 체할 때 사용되는 말이다. 시치미란 원래 사냥매의 꼬리에 다는 표식으로 그 매의 소유주의 이름이 적힌 꼬리표이다. 사냥매는 귀하고 비싼 것이었기 때문에 만약 잃어버렸을 때 쉽게 찾을 수 있도록 하는 것이 꼬리표의 첫째 목적이다. 그런데 다른 사람이 그 매를 주워서 꼬리표를 떼고 자기 것으로 우기는 경우가 종종 있었다 한다. '시치미떼기'라는 말은 여기서 나왔다./시를 쓰는 행위도 어떻게 보면 시치미를 떼는 행위와 유사하다. 어떤 사람이 다른 사람의 사냥매를 잡아서 자기 것이라고 우길 경우, 그 사냥매의 주인은 사냥매를 자세 살펴볼 필요도 없이 시치미만 확인하면 자기 것이 증명된다. 그러나 다른 사람이 매를 잡아서 시치미를 떼어버리고 자기 것이라 우길 경우, 혹은 다른 시치미를 달아 놓았을 경우, 주인은 그 사냥매가 자기 것임을 알아보기 위해서는 매의 모습을 주의 깊게, 요모조모 따져보아야 한다. 즉, 그 매에 대한 구체적인 지각이 있은 후에라야 그 매의 소유권을 확신할 수 있게 된다. 시인도 말하고자 하는 내용의 구체적인 실상을 독자에게 전달하기 위하여 시치미를 떼거나 혹

---

45) 땅콩.

은 다른 시치미를 붙여 놓는다. 일상적인 명령법으로 사물이나 체험을 표현할 경우 독자들은 그 이름만으로 내용을 지레 짐작해 버리고 만다. 그러나 그 이름을 떼어버리거나 다른 이름을 붙여 놓을 경우, 독자들은 그 이름의 뒤에 있는 내용에 대하여 세심한 주의를 기울인다. 그럼으로 해서 시인은 독자들에게 말하고자 하는 내용을 구체적으로 전달할 수가 있다(이남호, 「시(詩)와 시치미」).

신(神)이 내리다: 무당에게 신이 붙어 동작을 하다.

심금(心琴)을 울리다: 외부의 자극을 받아 마음에 감동을 일으키다. *바야흐로 감성의 시대. 감성의 시대를 사는 사람들은 심금을 울리는 정책을 원한다. 이성으로 꼼꼼히 따져야 하는 정책은 골치 아파한다. 상처받은 마음을 다독여 주고 분노를 풀어주겠다며 심금을 울려야 표를 얻을 수 있다. 그러나 심금을 울리는 정책은 대부분 후유증을 남긴다. 분노와 원망을 풀어줄 정치인을 선택했지만 그가 내 기대에 부응하지 못하면 분노는 더욱 커져만 간다(정운찬, 『미래를 위한 선택, 동반 성장』).

싹수가 노랗다: 희망이 애초부터 보이지 않는다. *인천에서 와야 할 아파트 판 돈이 제 날짜에 우리 손으로 들어오지 않은 것이 계약금을 떼이게 된 원인이었다. 우리는 하루 늦게 잔금을 준비해 갔다. 녀석은 이미 싹수가 노란 얼굴이었다. 일단 이건 계약 위반이에요, 전세를 주건 안 주건 이젠 오야 마음이에요. 우린 사정이 생겨 전세를 못 놓게 됐다구요. 아시겠어요?(박영한, 「지상(地上)의 방 한 칸」)

쌍수를 들다: 기꺼이 환영하거나 지지하다.

쓴맛 단맛 다 보다: 세상의 괴로움과 즐거움을 다 겪었다는 말. *그러나 분명한 사실은, 이렇게 자족적인 무위자연의 삶도 하나의 선택이자 목적이라는 사실이다. 일체의 의미 찾기를 포기하는 '무의미의 의미' 또한 하나의 의미이며 선택이다. 인위적 목적 추구를 거부하고 자연과 하나 되어 사는 삶이 저절로 이루어진다면 모르지만, 그것 역시 또 하나의 목적이며 가치가 되

는 것을 피할 수 없다. 사실 아무런 의미도 추구하지 않고 그냥 살면 된다는 식의 생각은 치열하게 어떤 가치나 의미를 추구하는 삶을 살아본 경험에서 우러나오는 마지막 결론과도 같다. 인생의 쓴맛 단맛 다 본 사람, 그러나 보니 인생이 별 것 아니고 무언가를 성취하려는 노력이 다 부질없고 오히려 불행만 더 키운다는 생각을 반영하는 냉소적 인생관이 깔려 있다. 목적과 가치, 의미 등을 내려놓고 사는 것이 오히려 최고로 행복하고 의미 있는 삶이라는 것이다(길희성, 『길은 달라도 같은 산을 오른다』).

쓸개가 빠지다: 하는 짓이 줏대가 없고 온당하지 못함을 욕으로 하는 말.

쐐기를 박다: 다시는 그러한 일이 없도록 다짐을 두다. *남자의 숨소리는 점점 높아졌다. 그는 지금 무슨 짓을 하고 있는 것일까./나는 수화기를 놓았다. 꿈에서 깨어나듯 머릿속이 싸늘해졌다. 이게 무슨 일일까? 바깥은 여전히 햇볕이 환한 정오였다. 아이들의 외침 소리가 실로폰 소리처럼 맑게 울렸다. 이상한 꿈을 꾸고 있는 것 같았다./광고회사에서는 업무 착오로 생긴 실수라며 몇 번이나 사과를 했지만 게재 건수가 작을 때면 으레 쓰는 수법이 아닐까 하는 의심이 들어 몇 번이나 쐐기를 박았다. 그러나 수화기를 들고 한없이 같은 소리를 하고 있을 수는 없는 일이었다. 저쪽에서도 상대방이 제풀에 지치기만을 기다리는 것 같았다./"앞으로 절대 이런 일이 없게 하세요."/내가 전화기를 놓자마자 또 전화가 왔고 결국 변성기에 접어든 남자아이의 그 야릇한 음성까지 재회하고 말았다. 놈 역시 그때와 한마디도 틀리지 않게 말했다(전경린, 「염소를 모는 여자」).

씨가 마르다: 같은 종자에 속하는 것들이 모조리 사라져 흔적이 없다. *길상은 창밖을 내다본다. 찌푸렸던 하늘은 개고 서산 쪽으로 기우는 해, 구름이 흘러가고 있다. 다소 급한 속도로, 어젯밤처럼 바람이 불 모양이다./"자네가 항상 김생원을 생각해주어서 고맙네."/상현도 창밖 구름을 바라본다. 다시,/"허장성세(虛張聲勢), 어디로 가나 통분, 통분, 통분, 귀에 못이 박힐 지경이니 귀찮은 노인임에 틀림이 없겠으나,"/길상은 고개를 돌려 상현의 눈을

본다. 가느스름하게 좁혀져 있어 평소의 강한 눈빛을 볼 수 없다./"연만하신 분이니 할 수 없지 않은가. 한 시절 전에만 해도 이곳에는 글 하는 선비들의 씨가 말라서 귀하게들 모셔 가곤했다더라만 요즘에야 어디 그런가?"/"……"/"밝히는 게 망명 선비들이니 어디 시골 서당에도 훈장 자리가 있을 성 싶지 않고 쫓아버릴래야 쫓아버릴 곳이 있어야 말이지. 내 자리나마 물려드렸으면 싶지만 통분 소리가 아이들 귀에 못이 돼도 곤란할 테니 말이야. 핫하……"/상현은 자기 자신을 비웃듯 허탈한 웃음을 한바탕 웃어 젖힌다(박경리, 『토지』).

아귀가 맞다: 기준을 잡은 숫자에 들어맞다.

애가 타다: 어떤 고민에 걱정이 되다. *"저것 봐. 저것. 걸타고 앉아 목을 조르는군" 하고 손가락질을 했더니,/"뭐가요?" 하는 텅 빈 데를 보듯이 본단 말야. 너무 강한 햇빛 때문이었는지도 몰라. 햇빛 때문에 사람을 죽인 녀석도 있었다니까. 어찌나 햇빛이 강렬한지 주위가 은(銀)처럼 번쩍이면서도 투명했거든. 조금만 떨어져 걸으면, 그 애가 녹고 있는 젓가락처럼 가늘어 보이더라니깐. 나는 애가 타서 휘파람을 불기 시작했지. 그제야 알아본. 그 애는 갑자기 걸음을 멈추고 서서 깔린 사람을 자세자세 관찰하기 시작하는 거야. 앞뒤로 왔다 갔다 하면서 한참동안 그 꼴만 지켜보고 있더군. 마치 홀레 붙은 개를 구경하듯이 말야. 그리고는 "아저씨야……" 하면서 느껴 울기 시작하는 거야(이제하,「환상지(幻想誌)」).

애가 마르다: 매우 초조하거나 안타까워서 속이 상하다.

애간장이 녹는다: 너무 근심스럽거나 안타까워 속이 상하다.

애를 끊다: 매우 슬퍼서 창자가 끊어질 듯하다. *발인제 때에는 엄마가 곡을 너무 서럽게 하는 바람에 그 자리의 모두가 울었어. 상여가 집을 떠나는 순간 실신할 듯 넘어지는 모습이란. 그 마음을 알겠니? 그 남자의 약혼식 날 자기의 행복한 모습을 보여주고 싶었던 때와 똑같은 마음이야. 이번에는 자기의 불행한 모습을 남김없이 보여주는 게 복수라고 생각했던가봐. 그러나

그 자리의 누구나 그렇게 생각했듯이 그 남자의 눈에 비친 엄마의 모습은 아버지에 대한 애끓는 추모 아니었겠어? 남자는 엄마에게 꼭 하고 싶은 말이 있었던 자기 자신을 비웃으며 돌아가버렸어(은희경,「행복한 사람은 시계를 보지 않는다」).

악이 오르다: 화가 나다. *어느 날 아침 느닷없이 개 짖는 소리가 산을 뜯었다. 얼핏 앞산을 건너다본 자랏골 사람들은 처음에는 그것이 무슨 검정 소가 아닌가 했다. 그런데 자세히 보니 소가 아니라 그만한 멧돼지가 아닌가. 그놈을 쫓고 쫓기는 개들은 쥐새끼만하게 보였다. 동네 사람들은 저것들이 어쩌자고 저 엄청난 놈한테 저렇게 덤비는가, 저러다가는 필경 멧돼지한테 물려 죽고 말 것 같아 가슴이 조였다. 그런데 찬찬히 보니 무작정 짖고 다니는 것이 아니라, 저것들이 짐승일까 싶게 일사불란한 작전을 펴고 있었다. 멧돼지를 가운데다 두고 사방 네 패로 갈라 짖어대고 있었는데, 악이 오른 멧돼지가 그 중 한쪽으로 쫓아가면, 그 쪽 놈들은 거미새끼들 흩어지듯 흩어지며 죽어라고 도망을 쳤다(송기숙,『자랏골의 비가(悲歌)』).

양다리를 걸다: 양쪽에서 이익을 보려고 두 편에 모두 관계를 가지다.

얄이 나다: 야살스럽게 신바람이 나다. *노랑나비 한 마리 너울너울 날아가거든 고양이처럼 뛰어 보렴./산개구리 한 마리 잡으려거든 검줄이처럼 얄이 나서 달려보렴./살구를 따려거든 원숭이처럼 대달려보렴./대낭구 검을 휘둘러 보자. 후두둑 단칼에 망초꽃이 지는구나(반칠환,「자연의 학교」).

어깃장을 놓다: 짐짓 반항하는 말이나 행동을 하다. *귀신 씨나락 까먹는 소리 허고 자빠졌네./어머니는 혼잣말하듯 대거리를 했다. 콩깻묵을 내려놓은 일본 배는 콩깻묵 대신 구경하기조차 어려운 쌀가마니를 바리바리 싣고 일본으로 간다는 것이었다. 모악스럽게 공출로 걷은 볏가마니들이 장날마다 둑길로 줄지어 실려 나가는 것을 순임은 늘상 보았다. 어머니는 논에다 비료를 주라고 나눠준 콩깻묵을 이틀쯤 물에 담가두었다가 밀기울을 넣고 죽을 끓였다. 누르딩딩한 깻묵 죽에선 이상한 기름 냄새 같은 게 나서, 순임은 숟

가락질을 할 때마다 콧잔등을 오갂스럽게 찡그리곤 했다. 처먹으면서 코쭝배기 찌그러뜨리는 년은 뒈져 귀신이 되믄 코가 없댜, 라고 어머니는 어깃장을 놓았다. 코쭝배기 없으면 성은 달걀귀신 되겠네잉, 토를 붙이고 항용 나서는 것은 순명이었다(박범신, 「그해 가장 길었던 하루」).

어깨가 가볍다: 무거운 책임에서 벗어나 마음이 홀가분하다. *점심을 먹고 나와 헤어져 한낮의 뜨거운 태양 아래로 걸어가는 L의 어깨가 한결 가벼워진 듯해 보였다. 말만 변호사지 특별한 경력도 능력도 없는 변호사인 나 역시 판사실이나 검사실을 궁색하게 드나들며 사정을 해야 하는 경우가 많다. 그런 나의 심정은 L의 그것과 크게 다르지 않을 것이다. 변호사란 신분 덕택에 짐짓 점잖을 뺄 수는 있지만 말이다. 처음에는 약간의 홀대에도 자존심을 다치기 일쑤였다. 그러나 점점 그런 마음이 없어진다. 무시하는 것은 저쪽 사정이고 필요한 것은 이쪽 형편이므로. 내가 가는 것이 아니고 담당한 죄인의 분신이 되어 가는 것이라면 무릎인들 못 꿇을까. 그런 생각을 하면서 나도 어느새 마누라보다 더 가까운 동반자가 된 서류가방을 들고 오후의 세일즈를 위해 법원 구내 쪽으로 올라가기 시작했다(엄상익, 『엄마 합의합시다』).

어깨가 무겁다: 무거운 책임을 맡아 마음의 부담이 크다. *회가 흐지부지 끝이 날 무렵에야 동혁은 서기석에서 천천히 일어섰다. 회원들의 박수 소리가 일제히 일어났다./"대동의 여러분이 한자리에 모이신 계제에, 잠시 몇 마디 여쭈어 두구 싶은 말씀이 있습니다."/우렁찬 목소리와 위풍이 있는 동작에 장내는 물을 끼얹은 듯이 조용해졌다. 그의 곁에 쪼그리고 앉은 기천의 존재가 납작해질 만치나 동혁의 윤곽은 큼직하였다./"우리 동네에는 오늘버텀 진흥회라는 것이 생겼고 강기천 씨와 같은 유력하신 분이 회장이 되신 것은 피차에 경축할 만한 일이겠습니다. 저 역시 서기 겸 회계라는 책임을 지게 되어서 두 어깨가 무거운 것을 느끼는 동시에, 여러분께서는 과거에 오랜 역사를 가진 농우회를 사랑하시던 터이니까 앞으로도 더욱 편달해 주시기를 바랍니다."/하고 여러 사람의 앞으로 한 걸음 다가서며 그 검붉은 얼굴이 매

우 긴장해진다. 내빈들은 물론 기천이도 동혁의 입에서 무슨 말이 떨어질지 몰라서 노랑 수염을 배배 꼬아 올리며 눈만 깜박깜박하고 앉았다(심훈, 『상록수』).

어깨가 움츠러들다: 떳떳하지 못하고 창피하고 부끄럽게 여겨지게 되다. *이 남자 앞에서 여자는 늘 숨이 막혔고, 한없이 어깨가 움츠러들었다. 동시에 자신이 남편을 위해서 해줄 수 있는 일이 거의 없거나 전혀 없다는 생각에 절망했다(원재길, 『달밤에 몰래 만나다』).

어깨가 처지다: 기력을 잃거나 낙심하다. *"그야 친하지."/구주현이 서슴지 않고 동의해 줬다./그는 몹시 피곤한 것 같았고, 옷차림하고 상관없이 초라하고 헐벗은 것처럼 보였다./"너 봤으니 갈래."/헐벗고 어깨가 처진 모습은 너무 구주현답지 않았다. 나는 불길한 생각이 들었다./"그냥 가면 어떡해. 용건도 말하지 않고."/"너 봤으니 일은 끝났어. 그냥 갑자기 보고 싶어서 왔어."/"이 시간에 갑자기?"/"보고 싶은데 무슨 시간이 있어"(박완서, 『도시의 흉년(凶年)』).

어깨를 겨누다: 어깨를 겨루다. 대등(對等)한 위치에 서다.

어깨를 나란히 하다: ㉠ (어떤 사람이 다른 사람과, 또는 둘 이상의 사람이) 나란히 서거나 나란히 서서 걷다. ㉡ (어떤 사람이 다른 사람과 또는 둘 이상의 사람이) 같은 목적으로 일하다. ㉢ (어떤 사람이 다른 사람과 또는 둘 이상의 사람이) 대등한 위치에서 겨루다. *이런 융화의 의지는 19세기 말 한반도에서 동도서기론(東道西器論)46)을 통해 표명되었다. 당시 중국의 중체서용론(中體西用論)이나 일본의 화혼양재론(和魂洋才論)과 어깨를 나란히 한 이 동도서기론에서 서양문화의 핵심은 과학과 기술로 파악된다. 지금 되돌아보면

---

46) 1880년대 초 서세동점(西勢東漸)의 정세 속에서 전통적인 조선의 제도와 사상으로 유교적 질서(東道)를 지키는 가운데, 서양의 우수한 군사・과학기술(西器)을 조화롭게 받아들임으로써 국가체제를 유지하고자 하는 논리였다. 김윤식, 신기선 등이 주창하였다. 이러한 서양 문명 수용논리는 한국에서는 동도서기론, 중국에서는 중체서용론(中體西用論), 일본에서는 화혼양재론(和魂洋才論)으로 표명되었다.

동양과 서양, 정신과 물질, 안과 밖 등 확고한 이분법에 기초한 동도서기론은 무척이나 단순하고 소박해 보인다. 분명 어떤 해결책으로서는 그때나 지금이나 실패할 수밖에 없는 전략일 것이다. 그러나 그것이 제기한 과제는 여전히 급박한 문제로서 살아 있다. 중요한 것은 바로 이 점이다(김상환, 『니체, 프로이트, 맑스 이후』).

어깨를 으쓱거리다: 떳떳하고 자랑스러워서 으쓱거리는 기분이 되다.

어깨를 짓누르다: 마음에 중압감을 주다. *김훈장은 미쳐버린 서서방의 뒷모습을 회한(悔恨) 없이 볼 수가 없었던 것이다. 눈앞이 자꾸만 흐려진다. 요즘 부쩍 시력이 약해진 것을 깨닫고 있었지만 지금은 눈물 때문에 시계가 뿌옇게 물체가 이중 삼중으로 흔들린다. 캄캄한 칠흑, 긴 세월이 두 어깨를 짓누르는 것이다. 김훈장은 사랑으로 들어갔다. 곰팡 냄새 종이 썩는 냄새가 전과 다름없이 코끝에 와서 닿았다(박경리, 『토지』).

어안이 벙벙하다: 뜻밖에 놀랍거나 기막힌 일을 당하여 어리둥절하다. *삼십 분 가까이 삼거리 주변 마을 일대를 한바탕 휩쓸고 나서야 병사들은 하나 둘 되돌아오기 시작했다. 거대한 코브라 헬기 두 대가 공중을 선회하고 있었다. 월남전에서 위세를 떨쳤다는 최고 성능의 헬기. 그러나 뒤늦게 출동한 그것들은 아무런 도움도 되지 못했다./병사들은 하나같이 어안이 벙벙하다. 그들은 아직도 총을 단단히 움켜쥔 채 금방이라도 방아쇠를 당길 태세다. 열이 채 식지 않은 총구. 그러나 그들의 앞에 적은 보이지 않는다. 어디로 사라졌단 말인가. 지금껏 우리는 허깨비하고 싸우고 있었을까(임철우, 『봄날』).

어처구니가 없다: 일이 너무 뜻밖이어서 기가 막히다. 어이없다. *수치감과 불쾌감이 목을 조여 왔지만 효진은 드러내놓고 화를 낼 수도 없다. 효진이 계속 침묵을 지키자 한익이 그제야 효진을 알아본다./"어? 당신 여긴 웬일이야? 누가 이런 데까지 나 오라구 했어?"/어처구니가 없다. 불러서 달려온 자기에게 한익은 오히려 꾸지람 비슷한 말을 하고 있다(홍성원, 『남과 북』).

억장이 무너지다: 슬픔이나 고통이 지나쳐 매우 절망하다. *그 짧은 동안,

그의 머릿속에선 천만 가지 생각, 감정, 기억들이 스쳐 갔다. 억장이 무너지고 눈앞이 아뜩해왔지만, 그럴수록 정신을 차려야 했다. 운명을 비켜갈 수는 없다. 이 순간은 마지막 이별을 아름답게 치르는 것 한 가지만 생각하기로 하자. 그는 진심으로 아내를 사랑했다. 자신을 향한 아내의 사랑 역시 의심할 바 없었다. 아이들은 건강하게 잘 자라주었다. 넉넉하진 않아도, 크게 부족할 것 없는 생활이었다. 이 예기치 못한 병마만 아니었다면, 그들 부부는 앞으로도 쭉 행복한 여생을 살아갈 수 있을 터였다…… 그런 생각을 하자, 마음이 다소 진정되었다. 아내에게 해줄 마지막 인사도 벌써 준비해놓고 있었다. 미안해요, 여보. 용서해줘요. 아내의 힘없는 목소리를 떠올리자, 그는 울컥 목이 멨다. 아내의 손을 꼭 쥐어주며 그는 말할 터였다. 당신을 나 자신보다 더 사랑했다고. 단 한순간도 당신에게 실망해본 적 없노라고……그때 처남 부부가 문을 열고 나왔다. 이젠 그의 차례였다(임철우, 「월녀」).

언질을 주다: 남에게 증거 잡힐 말을 하다. *트럭의 조수석은 이미 다른 승객들로 차 있어 짐칸을 이용할 수밖에는 없었지만 불평을 늘어놓을 처지는 아니었다. '조수석에 앉아 편안하게 가리라는 생각은 아예 접으십쇼. 그나마 짐칸에 시골 아낙들과 끼여 앉아 비좁게 가지 않는 것을 행운으로 여기십쇼.' 전임자는 그렇게 언질을 주었다./읍을 벗어나 20분쯤 달리고부터는 띄엄띄엄 나타나던 보안등마저 아예 사라졌다. 어둠 속에서 별무리처럼 반짝이던 인가의 불빛도 끊겼다. 어느샌가 포장도로마저 끊기고 폭이 좁은 비포장도로가 나타났다. 차 한 대가 간신히 다닐 수 있는 비좁은 길이었다. 사방이 모두 검은 산그림자였다. 새로 뽑은 중형급 자가용을 몰고 사고현장을 답사했던 전임자는 고개를 절레절레 흔들었다. '지프차를 구할 수 없다면 좀 편하겠다고 자동차를 가지고 갈 생각은 아예 마십쇼. 자칫하다가는 기름통에 커다란 구멍이 뚫릴 수 있으니까요.' 전임자의 말 그대로 차체가 높은 트럭도 자갈돌 위에서 한 뼘 이상 튀어올랐다(하성란, 「밤의 밀렵(密獵)」).

얼굴에 먹칠을 하다: 명예 체면을 손상시키는 짓을 하다. 얼굴에 똥칠을

하다.

얼굴에 철판을 깔다: 염치나 체면도 없이 몹시 뻔뻔스럽다. *지속적인 상실과 마모를 전제로 하는 생애 과거를 10년 잘라내든 45년 치 걷어내든 무슨 상관이 있겠으며 그런다고 삶이 끊임없이 지워져 백묵의 흔적만 남은 칠판과 같다는 본질은 달라지지 않으니 이제라도 얼굴에 철판을 깔다 천수까지는 안 바라고 비명횡사든 객사든 간에 적절한 시기에 세상을 떠나면 그만이라는 생각도 가끔 들었지만, 막상 그런 호기로운 자세로 손 실장 앞에 나섰다가도 조각은 어쩐지 입이 떨어지지 않아 번번이 돌아서곤 했다(구병모, 『파과』).

얼굴이 반쪽이 되다: 병으로 앓거나 고통을 겪거나 하여 얼굴이 몹시 수척해지다. *하지만 집에 돌아온 그의 모습은 내가 투정을 부린다든지 화를 내고 비난을 할 만한 상태가 아니었다. 그는 완전히 변해 있었다. 현관문을 열고 들어서는 그를 쳐다보자마자 나는 공황(恐惶) 상태에 빠져들고 말았다. 입고 나간 양복을 벗어버리고 잿빛 누더기를 걸치고 있는 그는 흡사 행려병자 같았다. 반쪽이 되어버린 얼굴은 누렇게 떠 있었고, 흙먼지에 찌든 머리카락은 떡같이 엉켜 기름이 흘렀고, 더럽게 때가 낀 목에는 가는 철사로 목이 졸린 듯한 상처가 두 줄로 나 있었고, 왼쪽 손등은 퍼렇게 멍들어 있었고, 발목이 퉁퉁 부은 오른쪽 다리는 심하게 절고 있었다(이평재, 「검은 면사포의 계절」).

얼굴이 팔리다: 별로 좋지 않은 일로 세상에 알려지게 되다. *부동산 투매가 차츰 뜸해지면서 일이 되고 안 되고가 지주와의 첫 접촉에 달리게 되자 득종이는 재빠르게 장의 담당부서를 갈아주었다. 장의 새로운 직책은 염탐질이었다. 거간꾼들 사이에 장의 얼굴이 덜 팔려 제구실을 해낼 수 있다고 본 득종이의 안목은 그런대로 무던한 편이었다(이문구, 「우리 동네 장씨」).

얼굴이 피다: 얼굴에 살이 오르고 화색이 돌다. *진영의 음성이 꽤 밝았다. 항상 얼굴을 펴지 못하고 무엇인가 불평에 싸여 있던 진영이의 얼굴이 피어

있으니 무슨 좋은 일이 있는지도 몰랐다(구인환, 『동트는 여명(黎明)』).

엄포(를) 놓다: 실속 없는 말로 남을 위협하거나 호령하다. *퇴근을 하지 않은 사람이 나 말고 한 명 더 있다. 총무과의 손정은 씨다. 그녀는 매일 밤 늦게까지 회사에 남아 있다. 사무실 가장 구석진 자리에서 큰 덩치를 잔뜩 웅크린 채 무언가를 하다가 집으로 돌아간다. 도대체 변변한 일도 없는 이 회사에서 무얼 하다가 돌아가는 것일까?/회사 사람들은 그녀가 아주 이상한 사람이라고 말한다. 내 생각에도 그렇다. 아무리 좋게 봐줘도 그녀가 평범한 스타일이라고는 할 수 없다. 그녀는 도무지 입을 열지 않는다. 지극히 업무적인 몇 마디 말을 제외하곤 사람들과 사소한 이야기도 하지 않는다. 그녀는 마치 벙어리가 같다. '이제 더 이상 지구인들과는 이야기하지 않겠어!' 하고 결심이라도 한 것일까. 아님 말하기를 잊어버린 것일까. 뿐만 아니라 그녀는 공식적인 회식이건, 사적인 술자리건, 야유회건, 체육대회건 그 어떤 자리에도 참석하는 법이 없다. 부장이 회식에 빠지는 사람은 단단히 각오해, 하며 아무리 엄포를 놓아도 그녀는 회식에 참석하지 않고 집으로 돌아간다. 그래서 그녀는 항상 혼자 다니고, 혼자 밥을 먹고, 혼자 일하고, 혼자 퇴근한다. 그러니까 그녀는 이 도시에서 생존하는 데 가장 중요하다고 볼 수 있는 사교 행위를 전혀 하지 않는다. 그녀는 지나칠 정도로 과묵하고, 지나칠 정도로 웃음이 없고, 지나칠 정도로 겁이 많다. 그녀는 자신의 주위로 누군가 다가오는 것을 원치 않는다. 그녀는 아무도 허락하지 않는다. 마치 그녀는 거대한 고슴도치 같다(김언수, 『캐비닛』).

엉덩이가 구리다: 행동 따위가 아무래도 수상하여 부정이나 잘못을 저지른 장본인 같다. *벼룩은 와들와들 떨면서 자빠진 채 고개를 연방 구부리면서 애걸복걸하였다./"아, 아, 아니올시다. 아앙, 빈대각하 죄송합니다. 각하 용서해 주시오, 이제부터 각하의 비서루 신명을 바치겠습니다."/빈대는 약간 흐뭇해서 엉덩이의 힘을 늦추면서 돌아앉아 정면으로 벼룩을 내려보았다. 온 낯이 성한 데 없이 이물고 입은 찡그리고 있었다./"이 자식, 입은 왜 그

꼴이야, 응!"/벼룩은 죽을 상을 하면서도 억지로 웃음을 지으려고 하였다./ "아이구, 각하두, 좀 구려서……"/빈대는 앞발로 벼룩의 뺨따귀를 후려갈겼다./"예를 모르는 자식, 각하의 엉덩이가 구려? 이놈, 그래 내 엉덩이가 구리다 이 말이지?"/벼룩은 또 보들보들 떨었다./"아, 아니올시다. 향기롭다는 말을 그렇게 했나 봅니다. 각하의 엉덩이가 구릴 리 있겠습니까?"/빈대는 비스듬히 몸을 뒤로 젖혔다(김성한, 「중생(衆生)」).

엉덩이가 무겁다: 한곳에 오랫동안 앉아 있을 정도로 버티는 힘이 있다. *보기만큼 엉덩이가 무거운 그 만화가 아줌마는 소환에 응하지 않고 버티다가 결국 강제소환 됐다고 한다. 그러자 곧 한 떼거리의 만화가 아저씨·아줌마·오빠·언니들은 검찰청사 앞에 몰려가 항의시위를 하고 YWCA 앞에 가 시민단체들과 한판 붙고, 그런 통에 만화인의 한 사람인 고모 역시 머리띠를 두르고 선봉대 제일 끄트머리나 플래카드 뒤편 같은 핵심적 역할을 맡았고 언제 벌써 한통속이 됐다고 철수 아저씨까지 묻혀서 몰려다니는 것 같았다. 난 다른 건 몰라도 나 보호해달라고 한 적 없는데 왜 그런 보호법 만들어 이 법석을 떨게 만드는지 그게 불쾌했다(나도 엄연히 청소년의 일원이다)./ 쌈은 싱겁게 끝났다. 성격까지 화끈한 그 만화가 아줌마가 당장 절필을 선언하고 잠적해버린 거다. 내가 그 아줌마에게 무슨 감정이 있을 리 없지만 솔직히 그 아줌마 걱정은 하나도 안됐다. 단지 고모가 거창한 권력이나 정부와의 싸움을 잊고 새 출발하려는 이 역사적 시점에서, 교육적이고 온건하고 소신 있는 체하는 나름대로 끔찍한 시민단체 같은 데와 왜 또 적이 돼야 하는지, 왜 그렇게 고모를 가만 안 놔두는지 그게 울화통이 터졌다(김윤영, 「비밀의 화원(花園)」).

엎친 데 덮치다: 어렵거나 나쁜 일이 겹치어 일어나다. *두창 예방접종은 물론 발진티푸스의 정체도 모르던 시절에 나폴레옹은 모포를 소독하는 것에 관심을 가졌다. 발진티푸스는 이가 전파하는 질병이므로 모포와 의복을 세탁하는 일은 발진티푸스 전파를 막는 데 큰 도움이 된다. 이런 나폴레옹도

전혀 예상하지 못한 전염병 때문에 전투에 어려움을 겪은 시기가 있었다. 그것은 이집트 원정 때 발생한 선페스트이다./1978년 6월 초에 이집트로 들어간 뒤 나폴레옹은 마멜루케스(오스만 제국의 이집트 통치자)를 굴복하게 하고 통치를 시작했다. 그러나 영국 함대가 나일강 입구에서 프랑스 군대를 쳐부수고 강을 봉쇄해 버리자 프랑스는 군수품을 공격받을 수 없었다. 이런 상황에서 이집트는 계속 반격을 했고, 엎친 데 덮쳐 선페스트가 퍼지기 시작했다(예병일, 『전쟁의 판도를 바꾼 전염병』).

옆구리를 찌르다: 팔꿈치나 손가락으로 옆구리를 찔러서 비밀스럽게 신호를 보내다. *"자, 돈 놓고 돈 먹기, 남자는 배짱 여자는 절개."/또 아까처럼 약값을 슬슬 놀리다가 휘딱 손을 놀렸다. 아까보다 조금 빠르기는 한 것 같았으나, 굼벵이가 뛰면 몇 길이겠는가. 그때 아까 돼지 산 사내가 텃골댁 옆구리를 꾹 찔렀다. 텃골댁은 자기도 모르게 후딱 손이 나갔다. 사내가 찌르는 바람에 그에 퉁겨 손이 저절로 나간 것 같았다. 입으로 돈 보자기를 끌러 그 중 오백 환을 세어 던졌다. 너 같은 얼뱅이 풋돈이라면 나라고 못 먹겠느냐는 배짱이었다(송기숙, 『자랏골의 비가』).

오금이 쑤시다: 무엇인가 하고 싶어 가만히 있을 수 없다. *토지 개혁이 있던 날 용제 영감은 사동탄광으로 끌려간 것이었다. 늙었다고 해서 채광 대신에 밀차를 밀게 했다. 그나마 낮과 밤으로 대거리해 들어가기란 힘에 겨웠다. 오금47)이 쑤시어 굴에 들어가지 못하는 때는 끼니가 제대로 나오지 않았다. 일하지 않는 자는 먹지도 말라는 원칙이었다. 주먹만한 밥덩이를 위해서라도 다시 밀차를 밀어야만 했다. 탄광 간부들은 해방 전 노동자들이 당한 맛을 너희도 좀 맛보라는 태도였다(황순원, 『카인의 후예(後裔)』).

오금이 저리다: 공포감 따위에 맥이 풀리고 마음이 졸아들다. *아이는 이번엔 현주가 아니라 누나 때문에 속이 상했다. 그렇지만 누나 편은 쳐다보지

---

47) ㉠ 무릎 관절 안쪽의 오목한 부분. 유의어 곡추(曲䐐), 뒷무릎, 슬곽(膝膕). ㉡ 팔꿈치의 안쪽.

도 않고 방에 들어가 가방을 챙겼다. 원색 그림의 동화책이 한 권 눈에 띄었는데 제목은 '신데렐라'였다. 아이는 동화책까지 쑤셔 넣고는 방을 나왔다./누나는 여전히 꼼짝도 안 하고 있었다./몇 발자국 걸어 나오다 보니까 뒤통수에 닿고 있을 누나의 시선이 선연히 느껴져서 아이는 오금이 저린 기분이었다./"동모야."/누나가 불렀다./아이는 발걸음만 멈춘 채 돌아다보진 않았다. 보나마나 목소리로 미루어 보아 누나도 속이 많이 상한 듯했다. 목소리가 처연하게 젖어 있었다(박범신,『겨울강 하늬바람』).

오지랖 넓다: 주제넘게 아무 일에나 쓸데없이 참견하다. *"장군이네 어디 갔어요?"/아줌마가 할머니에게 물었다./"모르겠는데. 곗날인가? 계가 하도 많으니……"/"그렇게 계도 많이 하고 오지랖도 넓고, 그러면서 하숙까지 치는 걸 보면 참 어지간해요. 나 같으면 생각도 못할 거야."/남편을 두둔할 때의 전투적인 변신을 빼고는 광진테라 아줌마는 아무리 봐도 착하고 인정이 많다. 점심때마다 양장점 안에서 혼자 끼니를 때우는 미스 리 언니가 안됐다고 김치를 한 보시기씩 갖다 주는가 하면 보통 낮에는 아무도 없는 우리 집의 문지기 노릇도 도맡아 한다. 날마다 일에 치여 쩔쩔매면서도 아줌마의 얼굴은 늘 명랑하다(은희경,『새의 선물』).

올가미를 쓰다: 다른 사람의 계략에 걸려들다.

이가 갈리다: 몹시 분하여 독한 마음이 생기다. *생각하면, 다시 이가 갈리고 몸이 산파래 떨리듯 하는 노릇이었다. 애비는 6·25 때 보안서로 끌려가 장작 쪽으로 얻어맞긴 했다지만, 용케 살아나왔었다. 그러나 그때 맞은 얼이 병이 되었던지, 그해 겨울 들면서부터 바다일 한번 나가지를 못한 채 골막거리다가 이듬해 봄에 죽은 것이었는데, 하기야 그때 보안서 나다니던 놈들이나 부락에서 붉은 완장 두르고 칼 차고 설치던 놈들이 씨도 없이 죽다시피 했다는 것을 모르는 바 아닌 터이지만, 남의 설움 열을 더해도 내 설움 하나만 못하다고, 애비 죽은 일만 생각하면 한결같이 몸이 떨리고 이가 갈리는 것을 어쩔 수 없었다(한승원,「홀엄씨」).

이골이 나다: 이익을 좇거나 어떤 방면에 길이 들어서 익숙해진 상태를 가리키는 말이다.

이를 갈다: ㉠ 잠자면서 혹은 못마땅하여 이를 아래위로 맞대어 문지르다. *그야말로 일촉즉발의 분위기였다. 그렇잖아도 유조구 사건48)으로 일본이라면 이를 갈던 중국인들이었다. 두 나라 사람들 사이는 극도로 나빠졌다(신경림, 『겨레의 큰사람 김구(金九)』). ㉡ 어린이가 젖니를 버리다.

이를 악물다: 힘에 겨운 곤란이나 난관을 뚫고 나가려고 비상한 결심을 하거나 꾹 참다. *일주일이 그런 식으로 지나갔다. 아침이면 전 인류의 참상을 목격하고, 오전의 짧은 잠, 이어지는 주유소 알바와 밤의 편의점. 온종일 머리 어깨 무릎 발이 아프더니, 다음 날엔 머리 어깨 발 무릎 머리 어깨 무릎 귀 코 귀까지가 아프다고 할 정도로, 온몸이 아파 왔다. 이건……시간당 삼만 원은 받아야 하는 게 아닌가. 나는 다시 불만에 사로잡혔지만, 지금 관두면 억울하지 않니? 코치 형의 코치도 과연 옳은 말이다 싶어 이를 악물고 출근을 계속했다. 어쩌면 피라미드의 건설 비결도 '억울함'이었는지 모른다. 지금 관두면 너무 억울해. 아마도 노예들의 산수란, 보다 그런 것이었겠지(박민규, 「그렇습니까? 기린입니다」).

임자를 만나다: 잘 다룰 수 있는 주인을 만나 제구실을 하게 되다.

입만 살다: 실천은 따르지 않고 말만 그럴듯하게 잘한다. *명군은 남원의 패전이나 벽제관의 패전이나 다 조선군이, 혹은 겁이 나서 먼저 달아나고 혹은 적과 통하여 군기를 누설한 책임으로 돌렸다. 그는 전패한 명나라 장수들이 자기네의 책임을 가볍게 하려는 평계였었다. 그러나 조선은 또 이 불명예로운 책망에 대하여 대답할 말이 없었다. 왜 그런고 하면, 이순신, 권율(행주 싸움에서만) 등 몇 사람을 제하고는 다 적의 빛만 보면 달아나는 무리가 아니었던가. 조금만 적의 발걸음이 멀어지면 입만 살아서 주전론을 뽐내던 자

---

48) 류탸오후 사건(柳條溝事件). 1931년 9월 18일 중국 만주 류탸오후에서 일어난 철도 폭파 사건으로 일본 제국의 관동군이 만주를 침략하기 위해 벌인 자작극이다.

들도 적이 오백 리 밖에만 왔다고 하면, 벌써 짐을 싸고 달아날 생각을 하지 아니하였던가(이광수, 『이순신(李舜臣)』).

입만 아프다: 애써 자꾸 얘기하는 말이 상대방에게 받아들여지지 않아 보람이 없다. *"그거야 당연한 것 아니오? 우리의 목적은 싸움에 이기는 것뿐이니까 적이야 무슨 짓을 하든 우리가 신경 쓸 필요가 없다 그거요. 우리가 뭐라고 한다 해서 적들이 고칠 리가 없으니까 말이오. 그리고 전투에 투입된 여자들이 강제로 동원된 것인지, 광적인 공산당원들인지 우린 모르지 않소. 만약 공산당원들이라면 북괴를 욕한 우리들 입만 아프게 된다 그 말이오"(조정래, 『태백산맥(太白山脈)』).

입 밖에 내다: 말하다. *"성환할머니께서 명심해야 할 일은 절대로 이 말을 입 밖에 내서는 안 됩니다. 여러 사람이 다칠 거고 아이들한테도 큰 해가 미칠 겁니다. 봉기 노인이 돌아가셨다는 애길 듣고 보니 이 말 안하고 갈 수가 없었습니다"(박경리, 『토지』).

입술을 깨물다: 몹시 분하거나 고통스러운 감정을 힘껏 참다. *미실은 입술을 깨물며 박차를 가했다. 놀란 애마가 뛰는 듯 나는 듯 모래펄을 박차고 달렸다. 달도 없는 밤이라 다행이었다. 미실은 누구에게도 쓰라린 눈물을 들키지 않았다(김별아, 『미실』).

입에 거미줄 치다: 가난하여 먹지 못하고 오랫동안 굶다. *학생들은 정신 없이 놀다가 정신 차리면 그 다음에는 곧바로 고시에 달려든다. 요즘같이 청년 실업자 문제가 심각한 때에 자기 앞날 걱정하는 것에 대해 누가 뭐라고 할 일은 결코 아니지만 그래도 서글픈 느낌을 지울 수 없다. 우리 학생들은 자기 하고 싶은 공부를 마음껏 해보겠다는 주체적인 욕구, 자신의 지성에 대한 자부심, 그리고 자기 인생을 자기가 원하는 대로 살려는 의지를 스스로 내팽개친 것일까./몇 해 전엔가 한 학생이 대학원에 진학해 공부하고 싶긴 한데 장래가 불투명해 망설여진다는 말을 했다. 내가 해주었던 대답은 "우리 대학원의 철학은 '산 입에 거미줄 치랴'다. 설마 굶어죽지는 않을 테니 한번

공부해 봐라"였다. 약간은 참혹한 이 유머에 한바탕 웃고 대학원에 들어온 그 학생이 이제 학위를 마치고 졸업한다. 이제는 이런 학생들이 슬슬 사라져 가는 형편이다(주경철, 「산 입에 거미줄을 치랴」).

입에 담다: 대개 좋지 않은 내용을 담아 하다. *언론을 통해 보도된 사건의 충격이 가라앉을 무렵, 영광제일교회의 젊은 목사가 말한 논리 역시 많은 힘을 얻어 퍼져나가고 있었다. 무엇보다 그것은 상식적이었고 보통사람의 사고에 잘 맞는 합리성을 가지고 있었다. 입에 담기조차 힘든 사건이 자신의 도시에서 일어났다는 것이 부끄러운 사람들에게는 그렇게 생각해버리는 것이 무엇보다도 마음이 편했다(공지영, 『도가니』).

입에 발리다: 남의 비위를 맞추기 위해 아부하다. *김포댁의 무자비한 폭행에 변명이 필요치 않았던 것은 바로 이런 절박한 고통을 최선화 본인이 너무나 잘 알고 있었기 때문이다. 최선화는 결국 진철을 들쳐업고 이런 지옥의 고통에서 하루를 날씬하게 도망친 것이 된다. 동료들은 모두 초주검이 되어 있는데 그녀만은 지옥을 피해 하루를 멀쩡히 밖에서 보낸 것이다. 최선화에 대한 김포댁의 사과는 결국 그날 있었던 폭행에 대한 입에 발린 변명이다. 홧김에 머리채를 휘어잡긴 했어도 그녀에게는 최선화의 존재는 무시 못 할 장사 밑천이다. 그녀를 계속 자기 집에 묶어두기 위해서도 김포댁은 어떤 식으로든 그녀를 달래 주저앉힐 도리밖에 없다(홍성원, 『남과 북』).

입에 침이 마르다: 어떤 사실을 아주 좋게 말하거나 몹시 사정하거나 하면서 자꾸 말하다. *최씨는 모든 것을 신문에서 배웠고, 신문에 나오지 않는 이야기는 절대 믿지 않았다. 그가 제일 존경하는 인물은 미국의 케네디 대통령이었는데 혼자 존경하는 것만으로는 모자라 오빠들이나 주씨에게도 그를 존경하도록 입에 침이 마르게 칭찬했다./그 설득력 또한 대단해서 막내 오빠는 학교에서 존경하는 위인을 조사할 때 케네디를 써냈다고 했다(양귀자, 「유황불」).

입에 풀칠을 하다: 굶지 않고 겨우 먹고살아 가다. *"촌에서 밥술이나 묵

을 때는 아들 잘 두었다고 칭송이 자자하더마는 아들이 그 지경 되고 논밭 전지 날리고 보이 살아갈 근거는 없고, 친척들도 화 입을까봐 외면을 하더라는 거지. 할 수 없이 까막소에 있는 아들 근가죽에 있일라고 부산으로 나왔는데, 겨우 딸아이가 고무공장으로 나가 입에 풀칠을 하더마는, 그것도 오래 비가 그리된 거를 우찌 알았던지, 인벵할 놈들! 쫓겨났다 안 카나?"(박경리, 『토지』)

입을 맞추다: 서로의 의견이 동일하도록 조정하다. *예향의 집으로 오는 도중에 원보가 여러 말은 말고, 다만 죄만스럽게 되었습니다라고만 대답하라고 입을 맞추었기 때문에 남도석은, "죄만스럽습니다. 제가 워낙 견문도 없고 미련한 위인이라 미처 좌상 어른을 알아뵙지 못했습니다. 제가 장정들을 조발했던 것은 좌상 어른의 걸출한 체모에 기가 질렸기 때문이었습니다."/마학봉이가 가만 생각하니 남도석이가 원보나 도치에게 자기의 체면을 세워준답시고 거짓 둘러대는 것은 고맙다 하겠으나 그것으로 또 한 번 쓸개에 손상받은 바 되었으니 이래저래 심기는 편치가 못했다(김주영, 『활빈도(活貧徒)』).

입이 귀에 걸리다: 입을 벌리고 크게 웃다.

입이 짧다: 음식을 심하게 적게 먹거나 가려 먹는 버릇이 있다. *그러므로 아름다워지기 위해서는 우선 마음을 평화롭게 지니고 근심 걱정을 하지 않는 것이 무엇보다도 중요하다. 어린이들의 피부가 보드랍고 고운 것은 어린이들의 마음이 무심(無心) 또는 무사기(無邪氣)49)하기 때문이다./그 다음에 필요한 것이 건강 상태인데, 특별히 이렇다 할 병이 없으면서도 혈색이 나쁘고 피부가 거칠면서 기미, 주근깨, 여드름 등이 생기는 가장 큰 원인은 음식의 편식에 있다./입이 짧아 편식을 하는 사람치고 얼굴이 아름다운 사람이 없다. 육식과 채식 및 과일, 곡식 등을 골고루 먹는 식사가 미용의 기본이 된다(홍문화, 『약이 되는 식생활 건강법』).

---

49) 간사하지 않은 기운.

입이 천 근 같다: 매우 입이 무거워 비밀을 잘 지키다. *"느이 작은애비 지게 지고 나가는 꼴 보지 않으니까 내가 살 것 같다. 이날 이때 사람 부리고 붓대 놀려 먹고살던 사람이 그게 할 노릇이냐? 나까만지 거간인지 그건 더 못할 노릇이구. 지게 품은 그래도 거짓말시킬 일은 없지만 집 거간도 아니고 난전의 거간을 오죽한 것들이 해먹겠냐. 보나 마나 입이 사복개천 같은 것들일 텐데, 입이 천근 같은 느이 작은애비가 오죽해야 그 짓을 했겠냐"(박완서, 『그 산이 정말 거기 있었을까』).

입추(立錐)의 여지가 없다: 송곳의 끝을 세울 만한 빈 데도 없다는 뜻으로, 많은 사람들이 꽉 들어찼다는 말. *추석을 전후한 소싸움 대회는 우리 고향의 일년 행사 중 가장 큰 행사답게 몇 날 며칠 간을 이어졌다. 우승한 소는 단지 그 소와 소주인의 영예일 뿐 아니라 그 소를 배출한 동네의 영예이기도 했기 때문에 면 단위에서 올라온 응원단 간에 패싸움이 붙기도 했고, 멀리서 원정 온 거지들간에 텃세 싸움이 벌어지기도 했다. 그런 열기의 절정은 두말할 필요도 없는 일이지만 우승과 준우승을 가리는 마지막 결전의 날이었다./사람들은 아침 일찍부터 쇠전으로 몰려들었다. 응원단마다 동원된 꽹과리와 북소리, 징소리, 장구소리가 쇠전뿐만 아니라 읍내를 온통 떠나갈 듯이 흔들어댔다./우리 꼬마들이라고 그런 좋은 구경거리를 외면할 수 없었으므로 우리는 학교를 파하자마자 책가방을 던져 놓고 쇠전으로 달려가서 표받는 언청이 윤갑이의 눈을 피하여 천막의 한쪽 구석에 나 있는 개구멍으로 들어갔다. 그런 일은 내 친구인 권성남이가 전문이었다. 그러나 안으로 들어가긴 했지만 입추의 여지가 없이 사람들이 차 있었기 때문에 정작 소싸움이 벌어지고 있는 나무 울타리 근처에는 가볼 수가 없었다. 빽빽하게 들어찬 사람들의 다리 사이로 들려오는 와와거리는 사람들의 소리, 푸푸거리는 소의 콧김 소리와 땅을 차대는 발굽소리, 본부석에서 들려오는 마이크 중계소리……나와 성남이는 환장을 할 지경이었다(김영현, 「차력사」).

재를 뿌리다: 훼방을 놓다.

잔뼈가 굵다: 오랜 시간을 보내 그곳의 관습이나 풍토가 몸에 배다. *"이렇게 준비가 착실하니 절대 실패하지 않을 거야. 달근이 자네두 인제 속 좀 차려. 손해볼 것이 없지 않나. 첨부터 내로랄 게 있었던가. 안성 청룡사에서 절밥 얻어먹고 잔뼈 굵고 사당애들 행하로 목구멍에 풀칠하였으니, 그만하면 호강하구 살았지. 두고 보게. 우리가 이대루 찍소리두 못하구 밥숟갈 놓게 되지는 않을 게야"(황석영, 『장길산』).

재갈을 물리다: 언론을 탄압하다. *중늙은이 신사가 식혜 먹은 고양이 상을 해서 어르고 애원하고 해서야 베주머니 속에 의송(議訟) 든 숨두부집 주인은 바닥에 밭전(田)자를 쓰더라는 것이다. 후에 사람들이 더 살을 붙였겠지만, 어쨌든 그날 숨두부집 주인은 중늙은이 신사의 애간장을 다 태우면서 밭전 자를 써 놓고 풀어 말하기를 밭전 자는 입(口)이 네 개이니 우선 사방 입을 봉하시고, 마지막엔 좌, 우변을 떼어내 좌, 우 영상(領相)을 제거하시면 마침내 밭전 자가 임금왕(王)이 되리라 했다고 한다. 중늙은이 신사는 그때 이미 사방의 입들에게 재갈50)을 물려놓았던 장본인 이기붕이었다던가(박범신, 『개뿔』).

젖비린내가 나다: 정신적으로나 육체적으로 성숙하지 못한 태도나 기색이 보이다. *천막 속에서 여자아이의 목소리가 들렸다. 나는 너무나 놀랐다. 나는 무릎을 꿇고 앉아 있으면서도 정말 그 안에 여자아이가 있는지 알아보려고 고개를 쭉 뽑았다. 남자아이의 어깨 옆에 여자의 얼굴이 보였다. 그늘이 져서 확실하게 보이지는 않았으나 입술과 눈썹은 유난히 잘 보였다. 그녀가 짙은 화장을 하고 있었기 때문이었다./"미안해. 나는 형수가 있는지 몰랐어."/하고 땅딸보가 말했다. "이봐요. 보니 아직 젖비린내 나는 어린애들인데 그냥 돌려보내 주지 그래요?"/여자 아이가 껌을 질겅질겅 씹고 있는 아이에게 말했다(김용성, 『도둑일기』).

---

50) 재갈(gag). 입을 막거나 혀, 입술, 턱이 움직이게 못하게 함으로써 말을 할 수 없게 만드는 것이다.

좀이 쑤시다: 마음이 들뜨거나 초조하여 가만히 참고 기다리지 못하다. *"그 참 잘 되었습니다. 그렇잖아두 산에서 배기기가 좀이 쑤셔 죽을 지경인데. 함경도 바람 좀 쐬어봐야지"(황석영, 『장길산』).

주눅이 들다: 무섭거나 부끄러워 기세가 약해지다. *꼬실이는 어려서부터 양어머니 점단이가 이런 저런 남정네들하고 방사 치르는 것을 수도 없이 많이 보아 왔다./양아버지 김닻줄은 점단이가 그 일을 치를 수 있도록 자리를 피해 주곤 했다. 김닻줄의 얼굴에는 수염이 없었다. 목소리도 여자의 그것처럼 가늘었다. 그는 그녀에게 주눅이 들어 있었다. 그녀 앞에서 비굴스럽게 웃으면서 두 손바닥을 마주 비비는 버릇이 있었다. 그 양아버지 김닻줄은 양어머니에게 오롯한 남자 노릇을 하지 못하는 것이었다(한승원, 『동학제(東學祭)』).

죽 끓듯 하다: 변덕이 몹시 심하다. *며칠 지나서 어머니가 뒤돌아서 간 데 대한 실마리를 잡을 수 있었다. 가양동 누나와 전화로 이런저런 얘기를 하고 난 끝이었다./"그래서 다들 함께 살기가 어렵다고 하는 거지 뭐. 노인네들의 변덕이 그게 원래 죽 끓듯 해서 알다가도 모을 일이거든. 나 참, 어이가 없어서 말이야. 바퀴벌레 말이야."/"바퀴벌레……?!"/아내가 아이를 무릎 위에 눕히고 젖을 먹이고 있을 때였다고 한다. 방문 옆과 장롱 사이의 바람벽에 귀뚜라미만한 바퀴벌레가 느릿느릿 움직이고 있었다. 먼저 발견한 아내는 젖 먹는 아이가 놀랄까봐 가만히 어머니에게 턱짓으로 그쪽을 가리켰다. 눈이 어두운 어머니는 아내의 턱짓에 따라 벽 앞에 가까이 다가선 다음에야 그것이 바퀴벌레라는 걸 알았다(김소진, 「세월의 무늬」).

죽도 밥도 아니다: 일을 처리하다가 잘못하여 이것도 저것도 아닌 어중간하게 되어 쓸모없다는 뜻이다. *이쯤 되면 통일을 이룬다는 것이 얼마나 복잡하고 어려운 일인지 실감된다 하겠다. 우리는 아직도 기세등등한 극단적 반통일세력 앞에서 자신을 방어하기도 급한 편인데, 통일을 지향하는 셋 또는 그 이상의 갈래들이 지닌 문제점들을 모조리 극복할 길을 찾아내야 하는 것이다. 이럴 때 각각의 부분적인 미덕을 그냥 이것저것 주워 모으는 일은

참된 합이 아닌 '절충주의'로서, 머릿속으로는 그럴듯하게 보일지 모르나 실천의 마당에서는 죽도 밥도 아닌 꼴로 끝나게 마련이다(백낙청, 『분단 체제 변혁의 공부 길』).

죽을 쑤다: 실패하다. *저라고 매번 설교를 잘하는 것은 아닙니다. 못할 때도 있습니다. 그러면 예배가 끝나고 교인들에게 인사를 할 때, 미리 아내에게 선수 쳐서 이렇게 말합니다./"여보, 오늘 설교 죽 쒔어."/그때 제 아내가 어떻게 말한 줄 아십니까?/"여보, 죽이 더 맛있어!" 라고 말합니다. 그 말이 엉터리인 줄 알면서도 힘이 됩니다(장경동, 『장경동 목사의 아주 특별한 행복』).

죽이 맞다: 서로 뜻이 맞다. *장리 빚을 내서도 말이요?"/"하모요, 씨암탉에다가 아들딸 혼수로 마련한 명주필 무명필, 그것도 없이믄 장리 빚을 내서라도 진상을 하고 하인 놈들한테는 술 사 주고 담배 사주고 기색 살피고."/죽이 맞아서 지껄인다(박경리, 『토지』).

줄행랑을 놓다: 낌새를 채고 피하여 달아나다. *하지만 정한조의 예상은 빗나가는 듯했다. 십수 명을 동원하여 말래 도방 주변을 샅샅이 뒤졌으나 궐자의 행방은 오리무중이었다. 부러진 다리로 시오 리도 온전히 걷지 못했으리라는 정한조의 예상은 새벽이 되어서야 깔끔하게 빗나가고 말았다. 그렇다고 단념할 수 있는 일도 아니었다. 위인이 곁부축 없이는 5리 길 행보도 못다 갈 병추기인데도 무릅쓰고 줄행랑을 놓았다는 것 자체가 정한조가 처음 생각했던 것처럼 적당들과 내통을 가진 위인임을 증거해 주었기 때문이다(김주영, 『객주』).

쥐구멍을 찾다: 부끄럽거나 난처하여 어디에라도 숨고 싶다. *미란은 전신이 화끈 달면서 그도 모르는 결에 언니의 볼을 불이 나게 갈기고는 방을 뛰어나갔다./껄껄껄껄 허리를 꺾는 현마의 웃음소리를 듣자 쥐구멍이라도 찾고 싶은 마음에 구두를 찾아 신고는 현관 밀창을 드르렁 열었다(이효석, 『화분(花粉)』).

진을 치다: 자리를 차지하다. *'바흐'에서는 막 피아노를 시작한 혜민이가

솔미미 파레레, 즉 '나비야, 나비야 이리 날아 오너라'를 두드리고, '쇼팽'에서는 제법 피아노에 익숙해진 경은이가 『부르크 밀러』51)의 「순진한 마음」 솔미레도 솔미레도 도라파라 도라파라를 악보에 쓰여진 모데라토가 아니라 알레그로로 두드린다. 밖에 놓여 있는 '모차르트'에서는 5학년 정도 되어 보이는 태권도복을 입은 태수가 아주 곤혹스럽게, 띄엄띄엄 『체르니』 30번의 1번 연습곡의 오른손 멜로디를 연습하고 있고, '베토벤'에서는 마침 레슨을 받으러 온 남자 대학생이 자신의 수준을 월등이 넘어서는 쇼팽의 발라드 한 소절을 일주일째 연습하더니 이제야 그럴싸한 멜로디를 내면서 연주한다. 그리고 난로 곁에는 레슨을 받아야 될 세 명의 아이들이 수다를 떨고 있고, 문이 빼꼼히 열린 두 개의 방 앞에 놓인, 인형의 집의 소품처럼 나지막한 책상과 의자에는 음악 문제집을 푸는 아이들이 진을 치고 있다. 이것이 내가 일주일에 한두 번쯤, 시간을(고의로) 잘못 맞춰 학원에 가게 됐을 때 마주치게 되는 부산한 풍경이다(김연경, 「피아노, 그린비의 상상」).

찬물을 끼얹다: 모처럼 잘되어 가는 일에 공연히 훼살을 놓다. *그런 천하에 못된 중놈들이 전하의 통일 성업에 감히 찬물을 끼얹다니…… 만천하에 드러내놓고 본때를 보여주어야 합니다. 앞으로 이뤄내야 할 통일 대장정이 한없이 아득한데, 반대하는 자가 단 한 사람만 있어도 안 됩니다. 통일의 대장정은 일사분란, 쥐새끼 한 마리라도 거역을 하면 안 됩니다. 그 중놈들 처리하는 문제를 소신에게 맡겨주십시오. 적군과 맞서 싸우는 곳에서는 오직 충성스러운 나아감만 있어야 하고, 후방에는 왕명을 거스르는 실바람 한 점 없어야 합니다"(한승원, 『소설 원효』).

철퇴를 가하다: 엄한 벌을 주거나 호되게 처벌하다. *이 같은 4·19 주역들의 평화통일안은 남한의 보수 세력과 불과 7년 전까지 북쪽과 전쟁을 했

---

51) 요한 프리드리히 프란츠 부르크뮐러(Johann Friedrich Franz Burgmüller, 1806~1874)는 도이칠란트 출신의 작곡가 겸 피아니스트이다. 피아노 교본 『부르크뮐러 25개의 연습곡 Op.100』, 『부르크뮐러 18개의 연습곡 Op.109』 등이 유명하다.

던 남한 군부 및 미국에게는 크게 위협이 되었다. 그것이 곧 박정희 중심 군부 세력의 쿠데타를 '성공'하게 했고, 쿠데타 세력은 집권하자마자 4·19 공간에서 활성화되었던 평화통일운동을 '간접 침략'으로 규정하고 엄청난 숙청의 철퇴를 가했다(강만길, 『역사는 변하고 만다』).

초를 치다: 남의 일에 방해하다. *정아의 볼에 손끝을 댔다. 예상대로 부드러웠다. 보송보송하게 일어난 솜털의 감촉에 위장 속까지 간지러웠다. 정아는 긴장하고 있었으나 내 손을 걷어내지는 않았다. 볼을 감싸고 얼굴을 가까이 가져가도 피하지 않았다. 꿈속에서처럼, 눈을 둥글게 뜨고 내 눈을 응시할 뿐이었다. 그 중차대한 순간에 마음속의 목소리가 촉새처럼 초를 쳤다./정지, 일단 정지! 네 입을 새로운 데 써먹고 싶다는 욕구는 인정해. 너라고 밥 먹고 말하는 데만 쓰라고 입이 달렸겠어? 그래도 생각 좀 해봐. 정아가 예뻐서, 입술이 거기 있으니까, 깃발은 꽂으라고 있는 거다. 이런 원초적인 이유 말고, 보다 이성적이고 건전하며 신성한 명분을 찾아봐(정유정, 『내 인생의 스프링 캠프』).

출사표를 던지다: 큰 시합이나 경쟁, 선거 따위에 용감히 나서겠다는 의사를 밝히다. *그동안 무슨 일이 있었던가./왜적을 물리치고자 출사표를 던진 지도 벌써 오 년이 지났다. 왜는 조선을 정복하기 위해 바다를 건너왔다. 정복이란 무엇인가. 강한 나라가 힘없는 나라 재산을 노략질하고 아녀자를 겁탈하며 장정들 목숨을 빼앗는 것이다(김탁환, 『불멸의 이순신』).

치(齒)가 떨리다: 몹시 분하거나 지긋지긋해 이가 떨리다. *"아무 죄 없는 사람을 설마 죽이기야 하겠소."/"애야 설마가 다 뭐냐. 양반을 거역한 죄로 물고를 내면 어쩔라구?"/어머니는 그 생각을 하니 치가 떨렸다./"지금 세상은 예전과 달러요. 상놈이라고 함부루 죽이진 못한답니다."/"그래도 아직까지는 양반의 세력이 당당하지 않으냐. 넌 공연한 말을 했나부다."/어머니는 불안에 싸인 가슴을 울렁이었다. 그것은 아들이 한길주에게 무슨 화를 입을는지 몰라서 겁이 났기 때문이었다(이기영, 『두만강(豆滿江)』).

칼자루를 쥐다: 어떤 일에 실제적인 권한을 가지다. *그래 뭔가 쥐고 있는 놈이다/이 땅에서 자유대한에서/살판났다 떵떵거리는 놈은/손아귀에 뭔가 쥐고 있는 놈이다//피 묻은 칼자루를 쥐고 있는 놈이거나/묵직하게 돈자루를 쥐고 있는 놈이다/하다못해/칼자루를 쥔 놈 밑에서/돈자루를 쥔 놈 옆에서/펜자루라도 쥐고 있는 놈이다(김남주,「자루」).

코가 꿰이다: 약점이 잡히다. *닭다리에 튀김옷을 입히다 아버지는 이따금 정원의 아버지를 입에 올렸다. 남자가 봐도 참 잘생긴 남자였지. 그런 사람이 어쩌다 저 못냄이랑 살림을 차렸나 몰라. 코가 꿰인 거겠지. 덜컥 살림을 차리고도 맘을 잡지 못한 남자가 한 일은 트럭운전이었다. 며칠에 한 번씩 집에 들른 남자는 목욕탕에서 속속들이 때를 벗겨내고 환한 얼굴로 시장을 벗어나, 장안평 번화가로 나갔다. 그가 떠나고 나면 시장에는 그 남자의 연애담이 떠돌았다. 새로 온 다방 아가씨거나 어딘가에 생겼다는 화장품집 여자, 옷가게 과부, 목욕탕에 야구르트를 배달하는 아줌마까지 입방아에 올랐다. 성질조차 고약하다는 그녀의 어머니가 바가지를 긁었다는 둥, 애원을 했다는 둥 드디어 드잡이를 하다 얻어맞았다는 등등의 소문들(서하진,「그 겨울의 포장마차」).

코가 납작해지다: 몹시 무안을 당하거나 기가 죽다. *그런데 가장 정신없이 놀란 사람은 바로 장모가 될 오씨였다. 그저 주먹패 건달이요, 사람 못된 빈털터리가 딸년 신세 망쳐놓고, 집안 재산까지 덮치려든다고 눈 부릅뜨고 있던 오씨는 그 값진 예물들을 앞에 놓고, 날벼락을 맞은 기분이었다. 그리고 그 놀라움은 그전의 불신을 신뢰로, 미움을 사랑으로, 의심을 믿음으로 바꿔놓았다. 염상구의 말마따나 높았던 코가 납작해진 것이었다(조정래,『태백산맥』).

코가 높다: 잘난 체하고 뽐내는 기세가 있다. *겸손은 사랑 앞에서 당연하고도 자연스러운 것으로 생겨나야 합니다. 진정한 사랑인 하나님의 사랑을 깨닫고, 이웃을 향한 사랑을 앎으로써 자기의 교만이 깨끗이 사라져버리는

그때, 거기에서 비로소 참된 겸손을 맛보게 됩니다./재미있는 이야기가 하나 있습니다. 옛날 중국의 양자라는 사람이 송나라에서 여행을 하면서 어느 주막집에 들렀습니다. 그 집 주인은 두 여자를 거느리고 있는데 한 여인은 미인이고 다른 한 여인은 못생겼더라는 것입니다. 그런데 가만히 보니 이상하게도 이 주인은 그 두 여자 중에서 잘생긴 여자를 향해서는 외면을 하면서 못생긴 여자는 극진히 사랑해주더랍니다. 그래서 이 양자가 주막집 주인에게 '내가 보기에는 미인이고 매력적인 여자는 이쪽인데 이 여자는 사랑하지 않고 당신은 왜 못생긴 여자를 사랑하시오?' 하고 물어보았습니다. 주인의 대답인즉 '저 잘생긴 여자는 잘생겼다는 것 때문에 너무 교만하여 코가 높아졌어요. 그래서 내 눈에는 그 잘생긴 것이 보이지를 않습니다./그러나 이 못생긴 여자는 자기가 못생겼다는 것을 알고 스스로 겸손하기 때문에 나는 그 못생긴 것이 눈에 보이지를 않습니다'라고 하더라는 것입니다. 참으로 명답입니다. 사랑하는 자 앞에서는 잘생기고 못생기고, 머리 회전이 빠르고 느리고가 문제되는 것이 아닙니다. 그 누구이든 사랑을 받는 사람은 겸손한 사람입니다(곽선희, 『곽선희 목사 사랑 장 강해: 진정한 사랑의 의미』).

코가 빠지다: 기가 죽고 맥이 빠지다. *만세. 오늘은 완전히 옥떨메 안공주가 만세를 부르는 날이었다./주리가 가장 치욕적으로 코가 빠지게 된 하필이 장면에서, 안공주가 만세를 불러야 되는 당당한 위치에 설 수 있다니. 그래서 그런 말이 있지 않은가. 음지가 양지 되고 양지가 음지 된다고⋯⋯ 이 순간만은 주리도 안공주의 그 절구통 같은 체격이 한없이 부러워 보였다(박범신, 『깨소금과 옥떨메』).

코를 찌르다: 지독한 냄새가 몹시 나다. *순옥은 물에 젖어서 시린 손을 제 무릎 밑에 집어넣고 장에다가 등을 기대고 우두커니 앉아 있었다./코를 찌르는 냄새!/귀 시끄럽게 하는 코고는 소리!/그리고 모양 없이 퍼더버리고 자는 술 취한 사내의 모양/순옥은 마치 막차를 놓치고 정거장 대합실에 혼자 남은 사람 모양으로 언제까지나 우두커니 앉아 있었다(이광수, 『사랑』).

콧대가 높다: 도도하여 어지간한 상대는 우습게 여기거나 뽐내는 태도가 있다. *요즘 승주는 소희에 대해 자주 불평을 늘어놓았다. 계집애들은 한번 잘해주기 시작하면 콧대가 높아져서 끝에 가서는 꼭 피곤하게 만든다고 투덜댔다. 그러나 속으로는 소희가 새침해졌다고 무척 조바심을 내는 눈치였다(은희경, 『마이너 리그』).

콧대가 세다: 자존심이 강해서 자신의 주장을 쉽게 굽히지 않고 고집이 세다. *1982년 6월 김상협 총장이 임기 만료를 두 달 앞두고 국무총리로 취임하자, 그 뒤를 이어 김준엽 교수가 제9대 총장에 오른다. 7월 10일 총장으로 첫날을 보내고 집으로 돌아온 김준엽 총장은 가족들을 모아놓고 자신의 결심을 밝혔다./첫째, 결코 비굴한 행동을 하면서까지 총장 자리에 남아 있지 않겠다./둘째, 총장으로서 업적을 내지 못한다든지 또는 업적을 낼 수 없다고 판단될 경우 자리에서 물러나겠다./광복군 출신의 강직한 학자 김준엽이 총장생활 하루를 보내보니 이 분위기에서 4년 임기를 채우기 힘들겠다는 판단이 선 것이다./취임 후 김 총장이 제일 먼저 취한 조치는 총장 비서실에 진을 치고 앉아 온갖 간섭과 협박을 일삼던 기관원들을 쫓아낸 일이다. 보안사, 안기부, 치안본부, 시경, 성북경찰서, 문교부 감시원으로 구성된 이들 기관원들은 총장실에 죽치고 앉아 학교의 동태를 감시하고 있었다. 이들 때문에 결재를 받으러 온 교수들이 앉을 자리도 없었고, 이들을 접대하느라 학생들의 등록금이 유용되고 있었다. 이들은 총장실뿐만 아니라 사무처, 학생처, 교무처를 비롯해 부속기관까지 찾아다니면서 뇌물을 강요하고 있었다. 이들을 학교 밖으로 쫓아내자 "총장 녀석 며칠이나 살아남는가 보자" 하면서 이를 갈고 있다는 얘기가 총장실까지 들렸다./이어 남발되는 '명예박사 학위 수여' 문제로 문교부와 갈등을 빚었다. 김 총장은 중동이나 아프리카의 외무장관이나 국회의장 또는 동남아 국가의 군 참모총장에게 학위를 주라는 문교부의 지시를 다 거절했다. 무안을 당한 문교부는 '김 총장이 콧대가 세다'고 불만을 가졌다(임기상,「전두환(全斗煥)과 고대(高大) 시위(示威): 김준엽(金

(俊樺) 총장(總長)의 선택(選擇)」).

콧대를 꺾다: 상대방의 자만심이나 자존심을 꺾어 기를 죽이다. *"우리 나라는 지난 3년 동안의 실정으로 말미암아 대왕의 권위가 안팎으로 크게 추락되어 있는 까닭에 우리를 넘겨다본 진이 군사를 일으켜 쳐들어올 계획을 세우고 있사옵니다. 지금 무엇보다도 긴급한 것은 진나라의 콧대를 꺾어 놓는 일이라고 하겠습니다. 이번 기회에 진나라의 콧대를 꺾어 놓는다면 이미 추락되었던 대왕의 권위가 중외(中外)에 눈부시게 앙양되실 것이옵니다"(정비석,『소설 손자병법』).

콧방귀를 뀌다: 남의 말이 마음에 들지 않아서 아무 대답도 하지 않다. *"큰일이야. 취직하려는 사람은 많은데 일자리가 없어."/사장이 P를 보면서 걱정하듯이 말했다. 그러나 P는 사장의 말을 듣고 속으로 콧방귀를 뀌었다(채만식,「레디 메이드 인생」).

초를 치다: ㉠ 음식에 초를 넣다. ㉡ 상대방의 기를 꺾다. *두 역신; (큰무당의 머리를 주먹으로 쥐어박으며) 요런 된급살 맞을 녀석! 이것이 초저녁 어스름이지. 어디 신새벽 여명이냐. 밤도 되기 전에 새벽이 와? 초장부터 초치는 소리 말아. 말아 말아, 제발 '새벽' 소리 하지 말아. 내 간 떨어진다. 에이구./큰 무당; 소금, 소금./두 역신; 야가 실성했나, 뜬금 없이 소금은 왜 찾어?/큰 무당; 간 떨어지면 소금 찍어 먹게요./두 역신; 히야, 요놈 봐라. 진짜 제 상전 간 내먹을 놈이구나(현기영,「일식(日蝕)풀이」).

타월을 던지다: 권투에서, 실력의 차이나 부상 따위로 인하여 더 이상 시합을 할 수 없을 때에 그 선수 쪽에서 시합을 포기하다. *지금이야 종합격투기가 가장 인기 있는 투기(鬪技)지만 예전엔 단연 권투였다. 특히 1970년대엔 축구 빼곤 모든 프로스포츠 중에서 권투 이상 가는 인기종목은 없었다. 당시 권투의 황금시대를 열었던 헤비급 트리오가 무하마드 알리, 조지 포먼, 그리고 조 프레이저였다. 알리는 프레이저에게 잡히고, 포먼은 프레이저를 눕히고, 알리는 포먼을 꺾는 등 물고 물리는 이들의 경기는 하나하나가 그야

말로 세기의 대결이었다. 10년쯤 뒤 레너드, 헤글러, 헌즈가 미들급 안팎에서 비슷한 3자 라이벌 시대를 재현했으나 무게감은 비할 바가 아니었다./알리는 날아다니듯 현란한 테크닉으로 링을 평정했고, 포먼은 일발필살의 파괴력으로 상대를 뉘었다. 자질을 타고난 이들에 비해 프레이저는 아예 헤비급 복서가 되기 힘든 신체조건을 지녔다. 180cm 남짓한 키에 짧은 팔, 게다가 왼쪽 팔은 어릴 때 사나운 농장 돼지에게 쫓기다 다쳐 제대로 펴지지도 않았다. 악조건을 그는 지독한 훈련으로 극복해냈다. 끊임없이 몸을 상하 좌우로 흔들며 상대 턱 밑까지 바짝 붙는 경기스타일은 짧은 팔의 핸디캡을 의식한 것이었다. 펴지지 않는 왼쪽 팔로는 주무기인 각도 예리한 레프트훅을 만들어냈다./애칭 '스모킹 조(Smoking Joe)'는 그의 화끈한 복싱 스타일로 얻어진 것이다. 75년 알리와 세 번째 맞붙은 '마닐라 대회전'은 프레이저 권투의 진면목을 유감없이 보여준 경기로 기억에 선연하게 남아 있다. 1승 1패에서 둘은 그야말로 목숨을 건 경기를 벌였다. 알리의 스트레이트에 눈이 감긴 상태에서도 프레이저는 불 맞은 황소처럼 쉼 없이 파고들며 주먹을 날렸다. 결국 15라운드 시작 전 프레이저 측에서 타월을 던졌다. 알리는 경기 후 죽음에서 간신히 살아나온 표정으로 고개를 흔들었다. 평생 알리가 유일하게 인정한 상대가 그였다(이준희, 「전사(戰士) '스모킹 조'」).

트집을 잡다: 조그만 흠집을 들추어내어 남을 공연히 괴롭게 굴다. *소라는 점원이 물건을 내려다주자 요리조리 살펴보면서 바느질이 곱지 않다느니, 천이 두껍다느니, 빨면 누래지겠다느니 하면서 트집을 잡았다(서영은, 「연주회(演奏會)에서 생긴 일」).

파김치가 되다: 몹시 지쳐서 나른하게 되다. *대학의 경우, 한국에 와 있는 외국인 교수들은 한국 대학생들에게 두 번 놀란다고 곧잘 피력한다. 학생들의 '게으름'에 놀라고 '놀고 보자' 주의에 또 놀란다는 것이다. 우리가 보기에 이 게으름과 놀고 보자는 그리 놀라운 것이 아니다. 신입생들에게서 거의 공통으로 발견되는 안쓰럽고 측은한 특징의 하나는 10리 파도를 간신히

헤엄쳐 나와 해안에 상륙한 난파선 생존자와도 같은 탈진 상태다. 젊은 육체는 이 탈진을 감추고 있지만, 정신은 기진맥진하여 파김치가 되어 있다. 대학 들어오느라고 기진하고 맥진한 이 정신들에 대학은 우선 쉬고 노는 곳 같아 보인다. 게다가 한국의 대학들은 유흥가로 완전히 포위되어 있어 노는 데는 그만한 환경이 지구상에 없다. 가장 두려운 것은 이 파김치가 된 정신들로부터는 지적 호기심, 상상력, 도전적 비판력이라는 에너지가 나오지 않는다는 것이다. 학점이나 잘 챙겨 '무사히' 졸업장 받아 쥐고 나가자는 것이 이 탈진한 정신들의 일반적인 정신 상태다(도정일, 『쓰잘데없이 고귀한 것들의 목록(目錄)』).

파리를 날리다: 손님이 없거나 장사가 잘 안 되어 아주 한가하다. *물론 베이붐 세대는 이미 60살이 넘었다. 새로 사업을 시작할 수도 있겠지만 조금 늦은 감이 있다. 지금까지 해오던 일을 조금 더 밀고 나가는 게 유리한 경우가 많다. 그래서인지 나도 요새는 찾아오는 사람이 없어 이렇게 파리를 날리고 있다. 아 참, 파리를 날린다는 말은 전세기 중후반에 유행하던 말이다. 장사가 안 되어 귀찮은 파리나 쫓는다는 뜻이다. 요새는 서울에서 파리 구경하려면 곤충관에 가야 하니, 이런 말이 사어가 다 되어 있다(성석제, 「사업 디자이너」).

팔을 걷어붙이다: 무슨 일에 적극적이다. *김금화 씨가 금화당을 마음속에 품은 건 해묵은 일이다. 외국을 돌아다니며 굿에 환호하는 많은 이들을 만나면서 "된장국·김치 먹고 절절 끓는 온돌에 자면서 굿을 체험할 수 있는 곳을 꼭 만들고 싶다"라고 생각한 것이다./소원을 입 밖에 내자 처음엔 가족과 지인들의 반대가 만만치 않았다. 이제 나이도 일흔인데 돈이라도 조금 손에 쥐고 있어야 안심이 될 뿐더러 혹시 이 일에 너무 마음을 쓰다가 건강까지 해치면 큰일이라는 것이었다. 그러나 김씨의 뜻을 꺾기란 처음부터 불가능했다. "너희는 얘기들 하지 마라. 내가 다 알아서 할게"라며 칼을 빼드는 기세엔 누구도 이길 수 없었다. 있는 돈을 탈탈 털고 서울의 집을 저당 잡혀 강화도 하점면 신봉리 3,650여 평의 땅을 산 것이 2001년. 그러나 그 뜻을 펴는 일은 만

만치 않았다. 가뜩이나 돈이 모자란데 공사를 맡은 건축업자들도 성의를 다하지 않고 이런저런 핑계만 댔다. 화병이 나 입원까지 할 정도로 속을 끓인 김금화 씨는 주위의 여자들에게 '구조' 신호를 보냈다./"조상님 하던 전통굿의 뜻을 어루고 새기고 기려야 하는데 춤추고 점만 치는 걸로는 도저히 안 되겠소. 혹세무민하는 다른 무당들에게도 길을 가르쳐줘야 합니다. 옛날부터 괄시받고 무시당하던 여자들이 속 끓이며 찾아온 것이 무당 아니었는가. 금화당 건립에 우리 여성들이 모이면 어떻겠소?"/방송인 오한숙희, 변호사 진선미, 국회의원 홍미영, 소설가 이경자 등이 팔을 걷어붙였다. '여성 인간문화재를 지키자'며 나선 것이다(이주현, 「무당님, 무당님, 우리 무당님!:서해안 풍어제 큰무당 '김금화'의 굿 전수관 건립을 위해 팔을 걷어붙인 여성들」).

포문을 열다: (말로) 상대편을 공격하기 시작하다. *밤이 깊어지자 마침내 하늘이 포문을 열었다. 빗줄기가 억센 힘으로 유리창을 들이받기 시작했다. 흡사 물빛 뱀들이 날아와 부딪치는 것 같았다. 천둥 번개는 간단없이 번쩍이고 으르렁댔다. 바람이 숲을 울렸다. 방문과 창문이 엇박자로 뒤흔들렸다. 나는 벽에 기대앉아 승민을 지켜보았다. 그러다 깜박 졸았던 듯하다. 천둥에 놀라 눈을 떠보니, 승민이 머리를 감싸 쥔 채, 나뒹굴고 있었다. 얼른 목덜미부터 만져봤다. 살갗이 축축하고 차가웠다. 열이 다시 오르는 것 같지는 않았다. 링거액도 절반쯤 남아 있었다. 그러나 푸르스름한 취침 등 빛에 드러난 얼굴은 고통스럽게 일그러져 있었다. 눈꺼풀은 두툼하게 부어올라 속눈썹까지 안쪽으로 말려 들어가 있었다. 메말라 갈라진 입술에서 잠꼬대인지 헛소리인지 모를 것들이 뒤섞여 쏟아졌다. 내가 알아들은 말은 한마디뿐이었다. 물(정유정, 『내 심장을 쏴라』).

피가 거꾸로 솟다: 몹시 흥분하다. *아무 소리도 더 들리지 않았다. 영실은 지금 두 사람이 나란히 누웠다고 생각했다. 하지만 늙어서 그 짓은 하지 못할 것이라고 생각했다. 그런데도 영실의 피가 거꾸로 솟았다. 신경이 바늘같이 곤두섰다. 자꾸만 귀가 그쪽으로 날을 세웠다. 속삭거리는 기미가 역력

히 느껴졌다. 그런데도 무슨 말을 하는지 영실은 들을 수 없었다. 이상했다. 귀가 우중충해서 영실의 말은 웬만한 건 알아듣지 못하는 도철이 저토록 작은 소리로 속삭일 수 있다니(이경자, 『정은 늙지도 않아』).

피가 끓다: 혈기나 감정 따위가 격렬하게 북받쳐 오르다. *이우는 알몸의 추얼을 내려다보았다. 피가 끓었다. 살아 있음을 확인하고 싶었다. 긴 손가락으로 추얼의 볼을 어루만졌다. 추얼이 눈을 떴다. 추얼은 겸연쩍은 미소를 지었다(김종광, 『왕자 이우』).

피가 되고 살이 되다: 살아가는 데 있어 큰 도움이 되다. *"그래도 씹어먹으면 아프겠지. 그리고 뱃속에 들어가면 사과는 죽게 되지 않아?"/순희가 염려스럽다는 듯이 말했습니다./"죽지 않아요. 우리가 여러분 몸속에 들어가면 피가 되고 살이 되어 당신들과 평생을 같이 살 수 있답니다. 귀여운 도련님, 아가씨들의 몸이 되는 건 참으로 기쁜 일이에요. 그렇지만 씨만은 먹지 말고 땅에다 버리세요. 땅에서 우리는 다시 사과나무가 되어 몇 곱절 더 많은 사과를 열게 해야 하니까요."/"딴은 그렇겠다."/아이들이 모두 고개를 끄덕이었습니다(이원수, 「숲속나라」).

피가 마르다: 걱정이나 분노 따위가 절정에 이르러 몹시 괴롭거나 애가 타다. *우리는 책임자를 불러 상황을 설명하고 빨리 철수할 것을 강력하게 주문했다. 그러나 그들은 상부지시가 없다는 이유로 요지부동이었다. 내가 행자부나 경찰청의 책임자를 수배해서 해결하려고 동분서주하는 동안, 대한문 앞길에 시민들과 차량이 몰려들더니 광장을 막은 경찰들과 대치하기 시작했다. 그들은 노래를 틀기도 하고, 마이크로 경찰이 물러날 것을 요구하기도 했다. 시민들이 점점 더 모여들고 대한문 앞길이 항의하는 시민들의 인파로 뒤덮이자, 마침내 경찰이 철수하기 시작했다./그 시각이 7시 40분이었다. 모두들 초긴장 상태에서 최선을 다한 끝에 노제는 무사히 마칠 수 있었지만, 그 40분 동안의 피말리는 긴장과 분노를 나는 아직도 생생히 기억하고 있다(김명곤, 「공권력에 포위된 40분, 난 피가 말랐다」).

피도 눈물도 없다: 인정머리가 조금도 없다. *성길은 물러나는 행인들을 보고 "피도 눈물도 없는 놈들!"이라고 욕을 퍼부었다(서동익, 『청해당의 아침』).

피를 나누다: 혈육의 관계가 있다. *무엇보다도 정서적 반응을 일으키는 소재는 아버지 허삼관52)과 아들 일락의 관계이다. 허삼관이 피를 파는 가장 큰 이유는 가족들에게 특별한 음식을 제공하기 위해서이다. 가족이 피를 나눈 사람들이라는 점과 피를 팔아 가족을 부양한다는 사실은 묘한 느낌을 준다. 그런 의미에서 일락에게만 음식을 제공하지 않는 장면은 매우 흥미롭다. 자신의 자식이 아니기 때문에 피를 팔아 음식을 줄 수 없다는 논리이다(김한식, 『문학의 해부(解剖)』).

피를 보다: ㉠ 싸움으로 피를 흘리는 사태가 빚어지다. *"에킷! 내가 잡아올 테다, 새 다리 같은 그놈의 다리가 갔음 몇 백 리를 갔을꼬. 그놈을 당장에, 당장에 잡아다가 연놈을 한칼에 베서 피를 봐야 잠이 오겠다!"/외치며 칼을 들고 쫓아 나간다./"아씨! 으흐흐, 아씨! 이 일을 어짜믄 좋소."/기절한 듯 쓰러진 숙정을 안아 일으키며 유모는 운다. 봉룡이 칼을 들고 미친개처럼 앞뒷산 숲 속을 헤매고 다닐 때 숙정은 비상을 먹었다. 아랫마을 관약국 봉제가 왔을 때 독은 이미 전신을 돌아 살릴 도리가 없었다(박경리, 『김약국의 딸들』). ㉡ 크게 봉변을 당하거나 곤욕을 치르다.

피를 빨다: 재산을 착취하거나 못살게 굴다. *동백나무 숲 속에 숨은 지역보가 이우암의 옆구리를 칼로 찌른다면 이우암은 굴러 떨어져서 가파른 언덕 아래에 있는 가시덩굴 속으로 처박힐 터였다(한승원, 『동학제』).

피와 살이 되다: 자기 것이 되어 큰 도움이 되다. *선거 불참은 이런 정황 속에서 불가피하게 발생한 불상사였다. 아무리 무식한 농사꾼이라도 그 사건의 중대성을 모르지는 않았다. 본의 아니게 나라에 죄진 백성이 되어버린 것이다. 아니 '죄'는 그것뿐이 아니었다. 산에서 기부 형식으로 뺏어가는 쌀과 돈이 더 큰 문제였다. 그것이 입산자들의 피와 살이 되고 있으니 미상불

---
52) 중국 작가 위화(余華)의 장편소설 『허삼관 매혈기(許三觀賣血記)』의 주인물.

이것 또한 본의 아닌 '이적 행위'인 셈이었다. 입산자들의 식량은 전적으로 새밋드르와 같은 중산간 부락에 의존하고 있었던 것이다(현기영, 「아스팔트」).

한몫을 잡다: 단단히 이득을 보다. 한몫 보다. ＊이 극장은 원래 남도지방의 질 좋은 미곡을 수탈해 가기 위한 전진기지로 왜놈들이 지은 건물이었다./해방이 되고 왜놈들이 물러나고 나서야 극장으로 개조돼 비로소 문을 열었다. 지금의 주인 만상 씨가 인수한 것은 10여 년 전 아래장터에 새 극장이 생겨 헐값으로 내려앉았을 때였다. 만상 씨는 인수하자마자 한바탕 건물 단장부터 했다. 그리고 영화보다도 삼류가수 등을 불러내어 쇼로써 한몫을 잡았다. 쇼가 열리면 극장 안은 그야말로 만원 사례였다. 바람난 총각 처녀들이 10여 리 안팎에서 몰려들어 북새통을 떨었다. 하지만 이제 그것도 옛말이었다. 삼류가수 가지곤 손님이 모이지 않았다. 텔레비전에서 자주 얼굴을 익힌 일류급 가수가 와야 빈 자리가 남지 않는 것이다. 일류급 가수를 붙잡아 내리자면 돈이 많이 들었다. 만상 씨는 자연 극장 쪽에 신경을 쓰지 않았다. 연탄공장, 정미소, 목욕탕, 다방, 그런 것들의 수입이 훨씬 알뜰했다(박범신, 「읍내 떡뻥이」).

한눈을 팔다: 해야 할 일에 마음을 쓰지 않고 정신을 딴 데로 돌리다. ＊따라서 세속적인 뜻으로 당신을 행복하게 하기는 어려우리라는 것." "제가 사치와 호사를 원한다면 …… 절 사랑해 줍소서 하는 것. 결코 한눈을 파시지 말구 평생 저만을 생각해 주셔야 할 거예요." "그야 물론이지 그까짓 게 다 조건인가. 한눈을 팔다니 누가(이효석, 「장미 병들다」).

한물 가다: 전성기를 지나다. ＊예? 아프다뇨. 그런 걸로 결근할 사람이 절대 아니에요. 얼마나 자기관리가 철저한대요. 아침에 그저 한두 시간씩 땀 빼고 운동하는 게 아무나 하는 건가요? 왜 그렇게 열심히 운동하냐고 그랬더니, 노처녀가 몸까지 한물 갔다는 소리 듣기 싫어서 그런 거라고 하더라구요(김윤영, 「유리 동물원」).

허리를 굽히다: 공손하게 인사하다. ＊하녀가 그들을 보자 어머머 비명을

지르며 대충 허리를 굽히더니 안에 대고 주지스님이 오셨다고 큰 소리로 외쳤다./"토오꾜오에선 그렇게 큰 소리를 내지 않는 법이라니까. 상스럽기는. 시골에서 갓 올라온 애라 어쩔 수 없구나."/안에서 타박을 하며 중년부인이 나왔다. 갈색 줄무늬가 있는 키모노(일본 전통 여성 의상)를 입고 머리를 틀어 올린 것으로 보아 여승은 아닌 듯했다. 부인은 상냥하게 허리를 굽혔다./"이제 오십니까? 가셨던 일은 잘 되셨습니까?"/말투가 조곤조곤하고 나직했다. 그렇게 작게 말하는 게 토오꾜오식인 모양이었다(이남희, 『그 남자의 아들 청년 우장춘』).

허리를 잡다: 웃음을 참을 수 없어, 고꾸라질 듯이 하고 마구 폭소하다. 허리를 잡다.

허리를 펴다: 기를 펴다. *"예술가인 자네가 지향하는 길과 다른 대부분 사람들이 지향하는 길이 반드시 일치하는 건 아니야. 다른 대부분의 사람들은 특히 현실적 동물이며 잘산다는 것의 기준을 물질의 다과(多寡)에 두고 있지. 그건 생존본능으로 당연한 거고, 올바르게 소신껏, 큰 가치를 위해 헌신하는 것, 그러한 삶을 잘사는 것으로 인식하는 사람은 지극히 소수라고 할 수 있다. 그건 엄연한 현실이구, 정치란 예외 없이 그런 대다수를 상대로 하는 체제 아니겠어? 얼마나 그 대다수를 말아먹느냐, 얼마나 그 대다수의 허리를 펴게 하느냐의 차이가 있을 뿐, 현인신을 신봉하건 공자를 떠받들건 또 예수 불타를 섬기든 간에 어차피 정치란 신이든 성인이든 도구화하는 게 그 속성이 아니겠는가 그 말인데, 자아 술 들어."/술을 단숨에 마신 환국은 자신의 무릎을 내려다본다. 외로움, 해거름과 같은 외로움과 어떤 분노 같은 것이 양어깨에 실리어 있었다(박경리, 『토지』).

혀를 내두르다: 몹시 놀라거나 어이가 없어서 말을 못하다. *해련한테 제일 먼저 빠져든 것은 윤희순이었다. 그녀에게 연애편지를 제일 많이 보낸 것은 윤희순이었다. 중학교 3학년 되던 해에 윤희순은 벌써 그런 것을 쓸 줄 알았다. 배달부 노릇은 이천동이 했다. 이천동은 해련의 집에서 꼴머슴살이

를 하고 있었다. 이천동은 멀기는 하지만 이씨 집안의 유일한 피붙이였다. 강해련의 외할머니 정씨는 이 이천동을 양자로 삼을까 어쩔까 궁리를 했던 모양이었다. 그것 때문에 해련의 어머니와 외할머니 정씨는 맹렬히 다투곤 했다. 그 사이에 끼어들어 다툼을 말리곤 한 것이 정동초의 아버지 정판개였다. 해련의 외할머니 정씨는 정판개의 고모였다. 이천동은 바보로 소문나 있었다. 말귀도 못 알아들었다. 소처럼 시키는 일만 했다. 아이들이 때리면 맞기만 했다. 울지도 않았다. 아픈 감각을 느끼지 못하는 듯싶었다./이천동 스스로가 사람들 눈에 그렇게 비쳐지도록 행동을 한 그것은 그 스스로에게 얼마나 슬픈 일이었을까. 사실은 사람들 모두에게 복수를 하고 있었는지도 모른다. 바보 아닌 자기를 바보로 여기는 사람들을 그는 얼마나 비웃었을까. 그러한 사실이 알려졌을 때 사람들은 혀를 내두르고 진저리를 쳤다. 윤희순이 해련에게 전달해달라고 건네준 연애편지가 한 장도 해련에게 전해지지 않았다는 사실이 밝혀졌다. 그것을 알아낸 것은 정동초였다. 정동초는 고모할머니의 집엘 드나들면서 해련을 만나 이런저런 이야기들을 나누곤 했다. 단둘이 있을 때 정동초는 윤희순이 이천동을 통해 보낸 연애편지에 대한 말을 꺼냈다. 해련은 얼굴을 붉히면서 고개를 젓기만 했다. 해련의 흰자위 많은 눈동자가 파들거렸다(한승원, 「돌아온 사람들 1」).

혀를 차다: 마음이 언짢거나 유감스럽다. *대관령에 도착한 연구원들은 초가집 한 채를 빌려 숙소로 썼다. 여름옷을 그대로 입고 온 연구원들을 보고 농부가 혀를 끌끌 찼다(정종목, 『꽃씨 할아버지 우장춘』).

호들갑을 떨다: 호들갑스러운 짓을 함부로 하다. *"말 좀 물읍시다."/"에구머니…… 깜짝이야!"/갑송이의 거친 목소리에 아궁이 앞에 쭈그리고 앉았던 보살 여인이 호들갑을 떨면서 일어났다(황석영, 『장길산』).

호박씨를 까다: (사람이 뒤로) 안 그런 척 내숭을 떨면서 몰래 나쁜 짓을 하다. *"당신도 겉으로는 점잖은 척해도 속으로는 호박씨 깨나 까게 생겼구만."/김한준이를 실눈으로 흘기며 요염하게 웃었다. 또 폭소가 터졌다./"오

매 오매, 시방 내가 여기 멋 하러 왔으까?"/미친년은 느닷없는 소리를 하며 깜짝 놀랐다(송기숙, 『녹두장군』).

호흡을 맞추다: 조화를 이루다. *그것은 그녀가 일을 너무 느리게 처리하기 때문일지도 모른다. 마치 슬로비디오의 세계처럼 그녀는 너무 느리다. 그녀는 걸음걸이도 느리고, 동작도 굼뜨며, 말도 느리다. 어떤 일거리도, 어떤 사안도 그녀의 세계로만 들어가면 느리고 답답한 것이 되어버린다. 여직원들은 그녀의 느린 속도에 짜증을 낸다. "저 여자와는 같이 일 못 하겠어요. 도무지 호흡이 맞아야지 뭘 해먹지." 여직원들은 투덜댄다. 그러나 우리 연구소에서 호흡을 착착 맞춰가며 빨리빨리 진행해야 하는 일 따위는 없다. 솔직히 우리끼리 다 아는 처지에 저런 대사는 민망해서라도 못 한다. 호흡 맞춰 할 일은커녕 혼자 심심풀이로 할 일도 없는 실정이다. 그럼 어쩌다가 떨어지는 쥐꼬리만한 자기 업무만 알아서 하면 된다. 여직원들이 짜증을 내는 것은 단지 그녀의 침묵이, 그녀의 느릿느릿한 동작이, 그녀의 속을 알 수 없는 무반응이 짜증스럽기 때문이다. 그저 그뿐이다(김연수, 『캐비닛』).

홍역을 치르다: 아주 감당하기 어려운 일을 겪다. *귀족들은 뼈 있는 말로 비난을 쏟아내기는 했지만 일단 위덕왕의 출가부터 막았다. 만류를 무릅쓰고 신라 원정을 감행한 책임은 귀족들이 지명하는 사람들을 대신 출가시키는 것으로 타협이 이루어졌다./홍역을 치르고 난 백제는 여러 가지로 후유증을 앓으며 국가적인 전략도 변경해야 했다. 백제는 왕권이 약화되었기 때문에 이제 대외정책을 펴는 데에도 강력한 추진력을 얻기가 곤란했다. 이후의 백제가 임나 지역 등에 크게 영향력을 행사하지 못한 것도 이러한 후유증의 결과라 할 수 있다(이희진, 『전쟁의 발견』).

화촉을 밝히다: 결혼식을 올리다. *이때 동몽군(童蒙軍)들은 양반집에 딸이 있으면 수건을 문에 걸어놓고 '납폐(納幣)'라고 하여 다른 남자에게 시집을 못 가게 했다. 이에 딸이 있는 집은 귓속말로 혼약을 맺어 물을 떠 놓고 화촉을 밝혔다. 이것을 '3일 혼'이라 불렀다(이이화, 『파랑새는 산을 넘고』).

활개를 치다: ㉠ (사람이) 제 세상처럼 함부로 거들먹거리며 행세하다. *이러한 맥락에서 보더라도 얼마 전에 일어난 이른바 '영어 공용어론'은 얼빠진 사람의 허무맹랑하고 호들갑떠는 잠꼬대에 불과한 것으로, 일고의 가치가 없다고 나는 단정하오. 영어가 이미 국제공용어이니 우리도 그렇게 따라야 한다는 억지 같은데, 영어가 어찌하여 국제공용어란 말이오? 엄연하게 유엔이 정한 국제공용어에는 영어 말고도 5개어(프랑스어·에스파냐어·러시아어·아랍어·중국어)가 더 있소. 긴 역사의 안목에서 보면 2백 년 역사밖에 안 되는 애송이 미국이 어쩌다가 잠깐 행운을 잡아 활개를 치다보니 영어가 일시 '반짝'한 것뿐이오. 그 이상도, 그 이하도 아니오. 다음 세기에 미국이 계속 그러리라는 보장은 아무 데도 없소. 오히려 불원간 그렇지 못하게 되리라는 것이 미래학자들의 중론이오. 게다가 언어학적으로 봐도 그렇게 어수룩한 영어가 어떻게 문명한 인류의 공용어가 될 수 있단 말이오? 하물며 오래 전부터 에스페란토어 같은 국제어 모색에 중지를 모으고 있는 판에 말이오(정수일, 『우보천리』). ㉡ (사람이) 떳떳하고 활기 있게 행동하다. ㉢ (어떤 일이) 왕성하게 이루어지다. ㉣ (사람이) 두 팔을 엇갈리게 하여 힘차게 흔들다.

획을 긋다: 확연히 구분되거나 중요한 영향을 미치다. *라이어널 트릴링의 지적대로 프로이트가 문학에 끼친 영향은 방법론에 있다기보다는 전반적인 인간 정신에 대한 태도에 있다. 잘 알려진 바와 같이 프로이트는 인간 의식에 관하여 그야말로 혁명적인 이론을 주창하였다. 그리하여 미셸 푸코는 칼 마르크스와 더불어 그를 두고 '언술성의 창시자'로 부른다. 그들은 『자본론』이나 『꿈의 해석』을 쓴 저자 이상으로 서구 지성사에서 굵다란 획을 그은 사상가들이라는 말이다. 그런가 하면 또 다른 프랑스 이론가는 전통적인 사고에 가히 혁명적이라고 할 만한 변화를 가져왔다는 점에서 프리드리히 니체와 마르크스와 함께 프로이트를 '회의(懷疑)의 세 대가(大家)'라고 부르기도 한다(김욱동, 『광장을 읽는 일곱 가지 방법』).

2. 체언형 관용어

갈수록 태산: "뒤늦게 젊은 일꾼들이 힘을 모아 왜놈 도굴꾼들을 목숨 걸고 잡으니 또 유수가 되레 젊은 일꾼들을 모해 잡아 실컷 매질하고 가두고 했으니 갈수록 태산이라고 젊은이들만 불쌍하지"(박완서, 『미망(未忘)』).

개밥에 달걀: 분에 넘치고 격에 맞지 않는 기구나 격식을 이르는 말.

개밥에 도토리: 따돌림을 받아 여럿에 어울리지 못하는 사람을 이르는 말. *"나야 뭐 자유당이 쓰러지는 통에 개밥에 도토리가 됐지만 아버지 친구도 아버진 법이고 서장 친구도 서장인 거야. 초면에 자네들에게 뭐한 점이 있더라도 다 이핼 해야지."/정달현은 한수가 사온 파고다 두 갑을 한 갑씩 나누어주며 이렇게 타이르자, 두 명의 순경은 "그러믄요." "천만에 말씀입니다." 뭐가 그렇고 뭐가 천만의 말씀이란 말인지 연방 굽신거린다(방영웅, 「사무장과 배달원」).

개발에 편자: 가진 물건이나 입은 옷 등이 제격에 맞지 않음을 비유한 말. *눈에 띄는 아무런 나뭇가지로 만들었을 테니까요. 그런 걸 애들이 목에 걸고 있어 보십시오. 개발에 편자 같다 그 말입니다./우리들이 만드는 새총은 한마디로 세련된 거라고 말할 수 있습니다. 고품질이지요. 시간과 정성을 들여 만들었으니 안 그럴 수가 없는 것이죠(구효서, 『라디오 라디오』).

고삐 풀린 망아지: 구속이나 통제에서 벗어나 몸이 자유로움을 이르는 말. *"명희를 만나?"/"네."/"어디 간다던가."/"함께 왔습니다."/"여갈?"/"네."/"음…… 남편을 동경에 내놓고 고삐 풀린 망아지처럼 여기 오긴 뭣하러 와."/우울한 빛이 재빨리 지나간다./"선생님은 망아지로 파셨습니까, 명희씨를?"/임명빈은 쓰거운 듯 입맛을 다신다(박경리, 『토지』).

귀가 절벽: ㉠ 귀가 아주 들리지 않음을 이르는 말. *안방 지게문이 펄쩍 열리면서 칠팔월 외꽃 부러지듯 꼬부라진 할미가 문고리를 붙들고 언문의

기역자같이 서서 파뿌리같이 하얗게 센 대강이로 체머리를 설설 흔들며, 누가 무엇을 집으러 들어온 듯이 소리를 지른다./"웬 사람이 남의 집에 들어와서 늘쩡을 붙이고 앉았어. 이 집 주인이 없다 하니, 아주 사람 하나도 없이 비었을 줄 안 것이로구나. 나는 이 집 보러 온 사람이야. 어서들 나가."/하면서 남은 무엇이라 말하든지 들어 볼 생각도 아니하고 제 말만 한다. 강동지가 마누라더러 하는 말이,/"그 늙은이 귀가 절벽일세. 저 송장이 다 된 늙은이더러 집을 보라 하고 길순이는 나들이를 갔나 봐."/그렇게 꼬부라지게 늙은 할미가 귀는 어찌 그리 밝던지 강동지의 하던 말을 낱낱이 알아듣고 소리를 지르면서 마루로 나오는데, 기역자로 걸어나온다(이인직, 『귀(鬼)의 성(聲)』).
ⓒ 세상 소식에 어두움.

귀빠진 날: '생일'을 입말 투로 이르는 말. *두 여자가 서둘러 지은 한동자는 곱삶은 옥수수밥이었다. 섞박지에 된장까지 곁들여진 밥상을 힐끗하던 창만이가 회가 동했던지 내려놓기도 전인 밥상을 나꿔채듯 받으면서,/"수월찮은 시주미를 짊어진 중놈이 집 앞에서 나동그라졌소?"/그 말 얼른 챙겨들은 노범이가,/"오랜만에 나들이한 동기간이라 홍주 어미가 눈 딱 감고 밥을 지은 것 같군. 나 역시 일 년 총중에 귀빠진 날에야 겨우 밥을 얻어먹을 수 있을까."/창만이가 밥숟갈을 떠올리려다 말고,/"말이 났으니 말이오만 난 사실 귀빠진 날이 언제인지도 모르오."(김주영, 『야정』).

긁어 부스럼: 내버려두었다면 괜찮을 것을 공연히 건드려 화를 자초함을 비유적으로 이르는 말. *"왜 이렇게 되었어"/하고 의사는 농부의 고름 흐르는 다리 부스럼을 들여다본다./"모기가 물었는지 가렵길래 긁었더니 뻘개지면서 그렇게 되었어요. 좋다는 약은 다 발라 보아도 도무지 낫지 아니해요."/하고 농부는 애원하는 소리를 한다./"긁어 부스럼이란 말도 못 들었어? 긁기는 왜 해?"/하고 의사는 부스럼 언저리를 손가락으로 꾹꾹 눌러 본다(이광수, 『흙』).

꿀 먹은 벙어리: 속에 있는 생각을 겉으로 나타내지 못하는 사람을 두고

놀림조로 이르는 말. *"어쩌면 자네하고 술 마시는 것도 오늘 밤이 마지막이 될지도 모르겠다."/"왜 그런 말을 합니까."/"아니야. 우리 솔직해지자고."/"……"/"모두가 꿀 먹은 벙어리야."/활짝 웃었을 때는 양같이 어질어 보이던 요시에의 눈이 칼날처럼 차갑게 빛나고 있었다. 왕년에 수재로 이름을 날렸고 동경대 경제과를 나온 그는 학문의 길로 가려다 말고 실업계에 투신한 만큼 보기와는 달리 매우 예리한 사람이었다(박경리, 『토지』).

꿩 대신 닭: 꼭 적당한 것이 없을 때 그만은 못하지만 그와 비슷한 것으로 대신하는 경우를 비유적으로 이르는 말. *그는 저녁에 다방에서 은밀히 그녀를 만나 통사정을 했다./"이제 와서 뒷북 치셔."/그녀는 웃음을 흘렸다./"뒷북이란 건 말야. 전에 소개해주겠다던 개가 벌써 결혼을 했다는 얘기야. 그러니 고분고분 내 말 좀 들으실 일이지."/"할 수 없지 뭐. 꿩 대신 닭이라구. 그때 가져왔던 여럿이서 찍은 그 사진 한번만 더 보자구. 그 중에서……"/그는 매달렸다(윤후명, 『오늘은 내일의 젊은 날』).

아닌 밤중에 홍두깨: 예기치 못한 말이나 행동을 불쑥 하는 경우를 이르는 말. *"홍두깨라는 건 알겠는데……"/"홍두깨요?"/"아닌 밤중에 홍두깨 말야."/유규하는 미소지었다./역시 호락호락한 여자가 아니었다. 짧은 침묵의 시간에 그녀는 자신의 감정을 완전 정리, 전열을 정비해놓고 있었다. 아닌 밤중에 홍두깨라고 말하면서 그녀는 빤히 미소 지었다(박범신, 『숲은 잠들지 않는다』).

날개 부러진 매: '위세를 부리다가 타격을 받고 힘 없게 된 사람'을 비유하는 말. *모든 건 분명해졌다./나는 날개 부러진 매처럼 되어 나도 모르게 침대 위에 주저앉았다. 침대에서 달짝지근한 향기가 났다. 불과 좀 전까지 보라색 벽지로 둘러싸인 이 원형의 침대 위에 김혜란이는 어떤 모습으로 누워 있었을까. 발가벗고서 남녀가 뱀같이 똬리를 틀어 침대 위를 누비는 정경이 눈앞에 삼삼히 떠올랐다(박범신, 『개뿔』).

남산골 샌님: 가난하면서도 자존심이 강한 선비를 놀림조로 이르는 말. *

'딸깍발이'란 것은 '남산(南山)골 샌님'의 별명이다. 왜 그런 별호(別號)가 생겼는가 하면, 남산골 샌님은 지나 마르나 나막신을 신고 다녔으며, 마른 날은 나막신 굽이 굳은 땅에 부딪쳐서 딸깍딸깍 소리가 유난하였기 때문이다. 요새 청년들은 아마 그런 광경을 못 구경하였을 것이니, 좀 상상하기에 곤란할지 알 수 없다. 그러나 일제시대에 일인들이 '게다'를 끌고 콘크리트 길바닥을 걸어다니던 꼴을 기억하고 있다면, '딸깍발이'라는 명칭이 붙게 된 까닭도 이해할 수 있을 것이다(이희승, 「딸깍발이」).

누워서 떡 먹기: 매우 간단하고 쉬운 일이라는 말. *하루는 나는 "평생 소원이 무엇이냐?"고 그에게 물어보았다. 그는 "그까짓 것쯤 얼른 대답하기는 누워서 떡 먹기"라고 하면서, 평생 소원은 자기도 원배달이 한번 되었으면 좋겠다는 것이었다./남이 혼자 배달하기 힘들어서 한 이십 부 떼어 주는 것을 배달하고, 월급이라고 원배달에게서 한 삼 원 받는 터이라, 월급을 이십여 원을 받고 신문사 옷을 입고, 방울을 차고 다니는 원배달이 제일 부럽노라 했다. 그리고 방울만 차면 자기도 뛰어다니며 빨리 돌 뿐만 아니라 그 은행소에 다니는 집 개도 조금도 무서울 것이 없겠노라 하였다(이태준, 「달밤」).

누운 소 타기: 매우 쉬운 일을 비유적으로 이르는 말. *부인들에게는 질투하는 것을 막기 위해 투기는 칠거지악이라 해서 아내를 내 칠 수 있도록 만들어 놓고 마음껏 축첩제도를 즐겼던 것이 조선의 남자들이다. 그래놓고도 첩도 아닌 계집종의 성까지도 주인 마음대로 할 수 있다고 생각한 나머지 "종년 간통은 누운 소 타기"라는 속담도 생겨났다(임유경, 『조선에서 여성으로 산다는 것』).

독안에 든 쥐: 사방이 막혀 아무리 애를 써도 벗어날 수 없게 된 처지. *"조심해!"/달주는 조마조마해서 한마디 주의를 주었다. 나무 타는 솜씨는 다람쥐 같아 그건 안심이었으나, 그 집 마당에서 보면 지붕 너머로 훤히 보일 것 같아 가슴이 조였다. 용배는 평지 걷듯 이 가지 저 가지 옮겨다니며 마치 제 것 따듯 감을 거침없이 뚝뚝 따서 봇짐에 쑤셔 넣었다. 주인이 보고 쫓아

오면 독 안에 든 쥐 꼴이어서 봉변도 그런 봉변이 없을 것 같은데. 그런 것은 조금도 마음에 안 걸리는지 천연스럽게 감만 땄다. 간이 크기가 맞춰온 산적이었다(송기숙, 『녹두장군』).

땅 짚고 헤엄치기: 아주 하기 쉬운 일을 비유적으로 이르는 말. *"어머 원장님, 엄살 그만 떠세요. 이 사회사업은 사업이 아니라 장난인가요? 기막히게 잘하시면서 괜히."/"글쎄요, 나도 임사장님처럼 그 땅 짚고 헤엄치는 군납업체 나 하나 할 수 있다면 당장 결판을 내겠는데……"(조정래, 『한강(漢江)』)

물에 빠진 생쥐: 물에 흠뻑 젖어 몰골이 초췌한 모양을 이르는 말. *"때 아닌 비가 이리 오시니……"/남자는 혼잣말을 하며 무게감이 담긴 동작으로 팔을 들어올려 손바닥으로 얼굴의 물을 훔쳤다. 월녀는 그때서야 그 남자가 중년이 넘었음을 헤아렸다. 점잖음이 서린 얼굴이었다. 완전히 물에 젖어버린 남자의 옷은 보기에 민망할 정도로 몸에 찰싹 달라붙은 채 후줄근하게 처져 내렸고, 두루마기 끝에서는 물방울들이 뚝뚝 떨어져 토방을 적시고 있었다. 월녀의 마음은 순간적으로 어지러워졌다. 그대로 버려두고 저녁밥 지으려던 일을 하자니 남자의 몰골이 마음에 걸렸고, 그렇다고 무슨 도움을 주자니 비 맞은 정도가 너무 심해 마땅한 방법이 없었던 것이다. 난데없는 비가 괜한 사람 욕보인다 싶어 월녀는 하늘로 눈길을 돌렸다. 팔을 뻗치면 헤집어질 만큼 먹구름은 낮게 내려앉아 있었고, 빗줄기는 더욱 거세어진 듯싶었다. 쉬 그칠 비가 아니었다. 월녀는 남자를 곁눈질했다. 남자는 뒷짐을 진 채 꼿꼿하게 서 있었다. 물에 흠뻑 젖어버린 옷 같은 것은 전혀 개의치 않는 듯한 태도였다. 그 의연한 태도가 남자답게 당당해 보이기도 했고 반대로 체통을 앞세우는 양반의 가당찮은 허풍으로 보이기도 했다. 지체가 낮은 사람들은 으레 그러기 마련이지만, 월녀도 뼈대 자랑을 일삼는 양반이란 사람들의 거드름을 속 편하게 보아 넘기지 못하는 성미였다. 갓끈에서까지 물방울이 떨어지도록, 영락없이 물에 빠진 생쥐꼴을 해가지고 양반의 위세를 부리고자 한다면 그것처럼 꼴불견도 없을 것이었다. 그런데 이상하게도 그 남자의 태

도가 허풍 같아 보이지를 않는 것이었다. 월녀는 그 남자의 젖은 옷에서 자신에게로 끼쳐오는 한기를 느꼈다. 그녀는 마음이 시키는 대로 방으로 들어갔다. 횃대에 걸린 새 수건을 내렸다(조정래, 『태백산맥』).

빛 좋은 개살구: 겉만 번지르르 하고 그에 맞는 알찬 내용이나 실속이 없음을 이르는 말. *"저렇게 자신 있긴. 빛 좋은 개살구라고 했어요."/"뭐 빛 좋은 개살구? 허허, 그 사람 역시 사람 보는 눈이 있어"(박완서, 『미망』).

쇠귀에 경 읽기: 어리석어서 말을 해봐야 아무 소용이 없다는 말. *"음악을 듣는 귀, 귀 말이에요. 무식쟁이들 모아 놓고, 쇠귀에 경 읽기지 뭐. 뭘 알아야지요. 하니까 일본인들을 많이 동원해야 한다 그 말이에요. 예술엔 국경이 없다 하지 않았어요? 청중이 깨끗해야 노래를 부를 기분도 나구요. 꽃다발이나 화환 같은 것도 준비는 하겠지만 부윤(府尹)이 보내는 것, 저의 권위문제도 있지 않겠어요? 그 정도는 형부 노력에 달린 것이에요. 서울선 내가 독창회 한번 열었다 하면 왕족 귀족들도 꽃다발을 보내오는데."/왕족, 귀족이란 조용하를 지칭하여 한 말이었다(박경리, 『토지』).

수박 겉 핥기: 수박의 맛있는 속을 먹지 않고 딱딱한 겉만 핥고 있다는 뜻으로, 내용은 모르고 겉만 건드리는 일을 비유적으로 이르는 말. *상식적이거나 상투적인 작품은 남의 생각을 자기 생각처럼 쓴 경우가 대부분이다. 대체로 그런 작품은 모작이거나 표절작이기 십상이다. 남의 작품과 비슷한 모작이 생기는 것은 사물을 겉모습만 보기 때문이다. 수박 겉핥기식으로 보거나, 아니면 시를 머리로 꾸며 쓰려고 하기 때문에 남의 작품과 비슷해지는 것이다. 어느 산만 그리는 화가는 산을 그리기 위해서 수십 번 산을 올랐다고 한다. 산을 오를 때마다 산에 대한 느낌이 달랐다고 한다. 같은 꽃을 보고도 사람마다 생각이나 느낌이 다른 법이다. 자기만의 생각이나 느낌이 우러나오게 써야 진정으로 자기의 작품이라고 할 수 있다(이준관, 『동시쓰기: 동심에서 건져올린 해맑은 감동』).

숨이 넘어가는 소리: 몹시 다급하여 급하게 내는 소리. *"자네 대하기가

부끄러워."/하고 병인은 겨우 정신을 차려서 입을 열었다. 숨이 차고 목에서 가래 끓는 소리가 그르룽그르룽 들린다. 말마디 마디마디 숨이 넘어가는 듯 하였다(이광수, 『재생(再生)』).

식은 죽 먹기: 거리낌 없이 아주 쉽게 예사로 하는 모양. *"그거야. 식은 죽 먹기죠."/"그래요. 식은 죽 먹기죠. 그런데 식은 죽 먹기가 아니란 데에 문제가 있는 거라구요"(김용만, 『능수엄마』).

입에 발린 소리: 마음에도 없는 것을 겉치레로 하는 말. *어둠 속에서나마 계집은 입귀를 비쭉하면서,/"쓰잘데없는 건 눈여겨봤구려."/내가 진작부터 주모에게 정분을 두었었길래 행동거지 하나하나를 눈여겨봤던 것 아니겠나."/"정분 됐다는 말 입에 발린 소리 아니오?"/"내 입을 한번 쩍 소리 나게 맞춰보게나, 입에 발린 거짓이 있으면 시궁창 맛이 나겠지"(김주영, 『야정』).

용빼는 재주: 아주 뛰어난 재주. *토막에 들어가 데운 술로 우선 속을 데우고, 길산은 단검을 청하여 화롯불에 달구었다. 그리고는 우대용의 팔을 찔러서 살 속에 박힌 연환을 파내는데, 대용은 눈썹을 움찔움찔 하면서도 화주를 한 방울도 흘리지 않고 따라 조금씩 마시면서 참아냈다. 길산이 연환을 꺼내어 손바닥에 내밀어 보이면서 중얼거렸다./"총을 가진 포수가 십여 인 이상이 되면 제아무리 용빼는 재주로도 맞설 수 없겠는 걸"(황석영, 『장길산』).

울며 겨자 먹기: 싫은 일을 억지로 마지못하여 하는 것을 비유적으로 이르는 말. *그렇지만, 그랬다고 쓸 돈 못 쓸 리는 없는 것이어서, 윤주사는 준금치산선고를 받은 다음부터는 윤두섭이라는 부친의 도장을 새겨서 쓰곤 합니다./윤두섭의 아들 윤창식이가 찍은 도장이면 그것이 위조 도장인 줄 알고서도 몇천 원 몇만 원의 수형을 받아 주는 사람이 수두룩하고, 차용증서도 그 도장으로 통용이 되니까요./나중에 가서 일이 뒤집혀지면 윤직원 영감은 그래도 자식을 인장 위조죄로 징역은 보낼 수 없으니까, 그런 걸 울며 겨자 먹기라든지, 할 수 없이 그 수형이면 수형, 차용증서면 차용증서를 물어주곤 합니다(채만식, 『태평천하(太平天下)』).

제 눈에 안경: 보잘것없는 것이라도 제 마음에 들면 좋아 보인다는 말. *저도 시끄러운 건 싫어하는 성격이라 그냥 관뒀어요. 저것도 남자랑 잘 안 풀려서 그런 거라고 제가 그러니깐, 사람들이 다 이러는 거예요. 어딜 봐서 남 선배한테 갑자기 남자가 생기겠냐고요. 아니, 사람들 눈이 다 똑같으란 법이 있나요? 다 제 눈에 안경이죠. 뭐 제가 좀 순진한 구석이 있어서 아직도 이런 걸 믿는 건지 모르겠지만요. 전 지금도 남 선배가 사랑의 도피행각을 벌인 게 아닐까…… 그렇게 생각하거든요. 뭐 나이 들면 사랑도 못하나요?(김윤영, 「유리동물원」)

짝 잃은 원앙(鴛鴦): 쓸데없고 보람 없게 된 처지를 이르는 말. *우리는 곧 밀월 관계로 돌입했는데 그는 나의 둘도 없는 술친구요 충실한 일손으로서, 한편 나는 미력하나마 그의 경제적인 후원자로서, 우리는 한시라도 서로의 모습이 안 보이면 마치 짝 잃은 원앙과도 같은 몰골이었으니…… 새 사냥과 물고기 천렵, 그리고 '돌구이'라는 이색적인 육류 요리법을 내게 전수시켜 준 것도 바로 이 늙은이였다(박영한, 『왕룽일가』).

코 묻은 돈: 어린아이가 가지고 있는 적은 돈. *"왜, 받지 그래?" 강명길이 노기태의 버릇을 알고 묻는다./"웃기지 마. 코 묻은 돈 몇 푼 받고 욕은 누가 먹게." 노기태가 목소리를 낮춘다. "한길에서 선뜻 내놓는 돈치고 받아보면 막걸리 몇 되 값밖에 안 돼"(김원일, 『불의 제전』).

하늘의 별 따기: 매우 하기가 어렵거나 거의 이룰 가망이 없는 일을 이르는 말. *"상큼 씨야말로 천재인 것입니다. 임용고시도 하늘의 별 따기지만 일찍 발령받는 것도 하늘의 별 따기라던데요!"(김종광, 『군대 이야기』)

3. 부사격 조사가 첨가된 관용어

눈 깜짝할 사이에: 매우 짧은 순간을 이르는 말. *말구종을 겨냥한 단검 두 개가 연달아 날아왔다. 단검 하나는 말구종의 등을 스치며 빗나갔고 또 하나는 엉뚱한 방향으로 날아갔다. 눈 깜짝할 사이에 벌어진 일이었다. 말구종은 즉시 말에서 뛰어내려 복면을 쓴 자객과 맞섰다. 자객은 칼을 들고 있었고 말구종은 맨손이었다. 말을 사이에 두고 있었으므로 바로 공격하지는 못했다(정찬주, 『천강에 비친 달』).

제발 덕분에: 간절히 덕분을 바라건대. 제발 덕분. *"형님, 이참에 올라가시면서는 어무니 모시고 가십시오. 제발 덕분에 모셔 가시요. 나 걱정해주란 말 안 하요. 나사 얻어를 먹든지 빌어를 먹든지, 내 계집하고 내 새끼 데리고 사는 데까지 살 것인께, 제발 덕분에 모셔 가시요. 아따, 나 암말로 어무니하고 뜻 안 맞아서 못 살겄소. 빌어먹을 놈의 세상, 살면 얼마나 산다고, 그냥 밤이고 낮이고 으등으등 짜고 볶으고 해싸는 것 참말로 못 견디겄소. 어무니만 모셔가버리면 나도 어디로 후딱 나가버릴라요. 이놈의 집구석 그냥 답답하고 울홧증만 나싸서 못 살겄어요. 형님이 대문 안 달고 산다고 그래싸요마는 대문 달아놓으면 나는 그냥 숨이 막혀 죽을란가도 몰라요. 일부로 안 달고 사요. 형님은 내 속 모를 것이시요. 누가 내 속을 안다요?"/주만의 눈에 물이 가득 담겼다. 목이 메었다(한승원, 『아버지와 아들』).

4. 용언의 부사적 용법에 의해 형성된 관용어

가뭄에 콩 나듯이: 어떤 일이나 물건이 드문드문 있을 때 하는 말. *부산 피난 시절에도 영도에 살았는데 판잣집들이 기적처럼 비탈에 덕지덕지 붙어 있었어. 오빠하구 거의 날마다 해 뜨는 걸 보았는데 정말 바다가 해를 쑥 뱉어내는 것처럼 보였다니까./바다가 있어서 좋았겠다. 우리는 대구로 피난갔는데 도심지 큰길가는 모두 일식집이고 골목으로 들어서면 거의가 초가집들인데 가뭄에 콩 나듯이 가끔 한옥이 있었고, <톰 소여의 모험>이 영화관에 들어왔는데 그걸 보구 싶어서 점심나절부터 저녁때까지 입구를 맴돌았어. 간판을 올려다보고 또 보고, 진열장 안에 붙인 장면 사진을 찬찬히 훑어보고, 그러다가 날이 저물었지(황석영, 『개밥바라기별』).

게 눈 감추듯이: 몹시 재빠르다는 뜻. *강 씨의 이상한 상제 노릇도 남상이 보기에만 창피했지 딴 사람들에겐 예삿일인 듯같이 부추기기도 하고 윽박지르기도 하면서 될 만큼은 돼가고 있었다. 밤엔 밤샘 해줄 패거리들이 한데서 화투판을 벌이고 부엌에선 여자들이 엉덩이를 맞부비고 밥도 짓고 국도 끓였다. 동네 사람들은 뭐든지 가지고 왔다. 쌀도 가지고 오고, 김치도 가지고 오고, 소쿠리나, 양동이, 대접, 밥그릇, 숟가락 같은 것도 가져왔다. 동회에서 쌀말이나 부조가 들어왔다. 동네 여자들은 뭐든지 아낌없이 가져온 대신, 어떡하든 자기 자식을 거둬 먹이려고 주접을 떨었다. 봉당이나 추녀 끝에서 더러운 아이들이 국에 만 밥을 게 눈 감추듯이 먹어치우고 엄마 치마 꼬리에 숨어서 빈 그릇을 내밀었다. 시골 상가처럼 시끌시끌하고 풍족했다. 사람들은 먹고 마시고 노름하고 밤샘했다. 그 굴속같이 음침하고 가난한 집 구석이 이렇게 활기 있어 보이기도, 싸움질 아닌 일에 이렇게 사람들이 많이 모여보기는 처음인 것 같았다. 누구든지 한마디씩 돌아간 노인이 복 좋다고 부러워했다. 아닌 게 아니라 죽은 노인이 후한 귀신이 되어 골고루 복을 주

는 것처럼 집구석은 풍성하고 사람들은 화목했다. 아무데서나 배불리 먹고 웃고 떠들었다. 호상이었다(박완서, 『오만과 몽상』).

귀에 못이 박히도록: 같은 말을 여러 번 듣는다는 뜻. *도천은 조선 중기의 유학자로 정승 셋 하고도 안 바꾼다는 대제학, 그것도 양관(兩館) 대제학을 지냈으니, 학문과 벼슬, 명예 어느 것 하나 부족함이 없는 생을 산 인물이었다. 정대가 도천을 금방 떠올린 것은 삼백여 년 전 도천의 질녀와 혼인한 우곡(牛谷) 김성(金誠)이 오늘의 진주김씨 집안을 일으킨 장본인이며 거기에 도천의 가르침과 덕이 절대적이었다는 말을 어릴 때부터 귀에 못이 박히도록 들어온 때문이었다(성석제, 「소풍」).

날개 돋친 듯이: 상품이 시세를 만나 빠른 속도로 팔려나가듯이. *매장 한가운데 크리스마스 트리가 세워지고 쇼윈도에 장식된 산타클로스와 썰매를 끄는 네 마리의 사슴에는 각종 장식 전구가 휘황하게 켜졌다. 매장은 요즈음 한결 붐비고, 특히 한국 물산부는 대목을 만난 듯이 혼잡을 이루었다./용이나 공작을 수놓은 하우스 코트나 파자마가 날개 돋친 듯이 팔리는가 하면, 조그만 꽃바구니가 품절이 되는 소동까지 빚어냈다(박완서, 『나목(裸木)』).

너 나 할 것 없이: 누구를 가릴 것 없이 모두. *이러한 가운데 수나라 대군이 침략해 오자 고구려 백성들은 너 나 할 것 없이 들판에 자라고 있던 곡식과 거주하던 집들을 불태우고 모두 성 안으로 들어가 방어태세를 구축했다. 고구려 백성들은 남녀노소 가릴 것 없이 목숨을 걸고 저항하였고 그 결과 수나라 군대의 공격으로부터 성을 거뜬히 지켜낼 수 있었다(박세길, 『우리 농업, 희망의 대안』).

눈이 빠지게(빠지도록): ㉠ 기다리는 마음이 몹시 애타게. *옛날 어느 산골에 아버지와 어머니와 아들이 살았습니다./어느 날 아버지가 산으로 나무를 하러 갔다가 몸집이 큰 거인에게 잡혀가고 말았습니다./이런 줄도 모르고 집에서는 눈이 빠지게 기다리고만 있었습니다. 그러나 해가 지고 밤이 되었는데도 나무 하러 간 아버지는 돌아오지 않았습니다. 참으로 이상한 일이었습니다. 전에는 한 번도 이런 일이 없었습니다(이원수·손동인 엮음, 「한국전래동화: 솥 안에 든 거인」). ⓒ 꾸지람이나 나무람이 몹시 호되게.

목에 칼이 들어와도: 어떤 어려움이 있어도. *식당 뒤란은 흰빛 보랏빛 도라지꽃이 흐드러졌다. 어느덧 빗줄기는 가늘어지고 낮술은 은은하고 창밖 진창길은 굽었다./"가사 일은 너무 예술적인 작업이라서 우리같이 열등한 종자인 사내놈들이 결코 해선 안 된다. 목에 칼이 들어와도 하지 말아야 한다. 이게 한 선배 지론 아닙니까. 당신도 그렇게 생각해요?"/"오, 그래. 예술! 예술 좋지."/"당신도 그렇게 생각하냐고요?"/그가 젓가락으로 식탁을 두드렸다. "나?"/그녀는 눈을 동그랗게 뜨고 두 손을 가슴에 얹었다(권여선, 「위험한 산책」).

목을 놓아: (사람이) 크게 소리를 내 슬피 울다. *신애는 먼저 울어야 한다. 아파해야 한다. 아들을 잃은 슬픔 때문에 목놓아 울어야 한다. 홀로 된 자신을 위해 울어야 한다. 그리고 분노해야 한다. 가해자에게 분노해야 한다. 죽은 남편에게 분노해야 한다. 또한 자신을 향해 손 내민 사람들의 손을 잡아야 한다. 종찬의 마음을 받아들여야 한다. 순박한 교인들의 마음을 그대로 받아들여야 한다./신을 향한 분노, 그것은 신에 대한 저항이면서 동시에 신에게 도와달라는 애원이다. 가해자를 용서했으면 자기를 어떻게 해달라는 절박한 요청이다. 남편과 아들을 잃은 자기는 어떻게 살라는 말이냐는 것이다./<밀양>의 마지막 장면은 햇살이 비치는 마당 한구석이다. 거기에는 낙엽이 바람에 뒹굴고 있었고, 빨래판, 다 쓰고 버린 세제통, 페트병, 오래된 벽돌 등이 아무렇게나 놓여 있다. 지난 시간 아픔의 잔해와 같은 머리카락들은 바람에 흩날리며 신애 곁을 맴돈다. 영화의 처음 장면에 등장했던 종찬은 마지막 장면에도 등장한다. 그는 혼자 머리를 자르는 신애를 위해 거울을 들어 준다. 거기에 햇살이 비친다. 그것은 처음 장면의 햇살과 달리 은은한 햇살이다(손운산, 『용서와 치료』).

뼈가 빠지게: 뼈가 휘도록. 고통을 참아 가며 힘겨운 일을 치러 나가다. *

나는 아버지를 원망한 일은 없었다. 더구나 철이 나서부터는, 내가 나서부터 집이 치패하고 또 내가 병을 앓기 때문에 아버지로 하여금 뼈가 빠지게 해서 늙음과 죽음을 재촉한 것을 생각하면 아버지에 대하여 황송한 마음이 많다(이광수,『그의 자서전(自敍傳)』).

코가 비뚤어지게: 몹시 취할 정도로. *승오(承吳)는 왼쪽으로/영승(榮承)이는 오른쪽으로/코가 비뚤어져 뻗었다/승호와 나는 술도 잘 마시고/골절(骨折)도 베테랑이지만/승오(承吳)는 오른쪽으로/영승(榮承)이는 왼쪽으로/또 한 번 삐뚤어졌다가/언제쯤 다시 똑바로 될까(김영승,「반성 757」).

제2장 한자성어와 표현

1. 한자성어의 의미방식상의 유형

한자성어(漢字成語)는 고사성어(故事成語)를 포함한다. 한자성어는 3음절 한자성어와 4음절 한자성어로 나눠볼 수 있다. 그러나 대부분의 한자성어는 4음절로 이루어져 있어 사자성어(四字成語)라고 부르기도 한다. 대체로 3음절 한자성어는 한 문장에서 부사적 성격을 띠고 있고, 4음절 한자성어는 명사 구실을 한다.

삼자성어(三字成語) 또는 사자성어로 된 한자숙어와 고사성어는 중국의 역사와 문화를 배경으로 하여 다의적(多義的)인 함축성(含蓄性)을 지니고 있다. 한자성어는 "우리들의 글짓기에서 표현의 남발을 자제하면서 필자의 의도를 명료하게 전달하는 매체가 될 수 있다"[1]는 것을 잊어서는 안 된다.

한자성어를 그 표현 방식을 단순히 지시적인 것, 지시와 비유·상징이 섞

---

1) 이화여자대학교 한문의 이해 편찬위원회, 『한문의 이해』, 이화여자대학교 출판부, 2009, 42쪽.

인 것, 전면 비유·상징하는 것 등 크게 세 가지 유형으로 나누어 살펴본다.

1) 단순히 지시적인 것

의미가 축자적(逐字的)으로 쓰일 뿐, 별다른 전환이 없는 것들이다.
가렴주구(苛斂誅求): 부패한 벼슬아치들이 백성들의 재물을 가혹하게 거두어들임. *시(詩)를 쓰되 좀스럽게 쓰지 말고 똑 이렇게 쓰랏다./내 어쩌다 붓 끝이 험한 죄로 칠전에 끌려가/볼기를 맞은 지도 하도 오래라 삭신이 근질근질/방정맞은 조동아리 손목댕이 오물오물 수물수물/뭐든 자꾸 쓰고 싶어 견딜 수가 없으니, 에라 모르겠다/볼기가 확확 불이 나게 맞을 때는 맞더라도/내 별별 이상한 도둑이야길 하나 쓰것다./옛날도, 먼 옛날 상달 초사흣날 백두산 아래 나라선 뒷날/배꼽으로 보고 똥구멍으로 듣던 중엔 으뜸/아동방(我東方)이 바야흐로 단군 이래 으뜸/으뜸가는 태평 태평 태평성대라/그 무슨 가난이 있겠느냐 도둑이 있겠느냐/포식한 농민은 배 터져 죽는 게 일쑤요/비단옷 신물나서 사시장철 벗고 사니/고재봉 제 비록 도둑이라곤 하나/공자님 당년에도 도척이 났고/부정부패 가렴주구 처처에 그득하나/요순시절에도 사흉은 있었으니/아마도 현군양상(賢君良相)인들 세 살 버릇 도벽(盜癖)이야/여든까지 차마 어찌할 수 있겠느냐/서울이라 장안 한복판에 다섯 도둑이 모여 살았겄다(김지하, 「오적(五賊)」).
간난신고(艱難辛苦): 몹시 고되고 괴로움. 어려움을 견디며 몹시 애씀. *모자가 함께 울부짖는 모습을 지켜보며, 나는 유생이 그동안 살아낸 저 간난신고의 삶이 확실하게 이해가 되는 기분이었다. 아니, 어디 그의 간난신고뿐이랴. 중학생이 되어 이제 막 사춘기에 접어들면서부터, 사생아이자 가난한 시골 장터의 장돌뱅이라는 자신의 출신성분에 대하여, 그리고 그런 출신성분이 이 사회에서 얼마나 음습하고 더러운 밑바닥에 자리잡은 것인가에 대하여 자학적 고민을 하기 시작한 나로서는 그의 간난신고가 결코 남의 것일 수 없었다. 그것은 이미 나의 것이기도 했다. 그랬다. 모자가 껴안고 있는 사이에 나는 자신도 모르게 일종의 동류의식으로서 그의 간난신고한 삶 속에 슬그머니 끼어들어가 있었다(송기원, 「울보 유생이」).

감불생심(敢不生心): 힘이 부치어 감히 마음을 먹지 못함. *웅칠이는 그 송이를 물에 써억써억 비벼서는 떡 버러진 대구리부터 걸쌍스럽게 덥석 물어떼었다. 그리고 넓죽한 입이 움찔움찔 씹는다. 혀가 녹을 듯이 만질만질하고 향기로운 그 맛. 이렇게 훌륭한 놈 입맛만 다시고 못 먹는다니. 문득 옛 추억이 혀끝에 뱅뱅 돈다. 이놈을 맛보는 것도 근자의 일이다. 감불생심(敢不生心)이지 어디 냄새나 똑똑히 맡아보리. 산 속으로 쏘다니다 백판 못 따기도 하려니와, 더러 딴다는 놈은 행여 상할까 봐 손도 못 대게 하고 집에 내려다 모고모고 하는 것이다. 그러나 요행히 한 꾸러미 차면 금시로 장에 가져다 판다(김유정, 「만무방」).

개과천선(改過遷善): 지나간 허물을 고치고 착하게 됨. *개과천선을 시키면 얼마나 좋겠습니까. 헌데 지금은 평화시가 아니고 전시요. 우리들에겐 그럴 여가도 없고 그럴 형편도 아니요. 게다가 개과천선은 그다지 쉬운 일이 아니요. 간단하게 확인될 수 있는 일도 아니요. 그래서 개과천선의 방책을 포기한 것이요. 개과천선을 택하지 않은 또 하나의 이유는 그의 기회주의적 성품이 보통의 수단으로썬 치유될 수 없을 정도로 이미 고질화되고 악성화되었다고 판단한데 있소(이병주, 『지리산』).

거안사위(居安思危): 편안히 살 때 닥쳐올 위태로움을 생각함. *넷째, 안불사난패후회(安不思難敗後悔)라. 편안할 때 어려움을 생각하지 않으면 실패한 뒤에 후회한다는 말입니다. 당태종의 치세를 논한 『정관정요』2)를 보면 '거

---

2) 당나라 오긍(吳兢, 670~749)이 편찬한 『정관정요(貞觀政要)』는 당나라 태종의 언행록이다. 권1 논군도(論君道)・논정체(論政體), 권2 논임현(論任賢)・논구간(論求諫)・논납간(論納諫), 권3 논군신감계(論君臣鑑戒)・논택관(論擇官)・논봉건(論封建), 권4 논태자제왕정분(論太子諸王定分)・논존경사부(論尊敬師傅)・논경계태자(論敬戒太子)・논규간태

안사위(居安思危)'라는 말이 나옵니다. 편안함에 거할수록 위기를 생각하라는 거죠. 경영전략가 짐 콜린스는 좋은 것은 위대한 것의 적이라고 말했습니다. 안주는 안락사로 가는 지름길이기도 합니다. 그러니 지금 편안하거든 그때가 위기인 줄 알아야 합니다. 편안할 때 즐기기만 하면 그것이 곧 위기가 됩니다. 편하다 싶을 때 오히려 다가올 위기를 준비해야 하는 겁니다. 그 준비에 실패하는 것은 결국 실패를 준비하는 일이 되기 때문입니다(정진홍, 『사람아 아 사람아』).

견리사의(見利思義): 이익이 되는 것을 보면 먼저 의리에 합당한가를 생각함. *자로가 "어떤 사람을 성인이라 합니까?"라고 묻자, 공자는 "장무중(臧武仲)3)의 지혜, 맹공작4)의 청렴, 변장자(卞莊子)5)의 용맹, 염구6)의 기예를 지니고 있으면서 예로 절제하고 악으로 화평한 기운을 보존하면 성인이라 할 만하다"라고 대답했다. 지혜, 불욕, 용기, 기술 등이 성인의 충분조건일 수는 없으며 그런 자질을 갖춘 후에 예악으로 수식해야 비로소 성인이라 할 수 있다는 것이다./공자는 말을 이어서 "오늘날에는 성인이라 해도 반드시 그럴 필요는 없다"라고 하고는 위와 같이 성인이란 '견리사의(見利思義), 견위수명(見危授命),7) 불망평생지언(不忘平生之言)'8)의 자세를 지닌 사람이라

자(論規諫太子), 권5 논인의(論仁義)・논충의(論忠義)・논효우(論孝友)・논공평(論公平)・논성신(論誠信), 권6 논검약(論儉約)・논겸양(論謙讓)・논인측(論仁惻)・신소호(愼所好)・신언어(愼言語)・두참사(杜讒邪)・논회과(論悔過)・논사종(論奢縱)・논탐비(論貪鄙), 권7 숭유학(崇儒學)・논문사(論文史)・논예악(論禮樂), 권8 논무농(論務農)・논형법(論刑法)・논사령(論赦令)・논공부(論貢賦)・변흥망(辯興亡), 권9 의정벌(議征伐)・의안변(議安邊), 권10 논행행(論行幸)・논전렵(論畋獵)・논재상(論災祥)・논신종(論愼終) 등으로 되어 있다.
3) 중국 춘추시대 노나라의 대부이다.
4) 맹공작(孟公綽)은 중국 춘추시대 노나라의 대부이다.
5) 중국 춘추시대 노나라의 대부이다.
6) 자(字)가 자유(子有)인 염구(冉求, 기원전 522년~?)는 중국 춘추시대 노나라의 정치가로 공자의 제자이다. 염유(冉有)라고 부르는 경우도 있다.
7) 출전은 『논어(論語)』 「헌문(憲問)」이다. "위기를 만나거든 아낌없이 내 한목숨을 던져라"는 뜻이다.
8) 출전은 『논어(論語)』 「헌문(憲問)」이다. "평소에 한 말을 잊지 말고 살아라"라는 뜻이다.

고 새로 정의했다. 처음에 말했던 것만큼 온전한 덕을 갖춘 인물은 찾아보기 어려우므로 현실적인 덕목을 제시한 것이다(심경호, 『심경호 교수의 동양 고전 강의: 논어 2: 사랑한다면 깨우쳐 주지 않을 수 있겠는가』).

권선징악(勸善懲惡): 착한 일을 권하고, 나쁜 일을 징계함. *기미 이전의 작품은 대개가 격변(激變)하는 인심(人心) 즉 과도기의 청년남녀의 심한 번민, 다시 말하면 개성에 눈을 뜨기 시작한 동시에 생기는 충돌과 번뇌를 재료로 삼은 시대적 심리를 그린 것이기 때문에 그 내용에는 구도덕에 관한 반항과 신(新)연애 문제뿐이었다. 너무도 주관적 감정에 치우친 것이 많기 때문에 예술적 가치가 전연 문제가 안 되는 것은 아니나, 일반 청년 남녀들은 열광적으로 탐독(耽讀)하여 알지 못하는 사이에 신문학운동의 기초가 되고 개성의 자각을 일으켰다. 그러므로 권선징악(勸善懲惡)의 교훈적 의의(意義)를 벗어나서 낭만주의, 감상주의, 신이상주의로 달아났었다. 그리하여 한일합병 당시에 정의인도(正義人道)와 자유평등만을 찾던 그때에 비하면 사회 사정의 반영(反映)이라고는 할망정 일단의 진보라 하겠다. 그리고 기미 이전은 발아기의 특징이라고 할 만큼 '비평(批評)'이라고는 도무지 없었다(그야 개인의 욕설이야 있었지만). 아직도 회고적(回顧的)으로 구소설이 성(盛)하며 전체로 보아서 희완(戱玩)의 벗으로 삼지 아니하고 진실한 인생 문제와 접촉하며 소설가도 왕일(往日)의 희작자(戱作者)와는 판연히 달라서 허구와 공상을 표현치 아니하고 직접 현실에 나가서 주관적으로 자기의 소신(所信)을 표백(表白)하는 것이다(김태준, 『조선소설사』).

극기복례(克己復禮): 자기의 사욕을 억누르고 예를 좇음. 곧 본성을 회복함. *사욕을 극복해 예로 돌아가는 것이 인이니, 하루 사욕을 극복해 예로 돌아간다면 천하가 그 인으로 귀화하게 된다. 인을 행하는 것은 자기로부터 말미암지, 남으로부터 말미암겠는가. 「안연(顔淵)」 제1장 극기복례(克己復禮) 1/안연」편 24장의 첫 장을 '극기복례(克己復禮)' 장이라고 한다. 제자 안연이 인(仁)에 대해 묻자 공자는 극기복례가 곧 인이라고 대답했다. 공자의 근본

사상인 인의 본질에 대해 진지하게 설명한 장이다./극기는 본래 몸을 검속한 다는 뜻의 약신(約身)과 같다. 하지만 성리학자들은 사사로운 욕망을 이기는 것이라고 풀이했다. 복례는 선왕의 예법으로 돌아간다는 뜻이다. 정약용도 옛 주석을 따라서 예로 돌아가는 일이 복례라고 보았다. 이에 비해 성리학자들은 천리인 예를 회복하는 것이라고 풀이했다./옛 주석과 정약용에 따르면 극기복례는 결국 자기 몸을 검속해서 선왕의 예법을 실천한다는 뜻이었다. 한편 성리학의 관점에 따르면 극기복례는 사욕을 극복해 천리를 회복하는 것이 된다. 조선 시대의 학자들은 대개의 성리학의 설을 따랐다(심경호, 『심경호 교수의 동양 고전 강의: 논어 2: 사랑한다면 깨우쳐 주지 않을 수 있겠는가』).

내우외환(內憂外患): 출전은 『국어(國語)』 「진어편(晉語篇)」이다. ㉠ 나라 안팎의 근심 걱정. *당에 투항했을 때 옥좌에 앉아 고문관을 굽어보던 청년 황제 이융기./그에겐 먼 훗날 양귀비에 빠져 사치와 방탕으로 국고를 탕진하고 나라를 내우외환으로 몰고 가게 될 늙은 오입쟁이의 모습은 털끝만큼도 찾아볼 수 없었다. 그에겐 오로지 신정(新政)의 의기에 불타는 청년 군주의 팽팽한 긴장과 빈틈없는 책략만이 빛나고 있었다. 고문관은 그 자리의 대화를 10년이 지난 지금도 잊지 않고 있다(이인화, 『초원의 향기』). ㉡ 인간은 항상 근심 속에 살고 있다는 고사성어.

도로무익(徒勞無益): 수고만 되고 이익은 없음. *낮추어도 낮추어도/우리는 죄가 많다/뽐내어본들 도로무익(徒勞無益)/시간이 너무 아깝구나(박경리, 「우리들의 시간」).

망자존대(妄自尊大): 함부로 잘난 체함. *아니, 아니, 나는 후회는 아니 하오. 죄는 죄대로 죄 갚음은 내가 받을 작정하고 이 나라일은 내가 맡아야 되겠으니 맡은 것이요. 그것이 다 부질없는 생각일는지 모르지. 망자존대(妄自尊大)한 생각이겠지마는 황보인, 김종서 같은 늙은이들을 맡겨서 나라가 아니 망할 리가 없지 않소. 내가 대통을 이은 지 십일 년에 내우외환이 하루도 끊일 날이 없었지마는 이 난국을 나와 범옹9)이니까 이만큼 진정하여서 인제는 수령 방백이 겨우 내행을 데리고 갈 만큼은 되었지마는 만일 그대로 그 늙은이들게 맡겨 두었더면 아마 뒤죽박죽이겠지. 함평 양도는 벌써 오랑캐의 것이 되었을 것이고, 민심은 소란하였을 것이고, 그러니까 내 몸이 천만 겁에 지옥고를 받을 작정을 하고 이 일을 한 것이요. 범옹은 그렇게 생각하지 아니하였소?"/숙주는 상감의 이 말씀에 고개가 숙였다. 임금이라 신하라 하는 간격을 다 잊고 숙는 고개였다(이광수, 『세조대왕』).

명철보신(明哲保身): 이치에 밝고 조리에 맞는 행동으로 자신을 잘 보전함. 출전은 『논어』 「공야장(公冶長)」편이다. *영무자(甯武子)10)는 나라에 도가 있으면 지혜로웠고, 나라에 도가 없으면 어리석은 듯이 했다. 지혜로운 것은 미칠 수 있지만, 어리석은 듯함은 미칠 수가 없다. 甯武子(영무자), 邦有道則知(방유도즉지), 其知何及也(기지하급야), 其愚不可及也(기우불가급야)/알아주는 임금 앞에서 마음껏 역량을 펼치다가, 세상이 어지러워지면 어리석은 체 숨어 자신을 지킨다. 후세는 영무자를 명철보신(明哲保身)의 지혜자로 높였다. 하지만 좀 얄밉다. 누릴 것만 누리고, 손해는 안 보겠다는 심보가 아닌가? 공자께서는 어째서 이를 대단하다 하신 걸까?/『춘추』11)에 보이는 전후 사정은 이렇다. 처음에 영무자는 위성공(衛成公)12)을 따라 여러 해 갖은 고초를 겪으며 충성을 다했다. 덕분에 사지에서 돌아온 성공은 영무자 아닌 공달(孔達)13)에게 정치를 맡겼다. 영무자의 서운함과 배신감이야 말할 수 없었

---

9) 범옹(泛翁). 조선시대 초기의 학자이자 문신인 신숙주(申叔舟)(1417~1475)의 자(字)이다. 세종 때 집현전 학사로 훈민정음 창제에 참여하였다. 저서에 『보한재집』 『해동제국기』 등이 있다.
10) 중국 위(衛)나라의 대부로 성은 영이고, 이름은 유(兪)이다. 위성공(衛成公)을 섬긴 사람으로, 진(晋)나라와 초(楚)나라라는 강대국 사이에 끼인 위나라를 보전하기 위해 고군분투했다.
11) 유교 5경(五經) 가운데 하나이다. 『춘추(春秋)』는 노나라의 사관(史官)이 지은 궁정 연대기(宮廷年代記)에 공자(孔子)가 독자적인 역사의식과 가치관을 가지고 필삭(筆削)을 가하여 다시 편찬한 역사서이다.
12) 위성공(衛成公, ?~기원전 600년). 중국 위나라의 임금이다. 이름은 정(鄭)이고, 문공(文公)의 아들이다.
13) 중국 위나라의 대부이다.

겠는데, 그는 원망하는 대신 바보처럼 자신을 감추고 숨어 끝내 공달과 권력을 다투지 않았다. 공자는 처지를 떠난 영무자의 한결같은 충성을 높이 산 것이다. 나라는 어찌 되건 제 한 몸만 보전하려는 꾀를 칭찬한 말씀이 결코 아니었다. 하지만 세상 사람들은 이를 박수칠 때 떠나라는 식의 처세훈으로 오독했다(정민, 『일침: 달아난 마음을 되돌리는 고전의 바늘 끝』).

물아일체(物我一體): 자연물과 자아(自我)가 하나가 된 상태. 대상물에 완전히 몰입(沒入)된 경지. *서경덕이 말한 기쁨은 자연을 아는 데서만 생기는 것이 아니고 나를 잊고 자연과 화합하는 물아일체(物我一體)의 경지에서 더욱 뚜렷해지는 것이다. 다음과 같은 시가 이러한 경지를 알려준다./눈에는 발을 드리우고 귀에는 문을 닫았으나(眼垂簾箔耳關門 안수렴박이관문),/솔바람 시내 소리는 역시 뚜렷하구나(松籟溪聲亦做喧 송뢰계성역주훤)./나를 잊고 물(物)을 물대로 보는 경지에 이르니(致得忘吾能物物 치득망오능물물),/마음이 곳에 따라 절로 맑고 따뜻하구나(靈臺隨處自淸溫 영대수처자청온)/안다는 것은 보고 듣는 것만이 아니다. 눈에는 발을 드리우고, 귀에는 문을 닫았다고 해도, 솔바람 시내 소리는 역시 뚜렷하다. 나를 잊고 물(物)을 물대로 본다는 것은 나와 물이 하나가 된 상태이고, 그래서 물이 곳에 따라 맑고 따뜻하듯이 나도 맑고 따뜻하게 된다고 한다. 자연을 노래하는 즐거움은 하나가 둘을 타고 있어서 물물이 서로 의지해 있는 것을 발견하는 데서만 생기는 것이 아니고, 그러한 자연과 자아가 하나를 이루는 물아일체(物我一體)를 실현하는 데 있다. 물아일체가 시의 이상적인 경지라고 하는 것은 조선전기 시문학의 지배적인 미의식이었는데, 서경덕은 물아일체를 자기의 이론에 따라서 해석했다(조동일, 『한국문학사상사시론』).

방약무인(傍若無人): "곁에 사람이 없는 것과 같다"는 뜻이다. 주위의 다른 사람을 전혀 의식하지 않은 채 제멋대로 마구 행동함을 이르는 말이다. 출전은 『사기(史記)』의 「자객열전(刺客列傳)」이다. *『고려사』14) 「열전」의
_____
14) 조선 시대 세종 때 왕명으로 정인지, 김종서 등이 개찬한 관찬(官撰) 역사책이다. 고

'반역' 편에 마지막으로 들어간 사람은 신돈(辛旽, ?~1371)15)이다./그에 앞선 이들은 누구인가. 평양 천도를 꿈꾸었던 묘청(妙淸),16) 무신란을 일으켰던 정중부(鄭仲夫)와 최충헌(崔忠獻),17) 원나라 순제(順帝)의 제2황후까지 오른 누이를 믿고 방약무인(傍若無人)했던 기철(奇轍)18) 등이다(고운기, 『등귀과 오렌지』).

불편부당(不偏不黨): 어느 한쪽으로 기울거나 치우치지 아니하고 아주 공평함. *최 진사는 그때의 정계(政界)의 한 큰 혹성(惑星)이었다. 이름 높은 선비로서 그 강직함과 학식 많음으로는 각 방면의 존경을 받고 있었지만 최 진사의 정견(政見)에 대해서는 아무도 아는 사람이 없었다. 불편부당(不偏不黨)이라면 그렇게도 형용할 수 있고 남한테 마음을 보이지 않는다면 또한 그렇게 해석할 수가 있으며― 나쁘게 말하자면 표준이 없다고도 볼 수 있는 최 진사의 정치에 대한 태도는 당시의 정객들과 선비들의 새의 한 큰 의혹이었

려시대의 정치·경제·사회·문화·인물 등의 내용을 기전체(紀傳體)로 정리했다. 총 139권 75책. 전체 구성은 세가(世家) 46권, 열전(列傳) 50권, 지(志) 39권, 연표(年表) 2권, 목록(目錄) 2권으로 되어 있다.

15) 당대의 고승 보우(普愚)로부터 사승(邪僧)으로 지목받기도 했던 신돈(辛旽 ?~1371)은 속명(俗名)이고, 승명(僧名)은 편조(遍照)이다. 왕권의 비호 아래 비정상적으로 집권(執權)한 신돈은 6년 정도에 불과한 집권 기간 중에 권문세가(權門勢家)의 유력자들을 제거하면서 전민변정도감(田民辨整都監)을 통해 개혁적인 시책을 전개했으며, 특히 성균관을 중건하고 학생들을 중용해 신진 문신세력이 성장할 수 있는 배경을 마련했다.

16) 고려시대 중기의 승려인 묘청(妙淸, ?~1135)은 풍수지리와 도참사상(圖讖思想)을 내세우며 서경천도(西京遷都)를 주장했으나 받아들여지지 않았다. 급기야 1135년 서경에서 분사시랑(分司侍郞) 조광(趙匡), 병부상서(兵部尙書) 유참(柳旵) 등과 함께 국호를 대위(大爲), 연호를 천개(天開)라 하고 난을 일으켰으나 조광의 배신으로 부하들에 의해 죽임을 당했다.

17) 무신(武臣) 이의민(李義旼)을 제거한 후 강력한 독점적 권력을 행사한 최충헌(1149~1219)은 폐정(弊政)의 개혁을 요구하는 「봉사십조(封事十條)」를 올려 집권의 명분을 삼으려 하였고, '만적(萬積)의 난(亂)' 등을 진압하는 등 4대 60여 년에 걸친 최씨무인정권(崔氏武人政權)의 기반을 마련했다. 최충헌은 무력지배기구(武力支配機構)인 도방(都房)을 새로이 조직하여 문무(文武)의 전권(全權)을 장악하고 마음대로 왕을 폐위(廢位)시키는 등 권력을 독점했다. 한편 이규보(李奎報)를 등용하여 문운(文運)의 진흥을 꾀하기도 했다.

18) 원나라 순제의 제2황후인 기황후(奇皇后)의 오빠인 기철은 대표적인 친원파(親元派) 문신(文臣)이었다.

었다(김동인, 『젊은 그들』).

빙공영사(憑公營私): 공적인 일을 빙자하고 사리를 채움. *이 녹도 만호 정운이 이 수사의 눈에 띄게 된 것은 이 수사가 새로 도임하여 관하 각진을 순회할 때에 녹도진의 병선 군사 군기가 가장 정제한 것을 발견한 데에 있었다. 이때에 중앙과 지방을 막론하고 위로 정승판서로부터 밑으로는 외방 말직에 이르기까지 모두 속속들이 부패하여서 빙공영사(憑公營私)로 일을 삼음으로 사만팔천팔백 수군, 오천구백육십 조졸(漕卒), 팔백여 병선이라고 하여도 명색뿐인 중에 정운 같은 장수를 만난 것은 실로 놀라운 일이었다(이광수, 『이순신』).

사필귀정(事必歸正): 모든 일은 반드시 바른 데로 돌아간다는 뜻이니, 무슨 일이든지 마지막에 가서는 바르게 처리된다는 말. *그들은 우리 집에서 열리었던 결성식 및 제1회 총회에서, 상당한 토론 끝에 나에게 준회원(準會員)의 자격을 부여했던 것이다. 그때 나는 참말 어처구니없이 당황했던 것이다. 동시에 나는 준회원이 되기를 거부했었다. 그러나 그들은 내 의사를 사양의 뜻으로 오인했던지, 이구동성으로 권하는 말이, 앞으로 나이와 함께 수양을 쌓으면 훌륭한 정회원이 될 바탕이 보이니, 주저하거나 낙망하지 말고 입회하라는 것이었다. 이 말에 나는 정말 실없이 두 번째 당황했던 것이다. 진성회의 정회원이 될 바탕이 내게 있다면 사실 나는 마지막이라는 생각이 들었다. 게다가 회장으로 선임된 대장은 거연히 내게다 '비서'라는 직분까지를 명했던 것이다. 나는 그 준회원과 비서의 자격으로 서너 번 회의에 참석한 일이 있는 것이다. 대장과 문선생(文先生) 간의 대화를 통해 장선생(張先生)의 이름은 전부터 듣고 있었지만 정작 내가 그를 대해보기는 결성식 날이 처음이었다. 그는 보통 사람의 두 배나 되는 거대한 체구의 소유자였다. 회원 명부에 의하면 마흔두 살이었다. 대장은 누구 앞에서나 "나보다 약하고 불행한 사람을 위해 봉사하다가 죽자"는 말을 자랑스럽게 내세웠는데, 그보다도 더 빈번히 장선생(張先生)은 사필귀정(事必歸正)이라는 문구를 득의하게 사용하는 것이었다. 그가 고향에서 면사무소 총무로 있을 때, 사필귀정 선생이라는 별명으로 통했다는 것은 나중에야 알았다. 그러나 그의 사필귀정보다도, 실지 생활 내막을 엿보았을 때 장선생(張先生)은 내 머리에서 잊혀지지 않는 존재가 되었던 것이다(손창섭, 「미해결(未解決)의 장(章)」).

생자필멸(生者必滅): 무릇 이 세상에 생명이 있는 것은 마침내 다 죽기 마련이라는 뜻. *"대사!"/신소봉이 밖으로 나간 뒤에, 비로소 왕은 눈을 조금 떴다. 그리고 편조를 찾았다./가뜩이나 어두운 빈전에 향 연기까지 자욱하여 똑똑히 보이지는 않으나, 중 편조가 재궁 앞에 합장 명목하고 염불을 외고 있었다./"대사!"/"불러계시오니까?"/"다시 공주는 안 돌아올까?"/"생자필멸이올시다."/말이 끊어졌다./또 다시 왕은 눈을 감고 편조는 염불을 외었다./잠시 정숙한 가운데서 시간이 흘렀다. 잠시 뒤에 이번은 편조가 염불을 중지하고 왕 편으로 돌아앉았다./"생자필멸(生者必滅), 회자정리(會者定離). 이것이 사람의 세상이올시다. 여기 이르러서는 왕후장상이라도 필부와 다를 것이 없습니다. 돌아가신 분은 이미 돌아가셨거니와, 전하께서는 전하를 아버지로 알고 있는 천만의 생령을 위해서라도 좀 더 보중하시지 않으면 안 될까 하옵니다."/마디마디마다 똑똑히 끊어서 아뢰는 편조의 말. 그러나 왕은 여전히 응치 않았다./"전하! 다른 점은 그만두고라도 공주전 재세시에 공주전께서 그렇듯 사랑하시던 이 창생을 위해서서라도 옥체를 보중하옵셔야 하지 않겠습니까? 전하께서 애통해 하시는 마음은 어리석은 빈도도 짐작 못하는 바가 아니옵니다마는, 이 창생을 위해서보다도 전하를 위해서보다도, 전하께서 이 창생을 버리시면 승하하신 공주전의 영이 가장 슬퍼하실 점을 생각하셔서라도, 좀 더 보중하시지 않으면 안 될까 하옵니다."/무슨 말을 할지라도 여전히 눈을 감고 부처같이 가만히 앉아 있는 왕. 좌우 눈에서는 눈물만 흘러서 침침한 촛불에 눈물이 번쩍거리고 있다(김동인, 「왕부(王府)의 낙조(落照)」).

수불석권(手不釋卷): 손에서 책을 놓지 않음. 출전은 『삼국지(三國志)』 「오지(吳志)』 '여몽전주(呂蒙傳注)'이다. *그는 이렇게 나를 일깨워줄 뿐더러 중국에서 발간된 『태서신사(泰西新史)』, 『세계지지(世界地誌)』 등 한문으로 된 책자와 국한문으로 번역된 조선책도 들여 주었다. 나는 언제 사형의 판결과 집행을 받을지 모르는 몸인 줄 알면서도, 아침에 옳은 길을 듣고 저녁에 죽어도 좋다는 생각으로 이 신서적들을 수불석권(手不釋卷)하고 탐독하였다. 내가 이렇게 열심히 책을 읽는 것을 보고 감리서 관리도 매우 좋아하였다(김구, 『백범일지(白凡逸志)』).

어불성설(語不成說): 말이 이치에 맞지 않음. *김유는 음성을 낮추었다./ "우리가 광해조를 뒤엎은 명분을 생각해야 합니다. 전조(前朝)는 툭하면 생사람을 역모(逆謀)로 몰아 때려잡는 것으로 능사(能事)를 삼았기 까닭에 간신 역적들의 독단장이 됐던 것입니다. 이제 우리가 또 자기 비위에 틀리면 혈맹의 동지라도 하루 아침에 역적으로 몰아치우는 그 타기해야 할 짓을 되풀이한다면 민심은 어디로 갈 것이며, 새로 위(位)에 오르신 주상(主上)은 무슨 명분으로 용상(龍床)을 지키신단 말씀이요? 체포된 혐의자들 입에서 아직 그럴싸한 자백도 얻지 못한 이 마당에 상(上)께서 신임하시고 보낸 북관의 병사(兵使)를 역적으로 몬다는 것은 어불성설(語不成說)이요!"/김유의 말은 조리가 있었다(유주현, 『통곡』).

여민동락(與民同樂): 임금이 백성과 함께 즐김. 출전은 『맹자(孟子)』 「양혜왕(梁惠王)」 '상편(上篇)'이다. *쾌락을 즐기는 것이 문제가 아니다. 쾌락을 혼자 즐기는 것이 문제다. "홀로 음악을 즐기는 것보다 다른 사람과 함께 즐기는 것이 낫다. 적은 사람과 음악을 즐기는 것보다 많은 사람이 함께 즐기는 것이 낫다"고 맹자는 양혜왕에게 설파한다. 백성과 함께 즐기시오. 여민동락(與民同樂)은 맹자 사상의 중심이다./함께 즐기는 것이 홀로 즐기는 것보다 더 즐거운 이유는 무엇인가? 혼자서 즐기는 엔터테인먼트는 말초신경을 자극하는 것에 지나지 않는다. 마음은 공허하다. 인간은 사회적 동물, 함께 즐겨야 벅찬 신명을 누린다. 슬픔을 함께 누리면 절반으로 줄고, 기쁨을 함께 누리면 배가 된다. 동고동락(同苦同樂)하는 것이다(황광우·김동연, 『철학 콘서트2』).

온고지신(溫故知新): 옛 것을 익숙하게 익히고 그것으로 미루어 새 것을 깨닫게 됨. 출전은 『논어(論語)』 「위정편(爲政篇)」이다. *전통이 우리의 현재의 삶 속으로 융해되어 창조적으로 계승되지 못한다면, 그것은 주검의 먼지만이 쌓인 '고물(古物)'에 지나지 않을 것이다. 전통은 현재 속에서 '정당한 현대적 해석'을 발견할 때, 비로소 '주검의 먼지를 털고 새로운 미와 새로운 생명의 불사조'로 부활하는 것이다. 그리고 거기에 진정한 의미의 '고완의 생활화'가 있는 것이다. 이 글의 제목인, 「고완품과 생활」이라는 표제가 뜻하는 것은 바로 그것이다. 따라서 이태준의 전통주의를 '온고지신(溫故知新)'의 정신으로 이해한 장영우의 연구는 적절한 해석이라 할 수 있다(이도연, 『현대 문학비평의 계보와 서사의 지형학』).

원교근공(遠交近攻): 먼 나라와 친교를 맺어 이웃 나라를 하나씩 공략하는 정책. 출전은 『사기(史記)』 「범저열전(范雎列傳)」이다. *신라의 입장에서 멀리 있는 당과 연합하여 가까운 백제를 치는 것은 병법에서 말하는 원교근공(遠交近攻)이다. 『손자병법』에서는 원교근공의 전략을 채택할 경우 자국보다 강한 나라와 동맹을 맺는 것은 위험하다고 지적하고 있다. 강한 동맹국에게 자국까지 먹혀버릴 우려가 있기 때문이다./신라의 수뇌부가 이런 병가(兵家)의 상식을 간과했을 리는 없다. 백제를 공략한 당군의 병력 규모가 13만이었으니까 신라 수뇌부도 백제 멸망 후에 전개될 만약의 사태에 대비해 소정방의 당군에 맞설 만한 병력을 동원했을 것이다. 그로부터 8년 후(668) 고구려를 멸망시킬 때 신라가 동원했던 병력의 총 규모가 20만으로 기록되어 있는 점과 관련시켜보면 660년에 동원된 병력 수가 10만~15만 수준이었다고 판단해도 전혀 무리할 것은 없다(정순태, 『김유신: 시대와 영웅』).

유유상종(類類相從): 같은 패끼리 서로 왕래하여 상종함. *사람의 중심은 어디까지나 자기 자신이다. 그 다음이 가족이다. 사람은 가족 속에서 자라고 죽는 날까지 가족과 함께 산다. 그러나 밖으로 나가면 가장 중요한 것이 친구들이다. 유유상종(類類相從)이라는 말도 있지 만, 어떤 사람과 어울리고 있는가를 보면 그 사람의 인품을 알 수 있다(홍사중, 『나의 논어』).

인자무적(仁者無敵): 어진 사람은 모든 사람을 사랑하므로 천하에 적대(敵對)하는 사람이 없음. 출전은 『맹자(孟子)』 「양혜왕(梁惠王)」 '상편(上篇)'이다. *패도정치는 힘에 의해서 정치를 한다. 힘에 의해서 지탱되었으므로 그 정권은 늘 불안하고 체제를 굳히고 굳혀도 늘 불안하다. 그러므로 도덕에 어진 정치를 베풀기 위해서는 군주 자신이 덕이 있어야 한다. 인자무적(仁者無敵)이라고 할 때 그 어진 자는 군주를 가리키고 있다. 백성을 부모답게 여겨야 한다(손승남·강요한, 『동양고전에서 교육을 묻다』).

임기응변(臨機應變): 때와 일에 따라서 적당히 처리함. *"신이 생각하옵건대 나라를 다스리고 농업을 권장하여 민생(民生)을 안전하게 하는 점에 있어서는 대부 범려보다는 소신이 오히려 나은 편이 아닐까 생각하옵니다. 그러나 국제 정세에 밝고 임기응변(臨機應變)이 뛰어나 모든 일을 능숙하게 처리해 나가는 점에 있어서는 대부 범려가 소신보다 월등하옵니다. 그러니 소신은 고국에 남아 국가를 다스려 나가는 임무를 맡기로 하겠사오니 대왕께서는 대부 범려를 대동하고 떠나심이 어떨까 하옵니다"(정비석, 『소설 손자병법』).

지리멸렬(支離滅裂): 이리저리 흩어져서 갈피를 잡을 수 없게 됨. *우리가 하나님의 시각을 회복해야 하는 이유는 무엇인가? 우리가 영적 상상력을 회복하면 시선 교정이 이루어지기 때문이다./그 여자가 광야로 도망하매 거기서 천이백육십 일 동안 그를 양육하기 위하여 하나님께서 예비하신 곳이 있더라(계 12: 6)/여기 나오는 '여자'는 교회의 상징적인 표현이고 '광야'는 안식과 평안이 없는 곳을 의미한다. 즉 6절의 상황은 수난을 당하고 있는 위기의 교회 상황을 묘사하고 있다. 만일 우리가 육의 눈으로만 세상을 바라본다면 깨지고 싸우고 분열되고 갈라지는 교회의 모습만 보일 것이다. 오늘날의 지상 교회를 보면 한마디로 지리멸렬(支離滅裂)이라는 단어밖에 안 떠오른다. 교회로 상징되는 여자가 쫓겨나 도망가는 것밖에는 안 보인다./그런데 영적 상상력을 가지고 6절을 다시 한 번 보자. 영적 상상력이 없을 때는 '그 여자가 광야로 도망하매'라는 구절이 부각된다. 교회는 맨날 밀리고 쫓기고 어려움 당하는, 초라하기 짝이 없는 것 같다. 그런데 하나님의 시각으로 영적 상상력이 회복되면 뒤에 기록된 놀라운 말씀이 보이기 시작한다. 광야가 그를 양육하기 위해 하나님이 예비해 놓으신 곳이라는 것이다(이찬수, 『오늘을 견뎌라』).

충언역이(忠言逆耳): 충직한 말은 귀에 거슬림. *우 임금이 밝힌 다섯 가지 올바른 일은 다음과 같다./① 태도는 공손해야 한다./② 말씨는 정당하여 도리에 어긋나지 말아야 한다./③ 시각은 명민(明敏)해야 한다./④ 청각은 밝아서 똑똑히 듣고 판단해야 한다./⑤ 생각은 빈틈없이 치밀해야 한다./태도가 공손하면 몸에 올바른 기운이 생기고 말이 정당하여 도리에 어긋나지 않으면 언덕(言德)이 생겨 모든 일이 뜻대로 된다. 사물을 명민하게 관찰하면 밝은 지혜가 솟아난다. 청각으로 똑똑하게 사리를 판단하면 올바른 이치가 터득되며 생각이 치밀하면 도리를 알아 만사에 통달하게 된다. '언청신계용(言聽神計用)'이니 올바르게 말하고 듣는 가운데 신통(神通)하는 것이다./여기서의 '청각'은 충언역이리어행(忠言逆耳利於行; 참된 말은 귀에 거슬리나 행실에 도움이 된다는 뜻)이라는 말과 같이 대인의 말을 올바르게 듣고 믿을 수 있는 청각의 능력, 곧 '마음의 귀'를 말하는 것이기도 하다(박병각, 『우리의 뿌리사상과 그 문화』).

파사현정(破邪顯正): 진실하지 못한 것을 깨트리고 올바른 도리나 결과를 나타냄. *순경 시절 인민군에게 붙잡혔다가 극적으로 풀려나 육십령 고개를 넘어 고향으로 향하던 중 길거리에서 본 젊은 죽음들의 원한을 풀어주기 위해 그는 고시 공부를 택했다. 그가 직접 쓴 글의 표현을 빌리면, "고시에 합격하면 파사현정(破邪顯正)의 칼을 휘둘러 나라를 좀먹는 버러지들을 무찌 자르듯이 해야겠다고 굳게 마음먹었던 것이다." 물론 그의 부모들도 종국이 고시 공부를 해 관직으로 나가길 원했지만 이는 작은 변수에 불과했다. 그 자신의 생각이 결정적이었다고 할 수 있다(정운현, 『임종국 평전』).

2) 지시와 비유·상징이 섞인 것

어휘를 구성하는 단어의 일부는 지시적으로 참여하고 다른 일부는 비유적이거나 상징적으로 참여한 것들이다.

견강부회(牽强附會): 도리에 맞지 않는 것을 억지로 끌어다 그 상황에 맞게 함. *이렇게 말귀도 제대로 알아듣지 못하면서 가당치도 않은 말을 억지로 끌어 붙여 무슨 이치에 발라맞추는 것을 견강부회(牽强附會)라고 하오. 이러한 억지를 자기에게 유리하게만 끌어오는 것을 아전인수(我田引水)라고 하오. '견강부회'와 '아전인수'는 이치를 거절하는 억지와 속임수의 쌍생아인 것이오. 둘 다 심히 경계해야 할 일이오(정수일, 『우보천리(牛步千里)』).

곡학아세(曲學阿世): 정도(正道)를 벗어난 학문으로 세상의 속물들에게 아부함. 출전은 『사기(史記)』「유림전(儒林傳)」이다. *개국 사년(554년) 열일곱 살의 나이로 무력장군을 따라 백제를 쳤고, 이듬해에는 한수 이북에 나가 고구려를 쳤으며, 칠년에는 국원에 나가 북가야를 치고 공을 세웠다. 하지만 곡학아세(曲學阿世)를 경멸하고 권세를 부리는 데 흥미를 느끼지 못하는 문노는 권력가들에게 껄끄럽고 뇌꼴스러운 존재였다(김별아, 『미실』).

권토중래(捲土重來): 한 번 실패한 사람이 굴하지 않고 다시 세력을 회복하여 굽히지 아니 하고, 다시 힘차게 일어남을 말함. 출전은 두목(杜牧)의 시「제오강정(題烏江亭)」이다. ●이기고 지는 것은 병가에서도 기약할 수 없는데(勝敗兵家不可期승패병가불가기),/부끄러움을 안고 참는 것이 남아다(包着忍恥是男兒포착인치시남아)./강동의 자제들 중에는 재주 있는 준걸이 많으니

(江東子弟才俊多강동자제재준다),/땅을 말아 일으킬 기세로 다시 올 날을 아직 알지 못한다(捲土重來未不知권토중래미부지). *동지 후에 일양(一陽)이 초동(初動)이라 한다. 어쨌든 동지가 지났다고 생각하니 천지(天地)에 봄 뜻이 움직이는 듯도 싶다. 겨울이 오면 봄은 머지않다는데 이건 겨울이 오는 것이 아니라 겨울도 한고비를 넘었으니 더 이를 말이랴. 음(陰)이 극(極)하면 양(陽)이 생(生)하는 법, 음이 절정에 올라 밤이 한껏 길더니 동지로써 한풀 수그러지고 음 속에 모순(矛盾)으로 잠재해 있던 양이 슬그머니 고개를 들고 권토중래(捲土重來)의 기백(氣魄)을 도사린다. 아마 지금쯤은 벌써 낮이 쌀알만큼은 길어졌으리라. 이제부터는 양이 승승장구(乘勝長驅)할 판이다. 춘분(春分)에 이르러 잠시 음양(陰陽)이 균형 상태에 들었다가 하지(夏至)에 이르러 양이 전성(全盛)하고 다시 양 속에 잠세(潛勢)로 있던 음이 대두(擡頭)하는 것이니 음양설(陰陽說)이 또한 변증법(辨證法)이다. 태극기 그리는 법이 아리송할 때에 이 원리를 가져다 대면 이내 괘상(卦象)의 위치와 태극(太極)의 형태를 부합(符合)시키는 법이 발견된다(조지훈,「원단유감(元旦有感): 캘린더의 첫 장을 바라보며」).

금과옥조(金科玉條): 금이나 옥처럼 귀중히 여길 법률. 누구나가 꼭 지켜야 할 법이나 규정을 말하는 것. *중신들은 그 소리를 듣고 모두 깜짝 놀랄 수밖에 없었다./"임금께서는 세 분의 아드님이 계시옵고, 그들은 한결같이 현명하시옵니다. 그런데 어찌하여 왕위를 후손에게 계승시키지 아니 하시고 타인에게 물려주려 하시옵니까?"/그러자 우왕은 크게 고개를 흔들며 말한다./"천하는 어느 개인의 것이 아니다. 내 아들들이 현명하다는 것은 나 또한 알고 있으나 왕위를 세습하게 되면 그것이 선례가 되어 천하는 한 사람의 차지가 되어버리지 않겠는가. 그런 폐단을 미연에 방지하려면 왕의 자리는 반드시 현명한 제자에게 물려줘야 옳으니라."/실로 금과옥조(金科玉條) 같은 명언이었다. 우왕이 그런 유언을 남기고 세상을 떠났으므로 왕위는 마땅히 백익이 물려받아야 할 형편이었다. 그러나 백익은 왕위에 욕심이 없는 사람이었다. 더구나 선왕의 현명한 자식들을 물리치고 자기가 왕위에 오른다는 것은 선왕에 대한 대접이 아닌 것 같아 그 날로 기산(箕山)19) 속으로 자취를 감춰버리고 말았다(정비석, 『소설 손자병법』).

금성철벽(金城鐵壁): 매우 튼튼한 성벽. 썩 견고한 사물의 비유. *고구려 사람들의 창조적 지혜에 의하여 평양의 지형을 가장 능숙하게 이용하고 거기에 여러 가지 효과적인 방어시설을 설치하여 견고하게 만들어진 평양성은 산성과 평지성의 우점을 다 살리고 그것들의 부족점을 모두 극복한 것으로서 당시로서는 그야말로 금성철벽의 요새였으며 수도의 안전을 믿음직하게 보장하였다. 그리하여 그 후 평양성은 외래 침략군과의 전투에서 그 위력을 남김없이 발휘할 수 있었다(북한 사회과학원 역사연구소, 『조선전사 3: 중세편 고구려사』).

금의환향(錦衣還鄕): 비단 옷을 입고 고향으로 돌아간다는 뜻. 곧 성공하여 자기 고향으로 돌아감을 말함. *꼭 그렇진 않다. 한국에서도 정치하는 목적을 '공익근무'라고 표현하는 사람들이 많아졌다. 다만 미국과의 큰 차이라면 역시 '금의환향'이다. '환향'을 하더라도, 지난 1993년 일본 자민당의 38년 간에 걸친 장기집권을 무너뜨리고 반(反)자민연정의 총리로 선출된 호소카와 모리히로(細川護熙)처럼 한다면야 누가 뭐라고 하겠는가. 오히려 찬사를 보낼 일이다./"나라가 변하지 않으면 지방에서 변해 보이겠다." 모리히로가 구마모토현 지사 시절인 1991년 이즈모시 시장 이와쿠니 데쓴도(岩國哲人)과 함께 쓴 『지방의 논리』에서 한 말이다(강준만, 『지방은 식민지다』).

동문서답(東問西答): 묻는 말에 대하여 아주 딴판인 엉뚱한 대답. *『논어(論語)』 「미자(微子)」편은 지식인의 현실 참여 문제를 생각게 한다. 은자인 장저(長沮)와 걸익(桀溺)이 밭을 갈고 있는데, 공자가 자로(子路)20)에게 나루

---

19) 중국 하남성(河南省) 등봉현(登封縣) 서남쪽에 있는 산이다. 중국 요(堯) 임금이 허유(許由)에게 천하를 양위(讓位)하려 했다. 허유가 더러운 말을 들었다면서 냇물에 귀를 씻고 들어가서 숨은 산이다.
20) 자로(子路, 기원 전 542~480). 공자의 핵심 제자로 공문십철 중의 한 사람. 중국 춘추

터를 물어오라고 시켰다. 장저는 수레에 탄 이가 공자라는 말에 "그러면 이미 나루터를 알고 있을 것이다"라고 동문서답(東問西答)하고, 걸익은 "도도하게 흘러가는 것이 세상인데 어느 누가 바꿀 수 있겠는가"라며 자로에게 "세상을 피하는 선비를 따르라"라고 되레 충고했다.『논어』는 이 말을 들은 공자가 "무연(憮然: 크게 뜻을 잃어 낙심함)했다"라고 적고 있다. 그러나 공자는 "사람이 새와 짐승과 함께 살 수 없으니 내가 사람과 더불어 살지 않으면 누구와 살겠는가?(鳥獸不可與同群조수불가여동군) 천하에 도가 있다면 내 어찌 굳이 바꾸려 하겠느냐(天下有道 丘不與易也천하유도 구불여이야)"라며 자신이 옳다고 다짐한다(이덕일,『이덕일의 고금통의 2』).

동분서주(東奔西走): 동서로 바쁘게 돌아다니는 짓. *우리 나라 사람들은 참 복(福)이란 말을 좋아합니다. 과거 우리의 선조들은 새해가 되면 복조리를 만들어서 팔고, 이불과 베개에도 복이라는 한자를 새겨 넣었습니다. 그만큼 복 받기를 간절히 원하는 민족이었습니다. 지금도 예외는 아닙니다. 오늘날의 수많은 교인들도 복을 받기 위해 동분서주(東奔西走)합니다./그런데 여기서 우리가 주의해야 할 것이 있습니다. 사람들은 이 복이라는 말을 돈벌이로 치환해서 생각하는 경향이 있습니다. 아파트 값이 오르고, 사놓은 땅값이 오르는 것이 복이라고 생각합니다. 하지만 그게 오히려 화가 될 수도 있음을 알지 못합니다. 성경이 말하는 복은 그런 생각과는 다소 거리가 있습니다. 성경에서의 복은 받는 것도 중요하지만 받은 이후에 어떻게 해야 할지가 더 중요합니다. 하나님께서 아브라함을 '복의 근원'(창 12:2)으로 세우신 까닭은 그로 말미암아 하늘의 복이 세상으로 흘러가기를 원하신 것입니다. 그러니까 복의 근원이라는 말은 '복의 통로'라는 말로 바꿀 수 있습니다. 하나님께서 이스라엘을 택하여 복을 주신 까닭은 그들로 하여금 제사장의 나라가 되어 수많은 민족이 하나님께로 나아오게 하려는 것이었습니다(출 19:6)(김종순,『삶이 된 말씀』).

시대 노나라의 정치가이자 무인이다. 이름은 중유(仲由)이고 자는 자로이다.

동병상련(同病相憐): 동일한 사정에 대하여 서로 걱정하는 것. *"누구든지 나의 딱한 사정을 알면 분명히 나를 이해하고 동정할 것이다. 또 도와줄 것이다."/이런 생각은 오늘날과 같이 각박한 세상일수록 누구나 더욱 가지게 됩니다. 오늘날은 점차점차 도시화되어 갑니다. 사람이 사람들 물결 속에 살면서 모두가 점점 더 고독해집니다. 그래서 모두가 자기를 더 알아주었으면 하고 바라고 있습니다. 나도 그렇게 생각하고, 내 옆에 있는 사람도 그렇게 생각하고, 가정에서, 길에서, 버스 안에서, 직장에서 만나는 모든 사람이 이런 외로움에 지쳐 있습니다. 모두가 이 고독병에 걸려 있습니다. 소외감에 앓고 속으로 흐느끼고 있습니다. 현대인은 같은 병에 걸려 있습니다./그렇다면 동병상련(同病相憐)이라는 말이 있지 않습니까? 같은 병에 걸렸으니 서로 더욱 측은한 마음씨를 가져야지요. 그런데 그렇지 않습니다. 이유는 간단합니다. 모두가 자기만이 고독하고, 자기만이 소외되고, 자기만이 인정을 받지 못하고, 오히려 오해받고 있다고 생각하고 있습니다. 그래서 남을 믿지 않고, 남을 알려고도 하지 않고, 남의 입장이 되어 보려고 노력도 하지 않습니다./마음의 문을 꼭꼭 닫고 스스로를 자아 속에 유폐시킵니다. 그래서 인간은 점차 자아라는 냉장고 속에서 얼어붙어 갑니다. 마음도, 정신도, 인간성 자체, 생명까지 얼어붙습니다. 구제책은 마음의 문을 여는 것입니다. 나뿐 아니라 남도 고독하다는 것을 이해하고, 남도 나와 같이 이해와 동정과 도움이 필요하다는 것을 인정하고, 자아를 벗어나는 것입니다(김수환, 『바보가 바보들에게: 세번째 이야기』).

백의종군(白衣從軍): 벼슬을 띠지 않고 군대 일에 복무함. *허벅지 상처가 아물 즈음, 평복(平服)으로 종군하여 조산에 머무르라는 어명이 이순신에게 내렸다. 그 생애에서 처음 당하는 백의종군(白衣從軍)이었다(김탁환, 『불멸의 이순신』).

수수방관(袖手傍觀): 소매 속에 손을 넣고, 곁에서 보고만 있음. 곧 어떤 일에 전혀 관여하려 하지 않고 멀거니 보고만 있음을 비유. *그러면 국가의 흥망이 경각에 달린 이때에 우리 무리가 무엇을 할 것인가. 다만 수수방관(袖手傍觀)할 것인가, 하고 깊은 밤중에 앉은 좌석에는 비분한 살기가 있었다. 도산의 이론에 수긍은 하면서도 최후일전(最後一戰)의 호기를 놓치는 듯한 생각이 누구에게나 있는 동시에 기울어지는 나라를 버틸 길이 없는 안타까움이 북받쳐 올랐다. 도산은 최후의 단안을 내렸다. 우리 애국자에게 남은 길이 오직 하나가 있다. 그것은 눈물을 머금고 힘을 길러 장래를 준비하는 것이다. 우리가 망국의 비운을 당한 것은 우리에게 힘이 없는 까닭이니, 힘이 없어 잃는 것을 힘이 없는 대로 찾을 수는 없다는 것이다(이광수, 『도산 안창호』).

일각천금(一刻千金): 아무리 짧은 시간도 귀중하기가 천금과 같다는 말. * 그녀의 몸은 생각보다 아주 가벼웠다./허리쯤을 처음 안았을 땐 손가락들이 갖고 있는 고유의 더듬이가 그녀의 온몸을 샅샅이 짚어 돌아다니면서 별의별 오두방정을 다 떨었으니 별일이지, 막상 울다가 잠든 그녀의 몸을 업고 보니 애틋한 지정(至情)은 더욱더 샘물처럼 솟아오르는데, 그 지정이 천박한 욕심으로 가지 않고 지순하기 이를 데 없는 아가페적 긍휼한 사랑으로 뻗어 나는지라, 어화둥둥 내 사랑, 이리 보고 내 사랑, 저리 보고 내 사랑…… 사랑가가 절로 나는 것이었다. 십이 층까지 엘리베이터가 올라가는데 시간이 걸리면 얼마나 걸리겠는가. 서동파(蘇東坡)21)의 유명한 시 가운데「춘야행(春夜行)」이라는 시가 있으니 그 첫 구가 "춘소일각치천금(春宵一刻値千金)"이라, 봄날 달밤의 한때는 천금의 값어치가 있다고 했거니와, 엘리베이터 속에서의 짧은 순간도 그렇고, 더구나 엘리베이터에서 내려 짧은 아파트의 복도를 걸어가다 보았더니 도심 위로 흰 달 하나 휘영청 떠오른 바 그 순간 내 심정이 바로 일각천금(一刻千金)이었더라(박범신, 『개뿔』).

---

21) 당송 8대가의 한사람으로 이름은 소식(蘇軾, 1037~1101)이다. 중국 북송 시대의 시인이자 문장가, 학자, 정치가로 자(字)는 자첨(子瞻)이고, 호는 동파거사(東坡居士)였다. 한유(韓愈) · 구양수(歐陽脩)와 더불어 문장의 복고를 주창하였다.

자화자찬(自畵自讚): "자기가 그린 그림을 자기 스스로 칭찬한다는 뜻"으로 자기가 한 일을 자기 스스로 자랑함. *첫 전시회에서 그는 파랑, 빨강, 주황 등 다양한 색깔을 사용한 모노크롬22) 회화를 선보였지만, 그의 바람과 달리 관객은 그것들을 모노크롬이 아니라 다양한 색채의 모자이크로 해석했다고 한다. 이에 크게 실망한 클랭23)은 모노크롬에 자신이 '인터내셔널 클랭 블루(IBK)'라 이름붙인 파란색만을 사용하기로 한다. 클랭의 '블루'는 중세 시대 성화에 즐겨 사용되던 울트라 마린에 가까운 파란색으로, 색채 효과가 너무 강렬하여 바라보는 이를 몽환 속으로 몰아넣었다./그가 특정한 색깔을 사유한 것에 반발하는 사람들도 있었다. 사실 IBK를 그가 처음 만들었다고 하기는 어렵기 때문이다. 1954년 전시회와 관련하여 출간한 『이브-회화』와 『아주노-회화』에서 클랭은 자신이 모노크롬 화법의 창시자라고 주장했지만, 그 두 책에 수록된 그의 작품들은 작품의 크기, 제작의 시기, 소장의 장소까지 모두 허구였다. 전시회 당시에 자신의 작업에 대한 클랭의 자화자찬은 전시의 기획자마저 질리게 만들었다고 한다. 그가 자화자찬을 조금만 덜 했더라면, 오늘날 그는 지금보다 조금 더 유명했을 것이다(진중권, 『진중권의 미학 에세이』).

진퇴유곡(進退維谷): 나아갈 수도 없고 물러설 수도 없음. 어려운 일을 당하여 꼼짝도 못하는 것. *두 놈의 악당이 보기 좋게 쓰러졌다. 나머지는 들창으로 뛰어갔다. 그러나 거기에도 그들이 나갈 길은 없었다. 삼층에서 땅까지는 수십 길이나 되기 때문이다./진퇴유곡(進退維谷)…… 오지도 가지도 못하게 된 그들의 최후였다. 총알에 쓰러지는 것보다는 감옥으로 가는 편이 낫다고 생각하였다(김내성, 『검은 별』).

---

22) 모노크롬(monochrome). '한 빛깔'이라는 뜻이며 '홀로'를 뜻하는 μόνος(모노스)와 '빛깔'을 뜻하는 χρώμα(크로마)를 합한, 그리스어 μονόχρωμος(모노크로모스)에서 나온 말이다. 단색(單色). 단색광(單色光). 단색 사진. 단색 영화.
23) 지중해 연안 프랑스 니스에서 태어난 이브 클랭(Yves Klein, 1928~1962)은 "푸른색 이야말로 비물질적인 형이상학적 특성을 지니고 있으며 무한한 의미를 지닌다"는 신념을 가지고 푸른색 안료로 회화작업을 해 누보레알리즘의 선구자가 되었다.

맹모삼천(孟母三遷): '맹모삼천지교(孟母三遷之敎)'의 준말. 맹자(孟子)의 올바른 교육을 위해 맹자 어머니가 세 번씩이나 집을 옮겼다는 것으로 출전은 『열녀전(烈女傳)』이다. *맹자 어머니는 아들만큼이나 유명하다. 맹모삼천(孟母三遷) 설화가 사실이라면, 맹자 어머니는 엄청난 교육열과 뚜렷한 교육철학을 가진 보기 드문 여성이었음에 분명하다. 그리고 묘지 근처와 시장통에서 살았던 것으로 보아 경제적으로 크게 부유한 가정은 아니었으리라고 추정할 수 있다(유시민, 『청춘의 독서』).

3) 전체가 비유·상징적인 것

축자적 의미에서 비유적이나 상징적 의미로 전환된 것들이다.

각주구검(刻舟求劍): 가는 배에서 칼을 물에 빠트리고 그 뱃전에 표시를 해두었다가 뒤에 그 표시에 따라 칼을 찾고자 한다는 말. 지나치게 고지식하여 경우에 맞지 않는 일을 한다는 뜻. 출전은 『여씨춘추(呂氏春秋)』「찰금편(察今篇)」이다. *더욱 박달잿길은 길손이 떼지어 함께 넘지 홀로 나설 수도 없었다. 어쨌든 전대는 없어지고만 셈이었다. 포기하고 재를 넘어 부인을 찾아야지 하면서도 그는 못내 아쉬워 가던 걸을 되돌아와 첫 지점을 다시 뒤졌다. 전대가 있을 리 없었다. 각주구검(刻舟求劍)이란 고사가 떠올랐다. 배를 타고 나루를 건너다 물속에 칼을 떨어뜨리자 그 떨어뜨린 장소에 표시를 한답시고 뱃전을 깎아둔다는 어리석음을 자신이 저지른 셈이었다(김원일, 『사랑아 길을 묻는다』).

감탄고토(甘呑苦吐): 단 것은 삼키고 쓴 것은 뱉는다는 말. 이로울 때는 이용하고 필요 없을 때 괄시한다는 말. *"가이동가이서 아니겠습니까 제아무리 간담상조하는 시늉을 하지만 종내에는 감탄고토하자는 잔나비의 속셈이 아니겠느냐 이런 말씀이올시다. 정상이의 답신 여부를 가지고 말막음이나 하자는 게지요, 서로 짜고 하는 수작"하는데, 박영효24)가 헛기침을 한 번 하고 나서/"이리 오너라."/소리를 질렀고 득달같이 달려온 노복한테 호령을 하였다(김성동, 『국수(國手)』).

금상첨화(錦上添花): 비단 위에 수를 더함. 좋은 것 위에 또 좋은 것이 보태짐. *물론 가장 이상적인 것은 '비단 위에 꽃을 더하는 것' 즉 금상첨화(錦上添花)에 해당하는 책표지겠지만 그거야 이상론이겠고, 역시 문제는 어느 입장이든 책표지에 대한 판단은 다분히 주관적일 수밖에 없다는 점이다. 출간을 앞둔 책의 표지를 확정할 단계에서 출판사를 방문하는 사람들은, 여러 가지 시안(試案) 가운데 어느 것이 가장 좋아 보이느냐고 질문받는 일이 드물지 않다. 가능한 한 보편적이고 객관적인 판단에 근접해보려는 노력인 셈이다(표정훈, 『탐서주의자의 책』).

구절양장(九折羊腸): 일이나 길이 매우 꼬불꼬불하고 험함을 일컬음. *나는 자꾸만 흩어지는 상념을 가다듬으려고 차창 밖에 관심을 기울였다. 갑자기 낭떠러지가 나타나고 벼랑 위에 간신히 의지한 채 포장도 되지 않은 찻길은 그야말로 구절양장(九折羊腸), 간담이 서늘했다. 그런데도 낡은 시골 버스는 마냥 거칠 것 없어라는 듯이 웽웽 내달렸다. 군데군데 쌓여 있는 잔설 사이로 드러난 가장자리의 흙은 김이 무럭무럭 나면서 벼랑 아래쪽으로 흘러내려, 차체가 힘을 가할 양이면 와락 무너져버리지나 않을까 싶기도 했다. 나는 나도 모르게 흘끗 운전사의 얼굴을 훔쳐보았다. 그는 아무렇지도 않은 듯했다. 매제는 경상도 일대에서 운수업 계통의 일을, 그것도 여객 운수업 계통의 일을 보고 있었고, 그래서 그런지 평소에도 남들보다 자동차 사고에 많은 관심과 우려를 품고 있는 편이었다. 이번에도 기차를 이용해서 상경한 데 대해 내가 고속버스를 들먹이자 매제는 "겁이 나서예" 하고 웃어보였었다. 거기에는 자신이 그 방면에 몸담고 있으면서도 겁을 먹는다는 게 다소 멋쩍다는 뜻이 담겨 있었다. 버스는 쉬지 않고 달렸다(윤후명, 「모든 별들은

---

24) 조선 말기의 문신이자 정치가인 박영효(朴泳孝, 1861~1939)는 개화파의 주요 인물이다.

음악 소리를 낸다」).

격화소양(隔靴搔癢): 신을 신고 발을 긁어댐. 뜻한 대로 효과를 거두지 못하여 안타까운 일의 비유. *또한 국문학은 민족의 언어를 바탕으로 생활감정을 엮어냈다. 국문시가의 리듬은 기본적으로 우리 일상 구어의 특성에 기초를 두어 인민의 노동생활로부터 도출된 리듬이니, 곧 민족의 리듬이다. 역시 국문학에는 한결같이 민족의 삶의 슬기가 함축되어 있다. 한문학은 아무리 훌륭해도 김만중(金萬重)25)이 지적했듯 앵무새가 사람 말 흉내내는 격이어서 격화소양(隔靴搔癢)의 느낌을 종내 떨쳐 버리기 어렵다. 이 난제를 해결하기 위한 창조적 예지와 노력이 실은 일찍부터 한문학 창작에 바쳐졌거니와, 한시의 국시(國詩)와의 접목이 그 일환으로 실천되기도 했다(임형택, 『한국문학사의 논리와 체계』).

계륵(鷄肋): 닭의 갈비. 먹기에는 고기가 너무 적고 그렇다고 버리기는 아깝다는 뜻으로 그다지 쓸모없으나 버리기는 아까운 사물을 가리킴. 출전은 『후한서(後漢書)』「양수전(楊修傳)」과 『진서(晉書)』「유령전(劉伶傳)」이다. *내 제사엔 동치미 한 그릇만 떠다 놓거라 잉./생전의 아버진 농반진반(弄半眞半), 곧잘 그런 말을 하곤 했다. 아랫돌 빼어 윗돌 괴면서 살 수밖에 없는 시골 살림살이를 누구보다 잘 아는지라 행여 제상에 자식들 허리라도 휘는 일이 있을까봐, 아버지 푼수로서의 엉너리를 친 셈이었다. 어머니는 아마, 자신의 제상엔 동치미 한 그릇 떠놓으면 된다던 아버지의 깊고 깊은 속심을 뚜르르 꿰고 있을 것이었다. 그러므로 고내곡 높은 고개를 힘겹게 넘어가고 있는 동치미 한 그릇은 어머니와 이미 백골로 누운 아버지, 그리고 여태까지 아랫돌 빼어 윗돌 괴어 살던 아버지의 살림푼수를 훌쩍 뛰어넘지 못한 아들,

---

25) 『구운몽(九雲夢)』・『사씨남정기(謝氏南征記)』의 작가 김만중(金萬重, 1637~1692)은 서인(西人)의 거두로, 1689년 숙종의 폐비 사건에 반대하다가 경상남도 남해에 유배되어 그곳에서 병이 들어 세상을 떠났다. 한시(漢詩)보다 한글로 씌어진 작품의 가치를 높이 평가한 그는 평론집 『서포만필(西浦漫筆)』에서 정철(鄭澈)의 「관동별곡」・「사미인곡」・「속미인곡」을 예로 들어 조선의 참된 글은 오직 이것이 있을 뿐이라고 말했다.

삼자(三者) 사이엔 계륵(鷄肋)과도 같은 존재였다. 각자가 서로 터놓지 않았을 뿐, 홀로 돌아앉으면 남루하고 서럽기 짝이 없는, 그렇지만 남루하고 서럽기 때문에 남다른 정성과 정한이 깃든 계륵과도 같은 동치미 한 그릇⋯⋯ 그 국물이 자꾸만 쏟아지고 있었다. 이리 들어도 쏟아지고 저리 들어도 쏟아졌다. 어머니는 더욱 발을 구르고, 그는 이제 발걸음을 내디딜 용기조차 없이 그냥 그 자리 붙박히듯 서버리고 말았다. 고내곡재는 높고 높은 데 앞으로도 뒤로도 그는 갈 수가 없었다(박범신, 『불의 나라』).

근묵자흑(近墨者黑): 먹을 가까이 하면 검어짐. 곧 못된 사람과 어울리면 그의 좋지 못한행실에 물든다는 말. *쾅, 문 닫히는 소리가 나고, 새치기 하듯 매운바람이 한 가닥 안으로 밀어 닥쳤다. 함 박사한테 그것은 부끄러운 충격이었으므로, 그는 퍼뜩 잠을 깨고도 책갈피에서 눈길을 뗄 수가 없었다. 그 순간 아주 사소한 사건 하나가 함 박사를 괴롭혔다. 벼루 난간에 비스듬히 기대 놓았던 붓 한 자루가 떼구르르 구르더니, 하필 함 박사의 구두코를 향해 톡 떨어지면서, 그의 엷은 쥐색 바짓가랑이를 스치는 것이다. 함 박사는 불에 덴 듯 훼를 털고 일어나면서 발을 동동 굴렀다./민수가 화장실을 다녀오다 그걸 보고 함 박사의 정강이에 가서 매달렸다. "이럴 수가? 이럴 수가?" 그러나 함 박사의 바지 자락에는 불탄 자리만큼이나 까맣게 먹물 자국이 나 있었다./"괜찮아."그래도 함 박사는 웃었다./"근묵자흑이라더니, 하긴 먹방에 오셨으니 박사님도 별 수가 없군요." 민수도 웃었다./"하긴 그래." 이번에는 둘이 함께 웃었다./웃다가 생각하니 둘의 감정이 엇갈렸다. 먹물을 가까이 하다보면 옷에 검정이 묻게 마련이지요, 민수는 이런 식으로 함 박사를 위로할 참이었다. 그러나 함 박사는 그 말을, 나쁜 친구와 사귀면 함께 더러워지기 마련이죠, 라고 알아들었다. 그리고 그는 곧 자신의 처지를 떠올렸다. 형편이 어려울 때일수록 이런 데는 함부로 들락거리는 법이 아니라고, 그의 자존심은 늘 그 자신을 다독거려 왔었다. 자기 집으로나, 아니면 호텔의 커피숍쯤에 앉아서 민수를 불러냈어야 옳았다. 격에 어울리지 않는 짓을 하니까 이런 수모를 겪는 것이겠거니, 생각하자 함 박사는 자리를 뜨고 싶었다(송하춘, 「미명(未明)의 뜰」).

금란지계(金蘭之契): 지극히 친한 사이를 말함. 금란지교·금석지교(金石之交)·금석지계·단금지계(斷金之契)·단금지교 등 여러 말이 있다. 출전은 『역경(易經)』「계사전(繫辭傳) 상(上)」이다. ●두 사람이 같은 마음이면 그 날카로움이 쇠를 자를 만하고(二人同心 其利斷金이인동심 기리단금), 두 사람의 진정에서 우러나오는 말은 그 향기가 난초와 같이 아름답다(同心之言 其臭如蘭동심지언 기취여란). *모든 사람과 다시 사귄다면 금란지계와 같이 맺으리(擧世重交遊 疑結金蘭契거세중교유 의결금란계)<범질(范質)>(전관수, 『한시어사전』).

금의야행(錦衣夜行): 비단 옷을 입고 밤에 다닌다는 뜻. 성공은 했지만, 아무 효과를 자아내지 못하는 것. 동의어로는 의금야행(衣錦夜行)과 수의야행(繡衣夜行)이 있다. 출전은 『한서(漢書)』「항적전(項籍傳)과 『사기(史記)』「항우본기(項羽本紀)이다. *사흘 동안 하루도 거르지 않고 선을 본 셈인데 결과는 금의야행(錦衣夜行)과 다름없었다(박범신, 『불의 나라』).

노류장화(路柳墻花): 창부(娼婦)를 가리키는 말. *"너는 아직 이팔청춘에도 이르지 못한 듯한데 어찌 여기에 나와 앉았느냐? 예쁜 꽃이 먼저 꺾이고, 곧은 가지가 먼저 찍힌다더니 네가 그 꼴이 난 것이냐? 호걸 군자와 짝하여 조신하게 살면 정경부인(貞敬夫人)[26]으로도 모자람이 없을 듯하다만, 노류장화(路柳墻花)로 나와 앉았으니 네 앞날이 참으로 가긍(可矜)하구나"(이문열, 『불멸』).

남가일몽(南柯一夢): 당나라 순우분이라는 사람이 꿈 속에서 남가군(南柯郡)을 다스리어 30년 동안이나 영화를 누렸으나 깨고 보니 꿈이었다는 고사

---

[26] 조선시대 외명부인 문무관 처에게 내린 정·종1품 작호(爵號). 문무관 정1품 대광보국숭록대부(大匡輔國崇祿大夫)·보국숭록대부(輔國崇祿大夫)의 적처(嫡妻)와 종1품 숭록대부(崇祿大夫)·숭정대부(崇政大夫)의 적처를 봉작하여 통칭한 것이다.

(故事)에서 나온 말로, 한때의 헛된 부귀(富貴)를 비유하는 말. 출전은 『남가기(南柯記)』이다. *오자서는 꿈속에서나마 아버지를 만나게 된 것이 하도 반가워 두 손을 왈칵 잡으며,/"아버님은 아무 말도 아니 하시고, 왜 울기만 하시옵니까?"/하고 안타깝게 물었더니, 아버지는 여전히 눈물을 흘리며,/"우리 부자가 왜 이렇게도 똑같은 비운을 타고 났는지 모르겠구나. 나는 그것이 슬퍼서 울 뿐이로다."/그 한 마디를 남기고 홀연 눈앞에서 사라져 버리는 것이 아닌가./오자서는 너무 안타까워,/"아버님, 아버님……"/하고 소리쳐 부르다가 깜짝 놀라 깨어보니 남가일몽(南柯一夢)이었다./오자서는 몹시 심란하였다./'그것 참, 이상스럽기도 하다. 돌아가신 뒤로 한번도 꿈에 나타난 적이 없으셨는데 오늘밤에는 어인 일일까? 선친께서 우리 부자가 왜 이렇게도 똑같은 비운을 타고 났는지 모르겠다고 말씀하신 것은 또 무슨 뜻이었을까?'/불길한 예감에 사로잡혀 잠을 못 이루고 있는데 문득 대문 두드리는 소리가 나더니,/"어명이오!"/하는 소리가 들려오는 것이 아닌가(정비석, 『소설 손자병법』).

득롱망촉(得隴望蜀): 농 땅을 얻으니 촉 땅을 바라본다는 말로, 욕심이 끝이 없음을 비유함. 출전은 『후한서(後漢書)』「광무기(光武記)」와 『삼국지(三國志)』「위지(魏志)」이다. *득롱망촉(得隴望蜀)이란 고사에서 보는 바와 같이 사람의 욕심이란 끝이 없을지라도 맹세컨대, 내가 대학교에 뜻을 두었을 때, 좋은 대학 나와 지식과 학벌 비싸게 팔아 나 혼자 호의호식(好衣好食)하자거나, 권세가 앞에 줄 잘 서서 출세하여, 막일로 삼팔따라지 신세였던 시절의 무시 받고 짓밟힌 것 원수 갚아야지 하고 생각한 적은 한 번도 없었다(박범신, 『개뿔』).

등화가친(燈火可親): 가을은 등잔불을 가까이 하여 책을 보기에 좋을 때라는 뜻이다. 출전은 한유(韓愈)27)의 시 「아들 부에게 성남에서의 독서를 권함

---

27) 당송 8대가(唐末八大家)의 한 사람으로 자(字)가 퇴지(退之)인 한유(韓愈,768~824)는 중국 당(唐)나라를 대표하는 문장가・정치가・사상가이다. 옛 문인들처럼 자유롭고

(符讀書城南부독서성남)」이다. 한유가 자(字)가 부(符)인 아들 창(昶)의 독서를 권장하기 위해 「아들 부에게 성남에서의 독서를 권함(符讀書城南부독서성남)」이라는 시를 썼다. ◐바야흐로 가을, 장맛비도 그치고(時秋積雨霽시추적우제)/맑고 서늘한 바람 마을과 들판에 드니(新凉入郊墟신량입교허)/이제 등불을 가까이 할 만하고(燈火稍可親등화초가친)/책을 펼쳐볼만 하게 되었으니(簡編可舒卷간편가서권)/어찌 아침저녁으로 너를 걱정하지 않으리(豈不旦夕念기부단석염)/너를 생각하면 세월이 빨리 지나가는 것이 아쉽구나(爲爾惜居諸위이석거제)/자식 사랑과 엄하게 교육시키려는 마음은 서로 일치하기 어려워(恩義有相奪은의유상탈)/시를 지어 머뭇거리지 말고 공부에 정진하라고 권면하노라(作詩勸躊躇작시권주저). *안 읽을 핑계를 대기로 요량한다면 가을만큼 핑계 많은 계절도 없을 성싶다. 수려한 자연환경에 천고마비하니 소풍은 몇 차례 빼놓을 수 없고, 오곡백과가 풍등(豐登)하니 주연(酒宴)도 꽤 자주 가져야겠고, 친지들의 집안에 혼인이 빈번하니 그것을 축하하러 움직여야겠고, 행사가 중첩하니 거기라고 참가하지 않을 수 없고, 운동경기가 불티를 날리며 계속되니 그 구경도 해야겠고 하니, 이런 것들을 두루 겪고 나서 책을 읽자고 생각하면 아무리 등화가친(燈火可親)이라 하여도 고달프기가 봄에 비할 게 아니다. 이렇고 보면, 가을이 독서의 계절이라고 매년 철이 되면 시끄럽도록 뇌이는 것은 결국 다른 일에보다 독서로 주의를 끌어보자는 노파심의 발로로 낙착되고 마는 셈이다(차주환,「가을과 연명(淵明)과 독서」).

마이동풍(馬耳東風): 남이 말하는 것을 귀담아 듣지 않고, 지나쳐 흘려버리는 것을 비유한 말. 출전은 『이태백집(李太白集)』「권십팔(券十八)」이다. ◐사람들이 이 말을 듣고도 모두 머리만 저으니(世人聞此皆掉頭세인문차개도두)/마치 동풍이 쏘인 말의 귀 같구나(有如東風射馬耳유여동풍사마이) *"할머니, 할머니에겐 이게 무슨 색으로 보이우?"/반찬 속에 묻혀 있는 빨간 고추

간결한 고문체 문장의 사용을 주장한 한유가 쓴 「원도(原道)」・「원성(原性)」등은 중국문학의 백미(白眉)이다.

조각을 젓가락 끝으로 집어 들어 보이면서 하는 말이었습니다./"빨간색이란 말이죠"/저녁놀이 오목하게 괴어 있는 바위 끝에 앉아 담배를 폴폴 피워 물고 있는 그 노파는 물론 마이동풍(馬耳東風)이었습니다./"그런지도 모르죠. 그렇지만 그렇지 않을지도 모르죠. 반반이란 말이오. 알겠소……"/경청(傾聽)이라도 하고 있는 줄 아는지 그런 노파를 상대로 횡설수설(橫說竪說)인 것입니다(장용학, 『원형(圓形)의 전설(傳說)』).

백미(白眉): 중국 촉나라의 마씨(馬氏) 5형제 중 흰 눈썹이 긴 장형 마량(馬良)이 가장 뛰어났다는 고사(故事). 곧 여럿 가운데 가장 뛰어난 사람. 출전은 『삼국지(三國志)』 「촉지(蜀志)」 '마량전(馬良傳)'이다. *화백제도에서는 회의 참석자 누구나 자신의 의견을 제시할 의무와 권리가 있다. 그런데 화백제도의 백미(白眉) 중의 하나는 바로 다음에 있다. 일단 한 번 의견을 제시한 다음에는 그 의견은 주인이 없어진다. 누구의 입을 통해서 나온 의견이건 일단 제시된 의견은 모두 공유하는 의견이 된다. 그러니까 어느 의견이 더 낫고 어느 의견이 그만 못하다는 경쟁이 아예 존재하지 않게 된다(진형준, 『공자님의 상상력』).

백년하청(百年河淸): "백 년을 기다린다 해도 황하(黃河)의 흐린 물은 맑아지지 않는다"는 뜻으로 아무리 기다려도 성공을 기하기 어렵다는 말. 출전은 『춘추좌씨전(春秋左氏傳)』 「양공팔년조(襄公八年條)」이다. *그러면 급진론자는 "국가의 존망이 목첩에 달린 이때에 국력, 민력의 배양을 말하는 것은 백년하청(百年河淸)을 기다리는 것이라"고 도산의 정로점진론(正路漸進論)을 불만히 생각하였다. 그러나 도산은 힘없는 혁명이 불가능함을 말하였다(이광수, 『도산 안창호』).

모순(矛盾): 어떤 사실의 앞뒤, 또는 그 사실이 이치상 어긋나서 서로 맞지 않음을 이르는 말이다. 유사어로 자가당착(自家撞着)이 있다. 출전은 『한비자(韓非子)』 「난세편(難勢篇)」이다. *좋은 달은 이울기 쉽고/아름다운 꽃엔 풍우(風雨)가 많다./그것을 모순이라 하는가.//어진 이는 만월(滿月)을 경계

(警戒)하고/시인(詩人)은 낙화(落花)를 찬미(讚美)하느니/그것은 모순의 모순 (矛盾)이다.//모순이 모순이라면/모순의 모순은 비모순(非矛盾)이다./모순이 냐 비모순이냐./모순은 존재(存在)가 아니고 주관적(主觀的)이다.//모순의 속 에서 비모순을 찾는 가련(可憐)한 인생./모순은 사람을 모순이라 하나니 아 는가(한용운, 「모순(矛盾)」).

삼고초려(三顧草廬): 중국 삼국시대에 촉한의 유비가 남양 융중 땅에 있던 제갈량의 초가집을 세 번이나 찾아가서 자기의 큰 뜻을 말하고 그를 초빙하 여 군사(軍師)로 삼은 일. 출전은 『삼국지(三國志)』「촉지(蜀志)」'제갈량전 (諸葛亮傳)'이다. *저 자두나무는 그 사람이 젊었을 때 아직 낳지 않은 아이 들을 위해 구해 심은 나무였다. 지금 이 집 주인보다 훨씬 나이가 많았다./ "너 삼고초려(三顧草廬)라는 말을 들어 본 적이 있느냐?"/"아뇨."/"옛날에 어떤 장수가 있었는데, 늘 자기를 도와줄 인재를 구하기 위해 애를 썼단다. 그러던 어느 날 그런 선비가 세상을 등지고 어느 시골에 살고 있다는 얘기를 듣고 세 번이나 찾아가 절을 하고 모셔왔지."/"저 자두나무와 상관이 있는 얘기인가요?"/"저 자두나무가 그렇게 이 집 마당에 오게 된 나무거든. 여보 게, 친구."/할아버지는 마당을 가로질러 나이 든 자두나무를 불렀다(이순원, 『나무』).

새옹지마(塞翁之馬): 인간 세상의 행·불행은 예측할 수 없는 것으로 화가 복이 되고 복이 화가 되기도 한다는 비유. 출전은 『회남자(淮南子)』「인생훈」 이다. *정색을 하고 사진을 찍으면 웬일인지 반드시 찡그린 얼굴이 되어버린 다. 정색을 하고 살아가기에는 세상이 너무나 험악하기 때문인지 모른다. 그 러기에 나는 사진을 찍을 때만이라도 되도록 웃으려고 노력한다. 웃으려고 애쓰는 여파로 가뜩이나 못생긴 얼굴에 주름살이 유난히 많아졌다. 그것도 불행한 일이다. 그러나 웃으려고 애쓰는 덕분에 부귀와 권세조차를 일소에 부치면서 살아갈 만한 습성이 생긴 것만은 염의의 소득이었다. 인생은 도시 (都是)28)가 새옹지마(塞翁之馬)다(정비석, 『소설작법』).

사면초가(四面楚歌): 사면(四面)을 적이 둘러싸고 쳐들어옴. 고립 상태에 빠진 것을 말함. 출전은 『사기(史記)』 「항우본기(項羽本紀)」이다. *옳거니, 낮에는 야당 밤에는 여당하는, 주야여당(晝野夜與黨)의 당수나 혹은 사무총장쯤으로 이달호 의원을 만들기 위해, 그 사이 여당에서 투자한 게 만만치 않은바, 그것을 이편에서 깨부쉈다는 뜻일 터였다./아뿔싸. 사, 사면초가(四面楚歌)로다!/길수는 자탄하여 속으로 외쳤다(박범신, 『물의 나라』).

삼라만상(森羅萬象): 우주(宇宙) 안에 있는 온갖 사물(事物)과 현상(現象). *"이 사슬을 끊어 놓으면, 끊어진 고 자리만 봤을 땐 두 조각으로 갈라진 것 같지만 전체를 보면 여전히 한 줄이란 말이오. 원(圓)의 둘레는 끊어 놓으나, 안 끊어 놓으나 한 줄 아니오? 삼라만상(森羅萬象)은 제각기 다 이렇게 서로 돌고 도는 것인데, 거기에다 이분법(二分法)을 썼으니 주먹 구구(九九)가 될 수밖에. 그래서 하나님이 우리를 동(東)쪽으로 자꾸 가면 서(西)가 되고, 서(西)쪽으로 자꾸 가면 동(東)이 되는 뚱그란 땅덩어리 위에 살게 했다는 뜻을 깨닫는 것 이것이 참다운 종교(宗敎)란 말이오"(장용학, 『원형(圓形)의 전설(傳說)』).

순망치한(脣亡齒寒): 입술이 없어지면 이가 춥다는 말이니, 서로 의지하여 돕던 것이 없어져 고립 상태에 놓이는 것. 출전은 『춘추좌씨전(春秋左氏傳)』이다. *포스트 모던한 현상을 들어 민족문학과 리얼리즘의 퇴조를 말하는 순간 문학 자체의 '사망'을 받아들이는 것도 시간문제인 것이다. 순망치한(脣亡齒寒)이 달리 있을까! 겉보기의 현상 깊이 작용하는 동력을 포착하는 시각만이 문학의 대응력에 대한 장기적인 전망을 말할 수 있다. 이런 시각이 결핍된 논리가 짙은 비관주의로 떨어지는 것은 놀라운 일이 아니다(윤지관, 『놋쇠하늘 아래서: 지구시대의 비평』).

십시일반(十匙一飯): 열 사람이 한 술씩 보태면 1인 분의 한 끼니 식사가 된다는 뜻으로, 여러 사람이 조금씩 부조하면 한 사람을 충분히 도울 수 있

---

28) 부정어와 함께 쓰여, 아무리 애를 써 보아도 전혀.

음을 비유. *나는 지금도 넉넉하다는 소리만 들으면 우리 집이 가장 넉넉지 못했던 6·25 때 생각이 나곤 하지만 마음은 따뜻해진다. 고향이 개풍군 쪽이라 1·4후퇴 때 그쪽에서 피난 온 고향 사람들이 우리 집을 거쳐 가는 일이 많았다. 어머니는 우리 집에 들르는 이에겐 때가 끼니때건 아니건 상관없이 식사 대접을 하고 싶어 했다. 우리 집 사정은 피난 갈 엄두도 못 낼 만큼 빈궁했고 우리보다 잘 사는 집도 양식 걱정을 안 할 수 있는 집은 거의 없었다. 전쟁이 전투원 아닌 양민에게도 두려운 까닭은 굶주림의 공포 때문이다. 그런 전시에 아이들과 여자만 남은 집에서 군식구까지 먹일 쌀이 어디 있겠는가. 그런데도 어머니는 우리는 쌀이 넉넉하다며 가는 손님도 한사코 붙드는 것이었다. 올케가 옷가지를 내다 팔아 겨우 연명이나 하는 주제에 넉넉하다니. 올케하고 나는 부엌에서, 우리는 쌀이 넉넉하니까 잡숫고 가시라는 어머니의 흰소리를 들으며 얼마나 어머니를 미워했던가. 그렇게 붙들면 손님은 대개 못이기는 척 주저앉아 한 끼를 해결했다. 눈치는 그게 아니지만 어쩌겠는가. 다 같이 배고플 때였다./십시일반(十匙一飯)이라는 말은 맞는 말이지만 밥에 한해서다. 밥처럼 신축성이 강한 주식은 없는 것 같다. 밥은 푸기에 따라서 열 사람 분을 열한 사람 분으로 만들 수도, 심지어는 두 사람 분을 세 사람 분으로 늘려 풀 수가 있다. 밥 지을 쌀로 죽을 쑤면 다섯 사람 분의 양식으로 열다섯 명도 먹을 수가 있고, 열다섯 명이 먹을 죽에다가 물을 더 타면 스무 명도 먹을 수가 있다. 빵의 경우는 십분의 일만 뜯어내도 금방 자리가 난다. 나는 그게 쌀 문화와 밥 문화의 근본적인 차이라고 생각한다. 우리가 심한 흉년이나 수탈이 극에 달한 식민지 말기, 6·25 등 극심하게 식량이 부족했을 때도 굶어죽지 않고 살아남을 수 있었던 것은 친척, 이웃 등 작은 공동체끼리 십시일반으로 가난한 이를 돌보고 과객을 그냥 보내지 않는 쌀 문화 덕이라고 생각한다. 그리고 아무리 모자라도 넉넉하다고 여유를 부리며 내 배보다 남의 배곯는 소리를 더 못 견디어 한 밥 인심은 전적으로 부엌에서 밥주걱을 쥔 여자들로부터 우러난 것이었다(박완서, 「투명하고 정직하게」).

아비규환(阿鼻叫喚): '아비(阿鼻)'는 범어 Avici의 음역으로 '아'는 무(無), '비'는 구(救)로서 '전혀 구제받을 수 없다'는 뜻이고, '규환(叫喚)'은 범어 raurava에서 유래한 말로 8대 지옥 중 4번째 지옥을 말한다. 불교에서 말하는 팔대지옥(八大地獄)에서와 같은 고통을 견디기 어려워 구원을 청하며 울부짖는 것을 말함. *그 말을 전해 들은 진은 새삼 손이 떨렸다. 한 손으로 놀란 가슴을 누르고 한 손으로 놋쇠신을 만지는 진의 눈에 눈물이 떠돌았다. 아주 어릴 때 잔월이와 연두와 함께 배달 온 유기장이 장씨를 따라가 유기29) 공방을 구경한 적이 있다. 온통 벌건 불과 불같이 뜨거운 공기와 치익 칙 소리를 내며 불에 타는 물과 쩡쩡 두드려대는 쇳소리……벌건 불 속에서 불물을 꺼내어 틀에 붓고 그 틀에서 빼낸 쇳덩이를 다시 불에 구워서 찬물에 담근다. 그리고 쇠가 식기 전에 죽을힘을 다해 두들겨대고 연마질을 하였다. 꼭 아비규환의 지옥 같았다. 그곳에서 나오니, 한 여름인데도 밖이 서늘했고 며칠 동안이나 적막하였다(전경린, 『황진이』).

아전인수(我田引水): 자기 논으로만 물을 끌어대려 한다 함이니, 자기에게 이롭게만 하려고 드는 것. *실제는 다원적(多元的)인데, 이것을 일원론(一元論)으로 설명하자니까 궤변(詭辯)이 생기고 아전인수(我田引水)가 되어, 각자 이설(異說)로 제자백가(諸子百家)를 이룬 것입니다. 그들의 방대한 학문(學問)은 그래서 그렇게 방대해진 것입니다. 그들이 주장하는 것처럼 모든 것이 일원(一元)이라면 학문(學問)이라는 것이 따로 존재할 필요가 없는 것입니다. 학문이란 '이설(異說)'인 것입니다. 그들이 진리(眞理)에 도달하지 못하고 영원히 방황(彷徨)해야 했던 것은 이 때문이었습니다(장용학, 『원형의 전설』).

양두구육(羊頭狗肉): 양의 머리를 내걸고 개고기를 판다는 뜻으로, 겉으로는 훌륭한 것을 내세우고 실지로는 변변치 않은 짓을 함을 비유. 출전은 『안자춘추(晏子春秋)』이다. ●밖에는 양 머리를 걸어 놓고 안에서는 개고기를

---

29) 놋쇠로 만든 기물을 유기(鍮器)라고 일컫는다. 유기는 구리에 아연을 합금(合金)한 주동(鑄銅 주물유기)과 주석을 섞은 향동(響銅; 방짜유기)으로 구분된다.

판다(懸羊頭賣狗肉현양두매구육). *이것은 확실히 하나의 역설입니다. 가장 신령할 때 가장 '세속적인' 돈 문제가 튀어나오기 때문입니다. 어떻게 보면 가장 신령한 것을 빙자해서 가장 덜 신령한 것을 얻어내는 한국 교회의 행태야말로 가장 저질적 행태라 해도 지나침이 없을 것입니다./이렇게 추론할 때 우리는 교조적인 한국 교회일수록 겉으로는 구령과 신령한 것을 강조하지만, 안으로는 물량적 팽창을 강조하는 가장 덜 신령한 성격을 지니고 있음을 알 수 있습니다. 양두구육(羊頭狗肉)이라고 할까요? 아니면 종교적 최면으로 교인을 착취한다고 할까요?(한완상, 『한국 교회여, 낮은 곳에 서라』)

어부지리(漁父之利): 쌍방이 싸우는 틈을 타서 제삼자가 힘들이지 않고 이익을 얻는 것을 일컫는다. 출전은 『전국책(戰國策)』 「연책(燕策)」이다. *양자 관계의 집단에서 제3자가 들어가면 이전에 일어나지 않던 여러 과정이 발생하게 된다. 특히 다음과 같은 세 가지는 대표적인 보기에 속한다(Caplow, 1969). 첫째, 제3자는 두 사람 사이에서 중재자 역할을 할 수 있다는 점이다. 특히 객관적이고 공정한 입장에 서서 집단을 파괴시킬 수 있는 두 사람 사이의 감정을 부드럽게 할 수 있다. 중재자는 그 어느 편도 들지 않고 그들의 차이점을 화해로 이끈다. 둘째, 제3자는 두 사람의 불화 사이에서 자신의 이익을 얻는 방향으로 행동하는 어부지리(terus gaudens) 역할을 수행할 수도 있다. 제3자는 다른 두 사람 사이의 갈등을 즐기고 그 갈등을 자신의 이익을 위해 이용한다. 끝으로, 그는 지배적 위치를 차지하거나 다른 목적을 달성하기 위해 분할과 지배의 방법을 통해 의도적으로 둘 사이의 갈등을 야기시킬 수도 있다. 이 경우 제3자는 자신의 이익을 증진시키기 위해 교묘하게 다른 두 사람 사이에 갈등을 조장한다. 이 세 가지는 제3자가 수행하는 세 가지 기본적인 역할, 곧 공정한 중재자, 어부지리를 얻는 자, 분열시키고 정복하는 자와 연관되어 있다(양창삼, 『조직철학과 조직사회학』).

연목구어(緣木求魚): 나무 위에 올라가서 물고기를 구한다는 뜻으로, 수단이 적절하지 못하여 목적을 달성할 수 없음을 일컫는 말. 출전(出典)은 『맹자

(孟子)』「양혜왕장구(梁惠王章句)」'상편'이다. *"정신적 감화를 받으려거든 성현이나 위인의 말을 볼 게지, 그것을 여자에게서 구해? 그게 연목구어란 말야. 희랍 사람의 말과 같이 여자에게는 정신이란 것이 없거든. 아름다운 것 하고 애 낳는 것 하고 이것이 여자의 전체여든. 여자는 남자의 노예로 자연이 예비한 것이란 말야."/이렇게 말하였다./실상 광진에게는 여자뿐 아니라, 저 이외에 다른 사람은 누구나 그리 소중할 것은 없었다(이광수,『그 여자의 일생』).

오월동주(吳越同舟): 오나라 사람과 월나라 사람이 한 배에 탐. 곧 사이가 나쁜 사람이 한 배를 타고 강을 건너듯이, 원수끼리 공통의 곤란을 당하여 서로 협력함을 비유. 출전은『손자(孫子)』「구지편(九地篇)」이다. *'오월동주(吳越同舟)'라는 고사성어가 있다.『손자병법』「구지편(九地篇)」에 나오는 말이다. 오월동주를 굳이 우리말로 옮기자면 "원수는 외나무다리에서 만난다"는 속담과 같은 뜻이겠다. 즉, 원수끼리 만나 매우 난처하게 된 처지를 뜻하는 말이다(정비석,『소설 손자병법』).

옥석구분(玉石俱焚): 옥과 돌, 즉 착한 사람이나 악한 사람이나 다 함께 재앙을 당하는 것. 출전은『서경(書經)』「하서(夏書)」'윤정편(胤征篇)'이다. *옥석구분(玉石俱焚)이니, 옥석동쇄(玉石同碎)니, 옥석혼효(玉石混淆)니 하는 성어가 있다. 착한 사람과 악한 사람이 같이 재앙을 받는다거나, 함께 섞여 있다는 뜻이다(최장수,『한국 고시조의 이해』).

와신상담(臥薪嘗膽): 목적을 달성하기 위해 이루 말할 수 없는 고초(苦楚)를 겪어가며 기회를 기다리는 것. 중국 춘추 시대, 오(吳)나라의 왕 부차(夫差)가 아버지 원수를 갚기 위해 섶 위에서 잠을 자며 복수의 일념을 불태웠고, 그에게 패배한 월(越)의 왕 구천(句踐)이 쓸개를 핥으며 보복을 다짐한 끝에 부차를 패배시켰다는 고사에서 나온 성어. 출전은『사기(史記)』「월세가(越世家)」이다. *동서고금을 막론하고 청춘 남녀의 신분 격차가 크면 연애는 할 수 있을망정 결혼에 이르기는 어려운 법이다. 가난한 남자 개츠비30)

는 그런 이유로 놓칠 수밖에 없었던 여인 데이지(Daisy)를 되찾기 위해 5년 간 와신상담(臥薪嘗膽)의 세월을 보낸다. 그는 어둠의 세력과 손잡고 큰돈을 번 뒤 이미 결혼해 아이까지 낳은 데이지 앞에 다시 나타나 그녀와의 새로운 삶을 시작하려고 하지만, 뜻을 이루지 못한 채 비극적인 죽음을 맞이하고 만다(강준만, 『미국은 세계를 어떻게 훔쳤는가: 주제가 있는 미국사』).

요원지화(燎原之火): 들판의 불길 같은 엄청난 기세. *외래 종교에 대해 배타적이었던 전통과는 달리 한국에서의 기독교 수용(受用)은 아(亞阿)제국의 다른 나라들과는 비견될 수 없는 특별한 경우였다. 기포드(Gifford)는 1896년 9월 1일자로 미국 북장로교 선교본부에 보낸 서신에서 한국교회의 성장을 '들판을 태워가는 들불(wild fire)'에 비유했다. 로이 쉬리어(Shearer) 또한 지역적 편차가 있었음을 고려한다 할지라도 한국교회의 성장은 요원지화라는 점을 인정했다(이상규, 「기독교의 수용과 성장」).

용두사미(龍頭蛇尾): 용의 머리에 뱀의 꼬리라는 말로, 처음은 거창하나 나중에는 보잘것없는 것. 출전은 송나라 원오극근(圜悟克勤)의 『벽암집(碧巖集)』이다. *원래 울시시 남강면 용두리(龍頭里)는 납골당과 아무 상관도 없었다. 용두사미(龍頭蛇尾)와 용두리가 아무런 관계가 없는 것처럼, 또 용두리는 납골당이 들어선다는 와우산(臥牛山) 아래 고정리(高停里)와는 평소 내왕도 거의 없었다. 사돈의 팔촌도 걸리는 사람이 없었다. 그러니 용두리 사람들이 고정리고 와우산이고 간에 특별히 생각할 일이 없었고 평소에도 닭이 소 보듯 소가 개 보듯 해왔다. 그런데 용두리의 현 이장이(현재의 이장이자 성이 또한 현씨이니 현현이장(玄現里長)으로 불린다.) 고정리에 납골당이 들어오는 데 찬성하고 나섰던 것이다(성석제, 「소신을 지키다」).

이하부정관(李下不整冠): 출전은 『열녀전(烈女傳)』과 『문선(文選)』이다. "오

---

30) 미국의 소설가 프랜시스 스콧 피츠제럴드(Francis Scott Fitzgerald)가 1920년대의 미국을 배경으로 황폐한 물질문명 속에서 '아메리칸 드림'이 어떻게 붕괴되어 가는지를 묘사한 장편소설 『위대한 개츠비The Great Gatsby』의 주인공.

앗나무 밑에서 갓을 바로 하지 말라"는 뜻으로, 남의 의심을 받지 않도록 매사에 조심하여야 함. *아울러 신문은 PDI사건에 대한 고위당국의 소견을 싣고 있었다./"최근 틀니 판매 문제에 있어 일부 공무원이 저지른 행위는 심히 유감스러운 바 크다. 옛날 공자(孔子)는 그 이름이 나쁘다는 이유만으로 도 도천(盜泉)의 물을 먹지 않았다. 또한 옛말에, 이하부정관(李下不整冠)이요 이측불요택(A側不要宅)이라, 오얏나무 아래서는 모자를 고쳐 쓰지 말고 아파트 회사 옆에 가서는 집을 구하지 말라 하였다. 더구나 지금은 가뭄 비상체제가 아닌가. 목민관(牧民官)은 평상시에도 몸가짐을 삼가야 하거늘 떳떳치 못한 방법으로 사원용 틀니에 끼어들어 이를 들어내고 입을 벌리고 틀니를 맞추기를 바랐다면 이는 그릇된 것이다. 치아란 32개면 되는 것이다. 간혹 앞니 두 개 어금니 하나쯤 없어도 충분히 씹을 수가 있고 더구나 요즘처럼 약 먹듯 삼키기만 하면 되는 당의정식(糖衣錠食)도 개발된 마당에서야 더 말할 나위가 있겠는가. PDI측의 문제도 심각하다. 이 없는 사원들의 고충을 생각한 기업주의 가족의식이라면 50A형 내지 72M형 틀니들은 사원용 치아로는 있을 수 없다. 그들은 그것을 가진다 해도 턱뼈나 잇몸을 정형할 자금이 있겠는가. 나는 즉위 이래, 물 흐르듯 순리지치(順理之治)를 피력해 온 바 금번 PDI와 일부 공직자의 행태는 심히 빈순리적이라 오욕감을 금할 수 없다"(한수산, 「선사(先史)의 꿈」).

전광석화(電光石火): 전광(電光)은 번갯불을 석화(石火)는 부싯돌의 불꽃을 각각 의미하는 것으로 극히 짧은 시간 또는 매우 빠른 동작을 비유함. *오호(嗚呼)라 일거수(一擧手) 일투족(一投足)이 이미 아담 이브의 그런 충동적(衝動的) 습관(習慣)에서 탈각(脫却)한 지 오래다. 반사운동(反射運動)과 반사운동(反射運動) 틈바구니에 끼어서 잠시 실로 전광석화(電光石火)만큼 손가락이 자의식(自意識)의 포로(捕虜)가 되었을 때 나는 모처럼 내 허무(虛無)한 세월(歲月) 가운데 한각(閑却)되어 있는 기암(奇巖) 내 콧잔등이를 좀 만지작만지작 했다거나, 고귀(高貴)한 대화(對話)와 대화 늘어선 쇠사슬 사이에도 정

(正)히 간발(間髮)을 허용(許容)하는 들창이 있나니 그 서슬 퍼런 날[刃]이 자의식(自意識)을 걷잡을 사이도 없이 양단(兩斷)하는 순간(瞬間) 나는 내 명경(明鏡)같이 맑아야 할 지보(至寶) 두 눈에 혹(惑)시 눈곱이 끼지나 않았나 하는 듯이 적절(適切)하게 주름살 잡힌 손수건을 꺼내서는 그 두 눈을 만지작만지작했다거나 —/내 혼백(魂魄)과 사대(四大)의 점잖은 태만성(怠慢性)이 그런 사소(些少)한 연화(煙火)들을 일일이 따라다니면서(보고 와서) 내 통괄(統括)되는 처소(處所)에다 일러바쳐야만 하는 그런 압도적(壓倒的) 망쇄(忙殺)를 나는 이루 감당(勘當)해 내이는 수가 없다(이상, 「종생기(終生記)」).

절차탁마(切磋琢磨): 문이나 덕행을 연마하여 식견을 높이는 것. 출전은 『논어(論語)』「학이편(學而篇)」과 『시경(詩經)』「위풍편(衛風篇)」이다. *윤광연은 과거에 급제하지 못해 좌절을 겪었다. 그러나 아내는 남편에게 옥과 돌의 비유로 남들이 나를 알아주지 않는다고 근심하지 말라고 위로했다. 아내가 그 옥을 다듬어 절차탁마(切磋琢磨)의 과정을 거쳐 훌륭한 학자가 되게 했다. 윤광연은 노론계 학자인 송치규(宋穉圭)의 문인으로 당대에 명망이 높은 학자들과 교류하며 인정을 받았다(임유경, 『조선에서 여성으로 산다는 것』).

정문일침(頂門一鍼): 남의 잘못의 요점을 찾아 신랄하게 훈계함. *아내의 잔소리는 침을 놓는 것과 같다. 아내는 내 정신과 육체의 급소를 기가 막히게 알고 있다. 언제 그 급소에 침을 놓아야 하는지 타이밍까지도 알고 있다. 아내가 침을 놓으면 처음에는 통증이 있고 화도 나지만 그 고통 속에서 나는 치유된다. 아내의 침을 통해 굽혀 있던 마음이 펴지고, 불구와 같은 마음이 꼿꼿해짐을 느낀다. 아내의 침이 없다면 나는 화석인간으로 전락해 버릴지도 모른다./때로 아내는 내 정수리에까지 침을 놓는다. 이른바 정문일침(頂門一鍼)이다. 그럴 때 나는 펄펄 뛰지만 시간이 흐르면 아내의 일침이 옳았음을 깨닫는다(최인호, 「아내의 일침」).

주마가편(走馬加鞭): 달리는 말에 채찍질을 한다는 뜻이다. 열심히 일하는 사람을 더욱 편달하는 것. *이런 느낌이다./임(姙)이는 결코 결혼(結婚) 이튼

날 걷는 길을 앞서지 않으니 임(姙)이로 치면 이날 사실 가볼 만한 데가 없다는 것일까. 임이는 그럼 뜻밖에도 고독(孤獨)하던가./닫는 말에 한층 채찍을 내리우는 현상, 임이의 적은 보폭(步幅)이 어디 어느 지점(地點)에서 졸도(卒倒)를 하나 보고 싶기도 해서 좀 심청맞으나 자분참 걸었던 것인데-/아니나 다를까? 떡 없다./내 상식(常識)으로 하면 귀한 사람이 가축(家畜)을 끌고 소요(逍遙)하려 할 때 으레히 가축이 앞선다는 것이다./앞서 가는 내가 놀라야 하나. 이 경우에 그러면 그렇지 하고 까딱도 하지 않아야 더 점잖은가./아직은? 했건만도 어언(於焉)간 없어졌다./나는 내 고독(孤獨)과 내 노년(老年)을 생각하고 거기는 은행(銀行) 벽 모퉁이인 것도 채 인식(認識)하지도 못하는 중 서서 그래도 서너 번은 뒤 혹(或)은 양(兩)곁을 둘러보았다. 단발(斷髮) 양장(洋裝)의 소녀(少女)는 마침 드물다./"이만하면 유실(遺失)이군?"/닥쳐와야 할 일이 척 닥쳐왔을 때 나는 내 갈팡질팡하는 육신(肉身)을 수습(收拾)해야 한다, 그러나 임(姙)이는 은행(銀行) 정문(正門)으로부터 마술(魔術)처럼 나온다. 하이힐이 아까보다는 사뭇 무거워 보이기도 하는데, 이상스럽지는 않다./"십 원(拾圓)째리를 죄다 십 전(拾錢)째리루, 바꿨지. 이거 좀 봐. 이망큼이야, 주머니에다 느세요."/주마가편(走馬加鞭)이라는 상쾌(爽快)한 내 어휘(語彙)에 드디어 슬램프가 왔다는 것이다./나는 기뻐하지 않는다. 그렇다고 대담(大膽)하게 그럴 성싶은 표정을 이 소녀 앞에서 하는 수는 없다. 그래서 얼른/SEUVENIR!31)(이상, 「동해(童孩)」)

주마간산(走馬看山): 말을 달리면서 산천의 경개를 구경한다는 뜻. 사물의 겉만 훑어보고 속에 담긴 내용이나 참된 모습을 바르게 알아내지 못하는 것.
*말이 나온 김에 '민주주의'를 주마간산(走馬看山) 격으로 한 번 훑어보자. 과감하게 말한다면 요즘은 가히 민주주의 전성시대이다. 정치적으로나 사회적으로나 가장 무서운 낙인 중의 하나가 반민주적이라는 낙인이다. 민주주의라는 말이 얼마나 전성시대를 누리고 있는지 독재국가, 전제국가도 거의

---

31) souvenir의 오식인 듯. 기억. 추억. 기념품. 비망록의 뜻을 가짐.

모두 민주주의라는 명칭을 하고 있다는 사실을 보면 알 수 있다(진형준,『공자님의 상상력』).

축록(逐鹿): 축록(逐鹿)은 사슴을 쫓는다는 뜻으로 중원축록(中原逐鹿)의 준말이다. 사슴을 제왕에 비유한 데서 나온 말. 정권이나 지위를 가지고 서로 다툼을 한다는 뜻. 출전은『사기(史記)』「회음후열전(淮陰侯列傳)」이다. *그 위에 만약 장차 발해국과의 합동이 성립되는 날에는 옛날에 지지 않는 동방 대제국을 건설하여 다시 중원(中原)과 축록(逐鹿)을 할 날이 없으리라고 어찌 단정할 것인가!(김동인,『제성대(帝星臺)』).

쾌도난마(快刀亂麻): 시원스럽게 어지러운 일을 처리함. *우리가 나라의 지도자들과 그 집권층을 항상 주시하며 대결하여 시비정사(是非正邪)를 가려 내려고 함은 민족의 역사와 국민의 생활이 곧 그들의 일거일동에 지배되고 좌우되는 까닭이다./봉건 사회가 아닌 현대 사회에 있어서 나라의 지도자가 갖추어야 할 점은 두말할 것 없이 시대를 통찰할 수 있는 총명과 상황을 명확히 가릴 수 있는 견식과 쾌도난마(快刀亂麻)의 용기와 만인을 품에 안는 관용이다. 그러나 이 위에 더욱 더 긴요(緊要)히 요청되는 것은 그 사회 전체가 수긍할 수 있고 우러러볼 수 있는 도덕적 근거와 사회적 명분이다./일제에서 해방된 후 해외에서 독립운동으로 일생을 바쳤다는 근거와 명분으로 국민에게 국부의 칭호를 받아가며 권세를 한몸에 모았던 이승만 박사가 권력에 도취되어 나라를 잊고 영화에 현혹되어 백성을 저버리게 될 때 그를 둘러싼 집권층의 부정은 날로 가(加)하고 그 부패는 달로 성하여 마침내 그들은 자가(自家)의 비(非)를 숨기기 위하여 백성을 속이고 누르고 짓밟고 학살까지 자행하였던 것이다. 이로써 그가 지녔던 모든 근거와 명분은 말살되어 버리고 '4·19'라는 피비린 참극을 우리 눈앞에 보여주었던 것이다. 그러나 그의 일제와의 항쟁의 환영은 그래도 백성의 뇌리에 깊이 남아 그가 경무대를 떠나던 날 모든 시민들은 그의 앞에 머리를 숙였던 것을 기억한다(장준하,『장준하 문집 1:민족주의자의 길』).

타산지석(他山之石): 다른 산의 쓸모없는 돌일지라도 옥(玉)을 갈고 닦는 데에 숫돌로 쓸 수 있어 도움이 된다는 뜻. 자기만 못한 사람의 말이나 행동도 자기의 지덕을 닦는데 도움이 된다는 말. *출전은 『시경(詩經)』 「소아편(小雅篇)」 '학명(鶴鳴)'이다. ❶즐거운 저 동산에는(樂彼之園낙피지원)/박달나무 서 있고(爰有樹檀원유수단)/그 밑에는 낙엽 있네(其下維蘀기하유탁)/다른 산의 쓸모없는 돌이라도(他山之石타산지석)/이로써 옥을 갈 수 있네(可以攻玉가이공옥). 돌(石)을 소인(小人)에 비유하고 옥(玉)을 군자(君子)에 비유하고 있다. *남의 잘못을 보고 나의 거울로 삼는다는 뜻의 '타산지석(他山之石)'은 우리에게 아주 친숙한 말이다. 알고 보니 이 사자성어도 『시경』에서 유래했다. '학명(鶴鳴)'은 이렇게 읊는다. "쓸모없어 보이는 산 위의 돌도 옥을 가는 돌로 쓸 수 있다오"(他山之石 可以攻玉 타산지석 가이공옥)(황광우·김동연, 『철학콘서트 2』).

태두(泰斗): 태산북두(泰山北斗)의 준말. 태산(泰山)은 중국인이 가장 신성시하는 산으로 높이가 1,532m이고 오악(五嶽)의 하나. 북두(北斗)는 북두성(北斗星). 남의 숭배와 존경을 받는 사람. 출전은 『당서(唐書)』 「한유전(韓愈傳)」이다. *우리가 잘 아는 종교개혁자 칼뱅(Calvin, Jean) 선생은 아우구스티누스와 함께 예정론(豫定論)의 태두(泰斗)입니다. 그래서 그는 성경 중에서 특히 「에베소서」를 좋아했습니다. 「에베소서」에는 예정론에 대한 말씀이 많기 때문입니다. 이를 테면 1장 4~5절에도 "창세 전에 그리스도 안에서 우리를 택하사 우리로 사랑 안에서 그 앞에 거룩하고 흠이 없게 하시려고 그 기쁘신 뜻대로 우리를 예정하사……"라고 단적으로 예정론이 나타나 있습니다. 그런가 하면 루터(Luther, Martin)는 「갈라디아서」를 특히 좋아했습니다. 그가 생애에 걸쳐 「갈라디아서」 주석을 두 번이나 쓴 것도 그만큼 「갈라디아서」를 좋아하고 중요시했기 때문입니다. 뿐만 아니라 「갈라디아서」 주석은 분량도 이를 테면 역시 그가 쓴 「로마서」 주석에 비하여 두 배나 됩니다. 「로마서」는 16장까지 있고 「갈라디아서」는 그 절반도 못되는 6장밖에 안 되는데, 주석의 분량은 그 반대라는 말입니다(곽선희, 『갈라디아서 강해: 은혜의 복음』).

추고(推敲): 시문(詩文)의 자구(字句)를 고치는 것. 당나라 때 가도(賈島)가 "승려는 달빛 아래 문을 밀고 있구나(僧敲月下門 '승고월하문')"의 '敲(고)'를 '推(밀 퇴, 밀 추)'로 할까, '敲(두드릴 고)' 할까 하고 매우 고심하였다는 고사(故事). 출전은 송나라 왕무(王楙)가 편찬한 『야객총서(野客叢書)』이다. *은희는 결국 방으로 들어갔다./"저, 오빠 원고 때문에……퍽 기다리시는 모양이더군요."/하고 은희는 사뿐히 방 한편에 앉으며 또 한 번 자기의 걸음을 발명하듯이 방긋 웃어 보이며 말하였다./"네, 하나 되기는 됐는데, 한 번 더 추고(推敲)해봐야겠어요. 정 바쁘시다면 오늘이라도……"/"아니에요. 미안합니다. 독촉하러 온 것 같아서……"/"아니, 벌써라도 갖다드렸을 건데 기왕이면 하나 더 만들어가지고 내일쯤 가볼까 하던 차입니다."/"미안합니다…… 오빠도 요새 원고 쓰시노라고 퍽 바쁘신 모양이더군요. 세수도 잘 못 하시구……"(한설야, 『청춘기(靑春記)』)

풍전등화(風前燈火): 바람 앞에 등불. 위급한 일이 임박함을 이르거나 사물의 덧없음을 가리키는 말. *예상보다 늦게 돌아온 지운은 비틀거리고 있었다. 어느 때 없이 사람의 냄새를 역하게 풍겼다. 그런 지운을 이해할 수는 있었다. 그러나 용납할 수는 없었다. 지운이 비틀거리기 시작하면 다른 천여 명은 한갓 물거품에 지나지 않는다. 상대방의 내심에서 끓어오르고 있는 괴로움을 번연히 알면서도 묵살하거나 외면해 버리는 것이 얼마나 비정한 것인지를 잘 알고 있었다. 그러나 온갖 괴로움은 스스로 다스려 잠재우는 것. 더구나 이 급박한 상황 아래서 필요한 것은 결의를 채찍질하는 침묵뿐이었다. 지운의 심적 동요는 당연한 것인지도 모른다. 매를 맞는 자보다 그걸 지켜보며 매를 맞을 차례를 기다려야 하는 고통, 그런 것일 게다. 그러나 어지간한 일로 심중을 드러내는 평소의 지운이 아니었다. 그만큼 그자들의 행위가 잔악하다는 증거일 것이다. 지운이 저러할 때 방목한 목숨들은 얼마나 어지러운 물결을 이루고 있을 것인가. 필시 풍전등화(風前燈火)인 이 나라 운명은 어찌될 것인가."/"나무관세음보살……"/주지 스님은 깊은 한숨을 내쉬었다. 그리고 더 빨리 염주를 돌렸다(조정래, 『대장경(大藏經)』).

한우충동(汗牛充棟): 소에 실으면 소가 땀을 흘릴 정도요, 곳간에 놓으면 지붕에 찰 정도로 많다는 뜻. 장서(藏書)가 매우 많음을 뜻하는 말. 출전은 당(唐)나라 유종원(柳宗元)의「육문통선생묘표(陸文通先生墓表)」이다. *『문장강화』는 곧 '글을 어떻게 써야 하나?'라는 주제를 내걸고 거기에 관해 장절을 나누어 곡진하고 진지하게 강론한 내용이다. 소위 문화적 암흑기라고 규정된 상황에서 민족교양에 이바지하려는 뜻을 지녔음과 아울러 민족어를 아름답게 지키기 위한 노력에 값하자는 것이다./이 책은 한우충동(汗牛充棟)으로 쌓인 책 더미 속에서 결코 흔히 만나기 어려운 미덕을 지니고 있다. 글은 이렇게 쓰느니라고 논설을 펴기보다는 우리의 눈앞에 좋은 글이란 이런 것이다라고 보여주는 쪽이다. 동원된 예문이 적절하고 예문의 앞뒤로 들어간 설명 또한 간결하고 명료해서 우리의 머릿속에 쏙쏙 들어온다. 예문의 풍부함은 신문학 20년이 도달한 우수한 성과를 집결해 놓았다 할 것이다(임형택,「새로 내는『문장강화』에 붙여」).

홍로점설(紅爐點雪): 붉게 단 난로에 한 점 눈이 떨어진 것과 같다는 뜻. 어떤 사람이 한 일이 대세를 움직이는 데 조금도 보람이 없음을 말하는 것. *대합실에 나와 포수들과 지면을 하고 담배를 한 대씩 피워 물고 찻길을 건너 서북편으로, 촌길로는 꽤 넓은 길을 걷기 시작하였다. 늙은 포수는 꿩철 따위는 아예 재지도 않는다고 하였고 젊은 포수만이, 우선 저녁 찬거리라도 장만해야 한다고, 탄자를 재이더니 길섶으로만 꼬리를 휘저으며 달아나는 도무라는 개의 뒤를 따랐다. 전에는 황무지였으나 수리조합 덕에 개간이 되어 한 십 리 들어가도록 메추리 한 마리 일지 않는 탄탄대로였다. 여기를 걷는 동안, 한은 윤에게서 대서업자로서 본 인생관이라고 할까, 세계관이라 할까, 단편적이나마 솔직하긴 한 이야기를 심심치 않게 들었다. 결국, 민중이란 어리석은 것이라는 것, 이 어리석은 무리들에게 도의를 베푸는 손은 너무 먼 데 있는데 그렇지 않은 손들은 그들의 주위에 너무 가까이, 너무 많이 있다는 것이다. 그래 그들은 행복하기가 쉽지 못하다는 것이다. 학창을 처음 나와서는 그들을 위해 의분도 느꼈으나 자기 하나의 의분쯤은 이른바 홍로점설(紅爐點雪)에 불과하였고, 그런 모리배(謀利輩)들만의 촌읍사회에 끼어 일이 년 생계를 세우는 동안, 어느 틈엔지 현실에 영리해졌다는 것이요, 그 덕에 오늘에 이르런 사무실 문을 닫고 이렇게 삼사 일씩 나와 놀아도 집에서 조석 걱정은 않게끔 되었노라 실토하였다. 그리고 읍사람들은 너무 겉약고 촌사람들은 너무 무지몽매하다는 것을 몇 번이나 한탄하였다(이태준, 「사냥」).

홍일점(紅一點): ㉠ 많은 남자 속에 '하나뿐인 여자'를 이르는 말. ㉡ 여럿 중에서 '오직 하나의 이채로운 것'을 이르는 말. 일점홍. 출전은 『당송팔가문(唐宋八家文)』「왕안석 영석류시(王安石 詠石榴詩)」이다. ◐"온통 푸른 잎 가운데 한 송이 붉은 꽃(萬綠叢中 紅一點만록총중 홍일점)/사람을 움직이는데 봄빛 그리 많이 필요하랴(動人春色 不須多동인춘색 불수다). *그렇다고 웃음 하나로 모든 걸 얼렁뚱땅 넘길 너는 아니었지. 그 뒤에 차돌처럼 단단한 네 지성의 무기. 계통이 잘 세워진 철학. 고전서부터 현대문학까지. 특히 보들레르, 랭보 등 이름만 듣던 시인들의 시를 줄줄 꿰차는 너. 그래도 말 많은 애프터 모임에서 커다란 두 귀를 쫑긋 열어놓고 미소 띤 조용한 얼굴로 경청하는 너. 아니면 조용히 한 구석에서 낮은 목소리로 토론을 하던 너. 늦은 밤까지 홍일점으로 남아, 주는 술은 다 받아 마시던 너의 잘 익은 볼. 넌 누가 건들지만 않으면 정물화처럼 조용히 앉아 있곤 했지(권지예, 「사라진 마녀」).

화룡점정(畵龍點睛): 용을 그리고 마지막에 눈동자를 찍어 그림을 완성한다는 뜻. 즉, 마지막에 사물의 가장 중요한 곳에 손을 대어 전체를 완성시킴을 가리키는 말. 출전은 당(唐)나라 때의 책인 『수형기(水衡記)』이다. *흔히 화룡점정이라고 하죠. 결국은 그림을 완성하게 된답니다. 여기엔 죽음이 끼어 있습니다. 참 난처한 일입니다. 소경 처녀를 움막에 데려가서 그녀를 그려놓고, 눈만 완성하면 되었었는데, 다음 날 아침, 하룻밤 자고 난 이 여인의 눈에서 애욕을 본 화가는 그만, 죽이고 말거든요. 애욕…… 때문에 사람을 죽일 수도 있죠. 솔거는 자기도 모르는 사이에 멱살을 쥐고 흔들어서, 여인이 죽은 줄도 모르고 한참을 더 흔들었습니다. 그런데 그림의 완성은 바로 그 순간에 일어나죠. 여인이 죽었다는 사실을 솔거가 깨닫는 바로 그 순간, 멱살을 놓았더니 여인이 쓰러지면서 벼루에 있던 붓을 치게 됩니다. 이때 튄 먹물이 그림 속의 여자의 눈으로 들어가서 눈동자가 완성이 되는 것입니다. 이 그림은 이제 어떻게 되는 걸까요. 화룡정점의 용처럼, 그림 속의 여인이 어딘가로 날아갔을까요?(박금산, 「라디오와 사랑할 때」)

효빈(效顰): ㉠ 옳게 배우지 않고, 거죽만 배우는 일. ㉡ 덩달아 남의 흉내를 내거나 남의 결점을 장점인 줄 잘못 알고 본뜨는 일. 고대 중국 월(越)나라의 미인 서시(西施)는 속병이 있어 항상 얼굴을 찡그리고 있었는데, 어느 못생긴 여자가 얼굴만 찡그리면 예뻐지는 줄 알고 자기도 얼굴을 찡그리고 있었다는 고사(古事)에서 유래함. 출전은 『장자(莊子)』 「천운편(天運篇)」이다.
*어느 날 부차는 해사를 불러 명한다./"서시가 물속에서 헤엄치기를 즐겨하니 그대는 향수계 밑바닥에 하얀 자개 돌을 구해다 깔아 놓도록 하라. 서시가 맑은 물속에서 은어처럼 헤엄치는 모습을 보고 싶구나."/부차는 서시를 위해서는 국가의 재물을 물 쓰듯 탕진했다./서시의 얼굴이 얼마나 아름다웠는지 지금의 우리로 서는 알 수 없는 일이다. 그러나 서시의 미모로 인해 '효빈(效顰)'이라는 새로운 문자가 생겨난 것을 보면 절세의 미인이었던 것만은 틀림이 없었던 것 같다(정비석, 『소설 손자병법』).

4) 의미가 유사한 한자성어와 표현

(1) 길거리의 뜬소문을 나타내는 한자성어와 표현

가담항설(街談巷說): 길거리나 항간에 떠도는 소문·풍설. 출전은 『한서(漢書)』 「예문지(藝文志)」이다. ◐"소설이란 것은 대개 패관들에게서 나온 것으로 항간의 뜬소문이나 이야기, 길에서 듣고 길에서 말하여지는 근거 없는 소문들로 지어진 것이다(小說家者流 蓋出於稗官 街談巷語 道聽塗說者之所造也 소설가자류 개출어패관 가담항어 도청도설자지소조야)" *최응현은 앞뒤로 몇 장인가를 뒤적이다 말고 미소를 거둔 얼굴로 따지듯이 물었다. "명색인즉슨 소설이리."/"소설은 무릇 가담항설 도청도설(街談巷說 塗聽塗說)이라 일러 오던 물건이려니와, 이걸 훑어보건대는 대개 허망한 환상(幻像)을 적어 놓지 않았는가"(이문구, 『매월당 김시습』).

가담항의(街談巷議): 길거리나 항간에 떠도는 소문. *중국 고대소설이 신화와 전설에서 기원되었다는 것은 이미 일반 사람들에게는 정설이 된 것 같다. 자연 그 이전에 어느 정도까지는 가담항의와 더불어 조금은 관련이 있다(전인초, 『중국고대소설연구』).

도청도설(道聽塗說): 길거리에서 떠돌아다니는 소문. 출전은 『논어(論語)』 「양화편(陽貨篇)」이다. ◐길거리에서 듣고 길거리에서 말하는 것은 덕을 버리는 것이다(道聽而塗說 德之棄也 도청이도설 덕지기야). *길에서 듣고 길에서 말하면 덕을 버리는 것이다./「양화」 제14장 도청이도설(道聽而塗說)/앞사람의 훌륭한 말씀과 행실을 길에서 건성으로 듣고 길에서 건성으로 떠들어 버려 상식을 자랑할 뿐 그 지식을 나의 것으로 삼지 않는 것을 도청도설(道聽塗說)이라 한다. 이 장에서 공자는 도청도설은 곧 덕을 버리는 것이라고 했다. 도청도설은 술이 제2장에서 "말없이 마음에 새겨 둔다"라고 한 '묵이지지(黙而識之)'와 반대된다. 묵이지는 줄여서 묵지라고 하며, 공부한 내용을 묵묵하게 마음에 새겨 두는 일을 뜻한다(심경호,『심경호 교수의 동양 고전 강의: 논어 3: 물살처럼 도도히 흘러가는 세상 속에서』).

(2) 가혹한 정치를 나타내는 한자성어와 표현

가렴주구(苛斂誅求): 세금을 가혹하게 거두어들이고, 무리하게 재물을 빼앗음. 출전은『구당서(舊唐書)』이다. *태산의 호랑이란 "가혹한 정치는 호랑이보다 무섭다"라는 공자의 탄식을 자아낸 이야기다. 공자가 제자들과 태산 부근을 지나갈 때 어떤 여자가 무덤 앞에서 애절하게 우는 것을 보고 제자를 시켜 이유를 알아보게 했다. 여자는 시아버지도 호랑이에게 물려 죽었는데 이번에 남편까지 화를 당했다고 했다. 왜 다른 곳으로 옮겨가 살지 않느냐는 공자의 물음에 여자는 이곳은 탐관오리들의 가렴주구(苛斂誅求)가 없기 때문이라고 답했다(임유경,『조선에서 여성으로 산다는 것』).

도탄지고(塗炭之苦): 진구렁이나 숯불에 빠진 것과 같은 고통. 곧 백성들의 말할 수 없는 고통. 몹시 궁한 지경에 빠짐. 출전은『서경(書經)』이다. *걸은 중국 최초의 왕조 하(夏)나라의 마지막 왕으로 포악하고 사치한 왕의 대명사로 불려. 걸의 폭정은 무시무시했어. 이글이글 타오르는 숯불 위에 기름을 칠한 구리 기둥을 걸쳐 놓고 그 위로 사람을 지나가게 할 정도였지. 흔히 포악한 정치에 시달리는 백성들의 괴로움을 도탄지고(塗炭之苦)라고 표현해. 도탄은 진흙 도(塗), 숯 탄(炭)을 써서 진흙탕에 빠지고 숯불에 탄다는 뜻이야. 도탄지고는 이렇게 폭정을 일삼던 걸왕을 몰아내고 은나라를 세운 탕왕의 이야기에서 나왔어(김무신,『십대를 위한 동아시아사 교과서』).

포락지형(炮烙之刑): 뜨거운 쇠로 단근질하는 극형의 속칭. 출전은『사기(史記)』「은본기(殷本紀)」이다. *나는 포락지형(炮烙之刑)의 벌을 받는 꿈을 꾸다가 번쩍 눈을 떴다. 포락지형이란 기름을 칠한 구리 기둥을 숯 불 위에 가로질러 놓고 죄인으로 하여금 건너가게 하여 미끄러지면 타죽게 되는 무서운 형벌이었다. 나는 구리 기둥에서 미끄러지던 중 입을 쩍 벌리고 잠에서 깨어났다. 천장이 보이고 일자형의 낡은 형광등이 보였다. 뒷골이 찢어지는 것처럼 아팠다(박범신, 『개뿔』).

가정맹어호(苛政猛於虎): 가혹한 정치의 해독은 호랑이의 해독보다 더 사납다는 말. 출전은 『예기(禮記)』 「단궁편(檀弓篇)」이다. ❶공자가 말했다(夫子曰부자왈). "왜 떠나지 않는가(何爲不去也하위불가야)." 그 여자가 말했다(曰왈). "가혹한 정치가 없기 때문입니다(無苛政무가정)." 공자가 말했다(夫子曰부자왈). "제자들은 기억하라(小子識之소자지지) 가혹한 정치가 호랑이보다 사납도다(苛政猛於虎也가정맹어호야)." *가정이맹어호라 하는 뜻은 까다로운 정사(政事)가 호랑이보다 무섭다 함이니, 양자(楊子)라 하는 사람도 이와 같은 말이 있는데 혹독한 관리는 날개 있고 뿔 있는 호랑이와 같다 한지라, 세상에 사람들이 말하기를, 제일 포악하고 무서운 것은 호랑이라 하였으니, 자고이래로 사람들이 우리에게 해를 받은 자가 몇 명이나 되느뇨? 도리어 사람이 사람에게 해를 당하며 살육을 당한 자가 몇 억만 명인지 알 수가 없소. 우리는 설사 포악한 일을 할지라도 깊은 산과 깊은 골과 깊은 수풀 속에서만 횡행할 뿐이오, 사람처럼 청천백일지하에 왕궁 국도에서는 하지 아니하거늘, 사람들은 대낮에 사람을 죽이고 재물을 빼앗으며, 죄 없는 백성을 감옥서에 몰아넣어서 돈 바치면 내어놓고 세 없으면 죽이는 것과, 임군은 아무리 인자하여 사전(赦典)32)을 내리더라도 법관이 용사(用事)하여 공평치 못하게 죄인을 조종하고, 돈을 받고 벼슬을 내어서 그 벼슬한 사람이 그 밑천을 뽑으려고 음흉한 수단으로 정사를 까다롭게 하여 백성을 못 견디게 하니, 사람들의 악독한 일을 우리 호랑이에게 비하여 보면 몇 만 배나 될는지 알 수 없소(안국선, 『금수회의록(禽獸會議錄)』).

---

32) 국가적인 경사가 있을 때 죄인을 용서하여 놓아주던 일.

(3) 부모에 대한 효도를 나타내는 한자성어와 표현

혼정신성(昏定晨省): 아들딸과 며느리가 아침저녁으로 부모님께 문안 인사를 드리는 것을 말한다. 출전은 『예기(禮記)』「곡례편(曲禮篇)」이다. ◐사람의 자식된 이로서(凡爲人子之禮범위인자지례) 겨울에는 부모를 따뜻하게 해 드리고, 여름에는 시원하게 해 드리며(冬溫而夏淸동온이하청) 저녁에는 부모의 잠자리를 살펴 드리고 새벽에는 밤새 별일 없으신지 살펴 드리며(昏定而晨省혼정이신성), 동기나 친구들과 싸우지 않는다(在醜夷不爭재추이부쟁). *왕께서 이렇게 아기의 전도를 근심하시는 데는 여러 가지 이유가 있다./첫째는 세자궁(世子宮)께서 병약하심이다. 세자궁은 이제 삼십밖에 안 되신 젊으신 몸이시지마는 나면서부터 포류지질(蒲柳之質)33)이신 데다가 연전에 한 일 년 동안 이름 모를 병환으로 누워 계신 뒤로부터는 더욱 몸이 연약하여서 성한 날보다 앓는 날이 항상 많으시었다./그러한 데다가 동궁은 효성이 지극하여 부왕이신 세종께 혼정신성을 궐함이 없으심은 물론이어니와 조석 수라를 숩실(잡수신다는 뜻) 때에는 반드시 곁에 읍하고 서서 수라 끝나시기를 기다리시고 또 밤에도 자리에 모시면 아무리 밤이 깊더라도 "물러가거라는" 명이 계신 뒤에야 물러나시었다(이광수, 『단종애사(端宗哀史)』).

반포지효(反哺之孝): 자식이 부모가 길러준 은혜를 갚는 효성. *제일석, 반포의 효(反哺之孝; 까마귀)/프록코트를 입어서 전신이 새까맣고 똥그란 눈이 말똥말똥한데, 물 한 잔 조금 마시고 연설을 시작한다./"나는 까마귀올세다. 지금 인류에 대하여 소회(所懷)를 진술할 터인데 반포의 효라 하는 문제를 가지고 잠깐 말씀하겠소./사람들은 만물 중에 제가 제일이라 하지마는, 그 행실을 살펴볼 지경이면 다 천리(天理)에 어기어져 하나도 그 취할 것이 없소/사람들의 옳지 못한 일을 모두 다 들어 말씀하려면 너무 지리하겠기에

---

33) 갯버들 같은 체질이라는 뜻으로 몸이 쇠약하여 병이 잘 걸리는 체질을 비유하여 이르는 말.

다만 사람들의 불효한 것을 가지고 말씀할 터인데, 옛날 동양 성인들이 말씀하기를 효도는 덕의 근본이라, 효도는 일백 행실의 근원이라, 효도는 천하를 다스린다 하였고 예수교 계명에도 부모를 효도로 섬기라 하였으니, 효도라 하는 것은 자식된 자가 고연(固然)한 직분으로 당연히 행할 일이올시다./우리 까마귀의 족속은 먹을 것을 물고 돌아와서 어버이를 기르며 효성을 극진히 하여 망극한 은혜를 갚아서 하나님이 정하신 본분을 지키어 자자손손이 천만 대를 내려가도록 가법(家法)을 변치 아니하는 고로 옛적에 백낙천이라 하는 분이 우리를 가리켜 새 중의 증자라 하였고, 『본초강목』에는 자조(慈鳥)라 일컫었으니, 증자라 하는 양반은 부모에게 효도 잘하기로 유명한 사람이요, 자조라 하는 뜻은 사랑하는 새라 함이니, 부모는 자식을 사랑하고, 자식은 부모에게 효도함이 하나님의 법이라./우리는 그 법을 지키고 어기지 아니하거늘, 지금 세상 사람들은 말하는 것을 보면 낱낱이 효자 같으되, 실상 하는 행실을 보면 주색잡기(酒色雜技)에 침혹하여 부모의 뜻을 어기며, 형제간에 재물로 다투어 부모의 마음을 상케 하며, 제 한 몸만 생각하고 부모가 주리되 돌아보지 아니하고, 여편네는 학식이라고 조금 있으면 주제넘은 마음이 생겨서 온화·유순한 부덕을 잊어버리고 시집가서는 시부모 보기를 아무것도 모르는 어리석은 물건같이 대접하고, 심하면 원수같이 미워하기도 하니, 인류사회에 효도 없어짐이 지금 세상보다 더 심함이 없도다./사람들이 일백 행실의 근본 되는 효도를 알지 못하니 다른 것은 더 말할 것 무엇 있소. 우리는 천성이 효도를 주장하는 고로 출천지효성(出天之孝誠) 있는 사람이면 우리가 감동하여 노래자를 도와서 종일토록 그 부모를 즐겁게 하여 주며, 증자의 갓 위에 모여서 효자의 이름을 천추에 전케 하였고, 또 우리가 효도만 극진할 뿐 아니라 자고이래로 『사기』에 빛난 일이 한두 가지가 아니오니 대강 말씀하오리다./우리가 떼를 지어 논밭으로 내려갈 때 곡식을 해하는 버러지를 없애려고 가건마는 사람들은 미련한 생각에 그 곡식을 파먹는 줄로 아는도다!(안국선, 『금수회의록(禽獸會議錄)』)

반의지희(班衣之喜): 늙은 부모를 위로하려고 색동저고리를 입고 기어가 보임. 곧 늙어서도 효도로써 봉양함. *중국 고사에 '반의지희(班衣之戱)'라는 것이 있습니다. 노래자(老萊者)라고 하는 사람에 얽힌 이야기입니다. 노래자는 춘추전국시대의 초(楚)나라 현인이자 유명한 효자입니다. 그는 칠순이 되어서도 어머니 앞에서 아이들이나 입는 색동저고리를 입고 어린아이처럼 재롱을 피우고 응석을 떨었습니다. 왜 그랬겠습니까? 어머니를 기쁘게 해드리고자 함이었습니다. 칠순의 아들이라도 어머니의 눈에는 한낱 어린아이입니다. 그래서 어린아이로 돌아가 색동저고리를 입고 춤을 추었다는 것입니다. 여러분, 너무 똑똑한 체하지 맙시다. 어린아이가 되십시다. 좀 바보스러워지십시다. "이렇게 하는 것이 효도다. 저렇게 하는 것이 효도다" 하고 저마다 나름대로 주장을 합니다마는 효도란 나의 개념에서 비롯되는 것은 아닙니다. 부모의 세계관 속에서 행해지는 효가 진정한 효입니다(곽선희, 『자유의 종 2』).

풍수지탄(風樹之嘆): 바람과 나무의 탄식이란 말로, 효도를 다 하지 못한 자식의 슬픔을 비유한 말. 출전은 한(漢)나라 한영(韓嬰)의 『한시외전(韓詩外傳)』「권구(卷九)」이다. ●나무는 고요하고자 하나 바람은 멎지 아니하고(樹欲靜而風不止수욕정이풍부지). 자식이 어버이를 봉양하고자 하나 그를 기다리지 않는다(子欲養而親不待자욕양이친부대). *부모님이 오래오래 살기를 바라는 마음이야말로 효성의 순수한 발로이다. 이 점에서 이인 편의 이 장만큼 효의 마음을 쉽고도 분명하게 말한 예가 달리 없다./자식된 사람이라면 누구나 부모님 연세가 금년에 얼마인지 알아야 한다. 누가 부모님 연세를 모를 리 있겠느냐마는, 의외로 부모님의 연세를 정확히 알고 있는 사람은 많지 않다. 막연히 아직 고령은 아니라고 여기는 것이다. 그러나 효심 있는 사람은 늘 부모님 연세가 얼마인지 생각한다. 그러면서 부모님이 장수하는 것을 새삼 확인하고는 기뻐하고, 또 한편 부모님이 어느새 고령이라 혹 '백년 후(부모의 돌아가심을 이르는 말)'가 곧 닥치지 않을까 두려워하는 것이다./부모님 연세를 생각하면서 기뻐하는 한편 두려워하는 것을 애일(愛日)의 정성이라

한다. 애일이란 해(날)을 사랑하는 뜻이 아니라 날이 가는 것을 애석(哀惜)하게 여긴다는 뜻이다. 한나라 양웅(揚雄)34)의 『법언(法言)』에서는 "어버이 섬기는 일은 언제까지고 마음대로 할 수가 없는 일이다. 그래서 효자는 날이 감을 애석해 한다"라고 했다. 부모님이 홀연 돌아가신 뒤 풍수지탄(風樹之嘆)을 하지나 않을까 우려해서 미리 효도에 정성을 다하려 마음먹은 것이다(심경호, 『심경호 교수의 동양 고전 강의: 논어 1: 옛글을 읽으며 새로이 태어난다』).

(4) 겉과 속이 다름을 나타내는 한자성어와 표현

표리부동(表裏不同): 마음이 음충맞아서 겉과 속이 다름. *한편, 양반의 신분 계층인 연암 박지원(朴趾源)의 한문 소설 「호질(虎叱)」은 점잖은 사대부 선비 북곽(北郭) 선생과 정절의 여인 동리자(東里子)의 권위와 표면적인 행위가 가차 없이 격하되거나 강등되는 이야기다. 특히 이름 높은 선비인 북곽 선생은 남몰래 젊은 과부 동리자와 희롱하다가 그녀의 모두 성(性)이 다른 다섯 아들에게 들키고 쫓겨서 똥구덩이에 빠지고 호랑이에게 꾸지람을 듣는다. 그야말로 진흙의 맨발 상태와 똥 속에 서 있는 권위로서 강등되어 있는 표리부동(表裏不同)의 북곽 선생이다. 이런 똥[人糞] 또는 똥구덩이란 물질 또는 하층적인 신체의 이미지를 나타낸 것은 그의 문학적인 미학이 그로테스크 리얼리즘과 연결되는 중요한 근거가 된다. 똥은 배변 행위에 의해서 낮은 수준의 땅으로 떨어진다. 그러나 그 똥은 다시 지상에서 흙과 섞이어 생식과 풍요를 위한 거름이 되는 것이다. 이런 그로테스크한 강등이 권위와 공식적인 문화의 파괴인 동시에 생산적인 갱신력을 가지고 있다는 점을 확인시켜 준다. 사실 연암이 그의 「예덕선생전(穢德先生傳)」에서도 주인공인 똥

---

34) 중국 전한(前漢) 시대 사마상여(司馬相如)의 영향을 받아 대문장가가 된 양웅(揚雄)은 정치·경제·사회·역사·문화·교육·군사 등 제반 제도와 문물을 총망라하여 총 14편으로 집필한 『법언(法言)』의 저자로 알려져 있다.

푸는 엄 행수(嚴行首)의 행위를 예찬한 점도 우연한 것이 아니다(이재선,『한국문학주제론(韓國文學主題論)』).

면종복배(面從腹背): "앞에서는 따르면서 뒤에서는 등을 돌린다"는 뜻으로 표면으로 복종하는 체하면서 내심으로는 배반함. 겉과 속이 다른 사람을 비유하는 말. *지언(知言)은 말귀를 잘 알아듣는 것이다. 누구나 그럴 법하게 보이려고 꾸미고 보탠다. 얼핏 들으면 다 옳은 말이고, 전부 충정에서 나온 얘기다. 안 될 일이 없고 해결 못할 문제가 없다. 찬찬히 보면 다르다. 하나만 알고 둘은 모르는 피사가 있고, 외곬에 빠져 판단을 잃은 음사가 있다. 바른 길을 벗어난 사사가 있고, 궁한 나머지 책임을 벗으려고 돌려막는 둔사가 있다. 이 피음사둔(詖淫邪遁)35)의 반지르한 말을 잘 간파해서 본질을 꿰뚫어 보는 안목을 맹자는 자신의 장점으로 꼽았다./'소리장도(笑裏藏刀),' 웃고 있지만 칼을 감췄다. '면종복배(面從腹背),' 앞에서는 예예 하면서 속으로는 두고 보자 한다. '구밀복검(口蜜腹劍),' 입은 꿀인데 뱃속에 칼이 들어 있다. 깐을 두어 간떠보는 말, 달아날 구멍을 준비하는 말, 가장 위해 주는 척하면서 뒤통수치는 말, 양 다리를 걸치는 말, 이런 것들이 모두 피음사둔의 언어다. 이것을 참말로 알고 따르다간 뒷감당이 안 된다. 이런 상대의 말을 듣고 대번에 그 속내를 알아채는 능력이 지언이다. 반대의 경우는 제 몸을 해친다. 사람은 말귀를 잘 알아들어야 한다. 행간을 잘 살펴야 한다(정민,『일침: 달아난 마음을 되돌리는 고전의 바늘 끝』).

양두구육(羊頭狗肉): 양의 탈을 쓴 늑대. 겉은 훌륭하나 속은 변변치 않음. 출전은 『안자춘추(晏子春秋)』이다. ◐밖에는 양 머리를 걸어 놓고 안에서는 개고기를 판다(懸羊頭賣拘肉 현양두매구육). *'국경이 한 치도 무너지지 않았던 것은 일본 수비대의 국경 수비가 철통같았기 때문이라 하겠지. 그 점도 있었겠지. 국내에서 적극적으로 호응해주지 않았기 때문에 그렇노라? 그렇

---

35) "번드르한 말 속에서 본질을 간파한다"는 뜻이다. 출전은 『맹자』「공손추장구」'상편'이다.

게 말할 수도 있을 게다. 그러나 그보다 지도자들의 보조가 맞지 않게 된 데 더 큰 원인이 있는 게야. 그 틈을 타고 소위 계몽파(啓蒙派), 물론 나도 계몽파에 속할지 모르지만 양두구육(羊頭狗肉), 그놈들은 계몽파라는 탈을 썼을 뿐이지…… 필시 내부 분열에는 최봉준 놈 일파의 농간이 있었던 게다. 그놈의 미적지근한 신문만 봐도 능히 짐작할 수 있는 일이었어'(박경리, 『토지』).

구밀복검(口蜜腹劍): '입에는 꿀, 뱃속에는 칼'이라는 뜻으로 말은 정답게 하나 속으로는 해칠 생각이 있다는 말. 출전은 『신당서(新唐書)』와 『십팔사략(十八史略)』이다. ◐이임보는 현자를 미워하고 능력자를 질투하여 자기보다 나은 사람을 배척하고 억누르는, 성정이 음험한 사람이다(李林甫 妬賢嫉能 排抑勝己 性陰險 이임보 투현질능 배억승기 성음험). 사람들이 그를 보고 '입 속에는 꿀을 담고 있고 뱃속에는 칼을 지니고 있다'라고 말했다(人以爲 '口有蜜腹有劍' 인이위 '구유밀복유검'). *어쨌든 그때부터 동생은 밤마다 시를 적었고 나는 밤마다 벌레를 잡았다. 나는 동생에게 동생이 적은 시를 요구했지만, 동생은 나에게 내가 잡은 벌레를 요구하지 않았다. 구밀복검(口蜜腹劍)―겉으론 웃으면서 다정하게 굴지만 속에는 칼을 감추고 있다―그렇게 나는 동생이 쓴 시로서 문단에 등단을 했었고, 나는 동생의 기생충이 되어 살아왔었다./나는 그렇게라도 살고 싶었었다. 타인의 눈에는 사이가 좋은 쌍둥이로 보였었고 나의 눈에는…… 눈에는…… 후우……/이후로 동생에 대한 시기심보다는 패배감에 시달리기 시작했었다. 시인으로서의 삶이란 게 남들이 보기에 구차하게 보일 수도 있겠지만, 나에게는 더없이 소중한 것이었다. 나는 왜 동생같이 되지 못할까?(박성원, 「유서」).

(5) 학문이나 재주가 갑자기 늘어남을 나타내는 한자성어와 표현

괄목상대(刮目相對): 눈을 비비고 다시 본다는 뜻으로 학문이나 재주가 갑자기 느는 것을 말함. 출전은 『삼국지(三國志)』「오지(吳志)」'여몽전주(呂蒙

傳注)'이다. ◐"이제 학식이 대단하니 자네는 오나라에 있을 때의 여몽이 아닐세그려(至於今者 學識莫博 非復吳下지어금자 학식막박 비복오하)"라고 말하니 여몽이 "대저 선비란 헤어진 지 3일이 지나면 곧 눈을 비비고 다시 볼 정도로 달라져 있어야 하는 법이라네(阿夢曰 士別三日 卽當刮目相對아몽왈 사별삼일 즉당괄목상대)"라고 대답하였다. *앞장에서 관찰한 바와 같이 소외개념(疏外槪念)의 외연(外延)이 확대되는 구조에 따라서 보면 중인층(中人層) 화가(畵家)들에 있어서도 그들의 주제선택과 표현방식, 나아가 회화이론이 소외적 현상에 의해 지배를 받고 있음을 알게 된다. 당초 중인층 문인들의 지향은 양반 사대부의 문화세계였었다. 그리하여 조희룡(趙熙龍) 같은 화가는 추사(秋史)의 문하에서 학예의 수준이 刮目相對(괄목상대)할 정도였으나 스승에 의해서는 객관적인 인정을 받지 못한 형편이었다. 그런데 오히려 그는 스승인 완당(阮堂)의 세계로부터 이탈함으로써 자기 소외를 감행했던 것이다(권영필, 「화원의 미학: 중인층(中人層)의 사회적 소외를 중심으로」).

일취월장(日就月將): 나날이 다달이 진보함. 출전은 『시경(詩經)』 「주송(周頌)」이다. ◐이 소자는 총명하게 공경하지 못하고 있으나(維予小子 不聰敬止유여소자 불총경지)/나날이 이루고 다달이 나아가 빛나고 밝기까지 계속하여 배우며(日就月將 學有緝熙于光明일취월장 학유즙희우광명)/책임진 신하들로 돕게 하여 나의 밝은 덕으로 나아감을 보이리라(佛時仔肩 示我顯德行불시자견 시아현덕행).36) *이러한 지 반 년 만에 선생과 신존위 사이에 반목이 생겨서 필경 이 선생을 내어보내게 되었는데, 신존위가 말하는 이유는 이 선생이 밥을 너무 많이 자신다는 것이었거니와, 사실은 그 아들이 둔재여서 공부를 잘 못하는데 내 공부가 일취월장(日就月將)하는 것을 시기함이었다(김구, 『백범일지』).

일진월보(日進月步): 날로 달로 끊임없이 진보 발전함. 나타내는 한자성어와 표현. *올림픽이나 월드컵, 야구·테니스·골프 등 무엇이건 간에 안방에

---

36) 김학주 역주, 『시경(詩經)』, 명문당, 1972, 516쪽.

편안히 앉아 실시간으로 시청할 수 있게 되었는가 하면 인터넷을 통해 세계인이 함께 게임을 즐길 수도 있게 되었다. 이렇듯 일진월보(日進月步) 일취월장(日就月長)이 아니라 초진분보(秒進分步) 초취분장(秒就分長)으로 발전하는 세상이고 보니 앞으로는 '더 빠르게' '더 정확하게' 정보 전달이 이루어지고 국가 간의 경쟁은 더욱 가속화될 전망이다(성재삼,『혼자 살려거든 태어나지 말아라』).

(6) 아주 무식함을 나타내는 한자성어와 표현

목불식정(目不識丁): 낫 놓고 기역자도 모름. 곧 무식함. 출전은『당서(唐書)』「장홍정전(張弘靖傳)」이다. ◐ "천하가 무사한데 너희들처럼 포와 활을 당기는 것은 정(丁)자 하나를 익히는 것만 같지 못하다(天下無事 而輩挽石弓 不如識一丁字천하무사 이배만석궁 불여식일정자)" *마을에서 소년은 '서당아이'라 불리었다. 혹은『사략(史略)』초권을 끼고, 혹은『맹자(孟子)』를 들고 서당(書堂)엘 다니기 때문이다. 아잇적, 서당에 다닐 때 붙은 서당아이란 이름은 장가를 들고 아들을 본 뒤까지도 그냥 남아서, 삼십이 넘어도 그 부모는 서당아이라고 불렀다. 우리 집 이웃의 늙은 부부(夫婦)는 늦게야 아들 하나를 얻었는데 자기네가 목불식정(目不識丁)인 것이 철천(徹天)의 한(限)이 되어서 아들만은 어떻게 해서든지 글을 시켜보겠다고, 어려운 살림에도 아들을 서당에 보내고, 노상 '우리 서당애,' '우리 서당애' 하며 아들 이야기를 했었다(양주동,「질화로」).

일자무식(一字無識): 글자 한 자도 모를 정도로 무식함. *"네. 제 성은 김가입지요, 저도 꼴은 이렇습니다만 청풍 김가랍니다."/원삼이는 술이 들어가니까 마음이 확 풀려서 이런 소리도 하였다./"허허, 알고 보니 우리 종씨로군! 하지만 꼴이 이렇다니 어때서 말이요. 청풍 김가면 또 어떻단 말이오?"/하고 병화는 웃었다./"일자무식(一字無識)으로 남의 행랑살이나 다니니 말씀입죠."/"구차하면 글 못 읽고 글 못 읽으면 무식하지 별 수 있소. 하지만 청풍 김가라는 것이 자랑이 아닌 것처럼 무식한 것도 흉이 아니오. 남의 행랑살이를 하기로 내 노력 팔아먹는 데 부끄러울 거 있소. 놀고먹는다면 모르지만……"(염상섭,『삼대』)

맹자단청(盲者丹靑): '소경의 단청 구경'이라는 뜻으로 보아도 알지 못하는 것을 봄. *우리가 세상을 볼 때 다 거시적인 안목, 미시적인 안목 다 필요하잖아요? 그런데 너무 미시적인 안목으로만 접근을 하는 것 같애. 우리 국악계 예를 들면은……그래서 조금 후배들이 공부할 때는 미시적인 디테일도 중요하지만서도 조금 자기가 지금 뭐하고 있는지 자기 위치 좌표 있잖아? 360도 저기에서 자기 위치가 지금 y축 x축에서 어디 즈음이다 하는 걸 알고, 어디 즈음이다 알려면 어떻게 돼? 좌우 전후해서 전체 윤곽을 알아야, 아 전체 윤곽 중에서 내가 여기서 요짓 하고 있구나 이런 걸 알 수 있는데, 그런 윤곽 헤아리지도 않구 그냥 일단 앞에다가 바짝 들이대구 현미경으로만 대상을 보니까 잘못하다가는 맹자단청(盲者丹靑), 장님이 코끼리 만지는 식이라는 한계를 벗어나지 못하지 않는가 이런 생각을 해요(송지원·이정희,『국립국악원 구술총서 4: 한명희』).

(7) 매우 태평스러운 시절을 나타내는 한자성어와 표현

태평성대(太平聖代): 어진 임금이 잘 다스리는 태평한 세상이나 시대. *주자학에서 참정치를 실행하는 조건은 통치자가 인욕(人慾)을 억제하고 천리(天理)에 어긋나지 않게 교화(敎化)에 임하는 것이다. 그러기 위해서 통치자가 정신 수양에 힘쓰고 학문을 연마하며 사치나 음란(淫亂)에 빠지지 않을 것이 강조된다. 이러한 조건을 완전히 충족시킨다면 임금이 눈에 보이는 무언가를 하지 않아도 저절로 교화가 이루어지고 태평성대(太平聖代)가 실현될 것이다. 인간계만 다스려질 뿐 아니라, 음양(陰陽)의 조화가 이루어져 늘 풍년이 들고 자연재해가 발생하지 않으며 늘 쾌적한 기후가 계속될 것이다. 통치의 지극함은 곧 자연의 섭리가 지극하게 달성된 상태와 통하기 때문이다(함규진,『정약용 정치사상의 재조명(再照明)』).

강구연월(康衢煙月): 강구(康衢)는 사통오달(四通五達)의 큰 길로서 사람의 왕래가 많은 거리를 말함. 곧 태평한 시대의 변화한 거리 풍경으로 태평성대를 말하는 것. *세간에는 산책을 하던 남모가 실족하여 못에 빠진 것으로 알려졌지만, 남모의 낭도들은 슬픔에 젖은 채 준정을 의심하였다. 못을 비워 남모의 시신을 찾고 그녀의 목에 검보랏빛으로 선명하게 새겨진 손자국을 타살의 증거로 삼아 노래를 지어 불렀다. 끔찍한 살해의 노래가 사람들의 입과 입을 통해 음험하게 유포되었다. 온 나라가 희대의 살인 사건에 발칵 뒤집혔다./결국 전말이 밝혀져 준정은 일률(一律; 사형에 해당하는 죄)에 의해 까마귀밥이 되었고, 이로 인해 원화는 화랑으로 대체되었다. 첫 풍월주는 위화랑이 맡았고, 생전에 법흥제가 위화랑을 부르던 애칭을 따라 거룩한 '무리'를 화랑이라고 불렀다. 진흥제가 신력으로 구가한 서른일곱 해의 강구연월(康衢煙月)은 화랑도와 함께 시작되었다(김별아,『미실』).

비옥가봉(比屋可封): 중국의 요나라와 순나라 때에는 모든 사람이 착하고 태평한 때인지라 집집마다 표창할 만하였다는 뜻. *홍경주가 먼저 아뢰었다./"아뢰옵기 황송하오나, 현량과 실시 이후에 잠시 소란스러운 적이 있었으나 지금은 조용한 줄 아뢰오. 그리고 전하께서 덕치를 베푸셔서 만백성이 요순시대를 구가하고 있사옵니다."/이어서 심정이 아뢰었다./"전하, 한마디로 비옥가봉(比屋可封)입니다. 그러니까 충신, 효자, 열녀가 많은 까닭에 벼슬에 봉할 만한 집들이 줄지어 있을 정도로 세상이 평안하다는 뜻이옵나이다."/중종이 두 사람의 이야기를 들으면서 홍경주는 아부하거나 뭔가 부풀려서 이야기하고 있는 것 같지만, 심정의 이야기는 일리가 있다고 생각되었다. 왜냐하면 수년 전부터 향약을 실시하여 민풍을 바로잡아 왔고,『소학』이나 『여씨향약』 등의 목판본을 인쇄하여 널리 읽힘으로써 유교의 근본인 충효정신을 보급했기 때문에 그럴 수도 있었다(박혜강, 『조선의 선비들』).

고복격양(鼓腹擊壤): 중국의 요나라 임금 때 한 노인이 배를 두드리고 땅을 치면서 요나라 임금의 덕을 찬양하고 태평을 즐겼다는 고사에서 유래한 말. 태평성세를 즐김. 출전은『십팔사략(十八史略)』이다. ❶해가 뜨면 일 나가고(日出而作일출이작), 해가 지면 쉰다(日入而息일입이식). 우물을 파서 물을 마시고(鑿井而飮착정이음), 밭을 갈아서 먹으니(耕田而食경전이식), 제왕의 힘이 나에게 무슨 소용이 있으랴(帝力何有于我哉제력우아하유재). '땅을 치며 노래한다'는 뜻을 가지고 있는 「격양가(擊壤歌)」는 악부(樂府)의 잡요가사(雜謠歌辭) 중의 하나이다. 후대의 위작(僞作)이라는 설이 설득력을 얻고 있다. '격양(擊壤)'은 예전에, 중국에서 행하던 민간 놀이 중의 하나를 이르던 말로 신짝같이 생긴 두 개의 나무토막 중 하나를 땅 위에 놓고 삼사십 보 앞에서 다른 하나를 던져서 맞히는 놀이와 흙으로 만든 악기를 치는 일을 말한다. ＊두보는 늘 자신을 현인이라고 자부했다. 그는 시로써 풍속을 아름답게 만들어 요순시대와 같은 고복격양(鼓腹擊壤)의 시대를 재현하고자 했다. 시로써 인간을 감동시킬 수 없다면 죽어도 편치 않을 것이라 했고, 심성(心性)을 도야하는 데는 시를 짓고 읊조리는 것만큼 좋은 것이 없다 갈파했다(윤지강,『난설헌, 나는 시인이다』).

함포고복(含哺鼓腹): 음식을 먹으며 배를 두드린다는 말로, 천하가 태평하여 즐거운 모양을 뜻함. ＊강가를 왕래하는 저 사람들은(江上往來人강상왕래인)/농어맛 좋은 것만 사랑하누나(但愛鱸漁美단애로미)./그대여 일엽편주 가만히 보게(君看一葉舟군간일엽주)/정작은 풍파 속을 출몰한다네(出沒風波裏출몰풍파리)./송나라 때 범중엄(范仲淹)이 쓴 「강가의 어부(江上漁者)」란 작품이다. 현실에 역경이 있듯 강호에는 풍파가 있다. 강가엔 농어회의 향기로운 맛과 푸근한 인심만 있는 것이 아니다. 거기는 거기대로 찬 현실이 기다린다. 녹록지가 않다. 힘들고 어려워도 정면 돌파해야지, 자꾸 딴 데를 기웃거려선 못쓴다. 실컷 먹고 배 두드리는 함포고복(含哺鼓腹)과 가난해도 즐거운 안빈낙도(安貧樂道)의 삶은 기실 강호가 아닌 내 마음 속에 있다(정민, 『일침: 달아난 마음을 되돌리는 고전의 바늘 끝』).

(8) 많은 것 가운데 극히 적은 것을 나타내는 한자성어와 표현

구우일모(九牛一毛): 아홉 마리의 소의 털 가운데 한 개의 털이라는 뜻. 썩 많은 것 중의 극히 적은 부분. 출전은 사마천의 『사기(史記)』다. ◐내가 법에 따라 처벌을 받는다고 해도 그것은 마치 아홉 마리의 소들 가운데 터럭 하나 없어지는 것과 같은 하찮은 일입니다(假令僕伏 法受誅 若九牛之一毛 가령복복법수주 약구우지일모). *"동포에게 해악을 끼치는 점을 말할 것 같으면 우리 조선의 경우는 구우일모(九牛一毛)요. 해악을 끼칠 힘이나 있습니까? 나라가 있어야 힘이 있길 않겠소?"(박경리, 『토지』)

창해일속(滄海一粟): 아주 큰 것 속에 있는 매우 작은 존재. '극히 작음'을 비유하여 이르는 말. 출전은 북송(北宋)의 소식(蘇軾; 소동파)이 지은 「전적벽부(前赤壁賦)」이다. ◐하물며 나와 그대는 강가에서 고기 잡고 나무하며(況吾與子漁樵于江渚之上황오여자어초우강저지상), 물고기와 새우들과 짝하고, 고라니와 사슴들과 벗하며(侶魚蝦而友麋鹿려어하이우미록). 작은 배를 타고(駕一葉之扁舟가일엽지편주), 쪽박 술잔을 서로 권하며(擧匏樽以相屬거포준이상속), 하루살이처럼 짧은 목숨으로 하늘과 땅 사이에 붙어 있으니(寄蜉蝣于天地기부유우천지), 우리 몸은 망망한 바닷속의 한 톨 좁쌀처럼 보잘것없구나(渺滄海之一粟묘창해지일속). *왕한은 거의 정신의 이상이라고 할 만큼 심각하게 인생관을 의심하였다. 인생이라는 것은 과연 무엇인가? 살기를 위하는 것인가, 죽기를 위하는 것인가? 살기를 위한다면 얼마든지 살 일이지 왜 백년을 최고 기간으로 하는가? 죽기를 위한다면 왜 백년인들 사는가? 가령 백년을 산다고 한들 그것을 무궁한 시간에 비하면 얼마나 되는 것인가? 사람은 한 개의 존재이므로 그것을 우주 만유에 겨누어 보면 창해일속(滄海一粟)

이 아닌가?(한용운, 『흑풍(黑風)』).

(9) 제자가 스승보다 뛰어남을 나타내는 한자성어와 표현

청출어람(靑出於藍): 쪽[藍]에서 뽑아낸 푸른 물감이 쪽보다 더 푸르다는 뜻. 제자가 스승보다 나음을 이르는 말. 출전은 『순자(荀子)』「권학편(勸學篇)」이다. ◑학문이란 그칠 수 없는 것이다(學不可以已학불가이이). 푸른색은 쪽에서 취한 것이지만(靑取之於藍청취지어람) 쪽빛보다 더 푸르고(而靑於藍이청어람), 얼음은 물이 얼어서 된 것이지만(氷水爲之빙수위지) 물보다도 더 차다(而寒於水이한어수). *스승은 지식을 전수하는 분이라기보다는 우리를 지혜로 이끄는 분이다. 스승은 인도자다. 인도자가 없다면 길을 잃고 헤맬 수 있다. 공자님은 그 길을 가리키면서 '아냐, 아직 멀었어, 조금 더 해봐'라고 제자들을 독려한다. 그런 스승은 제발 제자가 청출어람 벽어람(靑出於藍,碧於藍)이 되기를 바란다. 제자가 자신보다 뛰어난 성취를 이루기를 간절히 바란다. 그런 스승은 제자에게 영원한 스승으로 존재하게 된다. 설사 제자가 청출어람 벽어람을 이루었다고 하더라도 스승은 영원한 스승이다. 스승은 극복되는 것이 아니라 마음속에 살아 있다. 누구나 마음속에 스승을 한 명씩 둔다면 평생 인에 가까이 갈 수 있다. 그 스승이 언제나 인(仁) 가까이로 자신을 인도해주기 때문이다(진형준, 『공자의 상상력』).

후생가외(後生可畏): 후생이 가히 두렵다는 말. 후생은 소년으로 소년은 장래가 유망하므로 자칫하면 선배가 뒤떨어지기 쉽기 때문에 이르는 말. 출전은 『논어(論語)』「자한편(子罕篇)」이다. ◑공자가 말씀하셨다(子曰자왈). 젊은 사람은 두렵구나(後生可畏후생가외) 어찌 그들이 장래에도 지금의 우리보다 못할 것이라고 할 수 있겠는가?(焉知來者之不如今也언지래자지불여금야). 하지만 그들이 나이 사오십에도 세상에 이름이 드러나지 않는다면(四十五十而無聞焉사십오십이무문언) 이 또한 두려워하지 않아도 될 것이다(斯亦不足畏

也己사역부족외야이). *23세 봄에 율곡은 성주 목사인 장인을 찾았다가 강릉으로 돌아오는 길에 예안(禮安)의 도산(陶山)에 들러 퇴계 이황(退溪 李滉; 1501~1570)을 예방하고 학문의 길을 물었다. 당시 퇴계는 율곡보다 34세의 연상인 57세의 원로로서 영남 성리학의 거장이었으므로 많은 문인(門人)을 거느리고 있었다. 그는 율곡을 보고 사람됨이 명랑하고 시원스러우며 똑똑함에 놀라 "후생가외(後生可畏; 제자가 두려움)라는 성인(聖人; 공자)의 말씀이 나를 속이지 않는다"라고 말했다./이때부터 시작된 퇴계와의 인연은 그 후에도 계속되어 서찰을 통해 이기설(理氣說)에 관한 논변을 주고받았는데, 퇴계가 율곡의 설을 좇아 자신이 지은 「성학십도(聖學十圖)」의 순서를 수정하기도 했다. 뒷날 두 사람의 제자들과 추종자들은 각각 영남학파와 기호학파를 형성하여 서로 토론하고 경쟁하면서 성리학을 발전시켜 나갔고, 때로는 경쟁이 지나쳐 남인(南人)과 서인(西人)으로 나뉘어 당쟁을 일으키기도 했지만, 정작 당사자들은 진지한 사제 관계를 맺고 있었던 것이다(한영우, 『율곡 평전: 조선 중기 최고의 경세가이자 위대한 스승』).

(10) 은혜를 잊지 못함을 나타내는 한자성어와 표현

각골난망(刻骨難忘): 은덕을 입은 고마운 마음이 마음깊이 새겨져 잊혀지지 아니함. *"잠시(暫時) 혼미(昏迷)하였었습니다. 이제는 평안(平安)하올시다."/그제야 부인(婦人)과 소년(少年)이 웃고 내 손목을 잡은 사람도 부인(婦人)을 향(向)하여,/"이(二), 삼일내(三日內)에 낫지요."/하고 아래로 내려가더이다. 부인(婦人)은 '후'하고 한숨을 쉬며,/"아까 잡수신 조반(早飯)이 체(滯)하셨는가요. 어떻게 놀랐는지 ─두 시간(時間)이나 되었습니다."/그 후(後) 아무리 사양(辭讓)하여도 삼일(三日)을 연(連)하여 주야(晝夜)로 약(藥)과 음식(飮食)을 여투어 주어 부드러운 말로 위로(慰勞)도 하더이다. 그러나 앓는 몸이요, 또 물을 용기(勇氣)도 없이 성명(姓名)은 무엇인지, 다만 이웃이라 하나 통호수(統戶數)가 얼마인지도 몰랐나이다. 너무 오래 그네를 수고시키는 것이 좋지 아니하리라 하여 부득이(不得已) 부인(婦人)의 대필(代筆)로 몇몇 친구(親舊)에게 편지(便紙)를 띄우고 이제부터 내 친구(親舊)가 올 터이니 너무 수고 말으소서, 크나 큰 은혜(恩惠)는 각골난망(刻骨難忘)하겠나이다 하여 겨우 돌려보냈나이다(이광수,「어린 벗에게」).

백골난망(白骨難忘): 백골이 된 뒤에도 잊을 수 없다는 뜻이다. 큰 은혜나 덕을 입었을 때 감사의 뜻으로 하는 말이다. *춤을 추던 신하들이 다시 정좌하고 술잔이 돌아가자 임헌이 말석에서 머리를 숙이고 말하였다./"전하, 군신동락(君臣同樂)의 오늘 밤의 이 영광은 신자로서는 백골난망(白骨難忘)이 아닐 수 없습니다. 이런 자리를 더욱 뜻깊게 하기 위해서 왕업(王業)의 기초를 한층 더 굳건히 하는 일을 결정하는 것이 어떨까 합니다."/"무슨 결정이오?"/한 팔로 여자를 끼고 비스듬히 벽에 기댄 임금은 대수롭지 않게 물었다(김성한,『이성계』).

결초보은(結草報恩): 중국 위나라 무자(武子)의 아들 과(顆)가 아버지의 유언을 거스르면서까지 첩(妾)을 개가시키자, 그가 훗날 전쟁에서 곤경에 처했을 때 그 첩의 아버지가 나타나 개가에 대한 은혜에 보답했다는 것으로, 죽은 후라도 결코 은혜를 잊지 않음을 일컬음. *문종은 이때다 싶어서 머리를 거듭 숙여 보이며 말했다./"실상인즉 주공께서 생각이 부족하시어 대국인 귀국 측에 함부로 싸움을 걸었다가 지금 심한 곤경에 처해 있사옵니다. 바라옵건대 태재께서 오왕 전에 말씀하시어 우리 주공의 목숨만은 살려 주실 수 있도록 하시옵소서. 그러면 주공께서는 오왕의 신하로서 충성을 다 하실 뿐만 아니라 태재의 관후하신 은덕에 대해서도 반드시 결초보은(結草報恩)을 하실 것이옵니다."/백비가 고개를 끄덕이며 대답한다./"내가 대왕전에 잘 말씀드릴 테니 염려 말고 대왕을 만나 뵙도록 하시오"(정비석,『소설 손자병법』).

2. 한자성어와 표현

1) 2음절 및 3음절 한자성어와 표현

기우(杞憂): 쓸데없는 군걱정. 기(杞)나라 사람이 하늘이 무너지지 않을까 걱정했다는 고사에서 유래한 말. 출전은 『열자(列子)』의 「천서(天瑞)」다. *둘째, 기우(杞憂)입니다. '기우'라는 말에는 재미있는 유래가 있습니다. 옛 중국의 기나라에 하늘이 무너질까 땅이 꺼질까 걱정하며 침식을 잊고 근심하는 사람이 있었습니다. 여기에서 기우라는 말이 나온 것입니다. '기나라 사람의 걱정'이라는 뜻이지요. 오지 않는 일, 일어나지 않을 일을 걱정하는 것을 가리켜 '기우'라고 합니다. 있을 수 없는 일 때문에 어쩌나 어쩌나 하고 걱정하는 것이니 얼마나 바보스럽습니까? 그러나 의외로 이런 걱정을 하는 사람들이 많습니다. 우리네 걱정의 태반이 기우일 뿐이라는 사실을 아십니까?(곽선희, 『참회의 은총 1』)

남상(濫觴): 양쯔강(揚子江) 같은 대하(大河)도, 그 기원은 잔을 띄울 정도의 세류(細流)라는 비유에서 사물의 맨 처음을 뜻한다. 기원. 출전은 『공자가어(孔子家語)』「삼서편(三恕篇)」과 『순자(荀子)』「자도편(子道篇)」이다. *점진공부(漸進工夫)는 도산[37])의 수학 태도였다. 그가 오십 년 전에 그 외향리 강서군 고일리에 세운 학교는 아마 우리 나라 민간 사립학교의 남상(濫觴)이려니와 그 이름이 점진 학교였다(이광수, 『도산 안창호』).

추호(秋毫): 가을에 짐승의 털이 매우 가늘다는 뜻으로 털끝만큼 아주 조금임을 비유적으로 이르는 말. *나는 지금 가을바람이 자못 소슬(蕭瑟)한 내

---

37) 도산(島山)은 독립운동가이자 교육자인 안창호(安昌浩, 1878~1938)의 호이다. 안창호는 점진학교·대성학교·동명학원 등 3개의 교육기관을 설립하였고, 독립협회, 신민회, 흥사단 등을 조직해 활발한 구국운동을 전개했다.

구중중한 방에 홀로 누워 종생(終生)하고 있다./어머니 아버지의 충고(忠告)에 의하면 나는 추호(秋毫)의 틀림도 없는 만 25세와 11개월의 '홍안(紅顔) 미소년(美少年)'이라는 것이다. 그렇건만 나는 확실(確實)히 노옹(老翁)이다. 그날 하루하루가 '인생(人生)은 짧고 예술은 길다랗다' 하는 엄청난 평생(平生)이다./나는 날마다 운명(殞命)하였다. 나는 자던 잠―이 잠이야말로 언제 시작하던 잠이더냐.―을 깨이면 내 통절(痛切)한 생애(生涯)가 개시(開始)되는데 청춘(靑春)이 여지없이 탕진(蕩盡)되는 것은 이불을 푹 뒤집어쓰고 누웠지만 역력(歷歷)히 목도(目睹)한다(이상,「종생기(終生記)」).

효시(嚆矢): 고대 중국에서 전쟁터에서 개전(開戰)의 신호로 우는 화살을 쏘았다는 데에서 유래하여 '효시(嚆矢)'는 사물이 비롯된 맨 처음의 뜻으로 쓰이게 되었다. 출전은『장자(莊子)』「재유편(在宥篇)」이다. ◐어떻게 증삼(曾參)과 사추(史鰌)가 걸왕(桀王)과 도척(盜跖)의 효시였는지 아닌지 알겠는가? 그러므로 성인(聖人)을 없애고 지혜(知慧)를 버리면 천하가 잘 다스려진다고 하는 것이다(焉知曾史之不爲桀跖嚆矢也 故曰 絶聖棄知而天下大治(언지증사지불위걸척효시야 고왈 절성기지이천하대치). *"이 감옥에 대한 설명을 드리겠습니다. 각하도 느끼셨겠지만, 안내인을 따라 견학하면서 저 이탈리아인 감옥 제도 연구가인 단테38)와, 그의 저서『신곡(神曲)』을 떠올리셨을 것입니다. 감옥 제도에 대한 체계적인 연구서로서는 그의『신곡』이 효시라고 하겠는데, 그동안 감옥 자체의 성격이 본질적으로 달라져버렸습니다. 그 책 연옥편(煉獄篇)에 나오는 죄수들은, 대개 그 죄목이 신학상(神學上) 및 윤리적인 것입니다. 쉽게 말해서 그 사람들이 이 징역을 사는 이유는 신(神)과 도덕에 어긋난 일을 한 탓입니다. 따라서 그 감옥의 관리자는 신부(神父)였습니다. 그리고 그들의 처벌 법규는 십계명(十誡命)이었던 것입니다. 하

---

38) 이탈리아의 시인인 단테(Dante, Alighieri 1265~1321)는 지옥(地獄)·연옥(煉獄)·천국(天國)의 3부로 된 서사시『신곡La divina commedia』가 대표작이다. 그밖에 중세 정치철학(中世政治哲學)의 주요 논문 가운데 하나인「제정론De monarchia」을 썼다.

나님과 그 율법에 반항하는 것, 이것이 단테 시대의 죄였던 것입니다. 이 시대 다음에 소위 형법(刑法) 시대라는 것이 있습니다. 국가가 제정 공포한 형법에 저촉되는 행위는 다 죄(罪)다, 하는 사상입니다. 감옥이란, 이 죄인에 대한 응징이며 사회가 가하는 처벌이라는 거죠. 이 시대는 감옥사(監獄史)에 있어서 일대 타락의 시대였습니다. 감옥사조상으로는 암흑 시대였던 것입니다. 죄형법정주의라는 것입니다. 이 사상이 얼마나 어처구니없고 그 자체 죄악적이었느냐 하는 것은, 그사이 이름난 수감자들의 이름을 훑어보는 것으로써 넉넉합니다. 장발장, 간디, 안중근, 오스카 와일드, 이순신, 소크라테스, 플라톤, 성춘향, 그래 이 사람들을 악당이라고 해서 곧 이들을 사람이, 천하에 어디 있겠느냔 말입니다. 이 세기 초에 행형사(行刑史)상에 르네상스가 왔습니다. 오늘날의 감옥은 이 새 흐름에 따라 꾸려가고 있습니다. 오늘날에 있어서 죄(罪)란, '심리적인 조화(調和)를 가지지 못한 것'일 터입니다. 어떤 사람은 우리 감옥을 부르기를 정신병원이라고 합니다. 또 복역수들을 환자라고 부릅니다. 좀 재치 있는 수작이 아닙니까? 옛날에 탈난 사람은 부락민들에게 뭇매를 맞아 죽지 않았습니까? 병이란 마귀와 결혼한 상태이며, 따라서 죄인이지요. 이런 야만스런 제도는, 육체(肉體)의 분야에서는 벌써 고쳐져서 병리학, 약리학, 임상학으로 정연한 범죄 이론을 벌이고 병원 제도 및 자택 감금 제도로 이상화된 지 오랩니다만, 유독 정신 면에서만 늦어진 것은, 영혼이네 무엇이네 해서 정신현상을 쉬쉬하면서 신비한 것으로 다루고자 애쓴 직업적 무당(巫堂)들의 간계 때문입니다. 본인이 기회 있을 때마다 내세우는 바입니다만 이제는 감옥의 관리권을 신부(神父)나 권력자에게서 우리 정신의(精神醫)들의 손으로 뺏어오자는 말입니다. 사실상 대세는 그런 쪽으로 움직이고 있습니다만, 이런 개량주의적 점진(漸進) 놀음으로는 공연히 과도기에 있는 세대만 골탕을 먹게 마련입니다. 현재 서울을 비롯한 몇 개 도시에, 우리 동지들에 의한 사설 감옥이 정신병원(精神病院)이란 명목으로 세워졌습니다만 이것은 감옥의 민영화(民營化)에 크게 이바지하고 있으며, 우편 일을 아직도 국가가 틀어쥐고 있는 나라로서는 신나는 일이라 하겠습니다. 권력자란 어리석은 것이어서, 정신병원을 묵인하는 것이 자기들의 권력에 위협이 된다고까지는 머리가 돌아가지 않는 모양입니다만, 하긴 중세기 끝판에 귀족들이 도시 장사치들에게 차용증서를 써주면서 권력을 넘겨주고 있다고는 생각지 않았으니, 확실히 역사는 되풀이하는 모양이죠? 물론 제가 정신의(精神醫)라고 했을 때, 저는 넓은 뜻에서 이 말을 쓰는 것입니다. 작가, 시인, 철학자, 과학자를 두루 가리킨 것입니다. 각하, 한마디로 말씀드리겠습니다. 각하는 정계에서도 진보적인 분으로 알려진 분이니, 믿고 말씀드립니다. 큰일을 꾸며보실 생각은 없으십니까? 플라톤은 『공화국』에서, 마지막 정치 형태는 철학자에 의한 다스림이라고 까놓았습니다. 철학자를 정신의라고 풀이해도 어긋나지 않을 것입니다. 각하, 민중은 폭정에 시달리고 있습니다. 결심해주십시오."/독고민은 소장의 얼굴을 빤히 쳐다보았다. 이 사람은 무슨 소리를 하고 있는가(최인훈, 『구운몽(九雲夢)』).

급기야(及其也): 마침내. 끝에 가서 결국. *조선 500년 역사에서 인민 반란 혹은 상천민(上賤民)의 반란은 거의 발생하지 않았다는 사실이 통치 기제의 강고함을 입증한다. 종교, 교육(문예), 정치로 구성된 삼중 구조의 결박 속에서 조선 인민은 신분이 강제한 수분직역을 충실히 수행해야 했다. 그런데 그 강고한 결박이 서서히 이완되고 급기야는 붕괴조짐을 보이기 시작한 것이 19세기였다. 저항인민이 태동하기 시작한 것이다. 19세기는 1811년 홍경래의 난으로 시작된 이른바 '사란(思亂)의 시대'를 거쳐 '민란의 시대'로 발전했다. 1862년 진주 민란을 시작으로 전국이 반란의 물결에 휩싸였고, 급기야는 1894년 동학 농민 전쟁으로 폭발했다. 19세기는 적자로서의 인민이 통치 세력과 통치 이념을 이탈해서 급기야는 저항 인민으로 전환하는 기간이었다. 그 과정은 길고 지리해서 거의 반세기가 걸렸고 무기를 들고 전장에 나서는 데에는 100년이나 걸렸다. 그러나 그들은 사대부의 시선에는 분함을 품고 패

휼(悖譎, 도리에 어긋나게 행동하며 남을 기망하는 일)을 일삼는 난민의 무리로 비쳐졌다. 가령, 1894년 만인에게 내리는 고종의 윤음에서 그렇다(송호근, 『인민의 탄생: 공론장의 구조 변동』).

불야성(不夜城): 전등불이 많이 켜져 있어서 밤에도 대낮처럼 번화한 곳을 비유적으로 이르는 말. 고대 중국 한나라 동래군 불야현에 불야성이란 성이 있었는데 그곳은 밤에도 해가 지질 않아서 온 성안이 환히 밝았다고 한다. 출전은 『삼제략기(三齊略記)』이다. ❶불야성은 양정 동남쪽에 있는데 밤에도 해가 떴으므로 예로부터 그 성을 '불야(不夜)'라 부르고 다르게 생각했다(不夜城, 在陽廷東南, 蓋古有日夜出. 此城以不夜名, 異之也. 불야성, 재양정동남, 개고유일야출. 차성이불야명, 이지야). *석방자들은 갑판 한구석에 몰려서서, 홍콩 거리를 바라본다. 구경거리로 친다면, 항구를 메운 갖가지 크기와 모양을 한 배들과 그 위에서 움직이는 뱃사람들의 움직임이 더 똑똑히 알아볼 수 있는 모습이었지만, 그런 것에 눈길을 돌리려는 사람은 아무도 없었다. 그들의 눈은 배들을 넘어 거리로 향하고 있었다./불야성(不夜城)./언덕진 땅 생김 때문에, 더욱 그 말이 들어맞을 홍콩의 밤경치다. 아직도 해가 남았는데 한결같이 불을 밝힌 모양은, 낮도 아니고 밤도 아닌, 어둠과 빛이 망설이면서 손길을 허위 더듬고 있는 야릇한 낌새다. 그 낌새는 석방자 모두를 위해서 해로운 어떤 것이었다. 결코 힘을 북돋는 따위가 못 된다. 보름, 닻 올리기를 기다리며 지낸 보름 만에, 지루하도록 보아온 항구를 떠난 이래 처음 보는 거리다. 그들의 마음을 한결같이 지금 사로잡고 있는 사무치는 생각이 있다. 뭍에 오르고 싶다는 것. 단 한 시간이라도 좋다. 하다못해 30분이라도 좋았다. 보름 동안 땅을 밟지 못하고 있다. 사람이란 다른 아무 할 일이 없으면 하찮은 일에 미치도록 매달리는 모양이다. 그저 잠시라도 좋다. 저 불빛이 환한 거리를 걸어봤으면, 사지 못하더라도 좋다. 눈부신 가게 앞을 기웃거리면서 걸어봤으면. 여러 사람이 한 가지 생각을 지니고 있을 때, 그들을 둘러싼, 보이지 않는 소용돌이가 생긴다. 한 사람 한 사람을 따지지 않는, 그 광장에서, 움직임은 낱이 아니라, 더미로 이루어진다. 이명준도 그 광장에 있다. 그러면서 거기서 벗어나려고 애쓴다. 살기마저 띤 이 소용돌이가 걱정스러웠기 때문이다. 오르고 싶은 마음에는 그도 다를 것이 없다. 만일 석방자들이 끝내 일을 밀고 나가기로 든다면, 그 일은 자기에게 돌아올 것이기에 두려웠다. 떠나서 닿기까지 석방자는 배를 떠나지 못하게 되어 있다. 석방자들이 그 사정을 뻔히 알면서 지금 철없는 바람에 가슴을 태우고 있다는 일과, 아마 무슨 일이 일어나고야 말 것 같아 화가 난다(최인훈, 『광장(廣場)』).

심지어(甚至於): 더욱 심하다 못해 나중에는. *얼마 있다가 신랑(新郎)되는 자(者)가 천치(天痴)라는 말이 들려온다. 온 집안이 모두 걱정하였다. 그러나 그 중(中)에 제일(第一) 슬퍼한 자(者)는 문호(文浩)라. 문호의 부친이 이 소문(所聞)의 허실(虛實)을 사실(査悉)할 양으로 오, 육십 리 정도(五, 六十里程道)되는 신랑가(新郎家)를 방문(訪問)하여 신랑(新郎)을 보았다. 그리고 돌아와서,/"좀 미련한 듯하더라마는 그래야 복(福)이 있나니라."/하고 혼인(婚姻)은 아주 확정되었다. 그러나 전하는 말을 듣건대『논어(論語)』일행(一行)을 삼일(三日)에도 못 외운다는 둥, 코와 침을 흘리고 어른께도 "너, 나" 한다는 둥, 지랄을 부린다는 둥, 눈에 흰자위뿐이오, 검은자위가 없다는 둥, 심지어(甚至於) 그는 고자라는 소문(所聞)까지 들려서 문호의 조모(祖母)와 숙모(叔母)는 날마다 눈물을 흘리고 약혼(約婚)한 것을 후회(後悔)한다. 난수(蘭秀)도 이런 말을 듣고는 안색(顏色)에 드러내지 아니하여도 조그마한 가슴이 편안할 날이 없어서 혹(或) 후원(後園)에 돌아가 돌을 던져서 이 소문(所聞)이 참인가 아닌가 점(占)도 하여 보고, 문호가 시키는 대로 '나는 시집가기 싫소'하고 떼를 쓰지 아니한 것을 후회(後悔)도 하였다(이광수,「소년의 비애(悲哀)」).

어차피(於此彼): '어차어피'의 준말. 이렇거나 저렇거나 귀결되는 바. *담임은 의자를 가져와 앉더니 입에 게거품을 물고 이야기를 늘어놓기 시작했다./—태어날 때부터 싹수가 노란 인간들은 교육만으로 고칠 수 없다. 가정교육 개판, 학교 개판, 사회 개판이니 선생이 아무리 애를 써서 가르쳐봐야 학생이 개보다 좀 낫기나 하면 다행이다. 사실 교사들 역시 수준 차이가 너무 난다. 군 장교 출신인 나 같은 사람 입장에서 객관적으로 볼 때 후진국인 우리 나라는 최상의 교육을 받은 군인들이 국가의 엘리트로서 국민과 자라나는 세대의 교사 역할을 제대로 할 수 있다. 우리 군인들만이 신라 화랑과 이충무공을 이어 호국선무정신으로 나라를 지키고 경제를 건설하면서 썩어빠진 정치와 사회의 환부를 도려내왔다. 단적인 예로 지금의 교원 양성 시스템은 너무나 비효율적이고 서울 등 대도시 교원 충원 방식도 이랬다 저랬다 하며 믿을 수가 없다. 도대체, 도대체는 한자로 도대체(都大體)로 쓴다마는 교무실에서 내 말을 알아듣는 사람을 못 봤다. 그런 교사들한테 교육을 받으니 너희 수준도 어차피, 어차피 또한 한자이니 어차피(於此彼)로 쓴다, 개판을 못 벗어나는 것이다. 변두리 삼류 똥개들의 난장판 말이다. 너희가 이 학교를 졸업하고 서울 사대문 안에 있는 고등학교 출신, 아니 그냥 이 동네 아닌 데에 있는 공고, 상고 출신만 만나봐도 내 말이 무슨 의미인지 실감을 하게 될 것이다(성석제, 『투명인간』).

2) 4음절 한자성어와 표현

가가대소(呵呵大笑): 몹시 우스워 큰소리로 웃음. *유의태가 기생들 발치에서 나뒹굴었고 몇 사람이 그 유의태를 밟고 걸어갔다. 그러나 유의태의 입에서 터져나온 건 비명이 아니고 가가대소(呵呵大笑)였다. 김민세가 동패들의 폭력을 떼어놓고 씩씩거리는 그들을 데리고 사라진 후에도 유의태의 웃음소리는 계속됐다. 교만한 웃음이었다. 젊은 날 자신의 재주를 과신하고 물불을 모르는 좁은 패기도 있는(이은성, 『소설 동의보감』).
가가호호(家家戶戶): 집집마다. *즉 고승대덕은 그 제자들을 위하여 강경을 하고, 일반 대중에게 무명(無明)을 깨우치고 선업(善業)을 쌓아 피안(彼岸)

에 이르도록 설경(說經)을 한다. 또 대법회에서는 모든 중생 제도와 호국을 염원하면서 송경(誦經)을 하며, 때로 수백 명의 승려들이 가로(街路)를 누비며 전경(轉經)을 하기도 한다. 병이 나거나 좋지 않은 일이 가정이나 신상에 일어나면 승려를 청하여 독경을 하고 수많은 개승(丐僧) 즉 동령승(銅鈴僧)들은 가가호호(家家戶戶) 방문하면서 경을 외운다. 이와 같은 신앙행태는 모두 불전을 바탕으로 대중과 불전과의 거리를 좁혀주는 계기를 마련하게 된다. 한편 이러한 면에 교량자적 역할을 했으리라고 보여지는 계층을 우리는 또한 생각할 수 있다(인권환, 『한국불교문학연구(韓國佛敎文學硏究)』).

가인박명(佳人薄命): 아름다운 여인은 흔히 명이 짧고 운명이 기박함. *가인박명(佳人薄命)이라던가. 아름다운 사람들의 이별 역시 신의 질투 때문이란다. 하룻밤에 천년의 정분을 쌓는다는 말처럼, 페넬로페의 그날 밤도 길고 길었던 모양이다. "그리하여 새벽의 여신이 나타나야 할 터였으나 빛나는 눈의 여신 아테나가 밤을 서쪽 끝에다 오랫동안 붙들어두는 한편, 새벽의 여신을 실어다주는 두 마리 말 람포스와 파에톤에 멍에를 얹지 못하게 했다"(황광우, 『철학콘서트 3』).

가장집물(家藏什物): 집안의 온갖 살림도구. *마치 빚으로 송두리째 넘겨받은 살림처럼 안방으로 옮겨 앉기가 무섭게 홍씨는 고방 열쇠를 차지했으며 최참판댁 구석구석에 쌓인 가장집물을 챙기는 데 정신이 없었다(박경리, 『토지』).

가화만사성(家和萬事成): 집안이 화목하면 모든 일이 잘되어 나감. *아버지는 성미가 몹시 과묵하고 술 한 잔 안 드시는 강직하고 고지식한 분이셨소. 무슨 일이라도 남을 탓하는 법 없이 혼자서 훌훌 해치우는 분이셨소. 아버지는 집안의 화목을 특별히 강조하셨소. 내놓고 말씀하신 기억은 없지만. 아버지가 내심 내세우신 가훈은 '집안이 화목하면 모든 일이 잘되어 간다'는 가화만사성(家和萬事成)'이 아니었나 싶소. 나는 아버지와 어머니 사이에 말다툼 한번 오가는 것을 보지 못했소. 우리 형제들은 부모님에게 매 한 대 맞지 않고 자랐소(정수일, 『우보천리(牛步千里)』).

각골명심(刻骨銘心): 마음에 깊이 새겨 둠. *희번덕하던 갑두의 안색이 그 순간 낙심천만으로 일그러졌다. 그는 담뱃대를 빡빡 하는 소리가 나도록 빨아대기 시작하였다. 태이가 일어나서 창을 열었다. 문턱 아래에선 거간꾼 두 사람이 웅크리고 앉아 생엽(生厭; 도박의 일종)을 놀고 있었다/"내 잇속을 창씨에게 범접당하지 않고 도가를 탈 없이 경영할 수 있었던 것은 향마들의 은밀한 비호가 있었기 때문입니다. 댁도 각골명심하여 임강 산채와 안면을 돈독히 가지도록 하십시오. 만약 댁이 서툰 기미만 보이면 창씨는 당장 숨겨뒀던 발톱을 세워 댁을 덮칠 것이오. 생각해보세요. 큰 이문이 생기고 있다는 도가의 거래를 턱밑에 두고 빤히 바라보면서도 끽소리 한 마디 없이 속만 태우고 있었다는 게 이상하지 않습디까? 하긴 나 역시 그들의 비호를 받는답시고 이문의 절반을 명하전 명색으로 바쳐야 했지요. 그것은 관씨가 살아 있을 때부터 항용 있어 왔던 일이기도 하였지요. 기왕에 부리를 헐었으니 내색을 하리다만 내가 댁에게 잇속을 탈취당하고도 군소리 없이 지켜보기만 했던 것도 내 딴에는 저간의 고초가 없지 않았기 때문이었소. 일 년 내내 얼굴 한 번 비치는 법이 없는 도깨비 같은 무리들에게 여축없이 갖다 바쳐야 하는 명하전에 나도 이젠 진력이 났소."/힘담없는 갑두의 목소리가 창문 너머로 먼산바라기를 하고 있는 태이의 등뒤에서 들려왔다(김주영, 『야정(野丁)』).

각양각색(各樣各色): 서로 다른 각각의 여러 모양과 빛깔. *그날 밤 꿈에서 나는 미슈와의 마지막 순간을 몇 번이고 되풀이하여 보았다. 일곱 세대를 거쳐 내려왔다는 와카의 전통 예복을 입고서 미슈가 마당을 걷는다. 늙어 허리가 굽은 노파지만 여전히 호리호리하고 훤칠하다. 각양각색의 동전을 매단 상의가 짤랑거린다. 사뿐사뿐 걸을 때마다 스프링 모양으로 꼬아놓은 바지 솔기가 흔들거린다. 화려하게 치장된 보석과 동전들이 서로 부딪혀 경쾌한 소리를 낸다. 압권은 은과 철과 각종 패물과 가공이 덜 된 보석들이 산더미처럼 쌓인 전통 모자다. 그녀의 키와 맞먹는 높이로 머리에 얹혀 있다. 저건

빠르게 도는 팽이인가, 아니면 커다란 물동이를 인 아낙인가. 기예단의 묘기를 보는 기분이다. 땀을 뻘뻘 흘리면서 미슈는 행복하게 웃는다. 나를 보며 웃는다. 아니, 내 뒤의 허공을 보며 웃는다. 시선은 점점 위쪽으로 옮겨진다. 빠르게 위로 향한다. 와카의 높은 하늘을 향해 고정된다. 그리고 나는 울음을 터뜨리는 것이다(박형서,「아르판」).

각인각색(各人各色): 각 사람이 모두 다름. *미의 특정한 기준이 다른 것은 없겠으나 바다 빛 눈과 낙엽 빛 머리카락이 단색의 검은 그것보다는 한층 자연율에 합치되는 것이며 따라서 월등히 아름다움은 사실이다./색채만을 말하더라도 그들은 생활의 제반 의식에 자연색을 대담하게 모방하여 생활을 미화하니 일례를 들어 각인각색의 다채의 의장은 그대로가 바로 화단의 미를 옮긴 것이 아닐까. 나아가 그들의 예술에 대하여서도 같은 말을 할 수가 있다./바탕이 빈한한 우리의 길은 될 수 있는 대로 미의 창조에 힘씀에 있다. 자연에 대한 미의식을 왕성히 배양하고 자연물의 형상 색조 의장을 생활의 식에 알뜰히 이용하여 나아가 독창적 발명을 더 하여 생활을 재건함에 있다. 적어도 초가의 흙벽에는 칡덩굴을 캐어다 올리고 의상에 일층의 색채를 이용할 만한 대담성과 비약이야말로 소원의 것이다(이효석,「화춘의장(花春意匠)」).

간담상조(肝膽相照): 서로 간과 쓸개를 꺼내 보인다는 뜻. 곧 ㉠ 상호간에 진심을 터놓고 격의 없이 사귐. *안평중은 유쾌하게 웃으면서 오사의 손을 반갑게 붙잡는다./"오늘은 평소에 사모해 오던 오 대부를 이렇게 만나 뵙게 되어 참으로 기쁩니다. 오 대부께서는 어리석은 무리들을 이끌고 초 대국(楚大國)을 다스려 나가시느라 노고가 대단하시라는 것을 오늘에야 제 눈으로 보았습니다."/"고맙습니다. 과부 사정은 과부가 안다고 저의 고충을 안 대부께서 몰라주신다면 누가 알아주시겠습니까."/간담상조(肝膽相照)하는 안평중과 오사였다. 비록 소속되어 있는 나라는 달라도 저가 나를 알고 내가 저를 알아서, 대장부와 대장부의 참된 우정을 서로 간에 느낄 수 있었던 것이다

(정비석, 『소설 손자병법』). ⓛ 마음이 잘 맞는 절친한 사이.

간불용발(間不容髮): (머리털 하나 들어갈 틈이 없다는 뜻) ㉠ 사태가 매우 위급함. ⓛ 치밀하여 빈틈이 없음. *"못할 말이 없구나. 어미 앞에서 그래도 되는 게냐?"/"저는 진실을 말했을 뿐입니다."/"벌이나 개미의 생태를 너는 어떻게 생각하느냐?"/간불용발(間不容髮), 서희는 추적해오듯 말했다. 윤국은 어리둥절했다(박경리, 『토지』).

간어제초(間於齊楚): 약한 자가 강한 자의 사이에 끼어 고통을 받음. 주(周)나라 말엽에, 등(藤)나라가 큰 나라인 제(齊)·초(楚) 사이에 끼어 괴로움을 당했다는 일을 이름. *중국 주나라는 말엽에 제, 초의 두 큰 나라 사이에 끼어 괴로움을 당했습니다. '간어제초(間於齊楚)'라는 말은 여기에서 비롯된 것으로 약한 자가 강한 자들의 틈에 끼어 괴로움을 당하는 것을 이르는 말입니다. 오늘날 많은 그리스도인들이 세상과 교회의 사이에서 갈등하고 있는 모습을 볼 수 있습니다. 이처럼 우리의 신앙생활이 순풍에 돛단 배 모양 순탄한 것만은 아닙니다. 주님의 은총으로 영세 입교하여 하느님의 자녀가 되었다고 하지만, 하느님은 따오기처럼 변하여 이제는 보일 듯 말 듯, 느낄 듯 말 듯하게 되어버리고 말았습니다. 영세 받았을 때, 주님을 모셨을 때의 그 기쁨과 평화는 우리에게서 떠난 것 같으며 다시 새로운 갈등이 마음속에서 일어나고 있는 것입니다. 마음속에서 밝게 빛나던 등불은 가물가물해져 있는지 없는지 모르게 되어버렸습니다. 매 주일 미사에 참여하고 매일 기도를 바치고 있지만, 주님을 느끼기가 어렵습니다. 교회의 활동에도 열심히 참석하고 이웃에게 주님의 말씀을 전하기도 하지만 기쁨도 그 때뿐, 모든 활동이 끝나고 나면 잔치 끝난 집마냥 주님은 없고 허전한 마음만을 느끼게 되기도 하는 것입니다. 왜 이러한 현상이 나타나며, 왜 신앙의 갈등을 겪게 되는 것이겠습니까?(민병섭, 「간어제초(間於齊楚)」)

갈이천정(渴而穿井): 목이 말라서야 비로소 우물을 판다는 뜻. 무슨 일을 임박하여 서두르는 헛된 일. *반면 소를 잃은 뒤에야 외양간을 고치는 잘못을 저지르는 기업이 적지 않다. 요즘 어려움을 겪고 있는 STX그룹과 지난해 인구에 회자됐던 웅진그룹, 그리고 대우건설을 인수했다가 '승자의 저주'에 걸려 그룹이 휘청했던 금호그룹 등이 대표적이다./이들 기업은 목마른 뒤에야 우물을 파기 시작하는 갈이천정(渴而穿井)의 잘못을 저질렀다. 경영위기가 닥친 이후에 억지로 떠밀려서 계열사를 팔려고 하니, 제값을 받지 못하는 것은 물론 매각시기도 늦어져 그룹 전체가 흔들리는 비극을 겪게 됐다. 위기 전에는 비싸게라도 회사를 사려는 구매자 시장(Buyers' Market)이 형성되지만, 문제가 불거진 이후에는 바겐세일을 해도 잘 팔리는 않는 매도자 시장(Sellers' Market)으로 변하기 때문이다(홍찬선,「4자성어로 본 한국」).

감언이설(甘言利說): 달콤한 말과 이로운 조건을 내세워 남을 꼬임. *「선탄」39)은 뒤에 나올「폐탄」,「죽탄」,「괴탄」,「도탄」 등과 같이 광산 뜨네기들이 살아가는 모습의 한 단면을 보여주는 작품이다. 남편이 규폐증(탄가루가 폐에 쌓여 폐에 구멍이 생긴 것)에 걸려 폐인이 된, 나촌댁, 옥희엄마, 궁녀네 등은 탄가루가 새뽀얀 굴 안에서 허리도 못 펴고 돌탄을 가린다. 그것도 석탄감독 오감독의 말에 의하면 비중선탄기라는 새 기계가 오면 그들을 몽땅 해고시킨다는 것이다. 오감독은 감언이설로 나촌댁을 꾀어다 능욕한다. 이튿날 오감독은 기계에 치여 부상을 입고 나촌댁 등은 모두 해고되어 밥줄을 떼운다. 작품은 생계를 유지하기 위해 열악한 노동조건하에서도 일할 수밖에 없는 실직, 사망 광부들의 가족의 비극적인 생활처지를 보여주면서 그들 처지의 개선을 열렬히 부르짖고 있다(김병민·허위훈·최웅건·채미화,『조선(朝鮮)-한국(韓國)당대문학사(當代文學史)』).

건곤일척(乾坤一擲): 운명을 걸고 단판걸이로 승부를 겨룸. 출전은 당나라의 시인 한유(韓愈)의「홍구를 지나며(過鴻溝)」라는 시다. 홍구는 오늘날의 중국 하남성 가로하 지방이다. *그러나 가장 질색할 노릇은 무슨 구경터 같은 데서 서서 볼 경우에 키가 남보다 훨씬 크다면 사람 우리 테 밖에서 고개

---
39) 김종성의 연작소설집『탄(炭)』10편 중 1편이다.

만 넘석하여도 못 볼 것이 없을 터인데 나와 같이 작은 키로는 구경꾼들의 옆구리를 뻐기고 두더지처럼 쑤시고 들어가서 제일선(第一線)에 진출하지 않으면 안 된다. 그러나 우리 현대의 공중 도덕에 있어서는, 나로서는 이러한 모험을 감행하려면 우선 건곤일척(乾坤一擲)의 결심과 대사일번(大死一番)의 노력이 필요하므로 대개는 애당초부터 단념하고 말게 된다. 내가 만일 구경을 즐기는 벽(癖)이 있었더라면, 그보다 더 큰 불행은 없었을 것이다(이희승, 「오척단신(五尺短身)」).

격물치지(格物致知): 모든 사물의 이치를 끝까지 파고들어 앎에 이름.『대학(大學)』의 8조목 즉 격물(格物)・치지(致知)・성의(誠意)・정심(正心)・수신(修身)・제가(齊家)・치국(治國)・평천하(平天下)에서 가장 철학적인 조목이다. 출전은『대학(大學)』이다. ◐옛날 명덕(明德)을 천하에 밝히려는 이는 먼저 그 나라를 다스렸고, 그 나라를 다스리려는 이는 먼저 그 집안을 바로잡았고, 그 집안을 바로잡으려는 이는 먼저 그 몸을 닦았고, 그 몸을 닦으려는 이는 먼저 그 마음을 바르게 했고, 그 마음을 바르게 하려는 이는 먼저 그 뜻을 참되게 했고, 그 뜻을 참되게 하려는 이는 먼저 그 앎을 투철히 했나니 앎을 투철히 함은 사물을 구명(究明)함에 있다40)(古之欲明明德於天下者, 先治其國 ; 欲治其國者, 先齊其家 ; 欲齊其家者, 先脩其身 ; 欲脩其身者, 先正其心 ; 欲正其心者, 先誠其意 ; 欲誠其意者, 先致其知 ; 致知在格物.고지욕명명덕어천하자, 선치기국 ; 욕치기국자, 선제기가; 욕제기가자, 선수기신; 욕수기신자, 선정기심; 욕정기심자, 선성기의; 욕성기의자, 선치기지; 치지재격물). *장부 나이 스물셋이면 자기가 세운 뜻을 세상에 펴기에 부족한 연령이라고 할 수도 없으려니와, 또한 그41) 스스로 도학의 큰 경지를 투득(透得)하였다고 여겨지었으며 아울러 선비가 지켜야 할 출처(出處)의 의(宜)가 어떠해야 하는지 깨닫게 되는 바 있다고 느끼었다. 도학(道學)이란 격물치지와 성의정심(誠意正

---

40) 이동환 역해,『중용・대학』, 나남, 2000, 327쪽.
41) 율곡(栗谷) 이이(李珥).

心)42)으로 수기지학(修己之學)43)을 쌓은 후 세상을 밝혀 백성으로 하여금 태평을 누리게 하는데 그 궁극의 뜻을 두고 있을 터이며, 선비의 출처와 진퇴는 사사로운 것일 수가 없고 그 거취를 공명정대하게 하여야 할 것인즉 들어앉으면 사(士)로되, 나서면 의당 대부(大夫)가 되어 그 하여야 할 바를 다 해야 할 것이었다. 그런데 그는 이제 자기가 힘써 닦은 바를 감추어 재야의 선비로 숨는 것이 아니라 세상에 자기를 드러내어 그 뜻을 펴야 한다고 깨닫게 되었다. 역(易)의 문자를 말하자면 잠룡(潛龍)에서 현룡(見龍)으로 드러내 일 때가 된 것이었다(박태순,「경장(更張)의 시대(時代)」).

격세지감(隔世之感): 그리 오래지 않은 동안에 상당히 많이 달라져서 전혀 다른 세상 혹은 다른 세대가 된 것 같은 느낌. *그리고 1981년 말에는 '인구증가 억제 대책'을 발표하여 가족계획을 장려하고 소(少)자녀 가족에 대한 지원 정책을 강화했는데, 지금에 와서 보면 그야말로 격세지감(隔世之感)이 있다(남덕우,『경제개발(經濟開發)의 길목에서』).

견마지치(犬馬之齒): 자기 나이를 낮추어서 상대방에게 하는 말. *"그 치마가 무언가. 속살이 다 보이네."/노 교수는 강의를 하다 말고 문득 소월의 시를 읊듯 한마디했다. 앞에 앉아 있던 여학생은 리어카에 받친 얼굴로 벌게 져서 스커트 자락을 무릎 아래로 잡아내리려 안달이었다. 학생들은 끼룩끼룩 갈매기처럼 웃었고, 결국 그 여학생은 강의실을 탈출해 버렸고, 노 교수의 '君子有三畏(군자유삼외)44)……'만 낭랑하게 강의실을 덮었다. 미니 스커트가 처음 유행하기 시작하던 아주 오래 전의 일이다. 그 선생님은 물론 지금은 돌아가시고 안 계시지만, 그 여학생은 지금쯤 어디선가 1남 1녀의 어머니가 되어 딸아이에게 "너 그 눈 화장 좀 지울 수 없니?"라고 나무라고 있을 것이다./생각하면 그때가 좋았다. 사람들은 세월이 흐르고 나면 다들 "그때

---
42) 뜻을 성실히 하고 마음을 바르게 가짐.
43) 자기 수양으로서의 공부. 사서오경에 실린 성현의 말씀을 내 마음에 깃들여 아로새기는 공부.
44) 군자는 세 가지를 경외해야 한다.『논어(論語)』「계씨(季氏)」에 나오는 구절이다.

가 좋았다"고 말하기를 좋아한다. 그러나 사실은 정말 그때가 좋아서가 아니라 지금이 안 좋아서 그렇게 말하는 것이리라. 나처럼 먹는 나이를 견마지치(犬馬之齒)라 하던가, 어느덧 마흔을 훌쩍 넘겨버렸다. 불혹이니 지천명이니는 황공스럽고 모자란 공부를 실력(實力)으로보다는 시력(視力)으로 앞가림하기 바쁜 나이이다. 그러나 무엇보다도 우울한 것은 주위의 어른들이 하나 둘 학교를 떠나고 세상을 떠난다는 사실이다. 당신도 바지 단추에 하얀 백묵 가루나 묻혀 다니시면서, 미니 스커트가 요즘 얼마나 유행인지도 모르시면서 자꾸 남의 속살만 보인다고 꾸중하시던 그 완고(完固)가 그리워지는 요즘이다. 사회가 나이 들어 갈수록 사람들의 나이가 거기에 걸맞지 않고 거꾸로 맞물려 간다. 그래서 더욱 돌아가신 어른들이 생각나고 떠나려는 선생님들이 아쉽다(서종택, 「그리운 노년(老年)」).

견인불발(堅忍不拔): 굳게 참고 견뎌서 마음이 흔들리지 않음. *활동사진관에도 가 보았으나 오페라 구경을 갔었다. 마침 <카르멘> 오페라가 있어서 기뻤었다. 내가 제일 좋아하는 오페라였다./독일인은 이상주의고 충실 친절하며 강한 명예심이 있고, 원기 있는 활동성이 있으며, 견인불발(堅忍不拔)의 의사와 조직적 계획적 성질이 있고, 강한 의무의 염과 복종심이 있다고 한다./1월 4일 독일을 떠나 파리로 돌아왔다(나혜석, 「베를린에서 런던까지」).45)

결가부좌(結跏趺坐): 승려나 수행인이 좌선할 때 앉는 방법의 하나. *오늘도 거기 있어서/연의 씨앗을 연꽃이게 하고, 밤새 능수버들 늘어지게 하고, 올 여름에도 말간 소년 하나 끌어들일 참이냐//거기 오늘도 연못이 있어서/구름은 높은 만큼 깊이 비치고, 바람은 부는 만큼 잔물결 일으키고, 넘치는 만큼만 흘러넘치는, 고요하고 깊고 오랜 물의 결가부좌가 오늘 같은 열엿샛날 신새벽에도 눈뜨고 있느냐(이문재, 「물의 결가부좌(結跏趺坐)」).

경거망동(輕擧妄動): 경솔하고 조심성 없이 행동함. 또는 그런 행동. *"경거망동, 그게 민족주의가 가진 취약점이다. 민족주의만 내세우면 어떤 범죄

---
45) 『삼천리』(1933.9)에 발표된 원제는 「백림(伯林)에서 륜돈(倫敦)」까지이다.

도 합리화하는, 나는 오늘날 식민지 정책을 강행하는 나라에 대해 민족주의보다 국가주의, 그러니까 그건 제국주의지만 그들 스스로는 모두 민족주의자지. 생각해보게. 만보산에서 농민들의 충돌이 있었다 하여 조선인들이 중국인들을 습격하고 살상하고, 입맛 쓴 얘기야"(박경리, 『토지』).

경박재사(輕薄才士): 재주는 있으나 생각이 깊지 못하고 언행이 가벼운 사람. 경박재자(輕薄才子). *20년 전이나 30년 전의 날씨가 되살아난 듯이 청명한 가을날, 한 인상적인 모습의 남자가 푸른산 빌딩 앞에 나타났다. 중키를 넘는 체격이었으나, 수척한 탓인지 키가 더 커 보이는 그는 어깨까지 내려오는 긴 머리칼을 하고 있었다. 오랫동안 머리에 가위를 대지도 않았고, 안면에 칼을 대본 적이 없는 듯한 그의 얼굴을 처음 보고 깜짝 놀란 것은 지난 봄 1층에서 병원을 차리고 개업한 치과의사였다. 그는 감인수 씨에 대해서 특별히 관심이 있는 편은 아니었다. 책을 좋아한다는 간호사가 "원장님, 이 건물 육층에 유명한 감인수 교수의 연구실이 있대요!"하고 일러주었을 때만 해도 별로 관심을 갖지 않았다. 머리가 출중한 데다가 박학하고, 과시욕이 남달리 강하며, 잘 떠벌이는, 그렇고 그런 경박한 재사(才士) 중의 하나겠거니 짐작했는데 감 교수는 뜻밖에 소탈하고 정직했다(호영송, 『꿈의 산』).

경자유전(耕者有田): ㉠ 농사짓는 사람이 농지를 가져야 한다는 말. *나는, 문상(問喪)에서 이미 젖어 저 길 어디에/오래도록 축축할 그대의 집을 바라보았다. 거리/모퉁이에는 낙엽을 태우는 청소부들 몇 명/지상의 불씨를 그대가 불어서/결코 다시 키울 수 없는 저 모반의 모닥불 가까이/그대의 경작이 없다, 그러니 경자유전(耕者有田)의 밭들은 이제 밤 되면 하늘 속으로 옮겨지고 잡초처럼/별들 돋아나서 반짝일 것이다(김명인(金明仁), 「그대의 말뚝」) ㉡ 어떤 물건이나 사물이나 필요한 사람이 가지고 있어야 한다는 뜻으로 세상 모든 것에는 알맞은 주인이 있다는 뜻.

경천동지(驚天動地): "하늘이 놀라고 땅이 움직임"이라는 뜻으로, '세상을 몹시 놀라게 함'을 형용하는 말. *"올케가 좀 그렇기는 했으나 대개는 사람의 도리를 중히 여기며 그런 분위기의 친정과 시가에서 사람 보는 시야가 고정되어버렸는지 모르지만 배설자의 정체를 알았을 때는 그야말로 경천동지의 놀라움이었을 것이다(박경리,『토지』).

고관대작(高官大爵): 지위가 높고 훌륭한 벼슬. 또는, 그 벼슬에 있는 사람. *칼날 끝에 핏자국이 마를 날이 없던 거친 성격의 수양대군은 형 문종의 고명대신인 김종서 대감마저 죽였다. 그 후 어린 조카 단종의 왕위 찬탈에 본격적으로 돌입했다. 1453년에 일으킨 이 계유정난(癸酉靖難)46)은 정적으로 분류된 수많은 고관대작(高官大爵)을 도륙했다. 이어 단종까지 몰아내고 왕위에 오르자 딸 세희 공주가 아버지 세조에게 항변한다. "부왕마마, 어찌 어린 상왕과 어진 신하들을 이렇게 죽이십니까. 후세 사람들이 아바마마를 어떻게 평하시겠습니까"라며 울부짖었다. 어려서부터 슬기롭고 영리해 집안의 사랑을 독차지했던 공주였다(남민,『정감록(鄭鑑錄)이 예언한 십승지마을을 찾아 떠나다』).

고담준론(高談峻論): 뜻이 높고 바르며 엄숙하고 날카로운 말. 스스로 잘난 체하고 과장하여 떠벌리는 말. *두 사람은 몇 순배 술을 돌리고 풍성한 안주를 먹고 나니 취기가 도도해서 자연 고담준론(高談峻論)을 시작하였다(윤백남,『천추(千秋)의 한(恨)』).

고당명기(高唐名妓): 이름 난 기생. *"글쎄요…… 차라리 그때 고분고분, 말씀대로 세도가의 사돈 팔 촌 놈들하고 고당명기(高唐名妓)만 찾았더라도 이런 변은 없었겠지요."(박경리,『토지』).

고식지계(姑息之計): 임시방편으로 당장 편한 것을 택하는 꾀나 방법. *국호(國號)와 왕위 계승에 있어서 명(明)·청(淸)의 승낙을 얻어야 했고, 역서(曆書)의 연호를 그들의 것으로 하지 않으면 안 되었지마는, 역대 임금의 시호(諡號)를 제대로 올리고, 행정면에 있어서 내정의 간섭을 받지 않은 것은

---

46) 1453년 11월 10일(음력 10월 10일) 수양대군(뒤에 세조)이 김종서를 제거하고 정권을 장악한 사건을 말한다.

그래도 이 샌님 혼(魂)의 덕택일 것이다. 국사에 통탄할 사태가 벌어졌을 적에, 직언(直言)으로써 지존(至尊)에게 직소(直訴)한 것도 이 샌님의 족속(族屬)인 유림(儒林)에서가 아니고 무엇인가. 임란(壬亂) 당년에 국가의 운명이 단석(旦夕)에 박도(迫到)되었을 때, 각지에서 봉기(蜂起)한 의병의 두목(頭目)들도 다 이 '딸깍발이' 기백의 구현(具現)인 것은 의심 없다. 구한 말엽 단발령(斷髮令)이 내렸을 적에, 각지의 유림들이 맹렬하게 반대의 상서(上書)를 올리어서, "이 목은 잘릴지언정 이 머리는 깎을 수 없다(此頭可斷 此髮不可斷 차두가단 차발불가단)"라고 부르짖으며 일어선 일이 있었으니, 그 일 자체는 미혹(迷惑)하기 짝이 없었지마는, 죽음도 개의하지 않고 덤비는 그 의기야말로 본받음 직하지 않은 바도 아니다./이와 같이, '딸깍발이'는 온통 못생긴 짓만 하고 있었던 것이 아니라, 훌륭한 점도 적지 않이 가지고 있었던 것이다. 쾨쾨한 샌님이라고 넘보고 깔보기만 하기에는 너무도 좋은 일면을 지니고 있었던 것이다./현대인은 너무 약다. 전체를 위하여 약은 것이 아니라, 자기 중심, 자기 본위로만 약다. 백년대계(百年大計)를 위하여 영리한 것이 아니라, 당장 눈앞의 일, 코앞의 일에만 아름아름하는 고식지계(姑息之計)에 현명하다. 염결(廉潔)에 밝은 것이 아니라, 극단의 이기주의에 밝다. 이것은 실상은 현명한 것이 아니요, 우매(愚昧)하기 짝이 없는 일이다. 제 꾀에 제가 빠져서 속아 넘어갈 현명이라고나 할까./우리 현대인도 '딸깍발이'의 정신을 좀 배우자. 첫째, 그 의기(義氣)를 배울 것이요, 둘째 그 강직(剛直)을 배우자. 그 지나치게 청렴한 미덕은 오히려 분간을 하여 가며 배워야 할 것이다(이희승, 「딸깍발이」).

고장난명(孤掌難鳴): 손바닥 하나 가지고는 소리를 낼 수 없다. 손바닥도 마주쳐야 소리가 난다. *"낸들 나라 일에 무심할 리가 있소? 근심이 되길래 이렇게 계책을 묻는 것이 아니요? 그렇지마는 내가 무슨 힘이 있소? 군국대사(軍國大事)47)가 모두 황보인, 김종서 배의 손에 있으니 고장난명(孤掌難鳴)

---

47) 군대나 나라와 관련된 큰일.

이라 내가 어찌하면 좋겠소. 아끼지 말고 높은 계책을 말하오."/한명회는 수양 대군의 말하는 바가 모두 도리에 맞고 또 대인의 기상이 있음을 탄복하였다(이광수, 『단종애사』).

고진감래(苦盡甘來): 쓴 것이 다하면 단 것이 온다는 뜻으로, 고생 끝에 즐거움이 옴을 이르는 말로 마지막까지 정성을 다해야 함을 이르는 말. *민석이는 멋쩍게 웃으면서 집 앞에 나를 내려주고 돌아갔다. 어쨌든 오늘도, 누구에게도, 낡은 팬티를 보여주지 않았다. 자주 쓸 만한 방법은 아니지만 오럴은 최고의 대안임에 분명했다. 그러고 보면 인생이란 참 오묘하다는 생각이 들었다. 어쩔 수 없을 것 같은 순간이 닥쳐와도 돌아가거나 피해가는 길은 반드시 있게 마련이었다. 마지막까지 정신을 똑바로 차리고 이성을 발휘한다면, 어쩌면 숲속에 숨겨진 지름길을 발견하게 될지도 몰랐다. 고진감래(苦盡甘來)! 참고 기다리며 지키면, 결국은 달콤한 열매를 얻게 된다. 나는 어둠침침한 계단을 한발 한발 걸어 올라갔다(정이현, 「낭만적 사랑과 사회」).

공전절후(空前絶後): 전무후무(前無後無). 전에도 없고 앞으로도 없음. *형은 박지원을 괴이한 사람이라고 그랬죠. 그렇지요. 귀신같은 사람일시 분명합니다. 저 기절(奇絶)한 비유는 기가 찬 데다 피부에 착 달라붙은 사례를 들어 읽는 이를 문장의 자장 안에 움쩍달싹 못하게 붙들어 매는 글 솜씨는 뭐랄까요, 조선 땅에 전무후무 공전절후(空前絶後)입니다(손철주, 『그림 보는 만큼 보인다』).

과대망상(誇大妄想): 턱없이 과장하여 엉뚱하게 생각함. *밖에서 고요가 빼곡해질수록 내 안의 침묵은 헐거워졌다/침묵을 노려보면서 침묵의 내부로 진입하려다가 매번 실패했다/침묵은 앙칼아졌다 밖에서 고요가 건장해질수록 나는 무너져내렸다/기억이 강박 쪽으로 달려가고 상상이 과대망상과 뒤엉키기도 했다/세속도시의 거리들이 능구렁이처럼 몸뚱아리를 휘감았다/함부로 내뱉은 말들이 잠복기가 끝난 병균처럼 기승을 부렸다/그때 기어코 하지 못한 말들이 여기저기 화농처럼 곪아터졌다(이문재, 「침묵에서 가장 먼 곳까지」).

광대무변(廣大無邊): 한없이 넓고 커서 끝이 없음. *개도 가벼웠다. 나는 이제 무엇을 관찰(觀察)해야 좋을지 모르겠다. 나는 울타리 너머로 산(山)과 들을 바라보기로 한다. 산은 어젯날같이, 자체(自體)마저 알 수 없는 새벽녘 빛을 대변(代辯)하고 있다. 들은 어젯밤 이래(以來)로 아무 일도 일어나지 않았다. 저 밑바닥은, 태양(太陽)도 없는 어두운 공포(恐怖)의 한가운데 있으면서도, 얼마나 무신경(無神經)한 둔감(鈍感) 바로 그것인가. 산(山)은 소나무도 없는 활엽수(闊葉樹)만으로써 전혀 유치(幼穉)한 자격(資格)뿐이다. 이 광대무변(廣大無邊)한 제애(際厓)도 없는 세련(洗鍊)되지 못한 영원(永遠)의 녹색(綠色)은 도대체 어디로부터 어디에까지 계속(繼續)하고 있는 것인가(이상,「어리석은 석반(夕飯)」).

괴력난신(怪力亂神): 괴이(怪異), 용력(勇力), 패란(悖亂), 귀신(鬼神)을 아울러 이르는 말. 이성적으로 설명하기 어려운 불가사의(不可思議)한 존재나 현상을 이른다. *소설이 '비역사성(非歷史性)'을 지니고 있다는 인식의 근거에는 '괴력난신(怪力亂神)'은 기록하지 않는다는 유교적 합리주의를 준신하는 기술 태도와 밀접한 관련이 있다. 즉 유교적 합리주의에 의해 강하게 규율되던 조선조 유학자들에게 '괴이한 용력(怪異勇力)과 패란한 일(悖亂之事)과 귀신이 조화를 부리는 자취(鬼神造化之迹)'는 기록의 대상이 될 수 없었다. 조선조 유학자들이 소설을 배격한 이유가, 소설이 바로 이러한 '괴력난신(怪力亂神)'을 기술하기 때문이었다. 이러한 점은 조선조의 유학자들이 흔히 '소설을 부정적으로 표현하면서 황당무계지언(荒唐無稽之言)으로 표현한 것'에서도 잘 확인할 수 있다(김찬기,『한국 근대소설의 형성과 전(傳)』).

구경열반(究竟涅槃): 가장 높은 경지에 이른 열반. 곧, 불경계(佛境界)에 들어간 열반. *거짓말에 속지 마라, 새빨간 환상과 착각에서 벗어나라. 그래야 행복해질 수 있다고 이야기하는 것이 불교입니다.『반야심경』에 그런 이야기가 나오지요. "원리전도몽상(遠離顚倒夢想) 구경열반(究竟涅槃)" 열반은 달리 표현하면 행복이라고 할 수 있는데 부처님은 돈을 쌓아 놓으면 행복해진 다고 설명하지 않습니다. 잘못된 생각으로부터 벗어나라, 착각으로부터 깨어나라, 허망한 믿음으로부터 깨어났을 때 진정한 열반의 삶은 시작된다고 가르치고 있는 것입니다(원혜, 『오늘 부처의 일기를 써라』).

구곡간장(九曲肝腸): 굽이굽이 서린 창자라는 뜻으로 굽이굽이 깊이 든 마음속. *관머리까지 와서는 그 눈에서 참고 깨물었던 눈물이 터져 내린다. 무쇠를 녹이는 듯한 뜨거운 눈물이 구곡간장으로부터 끓어오르는 것이다(심훈, 『상록수』).

구곡양장(九曲羊腸): 굽이굽이 서린 창자라는 뜻으로 굽이굽이 깊이 든 마음속. 구절양장(九折羊腸). *용너울과 선평 쪽의 물이 합수(合水)하는 곳에서부터 물굽이는 구곡양장(九曲羊腸)인데 멀리 가리왕산 산줄기가 잠깐 그 줄기를 잘라내는 듯한 흑벌에서부터 영월 동강이라는 이름이 붙었으니 여기서부터 병연은 비로소 가슴을 쓸어내릴 수 있었다(고은, 『김삿갓』).

구전문사(求田問舍): 자기의 논밭이나 집 걱정만 한다는 뜻으로 원대한 뜻이 없음을 이르는 말. *박치의의 목소리가 조금 커졌다./"굉아, 너까지 그런 생각을 품고 있었던 게야? 네 아버지가 어떤 분인지 아직도 모르는구나. 교산이 정말 이이첨과 힘을 합쳐 나라를 좌지우지하는 간신이라면 내가 어찌 교산과 같은 하늘 아래에서 얼굴을 맞대겠느냐? 금과(金瓜, 철봉 끝에 참외 모양의 둥글고 노란 쇠붙이를 붙인 무기)로 벌써 교산의 뒤통수를 갈겨 버렸을 테지. 허나 교산은 부귀영화가 한낱 물거품에 불과하다는 걸 안다. 그런 교산이 구전문사(求田問舍, 개인의 이익만을 추구하는 것)에 집착할 까닭이 없지. 세상에 나가지 않겠다는 교산을 설득한 사람이 바로 나야."/허굉의 두 눈이 휘둥그래졌다(김탁환, 『허균(許筠), 최후(最後)의 19일』).

구전성명(苟全性命): 구차하게 목숨을 보전하는 것. *"우리는 구전성명이나 하지 별 수 있나. 나도 조카자식들을 데리고 시골 가서 숨어 살 작정이네"(홍명희, 『임꺽정』). *"세상이 변한 기이 아니고 본시부텀 그런 거 아입니까. 지체 높은 최 참판댁에서도 본시 재물을 모으기로는, 아 세상이 다 아는 일 아입니까. 흉년에 보리 한 말 주고 뺏은 땅이 새끼를 치고 새낄 쳐서, 그렇기 생각하믄 세상이 그릇되어 그렇다고만 할 수 있겄십니까."/"허허, 이 사람이, 그러면은 세상이 잘돼간다아 그 말인고?"/"잘될 것도 없고 노상 그런 거 아니겄십니까."/"한심하지 한심하여, 나라가 망하게 생겼는데 벼슬아치들은 구전문사(求田問舍)하고 상것들은 구전성명(苟田性命)에 급급하니 누가 나서서 원수를 막을 건고?"/"나라 상감님도 어쩌지 못하시는 일을 샌님이 걱정하신다고 안 될 일이 되겠십니까. 그러니께 머리칼이 자꾸 희어지구마요."/"고얀지고! 이러니 세강속말이라 할 수밖에, 상것들이 양반 알기를 음, 음,"/하다가 김훈장은 소를 매둔 말뚝을 담뱃대로 두드린다(박경리, 『토지』).

구종별배(驅從別陪): 벼슬아치를 모시고 따라다니던 하인. *최수성의 질문은 사실이었다./며칠 전 실제로 있었던 일이었다. 조광조는 아침에 일찍 급히 중종의 부르심을 받고 궁 안으로 입시하고 있었다. 그런데 앞으로 다른 가마 하나가 먼저 가고 있었다. 호조판서인 고형산(高荊山)의 가마였다. 직급으로는 조광조가 종2품인 대사헌으로 위였으나 나이로서는 고형산이 19세나 위인 연상이었으므로 차마 앞서가지 못하고 별배꾼을 시켜 큰소리로 벽제(除)케 하였다./"물렀거라. 쉬―. 물렀거라."/보통 행차 때 구종별배(驅從別陪)가 잡인의 통행을 막고 길을 열면 서민들은 물론, 지위가 높다고 하더라도 관직이 아래인 사람들은 길을 열어주는 것이 법도로 되어 있었다./그러나 고형산의 가마꾼들은 좀체로 길을 열어주지 않고 있었다. 오히려 조광조의 가마가 빨리 나아가려 하면 그쪽 길을 막아 일부러 늑장을 부렸던 것이다. 물론 고형산의 가마에도 마보사(馬步使)라는 별배가 있었다. 길을 터주는 인도자가 마보사였으므로 마보사가 가마를 멈추어 조광조의 일행을 행차시켰으면 자연스럽게 해결될 수 있는 일이었던 것이다. 화가 난 조광조는 입궐과 동시에 군졸을 보내어 고형산의 마보사를 잡아다가 볼기를 치게 하고 하루가 지난 뒤에 석방하였던 것이다. 이 소문은 항간에 널리 퍼져 있었고 그 소문을 들은 최수성이 그것이 사실이냐고 물었던 것이다. 이에 조광조는 다음과 같이 대답하였다./"사실이네."/그러자 최수성이 다시 물어 말하였다./"어찌하여 정숙(靜叔:고형산의 자)의 볼기를 치지 아니하고 졸개에 불과한 마보꾼의 볼기를 칠 수 있단 말이오"(최인호,『유림(儒林)』).

구중궁궐(九重宮闕): ㉠ 문이 겹겹이 달린 깊은 궁궐. 구중심처(九重深處). *우리 임금은 우리 나라[國]의 으뜸[元]이시니 높으시기 하늘[天]이시며 친하시기가 아비[父]이시라, 공경[敬]하고도 사랑[愛]하며 충성[忠]으로 섬기[事]느니라./우리는 백성이라 구중궁궐(九重宮闕) 깊은 곳에 우리 임금 아버님이 어찌[如何] 계시온가 알지 못하여도 임금 아버님은 하늘같이 내려보사, 주무시나 깨시나 앉으시나 누우시나 생각하느니 아들 같은 백성이라(유길준,「우리 임금」). ㉡ 천자나 임금이 살고 있는 궁궐.

구중심처(九重深處): (문이 겹겹이 달린) 깊은 대궐. 구중궁궐. *비로봉 동쪽은 아낙네의 살결보다도 흰 자작나무의 수해(樹海)였다. 설 자리를 삼가, 구중심처(九重深處)가 아니면 살지 않는 자작나무는 무슨 수중(樹中) 공주(公主)이던가? 길이 저물어 지친 다리를 끌며 찾아든 곳이 애화(哀話) 맺혀 있는 용마석(龍馬石) 마의태자의 무덤이 황혼(黃昏)에 고독(孤獨)했다(정비석,「산정무한(山情無限)」).

국가불행 시인행(國家不幸 詩人幸): '국가의 불행은 시인의 행복'이라는 뜻. 출전은 청대(淸代) 시인 조익(趙翼)의 『제유산시(題遺山詩)』이다. ◐국가의 불행은 시인의 행복인가. 창상을 읊은 시 구절 절묘하구나(國家不幸詩人幸 賦到滄桑句便工 국가불행시인행 부도창상구편공) *나라가 어려운 지경에 처할수록 시인은 행복하다(國家不幸 詩人幸)라는 고시가의 구절이 있습니다만, 분단 반세기에 이르는 가족이산의 고통을 소설로 발화할 때 그 고통스러움이 극심하면 극심할수록 소설의 메시지가 더 강렬해지는 반대급부가 있지 않겠습니까? 우리는 장편『길』48)에서 그러한 사정을 어렵지 않게 짐작해 볼 수 있습니다. 특히 『길』은 고향을 무대로 한 스토리가 남북간의 공간 영역으로 확대되기도 합니다(김종회, 『문학(文學)과 전환기(轉換期)의 시대정신(時代精神)』).

군계일학(群鷄一鶴): 닭의 무리 가운데서 한 마리의 학이라는 뜻. 여럿 가운데서 가장 뛰어난 사람. 출전은 『진서(晉書)』 「혜소전(嵇紹傳)」이다. *두루미는 예전부터 품위 있는 빛깔과 고고한 자태로 새 중의 새라고 불렸다. 임금이 타는 수레를 봉가(鳳駕)라 하고, 왕세자가 타는 수레 또는 왕세자가 대궐 밖으로 나가는 일을 학가(鶴駕)라고 부르는 것도 두루미(학)을 봉황새와 견줄 만큼 존귀한 새로 보기 때문이다./평범한 여러 사람 가운데 뛰어난 사람이 함께 있을 때 이를 비유하여 '계군일학(鷄群一鶴)'이라 한다. 즉 닭의 무리 속에 한 마리의 학(두루미)이 함께 있다는 뜻이다. 『진서(晉書)』 「혜소전(嵇紹傳)」에 나오는 말로서, '군계일학群鷄一鶴,' '계군고학鷄群孤鶴'이라고도 한다(우용태, 『물총새는 왜 모래밭에 그림을 그릴까: 처음으로 읽는 우리 새 이야기』).

굴건제복(屈巾祭服): 굴건과 제복. *간난할멈의 장례날은 쾌청했다./나이 어려 굴건제복(屈巾祭服) 대신 천태를 두르고 도포 입은 영만이를 위시하여 두만아비와 두만이, 최참판댁 사내종들은 두건을 썼고 두만어미, 계집종들은 먹댕기에 북포 치마를 입었다. 바우할아범 장사에 비하면 여간 융숭하지가 않았다. 음식도 많이 차려 마을 사람들은 배불리 먹었으며 마을 상여를 빌려오긴 했으나 만장이 여러 개 나부꼈고 자식 없는 종 신분의 일생이니 호상이랄 수는 없지만 윤씨부인이 죽은 사람을 깍듯이 대접한 만큼 꽤 큰 장례식이었다. 간난할멈은 살만치 살았고 뜻밖의 죽음이 아니었으므로 그를 위해 뜨겁게 울어줄 사람은 별로 없었으나 그러나 열두 상두꾼이 멘 상여,

---

48) 해방 직전에서부터 4·19무렵까지의 한 집안의 이야기를 그린 전상국의 연작장편소설로 1985년 정음사에서 초판이 출간되었다. 「출향(出鄕)」, 「술래 눈뜨다」, 「이산(離散)」, 「이류(異流) 속에서」, 「허허벌판」, 「산 넘어 강」 등 6편의 중단편소설로 이루어졌다.

상두채에 올라서서 앞소리를 하는 서서방의 가락은 여전히 아낙들을 울려놓았다. 제 설움에 울고 인간사가 서러워 울고 창자를 끊는 것같이 가락과 구절이 굽이쳐 넘어가고 바람에 날리어 흩어지는 상두가에 눈물을 흘린다(박경리, 『토지』).

극락왕생(極樂往生): ㉠ 죽어서 극락세계에 다시 태어남. 정토왕생(淨土往生). 왕생극락(往生極樂). *나무아미타불 나무아미타불……대중은 그 똑같은 경구를 되풀이 외면서 무엇엔가 몰입하고 있었다. 그 몰입은 산화하고 있는 사자와의 인연을 회상하며 슬픔이나 아쉬움의 감상에 젖어드는 것도, 타계한 성직자의 극락왕생을 염원하는 기도 같지도 않았다. 대중은 이미 타오르는 불길을 바라보고 있지 않았다. 반쯤 눈을 내리감고 가볍게 고개 숙인 그들의 표정은 어떤 희열에 도취된 모습이었다(김주성, 「해후(邂逅)」). ㉡ 편안히 죽음.

금어비구(金魚比丘): 불화나 불상을 조성하는 무리들의 우두머리 비구. 불화의 최고수 비구. *상세동산신도는 뛰어난 작품성 외에도 조성 내력을 기록해 놓은 화기가 있어 제작 연도와 제작자, 봉안장소 등을 분명히 알 수 있다. 화기에 따르면 산신도는 성상(聖上) 즉위 33년 병신(丙申) 3월 마곡사 심검당(尋劍堂)에서 조성하여 태화산 상세동으로 이안(移安)한 것이다. 여기서 성상(聖上)은 고종황제를 일컫는 것으로, 제작 연도는 고종이 즉위한 지 33년이 되는 1896년이다. 1896년은 산제당을 건립하고 산향계를 결성한 해이기도 하다. 산신도 제작에는 마곡사에서 불화를 담당하던 화사집단이 참여하였다. 금어비구(金魚比丘)는 금호당(錦湖堂) 약효(若效)49)이고, 증명비구(證明比丘)는 월선당(月船堂) 월택(月澤), 송주비구(誦呪比丘)는 입승(立繩), 지전비구(持

---

49) 마곡사(麻谷寺)에서 활동한 불모(佛母). 19세기 후반에서 20세기 초반까지 충청도 지역에서 다수의 불화와 산신도를 제작하였다. 그의 작품은 마곡사를 비롯해 갑사·동학사·신원사 등 마곡사의 본·말사(本·末寺)에 30여 점이 남아 있다. 산신도(山神圖)로는 1909년 5월에 제작한 충북 보은 문수암 '복천산신도(충청북도 유형문화재 제308호)'가 있다.

殿比丘)는 대협(大俠), 홍가비구(洪可比丘)는 덕문(德文)이다. 화주(化主)는 감찰(監察) 신양선(申良善)이다(유병덕, 「공주상세동산신도(公州上細洞山神圖)」, 『한국민속신앙사전』).

금지옥엽(金枝玉葉): ('금으로 된 가지와 옥으로 된 잎'이라는 뜻으로) ㉠ '임금의 가족'을 높여 이르는 말. *국왕은 말을 마치고 교의에서 일어났다./젊은 시녀들이 즉각 그의 양쪽 겨드랑 밑을 가볍게 부액(扶腋)했다./부액도 법도(法度)다./국왕이 늙었거나 병이 들어 보행이 부자연스럽기 때문에 부액을 하는 것은 아니다./그것은 금지옥엽(金枝玉葉)을 받들어 모시는 법도의 하나다(유주현, 『통곡』). ㉡ '귀여운 자손'을 이르는 말. 경지옥엽(瓊枝玉葉). *화자50)가 "경이"를 기억하지 못하므로 독자도 누구인지 명확하게 알 수 없다. "경이"의 정체에 대해서는 세 가지 추론이 가능하다. 울며 헤어진 과거의 연인으로 보면, 두 번 반복되는 "경이가 누군지를 기억하지 못한다"는 말은 시치미이거나 경이가 죽었다는 사실의 우회적 표현으로 해석해야 한다. 같은 시집에 실린 「창에 기대어」라는 시에 "순이와 경이"가 "조선"(p.42)의 여인을 대표하는 이름으로 나온다는 사실로 미루어, "경이"는 특정 인물을 나타내는 고유명사가 아니라 '여자'라는 보통명사를 대신하는 낱말이라고 볼 수도 있다. '瓊'이라는 한자어가 사물에 대한 미칭이고, 경지옥엽(瓊枝玉葉)이 금지옥엽(金枝玉葉)과 통하므로 미려하고 귀중한 대상을 환유적으로 나타냈다고 생각할 수도 있을 것이다. 세 가지 해석을 두루 감안하고, '구름'과 '바람'의 비유적 의미에 주목하면 의미가 보다 더 분명해진다. 이 시의 주제는 '아름답고 소중한 상대와 만나고 헤어지는 일의 허무함'이라고 할 수 있다. 좀 더 개념적으로 '인연의 무상함'에 주제가 집약되어 있다고 말할 수도 있겠다(이창민, 『양식과 심상: 김춘수와 정지용 시의 동적 체계』).

---

50) 김춘수의 시집 『구름과 장미』에 실린 「경(瓊)이에게」(일부)는 다음과 같다. ●경이는 울고 있었다./풀덤불 속으로/노란 꽃송이가 갸우뚱 내다보고 있었다.//그것뿐이다./나는/경이가 누군지를 기억하지 못한다.//구름이 일다/구름이 절로 사라지듯이/경이는 가버렸다.//바람이 가지 끝에/울며 도는데/나는/경이가 누군지를 기억하지 못한다.

급전직하(急轉直下): 사정이나 형세가 걷잡을 수 없을 만큼 급작스럽게 전개됨. *조용하는 야학에 가서 추태를 부린 후에도 인실을 단념하지 않았다. 단념하지 않았다 하여 인실을 소유하겠다는 것은 아니었다. 그 후 인실은 학교를 그만두었고 일본으로 건너갔다는 확실치 않은 애기를 들었을 뿐 그를 만나지 못하였다. 급전직하(急轉直下), 조용하는 계속 급전직하 나락으로 나락으로 굴러 떨어지고 있었다(박경리, 『토지』).

기기묘묘(奇奇妙妙): 몹시 기이하고 묘함. *용장사가 있는 금오산 중턱은 기기묘묘한 바위들이 엎드리거나 혹은 우뚝하게 서서 암반이 되고, 장승이 되고, 절벽이 되어 저마다의 모양새를 뽐내고 있었다. 그것들은 조물주의 손길이 아니고서는 빚어내기 힘든 아름다움의 극치를 보여주었다(엄광용, 『사라진 금오신화』).

기미상합(氣味相合): 생각하는 바나 취미가 서로 맞는 것. 기미상적(氣味相適). *"야."/건성으로 대답해놓고 윤보는 두만아비의 목을 조르듯이,/"서울 그 양반이 삼수를 시켜 마을 사람들 내심을 염탐해가지고 기미상합(氣味相合)한 사람만 골라서 곡식을 주었다 하는데."/"……"/"우떤 기이 기미상합인고 하니 최참판댁의 은혜를 잊고 서울 그 양반 떠받쳐줄 사람이믄 기미상합이라"(박경리, 『토지』).

기생점고(妓生點考): 춘향가(春香歌)에서 신관 사또가 부임하여 춘향에게 수청을 들게 하기 위해 기생들의 인원과 명단을 파악하는 소리 대목. *'기생점고'는 신관이 남원에 부임한 지 3일 만에 치민(治民)에는 관심을 두지 않고 춘향의 수청을 받기 위해 하는 행위이다. '기생점고'에 앞서는 '남원부사도임'에서부터 신관의 호색적인 성격이 드러났기 때문에, 이 대목에 이르러서는 춘향과 이 도령의 사랑을 방해하는 신관의 성격이 본격적으로 드러난다고 볼 수 있다./'기생점고'는 처음에 진양조 장단으로 시작하여, 기생의 이름이 가진 의미를 하나하나 풀어내거나, 이름과 관련된 유희를 보여주는 사설로 구성되어 있다. 하지만 중간으로 넘어가면서 춘향을 빨리 만나고 싶어 하는 신관의 요청에 따라 녁자화두로 불러 빠르게 진행된다. 이 부분부터는 중모리장단이나 중중모리장단으로 구성되어 빠른 진행이 이루어지는데, 이는 신관의 급한 성격을 드러내는 동시에 극적 긴장감을 유도하기 위한 구성으로 볼 수 있다. 처음에는 기생의 이름을 하나하나씩 풀어 설명하다가 녁자화두로 빠르게 진행하는 형태가 '기생점고'의 기본적인 모습이지만,『남원고사(南原古詞)』51) 계열의 필사본의 경우에는 매우 해학적이고 골계적인 사설을 보이기도 한다./'기생점고' 더늠은 『조선창극사(朝唱劇史)』52)에 여류 명창 진채선(陳彩仙)의 것으로 남아 있다. 이 대목이 진채선의 더늠으로 남아 있는 것은 매우 의미심장한 사실이다. 진채선은 여류 명창이고 신재효(申在孝)의 제자로 알려져 있기 때문이다. 그의 더늠으로 '기생점고'가 남아 있다는 것은 당시 소리판에서 여성 창자의 역할이 어떠한 것인지를 짐작할 수 있는 작은 근거가 된다. 순조·철종 때의 판소리 명창이었던 고수관(高壽寬)은 대구감사 도임 초 연석(宴席)에 불려가 '기생점고'를 부르면서 당시 자리에 있던 기생의 기명(妓名)으로 사설을 즉석으로 다시 짰다는 기록도 있다. 이렇게 기본적인 형식이 정해져 있으면 사설의 변개가 매우 용이한 편인데, 실제로 판소리계 소설인『배비장전(裵裨將傳)』에서도 '기생점고' 대목을 찾아볼 수 있다(서유석,「기생점고(妓生點考)」,『한국민속문학사전』).

기암괴석(奇巖怪石): 기묘(奇妙)한 바위와 괴상(怪常)하게 생긴 돌. *서울예술대학 위에 있는 남산 약수터까지만 올라가도, 기암괴석(奇巖怪石)의 묘미와 서늘한 계곡의 풍광을 소규모로나마 맛볼 수 있었다. 그 뒤 남산 순환도로가 생겨 약수터 바로 위를 지나가게 되면서, 기암괴석들도 없어지고 약수터의 한적한 분위기도 사그라들게 되었다. 그것이 나는 어찌나 서운하고 분했는지 몰랐다(마광수,『별것도 아닌 인생이』).

기지사경(幾至死境): 죽을 지경에 이름. *응오는 진실한 농군이었다. 나이

---

51) 조선시대 후기 판소리계 소설『춘향전(春香傳)』의 이본(異本). 5권 5책. 국문 필사본.
52) 정노식이 지은 판소리에 관한 책. 1941년 조선일보출판부에서 발간했다.

서른하나로 무던히 철났다 하고 동리에서 쳐주는 모범 청년이었다. 그런데 벼를 베지 않는다. 남은 다들 거둬들였고 털기까지 하련만 그는 벨 생각조차 않는 것이다./지주라든 혹은 그에게 장리를 놓은 김참판이든 뻔질 찾아와 벼를 베라 독촉하였다./"얼른 털어서 낼 건 내야지" 하면 그 대답은,/"계집이 다 죽게 됐는데 벼는 다 뭐지유."/하고 한결같이 내뱉는 소리뿐이었다./하기는 응오의 아내가 지금 기지사경이매 틈은 없었다 하더라도 돈이 놀아서 약을 못 이판이니 진시 벼라도 털어야 할 것이다./그러면 왜 안 털었던가—/그것은 작년 응오와 같이 지주 문전에서 타작을 하던 친구라면 묻지는 않으리라. 한 해 동안 애를 조리며 홑자식 모양으로 알뜰히 가꾸던 그 벼를 거둬들임은 기쁨에 틀림없었다. 꼭두새벽부터 엣, 엣, 하며 괴로움을 모른다. 그러나 캄캄하도록 털고 나서 지주에게 도지를 제하고, 장리쌀을 제하고, 색초를 제하고 보니 남는 것은 등줄기를 흐르는 식은땀이 있을 따름. 그것은 슬프다 하기보다 끝없이 부끄러웠다. 같이 털어주던 동무들이 뻔히 보고 섰는데 빈지게로 덜렁거리며 집으로 돌아오는 건 진정 열쩍기 짝이 없는 노릇이었다. 참다 참다 못해 응오는 눈에 눈물이 흘렀던 것이다(김유정, 「만무방」).

기화요초(琪花瑤草): 옥같이 고운 꽃과 풀. *하기야 꽃을 가꾸며 사는 생활은 내가 가장 동경해온 생활이었다. 어린 시절부터 너른 땅을 지니지 못한 우리 집 형편 때문일 것이다. 널따란 땅에 이른바 기화요초(琪花瑤草)들을 심고 하루하루 그 자라는 모양을 살피고 살아가는 생활이야말로 신선의 생활이 아니고 무엇이랴. 식물의 생태는 내게는 늘 경이로웠다. 겨우내 죽은 듯 잠자던 나무들이 봄이 되면 꽃망울을 터뜨리는 생태는 물론 잎 피고 싹 나는 어느 것 하나 신기하지 않은 것이 없었다. 옛날 신라 임금들도 안압지(雁鴨池) 같은 곳에 기화요초를 심고 아울러 신금괴수(新禽怪獸)도 길렀다 했다(윤후명, 「알함브라 궁전의 추억」).

길상천녀(吉祥天女): 복덕(福德)을 주는 여신(女神). 공양을 하면 누구나 복을 받는다고 함. 아름다운 얼굴에 천의(天衣)를 입고, 왼손에는 여의주를 받들고 있는 모습임. 범어식 이름은 라크슈미. 공덕천녀(功德天女). *"비겁하다 생각 안 하십니까? 대자대비한 불도에서는 한 생명이 산송장으로 버려져도 오불관언이오?"/매서운 목소리다./"마음으로 산송장 아니겠나? 마음을 풀어야지. 그것은 지연이 스스로 해야 할 일인 게야. 마음에 따라 지연은 귀자모(鬼子母)의 딸 길상천녀(吉祥天女)도 될 수 있지."/"그러면 어찌하여 기서씨는 아직도 성불을 하지 못하셨습니까."/일진은 하는 수 없다는 듯 웃는다(박경리, 『토지』).

남남북녀(南男北女): 한국의 남자는 남부지방의 남자가 잘났고, 여자는 북부지방의 여자가 잘났다는 것을 표현한 속설. *남남북녀(南男北女)라지 않는가. 북관 땅 영변에 관기 중에서도 고르고 뽑힌 미희들이 손님 하나씩을 차고 앉아 오금을 못 펴도록 아양과 웃음을 뿌리기 시작했다(유주현, 『통곡』).

낭중지추(囊中之錐): 주머니 속의 송곳이라는 뜻이다. 재능이 있는 사람은 어디에 있어도 그 재능이 드러남을 비유하는 말이다. *동생은 내게 계속해서 물었다. 그래, 시를 쓰고 그림을 그리고 음악을 만든다 해서 무슨 가치가 창조되나. 시가 쌀로 변하고 그림이 연탄으로 변하고 음악이 시멘트로 변한다면 나는 복종하겠어. 주어진 농간에 발맞추는 그런 것 나는 싫어. 인간이라는 게 광합성 작용을 하면서 스스로 살아갈 수 있다면 시를 적겠지. 생존을 못 하는데 생활을 한다? 시라는 게 원래 사치며 가진 자들의 장난이야. 얼마나 많은 시인이랑 화가들이 배고파 죽어 갔는지 알아? 단지 당시의 비평가나 업자들의 눈에 들어오지 못했다는 이유만으로 얼마나 많은 명작들이 대접도 못 받고 사라져 갔는지를 아냐구? 천재라는 것이 다 우연히 재수 있는 놈들을 말할 뿐이야. 당시 비평가들의 입맛에 맞으면 천재고 맞지 않으면 개수작이야. 모든 것이 상대적이지 절대성이라는 것이 어디 존재할 것 같아? 그렇지만 형은 그렇게 시인이 되고 싶어 했으니 잘해봐. 낭중지추(囊中之錐). 주머니 속의 송곳처럼 언젠가는 형의 시를 알아주는 사람이 있겠지(박성원, 「유서(遺書)」).

남부여대(男負女戴): 남자는 지고 여자는 인다는 뜻으로 가난한 사람이 살 곳을 찾아 이리저리 떠돌아다니는 것을 이르는 말. *기미년의 소란 통을 겪고 나자 마을 사람들 중에서 남부여대하고 고향을 떠나는 이가 많았다(이기영,『고향(故鄕)』).

노심초사(勞心焦思): 마음속으로 애를 쓰며 속을 태움. *제공(諸公)이 기십년간(幾十年間)에 국사(國事)를 위하여 노심초사(勞心焦思)하고 국궁진췌(鞠躬盡瘁)한 역사(歷史)가 유(有)함으로 우리 국민의 위임(委任)을 받고 기대를 받았으니 제공(諸公)의 충성(忠誠)과 명달(明達)로써 타인의 충고(忠告)와 책난(責難)을 기다릴 바 없을지나, 그러나 제갈공명(諸葛孔明)의 재지(才智)로도 중선(衆善)을 집(集)하고 충익(忠益)을 광(廣)함으로써 평생(平生)의 요결(要訣)을 삼아 그 부하(部下) 요속(僚屬)을 대하여 항언(恒言)하기를, 제군은 다만 여(余)의 궐실(闕失)을 늑공(勒攻)하면 공(功)을 가성(可成)이요 적(賊)을 가파(可破)요 국(國)을 가흥(可興)이라 하였으니, 황(況) 재지(才智) 제갈(諸葛)에 불급(不及)하고서 인(人)의 잠언(箴言)을 낙문(樂聞)치 아니함이 가(可)한가. 차(且) 여(余)는 제공(諸公)의 노우(老友)라 제공(諸公)을 위하여 일차 양약(良藥)을 헌(獻)치 않을 수 없도다(박은식,「우리 국민이 기대(期待)하는 정부(政府) 제공(諸公)에게」).

논공행상(論功行賞): 공적이 많고 적음에 따라 각각 알맞은 상을 주는 일. *위의 전역(戰役)에 대한 기사는 김부식(金富軾)이『삼국지(三國志)』와「고기(古記)」를 잡채(雜採)하여 고구려(高句麗) 본기(本紀)에 넣었으므로 상하문(上下文)의 기사가 서로 모순되는 것이 많다. 이를테면,/① "관구검(毌丘儉)이 병(兵) 만인(萬人)으로 침(侵)하다" 하고, "왕(王)이 보기(步騎) 2만인(二萬人)으로 역전(逆戰)하다" 하였은 즉, 고구려병(高句麗兵)이 위병(魏兵)보다 갑절이거늘, 그 하(下)에 동천왕(東川王)의 어(語)를 재(載)하여 가로되 "위(魏)의 다수(多數)의 병(兵)이 아(我)의 소수(少數)의 병(兵)만 못하다" 함은 하어(何語)이뇨./② 비류수(沸流水)에서 위병(魏兵) 3천여 급(餘級)을 참하고, 양맥곡

(梁貊谷)에서 또 위병(魏兵) 3천여 급을 참하였은 즉, 만명의 위병(魏兵)이 이미 6천여 명의 사자(死者)를 출하여 다시 성군(成軍)할 수가 없을지어늘, 그 하(下)에 "왕(王)이 철기(鐵騎) 5천(千)으로 추격하다가 대패하였다" 함은 하어(何語)이뇨. 관구검전(毌丘儉傳)에 그 결과를 기(記)하여 가로되 "논공행상후자백여인(論功行賞候者百餘人논공행상후자백여인)"이라 하였은즉, 출사(出師)의 중(衆)과 전역(戰役)의 대(大)를 가(可)히 추지(推知)할지니, 어찌 구구한 만인(萬人)의 출명(出名)뿐이랴. 다만 피사(彼史)에 '상내약외(詳內略外)'의 예(例)를 수(守)하여 그 기재(記載)가 이에 그칠 뿐이니라(신채호・이만열 주석,『주석(註釋) 조선상고사(朝鮮上古史)』).

다다익선(多多益善): 많으면 많을수록 더욱 좋음을 뜻하는 말. 출전은『사기(史記)』「회음후열전(淮陰侯列傳)」이다. *태영은 곧 간곡한 편지를 썼다./ 일본 경찰에 대항하기 위해서란 대목은 일체 빼버리고 산속에서 살자니 사냥이라도 해야 끼니를 이어 나가겠다는 애원을 섞었다. 그리고 총은 다다익선(多多益善)이라고 썼다. 동지가 여섯이란 사실을 밝히기도 했다(이병주,『지리산』).

단기천리(單騎千里): 말 한 필에 의지하여 천리를 내달린다는 뜻. 위나라의 조조(曹操)를 떠나 촉한의 유비(劉備)를 찾아가는 관운장(關雲長)의 모습을 묘사한 고사에 나오는 성어이다. 출전은『삼국지연의(三國志演義)』이다. ◐아름다운 수염의 관운장이 말 한 필에 의지하여 천리를 달리며 다섯 관문을 지나는 동안 여섯 장수의 목을 베었다(美髥公千里走單騎 漢壽候五關斬六將 미염공천리주단기 한수후오관참육장). *협정이 아주 매듭지어지기 바로 앞인 모양으로, 교섭을 보아 가면서 배의 속력을 지시하는 모양이었다. 그러나 오토메나크가 알기로 배가 일찍 로파그니스를 떠난 데는 다른 까닭이 있었다. 배는 로파그니스에 등화관제가 실시되기 하루 전에 떠난 것인데, 혹 교섭의 완전 타결을 기다려서 떠나고자 하면, 어려운 일이 생길 염려가 있었다. '매파(派)에서 카르노스를 놓아 주는 데 반대할 염려가 있다는 듯한 얘기를 소령은 비쳤던 것이다. '매'파의 대표인 작전 참모는 관운장(關雲長)53)의 단기천리(單騎千里)를 거들더라는 것이었다(최인훈, 『태풍(颱風)』).

당리당략(黨利黨略): 자기가 속해 있는 당이나 당파의 이익과 그 이익을 얻기 위한 책략. *장원 급제가 취소된 김삿갓은 조금도 슬퍼하거나 참담하지 않고 심사자들의 부당한 처사에 대해 당당하게 맞선다. 그는 홍경래의 난이 양반들의 억압에 대한 필연적인 항거였고, 양반들이 동인과 서인, 노론과 소론 등으로 나뉘어 당리당략만을 일삼고 백성들에게 고통을 주었다고 한다. 부패한 양반사회를 바로잡으려는 김삿갓의 확고한 태도는 가족과의 이별장면에서도 뚜렷하게 나타난다. 자신을 길러준 김성수의 출가 만류에도 불구하고 그는 "탐욕에 눈이 어둔 양반놈들과" 싸움을 시작할 것이고 세상을 등지는 것이 도피가 아니라 세상과의 싸움임을 역설적으로 강조한다. 김삿갓의 항의는 그의 낙선을 지켜보는 머슴 오서방의 민중의식과 일치되어 부패와 부조리로 가득 찬 양반사회에 대한 비판성을 강화한다(홍창수, 『역사(歷史)와 실존(實存)』).

당연지사(當然之事): 당연한 일. *오늘의 본문은 은혜의 관계 이전에 은혜의 존재를 말씀하고 있습니다. 첫째, 너희는 하나님의 자녀이다. 그러므로 하나님을 본받는 자가 되라고 하십니다. 중국 사람들을 전도할 때 가장 쉽게 접촉할 수 있는 주제가 바로 이 말씀입니다. 효도를 강조하는 나라이기에, 영적으로 하나님의 자녀 된 도리를 다하라는 말에 쉽게 수긍합니다. 그렇습니다. 자식이 부모에게 효를 다하는 것이 마땅하듯이, 하나님의 자녀가 하늘 아버지를 섬기는 것이 마땅한 일입니다. 하나님의 은혜로 살았으면 하나님께 보답하는 것은 당연지사(當然之事)입니다(곽선희, 『모세의 고민 2』).

대경실색(大驚失色): 몹시 놀라 얼굴빛이 변함. *아이들은 다시 미끄럼 타기를 시작했지만 나는 다시 신명이 날 것 같지 않아 슬그머니 집으로 돌아왔

---

53) 중국 삼국시대 촉(蜀)나라의 무장(武將)인 관우(關羽 ?~219)는 자가 운장(雲長)이다. 나관중의 소설 『삼국지연의(三國志演義)』에서 충신의 전형으로 등장하고 있다.

다./"엄마, 전중이가 뭐야?"/"건 왜?"/엄마는 대답하고 싶지 않은지 짐짓 시들한 얼굴을 하고 바느질만 계속했다. 나는 내가 줄창 미끄럼을 타고 놀던 큰 집에서 본 전중이들과 아이들이 일으킨 소동에 대해 이야기했다./"그럼, 그럼 네가 여적지 나가 논 데가 감옥소 마당이었단 말이지?"/엄마는 한바탕 대경실색을 하고 나서 조용해졌다. 엄마는 뭔가를 골똘히 생각하는 것 같았다. 엄마를 엄마답게 보이게 하는 기품이 가진 엄마는 초라하고 불쌍해 보였다. 기품을 버티게 할 기력조차 없을 만큼 엄마의 자존심이 초죽음이 돼 있다는 게 엉뚱스럽게도 나에게 연민의 정을 불러일으켰다. 나는 엄마를 위로하고 싶었다. 그러나 엄마는 성이 나 있지 않으면서도 매사에 뜨악해 보였다. 엄마는 엄마 상식으로 바닥 상것으로 보이는 사람들이 많이 살고 있는 동네라는 것보다는 감옥소와 이웃해 있는 동네라는 데 더 정이 떨어져서 그만 우두망찰하고 있었다. 하긴 남을 덮어놓고 바닥 상것으로 업신여기려면 그래도 우월감이라는 숨구멍이라도 틔워 있어야 하련만 어린 딸에게 감옥소 마당밖에 놀이터가 없다는 건 엄마에겐 막다른 비참함이었음직하다(박완서, 「엄마의 말뚝 1」).

대동소이(大同小異): 대개는 같고 차이가 거의 없음. *이러한 불상의 광배(光背)에 나타나는 서체는 삼국의 서체가 거의 대동소이(大同小異)하다. 이와 같이 서체가 대동소이하게 나타나는 이유는 금동 불상이라는 재료(材料)와 각법(刻法)에서 기인하는 것으로 생각된다(이규복, 『한국서예사(韓國書藝史) 1』).

대서특필(大書特筆): 특히 드러나게 글자를 크게 쓴다는 뜻으로, 신문, 잡지 따위의 출판물에서 어떤 기사의 형식과 내용에 큰 비중을 두어 다룸을 이르는 말. *특히 기토라고분은 처음 발견되었을 때 바로 개봉하면 내부가 변질될 것을 염려해서 먼저 고분에 구멍을 뚫고 소형 카메라를 집어넣어 조사한 다음 개봉했다. 우리 나라에서도 최신 기법으로 진행된 기토라고분의 개봉에 대해 신문에서 대서특필한 적이 있다(김현구, 『백제는 일본의 기원인가』).

동가식서가숙(東家食西家宿): 동쪽 집에서 밥 먹고 서쪽 집에서 잠잔다는 뜻으로 떠돌아다니며 얻어먹고 지냄. 또는, 그 사람. *동가식서가숙(東家食西家宿)하는 오랑캐 유목민들이 후다닥 주린 배나 채우자고 고안해낸 야만적인 음식일시 분명하다. 미팅이라도 하는 자리에서는 아미를 새초롬히 내리고, 웃을 때도 입을 가리듯 하면서 흐흐흐, 요조숙녀 잘못 흉내 내기 예사인 것들이 '더블'로 된 햄버거인 경우, 그 두께가 무려 십여 센티나 되는 것을 턱 빠진 사람처럼 야채며 케첩이며 질질 흘리면서도 '조동아리'를 딱딱 벌리며 베어 먹는 걸 보면 정말 기가 차다. 기가 차고 메가 차고 순사가 칼을 찬다(박범신, 『개뿔』).

동상이몽(同床異夢): 한자리에서 같이 자면서도 서로 다른 꿈을 꾼다는 뜻으로, 겉으로는 같이 행동하면서 속으로는 각기 딴생각을 하는 것을 비유적으로 이르는 말. 중국 남송(南宋) 때의 학자인 진량(陳亮)이 한 말이다. *너는 못 믿을 테지만,/동상이몽은 아름답다/너는 전나무의 보랏빛 꼭대기를, 나는 교회의 하얀 첨탑을 사랑한다/다정히 누운 댐 위로 물이 차기 시작하면 우리는 함께 잠길 거다(진은영, 「방법적 회의」).

동서고금(東西古今): 동양이나 서양 및 옛날과 지금. *송욱(宋稶)54)은 『시학평전(詩學評傳)』55)과 『문학평전(文學評傳)』56)이란 두 권의 주목할 만한 문학론을 발표하였다. 『시학평전(詩學評傳)』은 동서고금(東西古今)의 문화사적 배경 위에서 동서시론(東西詩論)을 비교하고 체계화하려는 야심적인 시도로

---

54) 송욱(宋稶, 1925~1980)은 1950년 시 「장미」와 「비오는 창」이 『문예(文藝)』지에 추천 완료되어 문단에 데뷔한 시인이자 문학평론가이다. 날카로운 현실비판의 주지시(主知詩)와 대자연(大自然)을 관조(觀照)하는 서정시(抒情詩)를 주로 발표했다. 시집에 『하여지향(何如之鄕)』, 『월정가(月精歌)』, 『나무는 즐겁다』 등이 있고, 문학평론집에 『시학평전(詩學評傳)』, 『문학평전(文學評傳)』, 『한용운(韓龍雲) 시집 님의 침묵 전편해설(全篇解說)』, 『문물(文物)의 타작(打作)』 등이 있다.
55) 동서양의 문학전통을 비교·분석한 『시학평전(詩學評傳)』은 1970년 일조각에서 초판이 발간되었다.
56) 동서양의 시인·소설가·문학사상가 등의 작품과 이론을 비교·분석한 『문학평전(文學評傳)』은 1969년 일조각에서 초판이 발간되었다.

이루어진 것이며, 당대에 깊은 충격을 가했던 시론으로 기록될 것이다(최동호, 『현대시(現代詩)의 정신사(精神史)』).

두문불출(杜門不出): 집에만 박혀 있어 세상 밖에 나가지 않음. *맏아들을 잃자마자 할아버지는 동풍(動風)을 하셔서 반신불수가 된 채 두문불출이셨다. 아버지의 죽음이 문제였다. 내가 그 낙원에서 기억할 수 있는 모든 나쁜 일은 아버지의 죽음으로부터 시작됐다. 아버지는 어느 날 심한 복통으로 마루에서 댓돌로 댓돌에서 세 층이나 아래인 마당으로 데굴데굴 굴러 떨어지면서 마당의 흙을 손톱으로 후벼파면서 괴로워했다. 곧 한의사를 불렀다. 사관을 트게 하고 탕제를 달이는 동안이 급해 할머니는 엿기름을 타다가 떠 넣고 할아버지는 청심환을 엄마는 영신환을 물에 개서 입에 흘려 넣었으나 차도가 없었다. 급히 달인 탕제도 아무런 효험을 못 보자 엄마와 할머니는 무당집으로 달려가서 무꾸리를 하니까 집터에 동티가 나도 단단히 났으니 큰 굿 해야겠다고 하면서 굿날을 받아 놓기만 해도 당장 차도가 있을 거라고 장담을 해서 우선 굿날 먼저 받아 놓고 오니 아버지는 막 숨을 거둔 뒤였다(박완서, 「엄마의 말뚝 1」).

만세불이(萬世不易): 오랜 세월이 흘러도 바뀌지 않음. *공자의 시대에 이미 '시(詩)' 또는 '시삼백(詩三百)'이라 불리었던 『시경』은 유학이 한(漢) 제국(帝國)의 지배 이념이 된 이래 존엄한 경전의 하나로 존중되었다. 경전에 만세불이(萬世不易)의 상도(常道)가 담겨 있다고 믿는 종경(宗經)의 관념에 따라 많은 시인과 시론가들이 여기에서 자신의 출발점 또는 이상을 구한 것은 당연하고도 불가피한 일이었다. 그러나 동일한 경전을 놓고도 각 시대의 객관적 조건과 논자마다의 사상적 기대에 따라 의미 해석에 차이가 있었듯이 『시경』의 경우에도 그 성격 · 의의 · 가치에 대한 이해는 한결같지 않았고, 대체로 시 이념 및 시의식의 변모와 병행하면서 시경론은 그 내용을 달리하였다. 그러므로 조선 후기의 변환기적 상황을 고려할 때 우리는 이 시기의 사상 일반 및 문학사상의 동향을 파악함에 있어서 시경론의 변모 양상에 한

가닥 관심을 기울이지 않을 수 없다(김흥규,『조선후기(朝鮮後期)의 시경론(詩經論)과 시의식(詩意識)』).

망연자실(茫然自失): 황당한 일을 당하거나 어찌할 줄을 몰라 정신이 나간 듯이 멍함. *멀리서 쿵쿵 소리를 내며 누군가 달려왔다. 제타 곁에 서더니 망연자실한 표정으로 내려다보았다. 초아는 그가 누군지 단번에 알아차렸다. 그는 숯도 아니고 젖소도 아니었다. 남들이 얘기하는 무형의 에너지 덩어리는 더더욱 아니었다. 초아 자신과 기이할 정도로 똑같이 생긴 순백의 얼굴, 지난 330억 년 동안 어둠에 가려져 있던 적대자이자 입실론과 더불어 가장 중요한 만사브다르, 바로 저 악명 높은 가야바였던 것이다(박형서,「티마이오스」).

명명백백(明明白白): ㉠ 아주 명백(明白)함. ㉡ 의심의 여지없이 매우 분명하다. *산다는 것은 명백함 모호함./나는 이번 생을 생각하다가/조용히 심장을 두근거리며/푸른 촛불들 속으로 걸어 들어가보네/그러나, 그 불길 속/잘못 내려앉은 인생인 듯/명명백백(明明白白)한 벌레 한 마리/이 생에서 저 생으로/한 불꽃에서 다른 불꽃으로 건너가고 있네//생애가 그저 한 이파리였을 뿐이네(장만호,「이파리 위의 생」)

매일매일(每日每日): 하루도 빠짐없이 날마다. *"이게 이래봬도 얼마나 손이 많이 간 건 줄이나 알아. 요즘 배춧값이 금값이야. 얼른 푹푹들 떠먹어. 하기사 뭐 집에서 밥들을 먹어야 뭐가 맛있는 건지 알기나 하지. 밖에서 파는 음식엔 조미료가 얼마나 많이 들어가는 줄이나 알아?" 그러나 식구들이 매일매일 일찍 들어와 끼니때마다 새 밥을 해 받쳐야 한다면 제일 못 견딜 사람은 다름 아닌 엄마일 거였다. "마리야, 소금 좀 가져와라." 아빠의 특기는 엄마 말 맥 끊기였다. "왜? 싱거워?" "……" "누가 깡촌 출신 아니랄까봐 입맛 하나도 더럽게 촌스럽다니까. 요즘에 누가 당신처럼 짜게 먹어?" 엄마의 특기는 아빠의 출신 성분 무시하기였다. "아이, 시끄러워, 엄마 좀 그만해." 엄마를 가로막고 나서는 마리는 아직 순진했다. "이 기집애가…… 너는 일찍일찍이나 다녀!" 그럴 줄 알았다. 나는 묵묵히 숟가락질을 했다(정이현,「낭만적 사랑과 사회」).

명실상부(名實相符): ㉠ 이름과 실상이 서로 꼭 들어맞음. ㉡ 알려진 것과 실제의 상황이나 능력에 차이가 없다. *세종(世宗)은 철저(徹底)하게 유교입국(儒敎立國)의 주의(主義)를 실현(實現)하는 한편 벽불(闢佛)에 있어서도 초기(初期)에는 태종(太宗)의 척불정책(斥佛政策)을 이어 강력(强力)히 시행(施行)에 옮겨 명실상부(名實相符)한 유교국(儒敎國)으로서의 면모(面貌)를 갖추었다(박병채,『논주(論註) 월인천강지곡(月印千江之曲) 상(上)』).

목불인견(目不忍見): 딱한 모양을 눈으로 차마 볼 수 없음. *목불인견(目不忍見)이었다. 연장들이 마구 난무(亂舞)하고 있는 것이었다. 괭이가 사람의 대가리를 찍는가 하면, 쇠스랑이 사람의 얼굴을 긁어내고 있었고, 삽이 사람의 몸뚱어리로 파고들고 있었다. 산 사람의 머리가 쪼개지고 있었고, 산 사람의 어깨가 부서지고 있었으며, 산 사람의 가슴이, 산 사람의 배가, 산 사람의 팔 다리가 그렇게 마구 엉망진창으로 망그러지고 있었다. 생피가 마구 튀고 있었다(하근찬,『야호(夜壺)』).

무가 무불가(無可 無不可): 옳을 것도 없고, 옳지 않은 것도 없음. *아파트 단지를 벗어나면 식료품상과 복덕방들의 간판이 요란한 상가 건물을 만나게 되고 그 앞으로는 장차 아파트가 새로 들어차기로 예정되어 있으나 현재에는 슬러브 집과 루핑57)을 얹은 집들이 촘촘하게 박혀 있는 무허가 주택촌으로 빠지는 길목을 지나가게 된다. 그 조그만 네거리에 흔히들 물역가게라 부르는 건재상점과 철공소 또는 '아파트 전문 수리 센터' 따위의 간판을 달고 있는 느저분한 점방들이 보이고 그 밖에 전기상회, 자전거포, 순댓국집 따위들이 얼섞혀 있다. 이런 점포들 근처가 근자에 이르러 어린이 놀이터 아닌 어른들 놀이터를 방불케 하고 있다. 산업사회는 노사간의 갈등 못지않게 고

---

57) 지붕을 이는 일. 또는 그 일에 쓰는 재료. 보통 섬유 제품에 아스팔트 따위를 칠하여 만든 방수(防水) 재료.

용기회의 관문을 놓고 새로운 세대의 진입과 채 늙지 아니한 세대의 퇴장을 사이로 하여 경쟁이 거세게 된다고 하더니 어떤 경로로 빈둥거리는 몸이 되었든 간에 막일이라도 해볼 수 없을까 해서 집을 나선 중늙은이들이 저렇게 물역가게 앞 공터에서 담배꽁초 가심해 가며 빈둥거리고 있는 것이다. 경제 불황이니 물가 상향조정이니 따위의 말들이야 신문에서 늘 접하는 것이라 무가(無可) 무불가(無不可)로 실감이 없지만 대열에서 밀려난 위인들 먹고 살기가 힘들어지고 새로운 대열 찾지 못해 방황하는 겉늙은이들의 숫자가 늘어나게 된 것만은 이 건재상점 부근의 어른들 놀이터를 봐도 실감할 수가 있다(박태순, 「침몰(沈沒)」).

무골호인(無骨好人): 줏대 없이 물렁하여 남의 비위를 잘 맞추는 사람. *역사적으로 보아 수많은 기독교인들과 사도들, 주의 종들이 순교하게 된 것은 절대로 양보와 타협을 용납하지 않았던 까닭입니다. 신앙, 교리, 진리, 계시에 관한 한 결단코 양보하지 않습니다. 바른 진리에 대하여 이렇듯 양보하지 않는 것은 독실한 것입니다. 그러나 계시가 아닌 인간적인 것을 끝까지 고수하려는 것은 고집불통일 뿐입니다. 여러분, 신앙생활을 하려면 때때로 어느 정도 고집이 있어야 합니다. 마냥 물러 터져서 이것도 좋고 저것도 좋고 해서는 안 됩니다. 이 사람의 말을 듣고도 "자네 말이 옳아" 하고 저 사람의 말을 듣고도 "자네 말이 옳아" 합니다. 이렇게 줏대 없이 우왕좌왕해서는 안 됩니다. 신앙에 대해서는 독선주의자가 될지언정 무골호인(無骨好人)은 되지 않아야 합니다. 외고집을 가질 필요가 있습니다. 신앙이 없는 사람이나 내 신앙을 이해하지 못하는 사람이 볼 때에는 당연히 독선주의자로 보일 것입니다. 거기에 생명력이 있습니다. 바울은 계시의 직접성을 근거로 누구와도 타협하지 않고 누구에게도 양보하지 않는 신앙체계와 진리 위에 꿋꿋이 서서 복음을 전한다고 자부합니다(곽선희, 『갈라디아서 강해(講解): 은혜(恩惠)의 복음(福音)』).

무궁무진(無窮無盡): 끝이 없음. *도마 위에 몸을 눕히고 기다리세요. 당신한테서 매운 향기가 피어오릅니다. 칼을 들고 가겠습니다.//우리는 아픔 없이 잘게 부서질 수 있습니다. 우리는 잘 섞일 수 있습니다. 만두의 세계는 무궁무진합니다. 측량할 수 없는 별빛//그리고 헤아릴 수 없이 많은 자석들이 요리의 세계로 사람들을 끌어당깁니다. 맨발로 부드러운 밀가루를 밟으며 뛰어다녀도 좋습니다. 밀려오는 파도는 밀려오고 쓸려가는 파도는 쓸려가고//썩은 과일은 술이 됩니다. 술이 됩니다. 우리는 만두가 됩니다. 끓는 물에 둥둥 떠오를 수 있습니다. 환하게 터질 수도 있었습니다(김행숙, 「초대장(招待狀)」).

무념무상(無念無想): 선정 수행에서 그릇된 분별이나 집착을 떠나 마음이 빈 상태. 완전히 무아(無我)의 경지에 이른 상태. *가뭇없이 잊고 살던 세상사가 용씨의 인기척으로 불현듯 살아날 때가 많았다. 산속에 혼자 있다 보면 무념무상 생각의 갈피를 놓쳐버리기 일쑤다. 시간 흐름의 덧없음이다. 오늘이 어제이고 어제가 오늘이다. 아니, 어제도 없고 오늘도 없다. 나무의 우듬지가 까마득히 높아져 하늘을 가리었을 뿐 이십 년 전의 목련나무가 지금의 저 고목이다. 그때도 바위말발도리가 저 절벽 끝에 소담스레 피었고 금학산 중턱에서 솟은 샘이 복사골 골짜기를 적시며 여전히 같은 수량으로 출출거린다. 그때와 지금이 다르지 않다는 시간의 죽음, 그 무위로부터 솟아나는 유일한 길이 기다림이었는지 모른다(전상국, 「꾀꼬리 편지」).

무릉도원(武陵桃源): 속세를 떠난 별천지. *무릉도원은 동양적인 낙원의 모델로서 여기에 담긴 유토피아 사상은 후세 사람들의 의식에 많은 영향을 미쳤다. 세상이 어지러울 때 사람들은 도피처로서 무릉도원을 마음속에 그렸으며 실제 현실 속에서 그런 장소를 갈망하기도 하였다. 조선 후기에 함경도 갑산(甲山) 깊은 산 속에 무릉도원이 있다는 풍문이 돌아 수많은 사람들이 그곳을 찾아 나섰던 사건이 있을 정도였다. 무릉도원에 대한 상상은 후세의 문학과 예술에도 큰 영향을 주었다. 허균(許筠)의 소설 『홍길동전』에서 홍길동은 조선을 떠나 외딴 섬 율도(䃤島)를 차지하여 이상적인 나라를 건설

한다. 이 율도국이야말로 이상향 무릉도원의 또 다른 표현이 아닐 수 없다. 회화에서도 수많은 화가들이 무릉도원에 대한 상상을 그림에 옮겨 양식화 한다. 조선 초기 안견의 <몽유도원도>도 그 중 하나이다. 안평대군이 「도화 원기」를 즐겨 읽다가 어느 날 꿈속에서 무릉도원을 보고 안견에게 그 꿈 이 야기를 들려주어 사흘 동안에 걸쳐 그리게 했다는 그림이 <몽유도원도>인 것이다(정재서, 『이야기 동양 신화: 중국편』).

무사안일(無事安逸): 아무런 일이 없이 편안하고 한가함. *이러한 정치, 이 러한 사회라면 인정사정없이 사람을 들볶는 듯 여겨질 수 있다. 그러나 각자 의 능력을 제대로 사용하지 못하고, 각자 무사안일(無事安逸)에 빠지거나 극 심한 생계의 압박에 시달려 삶의 의미를 상실하고 살아가는 생활보다는 바 쁘고 힘들지만 보람과 성과가 확실한 생활이 낫지 않을까? 당시 정약용이 처한 사회가 극소수의 권력층은 안일에 빠지고, 다수의 한사(寒士)는 일할 곳을 찾지 못하고, 절대다수의 민중은 과도한 착취에 생계조차 잇기 힘겨운 상황이었음을 생각한다면, 그러한 삶이야말로 추구해야 할 이상(理想)이 아 니었을까?(함규진, 『정약용(丁若鏞) 정치사상(政治思想)의 재조명(再照明)』)

무사태평(無事泰平; 無事太平): ㉠ 아무 탈 없이 편안함. ㉡ 무슨 일이든 안 온하게 생각하여 근심걱정이 없다. *「수성지(愁城誌)」는 『백호집(白湖集)』의 말(末)에 수록(收錄)되어 있고, 택당(澤堂) 이식(李植)의 문집(文集)인 『택당집 (澤堂集)』에 작자(作者) 임제(林悌)가 북평사(北評事)로부터 남평사(南評事)로 옮겨갔을 적에 지었다고 기술(記述)되어 있다. 이 작품(作品)은 「화사(花史)」 와 같이 의인소설(擬人小說)로서 심정(心情)을 의인화(擬人化)하여 간신(奸臣) 을 물리치고 탁세(濁世)를 정화(淨化)하며, 정인군자(正人君子)를 맞이하여 정치(政治)를 바로잡고, 군주(君主)와 인민(人民)이 다같이 안락(安樂)할 수 있는 나라를 건설(建設)해야 한다는 이념(理念)을 말한 것이다. 이것에는 작 자(作者)가 평소(平素)에 붕당(朋黨)의 폐(弊) 막심(莫甚)함을 미워하고, 혼탁 (混濁)한 세상에서 부귀(富貴)와 영화(榮華), 또는 입신(立身)과 출세(出世)를 싫어하며, 정도적(正道的)인 정치(政治)와 무사태평(無事太平)한 사회(社會)를 기원(冀願)한 심사(心事)가 여실(如實)히 표현(表現)되어 있다(문선규, 『한국한문학사(韓國漢文學史)』).

무소부지(無所不至): ㉠ 이르지 않는 데가 없음. *이로써 보면 전후(前後) 30년간에 귀국의 군신(君臣)이 우리 나라에 신서(信誓)하고 천하에 성명한 것 가운데 그 어느 것도 우리 토지(土地)와 인민(人民)을 침략치 않고 우리 독립(獨立)과 자주(自主)를 해치지 않는다는 것을 담부(擔負)로 하지 않은 것이 있었는가? 무릇 천하만국(天下萬國)의 어느 나라도 또한 한(韓)·일(日) 양국이 불가분(不可分)의 관계에 있어서 상보상지(相保相持)하고 서로 침해하지 않기로 되어 있다는 것을 모르는 나라가 있는가. 그럼에도 불구하고 귀국이 우리 나라에 대하여 흉폭(胸幅)한 짓을 자행(恣行)하는 일이 날이 갈수록 심하여지고, 신의(信義)를 저버리는 일이 무소부지(無所不至)의 지경에 이르렀으니 여기에 그 증거를 제시하기로 하겠다(최익현, 「기일본정부(寄日本政府)」). ㉡ 모르는 것이 없음.

무여열반(無餘涅槃): 모든 번뇌가 끊기고, 육신까지 멸(滅)하여 얻어진 경지. 곧, 죽은 후에 들어가는 열반. *이상과 같이 무한 중생을 모두 무여열반(無餘涅槃)에 들도록 제도코자 하는 것이 모든 보살마하살들의 서원인 것이다. 바로 이 서원이 수보리가 불타에게 "어떻게 살아야 할 것인가"라는 응운하주(應云何住)의 질문에 대하여 불타가 답변하는 최초의 응여시주(膺如是住)가 될 것이다./기신론은 이 같은 보살들의 서원에 대하여 진여(眞如)에의 귀순하는 방편 중의 하나로 다음과 같이 설한다. 이를 대원평등방편(大願平等方便)이라고 일컫는다./대원평등방편은 큰 서원을 일으켜, 평등하게 모든 중생을 구제하겠다는 결의가 바로 진여에 수순하는 방편이 된다는 것이다. 이것이 바로 이타행(利他行)으로서 중생구제에는 시한이 없는 것이다./따라서 보살의 중생구제 발원도 끝이 있을 수 없다. 미래가 다할 때까지 일체중생을 교화제도하겠다는 발원이 계속되는 것이며, 남김없이 평등하게 일체중생을 구제하여, 궁극적으로 무여열반(無餘涅槃)에 들게 하려는 것이다. 무여열반은 유여열반(有無涅槃)에 대(對)한 것으로서 불타가 보리수 밑에서 번뇌를 멸하고 깨달음이 열리었을 때의 열반은 육체가 남아 있는 유여열반이며, 무여열반은 육체를 버린 영원의 세계에서의 열반을 말한다(전종식, 『대승기신론(大乘起信論)을 통해 본 금강경(金剛經)』).

무위자연(無爲自然): 사람의 힘을 더하지 않은 그대로의 자연. *현실 문제에 집착하는 유가나 제자백가들을 하잘것없는 존재로 보았다는 점에서 노자와 장자를 높이 평가한 김달진의 논리에는 아마도 그 스스로의 삶과 시가 품고 있는 깊은 뜻이 담겨 있는 것이라 하지 않을 수 없다. 그의 은둔주의는 이 점에서 명료하게 이해될 수 있을 것이며, 그의 '무위자연(無爲自然)' 사상은 그의 시를 통해 일관되게 나타나고 있다고 할 것이다(최동호, 『평정(平定)의 시학(詩學)을 위하여』).

무인지경(無人之境): ㉠ 사람이 없는 외진 곳. *그러자 하루는 주인이 안협집더러,/"여보, 이번에는 임자가 하룻저녁 가 보구려. 그놈이 혹시 못 가게 되더래도 임자가 대신 갈 수 있지 않수. 또 고삐가 길며는 바래인다구 무슨 일이 있을는지 모르니 임자가 둘이 가서 한몫 많이 따오는 것이 좋지 않수."/ 안협집이 삼돌이를 꺼리는 줄 알지마는 제 욕심에 입맛이 달아서 자꾸자꾸 충동인다. "따다가 잡히면 어찌하구유?"/"무얼! 밤중에 누구 알우? 그러고 혼자 가라오, 삼돌이란 놈하고 가랬지."/"글쎄, 운이 글러서 잡히거나 하면 욕이지요." 잡히는 것보다도 안협집의 걱정은 보기도 싫은 삼돌이란 녀석하고 밤중에 무인지경(無人之境)에를 같이 가라니 그것이 딱한 일이다(나도향, 「뽕」). ㉡ 아무것도 거칠 것이 없는 판. 독판.

무자귀신(無子鬼神): 자식을 두지 못한 사람이 죽어서 된 귀신. *한 곳에 다달으니, 피바다에 밋업는(밑 없는, 밑이 없는. '밑'은 배 밑으로 주로 소나무로 만드는데 이 위에 삼을 세워 배의 기본 형태를 갖추게 됨) 배/칠팔월 악마우리 울듯 울고가는/저기 저배는 무슨 배뇨?/그배는 전생에 잇을 젹에, 부모에게 불효하고/나라에 역적이요, 동생에는 우애업고/적은 되로 쉬이고(꾸어주고, 빌려 주고), 큰 되로 밧고/날쌀애기(싸라기, 쌀의 부스러기) 동양주고, 모해(謀害, 모략을 써서 남을 해롭게 함) 잡은 죄로 해서/억만사천 제디옥으로 울고가는 배요./임자업는 배는 무슨 배이뇨?/그배는 전생에 잇슬 적에/무자귀신(無子鬼神, 자식 없는 귀신)이 해상으로 가는 배로성이다(서대석, 「바리공주」, 『한국(韓國)의 신화(神話)』).

무지몽매(無知蒙昧): 아는 것이 없고 사리에 어두움. *내가 다시 대학생이 된다면, 우선 자신의 전공을 버리겠다. 나의 성적증명서에는 일사분란하게 국어국문학만으로 채워져 있다. 한국문학에 대한 무지몽매한 이 짝사랑은 사실 내가 그에게 배신당하는 길이었음을 나중에 알았다. 한국문학 텍스트는 아무리 읽어도 나에게 문을 열어주지 않았는데, 해결사는 바로 인접분야에 있었음을 안 것은 불행하게도 대학을 졸업한 후였다. 나는 그때 역사·철학·사회학·심리학 강의실을 스파이처럼 기웃거렸어야 했다. 의과대학생은 인문대학 강의실을 기웃거려 보라. 거기에 생물학적 인간이 아니라 정의적(情誼的) 인간이 있다. 문과대 학생은 자연과학 강의를 '선택해' 보라. 거기에 우주의 신비가 있고 삶의 비의(秘義)가 있다. 자신의 전공을 진정으로 끌어안기 위해서 우선 전공을 버려야 한다(서종택, 「내가 다시 대학생이 된다면」).

무참괴승(無慚愧僧): 계율을 깨뜨린 중. 파계승(破戒僧). *"어금지금한 일에도 분별이 있고, 그 분별을 넘어서야 깨달음이 있다. 윷놀이 판의 도와 개가 한 끗 차이이듯, 무참괴승(無慚愧僧: 계율을 깨뜨린 승려. 파계승)과 선덕(禪德: 선리(禪理)에 밝아서 덕망이 높은 승려)도 본디 백짓장 한 장 차이인지라!"(김별아, 『불의 꽃』)

묵묵부답(黙黙不答): 입을 다문 채 아무 대답도 하지 않음. *노모는 신념에 차서 말했겠지만 다만 우리는 당신의 지나온 회오(悔悟)의 세월에 대한 보답할 길 없는 슬픔 때문에 묵묵부답했을 뿐이었다. 그러나 적어도 우리는 짐작하고 있었다. 현훈이가 첫 번째 직장을 그만둔 것은 타인의 결정에 의한 것이었지만 이곳 광주의 이름 있는 국립대학의 조교수 자리를 그만둔 것은 온전히 스스로의 결정에 의한 것이었다. 그 해 오월, C대학 역사과 조교 김(金)군이 죽던 날, 현훈은 자신의 연구실에 앉아 있었다. 김 군의 시신을 확인하지는 않았으므로 정확히는 실종(失踪)이라고 말해야 옳을 일이었다. 김 군은 끝내 돌아오지 않았으므로, 그의 죽음은 이제 수수께끼가 되었다(서종택,「동박새」).

문경지교(刎頸之交): 목이 잘리는 한이 있어도 마음을 변치 않고 사귀는 친한 사이. 출전은 『사기(史記)』「염파 인상여열전(廉頗 藺相如列傳)」이다. *한 번은 명회가 어떤 술객 하나를 데리고 권람의 집으로 달려왔다. 그때에는 조선에 도사(道士)라는 것이 많아서 무슨 풍운조화나 부리는 재주가 있는 듯이 사람의 마음을 혹하게 하고 돌아다니었다. 그 술객이란 자가 권람의 상을 보더니,/"십년 내에 배상(拜相)하시겠소"/하고 능청스럽게 일어나 권람에게 절을 하였다. 권람도 너무나 기뻐서 부지불각에 일어나 마주 절을 하였다. 그것을 보고 명회는 웃었다. 술객은 불출 수년에 조선에 큰 정변(政變)이 일어난다는 말과 인명이 많이 상할 것과 그 일을 맡을 사람이 한명회, 권람 두 사람인 듯하게 말하였다. 명회를 보고는,/"귀하시기로 말하면 영의정을 삼십 년은 지내시겠소마는 눈에 살기가 많으니까 인명을 많이 해하겠고 혹시 검난(劍難)이 있다 하겠지마는 생전에는 염려 없소" 하였다./이 날에 권람과 한명회는 희불자승하여 온종일 술을 마시고 즐기었다. 그리고 이 날에 두 사람은 문경지교(刎頸之交)를 맺었다. 그리고 일생을 관중포숙(管仲鮑叔)으로 자처하였다(이광수,『단종애사』).

문이재도(文以載道): 글에는 도(道)가 담겨 있어야 한다. 고문운동(古文運動)을 전개하면서 고문(古文)과 고도(古道)는 서로 분리될 수 없는 것이라고 주장한 한유(韓愈)의 고문이론(古文理論)의 핵심(核心)이다. *특히, 근대 계몽기 허구지향 의식을 보이고 있는 전(傳)은, 곧 「김봉본전(金鳳本傳)」58)의 '인

---

58) 근대적 가치, 곧 평등의 가치가 왜 중요한 것인지를, 전래하는 설화를 전(傳)의 형식

홍'과 「어복손전(魚福孫傳)」59)의 '어복손'이란 "부서진 희망을 우리에게 전달하는" 입전 인물의 절망적 내면을 보여줌으로써 가장 절실하게 "우리를 변화시킬 수 있는 감응력"을 확보해내고 있다. 전(傳) 양식을 '문이재도(文以載道)'와 관련시켜 이해할 수 있는 지점도 여기이다. 한마디로 '절망의 내면'이 사회적 실천(애국 계몽의 담론)의 문제와 다시 결부되어야 한다는 것, 바꿔 말하면 절망의 내면은 "궁극적으로 집단으로 나아가기 위한 전단계로서만 가치를 갖게 된다"는 의미이다(김찬기, 『한국근대소설의 형성과 전(傳)』).

문전박대(門前薄待): ㉠ 문 앞에서 쫓아낼 듯이 인정 없고 모질게 대함. ㉡ 문 앞에서 내쫓아 버릴 듯 인정 없이 모질게 대하다. *다산은 일생을 살아가면서 쓴맛, 단맛을 모두 경험했던 그야말로 파란만장한 삶을 살았던 분이었습니다. 암행어사라는 막강한 권력의 지위를 역임하였고, 정조대왕의 절대적 신임을 받으며 규장각과 한림원을 넘나들면서 임금의 최측근으로 일하기도 했습니다. 그런가 하면 감옥에 갇혀 모진 고문을 당하며 국문을 받았고, 귀양지에 도착해서는 '문전박대(門前薄待)'를 당해 배고픔과 추위에 견디기 힘든 고난에 봉착하기도 했습니다. 귀양살이가 풀려 고향에 돌아온 뒤에도 역전죄인이라는 누명을 벗는 사면을 받지 못해, 가까운 지인들이 자신의 집 문 앞을 지나면서도 들러주지 않는 '과문불입(過門不入)'의 서러움과 외로움에 괴로워하기도 했습니다./1801년 음력 11월 하순, 강진읍에 유배객으로 도착하여 자고 먹을 집을 찾았으나, 모두가 문전박대하여 끝내는 동문 밖으로 나가 주막집에서 겨우 의탁할 수 있었고, 양평에 살던 지인들은 서울에서 자신들의 집으로 가려면 의당 마재 다산의 문 앞을 지나야 하는데 귀양살이에서 돌아온 다산이 거주하고 있음을 알면서도 끝내 과문불입하는 때가 많았

에 담아 창작한 「김봉본전(金鳳本傳)」은 중국의 공안 소설인 「용도공안(龍圖公案)」과 「초각박안경기(初刻拍案警奇)」의 번안 연작소설인 『신단공안(神斷公案)』(1906)의 제4화이다.

59) 어복손의 속량(贖良) 문제가 중심 서사인 「어복손전(魚福孫傳)」은 『신단공안』의 제7화이다.

다고 다산이 기록한 글이 있습니다. 문전박대와 과문불입은 상당한 의미에서 비슷한 뜻이 있으나 본질적으로는 큰 차이가 있습니다. 찾아주지 않음이야 상대방의 일이니 견딜 만한 일이지만, 문전박대를 당하고 나면 그것은 정말 견디기 어려운 고통이 따를 수밖에 없습니다(박석무, 「당해서는 안 될 쓰라린 아픔: 문전박대(門前薄待)」).

문전성시(門前成市): 어떤 집 문 앞이 찾아오는 사람으로 마치 저자를 이룬 것 같음. *그러니까 온수 파이프를 뜯는다든가 변소를 개수한다든가 그런 일거리를 가진 아파트 입주자들 중에서 제딴에는 돈 아낀다고 물력가게에 들러 인부를 부탁하는 경우가 생기니까 아마도 그런 기회에 생력꾼 노릇이라도 하겠다고 저렇게 문전성시를 이루고 있는 것에 틀림없어 보였다. 하지만 그런 노릇이라는 게 고상한 직장 일 같은 것은 못 되는 터이고, 그들 자신 나는 그런 날품 노릇할 위인은 아니노라, 다만당 심심하고 따분해서 나와 본 것뿐이노라 하는 표정들을 짓고 있는 것이지만, 그럴수록에 그들 사이에서는 묘한 분위기 같은 것도 생겨나는 듯하였다(박태순, 「침몰」).

문전여시(門前如市): 문 앞이 저자와 같다. 권세를 드날리거나 부자가 되어 방문객이 많아 집 문 앞이 저자같이 사람이 모여든다는 말. 문전성시(門前成市). *그러나 권근이나 권제나 다 벼슬은 좋아도 재산은 없었다. 재산이라고는 남산 밑 비서감(秘書監) 동편에 태조 대왕께서 권근에게 하사하신 집 하나가 덩그렇게 있을 뿐이다. 이 집은 찾아오는 사람 없기로 유명한 집이다. 권근이 한 번 절개를 굽히어 전국 선비가 고개를 돌린 뒤로부터 권근을 이 집에 찾는 사람이 없었다. 충주(忠州) 모옥(茅屋)60)에는 문전여시(門前如市)하더니 장안갑제(長安甲第)에는 찾는 이가 없다고 세상은 권근을 비웃었다. 아무리 왕의 세력이 커도 인심은 어찌할 수 없었다(이광수, 『단종애사』).

미목수려(眉目秀麗): 얼굴이 매우 아름다움. *나는 그 동안 풍선(風船)처럼 잠자코 있었다. 온갖 재주를 다 피워서 이 미목수려(眉目秀麗)한 천재(天才)

---

60) 이엉이나 띠 따위로 지붕을 이은 작은 집.

로 하여금 먼저 입을 열도록 갈팡질팡했건만 급기야 나는 졌다. 지고 말았다 (이상,「실화(失花)」).

미사여구(美辭麗句): '아름다운 글과 화려한 구절'이라는 뜻으로 지나치게 장식적인 글을 비유로 하는 말이다. *편지 내용도 어쩐지 그런 낯간지러운 문투로 흘러나가고 있었다. 누가 대필을 한 게 분명했다. 대필을 한 사람이 제딴은 잘 쓰려고 온갖 미사여구(美辭麗句)를 다 동원한 것이었다. 약간 장난기도 섞어 가지고 말이다(하근찬,『야호』).

미인박명(美人薄命): 미인은 흔히 불행하거나 병약하여 요절(夭折)하는 일이 많다는 뜻으로 이르는 말. *"그나저나 미인박명이라더니 청이 엄마도 참 안 됐지. 그렇게 갑자기 죽을 줄 누가 알았겠어"(임영태,『아홉 번째 집 두 번째 대문』).

밀화장도(蜜花粧刀): 밀화(蜜花)로 장식한 장도(粧刀). *두 번째 삼월이 전갈해왔을 때 비로소 홍씨의 몸치장이 끝났다. 옥색 항라 치마저고리 옷고름에는 남빛 오장 수술에 밀화장도(密花粧刀) 노리개가 매달려 있었다. 옥가락지를 끼고 검정자주의 감댕기를 감은 쪽에는 옥비녀에 비취로 된 나비잠 말뚝잠이 꽂혀 시원해 보였다. 잘생긴 얼굴은 아니었지만 살결이 희고 서울 여자라 땟물이 빠져 눈을 끌게 하기는 했다. 윤씨부인 거처방으로 들어간 홍씨는 남편이 시키는 대로 윤씨부인에게 절을 하는 것이나 절하는 품은 단정하지가 못하였다. 다소 얼굴을 숙인 윤씨부인은 눈을 치뜨듯 하며 쳐다보는데 이마에 주름이 잡히고 말은 없다. 그동안 준구도 변변히 말을 못한 눈치다(박경리,『토지』).

박이부정(博而不精): 널리 알되 정밀하지 못함. *"예로부터 동방에 명안(明眼)이 많다고 하는데 우리 나라에 전도(傳道)되고 있는 것 외에 승속(僧俗) 중에 누가 잘 보고 못 봅니까?"/내가 이에 대답했다./"유자(儒子)로 말하면 정도전(鄭道傳)61)은 박이부정(博而不精)하고 이토정(李土亭)62)은 정(精)하면

---

61) 고려 말 조선 초의 성리학자인 정도전(?~1398)은 자가 종지(宗之)이고, 호는 삼봉(三

서도 막히지 않고, 정두경(鄭斗卿)은 재주가 넘쳐 때로 오착(誤錯)이 있고, 성첨정(成僉正)은 다만 찌꺼기를 알 따름이고, 윤참의(尹參議)는 사격(詞格)에 정도(精道)하나 한편의 장점과 단점이 있다(조규순, 『유산록(遊山錄)』).

박학다식(博學多識): 학식이 넓고 많음. *신문 지면에서 교양론을 편다는 것은 무리한 일이다. 핵심적인 얘기만 추리도록 하자. 핵심 중의 하나는 이제 우리 대학들이, 다수의 교수와 학생들이, 교양 교육이랄 때의 그 '교양'이란 말에 대한 틀에 박힌 상식과 이해를 완전히(그렇다, 완전히) 벗어던져야 한다는 것이다. 교양은 잡학, 상식, 장식물이 아니고 심지어 박학다식이랄 때의 '다식(多識)'도 아니다. 많이 읽고 많이 아는 사람의 다식을 꼭 흠잡을 일은 아니지만 이것저것 많이 알기만 할 때의 박학다식은 철학자 앨프리드 노스 화이트헤드63)의 적절한 지적처럼 '백해무익'하다. 교양이란 말은 박학, 잡식, 다식 같은 것을 가리키는 일반적 상식어가 아니다. 무엇보다 그것은 철학 기반을 가진 교육학적 용어이고 진리 발견과 인식에 관한 방법론이며 인간의 창조적 능력을 상향 조정하고자 할 때의 정신적 훈련과 관계되어 있다(도정일, 「대학 교육에서 '교양'이란 무엇인가」).

반가부좌(半跏趺坐): 좌선법(坐禪法)의 한 가지. 오른발은 왼쪽 허벅다리 위에 얹고, 왼발은 오른쪽 무릎 밑에 넣고 앉는 자세. *명상 실습의 기본자세는 등을 곧바로 세우고 앉는 자세다. 이 자세를 '온가부좌(全跏趺坐)'니, '반가부좌(半跏趺坐)'니 하여 전문용어로 부르기도 한다. 그런데 보통의 경우

峰)이다. 이성계를 도와 조선 개국공신이 되었고 조선 개국의 이념을 제시하였다. 정총(鄭摠) 등과 『고려사(高麗史)』 37권을 찬술한 정도전은 성리학적 입장에 서서 불교와 도교를 비판한 『심기리편(心氣理篇)』과 『심문천답론(心問天答論)』을 지었고, 그리고 불교이론을 비판한 『불씨잡변(佛氏雜辨)』 등을 지었다.
62) 조선 중기의 학자이자, 문신인 이지함(李之菡;1517~1578)은 자가 형백(馨伯)·형중(馨仲)이고, 호는, 수산(水山)·토정(土亭)이다. 『토정비결(土亭秘訣)』의 저자로 알려져 있지만 확실한 근거는 없다.
63) 영국의 철학자이자, 수학자인 앨프리드 노스 화이트헤드(Alfred North Whitehead; 1861~1947)는 B.러셀과의 공저 『수학원리 Principia Mathematica』 3권(1910~1913)을 저술하여 수학의 논리적 기초를 확립하려 하였다. 그밖의 저서에 『자연인식의 제원리』(1919), 『관념의 모험』(1933) 등이 있다.

'반가부좌'가 가장 적당하다. '반가부좌'란 왼발을 오른 허벅지 사이에 끼우고 오른발을 왼 무릎 밑으로 넣는 자세다. 물론 궁둥이는 좀 높은 좌복으로 받쳐서 궁둥이를 약간 높게 해야 한다. 그래야 양쪽 무릎이 바닥에 닿아 몸의 균형이 잡히게 된다. 두 손은 양쪽 무릎 위에 자연스럽게 올려놓을 것. 손바닥을 젖혀도 좋고 엎어도 좋고 또 두 주먹을 가볍게 쥐어도 좋다. 여하튼 편한 대로 할 것. 그리고 앉는 자리를 방바닥에서 너무 높지도 않고 너무 낮지도 않게 해야 한다. 너무 높게 되면 몸이 붕 뜬 것 같아 불안하고 너무 낮으면 양 무릎과 오른발 등이 방바닥에 닿아 통증이 온다. 6센티에서 7센티 정도의 두께의 좌복을 깔면 적당하다. 궁둥이와 양 무릎을 넉넉히 받쳐줄 수 있도록. 넓은 좌복이 없을 경우는 까는 요를 반으로 접고 그 위에 모포를 덧씌우면 좋다. 그리고 그 위에 다시 궁둥이를 높일 수 있도록 조그만 좌복을 사각으로 접어 궁둥이를 받쳐줘야 한다(석지현, 『행복한 마음 휴식』).

반신반의(半信半疑): 얼마쯤은 믿으면서도 한편으로는 의심함. *홍 사장이 인터폰으로 장영찬을 불렀다./"도저히 이 상태로는 회사를 운영할 수 없어."/"……"/"그래서 생각한 건데 사내도산제(社內倒産制)로 바꿔야 하겠어."/"사내도산제라뇨?"/"응 그건 말야. 각 부서를 하나의 작은 회사로 보고 본사에서 대출해 주는 식으로 자본금을 할당, 실적이 좋으면, 이익의 일정 부분을 그 부서 내에 적립하고, 그 부서를 실적에 따라 격상시키기도 하는 거야. 그러나 거꾸로 실적이 나쁘다는 평가를 받게 되면 아예 조직 자체를 없애버리는 거지."/홍 사장의 얘기를 듣고 처음엔 반신반의하던 장영찬은 그의 뜻을 알아차리고 체념했다(김종성, 「장난감을 위하여」).

배은망덕(背恩忘德): 은혜를 입고 도리어 배반함. *문명시대를 살면서 문명에 맞선다는 것은 비극이다. 그러나 시는 바로 그러한 상황에 처해 있다. 시가 본래 저항적이어서가 아니라 문명이 시를 압박하고 심지어 말살하려 들기 때문이다. 시가 문명에 맞서는 것은 그러므로 시 자체의 존립의 문제이다. 시는 자신이 시임을 완강히 주장함으로써 문명의 손아귀에서도 죽지 않고 살아간다. 문명의 압박이 갈수록 커져가는 시기에, 여기에 맞서는 시의 자리는 너무나 위태로워 보인다. 한때 시로써 왕국을 세울 수 있다던 자랑스런 시인의 긍지는 이제 사라졌다. 시인이 문명의 조상이라는 말은 더구나 옛말이 되었다. 문명은 이제 배은망덕하게도 시인을 문명의 공화국에서 추방하려 한다. 시인은 마치 게릴라처럼 문명의 틈바구니에 숨어 시가전을 벌인다. 무엇을 위해서? 단지 살아남기 위해서?(윤지관, 『놋쇠하늘 아래서: 지구시대의 비평』)

백골난망(白骨難忘): 죽어도 잊지 못할 큰 은혜를 입음. 백골이 되어서도 잊을 수 없다는 뜻, 남에게 큰 은혜나 덕을 입었을 때 하는 말. 결초보은(結草報恩). *"그동안 태남이를 거두어 길러주신 은혜 백골난망이외다. 기른 정이 낳은 정보다 더 하다는 걸 모르진 않사오나 이제 때가 된 듯하여 그 애를 데려갈까 하오니 너무 박정하다 마옵시길 바랄 뿐이외다"(박완서, 『미망(未忘)』).

백전백패(百戰百敗): 싸움마다 짐. *"뭐 어디 빈자리가 있어야지."/K사장은 안락의자에 폭신 파묻힌 몸을 뒤로 벌떡 젖히며 하품을 하듯이 시원찮게 대답을 한다. 미상불 그는 두 팔을 쭉 내뻗고 기지개라도 한 번 쓰고 싶은 것을 겨우 참는 눈치다./이 K사장과 둥근 탁자를 사이에 두고 공손히 마주앉아 얼굴에는 '나는 선배인 선생님을 극히 존경하고 앙모합니다' 하는 비굴한 미소를 띠고 있는 구변 없는 구변을 다하여 직업 동냥의 구걸(求乞) 문구를 기다랗게 늘어놓던 P……P는 그러나 취직운동에 백전백패(百戰百敗)의 노졸(老卒)인지라 K씨의 힘 아니 드는 한마디의 거절에도 새삼스럽게 실망도 아니한다. 대답이 그렇게 나왔으니 이제 더 졸라도 별 수가 없는 것이지만 헛일 삼아 한마디 더 해보는 것이다./"글쎄올시다. 그러시다면 지금 당장 어떻게 해주십사고 무리하게 조를 수야 있겠습니까마는 …… 그러면 이담에 결원이 있다든지 하면 그때는 꼭……"/이렇게 말하고 P는 지금까지 외면하였던 얼굴을 돌리어 K사장을 조심성 있게 바라보았다. 그러나 K사장은 위선 고개를 좌우로 두어 번 흔들고는 여전히 하품 섞인 대답을 한다./"결원이 그렇게 나나 어디…… 그리고 간혹 가다가 결원이 난다더라도 유력한 후보자가 몇 십명씩 밀려 있어서……"/P는 아무 말도 아니하고 고개를 숙였다. 이제는 영영 틀어진 것이다. '안녕히 계십시오' 하고 일어서는 것밖에는 별수가 없다(채만식,「레디 메이드 인생」).

백절불굴(百折不屈): 백 번 꺾어도 꺾이지 않음. *과연 그렇다. 나 같은 것이 무얼 하나. 남들이 하는 말을 흉내내는 것이 아닌가. 아아 과연 사람 노릇하기가 쉬운 것이 아니다. 남자와 같이 모든 것을 하는 여자는 평범한 여자가 아닐 터이다. 사천 년래의 습관을 깨뜨리고 나서는 여자는 웬만한 학문, 여간한 천재가 아니고서는 될 수 없다. 나폴레옹 시대에 파리의 전 인심을 움직이게 하던 스타엘 부인과 같은 미묘한 이해력, 요설(饒舌)한 웅변(雄辯), 그런 기재(機才)한 사회적 인물이 아니고서는 될 수 없다. 살아서 오를레앙을 구하고 사(死)함에 프랑스를 구해 낸 잔 다르크 같은 백절불굴의 용진(勇進) 희생이 아니고서는 될 수 없다. 달필(達筆)의 논문가(論文家), 명쾌한 경제서(經濟書)의 저자로 이름을 날린 영국 여권론의 용장(勇將) 포드 부인과 같은 어론(語論)에 정경(精勁)하고 의지가 강고한 자가 아니고서는 될 수 없다. 아아 이렇게 쉽지 못하다. 이만한 실력, 이러한 희생이 들어야만 되는 것이다(나혜석,「경희」).

백척간두(百尺竿頭): 백 자나 되는 높은 장대 위에 올라섰다는 뜻으로, 위태(危殆)로움이 극도(極度)에 달함. 매우 위태롭고 어려운 지경. *"그러면 우리는 어떻게 살 것이냐." 결국 처음 말에 다시 돌아갈 수밖에 없다. 지도자며 지도단체도 그 질(質)로 보아서는 다시 말할 것도 없겠거니와 수(數)로 보아도 아직 영성(零星)하기가 짝이 없다. 머리를 짜내고 짜내어 보아도 별모책(別謀策)이 없는 이상엔 우리의 최후의 목표는 진실한 지도자에게밖에 기대할 곳이 없다. 마치 궂은일에는 골육지친(骨肉之親)64)밖에 없는 것같이,

---

64) 부자(父子)・형제(兄弟) 또는 그와 같이 가까운 혈족(血族).

물에 빠져서 골육(骨肉)이 서로 얼싸안고서 떠내려가는 것같이 백척간두(百尺竿頭)에 다시는 어찌 할 수 없을수록 우리의 의지할 곳은 우리 동지(同志)밖에는 없다. 백 번 일러야 듣지 않으니 하는 수 없다 하고 꽁무니를 빼는 지도자는 오늘 조선의 지도자가 될 자격이 없다. 깊은 각오와 철저한 노력을 가지고 오직 지성(至誠)으로써 일관된 인격자라야 할 것이다(윤치호, 「구미인(歐美人)의 조선인관(朝鮮人觀)에 대하여」).

백해무익(百害無益): 온통 해롭기만 하고 하나도 이로울 것이 없음. *일요일 아침식사를 함께하는 것은 이 집 식구들 사이에 지켜지는 유일한 불문율이다. 평일마다 새벽 여섯시에 집을 나서서 출근하는 아빠가 아침을 먹는 유일한 날이 일요일이었다. 일주일에 하루쯤 자신의 밥상 앞에 부양가족들을 마주 앉히고 싶어 하는 가장의 심정이 아주 이해가 되지 않는 바도 아니어서, 또한 별 대단치 않은 일로 부모와 부딪히는 것이 얼마나 백해무익한 일인지 정도는 이미 알고 있었으므로 나는 군소리 없이 일요일 아침 식탁 앞에 앉는다. 오늘의 메뉴는 김치두부전골과 북어조림, 그리고 엄마의 과장 섞인 잔소리와 아빠의 침묵이었다(정이현, 「낭만적 사랑과 사회」).

번문욕례(煩文縟禮): 번거롭고 형식에 치우친 예문. *아우어바흐65)도 지적한 바이지만, 이 소설의 후편66)에 오면 동 키호테와 산초 판사의 역할이 뒤바뀐다. 전편에서는 동 키호테가 지시하고 산초 판사는 어리석게 그의 뒤를 따를 뿐이지만, 후편에서는 동 키호테의 추상적 이상주의가 지니고 있는 논리를 체득해버린 산초 판사가 거꾸로 동 키호테를 유도하고 희롱한다. 둘시네아에게 편지를 전하라고 보내자 아무 처녀나 가리키면서 저 여자가 둘시네아라고 하면서 미사여구를 늘어놓는다든지, 농사꾼 처녀밖에 보이지 않는

---

65) 도이칠란트 출신인 에리히 아우어바흐(Erich Auerbach; 1892~1957)는 예술사와 언어학을 공부한 뒤 1929년에 『세속 세계의 시인으로서의 단테』를 내어 학계의 인정을 받았다. 나치 정권의 박해를 피해 터키 이스탄불로 옮겨가 터키 국립대학교에 머무르면서 『미메시스 Mimesis』를 저작했다.
66) 세르반테스(Miguel de Cervantes Saavedra)의 장편소설 『동 키호테 Don Quixote: El Ingenioso Hidalgo Don Quijote De La Mancha』의 후편.

다고 하는 동 키호테의 말에 마술의 힘을 모르냐고 반문하는 장면 같은 것이 그 예이다. 산초 판사가 섬의 총독으로 부임하며 벌이는 사건은 박지원67)의 「양반전」과 동일하다. 송사를 처리하는 데서나 풍속을 개량하는 데서나 산초 판사는 어떤 귀족에게도 지지 않는다. 바로 자기 자신의 생활이기도 한 주민들의 생활을 너무나 깊이 이해하고 있기 때문에 산초 판사는 어떠한 계략에도 속지 않는다. 그는 귀족들의 번문욕례(煩文縟禮)가 지닌 공허성을 깊이 인식하고 있다. 영양을 구실로 음식의 절제를 강요하는 의사를 산초 판사는 감옥에 처넣어버린다. 이 점에서도 산초 판사는 「양반전」의 부자와 같은 행태를 보인다. 부자 역시 구속적인 예절 조항을 개정해달고 요구했다. 적의 침공을 핑계대어 산초 판사를 묶고 때리어 스스로 물러나게 하는 것은 아무리 꾸며 놓은 장난이라고 하더라도 지나치다고 아니 할 수 없다(김인환, 『상상력(想像力)과 원근법(遠近法)』).

변화무쌍(變化無雙): ㉠ 바뀌어 달라짐이 매우 많거나 심하다. *집에 돌아와, 성공을 거두었던 첫 번째 책의 표지를 오랫동안 바라보았다. 내 삶의 엄청난 변화가 나와 전혀 관련이 없는 우연의 산물이었다는 생각에 그간 말 못할 쓸쓸함을 느껴오던 터였다. 하지만 그게 아니라면? 처음부터 그렇게 될 운명이었다면? 다시 말해, 저 책의 집필이 내가 모르는 어떤 신령스러운 계획의 일부였던 거라면?/그럼 난 몹시 행복해질 것이다. 불확실하고 변화무쌍한 조건들을 절망적으로 검토하는 대신 귓속의 스피커가 지시하는 대로만

---

67) 조선시대 후기 북학파의 대표적 학자이자 소설가인 박지원(朴趾源, 1737~1805)은 「예덕선생전(穢德先生傳)」, 「열녀 함양 박씨전(烈女咸陽朴氏傳)」, 「김신선전(金神仙傳)」, 「마장전(馬駔傳)」, 「광문자전(廣文者傳)」, 「민옹전(閔翁傳)」, 「호질(虎叱)」, 「허생전(許生傳)」 등 한문 단편소설 창작뿐만 아니라, 문학론(文學論)·철학(哲學)·경세학(經世學)·천문학(天文學)·병학(兵學)·농학(農學) 등 광범한 영역에서 저술 활동을 했다. 당시 박지원을 비롯한 이덕무(李德懋)·이서구(李書九)·서상수(徐常修)·유금(柳琴)·유득공(柳得恭)·박제가(朴齊家)·이희경(李喜慶) 등이 북학파실학(北學派實學)라는 새로운 문풍(文風)·학풍(學風)을 이룩하였다. 1780년 진하별사(進賀別使) 정사(正使) 박명원(朴明源)의 자제군관(子弟軍官) 자격으로 청(淸)나라의 베이징(北京)에 갔다가 귀국하여, 『열하일기(熱河日記)』를 집필했다. 저서로는 『연암집(燕巖集)』, 『과농소초(課農小抄)』, 『한민명전의(限民名田義)』, 『담총외기(談叢外記)』, 『연암속집(燕巖續集)』 등이 있다.

행동하면 될 것이기 때문이다. 세상만사를 두려워할 필요 없이 멀리서 굽어 보시는 어떤 존재 하나만 두려워하면 될 것이기 때문이다(박형서, 「맥락의 유령」). ⓒ 사물의 모양이나 성질 따위가 바뀌고 달라지는 일이 매우 많거나 심함.

별유천지(別有天地): 별다르게 특별히 경치가 좋거나 분위기가 좋은 곳. 별건곤(別乾坤). *진정한 혈장(穴場)에는…… 비술적(秘術的)인 빛의 감촉이 있다. 어떻게 그처럼 비술적인가? 그것은 말로써는 표현할 수 없고, 직관적으로만 이해될 수 있는 것이기 때문이다. 산은 밝고, 물은 맑으며, 태양은 아름답고, 바람은 부드럽다. 즉 별유천지(別有天地)이다. 혼돈 속에 평화가 있고, 평화 속에 흥겨운 기운이 있다. 그런 장소에 들어서는 순간 새로운 눈이 뜨인다. 앉거나 눕거나 가슴은 기쁨으로 가득하다. 여기에 기(氣)가 모이고, 정(精)이 뭉친다. 중앙에서 빛이 비추이고 비술의 기운이 산지사방으로 뻗쳐 나간다(최창조, 『한국풍수인물사(韓國風水人物史)』).

번문욕례(繁文縟禮): 규칙, 예절, 절차 따위가 번거롭고 까다로움. *허생68)은 마카오(沙門)와 장기도 중간 쯤 되는 곳, 즉 해외무역이 가능한 곳에서 군도들과 함께 공동체를 형성해서 생활했다. 그 곳 생활을 부(富)하게 한 뒤에 문자와 의관을 새로 제정하는 것이 목표였다. 의식이 족한 뒤에 예의를 안다든가, 이용후생(利用厚生)69) 후에 정덕(正德)이 된다는 주장을 실천코자 한 것이다. 그리고 그 예의라는 것도 오른손에 숟가락을 쥐고 하루라도 먼저 난 사람을 먼저 먹게 하는 정도의 최소한의 것이지 번문욕례는 아니다. 그리고 더욱 주목할 것은 글을 아는 사람을 모조리 섬에서 배제한 것이다. 글 아는 자가 이 공동체 생활을 하는 섬의 화근이라는 인식은 곧 당시 무위도식70)하던 양반 식자층을 겨냥한 공격이 아닐 수 없다. 실학을 하지 않고 허례허식

---

68) 허생(許生)은 박지원(朴趾源)의 단편소설 「허생전(許生傳)」의 주인물이다.
69) 일상적인 생활에 이롭게 쓰이고, 삶을 풍요롭게 하는 것이야말로 실천적인 학문의 내용이라는 뜻이다.
70) 無爲徒食(무위도식). 아무 하는 일없이 먹기만 함.

과 공리공론에만 매달린 양반 식자층은 진실로 나라의 화근이 아닐 수 없었던 것이다. 그런데 흥미로운 것은 허생이 이 섬에 영원히 안주하지 않고 "땅이 좁고 덕이 엷다"는 이유로 떠나버린 다는 점이다. 허생의 무인도행이 개인적 유토피아의 추구가 아니라고 앞에서 말했거니와 그의 이와 같은 행위는 무인도에서의 이상적 공동체 건설이란 하나의 시험에 불과하고 사실은 당시 조선사회에서 실현되어야 할 하나의 이상형을 제시한 것임을 말해 준다고 하겠다. 바로 이 점에서 그의 유토피아는 선비의 도(道)와 상통한다(윤용식·이상택, 『고전소설론(古典小說論)』).

별유천지비인간(別有天地非人間): 따로 세상이 있지만 인간 세상은 아니라는 뜻으로 경험하지 못한 새로운 세계를 체험하거나 그런 세계가 왔을 때 쓰는 표현이다. 출전은 『이태백 문집(李太白文集)』의 「산중문답(山中問答)」이다. ◐묻노니, 그대는 왜 푸른 산에 사는가(問余何事棲碧山문여하사서벽산)./웃을 뿐, 답은 않고 마음이 한가롭네(笑而不答心自閑소이부답심자한)./복사꽃 띄워 물은 아득히 흘러가나니(桃花流水杳然去도화유수묘연거)./별천지 따로 있어 인간 세상 아니네(別有天地非人間별유천지비인간). *따뜻한 봄날 아지랑이가 끼었을 때 루부르궁전 주위에 화단을 돌아 여신상 분수에 발을 멈추고 역대 인물 조작을 쳐다보며 좌우에 우거진 삼림 사이로 소요하면 이야말로 별유천지비인간(別有天地非人間)이다(나혜석, 「꽃의 파리 행」).

복잡다단(複雜多端): 어수선하여 갈피를 잡기 어려움. *그건 영혼이었다. 허리 숙여 쉴 새 없이 속을 게워내던 취객의 영혼이었다. 탯줄이 달린 채로 제 어미에게 깔려죽은 태아의 영혼인 동시에, 작별 인사도 없이 아들과 헤어져야 했던 노인의 영혼이기도 했다. 그처럼 복잡다단한 영혼 한 무더기가 이리저리 형상을 바꾸어가며 횡단보도에 서서 바삐 달리는 차량의 행렬을 구경하고 있었다(박형서, 「맥락의 유령」).

부지기수(不知其數): 그 수를 알 수 없다는 뜻으로, 헤아릴 수 없을 만큼 매우 많음을 나타내는 말. *최만열 씨는 빈 맥주병 앞에 망연히 앉아 있었다.

사실 황씨의 말이 옳았다. 돈 떼이고 매맞는 일쯤 그리 놀라운 일도 아니었다. 몇 달씩 일해준 공사판에서 임금은커녕 타일 값까지 떼인 일도 부지기수였다. 최만열 씨는 갑자기 울고 싶은 기분을 느꼈다(공지영, 「잃어버린 보석」).

부국강병(富國强兵): 나라를 부유하게 하고 군대를 강하게 하는 일. *송영71)은 역사극에서 양반 사회의 부정과 제국주의에 대한 투쟁이라는 역사의식을 주제화하기 위해 비판적 양반과 하층 민중의 성격 및 역할을 달리함으로써 소기의 효과를 거두었다. 송영은 비판적인 양반과 비판적인 민중이 공동운명체적인 연대의식을 공유하게 하였다. 양반을 시대의 모순과 폐해를 예리하게 비판하는 의인이나 진보적 사상을 지닌 위인으로 설정하였다. 그리고 하층 민중을 비판적 양반의 언행과 사상을 존경하는 인물로 만들고, 양반들의 언어를 통한 비판과는 달리 적극적인 저항 행위를 통해 현실 비판 정신을 투쟁의 필연적 당위로 고양시켜 극의 분위기를 낙관적인 전망의 방향으로 전환시켰다. 그리고 하층 민중의 행동적 저항은 투쟁의 주체가 양반계급에게 직접적으로 억압받는 피지배 민중임을 암시한다. 또한 송영은 실학사상에서 양반제도의 모순, 자주적 민족정신 등을 수용하면서도 실학사상을 대원군 정부의 쇄국정책을 맹목적으로 추종하는 쇄국적 민족주의로 그렸다. 이것은 실제로 부국강병을 기초로 문호개방을 하려 했던 실학의 정신에 위배되었다. 조선과 외세를 선과 악의 단순 대립논리로 파악하고 쇄국을 주장했다는 논리는 북한 애국주의와 국제주의 이데올로기에 복무하기 위해 실학의 주요한 정신적 측면을 왜곡한 것이다. 실학의 왜곡은 「박연암」에서도 나타나는데, 송영은 역사적 인물인 연암이 잘못된 현실을 조금씩 고쳐나가려는 개량주의자임에도 불구하고 하층 민중의 극단적인 봉기를 통해 민중 세

---

71) 송영(1903~1978): 본명은 송무현(宋武鉉)으로 소설가이자, 희곡작가이다. 『개벽』 현상공모에 단편소설 「늘어가는 무리」가 당선되어 문단에 나왔다. 주요작품에 단편소설 「용광로」(1926), 「석공조합대표」(1927), 「석탄 속의 부부들」(1928) 등이 있고, 희곡작품에 「김옥균」(1940), 「방랑시인 김삿갓」(1941), 「신사임당」(1945) 등이 있다. 1946년경 월북(越北)한 송영은 북한에서 희곡집 『불사조』(1959)를 발간했다.

계를 강렬하게 소망한 것으로 극화했다(홍창수, 『역사와 실존』).

부귀영화(富貴榮華): 돈이 많고 지위가 높아 영화스러운 것. *그런데 무엇이 마음을 평안하게 해 줄 수 있습니까? 돈이나 세상 재물입니까? 부귀영화입니까?/구약을 보면 솔로몬은 부귀영화를 극도로 누린 왕이지만 말년에 가서 말하기를 "헛되고 헛되도다, 세상 모든 것이 헛되도다"(「전도서」 12, 7-8)라고 말하고 있습니다. 참으로 뜻깊은 말입니다./인간의 마음을 채울 수 없는 것은 부귀영화만이 아닙니다. 아무리 고귀한 사랑도 인간의 사랑은 완전한 의미의 만족을 못 줍니다. 아무튼, 우리의 마음은 세상 모든 것을 다 갖는다 해도 늘 마음 한구석은 허할 것입니다. 비어 있을 것입니다. 말하자면 공백이 있습니다./우리는 간혹 행복감에 넘쳐서 내 마음은 지금 99% 만족하다고 말할 수 있을 때가 있을지 모르겠습니다. 어떤 순간은 100% 행복의 절정을 만끽하고 있는 양 착각할 때도 있을 수 있습니다./그러나 확실히 마음은 세상의 가치만으로는 채울 수 없습니다. 99% 만족할 때 허(虛)라는 공백은 1%밖에 안 된다 해도 그 1% 공백은 마치 수학의 제로(0)와도 같습니다. 천이고 만이고 백만, 억만까지도 영(0)으로 곱하면 모든 것을 영(0)으로 만들 수 있듯이, 그렇게 1%의 허함은 우리가 누리는 부귀영화 모든 것을 일순간에 제로로 만들 수 있습니다./인간에게는 왜 그렇게 세상 모든 것으로도 채울 수 없는 공백이 있습니까? 다시금 인간의 신비를 생각하게 합니다(김수환, 『개정판 바보가 바보들에게 세 번째 이야기』).

부지불식간(不知不識間): 생각지도 알지도 못하는 사이. 부지불식중. 순화어는 '모르는 사이에.' *급기야(及其也) 어차피(於此皮) 어언간(於焉間) 좌우간(左右間) 심지어(甚至於) 별안간(瞥眼間) 부지불식간(不知不識間) 이러한 단어들은 오늘날 한글로만 표기하면, 그 원어(原語)가 한자어임을 모를 정도까지 되었다(이기문, 『한국어문(韓國語文)의 제문제(諸問題)』).

부화뇌동(附和雷同): 줏대 없이 남의 의견에 따라 움직임. 뇌동부화. *비과학기술계를 교양인으로 보는 시각은 과학기술계의 발호(跋扈)72)를 억누르려는 비과학기술계의 사농공상적(士農工商的)인 발상에 대해 과학기술계가 부화뇌동(附和雷同)하여 놀아나고 있는 사농공상적인 관점에 지나지 않는다(김오식, 『과학기술계 글쓰기』).

분골쇄신(粉骨碎身): 뼈를 가루로 만들고 몸을 부순다는 뜻으로 자기 몸을 돌보지 않고, 지극한 정성으로 전력을 다한다는 말. 아주 참혹하게 죽음. 분신쇄골. 쇄골분신. 쇄신분골.

분막심언(忿莫甚焉): 분하고 노여움이 더할 수 없음. *그러나 정세는 김훈장이 바라는 방향으로 가고 있지는 않았다./"뭐라고요? 우리 나라가 왜국하고 공수동맹(攻守同盟)하기로 의정서에 도장을 찍었다 그 말씀이오?"/어느 날 서울 소식을 말해주는 조준구를 보고 그가 도장을 찍은 당사자이기나 하듯 김훈장은 펄쩍 뛰면서 화를 냈다./"이런 분막심언(忿莫甚焉)일 데가 있나. 무슨 연고로 원수와 손을 잡고 이웃을 치자는 거요?"(박경리, 『토지』).

분서갱유(焚書坑儒): 진시황이 서적을 불태우고 유학자를 파묻어 죽인 일. *1966년 문화대혁명의 광풍이 중국을 휩쓸었을 때 중국인들은 공자의 상을 부수었다. 더 이상 공자의 가르침은 유효하지 않을 것 같아 보였다. 그러나 수십 년이 지난 지금 중국의 대학에는 마우저뚱(毛澤東)의 상과 함께 공자의 상이 서 있다. 그전에도 그런 일은 있었다. 진시황이 분서갱유(焚書坑儒)[73]를 일으켰을 때도 마찬가지였다. 진시황은 책을 불태우고 유생을 생매장했다. 그때도 유학은 더 이상 유효하지 않을 것 같았다. 하지만 잠시였다. 2000여 년을 이어온 유학은 분서갱유와 문화대혁명의 광풍에서 의연하게 살아남았다. 그리고 다시 중국의 전통사상이 되었다(황광우, 『철학하라 1』).

불구대천지수(不俱戴天之讐): 한 하늘에서 더불어 살 수 없는 원수. 불공대

---

72) (跋)은 뛰어넘는다는 뜻이고, 호(扈)는 대나무로 엮은 통발을 말한다. "통발을 띄워 넘는다"는 뜻으로 제멋대로 날뛰는 것을 의미한다. 출전은 『후한서(後漢書)』「양기전(梁冀傳)」이다.
73) "책을 불사르고, 선비들을 생매장 시킨다는 뜻"으로 서책이나 문인·학자들을 탄압하는 행위를 일컫는 말이다. 출전은 『사기(史記)』의 「진시황본기(秦始皇本紀)」이다.

천지수. 출전은 『예기(禮記)』의 「곡례(曲禮)」 '상편'이다. *평안도 출신 기독교도들이 월남 이후 엄격한 반공주의자로 활동하게 된 경로를 참고할 때, 그들보다 더욱 좌익적 성향을 띠었던 함경도 출신 손소희74)는 그러한 사실을 일종 콤플렉스로 여기고 벗어나려고 할 수밖에 없었다. 게다가 해방 직후 좌익단체 가입 활동, 한국전쟁기 잔류파였다는 사실은 반공 사회 속에서 장애가 될 수밖에 없었다. 손소희가 이후 종군작가단에 가입하여 선전선동 활동을 하고 '6·25전쟁'으로 상징되는 공식적 기억의 재생산에 적극적으로 우익 활동을 펼칠 수밖에 없었던 것은 자신이 가지고 있었던 좌익적 성향과 전력에 대한 면죄부를 얻기 위함으로 볼 수 있다. 모윤숙이 『고난의 90일』에서 인민군 치하의 서울과 남한을 암흑천지 혹은 지옥으로 묘사하고 공산주의와 공산당을 '불구대천지수'로 규정하는 것과 같은 방식으로, 손소희는 『적화삼삭구인집』에서 맹렬하게 공산주의를 부정하는 것이다. 이 책에 실린 손소희의 소설 「결심」은 '개선군의 행렬'로 볼 수 없을 만큼 초라한 인민군 행렬로 시작한다. 주인공 영희는 친구 정숙과 함께 해방 직후 '영문도 모르고' 미술동맹에 가입 활동했다가 '잘못'을 깨닫고 '보련'에서 활동하고 있다. 그의 내면을 통해 강한 반공주의적 사상이 묘사된다(조미숙, 『여성의 문학, 문학의 여성』).

불령도배(不逞徒輩): 원한, 불만, 불평을 품고 어떠한 구속도 받지 아니하고 제 마음대로 행동하는 떨거지. *미리 짜놓은 순서인 양 그 다음은 장영팔이 아까처럼 다시 마을 사람들을 향해 큰소리로 말하기 시작했다./"리민 여러분, 여러분도 방금 들었겠지만, 이 마을 청년회가 돌아가는 사정이 이렇수다. 청년회가 불순분자들의 손아귀에서 놀고 있다 이 말이요, 그들에게 속아 넘어가 불행한 일을 당하는 일이 없도록 명시합서. 무슨 말이냐, 이들 중에는 오사카에서 노동운동합네 하는 불령도배들과 연락을 취하고 있는 자들이

---

74) 손소희(孫素熙, 1917~1986). 소설가. 1946년 단편소설 「맥(貊)에의 결별(訣別)」을 월간 『백민(白民)』지에 발표하면서 문단에 나왔다. 창작집 『이라기』, 『창포(菖蒲)필 무렵』, 『그날의 햇빛은』, 『다리를 건널 때』, 『갈가마귀 그 소리』, 장편소설 『태양의 계곡』, 『태양의 시』, 『남풍(南風)』, 『그 우기(雨期)의 해와 달』 등이 있다.

있다 이거요. 여러분의 편지를 대필해줍네 하고 속여설랑, 편지 속에다 자기네끼리 주고받는 비밀 내용을 적어 넣기도 하고 공장에서 착실히 근무하는 여러분의 아들딸에게 파업 난동을 부리라고 선동하는 글을 적어 넣기도 한다는 걸 알아야 해요. 그래서 오늘 여러분의 대필 편지를 검열해 보는 거우다. 만약 편지 내용에 불순한 내용이 들어 있을 시, 여러분도 무사하지는 못할 것이요, 알아듣겠소? 내 말 잘 새겨듣고 제발 후환이 없도록 명심합서."/ 장영팔이 이렇게 한바탕 으름장을 놓고 돌아서자 와다는 흡족한 듯이 고개를 끄덕이곤, 넋나간 듯 멍해 있는 세 청년을 향해 왜말로 퉁명스럽게 내쏘았다. "내 말 잘 들으시오. 편지와 장부 검열을 끝내고 내일 중에 당신들을 불러 취조할 테니, 그리 아시오. 그동안 충분히 여유가 있으니 도망가고 싶으면 도망가고, 후흐흐." /그리고는 즉시 그들은 의기양양하게 활개치며 공회당을 떠났다(현기영, 『바람 타는 섬』).

불문가지(不問可知): 묻지 않아도 가히 알 수 있다는 말. *혼인하고 난 이듬해였다. 처삼촌 이성이가 야다리 지나 봉동면에 가지고 있던 몇만 간의 삼포와 전답을 거저 내버리다시피 헐값으로 처분해야 할 억울한 지경에 몰려 몸져눕는 사건이 생겼다. 곧 철길이 지나갈 땅이니 그 값에라도 당장 처분하지 않으면 곧 나라에 거저 빼앗기게 된다는 얘기였다. 이미 경인철도가 개통된 뒤라 철길이 지나가려면 땅 가진 농사꾼만 부지기수로 억울한 손해를 당하게 돼 있다는 게 상식이었다. 새중간에서 농간을 부려 쏠쏠히 이익을 보는 왜놈도 있다고 했으나 그건 이미 빼앗긴 다음의 일이니 알 바가 아니었다. 경의선은 경인선보다 몇 곱절이나 긴 철도니 억울한 땅 주인이 더 많이 생겨날 것은 불문가지였으나 누가 당할지는 벼락이 어디메쯤 떨어질까를 점치는 것만치나 부질없는 노릇이었다. 길흉화복을 운수소관에 맡기는 데 익숙해진 버릇이 눈치껏 이치껏 대강의 위치를 짐작해보려는 노력조차 안 하게 했는지도 모른다(박완서, 『미망』).

불문곡직(不問曲直): 옳고 그른 것을 묻지 않고 덮어놓고 행하다. *그럴 때마다 그는 구석에서 눈만 할끈거리며 있다가 젊은이들이 돌아간 뒤에는 불문곡직하고 아내에게 덤비어들어, 발길로 차고 때리며 이전에 사다 주었던 것을 모두 걷어올린다(김동인, 「배따라기」).

불언실행(不言實行): ㉠ 말을 하지 않고 실제의 행동으로 옮김. ㉡ 말을 하지 않고 실제로 일 따위를 행하다. *이런 정경마저 불쑥 내어놓는 날이면 이번 복수행위(復讐行爲)는 완벽(完璧)으로 흐지부지하리라. 적어도 완벽에 가깝기는 하리라./한 사람의 여인(女人)이 내게 그 숙명을 공개(公開)해 주었다면 그렇게 쉽사리 공개를 받은 —참회(懺悔)를 듣는 신부(神父) 같은 지위(地位)에 있어서 보았다고 자랑해도 좋은— 나는 비교적 행복스러웠을지도 모른다. 그러나 나는 어디까지든지 약다. 약으니까 그렇게 거저먹게 내 행복을 얼굴에 나타내이거나 하지는 않는다는 것이다./이와 같은 로직을 불언실행(不言實行)하기 위하여서 만으로도 내가 그 구중중한 수염을 깎지 않은 것은 지당(至當)한 중에도 지당한 맵시일 것이다(이상, 「동해(童骸)」).

불석신명(不惜身命): ㉠ 불도 수행, 교화, 보시 따위를 위해 몸과 목숨을 아끼지 않음. *정순은 홀어머니와 단둘이서 살았다. 그녀는 그 홀어머니의 삯바느질로 겨우 여학교를 졸업했던 것이다. 그런 어머니가 정순이가 여학교를 졸업하고 나서 얼마 있지 않아 세상을 떴다. 고아나 다름없이 된 정순은 어머니와 함께 살던 남의 집 문간방에서 그대로 머물며 교회 일을 돕고 있다고 했다. 그러나 정순을 만나는 순간, 교회 일을 본다고 하지만 여학생 시절에 느껴지던 불석신명(不惜身命)의 종교적인 정열 같은 것은 통 느낄 수가 없었다(정한숙, 「증곡대사」). ㉡ (사람이) 불도 수행이나 교화, 보시 따위를 위해 몸과 목숨을 아끼지 않다.

불성모양(不成模樣): 몹시 가난하여 살림이나 복색 따위가 형편없음. *후일 퇴계가 죽고 나서 그에게 시호를 내려줄 일로 조정에서 의론이 일어났을 때 이율곡은 "비록 학문한다는 이가 있으나 저의 모두가 불성모양(不成模樣) 중에 황(滉)과 같은 이는 그 언론을 들으면 참으로 옛사람의 학문을 아는 이였으니 진실로 짝할 이가 없다. 그 공부함이 지극하여 그 기질(氣質)을 변화하였으며 옛사람의 학문에 잠심하여 종시로 한결같아 공부를 쌓으매 날로 깊었다"고 하였다(박태순, 「경장(更張)의 시대(時代)」).

불온도배(不穩徒輩): 온당하지 않거나 평온하지 않은 떨거지. *"제놈들이 달아나면 어딜 가. 독안에 든 쥐새끼지. 이 기회 이곳 불온도배들 뿌릴 뽑아야 해."/함께 온 일본인 형사의 말이었다. 신속하기가 번개 같은 일본 경찰은 신고를 받는 즉시 진주서 빠져나가는 길목을 일제히 차단했고 불온하다고 점찍어 놓은 사람들 집에 경찰관이 쫙 깔리면서 수색에 나서고 있었다. 물론 최씨네 집에도 경찰들이 들이닥쳤다(박경리, 『토지』).

불요불굴(不撓不屈): ㉠ 의지 따위가 흔들리지 않고 굽힘이 없음. *나의 안면(顔面)에 풀이 돋다. 이는 불요불굴(不撓不屈)의 미덕(美德)을 상징(象徵)한다./나는 내 자신의 더할 나위 없이 싫어져서 등변형(等邊形) 코오스의 산보(散步)를 매일같이 계속했다. 피로(疲勞)가 왔다./아니나다를까, 이는 1932년 5월 7일[부친(父親)의 사일(死日)] 대리석발아사건(大理石發芽事件)의 전조(前兆)이었다./허나 그때의 나는 아직 한 개의 방정식무기론(方程式無機論)의 열렬(熱烈)한 신봉자(信奉者)였다(이상, 「1931년(작품 제1호)」). ㉡ 흔들리지 않고 굽힘이 없다.

불철주야(不撤晝夜): 밤낮을 가리지 않음. *"민중미술 하는 사람이나 우리처럼 대중미술 하는 사람이나 다 지 좋아서 하는 거지, 뭐라 그럴 거 없어요. 다 이국장님 자격지심이지."/"뭐요? 자격지심? 난 꿀릴 거 하나도 없어요. 나는 나대로 신념이 있는 사람이에요."/"그렇죠. 우리 나라 미술관의 발전을 위해 불철주야 애쓰는 이국장님을 누가 욕합니까? 우리 술이나 한잔씩 합시다. 객지에 나와 오래 여독에 시달리다 보니 신경이 날카로워진 겁니다. 아 어쩌나, 화끈하게 좀 풀어드려야 하는데……"(권지예, 「투우(鬪牛)」)

불초자식(不肖子息): '불초자제'를 낮추어 이르는 말. 어버이의 덕망이나 사업을 이을 만하지 못한 자손. *옛날 사람들—이라기보다 우리들 시대까지

도 자녀 된 자의 제일 큰 자랑거리가 무엇인가? 그것은 그 부모의 그 어디인
가 한 가지를 닮았다는 인식을 받을 때의 자랑이다. 이전 사람들의 아들들은
그 눈썹이 관우(關羽)의 눈썹 같기를 요구하지 않았다. 오직 자기 아버지의
눈썹 같으면 만족이요, 자랑이었다. 옛날의 딸들은 그 입술이 양귀비(楊貴妃)
의 입술 같기를 바라지 않았다. 다만 자기 어머니의 입술 같으면 만족이요,
자랑이었다. 하물며 그 심정과 재조(才操)에 있어서야 더 말해 무엇 하랴. 저
들이 편지마다 '불초자식'이라고 써온 것은 닮지 못한 부분에 대한 심통의 탄
식이요, 닮고자 하는 용약의 몸부림이 글자 안에 들어차 있었다(김교신, 「초불
초(肖不肖)」).

비국당상(備局堂上): 조선 시대에, 비변사의 당상관을 이르던 말. 통정대부
이상의 벼슬아치를 이른다. *삼정승은 적세(敵勢)가 날카롭고 다급하므로 경
기 일원의 군사로 어가를 받들어 강화도로 들어가자고 졸랐고, 삼정승 뒤로
도열해 앉은 비국당상(備局堂上)들은 두 팔로 땅바닥을 짚고 고개를 숙인 채
말이 없었다. 당상들은 죄를 몸속 깊이 사무치게 하여 죗값을 받아들이고 있
었다(김훈, 『남한산성(南漢山城)』).

비기윤신(肥己潤身): 자기 몸만 이롭게 함. *"아 그래 비기윤신(肥己潤身)
도 유분수지. 수수알갱이까지 떨어 가야?"/"와 아니라요. 벼룩이 선지 내어
묵는 꼴이지요. 언제부텀 땅마지기나 가지고 놀았던고, 숭어도 뛴께 피래미
도 뛰더라고, 욜랑거리쌓다가, 온 내."/아랫마을에 여남은 마지기 논을 내놓
은 윗마을의 신출내기 지주가 세곡(稅穀)이 모자란다 하여 따줄이네 집 수수
까지 떨어갔다는 소문을 듣고 김훈장과 서서방이 분개하고 있는 것이다(박
경리, 『토지』).

비일비재(非一非再): 질서가 정연하여 조금도 흐트러지지 않음. *경찰의
뒷유리엔 아이가 타고 있어요, 스티커가 붙어 있다. 아이가 다친 건 아니므
로, 아니 그것과도 또 상관없이 버스는 달린다. 실은 아이가 타고 있지도 않
고, 비일비재한 스피드일까요, 비일비재하게. 6분이 늦었기 때문입니다. 묻

거나 답하진 않아도 동의한다. 아무도 다치지 않았습니까? 아무도 다치지 않았습니다. 퓨즈를, 퓨즈를 갈아야겠군요. 비일비재한, 일입니다. 비일비재하게, 오늘도 버스는 학생들과 회사원들로 꽉 차 있다. 흔들리고, 에어컨이 나오고, 한곳에, 한꺼번에 내리기 전까지는 주로 타기만 한다. 계속 탄다, 오른다, 들어가세요. 안은 비었다니까, 그러니까, 잘하고 있느냐는 것이다(박민규, 『평퐁』).

빙탄불상용(氷炭不相容): 얼음과 숯이 서로 어울리지 못하는 것처럼, 둘이 서로 용납되지 않음을 뜻한다. 출전은 『초사(楚辭)』의 「칠간(七諫) 자비(自悲)」이다. *"빙탄불상용(氷炭不相容). 불구대천지수(不俱戴天之讐)라…… 이자들, 나와 같은 하늘 아래 사는 게 꽤나 힘들었나 보군. 그래, 내가 사라질 수 없으니 네놈들이 죽어야겠지"(박범신, 『개뿔』).

사고무친(四顧無親): 의지할 만한 사람이 전혀 없음. *병귀(病鬼)가 뼈에까지 스며 이제 열명길 문턱에 턱을 걸고 있던 노파는 코앞에 닥친 저승길에 시신이라도 거둬 줄 뜨내기 동 자치를 찾고 있었던 모양이었다. 알고 보니 노파 또한 서 발 작대를 휘둘러도 거칠 것이 없는 딱 부러진 사고무친(四顧無親)이었다(김주영, 『천둥소리』).

사면초가(四面楚歌): 초(楚)나라의 항우가, 사면을 포위한 한(漢)나라 군사 쪽에서 들려오는 초나라의 노래를 듣고, 초나라 군사가 이미 항복한 줄 알고 놀랐다는 고사에서 사면이 모두 적에게 포위되거나, 누구의 지지나 도움도 받을 수 없이 고립된 상태를 이르는 말. 출전은 『사기(史記)』의 「항우 본기(項羽本紀)」다. *한신은 기습 매복 기만 수공(水攻) 등 신출귀몰한 전략 전술을 구사함으로써 수없이 많은 전투에서 승리를 거두었다. 초한전(楚漢戰)의 전황을 결정적으로 바꾼 큰 전투에서 이긴 것만 네 번이었으며, 사면초가(四面楚歌)라는 심리전을 써 항우를 자살로 몰아간 마지막 해하(垓下)전투의 승리 역시 그의 작품이었다. 한신이 없었다면 유방은 황제가 되기는커녕 항우 군대의 칼날에 죽었을지도 모른다(유시민, 『청춘의 독서』).

사멸전변(死滅轉變): 죽어 없어져 형세나 국면 따위의 방향이 종전과는 달리 바뀜. *'나무관세음보살, 제행무상(諸行無常), 제법무아(諸法無我), 반야적정(般若寂靜), 찰나에 생멸하고 떠나서 또다시 크게 사멸전변(死滅轉變)함을 피할 수 없나니, 여하한 곳에도 고정 존속하는 내가 있을 수 없으며 주재자(主宰者)도 없느니라. 번뇌 떠난 곳에 빛이 오나니 그것이 반야로다. 시끄러운 번뇌의 동요가 멎을 때 그것이 적정⋯⋯번뇌의 속박을 떠나 대자재(大自在)에 이르면 그것이 불보살이 아니고 무엇이랴'(박경리, 『토지』).

사무사(思無邪): 언행(言行)에 모두 사특함이 없음. *『논어』의 문제 구절은 다음과 같다./① 子曰 詩三百 一言以蔽之曰 思無邪(爲政篇)75)/② 放鄭聲 遠佞人 鄭聲淫 佞人殆(衛靈公篇)76)/③ 子曰 小子何莫學夫詩 詩可以興 可以觀 可以群 可以怨(陽貨篇)77)/위의 말들에 담긴 생각이 모두 이른바 효용론에 속한다는 데에는 의문의 여지가 없는 듯하다. 유가의 문학관은 모두 효용론이며 효용론은 으레 문학을 도덕적 목적에 귀속시키는 진부한 논리로서 다 같은 것이라는 통념으로 볼 때 이 구절들은 더 이상 따지는 것은 쓸모없는 일일 것이다. 그러나 사정은 그렇게 간단하지 않다. 일단 효용론적 시관(詩觀)의 범주에 속하는 생각이라 해도 사람의 심성과 시의 작용 방식을 이해하기에 따라 시의 본질 기능 가치에 대하여 현저한 이견이 나타날 수 있기 때문이다./이 점에서 ①의 구절은 매우 함축적이면서 모호하다. 공자는 시 삼백을 한마디로 사무사(思無邪)라 하였는데, 이 경우 사무사한 것은 과연 무

---

75) 子曰 詩三百 一言以蔽之曰 思無邪(爲政篇): 子曰 詩三百 一言以蔽之曰 思無邪(자왈 시삼백 일언이폐지왈 사무사): 공자께서 말씀하셨다. "『시경』 삼백 편을 한마디로 능히 그 전체의 뜻을 다 말하면, '생각에 간사함이 없다'고 말할 수 있다."

76) 放鄭聲 遠佞人 鄭聲淫 佞人殆(衛靈公篇): 放鄭聲 遠佞人 鄭聲淫 佞人殆(방정성 원녕인 정성음 영인태): 정나라 음악은 추방해야 하고 말 잘하는 사람을 멀리해야 한다. 정나라 음악은 음탕하고 말 잘하는 사람은 위태롭기 때문이다.

77) 子曰 小子何莫學夫詩 詩可以興 可以觀 可以群 可以怨(陽貨篇): 子曰 小子何莫學夫詩 可以興 可以觀 可以群 可以怨(자왈 소자하막학부시 시가이흥 가이관 가이군 가이원): 공자께서 말씀하셨다. "너희들은 어찌해서 시를 배우지 않는가? 시는 감흥을 일으키게 하고, 사물을 살필 수 있게 해주며, 무리와 잘 어울릴 수 있게 해주며, 원망을 풀어 놓을 수 있게 한다."

엇이며 어떤 이유에서 그러한지가 문제된다. 가장 먼저 떠오르는 대답은 시 삼백 및 그것을 지은 사람의 생각이 모두 사악함이 없이 선하다는 해석이다. 하지만 ②의 구절에서 말한 정성(鄭聲)을 시경의 정풍(鄭豊)으로 본다면 이 설은 지지하기 어렵게 된다. 공자는 정성을 가리켜 음란하니 물리치라고 하였으며, 따라서 시 삼백이 원천적으로 모두 사무사할 수는 없기 때문이다. 그렇다고 할 때 가능한 두 번째 해석은 사무사를 시에 관한 판단으로서가 아니라 시를 읽는 이의 심성에 얻어지는 결과적 효능을 가리키는 말로 이해하는 것이다. 이 밖에 도덕적 효용론의 범주를 벗어나는 다른 하나의 해석 가능성으로는 시가 순수한 정(情)의 발로이기에 인위적인 선악의 구분을 넘어서서 본원적으로 무사(無邪)함을 말한 것이라는 주장도 있을 수 있다. 본론 부분에서 구체적으로 검증되겠지만 이 세 가지 해석은 시경론사에서 모두 나타났으며, 전혀 상이한 시의식이 시경을 빌려 스스로를 정당화하는 데 핵심적 논거로 원용되었다./자료 ③의 경우에는 해석 방식과 함께 강조의 비중이 문제된다. 예컨대 "可以怨"을 공안국(孔安國)은 "그릇된 통치를 원망함"(怨刺上政)으로 풀이한데 비해 주희는 "원망하되 성내지 않음(怨而不怒)"으로 주석하였다. 이 중의 어느 쪽을 택하는가에 따라 시경 전체의 이해는 달라진다. 또, 흥(興)・관(觀)・군(群)・원(怨) 중 어떤 것을 더 중요하다고 여기는가, 그리고 그것을 어떤 방식으로 온유돈후(溫柔敦厚)의 시교(詩敎)와 연결시키는가에 따라서도 현저한 차이가 생기게 된다. 그 가능성은 논자에 따라 일정하지 않으므로 몇 가지로 한정할 수 없으나 공안국과 주희의 주해는 각기 그 대립적 방향을 시사한다(김흥규, 『조선후기의 시경론과 시의식』).

사문난적(斯文亂賊): 유교, 특히 성리학에서, 교리를 어지럽히고 사상에 어긋나는 언행을 하는 사람. '사문(斯文)'은 유학(儒學)을 가리킨다. 유학의 해석에 있어서 주자의 해석을 벗어난 학설을 펼치는 사람을 비방할 때 쓰는 말. 출전은 『논어(論語)』「자한편(子罕篇)」이다. *독재 중에서 가장 무서운 독재는 어떤 주의, 즉 철학을 기초로 하는 계급 독재다. 군주나 기타 개인 독재자의 독재는 그 개인만 제거되면 그만이거니와, 다수의 개인으로 조직된 한 계급이 독재의 주체일 때에는 이것을 제거하기는 심히 어려울 것이니 이러한 독재는 그보다도 큰 조직의 힘이거나 국제적 압력이 아니고는 깨뜨리기 어려운 것이다./우리 나라의 양반 정치도 일종의 계급 독재이거니와 이것은 수백 년 계속하였다. 이탈리아의 파시스트, 독일의 나치스의 일은 누구나 다 아는 일이다./수백 년 동안 이조 조선에 행하여 온 계급 독재는 유교, 그 중에도 주자학파의 철학을 기초로 한 것이어서 다만 정치에 있어서만 독재가 아니라, 사상, 학문, 사회 생활, 가정 생활, 개인 생활까지도 규정하는 독재였다. 이 독재 정치 밑에서 우리 민족의 문화는 소멸되고 원기는 갈려 닳아 없어진 것이다. 주자학 이외의 학문은 발달하지 못하니 이 영향은 예술, 경제, 산업에까지 미쳤다./우리 나라가 망하고 국민의 힘이 쇠잔하게 된 가장 큰 원인이 실로 여기에 있었다. 왜 그런고 하면 국민의 머릿속에 아무리 좋은 사상과 경륜이 생기더라도 그가 집권계급의 사람이 아닌 이상, 또 그것이 사문난적(斯文亂賊)이라는 범주 밖에 나지 않는 이상 세상에 발표되지 못하기 때문이었다. 이 때문에 싹이 트려다가 눌려 죽은 새 사상, 싹도 트지 못하고 밟혀 버린 경륜이 얼마나 많았을까. 언론의 자유가 어떻게나 중요한 것임을 통감하지 않을 수 없다. 오직 언론의 자유가 있는 나라에만 진보가 있는 것이다(김구, 『백범일지』).

사바세계(裟婆世界): 석존(釋尊)이 교화하는 경토(境土). 곧, 인간 세계. 속세계(俗世界). * 따라서 『아함경』78)에는 과거 7불과 미래불로서의 미륵불이 서술되고, 불전문학(佛典文學)에는 훨씬 더 많은 수의 과거불이 등장하고 있다. 대승경전에 이르면 부처님의 수는 '시방삼세무량제불(十方三世無量諸佛)'로 확대되어, 연등(燃燈)·미타(彌陀)·아촉(阿閦)·약사(藥師) 등을 포함한 많은 부처가 자세하게 소개된다. 그리하여 석가모니(釋迦牟尼)는 옛날 무량겁 전

---

78) 『아함경(阿含經)』은 가장 초기에 완성된 불교경전 중의 하나이다. '아함'이란 산스크리트어 아가마(āgama)의 음역(音譯)이다.

에 연등불의 수기를 받아 현겁(賢劫)의 사바세계(娑婆世界, sahaloka)에 성불한 부처로 서술되고 있는 것이다(동국대학교 교양교재편찬위원회, 『불교학개론(佛敎學槪論)』).

사발통문(沙鉢通文): 누가 주모자(主謀者)인지 알지 못하게 하기 위해 필두(筆頭)가 없이 관계자의 이름을 사발 모양으로 빵 돌려가며 적은 통문. *밤사이 사발통문(沙鉢通文)을 돌린 것도 아니었을 텐데 마을 사람들 중에 봉기가 자복한다는 것을 모르는 사람은 없었다. 처음에는 이러쿵저러쿵 예사말로 주고받던 마을 사람들 화제는 사람들이 불어나면서부터 분개하고 규탄하고 처단하자는 공론으로 들끓어갔다(박경리, 『토지』).

사불여의(事不如意): 일이 뜻대로 되지 않음. *그거야 불을 보듯 훤한 짐작인데 '작것'이 봉황의 깊은 속도 모르고 사불여의(事不如意)하다, 날뛰는 것을 보니 한심한 생각뿐이었다(박범신, 『불의 나라』).

사방팔방(四方八方): 모든 방향과 모든 방면. *그는 파트타임으로 일하는 손가락 마술사였고, 잔금을 훔친다고 주인으로부터 의심을 받는 빵집 점원이었으며, 거짓말이 몸에 밴 사기꾼이었다. 그러나 여자가 눈속임에 관심이 없는 데다가 사는 꼴을 보아하니 저보다 더 밑바닥인지라, 이러쿵저러쿵 잔소리를 늘어놓는 쪽으로 돌아섰다. 온갖 진귀한 형용사와 관형사로 뒤범벅이 된 마술사의 잔소리 때문에 여자는 집중이 어려웠지만, 집중은커녕 사방팔방 따라다니며 뿜어대는 그 잔소리에 신경이 곤두서며 그나마 멀쩡하던 신체 리듬까지 망가졌지만, 한두 달이 지나면서는 다시 작업에 몰두할 수 있을 정도로 익숙해졌다. 여자는 난잡한 소음에 단련됨으로써 스스로의 정신을 단속했다. 그런데 문제는 그뿐이 아니었다. 잔소리에 전혀 반응이 없자 마술사가 어디서 가느다란 플라스틱 회초리를 구해와 휘두르기 시작한 것이다. 별로 아프지는 않았다. 속임수처럼 괜히 소리만 요란했다. 하지만 여간 신경이 쓰이는 게 아니어서, 한번 맞으면 그 즉시 사유의 흐름이 뚝 끊겼다. 그러면 여자는 하던 일을 멈추고 잠시 멍한 상태가 되어야 했다. 마술사는 여자를 실성한 사람, 그래서 함부로 대해도 괜찮은 인간으로 생각했다. 심심할 때마다 회초리로 때려도 별 탈이 없을 거라 믿었다. 착각이었다. 볼테라의 방정식으로 다차원 곡률을 계산하던 여자가 마침내 으앙, 하고 마술사를 물어버렸다(박형서, 「Q. E. D」).

사상누각(砂上樓閣): 모래 위에 지은 집. *1978년 중국 개방 이후 13억 명의 새로운 소비자가 등장했다. OECD 회원국들 인구보다도 2억 명 정도 더 많다. 그렇다면 시장도 커졌으니 달러화도 그만큼 더 많이 공급되는 게 마땅하다. 무엇이 문제란 말인가? 하지만 여기서 문제는 버블을 만들었다는 것에 있다. 21세기 초에 만든 IT버블과 주택버블, 그리고 원자재버블을 만들면서 세계경제는 사상누각(砂上樓閣)을 지어왔다./특히 미국의 경우 이런 현상이 뚜렷하다. 쌍둥이 적자의 누적, 대테러전 수행에 따른 전비부담 증가와 재정수지 악화, 월가의 붕괴로 인한 긴급 자금 수혈 등이 이루어지고 있다. 따라서 달러 가치는 계속 하락할 수밖에 없다. 달러화의 약세는 곧 미국 경제패권에 대한 심각한 상처다. 따라서 세계경제는 미국 유일의 단극체제에서 G20체제의 다극체제로 옮겨가고 있으며, 21세기 후기 문명 및 산업사회는 미국과 중국의 G2 혹은 미국·중국·EU의 G3체제가 될 것이다(곽수종, 『경제독법(經濟讀法)』).

사통팔방(四通八方): 이리저리 사방으로 통함. 사통오달(四通五達). *안성(安城)은 삼남의 육로가 합치는 지점에 있는 대도회요, 위로 수원, 과천에 닿고, 아래로는 천안, 청주에 통하여 서쪽으로 해로가 뚫렸는데 아산 앞바다를 거쳐서 물길이 진위, 양성, 평택, 안성에 닿으니 사통팔달이다(황석영, 『장길산』).

사필귀정(事必歸正): 무슨 일이나 결국 옳은 이치대로 돌아간다는 뜻. *크메르루주가 프놈펜을 함락시켰다. 사이공도 곧 해방전선과 북베트남 손아귀에 들어갈 태세다. 이것은 사필귀정인가? 1975.4.17. 木/아버지는 이내 사필귀정이 아니라고 결론 내렸을 것이다. 베트남은 혹시 모르겠지만 적어도 캄보디아에 관한 한은. 융통성 없는 반공주의자는 아니었으나, 아버지는 크메르루주의 동족 학살에 분노했다. 맥락은 다르지만, 크메르루주의 만행은 대한민국 정부 수립기 4·3사태와 비견할 만했다. 한쪽은 적색 테러고 다른 쪽은 백색 테러이기는 하나(고종석, 『독고준』).

사해동포(四海同胞): 온 세상 사람은 다 동포와 같다는 뜻으로 이르는 말. *세계 인류가 네요 내요 없이 한집이 되어 사는 것은 좋은 일이요, 인류의 최고요 최후인 희망이요 이상(理想)이다. 그러나 이것은 멀고 먼 장래에 바랄 것이요 현실의 일은 아니다. 사해동포(四海同胞)의 크고 아름다운 목표를 향하여 인류가 향상하고 전진하는 노력을 하는 것은 좋은 일이요 마땅히 할 일이나 이것도 현실을 떠나서는 안 되는 일이니 진리는 민족마다 최선의 국가를 이루어 최선의 문화를 낳아 길러서 다른 민족과 서로 바꾸고 서로 돕는 일이다. 이것이 내가 믿고 있는 민주주의요 이것이 인류의 현단계에서는 가장 확실한 진리다(김구, 「나의 소원(所願)」).

삭탈관직(削奪官職): 관직을 깎아서 빼앗는다는 뜻으로, 죄지은 벼슬아치의 벼슬과 품계를 빼앗고 사판(仕版)에서 이름을 깎아 없애버리는 것을 말함. *함 박사와 구본조 씨와 민수는 한 배에서 운명을 같이하던 시절이 있었다. 함 박사가 그 화려한 항구의 깃발을 내리고, 또 다른 항구를 향해 닻을 올리던 그 무렵이었다. 함 박사가 젊은 나이로 독일에서 경제학 박사 학위를 받고, 돌아오던 길로 제2차 경제개발 5개년 계획에 참여하고, 짧은 기간이나마 국무위원을 지내던 시절까지만 해도 민수가 함 박사와 배를 동승하리라고는 감히 엄두도 못 냈었다. 그러다가 함 박사가 삭탈관직 되고, 지역구 출마를 선언했을 때, 민수는 겨우 함 박사의 배를 얻어 탈 수 있었다. 민수는 함 박사의 가방들기였다. 그러나 낙선, 낙선, 또 낙선, 그들의 배는 십 년 동안이나 표류하였다. 그들은 목마름과 배고픔과 외로움에 시달리면서, 그럴수록 의리로 뭉치고 맹세하였다. 몸에 걸친 것이라고는 모조리 벗어던지며 알몸으로 구조를 청해봤지만, 민심은 끝내 그들을 돌아보지 않았다. 그들은 십 년 만에 좌초되었다(송하춘, 「미명(未明)」의 뜰).

산자수명(山紫水明): 산수의 경치가 좋은 것. *지리산이나 섬진강 언저리에 살다 보면 자주 보랏빛 노을을 보게 되는데, 이는 대개 장마철에나 가능한 일입니다. 빛의 굴절 현상인 노을은 거의 붉은 빛이지만, 산자수명(山紫水明)한 이곳 구례에서는 노을마저 붉은 빛, 보랏빛, 연둣빛 등 색색이 다양합니다(이원규, 『지리산 편지』).

산전수전(山戰水戰): ('산에서의 싸움, 물에서의 싸움'이라는 뜻으로) '세상일의 온갖 고난을 겪은 경험'을 비유하여 이르는 말. *1975년 현재로 따져 볼 적에 오만 원 월급에 매일 수당이 칠백 원이니까 대략 칠만 원쯤 되는 이런 월수입이 생기는 취직 자리가 어디 쉽겠느냐고 자위는 하면서도 이경택은 요 근래 직장 생활에 무척 염증을 내고 있는 중이었다. 그렇다고는 하나 세상살이 산전수전(山戰水戰) 다 겪은 그로서는 쫓겨나지 않을 만큼 자기 푼수는 지키면서 요령 좋게 염증을 내고 있는 것이기도 했다. 아니 그래 마음 놓고 염증 내가면서 직장 생활하는 놈 있더란 말인가. 그러니까 TNT가 아주 높은 염증을 자기 체질과 신분에 맞게끔 TNT를 낮추어 위험치(危險値)를 넘지 않을 만하게 찰랑찰랑 채워 가지고 바로 그 정도쯤의 염증을 자기 몫으로 구사하고 있다고나 할까. 그러한 것이 이경택의 직장 생활 표정이 되었다. 즉 말하자면 그는 일부러 무능한(無能漢)이 되기로 작정을 내고 있는 중이었다(박태순, 「실금(失禁)」).

산해진미(山海珍味): 산과 바다에서 나는 여러 가지 진귀한 산물로 만든 맛 좋은 음식. *이 작품에서 이야기꾼으로 변신한 시인이 구사하는 언어는 판소리 사설이 그렇듯 거침없고 변화무쌍하며 다양하다. 다섯 도둑의 묘기 자랑 대목도 그렇지만, 포도대장의 눈을 빌려 열거하는 도둑들의 집치레, 방안치레, 도둑 여편네들의 치장, 산해진미가 가득한 음식치레 대목은 특히 시인의 뛰어난 언어구사 능력을 생생하게 보여주는 부분이라 할 수 있다. 그런데 오적의 집에 넘치는 보물과 산해진미는 "배고파 국화빵 한 개 훔쳐 먹은" 꾀수의 배고픔과 좋은 대조를 이룬다. 꾀수의 신분은 농민이다("농사로는 밥

못 먹어 돈벌라고 서울 왔소"). 오적들이 도둑질을 하고 국회의원이 '근대화'를, 장차관이 '증산·수출·건설'을 외치는 동안, 그는 이농민의 신분으로 도시의 하층민으로 전락해 있는데, 이 작품에서 그는 고통 받는 민중의 표상으로 그려지고 있다(서준섭, 「현대시와 민중: 1970년대 민중시에 대하여」).

살신성인(殺身成仁): 절개를 지켜서 목숨을 버림. *한국으로 돌아온 그의 유골은 부산 금정구 청룡동 부산시립공원묘지(일명 영락공원)에 고이 묻혔습니다. 그리고 그를 기리는 추모비가 부산어린이대공원 내 학생교육문화회관 앞뜰과 모교인 내성고등학교 교정에 세워졌습니다. 그리고 그의 사후 그의 모교인 고려대는 총장 주재 긴급회의를 열어 고 이수현[79] 씨에게 명예졸업장을 수여하기로 결정했습니다. 아울러 2001년 2월에 대한민국 정부는 그에게 국민훈장 석류장을 추서하기도 했습니다. 그 후 2007년에는 그의 삶을 그린 <너를 잊지 않을 거야>라는 영화가 하나도우 준지 감독에 의해 만들어져 일본에서 먼저 개봉된 후 이듬해에는 한국에서도 개봉되었습니다. 또 10년이 지난 2011년 1월 28일에는 요쓰야(西谷) 구민홀에서 추모 자선 음악회 '아시아의 바람이 되어'가 개최되기도 했습니다./자신의 홈 페이지를 만들어 '수현이의 전국일주여행'을 실을 정도로 산악자전거와 기타 연주 그리고 스킨 스쿠버 등을 즐기며 활달했던 젊은이 이수현. 그는 생전에 자신의 홈 페이지의 자기 소개글에서 이런 글을 남겼습니다. "저는 최대한 인생을 즐기며 살고 싶습니다. 즐긴다는 게 매일 논다는 뜻이 아니라 일을 해도, 공부를 해도 즐겁게 하고, 되도록 제가 하고 싶은 것을 할 수 있을 때 하며, 언제든지 돌아서면 후회 없는 생활을 하는……그런 저를 만들어 가려고 노력하고 있습니다. 물론 살아가면서 안 될 때도 있고 힘든 날도 있겠지만 그 까짓것 때문에 피해가고, 뒤로 물러서고 싶지는 않습니다. 그 고난과 역경도 제 인생

---

[79] 이수현(李秀賢, 1974~2001). 2001년 1월 26일, 일본 도쿄도(東京都) 신주쿠구(新宿區)의 신오쿠보역(新大久驛)에서 JR(ジェイアール, Japan Railway) 선로(線路)에 추락한 일본인(日本人)을 구조하다 사망했다.

의 한부분이기 때문이죠. 언제든지 받아들일 준비가 되어 있고 헤쳐 나갈 용기가 있습니다."/26세의 꽃 같은 나이에 살신성인을 몸으로 실천하고 저세상으로 먼저 간 이수현의 육성은 오늘 여기에 살아남아 있는 우리 모두에게 적잖은 울림으로 다가옵니다. 지금 생명이 있는 이 시간에 무엇을 할 것이며, 어떻게 살 것인가를 다시 한 번 생각하게 만드는 의인 이수현입니다(정진홍, 『사람아 아 사람아』).

삼고초려(三顧草廬): 유비(劉備)가 제갈량(諸葛亮)의 초가집을 세 번이나 찾아갔다는 뜻으로, 진심을 다해 예를 갖추어 사람을 맞이함. 출전은 『삼국지(三國志)』 「촉지(蜀志)」 '제갈량전(諸葛亮傳)'이다. *『삼국지(三國志)』 「촉지(蜀志)」 '제갈량전(諸葛亮傳)'에 의하면, 207년 겨울부터 208년 봄에, 류베이(劉備유비)는 쉬수(徐庶서서)의 건의로, 세 차례에 걸쳐 룽중(隆中융중) 집으로 주거량(諸葛亮제갈량)을 방문하였다. 앞의 두 번은 모두 주거량을 만나지 못하고 세 번째에야 만날 수 있었다. 이 고사를 삼고초려(三顧草廬)라 하고, 이 만남을 '융중대(隆中對)' 혹은 '초려대(草廬對)'라고 한다. 당시 주거량은 류베이를 위해 천하의 형세를 분석하고, 먼저 징저우(荊州형주)를 취하여 터전으로 삼고 이저우(益州익주)를 취해 삼국 정립의 형세를 만든 연후에 중원을 취하는 전략을 제안하였다. 삼고초려 후에 주거량은 세상으로 나와 류베이의 군사 참모가 되었으며, 이후 류베이의 책략은 모두 이에 기초하여 만들어졌다(고려대 중국학연구소, 『중국지리의 즐거움 2』).

삼륜공적(三輪空寂): 삼륜(三輪)은 베푸는 자(施者), 받는 자(受者), 보시한 물건(施物)을 말하고, 주었으되 준 것이 없고, 받았으되 받은 것이 없는 그런 무위의 베품을 삼륜공적(三輪空寂)이라고 한다. *"삼륜공적(三輪空寂) 다시 말하면은 내가, 누구에게 무엇을 주었다. 그러니 시자, 수자, 보시, 이 삼륜공적에 생각이 사로잡히는 한에 있어서는 결코 공덕이 아니 되고 정사도 될 수 없다 그 말씀이오……"(박경리, 『토지』)

삼생연분(三生緣分): 삼생을 두고 끊어지지 않을 깊은 연분. 곧 부부간의 인연. 삼생지연. 삼생의 연(緣). *"내 이제 죽어 육탈(肉脫)이 되거든 합장(合葬)하여 달라."/청암부인은 유언하였다./이승에서의 인연은 사람마다 다 서로 다른 것이지만, 그 중에서도 전생과 금생, 그리고 내생에까지 이어진 인연이 지극하여 끊어질 수 없는 사이를 삼생(三生) 연분(緣分), 부부라 한다./그것이, 오다가다 쉽게 어우러진 사람이든, 우여곡절 뒤얽힌 끝에 어렵게 만난 사람이든, 아니면 도도하게 흘러가는 물줄기같이 좌우 풍경을 더불어 거느리고 만난 사람이든 한 번 부부가 된 연후에, 누구는 삼생보다 더 길고 깊은 한세상을 누리어 살기도 하고, 또 누구는 삼생의 원수를 한 지붕 아래 둔 것처럼, 모질고 그악스러운 평생을 겪기도 한다(최명희, 『혼불』).

삼순구식(三旬九食): 삼십 일(한 달)에 아홉 끼니밖에 먹지 못한다. 집이 몹시 가난한 것을 뜻함. *그런데 이 남산골 샌님이 마른 날 나막신 소리를 내는 것은 그다지 얘깃거리가 될 것도 없다. 그 소리와 아울러, 그 모양이 퍽 초라하고, 궁상이 다닥다닥 달려 있는 것이 문제인 것이다./인생으로서 한 고비가 겨워서 머리가 희끗희끗할 지경에 이르기까지, 변변치 못한 벼슬이나마 한 자리 얻어 하지 못하고(그 시대에는 소위 양반으로서 벼슬 하나 얻어 하는 것이 유일한 욕망이요, 영광이며, 사업이요, 목적이었던 것이다), 다른 일 특히 생업에는 아주 손방이어서, 아예 손을 댈 생각조차 아니하였기 때문에, 경제적으로는 극도로 궁핍한 구렁텅이에 빠져서 글자 그대로 삼순구식(三旬九食)의 비참한 생활을 해가는 것이다. 그 꼬락서니라든지 차림차림은 여간 장관이 아니다(이희승, 「딸깍발이」).

삼인성호(三人成虎): 세 사람의 입이 있지도 않은 범을 만들어낸다 뜻으로, 근거 없는 말이라도 여러 사람이 말하면 믿게 됨. 출전은 『한비자(韓非子)』의 「내저설(內儲說)」 '상편(上篇)'과 『전국책(戰國策)』 「위책(魏策)」 '혜왕편(惠王篇)'이다. ◐저잣거리에 호랑이가 나타날 리가 없습니다. 그럼에도 세 사람이 똑같은 말을 하면 없는 호랑이가 나타난 것이 됩니다(夫市之無虎明矣, 然而三人言而成虎부시지무호명의 연이삼인언이성호). *삼인성호(三人成

虎), 세 사람이 호랑이를 만든다! 이는 중국 전국시대 위(魏)나라 혜왕의 심복 방총80)이 태자와 함께 조(趙)나라의 인질로 끌려가게 되었는데, 왕으로부터 멀어지면 간신들의 음해로 혜왕이 자신을 의심할까 걱정되어 "시중에는 호랑이가 없는 것이 분명합니다. 그러나 세 사람이 이어서 같은 말을 하면 없는 호랑이를 만들게 됩니다"라는 경계의 말을 남기고 떠났지만 결국 여러 차례 거짓된 상소에 혜왕은 방총을 의심하고 만다는 고사에서 나온 말이다./ 없는 호랑이도 만들어 낼 수 있는 그 무서운 '사람의 말'이 지금은 인터넷, 특히 소셜네트워크서비스(SNS)를 통해 호랑이보다 더 무서운 흉기를 만들어 내고 있다. 밑도 끝도 없는 괴담과 헛소문, 아무런 근거 없는 거짓말 등이 인터넷 포털 사이트와 SNS를 타고 급속하게 번졌다가 사라지는 일이 반복되고 있다. 무심히 던진 말들이 모아져 한 사람의 삶을 완전히 황폐화시키고 심지어는 자살에 이르게까지 했던 일을 우리는 여러 차례 보아 왔다. 물론 인터넷을 통한 의사 형성이 이러한 부작용보다는 순기능적 역할을 훨씬 많이 한다는 사실을 부정하는 사람은 없다(김민호, 「삼인성호를 인터넷 문화운동 경구로 삼자」).

삼한갑족(三韓甲族): 삼한 적부터 지켜온 자랑스러운 집안. *연암이 중국을 다녀온 때는 나이 44세였다. 그는 그때까지 포의(布衣)의 신분이었다. '삼한갑족(三韓甲族)'의 명문 가정에서 출생한 그가 어찌 하여 벼슬길로 나아가지 않았던가. 그의 문학적 명성은 젊은 시절부터 일세에 울려서 시관(試官)이 그를 기어이 합격시키고자 하였으나 그는 응시를 하지 않았다고 한다. 한번은 과장(科場)에 들어가서 고송로석도(古松老石圖) 한 폭을 그리고 나온 일까지 있었다. 글하는 사람들의 한결같은 소망인 문과(文科) 급제를 그는 어찌하여 굳이 회피하였던가?/ 요컨대, 이조국가의 조정은 더 이상 창조적 인간의 포부를 실현시킬 광장이 아니었기 때문이다. 벼슬살이는 오직 개인적인

---

80) 『한비자(韓非子)』에는 방공(龐恭)이라고 되어 있고, 『전국책(戰國策)』에는 방총이라고 되어 있다.

출세와 부귀의 수단으로 매력을 끄는 한편, 먹고살기 위해 구처 없이 하는 노릇에 불과하였다. 연암은 일찍이 탄식하기를 "나는 중년 이래로 세로(世路)에 마음이 사라졌다"고 했던바, 이 발언은 곧 중앙관료로서의 진출은 포기했다는 의미이다. 그는 자기 자신을 세속적인 삶에 순응시킬 수 없었다. 속류에 '나'를 잃어버리고 싶지 않았던 것이다. 그가 지키는 바는 바로 나의 주체였다(임형택, 『실사구시(實事求是)의 한국학(韓國學)』).

상분지도(嘗糞之徒): 부끄러움을 생각하지 않고 아첨하는 사람을 낮잡아 일컫는 말. *"얼마 전 세월과는 달리 상분지도(嘗糞之徒)들이 궁중을 어지럽히는 일도 없는 성싶고 모두가 관음보살같이 유화한 웃음을 띠고 있더구면요. 재물로 이름을 떨치는 사람이나 벼슬이 높은 사람이나 문벌이 좋은 사람이나 학식이 높다는 사람이나. 한데 한 가지 이상한 일은 그 웃음이 꼭 같고 그 말씨가 꼭 같고 나중에는 이목구비조차 유사하여 혼돈을 일으킬 지경이었소. 벽촌에 가면 다소 닮지 않은 사람의 얼굴을 볼까 했더니 이곳도 역시나 다름이 없는 성싶소"(박경리, 『토지』).

상재지향(桑梓之鄕): 뽕나무와 가래나무가 있는 시골. 여러 대를 걸쳐 살던 고향. *상재는 뽕나무와 가래나무를 말하는데, 옛날에는 자기 집 담 밑에 이 두 종류 나무를 심어 후세 자손으로 하여금 조상을 생각하도록 했습니다. 그래서 상재는 고향 또는 고향집을 뜻하게 됐고, 누대 조상의 무덤이 있는 고향을 상재지향(桑梓之鄕), 자신의 고향을 자가상재(自家桑梓)라고 합니다(이은윤, 『화두 이야기 1』).

상전벽해(桑田碧海): 뽕밭이 변하여 푸른 바다가 된다는 뜻으로, '세상의 일이 덧없이 바뀜'을 이르는 말. 벽해상전. 창상지변(滄桑之變). *춘복과 칠성은 경비초소를 향해 걸어갔다. 발걸음을 옮길 때마다 발밑에서 바드득바드득 소리가 났다. 잿빛 먼지가 바짓가랑이에 달라붙었다. 콧속을 온통 후벼파 갈 것 같은 냄새가 온몸을 감싸왔다. 그들이 위쪽으로 거슬러 올라가자, 여기저기 말라 죽은 버드나무들이 군락을 이루고 있었다. 새들의 시체가 심심찮게 눈에 띄었다. 춘복은 문득 상전벽해(桑田碧海)라는 말을 떠올렸다. 뽕나무밭이 변하여 바다가 되었다는 말은 이 골짜기를 두고 하는 말이 아닌가. 춘복은 눈을 내리깔고 생각에 잠겼다(김종성, 「꿈틀거리는 산」).

색즉시공(色卽是空): '색(色)은 곧 공(空)일 뿐'이라는 말. 눈에 보이는 현상은 인연(因緣)에 따라 끊임없이 생겼다가 소멸하는 것이지 실재하는 존재가 아니라는 뜻이다. '공즉시색(空卽是色)'과 짝을 이루는 말이다. 출전은 『반야심경(般若心經)』이다. *편지투로 씌어진 이 시81)에서 색즉시공(色卽是空)에 대한 불교적 해석은 깊이 있게 제시되지 않고 있다. 다만 색(色)과 공(空)을 빌려 재기에 가득 찬 말의 변주를 보여주고 있을 뿐이다. 그럼에도 "감금될 수 없는 말로 편지를 쓰고 싶습니다"고 하는 그의 소망은 '색공지간(色空之間)'의 우리 생에 대한 시적 탐구의 단서를 나타내준다. 색공지간에서 생의 기미를 포착하겠다는 그의 시적 의지는 사물에 대한 어떤 방법적 사랑보다 우선하여 그의 시를 지배하는 기본적 사고가 아닌가 한다. 『반야경(般若經)』에 나오는 색즉시공(色卽是空)이란 말은 모든 만물은 인연에 의한 것으로서, 그 본성은 실유(實有)의 것이 아니므로 모두가 공(空)이라는 뜻이다(최동호, 『평정(平定)의 시학(詩學)을 위하여』).

생면부지(生面不知): 서로 한 번도 만난 적이 없어서 전혀 알지 못하는 사람. *아무리 봐도 나는/두 사람이다./두 사람/두 사람이었는데,/요즘 나는 노안이 왔다./멀찍이서 보면//머리가 둘/눈이 넷/입이 둘/팔다리가 일곱이나 달린 생면부지의/비대칭의//한마음이다(이영광, 「한마음」).

---

81) 황동규의 시 「고통의 축제(祝祭) I」을 가리킨다. 「고통의 축제(祝祭) I」의 제1연은 다음과 같다. ◑계절이 바뀌고 있습니다. 만일 당신이 생(生)의 기미(機微)를 안다면 나는 당신을 사랑합니다. 말이 기미(機微)지, 그게 얼마나 큰 것입니까. 나는 당신을 사랑합니다. 당신을 만나면 나는 당신에게 색(色)쓰겠습니다. 색즉시공(色卽是空) 공시(空是) 색공지간(色空之間) 우리 인생 말이 색이고 말이 공이지 그것의 실물감(實物感)은 얼마나 기막힌 것입니까. 당신에게 색(色)쓰겠습니다. 당신한테 공(空)쓰겠습니다. 알겠습니다. 편지란 우리의 감정결사(感情結社)입니다. 비밀통로입니다. 당신에게 편지를 씁니다.

서시봉심(西施捧心): 중국 역사상 3대 미녀라고 일컫는 서시(西施)가 가슴 앓이 병 때문에 가슴을 움켜쥐고 눈살을 찌푸리자, 못생긴 여자들도 덩달아 가슴을 움켜쥐고 눈살을 찌푸렸다는 것으로, 주견 없이 다른 사람을 흉내내어 세상 사람들의 웃음거리가 되는 일을 일컬음. *역사 속에 그 심하통으로 죽음에 이른 두 유명인이 있다. 남자는 제갈공명이요 여자는 오왕(吳王) 부차의 여인 서시(西施)다. 월(越)의 저라산 아래 한날 땔감나무를 해 이어다 팔던 절세의 미녀 서시의 병세는 심하작통 봉심무위(心下作痛捧心撫慰)라는 것으로 심장 아래가 수시로 뜨끔거려 항시 심장 언저리를 쓰다듬으며 그 아픔을 달랬다는데 그 한 손을 어깨에 얹고 섰거나 걷는 모습이 너무도 아리따워서 때의 궁정과 세상 여자들은 모두 허리에 한 손을 얹고 서거나 걷는 모습을 흉내 냈다고 사서는 적고 있다(이은성, 『소설 동의보감』).

서천취경(西天取經): 인도의 천축국(天竺國)에 가서 불교 경전(經典)을 가져왔다는 뜻이다 *'갈 수 있을까? 이곳에서 북쪽으로 치올라가면 흑룡강이고 그 흑룡강 너머가 시베리아 아라사 땅, 그곳에서 서쪽으로 가면 몽고, 다시 남쪽으로 내려오면 서장이다. 『서유기』, 흠, 삼장법사가 서천취경(西天取經)의 길을 떠날 때 손오공, 사오정, 저팔계를 거느렸는데 흠, 내 꼴이 저팔계는 아닐까? 허허헛!'(박경리, 『토지』).

석고대죄(席藁待罪): 거적을 깔고 엎드려 처벌을 기다림. *이 일이 인명에 관계 있는 중대한 일일뿐더러 독약을 친 혐의를 받은 나인이 모후(母后)궁에 속하였은즉 동궁이 자의로 처결할 수 없고 또 이러한 일이 동궁에서 생긴 것은 동궁의 덕이 부족하여 부모 두 분 마마께 걱정을 끼침이니 불효막심하다 하여 우선 대전 내전에 사람을 보내어 사연을 아뢰고 뒤따라 동궁이 몸소 양전에 입시하여 석고대죄(席藁待罪)하기로 하시었다(이광수, 『단종애사』).

선영봉사(先塋奉祀): 조상의 무덤을 돌보고 제사를 받드는 일. *만주까지 가서 기어이 김훈장 유해를 이장해온 사나이, 사람이 좀 모자란다 했던 한경의 생애는 양부 김훈장에 대한 효도와 일문을 지키는 데 한 치 소홀함이 없었다. 지금도 그는 선영봉사(先塋奉祀)82)를 위해 존재하듯 그 일에 대해서는 한 치의 오차도 용서치 않는 엄격함을 견지해온 사나이다. 그는 원래 노총각이었으므로, 마누라 산청댁과는 상당히 나이 차가 있었고 범석이도 늦게 본 자식이라 할 수 있었다(박경리, 『토지』).

설상가상(雪上加霜): 눈 위에 다시 서리가 내림. 어려운 일이나 불행이 연거푸 일어남을 비유. *효종의 등극은 그의 사부였던 고산의 삶에 큰 변화를 가져왔다. 효종이 등극하자 고산은 즉각 '수신치국의 도'를 설파하는 상소를 올렸고, 그것은 예상대로 갖가지 비방을 불러일으켰다. 특히 인조가 죽었을 때 '분곡하지 못한' 것이 또 문제가 되었다. 왕이 죽으면 당연히 달려가 곡을 해야 했다. 하지만 당시 고산은 병중이라 분곡의 예를 다하지 못했던 것이다. 고산은 병으로 분곡하지 못했음을 사죄하고 시정의 잘못을 논하는 글을 현도(懸道)를 경유하여 올렸으나, 감사(監司) 이시만(李時萬, 1601~1672)에 의해 각하되었다. 그리하여 9월에 장남 인미를 보내 상소를 올려보지만 반발은 가라앉지 않았다./사헌부가 아뢰기를, "전 현감 윤선도는 일찍이 선조 때 나라의 후한 은혜를 입었는데도 병자년 난리 때 끝내 분문(奔問)하지 않고 해도(海島)를 점유하여 호부(豪富)함을 즐겼으며, 나라에 국상이 있는 데도 감히 마음대로 편안함을 즐겨 분곡(奔哭)하지 않고서 아들을 보내 상소하여 은연중 조정의 뜻을 염탐하였으니, 그의 교만스럽고 세상을 농락한 정상이 더욱 얄밉습니다. 잡아다 국문하여 죄를 정하소서."—『효종실록』/놀랍게도 병자호란 당시의 죄목, 곧 '불분문'의 죄가 아직도 씻기지 않고 있다. 설상가상으로 이번엔 분곡도 하지 않았다. 비슷한 죄를 겹쳐 지었으니 가중처벌감이다. 거기다 이 상소문의 어조를 보면, 고산이 마치 보길도에서의 화려한 풍류에 빠져서 일부러 '분곡'도 하지 않은 것처럼 되어 있다. 아무리 정적이라지만 좀 심하다. 설상가상으로 아들을 통해 보낸 상소는 조정의 뜻을 염탐하

---

82) 선영(先塋)이란 말은 조상의 무덤만을 가리키는 말이고, 선산(先山)은 선영과 그것이 귀속된 모든 산야(山野)를 통틀어 이르는 말이다.

려는 의도로 해석되었다. 이렇듯 고산의 생활은 낱낱이 중앙 정계의 감시망에 포착되었을 뿐만 아니라 정적들은 그걸 빌미로 사사건건 비난을 퍼부어댔다(고미숙, 『윤선도 평전(尹善道評傳)』).

섬섬옥수(纖纖玉手): 가냘프고 고운 여자의 손을 이르는 말. *색시가 재환이보다 세 살이 위라던가. 키도 제법 훤칠하고 어깨가 나부죽해 옷 입는 태도 났다. 여자들은 임을 이면 엉덩이를 잘 휘둘렀다. 색시도 물동이를 여서 그런지 팡파짐한 엉덩이를 암팡지게 휘저으며 우물로 가는 걸 태남이는 숨을 죽이고 지켜보았다. 물 한 동이를 인 색시의 앞 모습은 더욱 볼 만했다. 얼굴엔 분칠까지 해 제법 반반했고, 간간이 물동이에 맺혔다가 이마로 떠는 물방울을 뿌리치는 손은 섬섬옥수는 아니었지만 두둑하고 부드러워 보였다. 재환이한테 시집온 걸 보면 오죽한 집 딸일까마는 한참 나이라 그런지 다홍 옷고름을 휘날리는 모습이 군침이 돌 만큼 아리따웠다(박완서, 『미망』).

세강속말(世降俗末): 세상이 그릇되어 풍속이 어지러움. *"세강속말(世降俗末)일세. 이리 인심이 각박하니 어찌 나라가 안 망하겠느냐."/"그거는 샌님 모르시는 말씀이오."/내외간에 금실이 좋은 것을 보고 노상 못마땅해서 세강속말이니, 상것들이니 하던 김훈장의 언동이 생각나서 서서방은 뿌루퉁해가지고 말을 받았다(박경리, 『토지』).

세세생생(世世生生): 몇 번이든지 다시 환생(還生)함. 또는 그때. *산에서는 말이 필요없다/무덤 속에 누운 이들의 세세생생(世世生生)의 말들은/혀 없는 이빨에 부딪혀/봄마다 생(生)의 온기(溫氣)를 풀뿌리에서 되찾는다(최동호, 「너는 누구인가: 달마(達磨)는 왜 동쪽으로 왔는가」).

세요흉당(細腰胸堂): 가늘고 하늘거리는 가슴의 한복판. *행군 취타(吹打)[83] 풍악 소리 성동(城東)에 진동하고 삼현육각(三絃六角)[84] 권마성은 원

---

83) 군중에서 나발・소라・대각 따위를 불고, 징・북 따위를 치던 군악.
84) 거문고・가야금・향비파의 세 현악기와 북・장고・해금・대평소 한 쌍・피리의 여섯 관악기.

근에 낭자하다./"행수(行首)85)는 문안이요."/행수, 군관(軍官) 집례(執禮)86) 받고 육방, 관속 현신 받고 사또 분부하되/"수노(首奴)87)불러 기생 점고(點考)88)하라."/호장(戶長)89)이 분부 듣고 기생 안책(案冊)90) 들여놓고 호명을 차례로 부르는데 낱낱이 글귀로 부르던 것이었다./"우후동산(雨後東山) 명월(明月)이."/명월이가 들어를 오는데 나군(羅裙)91) 자락을 걷음걷음 걷어다가 세요흉당에 딱 붙이고 아장아장 들어를 오더니/"점고 맞고 나오(점고 맞고 나왔다는 뜻)(판소리 완판본,『열녀춘향수절가(烈女春香守節歌)』).

속수무책(束手無策): 손을 묶어 계책을 낼 수 없듯 어찌할 도리가 없음을 일컫는 말. *작은 새의 날개처럼 파닥거리는 두 발이 쌓아 올린 상자 더미를 차버렸는지 와르르, 내 몸을 뚫고 길바닥에 쏟아졌다.//바닥도 놀란/난데없는 발길질 앞에/그 자리에//속수무책. 숨을 삼키고 한낮의 메아리가 일그러지는 걸 본다. 앞뒤 없이 전체적으로, 구깃구깃(신덕룡,「속수무책(束手無策)」)

수미상관(首尾相關): 머리와 꼬리, 처음과 끝이 서로 관련이 있다는 뜻. *그 사이 나는 삼촌의 연습실에서 돌고, 돌고, 또 돌았다. 수없는 실패 끝에 나는 투-토 패들링의 정신을 춤에 접목했다. 중심을 잡으려면 일단 그것을 잃어봐야 했다. 나는 360도 턴에 성공했다./"내일부터 안 나와도 되겠다, 얘."/"네? 이제 춤을 배워야죠."/"얘는. 춤은 넘어지지만 않으면 된다니까."/삼촌은 비밀스러운 수미상관의 어법을 구사한 다음 바쁘다며 나가버렸다. 제자들이 깍듯하게 인사하더니 삼촌이 사라지자 일제히 바닥으로 넘어졌다. 그제야 보였다. 브레이크댄스의 모든 동작이 갖고 있는 균형이. 그들은 넘어져 있는 게 아니라 머리로, 손으로, 신체의 온갖 부위로 '서' 있는 것이었다

---

85) 이속의 두목.
86) 지켜 행하여야 할 예.
87) 관노(官奴)의 두목.
88) 일일이 표를 찍어 가며 사람의 수효를 조사함.
89) 각 고을 아전의 맨 윗자리.
90) 각 관청에서 전임(前任) 관원의 성명·직명·생년월일·본적 따위를 기록하던 책.
91) 엷은 비단 치마.

(노희준, 『오렌지 리퍼블릭』).

수어지교(水魚之交): ㉠ 물과 물고기의 관계라는 뜻으로, 서로 떨어질 수 없는 매우 친밀한 사이를 비유적으로 이르는 말. 출전은 『삼국지(三國志)』 「촉지(蜀志)」의 「제갈량전(諸葛亮傳)」이다. *내설악 백담사 계곡,/연녹색 맑은 물 속에/한 마리 열목어가 되어,/깨복쟁이 친구들과/수어지교(水魚之交)를 꿈꾸며/이리저리 떼지어 노닐다 보면/어느덧 하루해 저물어/물 위에 떠 있는/한 조각 달덩이나 베고 잠드는/그런 생(生)을/살아가고 싶었다(박영우, 「산에서 내려올 때」). ㉡ 임금과 신하 사이의 아주 친밀함을 비유적으로 이르는 말. ㉢ 부부의 화목함을 비유적으로 이르는 말.

시산혈해(屍山血海): 사람의 시체가 산같이 쌓이고 피가 바다같이 흐른다는 말. *그 날의 싸움은 공전의 승리였다. 단 오백 명의 직예대가 그 너른 벌판에 퍼져 놓으매, 동에 번쩍 서에 번쩍 벌판에는 온통 마병 천지인 듯하였다. 그런 가운데 백제 포위진은 점점 좁혀서 고려군을 압박하고 이 그물 안의 고려군은 동남 서북으로 달리는 백제 마병에게 전멸이 되었다. 일만오천의 대군에서 살아 도망친 사람은 근근 수십 명뿐이고 그 나머지는 전멸을 하였다. 공산(公山)의 평원은 시산혈해(屍山血海)를 이루고 아비규환의 처참한 광경은 눈으로 바로 보기가 어려울 지경이었다./그런 가운데서 잡아 낸 포로의 공술로서, 아까 수레에서 죽은 사람은 고려왕이 아닌 것이 판명되었다./신숭겸(申崇謙)이었다. 일찍이 태봉왕 궁예를 섬기다가 (지금의) 고려왕 당년의 왕건(王建)에게 돌라붙어서, 새 나라를 이룩하고 왕건(王建)을 추대한 고려 공신이었다. 모습이 고려왕과 비슷하므로, 이 위난의 때에 자진하여 고려왕으로 가장을 하고 백제 군사를 유인하여 자기를 죽이게 하고, 그 틈에 자기의 임금이 도망갈 기회를 지어 준 것이다(김동인, 『견훤』).92)

수신제가(修身齊家): 몸과 마음을 닦아 수양하고 집안을 돌봄. 출전은 『예

---

92) 동일한 작품이 홍자출판사 간행 '동인전집' 판(1967년)에는 『견훤』으로, 조선일보사 출판국 간행 '김동인전집' 판(1988년)에는 『제성대』로 되어 있다.

기(禮記)』의 『대학(大學)』편(篇)이다. ◐옛날 천하에 밝은 덕을 밝히고자 한 사람은 먼저 자신의 나라를 다스렸고(古之欲明明德於天下者, 先治其國 고지욕명명덕어천하자, 선치기국), 자신의 나라 다스리고자 하는 사람은 먼저 자신의 집안을 가지런히 했고(欲治其國者, 先齊其家욕치기국자, 선제기가), 자신의 집안을 가지런히 하고자 하는 사람은 먼저 자신의 몸을 닦았다(欲齊其家者, 先修其身욕제기가자, 선수기신). 자신의 몸을 닦고자 하는 사람은 먼저 자신을 수양했다(欲修其身者, 先正其心욕수기신자, 선정기심). *장편소설『무정(無情)』은 1917년 「매일신보(每日新報)」에 연재된 것으로서 우리 나라 최초의 현대 장편소설임은 널리 알려져 있다. 이와 같은 해에 춘원(春園)은 단편「무정(無情)」과 「소년(少年)의 비애(悲哀)」「어린 벗에게」「김경(金鏡)」 등을 『청춘(靑春)』지(誌)에 발표(發表)하였지만 정작 독자들의 관심을 끈 것은 이『무정(無情)』부터였다./일찍이 일본(日本)에 건너가 신학문(新學問)을 배우고 돌아와 지금은 경성학교(京城學校) 영어교사(英語敎師)로 근무하는 주인공 이형식이 전혀 다른 환경과 성격이 다른 두 여자를 놓고 일으키는 사랑의 갈등(葛藤)을 그리고 있다. 그 중의 한 여자는 형식이 어렸을 때, 깊이 은혜를 받은 스승의 딸이요, 지금은 신학문(新學問)도 배우지 않고 오히려 기적(妓籍)에 몸을 담고 있는 영채라는 아가씨로서 그녀는 구시대를 대표하는 인물(人物)로 등장한다. 한편, 그와 상대적인 여성으로서 선형(善馨)은 예수교의 물결을 어느새 받아들인 장로(長老)의 딸이요, 부호(富豪)의 딸이며, 또한 신식학교(新式學校)를 다니면서 미국유학(美國留學)을 꿈꾸는 전형적인 신시대적 인물로 대표된다./이와 같이 전혀 성격이 다른 두 여자의 사이에서 갈등(葛藤)하는 이형식의 태도와 행동은 주목할 만하다. 이들은 당시의 시대적(時代的) 인물(人物)인 동시에 춘원(春園)의 의식(意識)이기도 한 것이다. 이제 다시 한 번『무정』에 나타난 인물(人物)들에 대한 세밀한 검토를 해봄으로써 초기(初期) 춘원문학(春園文學)에 대한 면모(面貌)와 『무정』의 문학적(文學的) 성격(性格)을 파악해 보기로 하자./스토리의 대부분이 영채에 대한 내력(來

歷)으로 이루어져 있다. 형식의 마음을 심각하게 동요(動搖)시킨 것도 영채요, 선형으로 하여금 불안한 마음을 자아내도록 한 사람도 영채다./영채는 개화주의자(開化主義者)에게서 태어났다. 원래는 시골 양반의 집안으로서 전통적(傳統的)인 수신제가(修身齊家)를 하던 아버지였지만, 개화(開化)의 물결을 타고 몰락과정에 접어든 때에 태어난 인물이었다(정한숙, 『현대한국작가론(現代韓國作家論)』).

시시각각(時時刻刻): 시간이 흐르는 시각 시각. *해방 후 월북하여 북한 체제를 선택한 송영은 이 역사극들 속에서 봉건 사회의 부정과 혁파를 의미화한다. 1946년 이후 북한 문학은 당의 문예 정책에 따라 고상한 사실주의, 애국주의 및 국제주의, 반종파투쟁, 항일혁명문학 등 끊임없이 변모하였다. 역사극은 자체의 특성상 과거의 역사를 다루므로 시시각각 변하는 문예 정책과 이론에 민감하게 반응하지는 않는다./그러나 낡은 것의 사멸과 새로운 것의 승리라는 유물사관적 관점에 입각하여 계급적 전통 사회의 부패와 모순들을 비판하거나 체제 변혁을 강하게 암시함으로써 북한 사회주의 사회의 정당성을 옹호하고 계몽화하려는 목적성을 부여한다. 유물사관의 관점을 따르면서도 냉전체제로 접어든 북한 현실의 이데올로기를 좀 더 직접적으로 극화한 것이 「강화도」다(홍창수, 『역사와 실존)』).

시종일관(始終一貫): 처음부터 끝까지 한결같이. *반면에 「허생전」은 시종일관 '영웅+천민'의 골격을 유지하면서, 결미에서 집권세력의 정책운용자와 조우하여서도 실학의 북학이론을 당당하게 내세우는 주인공을 형상화하고 있다. 소설의 배경도 현실로부터 낙원의 구현으로 넘어간 5년의 기간을 마무리하고 다시 현실로 돌아와 '시사삼난'93)이라는 가장 민감한 시대적 과제를 제기함으로써 현실회귀의 수미상관한 면모를 갖고 있다. 이는 곧 「허생전」

---

93) 시사삼난(時事三難). 박지원의 단편소설 「허생전」에서 주인물 허생이 이완에게 ㉠ 현자에 대한 왕의 삼고초려. ㉡ 종실부녀의 홀아비에게의 출가. ㉢ 청나라에 사대부 자제의 유학 등을 실현시킬 수 있느냐고 질문하여 그를 칼로 위협하면서 내쳤다는 내용이다.

의 현실개혁 의지가 사실적 서술과 결부되어『홍길동전』의 구성방식으로부터 진일보된 소설형식을 보여주는 것이다(김종회,『한국소설(韓國小說)의 낙원의식(樂園意識) 연구(硏究)』).

시화연풍(時和年豊): 나라가 태평하고 풍년이 들어 시절이 좋음. *유리왕대(儒理王代)에 남상(濫觴)된「도솔가(兜率歌)」는 상고(上古)의 순연(純然)한 종교적(宗敎的) 의식(儀式)의 축사(祝詞)와 근고(近古)의 서정요(抒情謠)의 중간형식(中間形式)을 보인 자(者)로서, 그 악가(樂歌)의 형식(形式)이 아직 집단적(集團的)인 것은 구형(舊形)을 그대로 전수(傳守)하나, 그 내용(內容)이 현저(顯著)히 즉생활적(卽生活的)・서정적(敍情的)이었음을 추측(推測)할 수 있다. 다만 그것이 개인(個人)의 서정가요(抒情歌謠)가 아니오 어디까지나『사기(史記)』소설(所說)과 같이 민속환강(民俗歡康)・시화연풍(時和年豊)을 구가(謳歌)한, 혹은 임금의 어진 정사(政事)를 칭송(稱誦)한 민중(民衆)의 노래였을 뿐이다.「도솔가(兜率歌)」는 단적(端的)으로 농민(農民)의 노래인 동시(同時)에 나대(羅代)의 국풍(國風)・아송(雅頌)의 남상(濫觴)이라고 할 수 있다(양주동,『증정(增訂) 고가연구(古歌硏究)』).

식자우환(識字憂患): 글자 좀 알았던 것이 도리어 화의 근원이 됨. *여기저기서 말리는 소리가 들렸다. 김문갑 씨는 그제야 더 이상 악다구니를 써 봤자 당사자도 없을 뿐만 아니라 오래 끌면 자기만 우습게 된다는 것을 알았는지 못 이기는 체하며 다시 방으로 들어갔다. 그러나 자기 체면을 살리기 위해서라도 모두 들으란 듯이 한마디 하지 않을 수가 없었다./"허허 참말로 오래 살자니 별일이 다 있네, 그랴. 별일이…… 촌에서 읊는 돈 긁어다 공불 시켜놓응께 집안 어른도 몰라봐? 거기다가 어떻다구? 대징이 영샘이 앞꾼 노릇까지 해? 츳츳. 허긴 제들 잘못만도 아니지. 뭐. 전쟁을 겪어봤나, 보릿고개를 겪어봤나. 포시랍게 오냐오냐지. 식자우환이라구."/그러면서 끌끌 혀가 떨어져라고 차 댔다. 영국의 어머니 만수댁이 부엌에 이 말을 듣고 있다가 그게 자기 들으라고 하는 말 같아서 비록 시아주버니일망정 그만하며 키운 어른들이 잘못이지. 에이비씨 까짓것 배우면 뭣 해. 데모나 허구…… 식자우환이 욱하고 성질이 돋았으나 '흥, 지가 뭐 한 푼이래두 보태준 것이 있남' 하고 속으로 삼켜버렸다. 자기까지 나서면 잘못하다간 집안싸움이 벌어질 판이었다(김영현, 「김문갑전」).

신겸노복(身兼奴僕): 집안이 가난하여 몸소 종이 하는 일을 함. *사랑으로 들어가서 자리에 앉기가 무섭게 범석이댁네가 술상을 내왔다. 신겸노복(身兼奴僕)이라 하며 김훈장이 구차하게 손님을 맞이했던 옛날과 다름없이 사랑방은 초라하고 여느 농가의 방을 방불케 했다. 다만 아랫목에 쌓인 책자는 모두 상당한 수준의 것이었다(박경리, 『토지』).

신언서판(身言書判): 옛날에 인물을 고르는 표준으로 삼던 네 가지 조건. 곧, 신수, 말씨, 문필, 판단력. *게다가 엿장수 수염이라고 부르는 수염마저 기르고 있었는데, 나이는 아무리 따져 보아도 마흔 살을 넘어 보이지 않았다. 그러니까 거꾸로 된 신언서판(身言書判)의 거꾸로 된 신(身)은 제대로 갖추어 놓은 셈이었는데, 바로 이자가 직속상관이었다(박태순, 「실금(失禁)」).

신체발부(身體髮膚): 몸과 머리털과 피부. 곧, 몸의 전체. *동반자살의 경우, 이 같은 미분화는 하나의 형사적 범죄라고 하기엔 너무나 심각한 문화적 범죄를 일으키고 있음에 주목해야 한다. 신체발부를 부모로부터 받은 것으로 중요시 하는 우리 문화에서는 자식은 곧 부모의 부분품 또는 부속물로 오인되기 쉽다(한완상, 「동반자살(同伴自殺)과 문화적(文化的) 범죄(犯罪)」).

신출귀몰(神出鬼沒): 귀신같이 나타났다가 사라진다는 뜻으로, 자유자재로 출몰하여 그 변화를 쉽사리 알 수 없음. *손무는 초나라의 정세를 잘 알고 있었기 때문에 '벌교(代交)'로써 초를 내부로부터 붕괴시키려고, 이미 당나라와 채나라에 손을 뻗치고 있었다./손무의 계교(計巧)는 신출귀몰(神出鬼沒)하여, 하루는 초왕에게 놀라운 사건이 하나 발생하였다(정비석, 『소설 손자병법』).

실사구시(實事求是): 사실에 토대를 두어 진리를 탐구하는 일. 출전은 『한서(漢書)』의 「하간헌왕전」 '유덕전(劉德傳)'이다. ◐학문을 닦아 옛것을 좋아하고, 실제 일에서 옳음을 구하였다(修學好古, 實事求是수학호고, 실사구시). *그 이상국의 설계야말로 조선조의 선비문화를 청산하고 새로운 미래의 나라를 여는 박지원의 꿈이 집약된 모습이다. 그의 꿈에는 『홍길동전』과 다른 훨씬 구체적인 철학이 담겨 있다./그러한 사실들이 실사구시의 새로운 시대적 조류와 「허생전」의 낙원의식을 접맥시켜 주는 빗장이 되고 있으며, 『홍길동전』이 현실도피의 낙원을 설정하고 있는 데 비해 상황조건만 호전된다면 현실적인 방법을 동원하여 실현할 수 있는 낙원을 형상화 해 본 것이라 하겠다. 그러나 앞에서도 언급한 바, 허생의 도피적 결말은 결국 『홍길동전』에서와 마찬가지로 그와 같은 이상적 낙원의식이 실질적으로 구체화될 환경을 마련할 수 없었음을 반증하면서, 근대적 의식이 생성되고 또 성장하고 있었다 하더라도 유교적 전통과 인습이 얼마나 견고한 것인가를 증거해주고 있다(김종회, 『한국소설의 낙원의식 연구』).

심기일전(心機一轉): 어떤 동기가 있어 이제까지 가졌던 마음가짐을 버리고 완전히 달라짐. *나는 실로 마련이 많았다. 그만치 동경하던 곳이라 가게 된 것이 무한히 기쁘련마는 내 환경은 결코 간단한 것이 아니었다. 내게는 젖먹이 어린애까지 세 아이가 있었고, 오늘이 어떨지 내일이 어떨지 모르는 칠십 노모가 계셨다./그러나 나는 심기일전(心機一轉)의 파동을 금할 수 없었다. 내 일가족을 위하여, 내 자신을 위하여, 내 자식을 위하여 드디어 떠나기를 결정하였다(나혜석, 「소비에트 러시아 행」).94)

심사숙고(深思熟考): 깊이 잘 생각하다, 깊이 잘 생각함. *"뭘 그만 일을 가지고 심사숙고까지 하고 그래. 불러서 한 번 따끔하게 야단치고 말 일이지. 차 가진 사람들 너무 차 가지고 애지중지하는 거 얼마나 꼴 보기 싫은지 알아? 사람 나고 차 났지, 차 나고 사람 난 거 아니잖아." "동감이야. 나도 사람에 대해서 심사숙고하는 중이지, 차에 대해서 그러고 있는 거 아냐"(박완서, 『그대 아직도 꿈꾸고 있는가』).

---

94) 『삼천리』(1932.12)에 발표한 원래 제목은 「쏘비엣 노서아행(露西亞行)」.

십상팔구(十常八九): 열에 여덟이나 아홉 정도라는 뜻으로 거의 예외가 없음을 이르는 말. *소재는 무궁무진하다. 우주의 진리에서부터 곤충의 생태에 이르기까지 인생 문제, 사회 문제, 생활과 학문이나 다 소재가 될 수도 있다. 그러나 이것은 세계적 대가의 말이요, 보통으론 소재의 선택이 그 글의 성패를 좌우한다. 그 소재는 이론적인 것, 학문적인 것, 관념적인 것을 피하고 생활의 실감에서 찾아야 한다. 강단수필, 교양수필, 문화수필, 계몽수필이 되어서는 안 된다. 그런 것들이 작품이 되자면 독특하고 참신한 새로운 발견이 있거나 체험의 절규가 아니면 아니 된다. 이것은 차라리 지극히 어려운 일이다./옛날에 소동(蘇東坡)는 박학일 뿐 아니라 불경이치(佛經理致)도 제법 아는 대문장가다. 절에 가서 "시냇물 소리 바로 장광설인데, 산빛 어이 청정한 몸 아닐 것이라(溪聲便是長廣舌, 山色豈非淸淨身)"95)라는 시를 써서, 득도(得道)한 글이라고 칭송을 받았다. 그러나 정말 고승 차암(此菴)은 이 글을 보고서 문외한이라고 껄껄 웃었다. 소동파가 아무리 불교를 잘 안들, 진짜 고승의 앞에야 웃음거리밖에 더 될 수 있으랴. 아무리 철학이나 도덕이나 종교나 문화를 떠들어 봐도, 혹은 서화골동(書畵骨董)의 아취(雅趣)를 풍겨 봐도 그 길에 높은 전문가의 눈에는 문외한이기 십상팔구다. 오직 생활의 실감만이 참스러운 정서를 담을 수 있고 독자에게 절실한 공감을 줄 수 있다(윤오영, 수필문학 입문(隨筆文學入門)).

십중팔구(十中八九): 열 가운데 여덟이나 아홉이 그렇다는 뜻으로, 거의 예외 없이 대개가 그러함. *"우리 사상을 접한 사람들인가"/"다 그저 풍문으로 귀동냥허고 있는 것이제 그럴 새가 어디 있었간디?"/"책을 읽고 학습을 받으면 동조할 사람들인가?"/"십중팔구 그럴 거이네."/"십중팔구는 곤란하

---

95) "시냇물 소리 바로 장광설인데, 산빛 어이 청정한 몸 아닐 것이라(溪聲便是長廣舌, 山色豈非淸淨身)"의 출전은 당송 8대가의 한 사람인 소동파(蘇東坡)의 「계곡소리 산빛(溪聲山色계성산색)」이라는 시의 한 구절이다. ◐시냇물 소리 바로 장광설인데(溪聲便是長廣舌계성변시장광설),/산빛 어이 청정한 몸 아닐 것이라(山色豈非淸淨身산색기비청정신)/간 밤에 들은 팔만사천 법문을(夜來八萬四千偈야래팔만사천게)/훗날 어떻게 사람들에게 보여 줄 수 있으랴(他日如何擧似人타일여하거사인)

고, 십중십인 사람들만 골랐으면 하네."/"그렇제, 개미구녕으로 방죽 무너지는 법잉게"(조정래, 『아리랑』).

아장부피장부(我丈夫彼丈夫): '나도 장부이고 그도 장부이다'라는 뜻으로, 나와 남이 서로 굽힐 만한 것이 없어서 맞설 수 있음을 이르는 말. *"삼수 놈 애기라믄 이름만 들어도 이가 갈리요."/"삼수 놈이 봉기 딸 두리를 돌라캤다가 혼짝 난 애기는 모르는개비여."/"내가 알아 송사하겄소."/"아 금매, 그러니게로 그저께 붙들이란 그눔아아들이 와서 허는 소리를 나도 들었는디. 봉기나 삼수나 다 아장부피장부 아니더라고? 그런게로 여간 재미있이야제. 봉기 그 사람도 좀 으뭉스럽 간디? 곰 이제 곰"(박경리, 『토지』).

안고수비(眼高手卑): 눈은 높으나 재주가 없어 따르지 못한다는 뜻으로, 이상만 높고 실천이 따르지 않음. *노동의 개념은 사회 분석의 기본 개념일 뿐 아니라 정신분석의 기본 개념이기도 하다. 정신분석은 한 개인의 내부에 노동의 세계가 제 자리를 잡지 못하는 이유를 알아내려고 하는 작업이다. 어린아이가 자라서 한 사람의 주체로서 존립하려면 그는 노동의 세계에 참여해야 한다. 노동의 세계는 서로 다른 주체들이 자기를 주장하고 서로 대립하며, 상호 작용의 그물에 의존하여 자기를 다시 발견하는 공동의 터전이다. 노동의 세계를 교란하는 독단과 투기와 허학(虛學)은 문학의 오래된 재료들이다. 대중운동과 기술혁신과 기본도덕이 노동의 세계를 형성하고 있는데 독단은 대중운동을 방해하고 투기는 기술혁신을 방해하고 안고수비(眼高手卑)의 허학은 기본도덕(minima moralia)을 방해한다. 문학의 노동 개념은 경제학의 노동 개념과 정신분석의 노동 개념이 분화되기 이전의 구체적인 경험을 의미한다(김인환, 『비평(批評)의 원리(原理)』).

안하무인(眼下無人): 눈 아래에 사람이 없다는 뜻으로, 교만하여 사람을 업신여기는 것을 말함. *그렇다. 마침내 내 인생 스물두 해를 걸고 배팅해볼 만한 남자가 나타난 것이다. 단지 그가 부유한 집 막내아들이라는 이유 때문만은 아니다. 대대로 놀고먹어도 될 만큼의 유산을 미리 받은 남자애들은 이

동네에 많다. 그가 미국에서 다섯 손가락 안에 드는 로스쿨(law school)의 학생이기 때문만도 아니다. 맘먹고 찾으려고만 든다면 국제 변호사에 미국 공인 회계사 자격증까지 갖춘 남자를 만날 수도 있을 것이다. 문제는, 그런 남자들과 내가 함께할 수 있는 일은 오로지 연애뿐이라는 것이다. 결정적인 순간에 부모 핑계를 대거나 결혼 얘기는 농담으로도 꺼내지 않는 남자들과 그는 달랐다. 무엇보다, 그는 사랑한다는 둥, 너를 원한다는 둥 입에 바른 소리를 하지 않았다. 대신 자기 가족에 대한 찬찬한 설명과 함께 구체적인 미래의 계획을 들려주었다. 그의 아버지가 세운 계획에 따르면 그는 올해 겨울 방학쯤에 결혼하여 봄 학기부터는 가정을 이룬 안정된 상태에서 학업을 이어갈 예정이었다./"우리 부모님은 예전부터 애교 있고 사근사근한 며느리를 원하셨어. 그런데 형수는 그렇지 않아서 마음에 안 드시나 봐. 이름만 대면 알 만한 집 딸이긴 하지만 겸손하지 않고 안하무인인 면이 있거든"(정이현, 「낭만적 사랑과 사회」).

암중모색(暗中摸索): ㉠ (물건을) 어둠 속에서 더듬어 찾음. ㉡ 어림으로 무엇을 알아내거나 찾아내려함. *사도 바울은 신앙에 대해 어린 시절의 유치한 생각과 말을 버리게 되었다며 다음과 같이 말하고 있다./"우리가 지금은 거울 속 영상같이 희미하게 봅니다. 그러나 그때에는 얼굴과 얼굴을 맞대고 볼 것입니다."/바울은 여기서 하느님을 직접 대면하는(visio dei) 확실한 앎은 사후의 희망으로 남겨두지만, 지금 이 세상에서도 '희미하게 보는(옛날 거울은 지금처럼 투명하지 않았다)' 앎 정도는 가능한 것으로 말하고 있다. 신앙이 순전한 암중모색(暗中摸索)이나 무조건적인 지성의 희생일 필요는 없는 것이다./신앙에 대한 올바른 태도는 '확신'과 '맹신' 사이 중간쯤에 있을 것 같다. 확신도 위험하고 맹신도 위험하다. 확신에서 오는 신의 사물화와 독선, 맹신에서 오는 무지와 어리석음, 그리고 둘이 합쳐질 때 생기는 '광신'의 피해를 우리는 너무나 잘 알고 있기 때문이다. 우리가 지상의 순례자로 있는 한, 신을 보일 듯 말 듯하게 희미하게나마 볼 수 있다면 그것으로 족하지 않을까?

그 이상 더 무엇을 바라겠는가. 더 바라면 무리가 따르게 되고, 무리가 따르면 위험해진다(길희성,『길은 달라도 같은 산을 오른다』).

앙사부육(仰事俯育): 위로 어버이를 섬기고 아래로 처자(妻子)를 보살핌. *"앙사부육(仰事俯育), 그것도 인간의 도리요. 그러나 경우에 따라서 그 인간지사를 버릴 수도 있는 일이오. 물론 만주땅 연해주에 온 사람들이 모두가 독립투사일 순 없소. 밀정 놈도 많고 왜놈 밑에 경찰질하는 자들도 있고 친일 나팔을 부는 부자 놈들도 더러는 있소. 그러나 혜관도 들어 아시겠으나 이부사댁, 그 왜 이동진이라는 그 양반 말씀이오. 그분이 이곳에 오신 지도 아마 십 년이 넘을 게요. 모든 것을 초개같이 버리고서 그 양반이 이곳에 뭐 하러 왔겠소. 더군다나 서희 그 아이 부친과 이공은 죽마고우 아니오?"(박경리,『토지』)

애매모호(曖昧模糊): ㉠ 흐리터분하고 분명하지 못하다. ㉡ 말이나 태도 따위가 흐리터분하고 분명하지 못함. *먼저 불교문학의 개념 규정에 대하여 살피기로 한다. 그 동안 불교문학의 개념이 확립되지 않음으로 해서 많은 혼란이 있었고, 이것은 불교문학을 애매모호(曖昧模糊)한 것이 되게 함으로써, 그 존재의 의의가 흐려져 왔다. 즉 승려나 불교인의 작품이면 무조건 불교문학이라 한다거나, 불교의 교리를 선전하고 전파시키기 위한 포교적 문학만을 불교문학이라 한다거나, 어느 누구의 작품이건 불교적 소재나 배경, 불교적 인물이나 사건이 등장하면 무조건 불교문학이라는 식으로 막연히 논의되어 왔던 것이다. 그러나 '불교문학(佛敎文學)'은 어디까지나 '불교문학(佛敎文學)'이지 '불교(佛敎)의 문학(文學)'이거나 '불교(佛敎)를 위한 문학(文學)' 또는, '불교적(佛敎的) 문학(文學)'은 아니다(인권환,『한국불교문학연구(韓國佛敎文學硏究)』).

양호위환(養虎爲患): 호랑이를 길러 화근이 됨. *"이성계는 음흉한 인물입니다. 평소에 말이 없고 남에게 속을 털어놓는 일이 없습니다. 그 음흉한 인간이 오랑캐들과는 특수한 연관을 획책하고 있는 것입니다. 연전에도 그런 일이 있어서 마땅히 벌을 받아야 함에도 불구하고 중론이 분분하여 결국 흐지부지 되었습니다. 양호위환(養虎爲患)이라 하였거늘 차제에 조처하여 후환이 없도록 함이 가한 줄로 아옵니다"(김성한, 『이성계(李成桂)』).

애이불상(哀而不傷): 슬프면서도 마음을 상하지 아니한다. 출전은 『논어(論語)』「팔일(八佾)편」이다. ●공자께서 말씀하시었다(子曰자왈) 관저편의 시는 즐거우면서도 음탕하지 아니하고, 슬프면서도 마음을 상하지 아니한다(關雎, 樂而不淫, 哀而不傷관저, 낙이불음, 애이불상). *원래 우리 고전음악의 주도적 이념이 낙이불음(樂而不淫)하고 애이불상(哀而不傷)하는 것이었으니, 곡이 평조거나 우조거나 계면조거나 간에 그 기저는 대국민의 풍도를 담아 태연자약하는 기상을 떠날 수 없습니다. 그래서 시조는 평조, 즉 궁조의 기본형태로서 웅심화평한 곡상을 가지고 누천년 우리의 선조가 읊고 전해 준 것 아닙니까. 그래서 시대의 인심이 장엄한 곡상을 가진 우조를 기호하게 되면 나라에 전쟁이 일어나지 않을까 염려하고, 애상적 곡상을 가진 계면조가 만연하면 나라가 기울어질까 걱정하고, 그러나 평조를 기호하게 되면 태평성대가 계속될 것이라 점쳤던 것이지요(송하춘, 「험한 세상 다리 되어」).

야단법석(惹端法席): 많은 사람이 모여들어 떠들썩하고 부산스럽게 구는 것. *의원은 침을 꾹꾹 찔러댑니다. 이용태는 오만상을 찌푸리며 참고 있습니다. 의원은 약을 달여 오고 머리에 찜질을 하고 어깨 다리를 주무르고 야단법석입니다. 이용태는 몸뚱이를 내맡기고 끙끙 앓고 있습니다(송기숙, 『이야기 동학농민전쟁(東學農民戰爭)』).

야단법석(野壇法席): 야외에서 크게 베푸는 설법의 자리. *야단법석(野壇法席)도 살펴보자. 야단(野壇)은 야외(野外)에 세운 단(壇)이고, 법석(法席)은 불법을 펴는 자리로 '야단법석'은 부처님의 말씀을 듣기 위해 야외에 마련한 자리를 말한다. 석가모니가 처음으로 녹야원 동산에 야단법석을 폈을 때는 다섯 명의 비구만 참석했었다. 그러나 불교 교세가 점점 커지면서 말 그대로 야단법석의 기회가 많아졌고 그 규모도 커져 석가모니가 영취산에서 반야심경을 설법할 때는 무려 300만 명에 가까운 청중이 구름처럼 몰려들었다고 전해져 온다. 이처럼 인파가 많았기 때문에 시끌벅적해질 수밖에 없었다. 그래서 지금은 '많은 사람이 모여 떠들썩하고 부산스럽다'라는 약간 좋지 않은 뜻으로 바뀌어 쓰이고 있다(안광희, 『우리말 한자 바로 쓰기』).

야반도주(夜半逃走): ㉠ 남의 눈을 피하여 밤사이에 도망함. *농촌으로 가면 사정은 판이했다. 특히 자금의 회전이 느린 삼포는 심한 자금난을 겪고 있었다. 삼농사가 아무리 소득이 높다고 해도 6년을 기다려야 하기 때문에 여간한 자본 가지고는 견디어내기 힘든 농사였다. 든든한 송상이 뒤를 대는 삼포 아니면 이자 부담을 견디다 못해 6년을 채 못 참고 야반도주하는 일이 비일비재한 것은 종상이가 어려서부터 익히 보아온 바이나 근래엔 일본인 고리대금업자가 농촌의 돈줄까지 조종하고 있어 그 사정이 더욱 나빠지고 있었다. 종상이가 목숨 걸고 적발해낼 때만 해도 일본인들이 어수룩할 때였다. 지금은 미끼만 던질 뿐 미끼의 임자가 모습을 나타내는 일은 거의 없었다. 개성지방의 인삼을 특히 탐욕하는 그들인지라 그 미끼도 날로 교묘해지고 있었다(박완서, 『미망』). ㉡ 밤사이에 도망하다.

양자택일(兩者擇一): 둘 중에서 하나를 고름, 둘 중에서 하나를 택하다. *키에르케고르에 있어서 사랑은 "자기의 모두를 하나의 대상에만 바치는 것"으로 이해될 수 있을 것 같다. 이러한 사랑의 개념에 있어서 그는 레기네96)와 하나님을 두고 양자택일을 하지 않을 수 없다. 한 편을 사랑할 때 그는 자기의 모두를 이미 바친 것이 되므로 다른 한 편을 사랑하고자 할 때 바치고 싶은 자기는 없기 때문이다. 더욱이 바치고 싶은 '자기의 모두'는 한번 주어진 다음 이제 다시 그에겐 없기 때문이다. 사랑의 개념이 그렇듯 특별한 것이기 때문에 키에르케고르에 있어서 둘 이상의 동시의 복수적인 사랑은

---

96) 레기네 올젠(Regine Olsen 1822~1904): 덴마크 출신의 여성. 철학자 키에르케고르의 약혼녀였다. 키에르케고르와 파혼한 후 요한 프레데릭 슐레겔과 결혼하였다. 레기네는 키에르케고르의 삶과 작품에 커다란 영향을 주었다.

논리적으로 불가능할 수밖에 없으리라는 것이다. 그러한 개념하에서 둘을 사랑한다거나 많은 사람을 사랑한다는 것은 가식이며 허위라는 것이다. 그러한 주장은 성실하지 못한 것이며 자기기만일 것이기 때문이다(정대현, 『한국어와 철학적 분석』).

양춘가절(陽春佳節): 따뜻하고 좋은 봄철. *사람마다 뱃속이 오장육보로 되었으되/이놈들 배안에는 큰 황소불알만한 도둑보가 곁붙어 오장칠보,/본시 한 왕초에게 도둑질을 배웠으나 재조는 각각이라/밤낮없이 도둑질만 일삼으니 그 재조 또한 신기(神技)에 이르렀것다./하루는 다섯놈이 모여/십년 전 이맘때 우리 서로 피로써 맹세코 도둑질을 개업한 뒤/날이날로 느느니 기술이요 쌓이느니 황금이라, 황금 십만근을 걸어놓고 그간에 일취월장 묘기(妙技)를 어디 한번 서로 겨룸이 어떠한가/이렇게 뜻을 모아 도(盜)짜 한자 크게 써 걸어놓고 도둑시합을 벌이는데/때는 양춘가절(陽春佳節)이라 날씨는 화창, 바람은 건 듯, 구름은 둥실/저마다 골프채 하나씩 비껴들고 끈아잡고/행여 질세라 다투어 내달아 비전(祕傳)의 신기(神技)를 자랑해 쌌는다(김지하, 「오적(五賊)」).

어차어피(於此於彼): 이렇거나 저렇거나 귀결되는 바. *그러니까—/어차어피(於此於彼)에 일은 운명(運命)에 파문(波紋)이 없는 듯이 이렇게까지 전개(展開)하고 말았으니 내 목적(目的)이라는 것을 피력(披瀝)할 필요도 있는 것 같다. 그러면—/윤(尹), 임(妊)이, 그리고 나,/누가 제일 미운가, 즉 나는 누구 편이냐는 말이다(이상, 「동해(童骸)」).

억지춘향(抑止春香): ('춘향전'에서, 변사또가 춘향으로 하여금 억지로 수청을 들게 한 데서 나온 말.) 일이 순리대로 이루어진 것이 아니라 억지로 하여 겨우 이루어진 것을 이르는 말. *공노인의 경우도 그렇다. 필요 이상의 말, 하고 싶어하는가. 다 김두수의 속마음을 떠보자는 것이요, 김두수와 조준구 그 악인 둘 사이에 깊은 도랑을 파두자는 것이 현명하다는 셈속밖엔 없다. 조준구에 대한 은근한 모략만 하더라도 공노인으로선 억지춘향이다. 최치수 살

해의 암시를 준 조준구 언동에 관해서는 하느님과 조준구 자신밖에 알지 못하는 만큼 공노인으로서는 억지춘향격인 일을 김두수가 공노인에게 꼬치꼬치 캐고 드는 것보담은 그렇게 나오는 편이 훨씬 수월하다(박경리, 『토지』).

억강부약(抑强扶弱): 강한 자를 누르고 약한 자를 도와 줌. *이인직은 부패한 관리를 비판하고 부유한 지주를 옹호하는 행동을 억강부약(抑强扶弱)이라고 생각한 듯하나, 이해할 수 없는 것은 힘없고 무식한 백성에 대한 이인직의 가치없는 경멸이다. 이인직이 특별히 좋아하는 지식과 재산은 원래부터 봉건적 특권의 토대로서 작용하고 있었고, 지식과 재산은 또한 권력과 분리할 수 없이 얽혀 있었다. 고종・순종시대에 돈으로 벼슬을 사는 일은 너무도 널리 퍼져 있는 관행이었다. 그렇다면 누구나 아는 관행을 고의로 무시하고 재산과 권력을 선과 악으로 대립시키는 이유는, 한국법이라는 악한 권력을 일본법이라는 선한 권력으로 대치하려는 데 있다고 판단할 수밖에 없다(김인환, 『기억(記憶)의 계단(階段)』).

억하심정(抑何心情): 대체 무슨 말을 그리하는지 알기 어렵다는 뜻. *워낙 그런 사람이란 생각이나 경상도 말씨의 뚝뚝함만으로 이해하기에는 차씨의 이 도발적인 말투는 너무 심한 것이 아닌가. 이 사람 나한테 무슨 억하심정이라도 있었던 것인가. 정애 역시 한마디 쏘아 주고 싶은 심정이 꼬챙이처럼 솟아오르고 있었다(김인숙, 「관리인 차씨」).

언감생심(焉敢生心): 감히 그런 마음을 품을 수도 없음. *그와 아내는 시장에서 그의 셋집 골목어귀까지 뻗어 나온 무허가 노점에 미싱을 한 대 놓고 헌옷을 고치는 일을 하고 있었다. 고장난 지퍼를 갈아 달고, 뜯어진 솔기를 박아주는 잘다란 일로부터 판달롱을 고쟁이식 바지로 고치는 일, 월남치마를 쌍둥 잘라 미니스커트 만드는 일에 이르기까지 일거리는 손 놓을 새 없이 연달아 있는 편이었다. 그러나 워낙 빈촌이라 삯을 많이 못 불러서 겨우 네 식구 밥이나 먹을 만했다. 그의 희망은 월세방을 면하고 전세방을 얻는 것하고, 언제 어떻게 될지 모르면서도 쏠쏠히 뜯기는 것만 많은 노점을 면하고 단 반 평이라도 좋으니 시장 속에 허가 맡은 가게 터를 가져보는 거였다. 언감생심 가족을 찾고 고아 신세를 면할 수 있길 바란 적은 없었다. 그건 그의 꿈속의 꿈이었을 뿐 현실적인 희망은 아니었다(박완서, 「재이산(再離散)」).

언중유골(言中有骨): 예사로운 말 속에 단단한 뼈 같은 속뜻이 있다는 말.
*길수의 언중유골(言中有骨)에도 불구하고, 정은하는 조금도 마음 상해하지 않았다(박범신, 『불의 나라』).

업감연기(業感緣起): 선악의 업인(業因)으로 인하여 일어나는 모든 연기(緣起). *연기론(緣起論)이라 하는 것은 우주인생(宇宙人生)을 시간적(時間的)으로 설명한 것이다. 즉 삼라만상(森羅萬象)은 어떻게 하여 나왔으며 인생(人生)은 또 무슨 까닭으로 이와 같이 생긴 것인가? 그것은 반드시 어떤 인연(因緣)이 있는 것으로 그 인연에 대하여 설명하는 것이다. 즉 일체(一切)의 만물이 생성(生成)하는 데 반드시 그 원인(原因)과 이를 돕는 연(緣)이 있는 것으로 이를 시간적으로 구명(究明)하여 가는 것을 연기론(緣起論)이라고 한다./이에 반하여 우주인생의 실상(實相)은 어떠한 것인가를 공간적(空間的)으로 구명하여 가는 것으로 예를 들면, 사람이란 무엇인가 하면, 안횡비직(眼行鼻直; 눈은 가로 비끼고 코는 곧게 섰다)하고 사지(四肢)와 오체(五體)를 갖추었다고 말하는 것이 실상론(實相論)이다./연기론(緣起論)에는 네 가지가 있으니 간단하게 살펴본다./첫째가 업감연기(業感緣起)이다. 업(業)이 우주만상(宇宙萬象)을 발생하는 근본이라는 것이니, 사람이 전생에 몸으로 행하고[(신업(身業)], 입으로 말하고[구업(口業)], 뜻으로 생각하는[의업(意業)] 것이 신구의(身口意) 삼업이 근본 원인(原因)이 되어서 현재의 과(果)를 가져오고 현재의 생을 짓는 것과 또는 미래의 과를 가져오는 원인이 되는 것이다. 또 그 업은 무엇으로 인하여 짓는가 하면 혹(惑)으로 인(因)하며, 혹이라 하는 것은 진리에 밝지 못하고 미혹(迷惑)하는 것이니, 미혹하여 행함으로 고(苦)의 결과를 가져오며 고는 혹을 생하고, 혹은 업을 만들고, 업은 다시 고를 가져온다. 고하여 혹하는 것과 같이 혹업고(惑業苦)가 전전(轉轉)하여 쉬지 않는 것이 우리 인생이므로 그 근본 혹을 끊고 회신멸지(灰身滅智; 몸을 재로 만들고 지혜를 멸한다는 말)의 경(境)에 들면 제일(第一)이라는 것이 이 이승(二乘)의 최종목적이며 무여열반(無餘涅槃)이라 한다(원오, 『백장록 강설(百丈錄講說)』).

언청계종(言聽計從): 남을 깊이 믿어 그 가 하자는 대로 함. *"그게 웬 말인고? 자네는 천하호걸이 많이 교유(交遊)하니까 사람을 많이 알 것이니 내게 말을 하게. 내가 오직 자네만을 믿는 뜻을 자네가 모르겠나. 만일 사양하는 말로나 모피하면 그것은 친구에게 대한 도리가 아닐세. 자네 말이 세 가지 사람이 요긴하다고 하였으니 심중에 먹은 사람이 없을 리가 있겠나. 자네 마음에 쓸 만한 사람이면 내가 쓸 것이요, 자네가 믿는 사람이면 내가 믿을 것일세. 원체 이런 일을 시작하려는 것이 자네 말을 듣고 하는 것이니까 무엇은 자네 말을 아니 듣겠나. 언청계종(言聽計從)할 것일세."/권람의 목적은 수양대군의 입에서 이러한 말이 나오게 하자는 것이다(이광수, 『단종애사』).

여반장(如反掌): 손바닥을 뒤집는 것 같다는 뜻으로 어떤 일이 매우 쉬움을 이르는 말. 순화어는 매우 쉬움. *이태원 정은하의 가게에서 '아라이'97) 할 때 갈고 닦아 놓은 게 있어 파전쯤 만드는 거야 도투마리로 넉가래 만드는 것 이상 여반장(如反掌)이었다. '고스톱'판은 무르익을 대로 무르익어 바야흐로 만 원짜리가 수월찮게 오고 가는 중이었다(박범신, 『불의 나라』).

여산여해(如山如海): 산과 같고 바다와 같다. *산 속에 묻혀 오로지 훈련만 거듭해 온 군사들이 중앙의 정정(政情)을 짐작할 길은 없다./한양에 난리가 났다면 난 줄로 아는 것이 당연하다. 부원수 이괄이 내리는 군령은 지엄하기가 여산여해(如山如海)가 아닌가(유주현, 『통곡』).

여시아문(如是我聞): '이와 같이 나는 들었다'는 뜻. '그러니 내가 들은 것이 전부가 아닐 수도 있다,' '그러니 내가 틀리게 들었거나 이해하지 못했을 수도 있다'는 것을 의미할 수도 있다. 팔리어로는 'Evam me suttam'이다. 부처에게서 들은 교법을 그대로 믿고 따르며 적는다는 뜻으로 경전 첫머리

---

97) 아라이(あらい). 도미・농어 따위의 저민 살을 얼음 또는 찬물로 씻어 수축시킨 생선회.

에 쓰는 말. 석존의 제자인 아난이 경전의 첫머리에 쓴 데서 비롯되었다. ＊여시아문(如是我聞)이라……그는 이와 같이 들었다니, 도대체 무엇을 어떻게 들었다는 말일까./금강반야바라밀경(金剛般若波羅密經)98)을 읽지 않고 다만 듣기로만 작정을 한 것도 그나마 내 탐욕을 내가 아는 까닭이다./알고 싶지만 어차피 깊게 파고들지는 못할 것, 그런대로 귀동냥이나마 해 두는 것도 해로울 건 없었다./카세트테이프를 하나 장만한 것이 고작이다. 적공(寂空)스님의 성음을 담은 『금강경(金剛經)』, 우선 이놈으로 막힌 내 귀를 뚫을 작정이었다./하필이면 왜 적공스님이냐고 물어도 할 말이 없는 건 아니다(송하춘, 「험한 세상 다리 되어」).

여항비언(閭巷鄙諺): 여항99)의 품위가 매우 낮은 말이나 속담. ＊소설 배격론(排擊論)을 아주 열성적으로 편 이덕무(李德懋)100)의 경우를 들어 좀 더 면밀한 고찰을 해보자. 이덕무는 소설 배격론을 펴기 전에 자기 자신이 소설을 애독했음을 고백했다. "나는 어려서부터 (소설을) 십여 종 보니"라고 전제하고서, 이어서 "모든 남녀풍정(男女風情)이거나 여항비언(閭巷鄙諺)이어서 잠시 동안은 눈을 즐겁게 하나"라고 말했다. 남녀풍정(男女風情)은 남녀간의

---

98) 불교의 경전. 금강경(金剛經), 금강반야경(金剛般若經). 원래의 제목은 산스크리트어로 Vajracchedikā Prajñāpāramitā Sūtra(바즈라체디카 프라즈냐파라미타 수트라)이다. 성스러운 다이아몬드처럼 자르는 지혜를 완성시키는 대승의 법문이라는 의미를 지니고 있다. 『반야심경』과 더불어 가장 잘 알려진 대승 불교 경전들 가운데 하나로, 반야부의 기본 사상을 함축하고 있다.
99) 여항(閭巷). 백성의 살림집들이 많이 모여 마을 이룬 곳. 여염(閭閻).
100) 실학자인 이덕무(1741~1793)는 서자 출신으로 자(字)는 무관(懋官), 호는 청장관(靑莊館)이다. 박학다재한 그는 홍대용(洪大容), 박지원(朴趾源), 박제가(朴齊家) 등과 함께 북학파(北學派)의 학풍을 정립하였다. 대표적인 저서인 『청장관전서(靑莊館全書)』는 『예기(禮記)』의 자의(字義)에 대해 고증・비판한 「예기억(禮記臆)」, 각체의 시문을 모은 「아정유고(雅亭遺稿)」, 『송사보전 宋史補傳』를 산정(刪定)하여 편찬한 『편서잡고(編書雜稿), 조선・중국의 역대 편찬인 「기년아람(紀年兒覽)」, 선비・부녀자・아동의 일상생활에서 예절과 수신(修身)에 관한 규범을 적은 「사소절(士小節)」, 일종의 중국 인물지인 「뇌뢰낙락서(磊磊落落書)」, 18세기 후반의 사회상・인물・생활・신변잡기・풍속 등에 관한 그의 생각을 정리한 「이목구심서(耳目口心書)」, 일종의 소론집・자료집과 성격이 같은 「앙엽기」, 일본의 세계(世系)・지도・풍속을 실은 「청정국지」, 황해도 기행문인 「서해여언(西海旅言)」, 베이징(北京) 기행문인 「입연기(入燕記)」, 만록(漫錄) 「한죽당섭필(寒竹堂涉筆)」 등으로 되어 있다.

애정을 의미하고, 여항비언(閭巷鄙諺)은 일상생활의 구체적인 모습이라고 할 수 있는데, 이덕무 같은 사람도 이런 내용에 흥미를 느꼈던 것은 사실이다. 흥미는 인정하면서, "진실로 그 속에 올바른 일이 없다는 것을 알고 난 후에는 증오하고 싶은 마음이 점차 커지고 재미는 전혀 없어졌다"고 했다. 이 말은 소설의 흥미를 부정한 것이 아니고, 소설의 흥미는 도덕적 관점에서 볼 때 가치를 인정할 수 없다는 뜻이다. 그리고 지배층(支配層)의 일원(一員)으로서 또는 사대부(士大夫)로서 올바른 행실을 갖추려면 소설 같은 것을 멀리해야 한다고 생각하고, 어려서 소설 읽은 것이 과오였다고 했다(조동일, 『한국 소설의 이론』).

역발산기개세(力拔山氣蓋世): 출전은 『사기(史記)』의 「항우 본기(項羽本紀)」이다. 초(楚)나라 항우가, 해하(垓下)에서 한(漢)나라 군사에게 포위되었을 때 적군들이 사방에서 초(楚)나라 노래를 부르는 것을 듣고, 읊었다는 시의 한 구절에서 힘은 산을 뽑고, 기상은 세상을 덮을 만함. *이러한 착상 하에 땅벌의 어린 벌레를 잡아먹고 역발산 기개세(力拔山氣蓋世)의 장사가 한번 돼 보려고 섣불리 불을 놓아 굴 안에다 연기를 넣었다가 보기 좋게 실패! 격노한 땅벌 떼의 거족 일치적인 포위 공격을 받고 거의 죽다가 살아났다(김학철, 『최후의 분대장』).

역지사지(易地思之): 처지를 바꾸어 생각함. *존경하는 시장님! 역지사지(易地思之)라는 말을 아시리라 믿습니다. 단칸 지하셋방에서 벗어나 햇볕이 다사롭게 들어오는 방에서 아들딸들을 키워보고자 입을 거 안 입고, 먹을 거 안 먹고, 겨우 마련한 집의 지붕 바로 위로 초고압 송전선로가 지나가다니요? 국책사업이니 어쩔 수가 없다고요. 그럼 샹그릴라 골프장도 국책사업장인가요? 무슨 이유로 샹그릴라 골프장 한가운데로 지나가게 되어 있던 초고압 송전선로가 샹그릴라 골프장에서 2킬로미터나 떨어진 사곡마을 한가운데로 지나가게 변경되었는지요. 시장님은 땅을 치며 통곡하는 저희들의 심정을 조금이라도 헤아려보았습니까?(김종성, 「메뚜기는 없다」)

연부역강(年富力强): 나이가 젊고 기력이 왕성함. *낚싯대를 드리워 놓고 있으면서 비참하였던 어린 시절이라든가 어머니, 동생들을 떠올리고, 지금의 그의 살아가는 처지며 앞으로의 구상 같은 것을 생각하고 따져 보고 하는 것이야말로 가정이나 직장생활에서는 도저히 얻을 수 없는 일이었다. 그리하여 붕어를 몇 마리 잡았건 그것과는 상관 없이 귀갓길로 들어설 적의 그는 더욱 활기에 넘치고 생생해져서 자신의 인생이 연부역강(年富力强)해져 가는 것을 느끼게 되었다(박태순,「좁은 문」).

연작불생봉(燕雀不生鳳): 불초(不肖)한 사람에게서 어진 자식이 나오기 어렵다는 말. *"아까도 이야기가 좀 났지마는 연작불생봉(燕雀不生鳳)이더라고 김평산이 그자의 아들놈이 여간 말썽이 아니오. 도벽이 있어서 일전에도 동사(洞舍)에 마을 사람들이 모여 의견이 많았으나 차마 마을에서 쫓아낼 수도 없고, 그 어미가 죽기를 작정하고 아들놈과 함께 목을 맨 모양인데 아비란 자가 달려와서 아들놈 비행을 나무랄 생각은 않고 반죽음이 된 아낙을 까무라치도록 때린 모양이오"(박경리,『토지』).

열반적정(涅槃寂靜): 열반의 경지는 모든 모순을 초월한 고요하고 청정(淸淨)한 경지라는 뜻. *'구경(究竟)열반한들 그것이 무엇이랴. 석가여래께서 입멸(入滅)하셨을 적에 많은 성문(聲聞)들은 어찌하여 울었더란 말이냐. 죽음이기 때문일 것이며, 다시 만나볼 수 없다는 슬픔 때문일 것이며……형체가 있고서야 마음을 보지 아니하겠는가. 마음 없는 형체는 물건이요, 형체 없는 마음은 실재가 아니지 아니한가. 목숨이 오고 가고, 오고 갔을 뿐인데 육도윤회라 하는가. 윤회는 무엇이냐. 내가 모르는 윤회는 없는 것이며 내 목숨 간 곳을 모른다면 그것은 내 목숨이 아니지 않는가. 제법무아(諸法無我), 열반적정(涅槃寂靜). 아아— 어느 곳에도 실성(實性)은 없느니, 사멸전변(死滅轉變), 내가 없도다!'(박경리,『토지』)

영원불변(永遠不變): 영원히 변하지 않음. *『시경』은 기원전 11세기에서 기원전 6세기까지 500년에 이르는 동안 황하(黃河)가 관통하는 중원(中原)

지역에서 유행했던 시 가운데서 뛰어난 작품 305편을 묶은 책입니다. 정확히 말하면 311편인데 여섯 편은 제목만 남고 가사가 없어졌습니다. 그래서 오늘날 전해지는 것은 305편입니다./『시경』의 원래 제목은 『시(詩)』입니다. 그리고 300여 편의 시가 실려 있어 '시삼백(詩三百)'이라고도 불렀습니다. 그러다가 기원전 2세기쯤 한무제(漢武帝) 때부터 『시』에다 경(經) 자를 붙여 『시경』이라 부르게 되었습니다. 『시경』의 '경' 자는 원래 베틀에 세로로 걸어 놓은 실, 즉 날줄을 뜻하는데, 이것은 베를 짜는 데 '기본적으로 있어야 하는 것'에서 의미가 확대되어 '세상에 반드시 필요한 것,' '영원불변한 진리' 등의 의미로 확장되었습니다. 성경, 불경, 코란경, 도덕경 등에 경자가 붙은 것도 모두 영원불변의 진리를 담고 있다는 의미입니다(김언종, 「3000년 지속된 사랑의 공식, 시경」, 『인문학 명강(人文學名講)』).

오리무중(五里霧中): 오리에 걸쳐 낀 안개 속이라는 뜻으로, 무슨 일에 대하여 알 길이 없음을 비유함. *나는 스스로 후기산업사회의 쓰레기가 되기 위하여서가 아니며/나는 스스로 불면을 조장하기 위해서가 아니며/나는 스스로 오리무중으로 속수무책으로 가기 위해서가 아니며/나는 스스로 인질납치극의 주인공이 되기 위해서가 아니며/나는 스스로 절대적 창조를 향한 시인이 되기 위해서가 아니며/나는 스스로 원고료를 받아 생활을 꾸려가기 위해서가 아니며/나는 스스로 무정부주의자들의 구호를 따라 외치기 위해서가 아니며/나는 스스로 엄숙주의나 경박함으로 달려가기 위해서가 아니며/나는 스스로 아무것도 할 수 없는 나를 위하여/나는 스스로 아무것도 아닌 것들을 위하여/나는 스스로 감히 글을 쓴다(박정대, 「아무것도 아닌 것을 위하여」).

오불관언(吾不關焉): 나는 상관하지 않는다는 뜻으로, 남의 일에 무관심하거나 간여하지 않으려는 태도를 이르는 말. *신입생 오리엔테이션 때, 너무 과음하여 화장실 맨바닥에 주저앉아 구토하던 새벽녘, 나의 등을 토닥토닥 두드려준 분이고, 온갖 부정적 소문에 오불관언(吾不關焉), 그분을 옹호하다가 마른 북어처럼 학우들의 몰매에 쓰러졌던 기억을 갖게 해준 분이다(박범신,『개뿔』).

오비이락(烏飛梨落): 까마귀 날자 배 떨어진다는 말로, 우연의 일치로 억울하게 혐의를 받거나 난처한 입장에 처하게 됨을 비유함. *어부가 아닌 탓에/염화미소와 전전반측의/나날들 나는 옥에 티고 되고자/하였으나 티끌 모아 태산이/되고자 하였으나 조족지혈에/불과하고자 하였으나 오비이락/배를 떨어뜨리고도 태연히 날아올라 제 갈 길을 가는/까마귀가 되고자 하였으나(박순원,「나는 어부지리(漁父之利)로 살고자 하였으나」)

오체투지(五體投地): ㉠ 신체의 다섯 부위를 땅에 닿게 하는 절. ㉡ 두 무릎을 꿇어 땅에 댄 다음 두 팔을 땅에 대고 머리를 땅에 대어 절을 하다. *희박한 공기 속으로 난 고원 길을/오체투지로 순례하는 티베트인들은/목적지가 가까워져 올수록/속도를 줄여가며 숨을 고른다//이 길고 험한 오체투지 순례길이/무엇을 위해 왔는가를 되새기면서/다만 그곳에 가기 위해서 가는/어리석음에 빠져들지 않기 위해서(박노해,「목적지가 가까워 올수록」)

옥골선풍(玉骨仙風): 살빛이 희고 고결하여 신선과 같은 풍채. *딸랑딸랑 방울소리가 요란했다. 멋들어지게 치장한 낭기마를 타고 나선 혼행길이었다. 행차가 지나면 행인들은 일제히 마상의 신랑을 쳐다보았다. 옥골선풍(玉骨仙風)이네 선골도풍(仙風道骨)이네 외모에 대한 하마평이 오갔다. 행차의 규모와 종인(從人)들의 차림새를 힐끗거리며 혼주의 권세를 가늠했다(김별아,『불의 꽃』).

온유돈후(溫柔敦厚): 괴이하거나 익살스럽거나 또는 노골적이 아니고 독실한 정취가 있는 경향. 중국에서는 이것을 시의 본분으로 하였다. *그러나 이 가환[101]도 사대부로서의 의식의 한계를 완전히 벗어나지는 않았다. 그는 곤궁하고 낮은 신분의 인물들이 흔히 탁월한 시를 썼다는 점을 인정하면서도,

---

101) 천문학과 수학에 정통한 대학자였던 이가환(李家煥, 1742~1801)은 조선시대 문신으로 1801년 신유박해 때 옥사했다. 저서로『금대유고』가 있다.

바로 그러한 현실조건으로 인해 분개하고 불평하는 시가 많음은 병통이라고 했다. 그가 『풍요속선』102)을 가상히 여긴 이유는 수록된 작품들이 이에 빠지지 않고 온유돈후(溫柔敦厚)하여 『시경(詩經)』의 뜻을 얻는 때문이다. 이렇게 될 수 있었던 원인을 그는 오광운103)과 비슷하게 역대 임금들의 교화의 효능에서 구했다(김흥규, 『조선후기의 시경론과 시의식』).

완전무결(完全無缺): 필요한 것이 모두 갖추어져 아무런 결점이나 부족한 것이 없음. *수학은 완전무결한가?/그렇다고 믿어왔다. 하지만 여자의 믿음은 미세하게 수렴하는 특정 값이 발산으로 바뀌는 현상을 목격하면서 위태롭게 흔들려 갔다. 무려 칠 년이나 지속된 그 불안한 상태는 오십대 초반에서 중반으로 넘어가며 착수한 스물한 번째 노트에 자세히 기록되어 있다. 여자는 새로 출간된 논문들을 검토하는 과정에서 자기가 겪은 그 치욕스런 경험이 비단 수학자들만의 것이 아님을 알았다. 물리학자는 쌍의 쿼크만을 관찰할 수 있다. 양쪽을 잡아당기면 잡아당길수록 인력이 엄청나게 증가하기 때문이다. 설령 두 쿼크를 억지로 떼어냈다고 하더라도, 그때까지 투입된 에너지가 전용되어 각각의 쿼크는 이미 쌍으로 존재하게 된다. 단일 쿼크의 고독은 결코 관찰할 수가 없는 것이다. 전자보다 작은 입자를 관찰할 때 역시, 위치와 운동량을 동시에 측정할 수가 없다. 측정하려고 하는 그 미세한 입자가 측정파의 입자에 얻어맞아 튕겨나가기 때문이다. 즉 입자의 위치와 운동량은 완벽하게 상보적이어서, 먼저 알려진 하나의 값이 다른 하나의 값을 가려버린다. 기상학자는 정확한 날씨를 결코 예측할 수가 없다. 날씨란 나비의 날갯짓과 같은 사소한 요인, 심지어는 날씨를 예측하려는 행위나 욕망에 의해서도 확연히 달라지기 때문이다. <라플라스의 악마>가 되어 그 모든 정보를 알아냈다 한들, 그렇게 예측된 날씨는 인위적으로 조작한 날씨지 원래의 날씨가 아니게 된다. 말하자면 분야를 막론하고 현대의 모든 과학은 '우연'

---

102) 풍요속선(風謠續選): 조선시대, 1797년에 천수경이 엮은 시집.
103) 조선후기의 문신인 오광운(吳光運, 1689~1745)은 『약산만고(藥山漫稿)』의 저자이다.

이라는 패러다임의 덫에 걸려 점점 불안해지고 있는 것이다. 그나마 체면을 유지하려면 좋은 날을 받아 확률의 세계로 도망치는 수밖에 없다(박형서, 「Q. E. D」).

외보살 내야차(外菩薩內夜叉): 밖으로는 보살이고 안으로는 야차임. *외보살 내야차(外菩薩內夜叉)라고 하거니와 곡절은 어떠했든 저렇듯 애련한 계집이, 왈 남편이라는 인간 하나를 굳히려 사약을 사서 들고 만인에 섞여 장안의 한복판을 어엿이 걷는 줄이야 당자 저도 실상은 잊었거든, 하물며 남이 어찌 짐작인들 할 것인고(채만식, 『탁류(濁流)』).

외손봉사(外孫奉祀): 직계 비속이 없을 때 외손이 대신 제사를 받듦. *이동진의 눈이 조금 사나워져서, 준구 눈을 스치고 지나갔다./"찾아서 약을 할래도 최씨네 붙이가 있어야 말이지요. 조씨나 윤씨라면 모를까."/"실없는 소리, 결국 외손봉사(外孫奉祀) 할 수밖에 없다 그 얘기구면."/"걱정하실 것 없소. 악양 최씨네는 옛적부터 암탉이 울어야 날이 새었으니 그보담 어머님 만나 보시었소?"(박경리, 『토지』).

용군여신(用軍如神): 용병을 귀신(鬼神)같이 잘함. *"지금 우리가 살고 있는 간도 땅에서도 천 리 밖 이 천리 밖에까지 우리 땅이었다는 것을 여러분은 똑똑히 알았을 것입니다. 그러면은 먼젓번 시간에 이미 얘기하였거니와 백만 대군을 거느리고 쳐들어왔던 수양제가 어떻게 하여 참패를 당하고 도망을 쳤는가, 용군여신이라는 당태종은 안시성에서 어떻게 참패를 당하고 회군하였는가 여러분은 기억하십니까?"(박경리, 『토지』).

용왕매진(勇往邁進): 거리낌 없이 씩씩하게 나아감. *신림동 고시촌에서 회계사 시험을 위해 용왕매진하고 있는 혜미의 남자친구는 —이름이 뭐였더라, 늘 오빠라고 하니 잘 기억이 나지 않는다— 아무튼 영철이나 영수라고 부르면 어울릴 평범하고 지루한 스타일이었다. 서울 위성 도시 출신, 중학교 평교사인 아버지, 중류권 대학의 경영학과 학생, 그동안 혜미에게 주위들은 정보를 종합해보면 대충 그랬다. 뻔하지 않은가. 대학 캠퍼스, 영어 회화 학원, 젊은 애들이 많이 모이는 이 도시의 거리 어디에서도 흔히 부딪칠 수 있는 남학생이었다. 제 나름대로 젊은 날의 꿈을 걸어보겠다고 궁리해낸 것이 공인회계사 자격시험이라니 안쓰럽기까지 했다(정이현, 「낭만적 사랑과 사회」).

우청좌청(友請左請): 곳곳에서 다투어 청함. *평생을 재미지게 살 수 있지. 부르고 접은 노래 불러가믄시로 입고 접은 옷도 입을 기고 분단장 곱기 해서 오늘은 이 좌석에 내일은 저 좌석에, 만천 사램이 우청좌청하믄시로, 그 인물에 그 목청을 썩이믄 머할 기고?/평생을 비단옷에 분단장하고 노래부르며 마음대로 사는 세상, 봉순이 마음은 그곳으로 끌려간다. 방랑벽이 있던 아비의 피 탓인지 모른다. 아니면 운봉(雲峰) 깊은 곳에서 명창을 꿈꾸던 봉순네 조부의, 피 탓인지도 모를 일이다(박경리, 『토지』).

욱일승천(旭日昇天): 아침 해가 하늘로 떠오르는 것. 또는, 그러한 기세. *"조선사람 전부가 임금노예로 떨어진다 할 것 같으면 상대적으로 조선사람 전부가 결사대로 들어가자 그런 말도 나옴직한데 정복자나 피정복자 쌍방의 방향이 화살 가듯 그렇게 곧게 나 있는 것은 아니며 제아무리 욱일승천(旭日昇天)한다는 일본의 기세이기로, 또 한편 한 사람의 친일파도 없는 조선 민족이라 가정하더라도 말입니다. 역사의 역학적 방향과 인간의 그것과 반드시 일치하는 것일까요?"(박경리, 『토지』).

운니지차(雲泥之差): '구름과 진흙의 차이'라는 뜻으로, 서로의 차이가 몹시 심함을 이르는 말. 천양지차(天壤之差). *해도사의 인상보다 훨씬 강한 것은 그가 거처하는 방 안 분위기였다. 좀 과장하여 집 외모와 내용은 천양지간, 운니지차(雲泥之差)라 해야 할지, 대가댁 사랑방만큼이야 할까마는 또 값지고 유서 깊은 기물이 있는 것도 아니었지만 청량수로 씻어 놓은 듯한 방 안은 청결하였다(박경리, 『토지』).

운수소관(運數所關): 일이 운수에 달려 있어 사람의 힘으로는 어찌할 수 없다는 말. 기수소관(氣數所關). *어쩐지 수상하다 했어. 햇빛 아래 대명천지에 나설 몸이 아니었던 게지. 개 잡을 때 솜씨 봤지? 단매에 쳐죽이는데 전신으로 살기를 내뿜더라구. 그래도 아쉽다, 아쉬워. 여섯 달만 넘기면 공소시효 만기라던데. 하지만 다 운수소관이지 뭘. 그래도 내가 의리는 있지. 그 친구 필시 오징어배 타러 속초 쪽으로 내뺐을 거구만. 내 그 말은 안 했지. 정씨 그 사람, 다 집어치우고 오징어배나 타러 가겠다고 내게 말한 적이 있거든(오정희,「새」).

원형이정(元亨利貞): ㉠ 사물의 근원되는 도리. ㉡『주역(周易)』에서 말하는 천도(天道)의 네 가지 원리. '원(元)'은 만물의 시작으로 봄(春)이며, '형(亨)'은 만물의 성장으로 여름(夏)에 속하고, '이(利)'는 만물이 이루어지는 가을(秋)에 속하고, '정(貞)'은 만물이 완성되는 겨울(冬)에 속한다. *여기서 자연의 이치란 우주론적 순환론적 자연의 이치를 말한다. 예를 들면 우주론적·순환론적 자연의 이치를 나타낸 대표적인 말이 원형이정(元亨利貞)이다. 원형이정을 구체화한 이론이 오운육기이론이다./원형이정이란 다른 말로 하면, 봄·여름·가을·겨울을 나타낸 말이다. 우리 국민들 사이에, 경우 없이 마구 행동하는 사람에게 '사람이 원형이정으로 살아야지 그러면 되나' 하는 말이 있다. '원형이정으로 살아야지' 하는 말을 그대로 해석을 하면, '봄·여름·가을·겨울로 살아야지'로 말할 수 있다. '봄·여름·가을·겨울로 살아야지'를, 윤리적으로 말하면, 진실무망하게 살아야 한다는 말이다(권일찬,『동양학원론(東洋學原論)』).

위리안치(圍籬安置): 죄인을 귀양살이하는 곳에서 달아나지 못하도록 가시로 울타리를 만들고 그 안에 가두어 두는 징벌. *강화 교동섬에 위리안치(圍籬安置) 돼 있는 광해가 권토중래한다는 풍문까지 떠도는 판국이었다(유주현,『통곡』).

위정척사(衛正斥邪): 조선 말기, 유학자들이 개화에 반대하면서 내세운 말. 송나라 주자가 여진족의 침략으로 한족과 중국의 문화가 위기에 빠지자 유교의 정통성을 강조하고 오랑캐의 사상을 배척하기 위해 위정척사를 체계화하였다. 우리 나라에서 위정척사는 조선 초 유교를 정통으로 하여 불교를 배척할 때 처음 등장했다. 영·정조 때 천주교가 들어와 유교의 전통을 거스르는 교리를 전도하자 위정척사가 다시 등장하였다. 이항로 등 유학자들은 서양을 오랑캐로, 서양의 학문과 종교를 이단으로 규정하여 배척하여야 한다고 주장하였다. 위정척사론은 기존의 체제를 옹호하는 보수적인 논리였으나 서구의 침략에 저항하며 민족주의적 의식을 고취시키는 효과가 있었다. 개화파의 주장이 현실적이고 일리는 있었으나 무력으로 문호 개방을 하게 된 조선에서 위정척사는 개항의 침략적 속성을 꿰뚫어보고 저항하는 이론적 근거가 되었다. *『조선책략(朝鮮策略)』은 주일청국공사관(駐日淸國公使館)에 참찬관(參贊官)에 재직(在職)해 있던 황준헌(黃遵憲)이 개화(開化)의 선구자격(先驅者格)인 일본(日本)에서 체득(體得)한 개화사상(開化思想)을 바탕으로 하여 당시 혼미(昏迷)했던 국제정세(國際情勢)를 논(論)한 책(冊)으로서, 당시 한국(韓國)의 입장으로서는 중국(中國)과 친하게 지내고 일본(日本)과 결속(結束)하는 한편, 미국(美國)과 긴밀한 관련(關聯)을 맺어 노국(露國)의 강세(強勢)를 제어(制御)해야 한다는 것이 주된 내용(內容)으로 되어 있다. 이 책이 수신사(修信使)였던 김홍집(金弘集)에 의해 우리 나라에 들어옴으로써 당시 보수파(保守派)에 의해 강력히 주장(主張)되었던 이른바 위정척사론(衛正斥邪論)의 중요한 근거(根據)가 되는 계기로 발전했다(송민호, 『한국개화기소설(韓國開化期小說)의 사적(史的) 연구(研究)』).

유만부동(類萬不同): ㉠ 비슷하거나 서로 같지 않은 것. ㉡ 분수에 맞지 않은 것. 또는, 정도에 넘치는 것. *저번에도 한 번 혼을 단단히 내 주었지요, 아, 그랬더니 아주머니더러 한다는 소리가, 그 녀석 사람 버렸더라고, 아무짝에고 못 쓰게 길이 들었더라고 그러더라나요./내 원, 그 소리 듣고 하두 어처구니가 없어서!/대체 사람도 유만부동이지 그 아저씨가 날더러 사람 버렸느니 아무짝에도 못 쓰게 길이 들었느니 하더라니, 원 입이 몇 개나 되면 그런 소리가 나오는 구멍도 있누?/죄선 벙어리가 다아 말을 해도 나 같으면 할 말 없겠더구먼서두, 하면 다아 말인 줄 아나봐?(채만식,「치숙(痴叔)」)

유부족앙시(猶不足仰視): 우러러볼 만하지 못함. *모흥갑은 삿갓으로 얼굴을 가리고서 듣고 있었는데 노래를 마친 주덕기는 청중들 열광에,/"모흥갑은 부족괘론(不足掛論)104)이요, 송흥록(宋興祿)도 유부족앙시(猶不足仰視)라"/ 하며 득의양양하였다. 노한 모흥갑이 좌석으로 들어가서 인사하고 말하기를,/"나는 부족괘론이로되 송흥록은 가왕의 이름까지 받은 공전절후(空前絶後)의 명창이거늘 주덕기의 소위는 무례막심허다"/ 하고 꾸짖은 뒤 앞니가 다 빠진 모흥갑이 순음(脣音)으로 <이별가> 한 가락을 장쾌하게 불렀다(박경리,『토지』).

유유자적(悠悠自適): 여유가 있어 한가롭고 걱정이 없는 모양이라는 뜻으로, 속세에 속박됨이 없이 자기가 하고 싶은 대로 마음 편히 지냄을 이르는 말. *『태백산맥』무대 설명하다가 웬 잡소리가 그리도 많으냐고?/혹시, 그런 불평은 바로 촉급한 리듬 감각에서 나오는 게 아닐까. 오늘만이라도 유유자적 걸어보자고 떠나온 걸음 아니던가. 그러니 조금 더 참고 들어 보시라. 아니 이 우회의 과정을 즐기시라, 느긋하게(한만수,『태백산맥 문학기행』).

유일무이(唯一無二): 오직 하나 만 있고 둘은 없음. *수남이 어머니는 새로이 며느리를 얻어 혼자 재미를 볼 것이며 남편도 없이 혼자 폐백 받을 생각을 하다가 자리 속에서 눈물도 많이 흘렸다. 그러나 행여 이렇게 눈물을 흘려 귀중한 아들에게 사위스러울까 보아 할 수 있는 대로는 슬픔을 기쁨으로 돌려 생각하고 눈물을 웃음으로 이루려 하였다. 그래서 알뜰살뜰히 돈이며 패물 등속을 며느리 얻으면 주려고 모았다. 유일무이(唯一無二)의 아들을 장가들이는 데는 꺼리는 것도 많고 보는 것도 많았다(나혜석,「경희(瓊姫)」).

육도윤회(六道輪廻): 선악(善惡)의 응보(應報)에 의하여 육도를 유전(流轉)함을 말함. *"삼악도는 스님이 모르시리다, 밤낮에 미워하고 슬퍼하고 원망하니 가슴에 기름 가마 끓는 데가 지옥이라는 데요, 모가지는 바늘만하고 배는 독만 하여서 먹어도 배가 고프고 마셔도 마셔도 목이 마르니 이것을 일러

---

104) 함께 논할 가치가 없음.

아귀의 세계라고 하지 않습니까. 그리고 정신은 몽롱하여 인과를 보지 못하고 색색재명일(色色財名逸)의 오욕만 따라 서로 으르고 물고 할퀴니 축생세계라 하는 데가 아니요? 우리네 인간이 육도의 중간에 있으니 선도와 악도의 갈랫길에 서서 천상계 축생계 간으로 오르락내리락하는 것이 육도윤회(六道輪廻)가 아니요?"/대안은 걸어가면서 이렇게 지껄였다./"글쎄 육도가 그런 것인 줄은 압니다마는 지금 삼악도로 가신다니 어디냐 말입니다."/원효는 너풀거리는 대안의 뒷덜미 백발을 보면서 말하였다(이광수, 『원효대사(元曉大師)』).

의기상투(意氣相投): 마음이 서로 맞음. 의기투합. *우선 동경에서 누구를 만나는고 하니, 당신이 애독하는『세르팡』잡지의 편집인 겸 시인인 하루야마를 만나야할 게 아뇨?/그렇지. 그 사람하구는 늘 편지 왕래가 있었는데, 요새는 좀 뜸하군 그래. 우리 나라 지용이니 저희 나라 기타하라 하쿠슈니 하는 사람의 시는 십구세기의 케케묵은 시라는 거야. 자기하구 내 시가 새로운 시니까 우리 한번 잘해보자는 거지./아주 의기상투(意氣相投)로군 그래./그렇지. 만나면 한번 크게 시론(時論)을 하게 될 게요./하루야마 얘기를 꺼내자, 이상은 도쿄에서 할 일을 떠올리며 벌써부터 새뜻해졌다./그 다음은 누구를 만나나?/ 일본 평단의 원로인 자유주의자 하세가와 선생을 만나야지. 이 양반, 칼잡이가 날뛰는 것을 제일 싫어하거든. 무슨 명론탁설(名論卓說)이 나오나 들어봐야지(김연수,『꾿빠이, 이상(李箱)』).

의기소침(意氣銷沈): 기운이 쇠하여 활기가 없음. *의기소침할 것 없다고 중얼거렸다. 다른 생각이 들까 봐 겁나 곧바로 행동으로 옮겼다. 잠을 자는 시간, 먼지를 닦아 내는 시간, 빵을 사러 나가는 시간도 줄였다. 뒤를 보살펴 줄 누군가가 필요했지만, 그 누군가를 만나기 위해 쓸 시간 따위는 없었다. 어쩌면 그런 사정에 의해 여지의 삶 속으로 저 비열한 사내가 침입했는지 모른다(박형서,『Q. E. D』).

이단사설(異端邪說): 이단(異端)과 사설(邪說). *길상은 그 노인의 성함을 모른다. 김훈장이 노상 운헌(雲軒) 선생 하고 불렀기 때문에 운헌 선생으로 알고 있을 뿐이다. 시골 농사꾼 늙은이같이 생긴 김훈장과 달리 학처럼 깨끗하게 늙은 선비로서 나이도 김훈장보다 몇 살은 위인 듯싶었고 유림계에 나가면서 사귄 모양이었다./"운헌 선생께서는 문중에서 여러 분이 와 계시지요."/"음. 여러 분이 오셨지. 몇 분은 해삼위로 떠나셨고 이곳에 두 분이 남으셨는데 조카 되시는 벽촌 선생이 나이는 더 잡수셨지."/"젊은 분은 안 오셨습니까."/"젊은이들……고향에는 미성(未成)한 아이들만 남은 모양인데…… 거 훌륭한 양반이지. 아는 사람은 다 아는 석학이야."/"네, 모습만 뵈도 학덕이 높으신 분으로 짐작할 수 있었습니다."/"재야(在野)의 선비로서 중앙에 진출은 아니했으나 문벌도 좋고, 하기는 주자학(朱子學)에서는 이단사설(異端邪說)로 보는 양명학(陽明學)105)을 했으니…… 서희 부친 최공도 한때 그것을 연구한 일이 있었지. 나로서는 양명학을 뭐라 할 수는 없네만"(박경리,『토지』).

이실직고(以實直告): 사실 그대로 고함. *"죄인 한명련은 들으라. 주상께오서 몸소 너를 국문하실 일이나 내가 어명을 받들고 나왔으니 죄상을 낱낱이 이실직고(以實直告)할 것이로되 만일 거짓을 말한다면 두 번 다시 묻지 않고 너를 처형할 것이다"(유주현,『통곡』).

이심전심(以心傳心): 제자가 대면해 마음에서 마음으로 법을 전하는 것을 말함. *정말 모르겠다/사랑은 이런 게 아닌 거 같았는데/만나서 뽀뽀나 하고 장미여관에나 가고/이런 건 아닌 것 같았는데/더 숭고하고 고상한 애틋한/아, 그래 마치『독일인의 사랑』106)이라는/소설에 나오는 것 같은/그런 천사 같은, 성모 마리아 같은 여자와/만나 "유·아·마이·데스티니"해 가며/전

---

105) 중국 송나라 때 주자(朱子)에 의해 확립된 성리학(性理學)의 사상에 반대하여 명나라 때 양명(陽明) 왕수인(王守仁)이 주창한 유가철학(儒家哲學)의 한 학파이다. 하곡(霞谷) 정제두(鄭齊斗)는 조선시대 양명학 연구의 최고봉으로 알려져 있다.
106) 『독일인의 사랑Deutsche Liebe』은 도이칠란트의 동양학자이자 언어학자인 막스 뮐러(Friedrich Max Müller, 1823~1900)의 유일한 소설작품이다. 막스 뮐러는 51권짜리『동양의 경전The Sacred Books of the East』을 편찬한 사람으로 알려져 있다.

심전력(全心全力), 이심전심(以心傳心), 영혼을 바쳐야 하는 것인 줄 알았는데/만나 봤자 그저 그렇고 그런 이 사랑(마광수, 「술」)

이열치열(以熱治熱): 열을 열로 다스린다는 뜻으로, 어떠한 작용에 대해 그것과 같은 수단으로 대응한다는 것을 비유하는 말. *더울 때에 푸짐한 음식을 펄펄 끓게 하여 먹는 것은 이를 테면 이열치열(以熱治熱)의 더위를 이겨내는 방법이라고 할 수 있겠다(홍문화, 『성인병 예방과 식생활 건강법』).

이해득실(利害得失): 이로움과 해로움과 얻음과 잃음. *따라서 세종(世宗)의 언어정책(言語政策)을 수행(遂行)하는데 진력(盡力)한 것은 집현전(集賢殿)의 최항(崔恒) 등 소장학사(少壯學士)들이었다. 그러므로 이들은 비교적(比較的) 정치권외(政治圈外)에서 집현전(集賢殿) 미래(未來)의 사명(使命)에 충실(忠實)하며 세종(世宗)이 추진(推進)하는 사업(事業)의 핵심체(核心體)였던 것이다. 이와 반면(反面)에 최만리(崔萬理)는 집현전(集賢殿) 전임관(專任官)의 최고위자(最高位者)로 실무면(實務面)보다 고제(古制)를 실행(實行)하며 명실상부(名實相符)한 유교입국(儒敎立國)의 국시(國是)를 실현(實現)하는 데 관여(關與)하여 집현전(集賢殿)을 대표(代表)하고 세종(世宗)의 불사(佛事)에 반대(反對)했던 것이다. 이와 같이 철저(徹底)하게 유교지상주의(儒敎至上主義)를 신봉(信奉)하는 최만리(崔萬理)는 훈민정음(訓民正音)이 제정(制定)되어 그 실용(實用) 보급단계(普及段階)에 들어가 운회언해(韻會諺解)를 착수(着手)하게 되자 또다시 장문(長文)의 상소(上疏)를 올리어 훈민정음(訓民正音)을 제정(制定)할 필요(必要)가 없음을 역설(力說)하고 그 이해득실(利害得失)을 열거(列擧)하여 논란(論難)하였다(박병채, 『논주(論註) 월인천강지곡(月印千江之曲) 상(上)』).

인간고해(人間苦海): 괴로움이 끝이 없는 인간세상을 이르는 말. *"그러니 저울대 한복판에서 기울지 않고 사는 게요. 그게 못 견딜 노릇이지요. 세월 가는 것이 안타까운데 해는 길고, 자식이 있어 걱정, 없어도 걱정, 너무 사랑해도 외롭고 사랑이 없어 외롭고, 재물이 많으면 세상이 좁고, 재물이 없어도 세상이 좁고, 인간 고해 허우적거리긴 매한가지 아니겠소? 해가 길면 극락왕생이나 빌어야지요"(박경리, 『토지』).

인명재천(人名在天): 목숨의 길고 짧음은 하늘에 매여 있음. *"신상에 무슨 일이 생겼느냐?"/송수익의 병색 짙은 얼굴이 긴장되었다./"그게 아니고 아버님 건강이……"/송가원은 당황스럽게 말했다./"그리 걱정 말거라. 인명재천이다."/송수익은 일부러 웃어 보이려고 했다. 작은아들의 안타까워하는 심정을 잘 알기 때문이었다. 제가 의사이면서 전혀 손을 써볼 수 없으니 그 심정이 어떠할 것인가. 그러나 자신으로서는 작은아들이 옆에 있는 것만으로도 얼마나 큰 힘이 되는지 몰랐다(조정래, 『아리랑』).

인면수심(人面獸心): 사람의 얼굴을 하고 있으나 마음은 짐승과 같다는 뜻으로 마음이나 행동이 몹시 흉악함. *다음, 강화가 이루어진 뒤에는 저들이 반드시 우리 땅에 들어와 서로 사귀고 왕래하리니, 혹은 우리 경내에 집을 짓고 살려 한다면 강화를 이미 마쳤기에 무슨 말로도 거절할 수가 없다./이를 거절치 못하고 저들에게 그대로 맡긴다면 저들이 재산과 부녀의 약탈·겁탈을 뜻대로 횡행할진대 이를 무슨 힘으로 막겠는가? 저들은 인면수심(人面獸心)인지라 조금도 거리낌 없이 살인만행을 자행할 것이다. 우리의 효자·열부들이 애통하여 하늘에 외치며 그 복수를 구원하나, 조정의 위에 있는 사람들은 강화를 깨뜨릴까 두려워 감히 그 호송(呼訟)을 들어 줄 수 없으리니, 이렇게 될 때 우리의 사람 된 도리는 당연히 사라지고 생령(生靈)은 단 하루도 살아갈 수 없게 된다. 이것이 강화하면 망하게 되는 네 번째 이유이다(최익현, 「척화의소(斥和議疏): 화강(和講)하면 나라가 망합니다」).

인의예지(仁義禮智): 유학에서, 사람이 마땅히 갖추어야 할 네 가지의 성품. 곧 어질고, 의롭고, 예의 바르고, 지혜로움을 이른다. *'정(情)'의 가치를 특수한 가치로 인정하지 않은 측면이 적어도 1910년대 이전에는 보편적 '문(문학)' 이데올로기였다면, 이는 분명히 주희의 심성론이 그대로 계승되고 있었음을 표징하는 것이라 하겠다. 특히, 인의예지(仁義禮智)의 가치 지향이 뚜렷한 인물을 입전해서 그 속에서 가치의 포폄을 명백하게 드러내고 있는 '사실지향적 전(傳)'은 어떤 식으로든 전통적인 주희의 심성론을 계승하고 있다는 평가에서 결코 자유롭지 못한 측면이 있다 하겠다(김찬기,『한국 근대소설의 형성과 전(傳)』).

인정가화(人情佳話): 따뜻한 인정을 베푼 아름다운 이야기. *"사고무친(四顧無親)한 곳에서 기반을 닦자면 내실은 어찌 되었든 명색이 대총통인데 그 위력이란 망국의 유랑민과 진배없는 지금 처지로선 막대한 것이 아니겠습니까?"/강일석은 꾸역꾸역 말을 밀어냈다. 이동진과 장인걸은 묵묵히 두 사람을 지켜보고 앉아 있었다./"실낱 같은 게지. 인정가화(人情佳話)에 속할 문제고, 망국의 유랑민일 경우엔 말이야! 그래 자네는 자네 자신을 유랑민이라 생각하나?"(박경리,『토지』)

일가친척(一家親戚): 동성동본의 일가와 외척, 인척의 모든 친척을 아울러 이르는 말. *아득한 넷날에 나는 떠났다/부여(夫餘)를 숙신(肅愼)을 발해(渤海)를 여진(女眞)을 요(遼)를 금(金)을 흥안령(興安嶺)을 음산(陰山)을 아무우르107)를 숭가리108)를/범과 사슴과 너구리를 배반하고/송어와 메기와 개구리를 속이고 나는 떠났다//나는 그때/자작나무와 이깔나무의 슬퍼하든 것을 기억한다/갈대와 장풍109)의 붙드던 말도 잊지 않었다/오로촌110)이 멧돌111)을 잡어 나를 잔치해 보내던 것도/쏠론112)이 십릿길을 따러나와 울던 것도 잊지 않었다//나는 그때/아모 이기지 못할 슬픔도 시름도 없이/다만 게을리 먼 앞대로 떠나 나왔다/그리하여 따사한 햇귀에서 하이얀 옷을 입고 매끄러운 밥을 먹고 단샘을 마시고 낮잠을 잤다/밤에는 먼 개소리에 놀라나고/아츰

---

107) 아무르: 흑룡강(黑龍江).
108) 숭가리: 송화강(松花江).
109) 장풍: 창포(菖蒲).
110) 오로촌: 오로촌(Orochon)족. 중국 소수민족의 하나.
111) 멧돌: 멧돼지.
112) 쏠론: 솔론(Solon)족. 중국 소수민족의 하나. 앞대: 평안도에서 바라볼 때 남쪽 지방.

에는 지나가는 사람마다에게 절을 하면서도/나는 나의 부끄러움을 알지 못했다//그동안 돌비는 깨어지고 많은 은금보화는 땅에 묻히고 가마귀도 긴 족보를 이루엇는데/이리하야 또 아득한 새 녯날이 비롯하는 때/이제는 참으로 이기지 못한 슬픔과 시름에 쫓겨/나는 나의 녯 한울로 땅으로-나의 태반(胎盤)으로 돌아왔으나//이미 해는 늙고 달은 파리하고 바람은 미치고 보래구름만 혼자 넋없이 떠도는데//아, 나의 조상은 형제는 일가친척은 정다운 이웃은 그리운 것은 사랑하는 것은 우러르는 것은 나의 자랑은 나의 힘은 없다 바람과 물과 세월과 같이 지나가고 없다(백석, 「북방(北方)에서: 정현웅(鄭玄雄)에게」).113)

일거양득(一擧兩得): 한 가지 일로써 두 가지 이익을 얻는다는 뜻. 출전은 『진서(晉書)』의 「속석전(束晳傳)」이다. *"일거양득이라뇨?"/"결혼하기 전에 시내하고 충분히 친해놓을 수가 있을 테니 좋고, 또 하나는요, 제가 과년하고 혁주 씨는 경험 있는 홀아비이고 그러니까 혼전에 행여나 무슨 사고를 칠까 봐 부모님은 은근히 걱정을 하시다가 시내까지 끼게 되니 안전 보장이 된다 이건가 봐요"(박완서, 『그대 아직도 꿈꾸고 있는가』).

일구월심(日久月深): (날이 오래고 달이 깊어간다는 뜻으로) 세월이 갈수록 더하여 감을 이르는 말. *그의 생모는 말하자면 반가(班家)의 후예로서, 조선의 사대부 여인들이 지녔던 기품과 인덕(仁德)의 끝머리를 체득하며 자란 여자였다. 특히 그녀는 백목련을 좋아해서 목련이 필 때면 늘 목련 그늘에 앉아 일구월심(日久月深) 수를 놓았다고 했다(박범신, 『외등(外燈)』).

일렬횡대(一列橫隊): 가로로 길게 줄을 지어 선 대형. *어둠이 상류에서 흘러내려왔다./그리고 처음 보는 달이 떠올랐다/저 유난히 알이 굵은 보름달/일렬횡대로 늘어선 둥근 눈들이/허리만큼의 수면 위에 턱을 고였다/달빛이 장대를 들고 물길을 내리쳤다/선창(先唱)하듯 물살이 흔들렸고/나는 허공을 향해 입을 크게 열었다/은백색 비늘들이 천지를 뒤덮고 꿈틀거렸다(노춘기,

---

113) 『문장』(1940년 7월호)에 발표된 것이다.

「산란기」).

일부종사(一夫從事): 한 남편만을 섬김. 또는, 그 도리. *그러나 여성은 반드시 일부종사(一夫從事)하여 남편 관계를 맺어야 했고, 만약 남편이 죽어도 재가한다든지 기타 어떠한 이유로든 다른 남자와 성관계(사통, 유인강간, 폭행 등에 의해)를 맺는다면 모두 '평생의 치욕'이나 '황하에 뛰어들어도 씻을 수 없는 수치'로 여겼다. 또한 송대(宋代) 이래로 여자의 전족을 제창하기 시작하여 명·청대에 이르러서는 크게 성행하게 되었으니, 여자들은 심지어 자연 그대로의 발을 부끄럽게 여기게 되었다(구성희, 『중국여성을 말하다』).

일사천리(一瀉千里): 강물이 거침없이 흘러 천 리에 다다른다는 뜻으로, 어떤 일이 거침없이 단번에 진행됨을 이르는 말. *먼저 마음 줄을 올바로 세워야겠다/올 줄만 팽팽히 바로 서 있다면/먹줄을 튕기고 일사천리로 가는 건 그 다음이다/나무들은 처음부터 자기 씨앗 안에/이미 다 들어 있는 것을 올바로 풀어쓸 뿐//머리를 그만 쓰고 가슴을 써야겠다/기(氣)를 쓰지 말고 마음을 써야겠다(박노해, 「올 줄」).

일석이조(一石二鳥): 하나의 돌로써 두 마리의 새를 잡는다는 뜻으로, 한 가지 일로써 두 가지 이익을 얻는 것을 가리키는 말이다. *스승께서 전날에 아랫것을 경계하라 했것다/이리 앵군이 속으로 다짐하고 얼른 말해 올리는 데/춘화 감상할 적에 모이는 꽃물을 모조리 모조리 긁어다가 마마께서 장복하면/일석이조(一石二鳥)가 그를 두고 이름인 줄 믿고 또 믿사옵나이다, 마아아마/과연 그대는 짐의 복룡, 봉추로고/재조껏 짐을 위해 짐의 짐을 덜 짐스럽도록 하라―(김지하, 「앵적가(櫻賊歌)」)

일심협력(一心協力): 한마음 한뜻으로 힘을 합하여 도움. *오늘날 이집트의 독립운동(獨立運動)을 보면, 공인(工人)은 파공(罷工)하고 상인(商人)은 파시(罷市)하고 학도(學徒)는 파과(罷課)하고 관리(官吏)는 퇴직(退職)하는 등, 여러 가지 어려운 현상이 누누이 나타나 그치지 않으니 영국인(英國人)들이 드디어 그 통치(統治)의 힘을 잃고 독립(獨立)을 허(許)하여주었다. 아일랜드 역시 인구는 불과 3백만이나 능히 일심협력(一心協力)하여 경찰서를 때려부수고 납세(納稅)를 거절하나 체포할 수가 없는지라 영국인(英國人)은 마침내 대책이 궁하게 되었다. 지금 우리 민족은 아직 이러한 정도에 미치지 못하여 저들을 위하여 관리가 된 자가 있고 저들을 위하여 정찰견(偵察犬) 노릇을 한 자가 있기 때문에 저들이 그 폭정(暴政)을 시행할 수 있고 우리 독립단(獨立團)의 기관을 능히 낚아챌 수 있으나, 만약 우리의 관리(官吏)된 자들로 하여금 모두 퇴직(退職)하게 한다면 그들의 행정은 손놀릴 바가 없을 것이요, 우리가 그들의 정견(偵犬) 노릇을 하지 않고 여러 가지로 엄호하면 그들은 염탐하여 잡아내는 술책도 쓰지 못할 것이다. 만약 이렇게 하면 비록 적극적으로 저들 경리(警吏)와 서로 대항하여도 저들이 무슨 방법으로 우리를 제지하겠는가. 납세(納稅)의 거절로 말하더라도 소수인이 하게 되면 저들이 체포하여 형(刑)을 내릴 것이나, 만약 2천만 인이 일치동맹하여 모두 납세(納稅) 거부를 행하면 저들이 어찌 일일이 수색 체포하여 징계하고 다스리겠는가. 이에 그들의 통치(統治)는 완전히 힘을 잃고 비록 거두어 돌아가지 않고자 하나 돌아가지 않을 수 없을 것이요, 우리에게 독립을 허락하고 싶지 않으나 허락하지 않을 수 없을 것이다. 실로 이렇게 나간다면 우리 민족의 독립은 가히 자력(自力)으로 얻을 것이니 어찌 오는 기회를 기다릴 것인가. 전쟁의 방법에 이르러서는 우리의 의군제장(義軍諸將)이 이미 수십 년의 경험에서 마음에 얻은 바가 있은즉, 또한 나의 자세한 이야기를 기다릴 것이 없을 것이다(박은식, 『한국독립운동지혈사(韓國獨立運動之血史)』).

일장춘몽(一場春夢): (한바탕의 봄꿈이라는 뜻으로) 헛된 영화(榮華)나 덧없는 일의 비유. *이리하여 남가일몽은 사람들의 허황된 꿈 또는 덧없는 부귀공명이나 한바탕 헛된 꿈 —일장춘몽(一場春夢)— 을 일컫는 말로 쓰여 온 것이다(최승범, 『시조에 깃든 우리 얼 이야기』).

일족절린(一族切隣): 부역과 세금을 내지 않고 도망간 사람의 친척이나 가까운 사람에게서 도망간 사람의 세금을 대신 거둬들이는 것. *주상(主上)

께서는 주위가 허전하여 대비전(大妃殿)과 외척에 휘둘림을 받고 난정(蘭貞)과 같은 요녀(妖女)가 날뛰고 있어 자못 난세의 정황이 깊었다. 이러한 중에 더욱 참담한 것은 백성들은 궁경(窮景)이었으니 그것이 모두 정치의 잘못에서 비롯된 것이었다. 한 백성이 부역과 세금을 내지 않고 도망하면 그 일가들과 절근(切近)한 이웃에 징수(徵收)케 하는 일족절린(一族切隣)의 폐단과 나라에 바치는 진상(進上)이 번중(煩重)한 폐단, 그리고 민간에서 위에 바칠 공물을 이서(吏胥)들이 중간에 가로막아 현물자납(現物自納)을 방지하고 저희들이 대납(代納)한 뒤에 민간에 막대한 대가를 강징(强徵)하는 이른바 공물방납(貢物防納)의 폐단, 아울러 역사(役事)가 균등하지 못한 폐단과 이서배(吏胥輩)들의 가렴주구가 상하에 횡행하여 백성들은 숨이 막혀 캑캑거리는 어린애와도 같았다(박태순, 「경장(更張)의 시대(時代)」).

일창삼탄(一唱三歎): 한 번 시문(詩文)을 읽고 여러 번 탄상(嘆賞)한다는 뜻으로, 썩 훌륭한 시문을 칭찬할 때 쓰이는 말. *이른바 불지(拂地)하는 일창삼탄(一唱三歎)의 가구(佳句)는, 이 팽창(膨脹)하는 정대성(正大性)이 무르익어 전대(前代) '육조(六朝)'114)의 박력(迫力) 결핍(缺乏)된 기려(綺麗)의 누(累)를 차츰 가시어 내어, 한갓 의례적(儀禮的)이고 형식적(形式的)인 구투(舊套)에서 벗어나, 개(個)를 본(本)으로 인간성(人間性)에 파고들어가, 소견(消遣)을 꾀하며, 나아가는 사회에 집착(執着)한 한적(閒適)이 성행케 되었다(이병주, 『두시언해비주(杜詩諺解批注)』).

일촉즉발(一觸卽發): (조금만 닿아도 곧 폭발한다는 뜻으로) '아주 하찮은 원인으로도 크게 터질 듯한 아슬아슬한 긴장 상태'를 이르는 말. *윤혜는 백년묵은 여우이다. 그녀는 자기가 윤호를 불러 내리기는 했지만, 그와 한편이 되어 윤석을 몰아붙인다는 혐의를 받지 않기 위해 일부러 지금 관리사 안에

---

114) 중국의 육조 시대(六朝時代: 229~589). 중국 삼국시대의 오(吳: 229~280)·동진(東晉: 317~420), 남조(南朝)의 송(宋: 420~479)·제(齊: 479~502)·양(梁: 502~557)·진(陳: 557~589)을 합한 시대이다.

들어 있었다. 그들 세 피붙이는 서로 적도 아니고 동지도 아닌 상태로 발전할 수밖에 없을 거라고 그녀는 생각하고 있었다. 그리하여 일차 그들 두 형제에게 싸움을 붙여놓은 것이었다. 머지않아 그들의 첨예한 갈등 대립은 일촉즉발의 위기에 이를 터이었다. 그때, 재빨리 끼어들어 말리는 체하면서 자기의 몫을 챙길 생각이었다(한승원, 『연꽃바다』).

일확천금(一攫千金): 한 번에 많은 재물을 얻음. *내 사랑 클레멘타인은 어디로 갔나? 이 질문은 어쩌면 미국이라는 국가의 정체성과 관련해 제기되어야 할 것이다. 자유와 평등, 청교도적 근검 정신에 기초를 두었던 '아메리칸 드림(American Dream)'이 골드러시로 승자독식(勝者獨食)과 일확천금(一攫千金) 정신으로 대변되는 '캘리포니아 드림(California Dream)'으로 변질되고 말았으니 말이다(강준만, 『미국은 세계를 어떻게 훔쳤는가: 주제가 있는 미국사』).

입신양명(立身揚名): 출세하여 이름을 떨침. *알다시피 동봉(東峯)115)은 현실세계(現實世界)에 대한 새로운 꿈을 안고 세상(世上)에 나아갔다. 이는 세조(世祖) 이래의 숭불무단(崇佛武斷)이 끝나고 성종조(成宗朝)에 들어서면서 다시 숭유문치위주(崇儒文治爲主)의 세상(世上)으로 바뀌었기 때문일 것이다. 이제 그는 다시 유학(儒學)으로 입신양명(立身揚名)할 생각을 품게 된 것이다. 37세, 이는 당시의 나이로는 새 출발하기에는 너무 늦은 나이였다. 또한 그의 동료 서거정(徐居正),116) 정창손(鄭昌孫), 김수온(金守溫), 노사신(盧思愼) 등은 이미 그가 따라갈 수 없을 만큼 높은 관직에 있었다. 이에 자존심(自尊心) 강했던 동봉(東峯)은 그의 꿈이 막연하나마 금오산실(金鰲山室)에서 간직했던 꿈이 현실적(現實的)으로 완전히 깨어졌음을 실감(實感)하게

---

115) 동봉(東峯): 조선시대 소설가 김시습(金時習)의 호.
116) 조선시대 전기의 학자(1420~1488). 자는 강중(剛中). 호는 사가정(四佳亭)・정정정(亭亭亭). 저서에 『동인시화(東人詩話)』, 『태평한화골계전(太平閑話滑稽傳)』, 『필원잡기(筆苑雜記)』, 『사가집(四佳集)』 등이 있고 공동편찬서에 『동문선(東文選)』, 『경국대전(經國大典)』 등이 있다.

된다(설중환, 『금오신화연구(金鰲新話硏究)』).

자급자족(自給自足): 자기의 수요를 자기가 생산하여 충당함. *촉각(觸角)이 이런 정경(情景)을 도해(圖解)한다./유구(悠久)한 세월(歲月)에서 눈 뜨니 보자, 나는 교외(郊外) 정건(淨乾)한 한 방에 누워 자급자족(自給自足)하고 있다. 눈을 둘러 방을 살피면 방은 추억(追憶)처럼 착석(着席)한다. 또 창이 어둑어둑하다./불원간(不遠間) 나는 굳이 지킬 한 개 슈―트케―스를 발견하고 놀라야 한다. 계속하여 그 슈―트케―스 곁에 화초(花草)처럼 놓여 있는 한 젊은 여인(女人)도 발견한다(이상, 「동해(童骸)」).

자가당착(自家撞着): 같은 사람의 말이나 행동이 앞뒤가 서로 맞지 아니하고 모순됨. 모순당착. *기원 전 1세기 로마에 반항한 유대민족주의를 칭하는 '질럿(zealot)'이란 단어는 열광자 또는 광신도를 말하는데, 이는 매우 위험한 것으로 '그들은 맞고 너는 틀리다'라는 독선적 인식은 리더에겐 금물이다. 이분법의 논리를 고수하다가는 자가당착(自家撞着)의 위험에 빠지기 쉽다. 우리 나라의 지도자들, 그리고 여든 야든 정당 정치인들, 정부 고위 관리(dignitaries)들은 '자신(입장이나 정책)만 옳고 상대는 틀리다'라는 집착에서 벗어나지 못하는 것을 자주 본다(김광웅, 『서울대 리더십 강의』).

자격지심(自激之心): 자기가 한 일에 대하여 스스로 미흡하게 여기는 마음. *우선, 오토메나크117)가 알고 있었던 것이 있다. 자신이 "식민지 애로크 출신"이라는 것을 그는 알고 있었다. 뿐만 아니라 그는 그 사실에 대해 지나치게 민감했다. "식민지 출신의 자격지심"(p.10)은 그의 "그의 마음 한구석에 늘 도사리고 있는" 것이었다. 그의 자격지심은 사령부 건물에 들어섰을 때 "야전에서보다 한결 심"하게 가중된다. 그 때문에 그는 찾아간 사무실의 상사의 말투가 "명령하듯이 무뚝뚝"(p.11)하다고 느끼고, 그의 "지극히 공손

---

117) 오토메나크는 최인훈 장편소설 『태풍(颱風)』의 주인물(主人物)이다. 『태풍(颱風)』은 나파유국(일본 제국으로 상정됨)과 니브리타국(영국으로 추정됨) 사이의 전쟁에 끼어든 에르크 민족(한국으로 상정됨) 출신의 젊은 육군 중위 오토메나크의 식민지하의 삶을 중심축으로 이야기가 전개되는 작품이다.

건방진 태도"에 실망한다. 이 자격지심을 그는 어떻게 극복하면서 살 수 있었을까? 실력을 쌓아 이겨야 한다는 상투적인 대답은 오토메나크에게도 진리였다(정과리, 『글숨의 광합성: 한국 소설의 내밀한 충동들』).

자승자박(自繩自縛): ㉠ (제가 만든 줄로 제 몸을 옭아 묶는다는 뜻) 자신이 한 말과 행동에 자신이 옭혀 들어감. *언론법제가 언론의 공공성을 안정적으로 유지할 수 있는 강제력을 갖고 있는 이상, 언론윤리는 더욱 절대적으로 언론의 도덕관념을 지도할 수 있어야 하는데, 실천요강이 아닌 강령의 조문으로서 언론자유와 대등하게 반론권을 인정하고 있는 것은 때때로 윤리강령이라는 그물망에 언론인을 자승자박(自繩自縛)케 할 수도 있기 때문이다(유일상, 『언론정보윤리론(言論情報倫理論)』). ㉡ 제 마음으로 번뇌를 일으켜 괴로워함.

자업자득(自業自得): 자기가 선악의 업을 지어서 스스로 그 고락(苦樂)의 과보를 받음. 곧 자인자과(自因自果)의 업도(業道)를 말함. *옛부터 이르기를/ 칼 가진 놈 칼로 망하고/돈 가진 놈 돈으로 망한다 하였으니/삼라만상(森羅萬象), 인간백사(人間百事)가 모두 다 자업자득(自業自得)/힘꼴 센 놈 제 힘만 믿고 거센 체하다 임자 만나 폭삭 망하고/나무 잘타는 놈 나무에서 미끄러져/ 산 잘타는 놈 산에서 굴러떨어져/헤엄 잘치는 놈 헤엄솜씨 자랑하다 쥐내려서 물귀신되고/구멍 밝히는 놈 구멍에 빠져 복상사(腹上死)/벽돌 쌓기 미친 놈 벽돌 무너져 패가망신/입싼 놈 구설수(口舌數), 글 모난 놈 필화(筆禍), 데모 잘하는 놈 관재수(官災數)/뻑 잘쓰는 놈, 줄 잘타는 놈, 때 잘짚는 놈, 물 잘보는 놈/이런 솜씨, 저런 재조, 온갖 능(能), 갖은 역(力)이 아차 한번 실수하면 모두 다 저 잡아먹는 재조요 솜씨요 능(能)이요 역(力)으로 둔갑하는 법/ 영악한 놈일수록 제 무덤 제 판다는 말이 다 이를 두고 나온 말이럿다(김지하, 「똥바다」).

자중지란(自中之亂): 같은 패 안에서 일어나는 싸움. *"두공, 지난 일을 허물해 무엇하겠소? 모두 이 몸이 암우한 탓이니, 죄를 물으면 나부터일 거요.

그보다는 차라리 앞일이나 의논하는 편이 나을 것이오. 가뜩이나 어려움이 많은 터에 자중지란(自中之亂)이 될 말이오?"(이문열,『황제(皇帝)를 위하여』)

작심삼일(作心三日): 결심이 사흘을 지나지 못한다는 뜻으로, 오래 계속하지 못함을 말함. *『20대가 하지 않으면 안 될 50가지 일』이라는 책이 있습니다. 와세다대학 출신으로 새 세대를 대변하는 글을 써온 니카다니 아키히로라고 하는 일본 작가가 쓴 책입니다. 희망도 꿈도 많지마는 수없이 좌절하는 20대를 향한 충고의 글입니다. '새로운 일을 시작할 때 작심삼일(作心三日)을 부정해서는 안 된다'라고 이 책에서는 말합니다(곽선희,『자유인(自由人)의 행로(行路) 1』).

장하지혼(杖下之魂): 장형(杖刑)을 당하는 마당에서 죽은 혼령(魂靈). *덩치와 생김새에 비하여 눈물이 많은 이 사내는 곧잘 장하지혼(杖下之魂)이라는 문자를 썼다. 장하지혼이란 민란 때 장살을 당한 아비의 넋을 두고 하는 말이다(박경리,『토지』).

재도지기(載道之器): 도덕적 가치를 싣는 그릇이라는 뜻으로, '문학' 또는 '시'를 이르는 말. *대자연이 본원상을 현현하는 시와 자연물가치를 뛰어넘어 '이상정신가치'를 추구하는 시는 동일한 것이 아니다. 그런데 조지훈은 이를 논리적 비약을 통해 중첩시키고 있다. 조지훈이 말하는 '대자연'이 조화와 통일의 원리를 간직한 것이라면, '자연물질가치'에서의 '자연'은 물질적 투쟁과 갈등을 포함하고 있는 것으로 보인다. '대자연'은 '자연' 그 자체의 물질적인 흐름과 파동과 관련된 것이라기보다는 오상(五常: 仁義禮智)을 갖춘 인간적 도리와 더 밀접하게 관련되어 있다. 시가 '대자연의 본원상'을 현현하는 것이면서 동시에 '이상정신가치'를 동일한 것은 바로 '대자연'의 '천도'와 '인도'의 '이상정신가치'를 동일한 것으로 대응시키기 때문에 가능하다. 이것은 주자 이래의 주리론적인 우주관과 시관을 충실하게 계승한 것이다. 그러나 전통적 주리론에서 자연물질가치와 이상정신가치는 구분되지 않는다. 또한 동아시아의 전통에서 시는 철학, 사상 등과 구분되지 않는다. 시

(詩) 역시 도(道)를 문장으로 드러내는 '재도지기(載道之器)'의 하나이기 때문이다(이찬, 『현대 한국문학의 지도와 성좌들』).

적반하장(賊反荷杖): 도둑이 도리어 매를 든다는 뜻으로, 잘못한 사람이 아무 잘못도 없는 사람을 나무람을 이름. *승재는 부챗살같이 손가락을 쫙 편 먹곰보의 비틀린 팔목과 얼굴을 한참이나 들여다보다가, 그의 아낙한테로 밀어젖힌다./"데리구 가요! 내가 죽였수? 당신네가 죽였지."/먹곰보는 나가동그라질 뻔하다가 겨우 버팅기고 선다./"오냐, 이놈 보자, 적반하장(賊反荷杖)두 유분수가 있지, 이놈 네가 되레 사람을 치구……"/먹곰보가 끄은히 왜장을 치면서 비틀거리고 도로 덤벼드는 것을 그의 아낙이 뒤에서 허리를 그러안고 늘어진다(채만식, 『탁류』).

절대절명(絶對絶命): 몸도 목숨도 다 된 것이라는 뜻으로, 몹시 위태롭거나 절박한 지경을 비유적으로 이르는 말. 절체절명(絶體絶命). *「해에게서 소년에게」 발표 직후인 1908년 최남선은 신문관에서 『경부철도가』를 발간하는데 이는 일본에서 보았던 철도가를 모방한 것으로서 모두 30연으로 구성되어 있으며 형식은 7·5조의 음수율을 지닌 철도가로서 새 문물을 실어 나르는 철도의 위력을 알려주는 것을 목적으로 하고 있다. 개화문명은 당시의 그에게 절대절명의 관심사였다고 할 것이다. 바다에서 육지로 밀려오는 새 문물을 어떻게 빨리 받아들이는가 하는 것이 국권상실의 위기에 빠진 조국을 구하는 길이라고 최남선은 믿었던 것이다(최동호, 『디지털 코드와 극서정시(極敍情詩)』).

재세이화(在世理化): 세상에 있으면서 다스려 교화시킨다는 뜻으로, 세상을 이치로 교화하고 바로잡는다는 말이다. 출전은 『삼국유사(三國遺事)』「기이제1(紀異第一)」'고조선조(古朝鮮條)'이다. ◐그는 바람신, 비신, 그리고 구름신을 거느리고 농사와 생명과 질병과 형벌과 선악 등 무릇 인간의 360여 가지의 일들을 주재하여, 인간세상을 다스려갔다(將風伯雨師雲師 而主穀主命 主病主刑主善惡 凡主人間三百六十餘事 在世理化장풍백우사운사 이주곡주명주병주형주선악 범주인간삼백륙십여사 재세이화). *재세이화(在世理化)는 세상을 이치로 교화하고 바로잡는다는 말이다. 단군신화에는 환웅천왕이나 단군왕검이 세상에서 풍백, 우사, 운사 등을 거느리고 식량, 인권, 질병, 형벌, 선악 등 무릇 인간 360가지 일을 이치로 다스린 것이 이에 해당한다(설중환, 『한국고전산문의 이해』).

적수공권(赤手空拳): 맨손과 맨주먹이라는 뜻으로 아무것도 가진 것이 없음. *윤광모는 단신으로 월남해 그야말로 적수공권(赤手空拳)이었다. 그러나 그는 청년 시절부터 돈 만드는 재주가 비범한 사람이었다. 뒤에 다시 얘기하겠지만 그는 대학 재학 시절 이미 책 장사로 '준재벌' 소리를 들었던 사람이다(정운형, 『임종국 평전(林鍾國評傳)』).

전화위복(轉禍爲福): 화가 바뀌어 오히려 복이 된다는 뜻으로, 화가 복이 될 수도 있고, 복이 화가 될 수도 있다는 것을 가리키는 말. 출전은 『전국책(戰國策)』 「연책(燕策)」이다. ❶화가 바뀌어 복이 되게 함이요, 실패를 밑천으로 성공을 이루는 것(轉禍而爲福, 因敗而爲功전화이위복, 인패이위공), 『사기(史記)』 「관안열전(管晏列傳)」에도 비슷한 이야기가 나온다. ❶화를 바꾸어 복으로 하고 실패를 전환시켜 성공으로 이끌었다(轉禍爲福 危言獲全). *"아버지."/조용히 부른다./"아버지는 전화위복이란 말씀 아세요?"/"전화위복이라구?"/김 사장은 어리둥절한다. 남식은 슬그머니 웃는다. "이번 일은 전화위복이 될 겁니다. 두고 보세요"(박경리, 『푸른 운하』).

절체절명(絶體絶命): 몸이 잘라지고 목숨이 끊어질 정도로 절박한 경우를 가리키는 뜻으로 몹시 위태롭거나 절박한 지경을 말함. *주사위를 던져야 하는 순간, 절체절명의 기로! 그 앞에 서서 나는 하늘과 땅을 걸고 성패를 겨루는 길을 택했다. 진정한 승부사는 건곤일척(乾坤一擲)한다는 경구를 가슴에 돋을새김하면서(정이현, 「낭만적 사랑과 사회」).

절치부심(切齒腐心): 몹시 분하여 이를 갈고 속을 썩임. *셋방살이의 설움을 구곡간장 구절구절이 느낀 것은 나보다 오히려 아내 쪽이었을 것이다. 그러니까 내 집을 하나 가져야 되겠다는 결의를 새롭게 또 새롭게 다짐하곤 했던 아내의 절치부심을 나도 인정하지 않을 수가 없었다(조선작,「고압선(高壓線)」).

점입가경(漸入佳境): ㉠ 들어갈수록 점점 재미가 있음. *말머리가 거창해진 것은 요즈음 중국의 동북공정(東北工程) 소식을 듣고 드는 생각 때문이다. 중국의 행태는 한마디로 점입가경(漸入佳境)이다. 가경 아닌 추경(醜境)이다. 고구려를 물고 늘어지더니, 이제 부여나 옥저 같은 전국시대의 나라들, 게다가 고조선까지 공정의 손안으로 집어넣고 있다. 더욱이 기자조선은 어엿한 하나의 나라이며, 그것이 중국의 한반도 지배를 확실히 하는 증거인 양 내세웠다. 아마도 저들의 공정은 예서 그칠 것 같지 않다(고운기,『등귁과 오렌지』). ㉡ 시간이 지날수록 하는 짓이나 몰골이 더욱 꼴불견임을 비유적으로 이르는 말.

제법무아(諸法無我): 삼법인(三法印)의 하나. 이 세상에 존재하는 모든 사물은 인연으로 해서 생기는 것으로, 영원불변한 본성(本性)인 '나'는 존재하지 않는다는 생각. 제법개공(諸法皆空). *이렇듯 화자가 님을 사랑하는 궁극적인 목적이 초월적인 사랑을 통해 평등상에 이르는 것이라면 애초부터 그의 사랑은 해탈을 위한 구법(求法)의 행위와 다른 바 없다. 다시 말하면 시인은 존재가 깨달음을 구하는 과정을 이 작품에서 사랑의 이야기로 형상화시켰던 것이다. 그러한 관점에서 이 시의 '님'은 부처 혹은 부처의 가르침(法)으로, 사랑은 구법의 행위로 비유된다. 다만 애초에 화자는 그 구법을 인간적인 논리에서 찾았으나 좌절을 체험함으로써 제법무아(諸法無我)의 논리 즉 공의 인식에 의해서 이루었던 것이다. 따라서 불교적인 용어로 되풀이한다면 전자는 유루지(有漏知)의 논리, 후자는 무루지(無漏知)의 논리, 다시 전자는 인성(人性)의 논리, 후자는 불성(佛性)의 논리에 해당한다. 그리고 이의 시적 형상화가 전자의 경우는 인간적 혹은 세속적 사랑, 후자의 경우는 초월적인 사랑이었다. 시의 전반부에서 님의 떠남으로 연유된 화자의 슬픔과 고통은 바로 인간의 논리고 법을 구하다 좌절한 구도의 상황을, 시의 후반부에서 님의 떠남이 오히려 진정한 만남이 된다는 화자의 인식은 해탈의 경지를 은 유적으로 표현한 것이라고 할 수 있다(오세영, 『한국 현대시의 분석적 읽기』).

제행무상(諸行無常): 우주 만물은 항상 유전(流轉)하여 한 모양으로 머물러 있지 않음. *혜관은 한순간 해란강 강물 위에 진분홍 복사꽃, 흩어진 꽃이파리가 떠내려가고 있다는 환상에 빠진다./'나무관세음보살, 제행무상(諸行無常), 제법무아(諸法無我), 반야적정(般若寂靜), 찰나에 생멸하고 떠나서 또다시 크게 사멸전변(死滅轉變)함을 피할 수 없나니, 여하한 곳에도 고정 존속하는 내가 있을 수 없으며 주재자(主宰者)도 없느니라. 번뇌 떠난 곳에 빛이 오나니 그것이 반야로다. 시끄러운 번뇌의 동요가 멎을 때 그것이 적정…… 번뇌의 속박을 떠나 대자재(大自在)에 이르면 그것이 불보살이 아니고 무엇이랴.'/혜관은 염주를 걷어 해란강 강물 속에 넣고 발길을 돌린다(박경리, 『토지』).

장삼이사(張三李四): ㉠ 성명이나 신분을 똑똑히 알 수 없는 누구누구들을 가리키는 말. *그는 말을 마치고는, 더 어물거리다가는 봉변이나 할 것처럼, 일부러 아랫도리를 묘하게 휘청거리며, 게다가 짐을 붙잡지 않은 한쪽 팔을 내저어 크게 활개를 치면서, 뱃머리 쪽으로 내빼버렸다. 명준은 멍하니 그 모습을 쳐다보았다. 바다의 말은 남자답다. 좌우간 사고 싶으니까. 그는 자기 방으로 돌아가려고 하다가, 생각을 고쳐, 뒤쪽 난간으로 찾아갔다. 어쩌다 보니 그 자리에 단골이 돼 있었다. 혼자 있고 싶을 때는, 발길이 알아서 이리로 옮겼고, 무슨 궁리를 하더라도 여기 오면 마무리가 되었다. 게다가 이 모퉁이는 발길도 드물다. 모퉁이를 돌아서면 아무 꾸밈도 없는 민숭한 갑판이, 하얗게 햇빛이 눈부신 작은 놀이터 같았다. 이렇게 벽을 기대고 서서 갑판을 우두커니 내려다보노라면, 소학교 때, 교사 담벼락에 기대어 햇볕을 쬐던 일이 생각난다. 그토록 호젓했다. 여러 사람이 북적거리는 데를 비켜늘 이런 자리를 찾아오는 마음. 남하고 돌아선, 아무리 초라해도 좋으니까 저 혼자만이 쓰는, 그런 광장 없이는 숨을 돌리지 못하는 버릇은 무엇일까.

그것은 아무래도 약한 자가 숨는 데였다. 낙동강 싸움터에서 찾아낸 굴도 그렇다. 그는 거기에 아무도 데리고 가지 않았다. 데리고 가면 그 동굴이 주는 거룩한 호젓함을 잃어버릴 것 같아서였다. 은혜가 나타났을 때, 그녀도 굴을 쓰게 해주었다. 한 마리 가장 가까운 암컷에게만은 숨는 굴을 가르쳐주었다. 사람이란 그런 것, 아니 나란 놈. 그 스산한 마당에서, 일 미터 평방의 자리에 잠시 단 혼자서만 앉아 본다는 건 무엇이었을까. 애당초 여자를 끌어들일 셈이 아니었던 바에야, 자기 혼자의 때와 자리를 몰래 만들어 놓자는 생각 말고 다른 것이 아니었다. 아니면 어떤 영감으로 은혜가 오리라 미리 알고, 그녀와 둘이서 뒹굴 굴을 만들고 기다리고 있었던 것일까. 웃기지 말자, 누군가를 웃기지 말자. 남이 들으면 창피하다. 우리 목숨을 주무르는 사람의 눈으로 보면, 모든 사람이 장삼이사, 그놈이 그놈이다. 자기만 별난 줄 알면 못난이 사촌이다. 광장에서 졌을 때 사람은 동굴로 물러가는 것. 그러나 과연 지지 않는 사람이라는 게 이 세상에 있을까. 사람은 한 번은 진다. 다만 얼마나 천하게 지느냐, 얼마나 갸륵하게 지느냐가 갈림길이다. 갸륵하게 져? 아무튼 잘난 멋을 가진 사람들 몫으로 그런 자리도 셈에 넣는다 치더라도 누구든 지는 것만은 떼어놨다. 나는 영웅이 싫다. 나는 평범한 사람이 좋다. 내 이름도 물리고 싶다. 수억 마리 사람 중의 이름 없는 한 마리면 된다. 다만, 나에게 한 뼘의 광장과 한 마리의 벗을 달라. 그리고 이 한 뼘의 광장에 들어설 땐, 어느 누구도 나에게 그만한 알은체를 하고, 허락을 받고 나서 움직이도록 하라. 내 허락도 없이 그 한 마리의 공서자를 끌어가지 말라는 것이었지. 그런데 그 일이 그토록 어려웠구나(최인훈, 『광장(廣場)』). ⓒ 사람의 성리를 말할 때에 그 성리가 있는 줄은 아나, 그 모양이나 이름을 지어 말할 수 없음의 비유.

전전긍긍(戰戰兢兢): 매우 두려워하여 벌벌 떨며 조심함, 출전은 『시경(詩經)』의 「소아(小雅)」 '소민편(小旻篇)'이다. *겉으로는 그들은 태평한 듯하였다. 궁중과 부중에 매일과 같이 커다란 연회가 열렸다. 그들의 창고로는 끊임없이 부자들의 돈이 몰려 들어왔다. 그들의 동생, 자식, 친척, 심복들은 계림 팔도 각지에 방백으로 가 있었다. 서슬은 하늘을 찌를 듯하였다. 그러나 마음속으로는 전전긍긍하였다. 출입할 때의 행차의 경계도 놀랍게 엄중하였다(김동인, 『젊은 그들』).

조강지처(糟糠之妻): 지게미와 쌀겨로 끼니를 이을 때의 아내라는 뜻. 몹시 가난하고 천할 때에 고생을 함께 겪어온 아내. 출전은 『후한서(後漢書)』의 「송홍전(宋弘傳)」이다. *뱀보다는 아무래도 더 멍청하니까/자기 갈비뼈를 돌려달라고 할까봐/조강지처(糟糠之妻)의 의리와 자존심 때문에/이밖에도 뭔가 더 있을 것 같은데(유안진, 「이브는 왜 아담에게 돌아갔을까?」)

조삼모사(朝三暮四): 간사한 꾀로 남을 속여 희롱함을 이르는 말. 중국 송나라의 저공(狙公)의 고사로, 먹이를 아침에 세 개, 저녁에 네 개씩 주겠다는 말에는 원숭이들이 적다고 화를 내더니 아침에 네 개, 저녁에 세 개씩 주겠다는 말에는 좋아하였다는 데서 유래한다. *기억(記憶)을맡아보는기관(器官)이염천(炎天)아래생선처럼상(傷)해들어가기시작(始作)이다. 조삼모사(朝三暮四)의싸이폰작용(作用)./나를넘어뜨릴피로(疲勞)는오는족족피(避)해야겠지만이런때는대담(大膽)하게나서서혼자서도넉넉히자웅(雌雄)보다별(別)것이어야겠다./탈신(脫身). 신발을벗어버린발이허천(虛天)에서실족(失足)한다(이상, 「매춘(買春)」).

종무소식(終無消息): 끝내 아무 소식이 없음. "단 한 번 왔었네. 허리 병신이 된 노인네가 그 다음핸가 죽었는데, 어디서 그 소식을 들었는지 장사가 다 끝난 다음에야 잠깐 얼굴을 보인 뒤론 종무소식이라네"(전상국, 「하늘 아래 그 자리」).

종시일관(終始一貫): 시종일관(始終一貫). 수미일관. 처음부터 끝까지 한결같이 함. *"저 준비가……"/식모가 말하자/"찬은 없지만……"/최 여사가 먼저 일어섰다. 숙배는 종시일관 입을 다물고, 그러나 식탁 앞에 앉자 그는 민상건과 최 여사의 식사 시중을 말없이 들었다(박경리, 『녹지대』).

좌불안석(坐不安席): 불안 근심 등으로 가만히 앉아 있지를 못함. *하여간 녀석의 이 급속한 성장을 곁에서 지켜보노라면 나는 전율 같은 야릇한 흥분이 일곤 했다./특히 모의고사가 있는 날이면 나는 안절부절 그야말로 좌불안석이었다. 시험 끝나기가 무섭게 휘진의 국어 답안지를 맨 먼저 채점해서 보강해야 할 취약점이 무엇인지 파악해낸 다음 나머지 학생들의 답안지 채점을 일사천리로 후딱 끝내고는, 슬슬 늑장부리며 채점하는 다른 과목 선생님들 사이를 오락가락하면서 미리 녀석의 점수를 알아내고 또 다른 반의 유망주들과 견주어 보노라고 나는 하루 종일 들떠 있곤 했다(현기영, 「길」).

주객전도(主客顚倒): 주인과 손의 위치가 서로 뒤바뀐다는 뜻으로, 사물의 경중(輕重)·선후(先後)·완급(緩急)이 서로 바뀜. *청계동으로 돌아온 첫날 김창수가 우스개 삼아 전한 그 주객전도(主客顚倒)는 바로 그렇게 되어 강계성을 빠져나오다가 생긴 일이었다./"거참, 대단하네. 어째 온 만주 땅이 김창수를 기다리고 있었던 것처럼 가는 곳마다 기연(奇緣)일까? 어지간한 사람 평생 경력을 김창수는 단 몇 달 만에 다 겪고 왔네그려. 그 친구 역시 만주 언저리에서 보고 들은 소문은 모두 제가 한 것으로 떠벌린 것은 아닌가?"(이문열, 『불멸』)

주야불식(晝夜不息): 밤낮으로 쉬지 않음. *주야불식(晝夜不息), 달리고 있는 냇물은 오직 전진(前進)이 있을 뿐이요, 밀려오는 파도(波濤)에 쉴새없이 뒤치고 있고 대양(大洋)은 천변만화(千變萬化)의 다할 줄 모르는 힘을 간직하고 있다. 깨끗한 마음씨를 맑은 호수(湖水)와 같다고 하거니와 노자(老子)는 겸허의 미덕(美德)을 언제나 장애물을 감싸고 아래로 흐르는 물에서 배우려 하였다. 대자연(大自然)은 그대로 말 없는 스승인 것이다(박종홍, 「학문의 길」).

죽마고우(竹馬故友): 대말을 타고 놀던 벗이란 뜻으로, 어릴 때부터 같이 놀며 자란 벗. *A라는 인물이 백화점에 가서 라디오 한 대를 삼만 원 주고 사왔다는 것은 일상적인 스토리에 불과하다. 이것이 소설적인 액션이 되려면 분규의 단층이 삽입되어야 한다. A가 백화점 엘리베이터에서 B라는 죽마고우를 만나, 라디오 살 돈으로 맥주를 마셨다고 스토리를 변형시키면, 이것은 분규의 기미를 곁들인 소설의 액션이 될 가능성이 있다. 플롯의 발단은 사실상 일상적인 스토리와 그 성격을 같이 하고 있다고 볼 수 있지만, 분규란 일상적인 스토리와 소설적 액션의 차이가 비로소 드러나는 과정이다(정한숙, 『소설기술론(小說技術論)』).

준열무비(峻烈無比): 대단히 준엄하고 격렬함. *"그분은 어떠했소?"/송장환의 눈에는 호기심이 넘실넘실했다./"독수리 같은 중이었소. 늙은 독수리……대자대비하시고, 준열무비하시고, 교활무쌍하시고, 호방음탕하시고, 나는 그 어른이 비구인지 세간인지 잘 모르겠소. 하하핫……"/이런 정도쯤 이들은 무관한 사이였다(박경리, 『토지』).

중과부적(衆寡不敵): 적은 수효가 많은 수효를 대적하지 못함. 출전은 『맹자(孟子)』「양혜왕편(梁惠王篇)」이다. *아사카가 사마귀의 멱살을 잡았다. "너 뭐하는 조센징이냐?"/사마귀는 아사카의 얼굴에 주먹을 날렸다. 펄펄 뛰며 혼자서 육사생도 수십 명을 때려눕혔지만 중과부적이라 사마귀는 몰매를 맞는 몸이 되었다./이우는 피범벅이 된 사마귀를 통로로 데리고 나왔다. 단도를 빼들었다(김종광, 『왕자 이우』).

중도이폐(中道而廢): ㉠ 어떤 일을 하다가 중간에서 그만둠. ㉡ 하다가 중간에서 그만두다. 출전은 『논어(論語)』「옹야편(雍也篇)」이다. ●공자가 말했다. "힘이 모자라는 자는 중도에 그만둔다. 지금 너는 금을 긋고 있다"(子曰 力不足者 中道而廢 今女畫자왈 역부족자 중도이폐 금여획). *힘이 부족한 사람은 길을 가다가 쓰러지나니, 지금 너는 금을 긋고 있다./「옹야」 제10장 금여획(今女畫)/금여획(今女畫)! 이보다 우리를 아프게 질책하는 말이 또 있을까? 염유가 "선생님께서 말씀하시는 도를 좋아하지 않는 것은 아닙니다만, 저는 힘이 부족합니다"라고 하자, 공자는 "지금 너는 금을 긋고 있다"라고 엄하게 꾸짖었다./『시경(詩經)』「소아(小雅) 거할」 편에 "높은 산을 우러러보고 큰 길을 걷노라"라는 구절이 있다. 『예기』를 보면 공자는 이 시를 인용한 뒤

"이 시를 지은 이가 인을 좋아함이 이와 같구나! 도를 향해 걷다가 중도에 쓰러지는 한이 있더라도 자신의 늙음도 잊은 채, 나이가 부족한 것조차 알지 못한 채 나날이 힘껏 부지런히 행하다가 죽은 후에야 그만두는 것이다"라고 했다. 이 구절에서 '중도에서 쓰러진다'는 뜻의 '중도이폐(中道而廢)'는 이 장에서와 달리 '죽는다'는 뜻이 강하다. 하지만 '죽은 후에야 그만둔다'는 뜻의 '사이후이(死而後已)'는 바로 이「옹야」편에서 공자가 염유에게 알려 주고자 한 말일 것이다. 그리고 이것이야말로 자기 완성을 향해 노력하는 인간의 참모습을 그려 낸 말이라고 할 수 있다./우리는 어떤 의미 있는 일을 하다가도 힘이 부족하다고 지레 생각하여 포기하려 할 때가 있다. 하지만 힘이 부족하다는 핑계로 포기한다면 공자는 말하리라. "지금 너는 금을 긋고 있다!"라고 (심경호,『논어 1: 옛글을 읽으며 새로이 태어난다』).

중언부언(重言復言): 거듭한 말을 또 말한다는 뜻으로, 같은 말을 자꾸 되풀이 하는 것을 말함. *기도라는 것은 다른 것 없습니다. 너무 많은 수식어를 사용해서 화려한 기도를 하려고 하지 마십시오. 대중 기도 때는 그렇게 할 수도 있지만, 내가 개인적으로 하나님께 나아가 기도할 때는 주님 앞에 내 마음의 바라는 바를 단순하게 외마디소리로 기도하십시오. 그 기도를 자꾸 반복해도 좋습니다. 이것은 중언부언이 아닙니다. 성경에서 말하는 중언부언은 미신을 믿는 사람들이 주문 외우듯 그냥 뜻도 없이 중얼거리는 것을 말합니다. 그러나 내 마음속에 한이 맺힌 소원을 주님께 아뢸 때 같은 말을 반복하는 것은 중언부언이 아니라 나의 간절한 뜻을 하나님께 보여 드리는 것입니다(조용기,『마태복음 강해 IV』).

지록위마(指鹿爲馬): 윗사람을 농락하여 권세를 마음대로 함을 이르는 말. 중국 진(秦)나라의 조고(趙高)가 자신의 권세를 시험하여 보고자 황제 호해(胡亥)에게 사슴을 가리키며 말이라고 한 데서 유래한다. 모순된 것을 끝까지 우겨서 남을 속이려는 짓을 비유적으로 이르는 말. *"인간은 만물의 척도"라는 말이 있습니다. 우리는 이것을 "인간의 지성은 만사의 근본"이라는 뜻으로 해석합니다./대자연의 법도를 관찰하여 이것을 인간의 목적에 봉사케 하는 과학문명의 근저에나, 시비의 선악과 미추(美醜)를 올바르게 판단하여 인간과 인간사회의 정화에 이바지하는 정신문화의 근저에나 다 같이 인간의 지성이 있음을 봅니다. 그러므로 명민(明敏)한 지성이 활발히 움직이는 곳에는 반드시 문명의 발전과 명랑한 질서가 있음은 고금의 역사가 웅변으로 말하여 주는 바입니다./돌이켜 우리의 현실을 볼진대 이 만사의 척도인 지성은 자취를 감추고 정실(情實)과 파당(派黨)과 감정이 대소상하를 막론하고 지배하고 있는 듯한 감이 있습니다. 그러기에 지록위마(指鹿爲馬)의 억지가 횡행하고 무법이 법을 초월하고 사(私)가 공(公)을 말살하고, 무지(無知)가 지(知)를 억누르고, 폭력이 정의를 위협하는 슬픈 현상이 속출하는 것입니다./이러한 현실을 헤엄쳐 나아가는 개인도 또한 이를 광정(匡正)하려는 기개를 버리고 오히려 이에 영합 편승하고, 영원(永遠)보다 수유(須臾)를 택하고 의(義)를 등지고 이(利)에 추종하는 것이 온 천하의 대세로 되어 버린 듯합니다./이 같은 파멸적인 무질서를 질서로, 암흑을 광명으로 이끄는 원동력은 우리들 각자 개개인의 지성의 힘을 두고는 없는 줄로 압니다./그러나 옥도 갈고 닦은 연후에야 비로소 옥의 구실을 한다는 말을 들었습니다. 장구한 암흑과 무질서에 파묻혀서 빛을 발하지 못한 우리의 지성을 교양과 학문으로 갈고 닦아서 진실로 공명정대하고 고결한 그 진가를 발휘해야 하겠습니다. 이것만이 이 캄캄한 현실을 지양하는 길이요, 앞날을 개척하는 길이기 때문입니다(장준하, 「1956년 맞으며」, 『장준하문집 1: 민족주의자의 길』).

지옥업력(地獄業力): 죽어서 지옥으로 떨어지는 원인이 되는 악업(惡業). *"언짢아할 것까지야 없지요. 헌데 오계의 하나를 범하여 지옥업력(地獄業力)으로 삼악도(三惡道)에 떨어지면 선사께서는 소생을 위해 무엇을 해주시렵니까"(박경리, 『토지』).

지옥일정(地獄一定): 죄업이 무거워 반드시 지옥에 떨어질 것이 결정되는 것. *"여하튼 소승은 심산유곡보다는 사람 사는 대처가 좋긴 좋은데, 좋다보니 별의별 놈의 일이 다 생기게 마련이고 상놈 욕을 하면 상놈이 칼 들고 안 나서나, 양반 욕을 할 것 같으면 이게 또한 헷헤헷…… 일전에만 하더라도 백정네 집에 갔다가 소 잡는 칼로 하마터면 저승으로 왕생할 뻔하지 않았소? 소승이 저승으로 가봐야 지옥일정(地獄一定)이라, 필경 삼악도밖엔 갈 곳이 없을 터인즉, 그러하니 되도록 이승에서 민적민적 뭉개며 있고 싶은 게 본심인데 말씀이오. 실상 소승이 백정을 욕한 것도 아니었소. 그 편에서 지레 짐작으로 그러려니, 아 그러고서는 시비 아니겠소? 다아 그게 제 마음의 소치였다 할 수 있겠지요. 상놈이건 천민이건, 또오 양반이건, 제 앉은 자리가 마음에 걸려서 하는 터수이겠는데 자랑스러울 것까지는 없다 하더라도 창피스러울 것 한 푼 없고 떳떳하지 못할 것도 없고, 남의 눈치를 보니까, 똥 뀐 놈이 화내더라고."/"훈계하시오?"/"아아 니, 땡땡이중이 뭘 안다고?"/"거짓말 말아요."/"거짓말 얘기라면 네에, 아까 소승이 까놓고 얘기하지 않았소이까? 하하핫……"/지나가는 사람들이 돌아볼 정도로 크게, 소리 내어 웃는다(박경리, 『토지』).

지함절벽(地陷絶壁): 땅이 푹 꺼져 들어가 생성된 절벽. *"옛적에는 그래도 푼수에 맞추어서 체통을 지켰거늘 늘 양반 상놈 할 것 없이 막돼가는 판국이니 길이 있되 갈 길이 없고 해가 떠 있되 지함절벽(地陷絶壁)이라, 참으로 치신무지(置身無地), 한심할 노릇이지."/"우짜겠십니까. 그래도 사는 날까지는 살아봐야제요. 하늘이 무너져도 솟아날 구멍이 있더라고."/"허허 이러니……쇠귀에 경 읽기."/하는데 서 서방은 한눈을 팔고 있다가 "아아니 저놈이 어디 가노?"/따줄이가 괴나리봇짐을 겨드랑이에 끼고 내려온다(박경리, 『토지』).

진퇴양난(進退兩難): 이러지도 저러지도 못하는 어려운 처지. *「변신」의 그레고리는 잠시 변신이라는 돌발적인 상황으로 놀고먹을 수 있다는 상상을 하며 『소송』의 요제프 K는 낯선 괴한들에게 납치되듯이 끌려가는 상황에서 경찰관을 보고도 도움을 요청하기는커녕 오히려 도망치려는 제스처를 쓰기까지 한다. 작가의 삶에 대한 태도가 그러하듯 인물들 역시 양 방향에 대해 집착하는 자세를 견지함으로써 출구부재라는 상황은 외부적 사실일 뿐만 아니라 내면의 심리적 욕구라는 측면이 있다. 자아의 분열에서 오는 이러한 양(兩) 가치의 태도는 어느 하나의 방향을 선택하지 못함으로써 끝없이 망설이는 진퇴양난의 모습을 반복적으로 보여준다(박병화, 『다시 카프카를 생각하며』).

차일피일(此日彼日): 약속한 시간이나 기한을 이날 저 날하며 자꾸 미루는 모양을 나타내는 말. *"장인님! 인젠 저—"/내가 이렇게 뒤통수를 긁고 나이가 찼으니 성례를 시켜줘야 않겠느냐고 하면 대답이 늘/"이 자식아! 성례고 뭐구 미처 자라야지!"/하고 만다./이 자라야 한다는 것은 내가 아니라 장차 내 아내가 될 점순이의 키 말이다./「봄·봄」의 발단은 이와 같이 시작된다. 이것은 등장인물의 성격을 요약적으로 제시하는 방법이다. '나'와 '장인'과의 성격의 차등을 내세우면서 이 작품의 분규가 일어난다. '점순'이와 결혼을 시켜 준다는 조건으로 3년 7개월간 삯을 안 받고 열심히 머슴살이를 했는데도 '장인'은 결혼을 시켜줄 생각은 안하고 '점순'이의 키가 자라야 한다면서 자꾸 차일피일하게 된다는 스토리의 전개가 이 몇 줄 안 되는 서두에서 그대로 암시되고 있다(정한숙, 『소설기술론』).

천고마비(天高馬肥): 하늘은 높고 말은 살찐다는 뜻으로, 하늘이 맑고 모든 것이 풍성함을 이르는 말. *봄에 씨앗을 뿌리고 여름에 비지땀을 흘려 들일을 하여 온 들판이 황곡으로 물결치는 천고마비의 가을이 있는 것은 하늘이 주시는 축복이 아닐 수 없다(구인환, 『일어서는 산』).

천만다행(千萬多幸): 어떤 일이 뜻밖에 잘 풀려 몹시 좋음. *"내가 남자가 아니라 천만다행이다. 내가 남자였다면 여자와 결혼했을 테니까." 나는 스탈 부인[118]의 이 말을 뒤집는다. '내가 여자가 아니라 천만다행이다. 여자였다면

---

118) 프랑스의 낭만주의 소설가이자 비평가인 마담 드 스탈(Madame de Staël). 본명은 안 루이즈 제르멘 네케르(Anne Louise Germaine Necker)로 샤토브리앙과 함께 프랑스 낭만주의 선구자이다. 저서로『사회 제도와의 관계 속에서 고찰해본 문학론 *De la littérature considérée dans ses rapports avec les institutions sociales*』

남자와 결혼했을 테니까'(장석주, 『일상의 인문학: 넓게 읽고 깊이 생각하기』).

천방지축(天方地軸): 몹시 급하게 허둥지둥 함부로 날뜀. *나는 꺼놓았던 핸드폰의 전원을 켰다. 바로, 삐빅! 문자 메시지 수신음이 울렸다. '뭐 해? 1004.' 민석이었다. 지방 캠퍼스에 다니는 데다 키스 하나 제대로 못 하는 어리어리한 민석이를 몇 달째 만나는 이유도 따지고 보면 그 애의 스포츠카 때문이었다. 차창을 열고 아파트 단지가 붕붕 울리도록 커다란 음악을 틀어놓은 채 나를 기다리는 은색 차! 아파트 입구를 나와, 내가 타주기만을 바라고 있는 자동차까지 가능한 한 천천히 걸어가 도어를 당길 때의 기분은 말로 표현할 수 없었다. 경호원을 가볍게 따돌리고 궁전을 빠져나와 나이트클럽에 가는 천방지축 막내 공주가 된 것 같다고 할까. 어쨌든 이렇게 우울할 때, 선루프를 활짝 열어젖히고 여름 밤바람에 머리칼을 휘날리며 올림픽대로를 질주할 수 있다면. 샌들 속의 발가락들이 일제히 꼼지락댔다. 나는 저장되어 있던 문자를 불러내어 민석이에게 송신했다. 집 앞으로 와줘. 지금(정이현, 「낭만적 사랑과 사회」).

천변만화(千變萬化): 변화가 무궁함, 또는 천만 가지 변화. *주야불식(晝夜不息), 달리고 있는 냇물은 오직 전진(前進)이 있을 뿐이요, 밀려오는 파도(波濤)에 쉴 새 없이 뒤치고 있고 대양(大洋)은 천변만화(千變萬化)의 다할 줄 모르는 힘을 간직하고 있다. 깨끗한 마음씨를 맑은 호수(湖水)와 같다고 하거나와 노자(老子)는 겸허의 미덕(美德)을 언제나 장애물을 감싸고 아래로 흐르는 물에서 배우려 하였다. 대자연(大自然)은 그대로 말 없는 스승인 것이다(박종홍, 「학문의 길」).

천병만마(千兵萬馬): 아주 많은 군사와 말. *서로 지지 않으려고 바람이 물을 치면 물도 바람을 쳐 바람과 물이 공중에서 접전할 때 미리[龍]가 우는

(1800), 『독일론 De l'Allemagne』(1810) 등이 있다. 특히 「정열이 개인과 국가의 행복에 미치는 영향에 관하여 De l'influence des passions sur le bonheur des individus et des nations」(1796)는 유럽 낭만주의의 중요한 문헌이다.

듯, 고래가 뛰는 뜻, 천병만마(千兵萬馬)가 달리는 듯, 바람이 클수록 물결이 높아 온 지구가 들먹들먹하더라(신채호, 「꿈하늘」).

천사만물(千事萬物): 온갖 사물. *대개(大槪) 개화(開化)라 하는 자(者)는 인간(人間)의 천사만물(千事萬物)의 지선극미(至善極美)한 경역(境域)에 저(抵)함을 위(謂)함이니 연(然)한 고(故)로 개화(開化)하는 경역(境域)은 한정(限定)하기 불능(不能)한 자(者)라. 인민재력(人民才力)의 분수(分數)로 기등급(其等級)의 고저(高低)가 유(有)하나 연(然)하나 인민(人民)의 습상(習尙)과 방국(邦國)의 규모(規模)를 수(隨)하여 기차이(其差異)함도 역(亦) 생(生)하나니 차(此)는 개화(開化)하는 궤정(軌程)의 불일(不一)한 연유(緣由)어니와 대두뇌(大頭腦)는 인(人)의 위불위(爲不爲)에 재(在)할 따름이라. 오륜(五倫)의 행실(行實)을 순독(純篤)히 하여 인(人)이 도리(道理)를 지(知)한 즉(則) 차(此)는 행실(行實)의 개화(開化)며, 인(人)이 학술(學術)을 궁구(窮究)하여 만물(萬物)의 이치(理致)를 격(格)한 즉(則) 차(此)는 학술(學術)의 개화(開化)며, 국가(國家)의 정치(政治)를 정대(正大)히 하여 백성(百姓)이 태평(泰平)한 낙(樂)이 유(有)한 자(者)는 정치(政治)의 개화(開化)며, 법률(法律)을 공평(公平)히 하여 백성(百姓)이 원억(冤抑)한 사(事)가 무(無)한 자(者)는 법률(法律)의 개화(開化)며, 기계(器械)의 제도(制度)를 편리(便利)히 하여 인(人)의 용(用)을 이(利)하게 한 자(者)는 기계(器械)의 개화(開化)며, 물품(物品)의 제조(製造)를 정긴(精緊)히 하여 인(人)의 생(生)을 후(厚)히 하고 황추(荒麤)한 사(事)가 무(無)한 자(者)는 물품(物品)의 개화(開化)니, 차누조(此屢條)의 개화(開化)를 합(合)한 연후(然後)에 개화(開化)의 구비(具備)한 자(者)라 시위(始謂)할지라. 천하고금(天下古今)의 하국(何國)을 고구(顧究)하든지 개화(開化)의 극진(極臻)한 경(境)에 지(至)한 자(者)는 무(無)하나 연(然)하나 대강(大綱) 기층급(其層級)을 구별(區別)하건대 삼등(三等)에 불과(不過)하니, 왈(曰) 개화(開化)하는 자(者)며 왈(曰) 반개화(半開化)한 자(者)며 왈(曰) 미개화(未開化)한 자(者)라(유길준, 「개화(開化)의 등급(等級)」, 『서유견문(西遊見聞)』).

천생배필(天生配匹): 하늘이 낳은 짝이라는 뜻으로, 하늘에서 미리 정해 준 것처럼 꼭 맞는 부부로서의 짝. *큰상을 받고 점심상을 물리고 인사가 끝나자 신랑신부가 나와 '손잡이'에 나란히 앉았다. 흰 뉴똥치마저고리에 흰 코신을 받쳐 신고 너울을 쓴 영실이는 몸매가 물 찬 제비같이 날씬하고 분세수를 한 얼굴은 보름달같이 환하였다./"야, 거참 천생배필이로다!"/"고수머리와 옥니박이와는 말두 말랬다구 10년이 어디요."/"그래서 아이 둘은 단단히 밑졌는 걸."/"밑지긴. 이제 산아제한상장을 타지 않는가보지."/"하하하……"/"호호호……"/즐거운 웃음판 속에서 광필이가 '손잡이'의 발동을 걸고 히쭉 웃으며 운전대에 올랐다(류원무, 「이웃 사이」).

천생연분(天生緣分): 하늘이 맺어준 인연(因緣). *두 사람은 우여곡절을 겪지만, 대면하자마자 서로가 천생연분(天生緣分)임을 알고, 사랑에 빠져 부모의 허락을 얻기도 전에 아름다운 인연을 맺는다. 그리고 여러 가지 어려움을 극복하고 혼인을 한다(최운식, 『한국고소설연구』).

천신만고(千辛萬苦): (흔히 '끝에'와 함께 쓰여) 온갖 고생을 하고 애를 씀. *아마허즈를 떠난 류소천은 천신만고를 겪으면서 고향으로 돌아갔다. 고향으로 돌아가면 그리운 집식구들과 만나게 될 것이고 그럭저럭 몸 붙이고 살아갈 수 있으리라고 믿었으나 그것은 한낱 공상에 불과했다. 그의 집은 빈터만 남았고 송위민네 집에도 낯선 타향사람이 들어 있었다. 그의 집식구는 물론이고 송위민네 집식구도 만날 수가 없었다(윤일산, 『포효하는 목단강』).

천애고아(天涯孤兒): 주위에 돌보아 줄 핏줄 하나 없는 아이. *"제가 어떤 수모도 감수하고라도 이 댁으로 장가들고 싶어 한다고 생각하지 마십시오. 어느 정도까지는 각오하고 있었지만 그 이상은 못 참습니다."/한증 끝이라 홀라당 때가 벗고 매끄러워진 볼에 핏기가 오르니까 남자도 반할 만하게 아름다운 얼굴이 되었다. 이성이는 자기도 모르게 마음을 누그러뜨릴 때를 앞당겼다./"원 사람도 자네하고 나 사이가 아닌가. 안 될 일을 되게는 못 꾸며줄망정 다 된 일에 설마 내가 재를 뿌릴 사람 같은가. 내 조카딸이 사람 하나는 제대로 봤다고 아까부터 속으로는 감탄하고 있었다네. 그렇지만 혼인은 인륜대사고 그 아이는 돌아가신 선친께서 편애하심이 각별하던 아이고 또 큰형님이 남긴 유일한 혈육이고 보니 나 혼자서 당장 승낙하기는 암만해도 벅찬 일이라는 걸 알아주게나. 작은형님하고 상의해서 성사시켜주도록 할 테니 그리 알게나. 우리 집안에서 그 조카딸이 어떤 조카딸인데 자네 같은 천애고아 혈혈단신이 그만한 수모도 안 겪고 차지할 줄 알았다면 배포가 너무 유해. 안 그렇나?"/"글쎄올시다. 사위는 예로부터 딸 도둑이라 하지 않십니까? 이왕 도둑놈 소리 들을 바엔 좀도둑 소리 듣기는 싫어서요."/종상이가 그렇게 둘러대자 이성이도 한바탕 파안대소를 하고 단시일 내에 혼약을 맺고 택일을 할 수 있도록 애써보겠다는 약조까지 해주었다. 좀 꾸민 듯이 과장된 큰 웃음에도 그간 쓸데없는 말씨름으로 응어리진 걸 깨끗이 흘려보내려는 의도가 느껴져 싫지가 않았다. 종상이는 이쯤 해두고 이성이네를 물러났다. 이성이도 더는 붙들지 않았다(박완서, 『미망』).

천양지차(天壤之差): 하늘과 땅 사이와 같이 엄청난 차이. *문자 상으로 따지면 닭에서 단지 기역 받침 하나가 떨어져 나갔을 뿐인데 정서적 차이는 그야말로 천양지차(天壤之差)였다. 나는 날마다 주체할 수 없는 시적 감흥에 사로잡혀 있었다. 심지어는 하루에 두 편씩이나 시를 쓴 적도 있었다(이외수, 『장외 인간』).

천우신조(天佑神助): 하늘과 신령의 도움. 생각지도 않은 우연에 의해서 도움을 받는 것. * 된소나기는 지나가고 천지가 훤하게 되었다. 요란하게 물을 때리던 빗소리도 조용하게 되었다. 벼락바위가 반쯤 구름에 가리운 채 분명히 보이고 벼락바위 위에서 얼마 내려와서 산중턱에 있는 높은 데(산제 터를 이렇게 부른다) 지붕이 보였다. 나는 그것을 보고 길바닥에 넓죽 엎드려서,/"하느님, 높은 데 계신 서낭님. 제발괴발 우리 아버지 살려 줍소사. 천우신조합소사, 천우신조합소사."/하고 소리를 높여서 빌었다./집에 돌아오니 누이가 대문 밖에서 비에 떨어진 붕어를 조그마한 웅덩이에 넣고 놀고 있었다(이광수,『나: 소년편』).

천의무봉(天衣無縫): 바늘이나 실로 꿰매 만드는 것이 아니고 처음부터 그대로 만들어져 있다는 전설적인 옷을 뜻하는 것으로 자연스럽고도 빼어난 것을 비유할 때 쓰는 말. 출전은 『태평광기(太平廣記)』「귀괴신기(鬼怪神奇)」이다. ◐곽한이 천천히 그녀의 옷을 살펴보았다. 바느질한 곳이 전혀 없었다. 이상하게 생각하고 물어보았다. "하늘옷은 본시 바늘과 실로 꿰매는 것이 아닙니다." 그녀가 대답했다. 그리고 벗어 놓은 옷은 그녀가 돌아갈 때면 저절로 가서 그녀의 몸에 입혀지는 것이었다(徐視其衣竝無縫 翰問之 謂翰曰 天衣本非針線爲也 每去 輒以衣服自隨서시기의병무봉 한문지 위한왈 천의본비침선위야 매거 첩이의복자수). *비탈진 길을 내려가서 왼쪽으로 간다. 흰곰이다. 한 마리는 물속에, 한 마리는 바닥에. 힘센 백치의 미남 미녀. 혹은 노예 역사(力士)다. 아무 생각도 그 골통에 들어 있음직하지 않다. 순하디순하기 때문에 아무 죄의식 없이 잔인할 수 있는 '天衣無縫'의 깨끗함이. 하긴 저 털옷엔 바느질 자국이 없으니깐(최인훈,『소설가 구보씨의 일일』).

천자만홍(千紫萬紅): 울긋불긋한 여러 빛깔의 꽃들이 화려하게 피어남. *구십춘광을 저 혼자 만난 듯이 천자만홍 야단스럽게 피어난 꽃들은 봄의 풍치를 떨쳤고 이 가지 저 가지 넘나들며 지저귀는 새들의 울음소리 또한 춘정을 무르익혔다./가실왕은 춘흥을 이기지 못하여 여러 신하들과 궁인들을 데리고 봄놀이를 나왔다. 가실왕은 경개 좋은 곳에 주연을 베풀어 산천도 두루 바라보고 운자를 내어놓고 참을 길 없는 춘흥을 시구에 담아도 보았다(박창묵,「대문산비곡」).

천인합일(天人合一): 하늘과 사람이 하나라는 유교적 개념. *'이상적 당위'와 '현실적 존재'의 동일률을 규정한 동아시아의 전통적 사유는 주자(朱子) 이래의 주리론적 철학에 뿌리를 두고 있다. 한국에서 '천인합일,' 즉 '이와 기의 일치'가 자명한 것이 아니라 의심의 대상이 되고 논란의 대상이 되기 시작했던 사건으로 조선 후기에 벌어진 '인물성동이논쟁'119)을 거론할 수 있을 것이다. '인간'과 '사물'의 성격이 서로 다르다는 것은 '이'와 '기,' '인'과 '물'이 연속되지 않으며 불일치할 수 있다는 논리와 상통한다. 이 불연속성을 두고 벌어진 논쟁을 우리는 '천인합일(天人合一),' '이기일치(理氣一致)'라는 관점을 취한 주자학의 안정성이 흔들리는 징후적인 사건으로 이해할 수 있을 것이다. 그러나 조지훈의 '시의 우주론'은 이러한 맥락을 염두에 두고 있지 않다. 그가 설정한 우주론은 주자를 계승한 주리론적인 본체론(우주론)의 맥락을 지니고 있는 것으로 추론된다. 그렇다면 존재와 당위, 부분과 전체가 일치한다고 보는 주리론적 본체론의 관점과 '있는 현실'과 '있어야 할 현실'을 이원적으로 구분하는 분열론이 접합되는 이유는 무엇일까? 그것은 그의 시론이 서구의 근대적인 분류론(자율성론)을 수용하고 있는 데에서 발생하는 문제라고 판단된다(이찬, 『20세기 후반 한국현대시론의 계보』).

천차만별(千差萬別): ㉠ 어떤 부류나 사물이 상황이나 경우에 따라서 가지각색으로 다르고 차이가 많음, ㉡ 상황이나 경우에 따라서 가지각색으로 다르고 차이가 많다. *시장경제에서 기업가들은 자신의 재산을 걸고 또 자본재를 비롯한 생산요소들의 가격들을 참고하면서 이런 요소들을 고용해 만들어낸 재화나 서비스를 소비자들이 일정한 가격에 구매해주리라는 예상 아래 자신의 사업을 영위한다. 랑게는 사회주의 체제 아래에서 관리인들이 행정가격을 보고 자본주의 시장경제체제에서의 기업가들을 흉내낼 수 있다고 보았던 것이다. 미제스는 이런 랑게의 견해를 아이들의 전쟁놀이를 어른들의 전쟁과 혼동하는 것으로 비판했다./과연 랑게의 방법은 작동할 수 있을까? 트랙터만 하더라도 천차만별이다. 어떤 재질의 강철을 쓰고 어떤 기능을 추가하고 어떤 규모로 만들지에 따라 들어가는 재료뿐만 아니라 가격도 천차만별일 수밖에 없다. 일본에서 민간이 사용하는 자원을 전쟁과 같은 유사시

---

119) 인물성동이논쟁(人物性同異論爭). 사람의 본성(本性)과 금수(禽獸)의 본성, 즉 인성(人性)과 물성(物性)은 같은 것인가 다른 것인가를 문제로 하는 논쟁. 18세기 초엽 조선 유교계에서 일어난 논쟁으로, 일명 호락분파(胡洛分派)라고도 한다.

에 빨리 동원하기 위해 물자의 분류를 시도하고 그 보유량을 조사하고자 했지만 결국 실패했다. 그러기에 물자의 양이 너무 많고 전혀 실용성이 없었기 때문이다. 예를 들어, 유리판에다 랑게의 시행착오 방법을 사용한다고 해보자. 강도와 두께, 처리방법 등에 따라 너무나 다른 유리들이 있기에 결국 무게나 두께 등으로 통제해서 만들어낸 유리는 쉽게 깨어지거나 너무 무거워 사람들이 실제로 사용하기 어려울 것이다(김이석, 『시장경제원론』).

천편일률(千篇一律): 여러 사물이 개성이 없이 모두 비슷비슷함을 비유적으로 이르는 말. *성격소설이 대두되면서 가장 중요하게 부각된 것은 주제다. 뮈어(E. Muir)[120]는 이 점을 강조하는 뜻으로 행동소설에는 주제가 없지만 성격소설에는 주제가 있다는 말을 하였다. 이 말은 단순히 행동소설의 주제가 없다는 뜻이 아니라, 그것이 하나의 주제로 통일되어 있다는 의미를 내포한다. 행동소설의 주제는 권선징악(勸善懲惡)이라는 점에서 천편일률적이었다. 그러나 성격소설은 권선징악의 이상을 배제시키고 싶어 한다. 그리고 그 대신 가능한 한 사회나 인간의 다양한 속성을 제시하려는 데 목적을 둔다. 성격소설의 주제가 다양하다는 말은 바로 이런 뜻을 내포한다. 행동소설에서는 미리 하나의 주제가 예견되기 때문에 우리는 그 안에서 주로 우리들의 호기심을 끌 만한 일들이 얼마나 많이 일어나는가에만 관심을 집중시킨다. 그러나 성격소설에서는 미리 결말을 예측할 수 없으므로 우리는 처음부터 작중인물 개개의 성격을 예의 주시할 수밖에 없는 것이다. 현대소설에서 주제를 파악하는 일은 이런 점에서 성격의 파악이라고 말할 수도 있으며, 주제의 제시과정을 밝히는 일은 마찬가지로 작중인물 상호간의 관계를 파악하는 작업이기도 한 것이다(송하춘, 『1920년대 한국소설연구』).

천하무적(天下無敵): 세상에 필적할 만한 상대가 없음. *왕국으로 가는 길을 사백 년이나/가로막아도/금빛 전각을 불태운 작은 촛불처럼 가볍게/바람

---

[120] 에드윈 뮈어(Edwin Muir). 영국의 문학평론가. 『소설의 구조 The Structure of Novel』의 저자.

의 메아리 타고 나가/천하무적의 왕이/휘두른 덧없는 칼날의 이야기를/꺼지 않는/쉰 목소리로 사람들에게 소곤거려주지요(최동호, 「문둥이 왕」).

천하장사(天下壯士): ㉠ 세상에 드문 장사. *가로 누운 절구의 가는 허리에 두 손을 대더니 끙 하고 힘주는 소리와 함께 그 돌절구를 안았다. 안아서 다시 힘을 주어 머리 위로 치켜올렸다./"어마……"/하고 주인 노파는 눈을 홉뜨고 건넌방 손들도/"어허 참 천하장사로세."/하고 혀를 내밀고 설레설레 고개를 흔들었다./박천수는 조용히 그 절구를 다시 땅 위에 놓았다(윤백남, 『천추의 한』). ㉡ 민속 씨름에서 체급에 관계없이 참가한 모든 선수들이 겨루어 그 중에서 우승한 씨름꾼에게 주는 가장 큰 선수권.

철두철미(徹頭徹尾): 처음부터 끝까지 철저함. *창랑정121)의 어린 소년인 '나'와 당인리행 버스를 타고 서강의 창랑정을 찾은 성숙한 '나'는 명확히 분리된다. 이것은 다소 성격이 다르기는 하나 제임스 조이스의 「애라비(Araby)」와 유사하다. 황순원의 「별」이 철두철미 소년의 시점을 고수하는 데 비해 조이스의 이 작품은 소년기와 분리된 어른의 시점을 취한 작품이다. 그러므로 이 양 작품은 소년시대의 경험을 다룬 것이되, 그 문체나 거리의 문제가 현격한 차이를 갖지 않을 수가 없다(정한숙, 『소설기술론』).

청렴개결(淸廉介潔): 마음이 깨끗하고 욕심이 없으며, 성질이 곧음. *가다가 굴뚝에 연기를 내는 것도, 안으로서 그 부인이 전당을 잡히든지 빚을 내든지, 이웃에서 꾸어 오든지 하여 겨우 연명이나 하는 것이다. 그러노라니 쇠털같이 허구한 날, 그 실내의 고심이야 형용할 말이 없을 것이다. 이런 샌님의 생각으로는, 청렴개결(淸廉介潔)을 생명으로 삼는 선비로서 재물을 알아서는 안 된다. 어찌 감히 이해를 따지고 가릴 것이랴. 오직 예의, 염치가 있을 뿐이다./인(仁)과 의(義) 속에 살다가 인과 의를 위하여 죽는 것이 떳떳하다. 백이(伯夷)와 숙제(叔齊)를 배울 것이요, 악비(岳飛)와 문천상(文天祥)을 본받을 것이다. 이리하여 마음에 음사(陰邪)를 생각하지 않고, 입으로 재물을

---
121) 유진오의 단편소설 「창랑정기」의 주인공의 삼종 증조부 서강 대신이 거처하던 집.

말하지 않는다. 어디 가서 취대(取貸)하여 올 주변도 못 되지만, 애초에 그럴 생각을 염두에 두는 일이 없다(이희승,「딸깍발이」).

청정무구(淸淨無垢): 맑고 깨끗하여 더럽거나 속된 데가 없음. *말이 났으니 말이지 강아지 색깔이 아니고 우리집 니콜렌카가 강아지가 아니고 까치 새끼를 낳았더라면 세상이 온통 생야단을 떨었을 게 아니오? 그래 레닌 동지가 앉았던 자리에 모스크바 대공이 앉아 있는 일이 강아지 새끼와 까치 새끼 차이보다 그 중요성이 못 하단 말이오, 뭐요? 내가 요즘도 밥이 꾸역꾸역 목구멍으로 넘어가더란 말이오. 문득 이 생각을 하고 나니 무서워지더란 말이오. 나, 무서운 것 모르는 사람이오. 이 계단을 내려서서 몇 걸음 만에 발사하는 이 일, 가끔 남의 당번을 대신해 주는 이 일을 벌써 오래 해온 사람이오. 무념무상이요, 청정무구요 알겠소?(최인훈,『화두(話頭)』)

청천벽력(靑天霹靂): 푸른 하늘에 벼락이 치다. 출전은 육유(陸游)의 시「9월 4일 닭이 울기 전에 일어나 짓다(九月四日鷄未鳴起作구월사일계미명기작)」이다. ●방옹122)이 병이 들어 가을을 지내다가(放翁病過秋방옹병과추),/홀연히 일어나 술 취하여 먹으로 글을 쓰니(忽起作醉墨홀기작취묵),/마침 오래 움츠려 있던 용과 같이(正如久蟄龍정여구칩룡),/푸른 하늘에 벼락이 치네(靑天飛霹靂청천비벽력) *그러나 이성이는 달랐다. 그 악명 높은 왜놈들의 인삼 도적질도 거꾸로 이용해서 이득을 취한 이성이었다. 2년 만 더 있으면 캐게 돼 있는 삼포와 기름진 전답이 포함된 몇만 간의 땅에다 가상의 철길을 그어보지 않았을 리도 없거니와 예로부터 나그네가 다니던 길이나 쉬어가던 역이나 생길만 해서 생긴 이상 그리로부터 몇십 리씩 동떨어져서 철길이 생길 리 없다는 예측은 매우 합리적이었다. 좌우로 몇십 리의 융통성을 두고 금을 그어 봐도 안전하다 싶었지만, 양복 입은 거간꾼이 생전 처음 보는 지적도라는 걸 가지고 나타나서 그의 땅에 철길뿐 아니라 역이 들어서게 돼 있다고 동정 어린 투로 알려주니 청천벽력이었다. 그럴 리가 없다니까 거간꾼은 이걸 보

---
122) 방옹(放翁). 남송(南宋)의 시인 육유(陸游)의 호.

고도 못 믿는 양반은 손해를 봐 싸다고 비웃었다. 거간꾼이 자신 있게 가리키는 건 파란 바탕에 그은 빨간 금이었다. 운수 사납게 하필 몽땅 빨간 금 안에 들게 됐다는 그의 땅은 꼭 우표딱지만 했다(박완서, 『미망』).

청풍당석(淸風當席): 맑고 부드러운 바람이 드는 자리. 좋은 곳이나 그러한 시절(時節)을 이르는 말로 사용되기도 한다. *"너만 청풍당석에 귀를 기울이게 저도 모르게 그게 인간심리예요. 못생긴 사람은 미인을 보면 증오하고 병신은 성한 사람을 증오하고 그게 인지상정 아니겠어요?"/"증오한다기보다 부러워하는 거지"(박경리, 『토지』).

초로인생(草露人生): 풀잎에 맺힌 이슬처럼 덧없는 인생. 덧없는 인생. 조로인생(朝露人生). *"잡혀서 죽었나?"/목소리가 갈라져 나왔다./"아니요."/"그러면."/"호열자123)로 지난여름에, 그리됐다 하더마요."/"초로인생이다. 빌어먹을 놈의 세상!"/"……"/"시신은 어떻게 했다 하던가."/"화장해가지고 식구들이 유골만 가져왔소"/"그러면 초상은 여기서 치렀겠네?"/"그런 셈이지요."/"어디서?"/"절에서요."(박경리, 『토지』).

초열지옥(焦熱地獄): 8열 지옥의 하나. 살생・투도・사음・음주・망어를 범한 이가 떨어지는 지옥. *물론 문강의 금독지행(禽犢之行)124)은 비극적인 결과를 자아냈다. 남편인 환공이 문강과 양공의 간통을 눈치채자, 양공은 아들인 팽생을 시켜 주먹으로 환공의 늑골을 짜부라뜨려 죽였다. 이에 노나라의 의인이 다시 팽생을 죽이고…… 노나라의 군주가 된 문강의 아들 장공은 모자의 인연을 끊었다. 하지만 양공이 죽은 후에도 문강은 규환지옥(叫喚地獄)으로도 초열지옥(焦熱地獄)으로도 가지 않았다. 문강은 또다시 양공의 이복동생인 환공(옛 지아비와 동명이인)과 사통하니, 참으로 여인의 욕망이란 어둠 속에 자리한 무한한 미지의 대주(大洲)와 같았다(김별아, 『미실』).

---

123) 호열자(虎列刺). 콜레라(cholera). 사망률이 높은 법정 전염병의 하나인 콜레라는 수인성 전염병이며, 콜레라균(Vibrio cholerae)이 일으킨다. 감염되면 설사와 탈수증세를 보인다.

124) 친족(親族) 사이에서 생긴 음행(淫行).

촉경생정(觸景生情): 특정한 대상을 보고 감정이 일어나는 것. *류사곤이는 갑자기 동네북이 되어버린 머리를 싸안고 일변 피해 달아나며 일변 두 눈을 희번득거리며 투덜거리는 것이었다./"먹은 밥알이 곤두서냐? 왜들 지랄이야!"/그 쪽지는 죄수복을 만드는 감옥 공장에서 일을 하는 여죄수들이 심심풀이 장난으로 적어 보낸 것이었다. 새 죄수복에는 가끔 그런 것들이 들어 있곤 하였었다./나는 '촉경생정(觸景生情)'이랄지…… 불현듯 집 생각이 간절해졌다(김학철, 「죄수복에 얽힌 사연」).

춘하추동(春夏秋冬): 봄, 여름, 가을, 겨울. *삼촌이 고개를 모로 돌려 제사상 뒤로 에둘러진 병풍 쪽으로 눈을 주며 내뱉은 말이었다. 열두 폭 병풍이었다. 춘하추동의 산수화 네 폭과 화조도 두 폭, 나머지 여섯 폭은 사군자와 민담화풍의 그림으로 짝 맞춰진 병풍이었다. 삼촌이 할머니의 회갑 선물로 드린 것으로 할머니가 늘 곁에 두고 삼촌이 그리울 적마다 탐탐이 애만지던 병풍이었다(김찬기, 「애기 소나무」).

충간의담(忠肝義膽): "아, 아버님! 어이 이러시옵니까."/마루에는 오르지 못하고 엉거주춤해 있던 한경이 혼비백산한다. 콧물 한 방울이 떨어지는 것도 모른다. 그는 감기를 앓고 있었다./"통분하다! 이런 일이 어디 또 있겠느냐? 으흐흐흐, 충간의담(忠肝義膽)한 선비들은 자결이요 내 강토를 팔아먹는 문서에 도장 찍은 역적 놈들! 앞으로 이 나라 사직은 어찌 될 것이며 백성들은 어디로 간단 말이냐. 으흐흐……"(박경리, 『토지』).

취생몽사(醉生夢死): 술에 취하여 자는 동안에 꾸는 꿈속에 살고 죽는다는 뜻으로, 아무 하는 일 없이 한평생을 흐리멍덩하게 살아감을 비유적으로 이르는 말. *여름 두시의 태양이 나의 목덜미에 쓰러진다 무성하게 자란 잡초를 벤다 살아생전 취생몽사하던 너에게 소주 한잔을 건넨다 나에게도 한잔, 또 한잔//내 몸에 박히는 태양을 하늘나리가 바라본다 두시의 태양에 바람이, 구름이 부러진다 봉분 끝자락에 있는 나리의 목도 기운다 부러진 구름(박미산, 「하늘나리」).

치신무지(置身無地): 두렵거나 부끄러워서 몸 둘 바를 모름. *"옛적에는 그래도 푼수에 맞추어서 체통을 지켰거늘 늘 양반 상놈 할 것 없이 막돼가는 판국이니 길이 있되 갈 길이 없고 해가 떠 있되 지함절벽(地陷絶壁)이라, 참으로 치신무지(置身無地), 한심할 노릇이지"(박경리, 『토지』),

칠거지악(七去之惡): 아내를 내쫓을 수 있는 이유가 되는 7가지의 허물. *삼종지도(三從之道)와 함께 전통사회의 여성들에게 가장 경계해야 할 것으로 인식되던 조목. 즉 ㉠ 시부모에게 순종하지 않는 것(不順舅姑), ㉡ 자식을 낳지 못하는 것(無子), ㉢ 음탕한 것(淫行), ㉣ 질투하는 것(嫉妬), ㉤ 나쁜 질병이 있는 것(惡疾), ㉥ 수다스러운 것(口舌), ㉦ 도둑질하는 것(盜竊) 등이 그들이다. *"복장을 잘 써야제. 본처 박대하는 놈치고 잘 된 놈 못 봤다."/"그렇다고 머 두만이가 지 댁을 내친 것도 아닌데,"/"자식이 셋인데 부치가 꺼꾸로 안 박힌 다음에야, 칠거지악이 있어서 쫓아낼 기가, 설사 칠거지악이 있어도 삼불거(三不去)125)믄 못 쫓아 낸다 카더라."/"칠거지악은 알겠는데 삼불거는 또 머요?"/두만네는 하던 일을 멈추고 엄숙하고 득의에 찬 얼굴이 되는데 그것은 참 귀여운 풍경이었다(박경리, 『토지』).

칠보단장(七寶丹粧): 여러 가지 패물로 몸을 꾸밈. *아랑의 목소리를 듣자 개루의 입은 빙글빙글 벌어진다./"시키는 대로 거행하겠습니다. 횃불을 끄고 시종을 물리쳐 줍시오. 목욕을 하고 단장을 하겠습니다."/횃불은 꺼지고 시종은 물러갔다. 삽작문이 소리 없이 닫혀졌다. ― 한 시각 뒤, 칠보단장(七寶丹粧)을 꾸민 아랑이, 어서 들어오기를 고대하고 있는 개루가 앉은 방문 앞에서,/"유경의 불을 꺼 주옵시오. 남편 있는 몸이라 부끄럽소옵니다."/옥방울 굴리는 듯한 아랑의 목소리가 닫혀진 방문 밖에 떨어졌다./개루는 미칠 듯이 좋았다. 용포자락으로 유경 불을 후리쳐 껐다(박종화, 「아랑의 정조(貞

---

125) 아내를 내쫓지 못할 세 가지 이유. ㉠ 이혼을 하면 의지할 곳이 없는 경우. ㉡ 아내와 함께 부모의 삼년상(三年喪)을 치렀을 때. ㉢ 아내와 함께 기울었거나 기울어져 가는 집안을 다시 일으켰을 때.

操」).

침소봉대(針小棒大): 작은 것을 크게 부풀려서 말하다. *용이는 소를 몰고 집으로 돌아갔다. 부엌에서 강청댁이 얼굴을 내밀었다. 그새 일어나서 밥을 지었던 모양이다. 외양간에서 소를 몰아넣고 나왔을 때,/"오늘은 옷 갈아입으소. 동네에서 날 들어낼라 카는데 이녁도 그 자리에 나가서 의논해얄 거 아니오. 천하에 몹쓸 년은 나고 이녁은 상 받을 기요. 흥! 머가 무서울꼬. 볼장 다 본 년이, 치마끈 하나믄 고만이지."/치마끈 하나면 고만이라는 것은 목을 매고 죽겠다는 으름장이다. 임이네가 침소봉대(針小棒大)해서 한 말을 곧이들은 강청댁은 정말 마을을 쫓겨날 것이라 생각한 모양으로 말과는 달리 풀이 죽어 있었다(박경리, 『토지』).

타산지석(他山之石): 다른 산에서 산출되는 나쁜 돌도 자기의 구슬을 가는 데에 소용이 된다는 뜻. 다른 사람의 하찮은 말과 행동일지라도 자기의 지덕을 연마하는 데에 도움이 된다는 말. *구비문학을 전근대 사회의 케케묵은 유물로만 여기는 현대주의자들은 그것이 민속학 연구에서나 다루어질 민간 전승물에 불과하다고 여기며, 따라서 그로부터 어떤 문학적 의의를 찾을 수 있으리라고는 기대조차 하지 않는다. 이런 입장에 의하면 구비문학은 무식한 서민들 사이에서 떠돌다가 사라지고 만, 이렇다 할 예술적 자각도 세련도 갖추지 못한 하층문화의 산물에 지나지 않는다./그러나 이와 같은 현대주의는 발전에 관한 맹목적 신앙에 사로잡힌 나머지 구비문학이 오늘의 문학과 예술에 대해 중요한 반성의 계기를 제공하는 데 기여할 수도 있음을 도외시하는 것이다. 그 중에서도 특히 여기에 언급해 두고 싶은 사항은 구비문학에 있어서의 창조·전달자와 청중의 공동적(共同的) 유대(紐帶) 및 직접적 감응이라는 특성이다. 구비문학에서 이야기꾼과 창자(唱者)는 청중들로부터 고립된 예술가가 아니다. 그는 바로 자신이 청중 집단의 일원이거나 적어도 그 집단의 생활, 사고, 경험, 감정에 일체화된 존재로서 구비문학 행위의 공동적(共同的) 장(場)에 참여한다. 따라서 구비문학의 창조와 수용에는 현대예술의 한 중요 문제인 소외 현상이라든가, 사회로부터 분리된 고독한 개체로서의 예술가, 자신과 동떨어진 세계에서 만들어진 대중문화를 소비하기만 하는 수동적 대중 등이 존재하지 않는다. 현대예술의 제문제를 야기하는 근본 원인이 무엇이든, 예술가의 사회적 고립과 다수 대중의 수동성이 우리의 문화 이상이라고 할 수 없는 한, 이러한 문제상황의 초극 가능성을 모색하는 데에 구비문학은 소홀히 여길 수 없는 타산지석(他山之石)이 될 수 있을 것이다(김흥규, 『한국 고전문학과 비평의 성찰』).

태연자약(泰然自若): 마음에 어떠한 충동을 받아도 움직임이 없이 천연함. *왕은 비록 정인지의 입에서 어떠한 말이 나오더라도 태연자약할 결심은 하시었으면서도 그래도 무슨 말이 나오는가 하고 마음이 놓이지를 아니하였다. 그래서 태연자약하려고 애쓰면 애쓸수록 마음이 산란함을 깨달으시었다(이광수, 『단종애사』).

토사곽란(吐瀉癨亂): 토하고 설사하여 배가 심하게 아픈 증상. *아까까지 지게로 두엄을 져 나르던 구릿빛 젊은 피가 픽 쓰러져 토사곽란을 시작했다 하면 며칠 새에 온몸의 물기가 말라 눈꺼풀이 꺼지고 정신이 혼미해져 몸을 비틀며 죽어가는 괴질이 돌림병인 것까지는 마을 사람들도 다 알고 있었다. 그래서 뉘 집에서 뒷간 출입이 잦은 눈치만 있어도 그 앞을 지나가기조차 꺼렸지만 같은 우물 먹고 같은 냇물에서 빨래하고 푸성귀 씻어 먹는 일은 여전했다. 토사곽란은 특히 빨랫거리를 많이 만들어냈고 식구들이 할 수 있는 병구완은 그걸 빨리빨리 빨아대는 일이 우선했다(박경리, 『토지』).

팔방미인(八方美人): ㉠ 어느 모로 보나 아름다운 사람. *수진 씨는 팔방미인이시네요. 최 권사님은 귀족이시고, 두 분 다 줄기세포 시술만 하면 완벽하시겠습니다. 우아할 때 관리해줘야 빛이 납니다."/한 원장은 비행기를 태웠다. 여간해서 빈말을 잘 못하는 성격인데 두 여성 골퍼가 워낙 수려한 외모에다 공도 잘 치니까 절로 예찬이 쏟아졌다(김종록, 『달의 제국』). ㉡ 여러 방면에 능통한 사람을 비유적으로 이르는 말. ㉢ 한 가지 일에 정통하지 못하고 온갖 일에 조금씩 손대는 사람을 놀림조로 이르는 말. ㉣ 주관이 없이 누구에게나 잘 보이도록 처세하는 사람을 낮잡아 이르는 말.

패가망신(敗家亡身): 가산을 탕진하고 몸을 망침. *판이 너무 커서 초장에 멍들거나 나자빠질 정도면 다행, 패가망신하기 십상이란다. 눈빛을 거두는 그녀의 얼굴과 가슴이 지워지고 짓무른 엉덩이만 허공에 슬쩍 떠올랐다. 햇볕 쨍쨍한 대낮이었다(신덕룡, 「화투 치는 여자」).

평신저두(平身低頭): 엎드려 절한 뒤에 몸을 일으키고 머리를 낮추어 예를 표하는 일. *"아 그래요? 그럼 어디 내 관상부터 보아주겠나?"/환이를 향해 말했다. 환이 피시시 웃으며 말이 없다./"말이 없는 걸 보니, 음,"/평신저두(平身低頭)는커녕 묻는 말에 대답도 없는 것에 기분이 상한 것이다./"오늘은 일진이 나빠서,"/말하는 환의 눈꼬리가 흔들린다(박경리, 『토지』).

평평탄탄(平平坦坦): ㉠ 지극히 평탄한 모양. ㉡ 일이 잘 진척되는 모양. *청맹이 아니라면/파도에게 저당 잡히는 두려운 바다임을 아는 까닭에/너의 배 지금 어느 풍파 갈기에 걸쳤을까/한 번의 좌초 영원한 난파라 해도/힘껏 그물을 던져 온몸으로 사로잡아야 하는 세월이니/네 파도는 또박또박 네가 타 넘는 것/나는 평평탄탄(平平坦坦)만을 네게 권하지 못한다/섬은 여기 있어라 저기 있어라/모든 외로움도 결국 네가 견디는 것(김명인(金明仁), 「아들에게」).

폐포파립(弊袍破笠): 해진 옷과 부서진 갓이라는 뜻으로, 너절하고 구차한 차림새를 비유적으로 이르는 말. *두 볼이 야윌 대로 야위어서, 담배 모금이나 세차게 빨 때에는 양 볼의 가죽이 입 안에서 서로 맞닿을 지경이요, 콧날은 날카롭게 오똑 서서 쐬와 이지만이 내발릴 대로 발려 있고, 사철 없이 말간 콧물이 방울방울 맺혀 떨어진다. 그래도 두 눈은 기(氣)가 풀리지 않고 영채가 돌아서, 무력이라든지 낙심의 빛을 나타내지 않고 있다./아래 윗입술이 쪼그라질 정도로 굳게 다문 입은 그 의지력을 더욱 두드러지게 나타내고 있다. 많지 않은 아랫수염이 뾰쪽하니 앞으로 향하여 휘어 뻗쳤으며, 이마는 대개 툭 소스라져 나오는 편보다 메뚜기 이마로 좀 편편하게 버스러진 것이 흔히 볼 수 있는 타입이다./이러한 화상이 꿰맬 대로 꿰맨 헌 망건을 도토리 같이 눌러 쓰고, 대우가 쪼글쪼글한 헌 갓을 좀 뒤로 젖혀 쓰는 것이 버릇이다. 서리가 올 무렵까지 베중이 적삼이거나 복(伏)이 들도록 솜바지 저고리의 거죽을 벗겨서 여름살이를 삼는 것은 그리 드문 일이 아니다./그리고 자락이 모지라지고, 때가 꾀죄죄하게 흐르는 도포나 중치막을 입은 후, 술이 다 떨어지고, 몇 동강을 이은 띠를 흥복통에 눌러 띠고, 나막신을 신었을망정, 행전(行纏)은 잊어버리는 일이 없이 치고 나선다. 걸음을 걸어도 일인(日人)들 모양으로 경망스럽게 발을 옮기는 것이 아니라 느럭느럭 갈지자걸음으로, 뼈대만 엉성한 호리호리한 체격일망정 그래도 두 어깨를 턱 젖혀서 가슴을 뻐기고, 고개를 휘번덕거리기는 새레 곁눈질 하나 하는 법 없이 눈을 내리깔아 코끝만 보고 걸어가는 모습, 이 모든 특징이 '딸깍발이'란 속에 전부 내포되어 있다./그러나 이런 샌님들은 그다지 출입하는 일이 없다. 사랑이 있든지 없든지 방 하나를 따로 차지하고 들어앉아서, 폐포파립(弊袍破笠)이나마 의관을 정제(整齊)하고, 대개는 꿇어앉아서 사서 오경을 비롯한 수많은 유교 전적(典籍)을 얼음에 박 밀 듯이 백 번이고 천 번이고 내리외는 것이 날마다 그의 과업이다. 이런 친구들은 집안 살림살이와는 아랑곳없다(이희승, 「딸깍발이」).

포복절도(抱腹絶倒): 배를 그러안고 넘어진다는 뜻으로 '몹시 웃음'을 이르는 말. *흥부의 가난은 민중들에게는 기막힌 웃음거리다. 포복절도(抱腹絶倒)를 할 노릇이다. 그러나 그 웃음 속에서는 결코 적의를 발견할 수 없다. 무한한 동정과 비창감(悲愴感)이 감도는 웃음이다. 민중들은 흥부의 빈곤 속에서 그들 자신의 빈곤을 발견한 것이다. 흥부의 모습 속에 투영된 그들 자신의 모습을 발견한 것이다. 흥부에 대한 민중들의 일체감은 그들이 다 함께 느끼는 빈곤과 빈곤감에서 연유한다(윤용식·이상택, 『고전소설론』).

풍전등화(風前燈火): 바람 앞의 등불이라는 뜻으로, 매우 위태로운 처지나

오래 견디지 못할 상태를 비유적으로 이르는 말. *그러할 때 오나라 도성으로부터 밀사가 도착했다. 밀사는 오왕 부차의 거처로 들어와 고국 사정을 고했다./"월나라가 쳐들어왔습니다. 세자께서는 전사하시고, 고소대는 불타버렸습니다. 지금 우리 도성은 풍전등화(風前燈火)의 위급에 빠져 있습니다. 속히 돌아가시어 나라를 구하십시오."/청천벽력과도 같은 소리였다. 어찌 이런 일이 일어날 수 있단 말인가. 부차는 믿을 수 없다는 표정으로 옆에 서 있던 재상 백비를 돌아다보았다(유재주,『평설 열국지(評說列國志)』).

풍찬노숙(風餐露宿): 바람과 이슬을 맞으며 한데서 먹고 잠잔다는 뜻으로, 모진 고생 또는 객지에서 겪는 고생을 이르는 말. *대제사장이신 예수님께서는 이 세상에 오셔서 우리 인간이 경험할 수 있는 모든 시험과 어려움을 다 겪으셨습니다. 예수님은 이 땅에 사시는 동안 가난하고 헐벗고 굶주리고 풍찬노숙(風餐露宿)을 하셨습니다. 그리고 마지막에는 하나님과 사람들에게 버림받아 십자가에서 외로움 가운데 찢기고 상처입고 죽기까지 하셨습니다. 우리를 위해 인간의 모든 연약함을 생생히 겪으셨던 것입니다. 우리가 주님을 의존하고 나아갈 때 우리의 기도가 응답될 수 있는 것은, 우리 주님이 우리의 연약한 형편과 사정을 잘 아시고 우리를 위해 중보 기도해 주시기 때문입니다(조용기,『히브리서 강해』).

함구무언(緘口無言): 입을 다물고 말이 없음. *이 무렵에 박철이와 다투던 리길룡 부서기가 몇몇 간부들과 함께 회의실로 들어왔다. 그는 박철의 곁에 낯선 여자가 서 있는 것을 보자 더럭 역정부터 냈다./"함정실이를 보냈는가?"/박철이가 함구무언으로 잠자코 서 있는 것을 보자 그는 목대에 핏줄을 세우며 소리쳤다./"어째 말이 없소?"/이것을 본 함정실은/"네 지금 돌아가요."/하고 태연히 대답하며 고개를 다소곳하고 회의실을 떠나려 하였다. 회의에 참가한 사람들의 시선이 다시 한 번 함정실에게로 집중되었다./"동무가 함정실이요?"/리 서기가 노기 띤 목소리로 물었다./"네, 잘못왔어요. 용서하세요. 지금 곧 나가겠어요."/비애와 수모감으로 하여 함정실의 얼굴은 일그러졌다(리홍규, 「두메산골」).

함흥차사(咸興差使): 어디 갔다가 아무 소식도 없는 거나 회답이 더디 올 때에 쓰는 말이다. *이성계가 태상왕(太上王)이 되었으나 자식들의 왕권쟁탈로 인한 골육상잔의 핏자국이 얼룩지자 북관의 함흥으로 가서 거의 절간의 중이 되다시피 세상과 등지자 개경에서 한양으로 새 도읍을 옮긴 뒤 몇 차례나 조정의 원로를 사신으로 보내어 모셔오려 했건만 그때마다 사신을 기다리는 왕실은 초조할 따름이었다. 이것이 함흥차사(咸興差使)126)라는 속담을 낳는 데도 무관한 것이 아니거니와 조선 후기에 이르면 이 같은 태조의 연고지로서의 성스러운 북관이 정반대의 악지(惡地)로 변하고 말아서 기껏해야 중요 정치범의 당쟁 희생자들이 귀양살이하는 곳으로 되고 말았다(고은, 『김삿갓』).

허랑방탕(虛浪放蕩): 허황하고 착실하지 못하며 행실도 좋지 못함. *초나라의 고간들 중에는 하대부(下大夫)의 벼슬을 지내는 신무우(申無宇)라는 사람이 있다. 학식이 풍부하고 성질이 괴팍스러워서, 누구 앞에서도 바른말 잘하기로 소문난 사람이었다. 그토록 청렴 강직한 사람이고 보니, 초왕의 허랑방탕(虛浪放蕩)한 생활을 못마땅하게 여겼을 것은 말할 것도 없다(정비석, 『소설 손자병법』).

형형색색(形形色色): 모양이나 빛깔이 서로 다른 여러 가지. *산길을 걷다가/거리에 나서면/형형색색의 간판들이 일제히 공격해온다(박노해, 「대한민국은 투쟁 중」)

---

126) 조선 초기에 이방원(李芳遠: 뒤의 태종)이 2차례의 난을 일으켜 혈육을 죽이고 왕위에 오르자, 태조 이성계는 아들 방원에게 실망하여 고향인 함흥으로 가버렸다. 이에 태종은 태조에게 여러 차례 차사(差使)를 파견하여 환궁을 권유했으나, 태조는 이를 거부하고 사신으로 오는 사람을 모두 죽여버렸다. 그러나 이것은 『연려실기술 燃藜室記述』 등에 수록된 야사에 나오는 이야기로 『조선왕조실록』에는 태조가 사신을 죽였다는 기록은 없다. 또 마지막 함흥차사로 갔던 박순(朴淳)의 이야기가 유명하지만, 『조선왕조실록』에 따르면 그는 함흥차사가 아니라 '조사의(趙思義)의 난' 때 함경도민을 회유하기 위해 파견된 자로 군중에게 살해되었다고 한다.

호시탐탐(虎視眈眈): ㉠ 범이 눈을 부릅뜨고 먹이를 노려본다는 뜻으로, 남의 것을 빼앗기 위하여 기회를 노리고 형세를 살피는 모양을 비유적으로 이르는 말. ㉡ 빼앗기 위하여 기회를 노리다. (흔히 부사적으로 쓰여) 범이 눈을 부릅뜨고 먹이를 노려본다는 뜻으로, 남의 것을 빼앗기 위하여 기회를 노리고 형세를 살피는 모양을 비유적으로 이르는 말. 출전은 『주역(周易)』「이괘편(頤卦篇)」이다. *"당신, 지금 취했어요." 그 말이 끝나자마자 그에게 덮친 것은 호시탐탐 자신을 의심하는 모유진에게 드는 실망감이나 상처 난 다리를 돌봐주지 않고 그를 부축하지 않는 데서 오는 서운함이나 외로움이 아니었다. 자신의 온 몸에서 풍겨오는 술 냄새였다(편혜영, 『서쪽 숲에 갔다』).

호연지기(浩然之氣): 사람의 마음에 차 있는 너르고 크고 올바른 기운. 『맹자』의 '상편'에 나오는 말이다. *젊은이들이 한 시대, 한 상황에서 정체성 위기에 함몰되어 소금에 절인 배추처럼 호연지기(浩然之氣)를 잃어버린 이 현실이 단순히 젊은이들만의 비극이 아니기 때문에 그렇습니다. 이것은 그 사회와 역사의 기백을 빼놓는 비극이요, 사회의 미래를 어둡게 하고, 그 사회와 역사의 동력을 약화시키는 비극입니다(한완상, 『한국 교회여, 낮은 곳에 서라』).

호호탕탕(浩浩蕩蕩): ㉠ 썩 넓어서 끝이 없음. ㉡ 거침없이 세참. *"이 여편네가……? 그까짓 비료값도 안 나오는 농사 백날 지어봤자 뭣하노? 맹추같은 소릴랑 말구 꿀 먹은 벙어리맨추로 가만히 앉아 있어봐라 안 카나. 흥. 어림없제. 입때껏 말 안 하고 살아왔지만 이 남자가 어디 보통 남잔 줄 아남?"/그렇게 큰소리를 쳐대긴 했지만 당장은 돈 나올 구멍이 없어 여기저기 빚을 얻어 썼다. 김문갑 씨 마누라도 반신반의하였지만 워낙 남편이 호호탕탕 큰소리를 쳐대는지라 그런가부다 하고 따라가는 수밖에 없었다(김영현, 「김문갑전」).

혹세무민(惑世誣民): 사람을 속여 미혹(迷惑)시키고 세상을 어지럽힘. *최제우가 포덕(布德)한다/수운 최제우가 포덕을 한다/수운 선생이 마침내 포덕을 시작하는데/후천개벽(後天開闢) 오만년(五萬年) 수운대의(受運大義) 부인께 먼저 포덕한다/몇 달을 부인 함께 영부 치고 주문 외우고/영부 치고 주고받고 받고주고 문답 문답 문답/부인이 드디어 큰 생명을 깨우쳐 알아/얼굴에 왼통 천지가 화안이 빛나는구나./"사람이 한울이다/사람 사람이 한결같이 한울을 모셨으니/사람 섬기기를 한울같이 하라."/수운의 이 한마디/중생 속에 살아 계신 큰 생명이 수운의 입을 통해 내지르는/이 한마디로 포덕한다, 수운 선생이 포덕을 시작한다./"사람이 한울이다."/허, 이게 뭔 소리?/사람이 한울이라니/허, 이게 뭔 소리?/사람 섬기기를 한울같이 하라니/허, 이게 도대체 뭔 소리?/바람이 이 소식을 나르고 마을 마을로, 새들이 이 소문을 전한다 고을 고을로,/"발칙한 소리! 고얀 놈의 소리!"/꼬장꼬장 늙은 선비놈 발끈/"너무 높아서 솔찮이 어지럽겠구만."/쥐눈깔 반짝 아전배 구실아치 비양 비양 비양/"장리 놓지 말란 소린데……으흠."/불량한 두 눈깔 궁글궁글 부첨지/"천주학(天主學)이다! 사교(邪敎)다! 혹세무민(惑世誣民)이다! 모반(謀反)이다! 역적(逆賊)이다!"/장죽 확 뽑아 양반놈 놋재떨이를 따당땅!/이리 갖가지로 씹는 소리가 낭자한 중에도 사람들이 모여든다, 사방에서 시골 선비들 구름같이 모여들어 옹게중게 다짜고짜 도(道)를 물어쌌는다(김지하,「이 가문 날에 비구름」).

홍익인간(弘益人間): 널리 인간세계를 이롭게 한다는 뜻이다. 단군이 고조선을 세운 이래 우리 나라 정치와 교육의 기본정신이 되어 왔다. 출전은『삼국유사(三國遺事)』「기이제1(紀異第一)」'고조선조(古朝鮮條)'이다. ◐옛날에 환인(桓因)에게는 환웅(桓雄)이라는 서자(庶子)가 있었다. 그는 지상을 내려다보며 인간 세상을 다스려보려는 욕망을 지니고 있었다. 환인은 아들의 뜻을 알아채고 삼위태백산(三危太伯山)을 내려다보았다. 그곳이 인간들을 다스려 널리 이롭게 해 줄 만한 곳이라고 생각했다. 환인은 곧 아들 환웅(桓雄)에게 천부인(天符印) 세 개를 주어 인간(人間)의 세계를 다스리게 했다. 환웅(桓雄)은 무리 3,000명을 거느리고 태백산(太伯山; 지금의 묘향산) 꼭대기에 있는 신단수(神檀樹) 아래로 내려왔다. 그리고 그곳을 신시(神市)라 불렀다. 신시를 연 환웅을 환웅천왕(桓雄天王)이라고 이른다(昔有桓因庶子桓雄 數意天下 貪求人世 父知子意 下視三危太伯可以弘益人間 乃授天符印三箇 遣往理之 雄率徒三千 降於太伯山頂神檀樹下 謂之神市 是謂桓雄天王也 석유환인서자환웅 삭의천하 탐구인세 부지자의 하시삼위태백가이홍익인간 내수천부인삼개 견왕리지 웅솔도삼천 강어태백산정신단수하 위지신시 시위환웅천왕야). *염상진127)은 '사회주의 건설'의 당위성에 관해 단군의 건국이념인 '홍익인간'이 왕조를 거듭할수록 짓밟혀 왔고 반만년의 역사는 가장 비인간적인 착취의 부끄러운 외양을 보이고 말았다는 인식으로부터 그 시발점을 잡고 있다. 그리하여 남한 땅에는 민주주의라는 미명하에 지주 계급과 친일 세력이 합세하여 남한만의 나라를 세우고 말았으며, 이것이 결코 용납될 수 없기 때문에 '봉건 계급제도가 일소된 나라, 착취계급을 완전 소탕해버린 나라, 그야말로 홍익인간의 정신을 되살리는 새 나라를 세우는 것이 해방의 의미'라고 생각한다(김종회, 『문학과 전환기의 시대정신』).

화무십일홍(花無十日紅): 열흘 붉은 꽃이 없다는 뜻으로, 힘이나 세력 따위가 한번 성하면 얼마 못 가서 반드시 쇠하여짐을 비유적으로 이르는 말. *예수님께서 어리석은 부자에 대해서 말씀하십니다. 많은 돈을 가진 부자, 먹고 마시고 즐기자 할 때, 하나님 말씀하시기를 '이 사람아 오늘 밤 네 생명을 도로 찾으면 그것이 뉘 것이 되겠느냐, 이 바보 같은 사람아' 하십니다(「누가복음」12:20). 이 물질이 어찌 내 것입니까./그래서 유명한 앤드류 카네기는 말합니다. '자기 돈을 다 쓰지 못하고 죽는 사람은 세상에서 가장 어리석은 사람이다.' 이것을 알아야 합니다. 다 써버리십시오. 어서, 그리고 갈 것이지 그것이 왜 남아돌아가지고 사돈의 팔촌이 와서 내 것이라고 덤빕니까. 멍청한 노릇이지요. 어서어서 유서를 쓰십시오. 이거 중요한 것입니다. 다 써버리고 가야지요. 물질, 가는 것입니다. 건강도 가는 것입니다. 종말이 옵니다.

---

127) 조정래 대하소설 『태백산맥』에서 군당위원장으로 활동하는 사회주의자.

명예도 가는 것입니다. 권불십년(權不十年)이요 화무십일홍(花無十日紅)입니다. 권좌, 축하할 것이 못 되더라고요. 그 얼마나 무거운 짐인데요. 부러워할 것 아무것도 없습니다. 종말이 어디로 갑니까. 끝을 보십시오. 그것을 모르고 생각하면 되겠습니까. 권자에 올랐다면 내려올 때도 있는 것이지요(곽선희,『자유인의 행로 3』).

화중지병(畵中之餠): 그림의 떡처럼 눈요기 외에는 아무런 소용이 없음을 뜻하는 말. 출전은『삼국지(三國志)』「노육전(盧毓傳)」이다. *허생원은 늙고 피폐해 있다. '연소패들을 적수로 하구야 대거리가 안 될' 만큼 그의 눈에 비친 충주집은 화중지병이 되어버렸고, '반평생을 같이 지내온' 나귀처럼 그의 모습은 '가스러지고' '바스러져,' 희망이라거나 장래를 설계하기에는 너무 하찮은 존재였다. 이제 그는 '옛 처녀나 만나면 같이 살까—거꾸러질 때까지 이 길 걷고 저 달 볼 수밖에 없을 정도로 회고적인 삶을 사는 인물이다. 그가 할 수 있는 일이라고는 이제 과거를 돌이켜 보는 일 뿐이다. 파장을 거두던 때의 홀가분함은 그 순간의 상황적 심경에 불과했다. 그 순간이 지나면 곧 그는 노년의 인생이 갖는 회고적 감정에 다시 휘말리고 만다. 그 감정은 기쁜 것일 수도 있고, 슬픈 것일 수도 있다. 그러나 그것은 다분히 상황의 지배를 받게 되는데, 허생원의 상황은 휴식의 시간에 해당되는 홀가분한 상태였다. 홀가분한 상황에서의 회고는 '단 한 번의 인연'이었던 성서방댁 처녀에 대한 유쾌한 추억을 낳는다. 그러나 그런 유쾌한 추억도 궁극적으로는 만년의 인생이 갖는 회고적 감정에 동화되고 마는데, 그것이 바로 '옛 처녀나 만나면 같이 살고 싶'은 안주에의 욕구다(송하춘,『발견으로서의 소설기법』).

환과고독(鰥寡孤獨): 홀아비, 과부, 고아, 자식이 없는 늙은이를 이르는 말. *오늘날 우리는 '장애인'이란 '신체의 일부에 장애가 있거나 정신적으로 결함이 있어서 일상생활이나 사회생활을 하는 데 상당한 제약을 받는 사람'이라고 규정하고 있다. 하지만 고려나 조선 등 전통시대엔 장애인이란 용어가 존재하지 않았을 뿐더러, 그 개념조차 명확하게 규정되어 있지 않았다. 아마도 장애인이란 용어는 1980년대 초반 장애인복지법이 제정되면서 쓰이기 시작하고, 근대 이후에는 주로 '불구자'란 용어를 사용했던 듯하다./전통시대 사람들은 장애인을 대개 병에 걸린 사람, 곧 병신 혹은 병자라고 불렀고, 기록상으론 폐질(廢疾)(자), 잔질(殘疾)(자), 독질(篤疾)(자)이라 하였다. 당시 중국에서 장애인을 흔히 폐질, 잔질이라고 했는데, 우리도 그와 같이 기록했던 듯하다. 이는 『고려사』나 『조선왕조실록』을 살펴보면 쉽게 확인할 수 있다./"기사(己巳)에 개경의 남녀 가운데 80세 이상인 자와 중환자, 폐질에게 술과 음식, 차, 피륙 등을 내리되 차등 있게 하였다"(『고려사』 현종 13년 9월 조)./"호조에서 아뢰기를, '지금 농망기(農忙期)를 만났으니, 농사에 힘써야 될 건장한 남녀에게는 모두 환곡을 주고, 농사를 지을 수 없는 환과고독(鰥寡孤獨: 홀아비, 과부, 고아, 자식이 없는 늙은이)과 잔질, 폐질 및 빌어먹는 자에게만은 진제(賑濟)를 주도록 할 것입니다' 하니, 임금이 그대로 따랐다"(『세종실록』 5년 2월 4일조)./이렇게 전통시대 기록물을 보면 환과고독과 함께 폐질(자), 잔질(자), 독질(자)란 용어가 빈번히 나와 있는데, 그것이 바로 당시 장애인을 일컫는 말이었다(정창권, 『세상에 버릴 사람은 아무도 없다』).

환골탈태(換骨奪胎): 고인의 시문(詩文)의 뜻을 따고 그 어구만 고치어 자기의 시문이라 함. 본래의 모습을 고치어 전혀 새로운 모습을 띰을 일컬음. *남이 터뜨려 주면 프라이감이 되지만/나 스스로 터뜨리면 병아리가 되지// 환골탈태(換骨奪胎)는 그런 거겠지(유안진, 「계란을 생각하며」).

황공무지(惶恐無地): 높은 자리에 눌려 두려워서 몸 둘 곳을 모름. *영식은 이때 "가불 운운"하는 엽서를 냈던 일을 상기하고 크게 뉘우쳤고 그러자 갑자기 화가 났다. 그는 태빈과 준태와 용이 한꺼번에 어디론가 사라져 버린다면 얼마나 좋을까를 생각했다. 역시 이놈들은 덕림산업과 풍문출판사와 K대학 생물학과 연구실에 그대로 가두어 둬야 한다. 춘천은 리우데자네이루도 베니스도 아니고 나이아가라 폭포도 없다. 도대체 놈들은 그들에게 무엇을 해주기를 기대하고 춘천에 내려왔단 말인가. 다만 그들은 내려왔을 뿐이다.

'거기에 산이 있었듯이' 그들에게 '휴가가 주어졌을' 뿐이다. 고삐를 풀고 나온 세 마리의 망아지. 그들은 지금 비틀거리고 있다. 그들은 이제까지 그들의 주인에게 붙잡힌 고삐에 의지해서 서 있었을 뿐이다. 그들은 스스로 밖으로 나와 본 적이 없다. 고삐를 놓아주자 그들은 혼란에 빠진다. 그들 앞에 놓인 조그마한 한 개의 세월, 아무도 아직 손대지 않은 그 때문지 않은 풍경을 앞에 두고 그들은 당황한다. 국경일과 일요일과 영식 군과 그리고 그들의 상관이 그들에게 베풀어준 이 황홀한 은총 앞에 그들은 다만 황공무지(惶恐無地)하여 견딜 수가 없는 것이다. 잊어버렸던 기억을 되찾은 듯, 아니 영영 잊어먹고 지나쳐 버릴 뻔했던 그들의 생(生) 가운데 가장 중요한 한 부분을 되찾은 오늘 그들은 다만 서러운 손길로 그것을 매만지고만 있다(서종택, 「외출(外出)」).

후안무치(厚顔無恥): 뻔뻔하고 부끄러움이 없다. 낯가죽이 두꺼워 뻔뻔하고 부끄러움을 모름. *꼴좋지 뭐냐. 외박을 하려거든 아예 들어오지나 말 일이지…… 남편의 그 너부죽하니 부들부들한 호인풍의 얼굴. 그가 호인이라서 싫은 게 아니라 호인풍의 그 얼굴이 숨긴 또 하나 후안무치(厚顔無恥)의 배짱이 싫었다. 은근히 사람 골탕 먹이는 골샌님풍의 엉큼함. 그리고 가장 치명적인 결점은 주제 없는 인생의 그 유들유들한 맹탕함이었다. 마냥 친구들과 모여 화투치고 시시닥거리며 노는 일, 속없는 여편네마냥 내용 없는 농지거리, 공휴일에 진종일 텔레비전에 눈 박고 있기, 책이란 한 자도 들여다보기 싫어하면서 쓰잘데없는 소소한 일들에의 집착, 실상은 무얼 쥐뿔도 모르면서 대학을 나왔네 어쩌네 하면서 겉으로는 세상에 모르는 것 없이 아는 체하기 따위가 싫었다(박영한, 『우리는 중산층 1: 장미 눈뜰 때』).

후회막급(後悔莫及): 아무리 뉘우쳐도 어찌할 수 없음. *우리에게 가장 마음 아픈 것 중의 하나가 바로 후회라고 하는 고통입니다. 지나간 일들은 어찌할 수 없습니다. 참 후회스러워요. '그렇지 않았어야 했는데……'하고 아무리 후회하고 가슴을 쳐도 지나간 일은 이미 되돌릴 수가 없습니다. 되돌려

받을 수 없는 것이기에 후회막급입니다. 후회하게 되는 그 모든 사건들을 통틀어 말한다면, 그것은 무엇 때문입니까? 쓸데없이 교만했기 때문입니다(곽선희, 『내게 말씀을 주소서 2』).

흥진비래(興盡悲來): 즐거움이 다하면 슬픔이 닥쳐온다는 말. *넷째, 흥진비래(興盡悲來), 고진감래(苦盡甘來)도 음양론의 변화관인 전화 현상을 나타낸 말이다. 흥진비래는 좋은 일이 다하면 또는 좋은 일이 극에 도달하면 그 다음은 슬픈 일이 찾아온다는 것을 의미한다. 반대로 고진감래란 고생을 다하면 좋은 일이 온다는 것을 의미하며, 이는 음양론의 음이 극하면 양이 나타난다는 말과 같은 현상이다(권일찬, 『동양학 원론』).

횡설수설(橫說竪說): 갈피를 못 잡을 소리를 하는 것. *횡설수설하는 모든 사람이 자신의 횡설수설에 확신을 가진 것처럼 미파도 자신이 꼭 필요한 말만 하고 있다는 것을 믿어주기 바란다는 표정을 짓곤 싫으면 관둬, 라고 말했다(김태용, 『숨김없이 남김없이』).

희로애락(喜怒哀樂): 기쁨. 노여움. 슬픔. 즐거움 등의 인간의 감정을 말함. *시간의 강은 그 강에 몸을 담고 있는 개체들의 희로애락과는 상관없이 흘러가는지도 모른다. 눈만 뜨면 여전히 세상에는 수많은 사건과 사고들이 일어났고 그것이 지나가고 나면 새로운 일들이 뒤를 이어 신문과 방송을 장식하곤 했다. 여름 내 거리에 그늘을 드리웠던 가로수들도 하루아침에 폭격을 맞은 것처럼 낙엽이 되어 떨어지고 있었다. 바람의 방향이 서북풍으로 바뀌면서 아침저녁으로 쌀쌀한 냉기가 느껴졌다(김영현, 『폭설』).

제6부 산업과 어휘

제1장 1차산업 산업어와 표현
제2장 2차산업 산업어와 표현
제3장 3차산업 산업어와 표현

제1장 1차산업 산업어와 표현

"인간이 생계를 유지하기 위하여 일상적으로 종사하는 생산적(生産的)인 활동"1)을 산업(産業)이라고 한다. 산업은 1차산업, 2차산업, 3차산업으로 분류한다. 모든 산업의 기초가 되는 1차산업은 농업(農業) · 임업(林業) · 수산업(水産業)같이 원료 및 식량 등을 생산 또는 채취(採取)하는 산업이다.2) 1차산업은 2차산업 및 3차산업에 비하여 생산성 향상의 정도가 낮은 것이 특징이다.

한국 작가 가운데 농업 어휘를 많이 구사한 작가는 이기영(李箕永), 심훈(沈熏). 김유정(金裕貞), 박영준(朴榮濬), 이근영(李根榮), 이무영(李無影), 오유권(吳有權), 박경수(朴敬洙), 박경리(朴景利), 이문구(李文求) 등이다.

그리고 수산업(水産業) 어휘를 많이 구사한 작가는 한승원(韓勝原), 현기영(玄基榮), 백시종(白始宗) 등이 있다.

---

1) 동아출판사 백과사전부, 『동아원색 세계대백과사전 16』, 동아출판사, 1987, 151쪽.
2) 동아출판사 백과사전부, 위의 책, 151쪽 참조.

1. 농업 어휘와 표현

간평(看坪): (지난날, 도조(賭租)를 매기기 위하여) 지주가 추수 전에 농작물의 잘되고 못 됨을 실지로 살펴보던 일. 검견(檢見). *마침내 군청에서 주사 나리까지 출장을 나와서, 소위 가뭄으로 인한 피해 상태의 실지조사를 하고 가더니, 달포가 지나도록 아무런 소식이 없고, 동네 안에는 다만 주림과 불안만이 떠돌 뿐이었다. 그래도 보광사에서는 갑자기 간평(看坪)을 나왔다. 고자쟁이 이 시봉과 본사 법무원(法務院)에서 셋 — 도합 네 사람이 나왔다. 간평! 소작료! 농민들에게는 이 말이 무엇보다도 무섭고 또 분했다. 그러나 그날 절논 소작인으로서는 물론 하나도 출타를 않고 기다렸다. 농사 조합의 평의원이 되어 있는 진수도 그날은 면소 일을 제쳐놓고 중들을 맞이하였다(김정한, 「사하촌(寺下村)」).

감자꽃: 감자의 꽃. 흰색이나 자주색으로 6월경에 핀다. *권태응은 요절한 지 40여 년 만에 『감자꽃』 출간과 함께 겨레의 시인으로 확실하게 복권된 천부적 동요시인이다. "지난 날 우리들 삶의 터전이던 농촌이 우리들의 머릿속에 되살아나"게 하는 그의 동요들은 사실 전원적 농촌 서정을 노래한 것도, 농촌의 삶에 의식적으로 주목한 것도 아니다. "영남에 살아도 우리 동무./평안도 살아도 우리 동무."(「우리 동무」, 1948)라는 공동체 의식을 바탕으로 겨레의 생활 세계를 깊은 애정으로 끌어안아, 가족적 공감과 따뜻한 친화의 세계를 구축하였다고 하겠다. 따라서 이질적인 문화와 사조들이 부딪치고 갈등하는 국면은 포착될 여지가 없고, 어린이가 품고 있는 불안과 희망의 미래 시간대 같은 것도 거의 감지되지 않는다. "지주집 지붕에/높단 안테나"(「안테나」, 1949)는 봉건적 계급구조를 무너뜨리는 새로운 사조를 전파하는 첨병인 동시에 구제도의 지배층이 새로운 지배층으로 말을 갈아타는 모습을 입증하는 상징물로도 볼 수 있는데, 시인이 보는 것은 다만 "오늘은 무슨 방송/

들어오는지//까치가 한 마리/듣고 앉았다"는 풍경화일 뿐이었다(김이구, 「우리 동시와 근대 의식」).

건조장(乾燥場): 어떤 물체의 물기나 습기를 말리거나 없애기 위한 설비를 갖추고 있는 장소. *은주네 집엔 전에 담배 건조장으로 쓰던 헛간이 있다. 요즘 꽃치의 잠자리는 그곳이다(박상률, 『봄바람』).

고래실: 바닥이 깊고 물길이 좋아 기름진 논. 고논. 고래답. *이 해는 팔도가 거진 다 흉년이 들어서 삼남의 벼농사도 말이 아니고 양서의 조 농사도 마련이 없었다. 삼남에는 오월 한 달을 내처 가물어서 고래실 땅에도 호미모를 낸 데가 많았고, 엇답, 건답들은 거지반 메밀 대파를 하였었다(홍명희, 『임꺽정』).

고지: 논 한 마지기에 얼마의 값을 정하여, 모내기로부터 김매기까지의 일을 해 주기로 하고 미리 받아쓰는 삯, 또는 그 일. *고지를 먹으면 내 일은 제쳐놓더라도 저편이 요구할 때 일을 해주어야만 한다. 그렇기 때문에 돈 있는 사람은 고지를 준다. 그러면 농번기에 비싼 품삯을 딜일 까닭도 없고, 또 마음대로 가려서 농사일을 할 수 있기 까닭이다(안회남, 「농민의 비애(悲哀)」).

고지논: 고지로 내놓은 논. *올에는 농악을 사지 않고 타동 고지논도 맨 까닭에 수입은 작년보다 많은 데다가 딴 비용이 없이 고스란히 모였다(이기영, 『고향(故鄕)』).

곡초(穀草): 이삭을 떨어낸 곡식 풀의 줄기. (볏짚이나 밀짚 따위). *하긴 여자 나무꾼도 많았다. 생활이 곤궁하고 또 앞으로 날씨가 점점 더 추워 올 것인데 곡초만 가지고는 땔나무가 안 되기 때문에 집집에서 이맘때면 저마끔 낙엽 긁으러 다녔다(한설야, 『설봉산』).

공출(供出): 지난날, 일제(日帝)가 전쟁을 치를 목적으로 민간의 물자나 식량을 강제로 바치게 하던 일. *이런 일이 있은 지 다음날부터 뒷골 방천마을에는 "민족 반역자 친일파 모리배 김치서의 쌀을 사서 공출에 받치지 말자, 같은 동포의 피를 빨고 목숨을 뺏는, 인민의 반역 인민의 도살자 김치서를 매장하라!"는 방이 곳곳에 붙었다(홍구,「뒷골 방천 사람들」).

끌밭: 메마른 밭. 가뭄을 타 딱딱해진 밭. *'오뉴월 뙤약볕에 끌밭을 맸으면 맸지, 촌에서는 어디 기집이 장출입이나 하든가? 그런데 이꼴이 뭐꼬?(박경리,『토지』).

나락: 벼. 주로 논에 심어 쌀을 얻는 중요한 농작물. 또는 그 열매. 잎은 좁고 길며, 줄기 위에 이삭이 나와 열매가 열리는데 6월께에 모심기하여 가을에 거둔다. *"묘한 일이었어요. 한번은 나락 한 둥치를 보듬고 나오다가 그 자리에 주저앉아 버리고 말았어요. 어쩌면은 배도 살살 아프고, 머리도 지끈지끈 아프고, 눈도 흐릿흐릿하여서 사람 얼굴이 둘로 셋으로 보이고, 이따금 다리에 힘이 쭉 빠져버리곤 한단 말이오"(한승원,「누이와 늑대」).

남새: 무, 배추 따위와 같이 심어서 가꾸는 푸성귀. 채소. *시든 파며 남새를 앞에 놓고 쭈그리고 앉은 아낙의 파란 입술, 객지에서 설을 쇠야 하는 늙은 장돌뱅이가 마른 명태 몇 짝을 내어놓고 멍하니 곰방대만 빨고 있는 모습 (박경리,『토지』).

노적가리: 한데 쌓아 놓은 곡식 더미. *31명을 밧줄로 한 줄에 묶은 뒤 꿇어앉혔다. 그리고 쌓여 있는 조짚 노적가리를 헤쳐 예배당 안으로 날라 가득 채웠다(안수길,『북간도』).

논둑: 논의 가장자리에 쌓아올린 둑. *회갈색으로 변한 들판은 허무하고 황량하다. 햇볕은 포근한 편이었고 논바닥에 괸 물은 아직 얼지 않았다. 쭈빗쭈빗한 논둑의 마른 풀이 논물에 그림자를 내리고 있었다. 달콤한 열매 맛을 못 잊은 도둑 까마귀가 감나무 꼭대기에 앉아 주둥이를 나뭇가지에 문대고 있었으며 농가 울타리 밖에 쌓인 보리짚단 위에는 참새들이 모여 앉아 햇볕 맞이를 하고 있었다. 조무래기들은 타작마당에서 팽이를 돌리고 과부 막딸네가 팔짱을 끼고 어깨를 움츠리며 마을 가는 모습이 보인다(박경리,『토지』).

논물: 논에 괴어 있는 물. *마을을 단 한번 벗어나본 적이 없는 어린 저는,

머리에 땀이 밴 수건을 쓴 여자, 제사상에 오를 홍어 껍질을 억척스럽게 벗기고 있는 여자, 얼굴의 주름 사이로까지 땟국물이 흐르는 여자, 호박 구덩이에 똥물을 붓고 있는 여자, 뙤약볕 아래 고추 모종하는 여자, 된장 속에 들끓는 장벌레를 아무렇지도 않게 집어내는 여자, 산에 가서 갈퀴나무를 한 짐씩 해서 지고 내려오는 여자, 들깻잎에 달라붙은 푸른 깨벌레를 깨물어도 그냥 삼키는 여자, 샛거리로 먹을 막걸리와, 호미, 팔토시가 담긴 소쿠리를 옆구리에 낀 여자, 아궁이의 불을 뒤적이던 부지깽이로 말 안 듣는 아들을 패는 여자, 고무신에 황토 흙이 덕지덕지 묻은 여자, 방바닥에 등을 대자마자 잠꼬대하는 여자, 굵은 종아리에 논물에 사는 거머리가 물어뜯어 놓은 상처가 서너 개씩은 있는 여자, 계절 없이 살갗이 튼 여자…… 이렇듯 일에 찌들어 손금이 쩍쩍 갈라진 강퍅한 여자들만 보아왔던 것이니, 그 여자의 뽀얌에 눈이 둥그렇게 되었던 건 당연한 것이었는지도 모릅니다(신경숙, 「풍금이 있던 자리」).

논배미: 논두렁으로 둘러싸인 논의 하나하나의 구획(區劃). *두 사람의 철벅거리는 물소리만 논배미 속에서 그윽히 났다. 퀴퀴한 거름 냄새가 진흙물 위로 떠오른다. 그들은 똘을 치느라고 다시 엎드려서 가재처럼 뒷걸음질을 쳐나갔다(이기영, 『고향』).

논틀밭틀: 논두렁과 밭두렁을 따라서 난 꼬불꼬불한 좁은 길. *정첨지 아들이 그 앞을 피해 가려고 논틀밭틀로 경정경정 뛰어가는데 짓궂은 젊은 사람 하나가 쫓아와서 붙들었다(홍명희, 『임꺽정』).

농사일: 논밭을 갈아 농작물을 심어 가꾸고 거두는 일. *지금도 그렇지만 어린 시절의 우리 집은 너무도 가난했다. 시골에서 소작을 조금 하시는 부모님 슬하에서 나는 7남매 중 셋째로 태어났다. 내 위로는 누님이 두 분 계시고, 나는 사내로는 장남이었다. 가난한 가정환경 때문에 초등학교를 졸업하자마자 나는 부모님을 도와 농사일을 거들어야 했다(유동우, 『어느 돌멩이의 외침』).

대촌(大村): 큰 마을. *그가 처음으로, 자기 살던 옛 마을을 찾아와 볼 때에 그의 심사는 서글프기 가이없었다. 다섯 해 전 떠날 때에는 백여 호 대촌이던 마을이 그 동안에 인가가 엄청나게 줄었다. 그 대신에 예전에는 보지도 못하던 크나큰 함석지붕집이 쓰러져 가는 초가집들을 멸시하고 위압하는 듯이 둥두렷이 가로 길게 놓여 있다. 그것은 묻지 않아도 동척 창고임을 알 수 있다. 예전에 중농이던 사람은 소농으로 떨어지고, 소농이던 사람은 소작농으로 떨어지고, 예전에 소작농이던 많은 사람들은 거의 다 풍비박산하여 나가게 되고 어렸을 때부터 정들었던 동무들도 하나도 볼 수 없었다. 그들은 모두 도회로, 서북간도로, 일본으로 산지사방 흩어져 갔었다. 대대로 살아오던 자기네 집터에는 옛날의 흔적이라고는 주춧돌 하나 볼 수 없었고(그 터는 지금 창고 앞마당이 되었으므로) 다만 그 시절에 사립문 앞에 있던 해묵은 느티나무만이 지금도 그저 그 넓은 마당 터에 홀로 우뚝 서 있을 뿐이다(조명희, 「낙동강(洛東江)」).

도열병(稻熱病): 벼에 생기는 병의 한 가지. 잘 자란 뒤에 잎과 줄기에 박테리아가 생겨 잎에 암갈색의 불규칙한 반점이 생기고 그것이 퍼져 잎 전체가 갈색으로 되어 마르게 되는 병. *"아부지, 팔도 사방 돌아다녀 보시오. 나같이 천하게 산 처녀 있는가. 어머니 아버지는 나를 머슴같이 부리고 안 살았소? 두엄 여나를 만큼 여날랐고, 비료 푸대 이고 다니면서 뿌릴 만큼 뿌렸소. 가물 때면 밤새워가면서 물도 댔소. 멸구 일었다. 이화명충 생겼다, 희생병 한다, 도열병 한다, 목도열병 한다, 배추밭에 벌거지 일었다, 깨밭에 뜨물 졌다. 도둑벌레가 고추나무 잘라버린다…… 그래서 농약 뿌릴 만큼은 뿌렸소. 김매고, 풀 베고, 외양간의 두엄 끌어내고…… 나 시집갈 때, 뭣을 얼마나 잘해주려고 생각하고 있었습디여? 다 버리고 흰 꽃으로만 싸다가 묻어주시오. 뒷골, 우리 산밭 옆당가지에 우묵해 가지고 반반한 잔디밭이 있어요. 가장자리 싸릿대는 하나도 건드리지 말고 그 속에다가 묻어주시오."(한승원, 「누이와 늑대」).

도조(賭租): 남의 논밭을 빌려서 부치고 그 세(稅)로 해마다 무는 벼. 도지(賭地). *"올 밭 도조는 미리 작정하지." 강주사는 미닫이만 열고 박노인을 뜰에 세운 채 이렇게 말하였다. "어떻게 미리 작정한단 말입니까" 박노인은 불길한 예감이 들어 낯빛을 흐려가지고 물었다(이근영,「고구마」).

도지(賭地): ㉠ 도조를 물기로 하고 빌려 부치는 논밭이나 집터. *꼭두새벽부터 엣, 엣, 하며 괴로움을 모른다. 그러나 캄캄하도록 털고 나서 지주에게 도지를 제하고, 장리쌀을 제하고, 색초를 제하고 보니 남는 것은 등줄기를 흐르는 식은땀이 있을 따름. 그것은 슬프다 하기보다 끝없이 부끄러웠다. 같이 털어 주던 동무들이 뻔히 보고 섰는데 빈 지게로 덜렁거리며 집으로 돌아오는 건 진정 열적기 짝이 없는 노릇이었다(김유정,「만무방」). ㉡ 도조(賭租).

돌서덜밭: 돌투성이의 땅이나 밭. *준기가 용담 저수지 방죽 아래 밭에서 곡괭이질을 하고 있었다. 그곳은 농어촌개발공사에서 저수지를 준설하면서 파낸 흙모래와 자갈을 갖다버린 곳으로 농작물이 잘 자라지 않아, 농민들이 경작을 포기한 돌서덜밭이었다(김종성,「손님」).

만석꾼(萬石-): 벼 만 석 가량이 수확될 만한 논밭을 가진 대단한 부자. *"최상규하구 나하구는 같은 보령 촌놈여." 보령서 이문구, 최상규, 최문휘, 그리고 권혁민이가 나왔어. 참 수필 쓰는 이병남이두 있구먼……우리 집두 지주였지만 최상규네는 대지주였어. 상규 아버지가 우리 집 대문을 탕탕 두드리며 "이리 오너라!" 하고 외치면 우리 아버지가 버선발로 뛰어나가서 대문서부터 기시는 거였어. 보령서는 우리 아버지두 큰 기침깨나 하는 분이었는데 상규 아버지한테는 설설 기는 것을 보고 어린 마음에 되게 기분이 나뻤지! 우리가 천석꾼 부자라면 상규네는 만석꾼 부자였으니까 당연했던 거여……"(강태근,「이카루스 소년의 겨울 잠행(潛行)」).

모: ㉠ 옮겨 심기 위해 가꾸어 기른 벼의 싹. *성두의 논에서 큰 개둑을 넘어 김매러 갔던 그의 손아래 누이 의숙이는 국숫집 딸 양전이와 같이 모

꽂는 논두렁을 지나갔다(박영준,「모범경작생」). ⓛ 모종.

묘목(苗木): 옮겨 심기 위해 가꾼 어린 나무. 나무모. 모나무. *먼저 보통학교 교장에게로 가서 제 손으로 만든 빗자루 다섯 개를 쓰라고 주고, 모를 다 냈으니 비료를 사야겠다고 이십 오원을 취해 가지고는 뽕나무 묘목에 대한 이야기를 하려고 면사무소로 들어갔다(박영준,「모범경작생」).

모춤: 볏모나 모종을 묶은 단. *뒷실어른이 바지게를 지고 나타난다. 함안댁은 제일 먼저 건져낸 모춤이 있는 쪽을 가리키며, 그것부터 짊어지고 가라고 일러준다(김춘복,『쌈짓골』).

모판: ㉠ (들어가서 손질하기 편리하도록) 못자리의 사이사이를 떼어 직사각형으로 구획한 곳. *모판에는 35리 밖에서 모래를 실어와 깔고 퇴비와 비료를 묻고, 할 수 있는 정성과 공력을 죄다 들였다(이근영,「첫 수확」). ⓛ 묘상(苗床).

몽리구역(蒙利區域): 저수지·보 등의 수리(水利) 시설에 의하여 물이 들어와 농사에 혜택을 입는 지역. *"개사육장이 자리잡은 곳이 몽리구역(蒙利區域)이기 때문에 개를 사육할 수 없는 데도 비닐하우스를 지어 놓고, 개 수백마리를 길러, 시끄럽고 냄새나서 못살겠어요. 도대체 아파트 입주자대표회의와 관리사무소는 뭐 하고 있는 겁니까? 아파트 바로 앞에서 불법이 행해지고 있는데 …… 논두렁들 하나 잡도리 못합니까?"/민한구가 두 눈을 모로 뜨며 쏘아붙였다(김종성,「종소리」).

무논: ㉠ 물이 있는 수답(水畓). 수전(水田). *트럭이 중앙동과 용담면의 살피가 되는 서낭고개를 넘자, 모내기를 막 시작한 무논이 햇빛에 하얗게 빛났다(김종성,「전망 좋은 아파트」). ⓛ 쉽게 물을 댈 수 있는 논.

무자위: 낮은 곳의 물을 높은 곳으로 자아 올려서 내뿜게 하는 농기구. *맡은 땅의 풀을 뽑고 난 명준은 감독의 분부로 이깔 포기에 뿌릴 약제를 풀어 무자위로 치기 시작하였다. 한 손으로 물을 뿜으며 다른 손으로 물줄기를 흔들다가 고무줄이 빗나가는 서슬에 푸른 약물이 분녀의 낯짝을 쏘았다(이

효석,「분녀(粉女)」).

물꼬: 논배미에 물이 넘어 흐르게 만들어 놓은 어귀. *구수한 풀 향기가 코를 통해서 가슴속까지 스머드는 것을 그것이라고 느끼며 수택은 이렇게 혼자 중얼거려 본다. 밤이슬에 눅눅하니 젖은 셔츠에서도 차츰차츰 불쾌한 감촉이 없어져 간다. 쫄쫄쫄 윗논배미서 아랫논으로 떨어지는 물꼬 소리에 금시 벼폭이 부쩍부쩍 살이 찌는 것같이 느끼어지는 것은 벌써 그의 문학적인 감각 때문만이 아닌 것 같았다. 여남은 다랑이 건너 도독한 밭 모퉁이에서 누군지 단소를 처량스러이 불고 있다. 역시 물꼬 보는 사람이리라. 그 맞은편 아카시아가 몇 주 선 둔덕 원두막에서는 젊은이들의 노랫소리가 흘러 나온다. 술집 여인들이 놀러 나왔는지 여자들의 웃음소리가 가끔 섞여 나온다(이무영,「제1과 제1장」).

물두멍: 물을 길어 붓고 쓰는 큰 가마나 큰 독. *오늘도 겨울 추위에 물두멍 얼어 터지는 소리로 남의 고막을 맞창내면서 이장네 사랑의 새마을 방송이 시작되었다(이문구,「우리 동네 이씨」).

바심: 타작. *집터를 닦는 날은 한곡리만큼 풍성하지는 못하였다. 인심도 다르거니와 한창 벼를 베고 한편으로는 바심을 하기 시작한 때라 장정은 얻어 보기가 어려웠다(심훈,『상록수(常綠樹)』).

밭고랑: 밭의 이랑과 이랑 사이의, 홈이 진 곳. *우리 두 사람은/키 높이 가득 자란 보리밭, 밭고랑 위에 앉았어라./일을 필하고 쉬이는 동안의 기쁨이여./지금 두 사람의 이야기에는 꽃이 필 때(김소월,「밭고랑 위에서」).

밭곡식: 밭에서 나는 곡식. 보리 밀 콩 팥 따위. 전곡. 전작(田作). *그러나 삼남은 곡향이라 수한병식 하는 좋은 땅도 많거니와 밭곡식이 잘되어서 양서같이 참혹하진 아니하였다(홍명희,『임꺽정』).

밭도지: 타인의 밭을 임차하여 경작하고 그 삯으로 토지 주인에게 내는 현물(現物). *농토는 모조리 떨어질 것이다. 그러나 대관절 올 밭도지 벼 두 섬 반은 뭘로 해내야 좋을지. 게다 밭을 망쳤으니 자칫하면 징역을 갈는지도

모른다(김유정, 「금 따는 콩밭」).

버덩: 좀 높고 평평하며 여러 가지 풀이 우거진 거친 들. *버덩에서는 일꾼 한패가 큰 나무 그루를 캐어내고 가시덤불에다 불을 질렀다(이기영, 『땅』).

볏가리: 차곡차곡 쌓은 볏단 더미. *한껏 사윈 가을 햇볕이 누런 볏가리에 연연히 내려 쬐이고 이따금씩 메뚜기가 푸르륵 날았다(오유권, 「토착민(土着民)」).

볏모: 벼의 모. 앙묘(秧苗). *성두(成斗)의 논에서 일하던 사람들은 누구 하나 빼는 사람 없이 단 한 번씩이라도 목청을 뽑고 소리를 불렀다. 물소리를 출렁출렁 내며 한 움큼씩 쥐인 볏모를 몇 뿌리씩 떼어 꽂는 그들은 서로 뒤떨어지지 않으려고 입으로 소리를 하면서도 손을 재빠르게 놀리었다(박영준, 「모범경작생」).

보습: 쟁기나 극쟁이의 술바닥에 맞추는 삽 모양의 쇳조각. (땅을 갈아 일으키는 데 쓰임) 쟁기날. *나는 꿈꾸었노라, 동무들과 내가 가지런히/벌가의 하루 일을 다 마치고/석양에 마을로 돌아오는 꿈을,/즐거이, 꿈 가운데.//그러나 집 잃은 내 몸이여,/바라건대는 우리에게 우리의 보습 대일 땅이 있었더라면!/이처럼 떠돌으랴, 아침에 저물손에/새라 새로운 탄식을 얻으면서(김소월, 「바라건대는 우리에게 우리의 보습 대일 땅이 있었다면」).

삯메기: 농촌에서 끼니는 먹지 않고, 품삯만 받고 하는 농삿일. *"우리 동리 사람들이 지내는 걸 보면 기가 막혀요. 몇 십 리 밖에 나가서 품팔이를 하면 삯메기루 한대두 고작해야 35전이나 40전을 받는데, 어둑어둑할 때꺼전 한 사발 마셔야 견디지 않겠어요?"(심훈, 『상록수』)

빈촌(貧村): 가난한 사람들이 사는 마을. 궁촌(窮村). *주막에 나가면 더욱 한가한 사람들을 모두 그곳에서 만날 수 있다. 이런 때의 농촌에서는 가난한 사람일수록 더욱 한가하다. 대개 그런 사람들이 내 술친구가 되었다. 특히 한 사람이 나의 마음을 끌었다. 그는 꽤 잘 생기고 결코 어리석지는 않았으나 빈촌인 이 마을에서도 가장 가난하게 사는 사나이였다. 그에게는 칠십이 넘은 양친과 어린 딸이 하나 있는데 부인은 없었다(박경수, 『동토(凍土)』).

사경(私耕): 새경. 농가에서, 일 년 동안 일해준 대가로 주인이 머슴에게 주는 돈이나 곡물(흔히, 연말에 치름). *응오가 이 아내를 찾아올 때 꼭 삼 년 간을 머슴을 살았다. 그처럼 먹고 싶던 술 한 잔 못 먹었고, 그처럼 침을 삼키던 그 개고기 한 매 물론 못 샀다. 그리고 사경을 받는 대로 꼭꼭 장리를 놓았으니 후일 선채로 썼던 것이다. 이렇게까지 근사를 모아 얻은 계집이련만 단 두 해가 못 가서 이 꼴이 되고 말았다(김유정, 「만무방」).

사이: 농사꾼들이 농사일을 할 때에 끼니 외에 참참이 먹는 음식. *점심을 먹은 뒤, 한 번도 쉬지 못한 성두의 논에서 일하던 사람들은 논두렁으로 올라가 담배를 피우기로 했다. 다른 동네에서는 점심 뒤 한 번 쉬는 참에는 사이를 먹는 것이었으나 이들은 몇 해 전부터 그런 것을 잊어버렸다. 그래서 밥은 못 먹어도 그저 몸이나 쉬는 것이었다(박영준, 「모범경작생」).

색갈이(色-): 봄에 곡식을 꾸어 주었다가 가을에 새 곡식으로 바꾸어 받는 일. *그런 윤첨지는 과연 정부로부터 토지보상금을 받자 그 지가증권3)을 운수회사에 투자하는 한편 지주 노릇을 해서 이미 축적한 돈으로는 빚놀이를 했다. 주로 농자금을 색갈이 형식으로 주어서 입도선매하는 등 옛날 소작인들을 상대로 돈놀이를 하는 것인데 월 사부 이자로 물 샐 틈 없게 하였다(오유권, 「농지상한선(農地上限線)」).

소작(小作): 소작료를 내고 남의 논밭을 빌려 농사를 지음. 반작(半作). *길 서네만 내놓고는 전부가 소작으로 사는 그들이 여름철에는 보리밥도 마음대로 먹을 수가 없는 터에 사이쯤은 물론 생각도 못했다(박영준, 「모범경작생」).

소작권(小作權): 소작료를 내고 남의 전답을 빌려 농사를 짓는 권리. *김영감은 아들의 뜻하지 않은 계획을 듣고는 뛸 듯이 기뻐했다. 아들은 논 닷 마지기에 밭 하루갈이만을 요구했음에도 불구하고 물자리 좋은 논으로만 여

---

3) 지가증권(地價證券). 정부가 농지 개혁으로 매수한 농지의 보상금 대신 지주(地主)에게 발행한 유가 증권.

덟 마지기를 내주었고 집도 한 채 세워 주기로 했다. 물론 소작권을 이동받은 것에 불과했었다. 그의 집안에는 논 닷 마지기와 밭 두어 뙈기가 남아 있을 뿐이란 것도 그제야 알았다(이무영,「제1과 제1장」).

소작료(小作料): 소작인이 지주에게 내는 논밭의 사용료. *박노인으로도 이즘 얼마 동안 자기의 형편을 한탄한 나머지 경작하는 땅을 자기가 가져야 한다는 것을 확실히 느꼈다. 자기 소유의 땅이거나 말거나 소작료로 뺏기는 것만은 면하여야 옳고 이번 나라를 찾았으니까 고생한 자기들의 생활부터 해결해주어야 한다는 것만은 굳게 믿었다(이근영,「고구마」).

써레질: 갈아 놓은 논밭의 바닥을 써레로 고르는 일. *산과 들은 그렇듯 자주 새 옷을 갈아입으며 바람을 유혹해 밤마다 각아비 자식을 잉태하고, 그 씨앗을 갈무리해야 하는 농민의 손길도 그만큼 바빠져서 그야말로 부지깽이 일손도 빌리고 싶은 유월 초순, 먼저 참깨와 고구마를 심고 열매채소 순을 치거나 솎아내는 등 대충 초벌 밭일을 끝낸 집부터 못자리로 달려가 물을 대고 볏짚을 썰어 넣고 거름을 주어 진종일 써레질을 한다(윤정모,『들』).

양석(兩石): 벼 두 섬, 특히 논 한 마지기에서 나는 벼 두 섬을 이르는 말. *땅이 훨씬 좋아서 양석(兩石)을 바라보는 거래야 되는데 땅 파는 자는 또 양석을 바라보는 땅은 좀체 팔지 않았다(최정희,「풍류(風流) 잡히는 마을」).

언막이(堰-): 논에 물을 대기 위하여 막은 둑. *물도랑 쪽으로 가보니 어제 바우가 파준 언막이로 해서 산물이 쉼 없이 흘러들고 있다. 군데군데 부실한 논두렁을 삽으로 때워 둔 흔적도 보인다(윤정모,『들』).

우사(牛舍): 외양간. *어제 당신이 오시기 바로 전에 저는 우사(牛舍)에서 소 분만시키고 계시는 아버지 곁에서 그 뒷심부름을 하고 있었습니다. 그 여자가 우리 집에 처음 왔을 때 제게 물었던 텃밭, 그 여자가 은은한 향내를 풍기며 나비보다 더 가볍게 연두색 배추를 뽑던 그 밭이 지금은 우사가 되었습니다. 다른 소들보다 수월하게 송아지를 낳았다고 아버지께선 어미 소를 쓰다듬어 주셨어요. 그것도 수송아지를요. 아버지께서 소 태(胎)를 거두시는 걸 보며 집으로 돌아왔는데 당신이 제 집 마당에 서 계시더군요. 처음엔 거기 서 계시는 당신이 환영인가…… 어떻게 당신이 여기를? 헛것이겠지…… 했어요. 오죽했으면 아버지가 돌아오실 때까지 당신을 쳐다보기만 했을까요? 당신을 알고 지내는 동안 늘 소망했었습니다. 당신을 아버지께 봬 드릴 수 있으면 얼마나 좋을까, 하고요. 간절하던 마음이 이루어졌는데, 저는 마치 도망자를 감추듯이 당신을 끌고 황급히 대문을 빠져나와야 했다니, 아버지와 당신의 그 짧은 만남이라니(신경숙, 「풍금이 있던 자리」).

작인(作人): '소작인(小作人)'의 준말. *가을에 와서 지주와 작인 사이에 도조 재감으로 말썽이 많이 생겨서 된내기 온 뒤까지 벼를 세워놓고 베지 않은 땅도 더러 있었다(홍명희, 『임꺽정』).

장리(長利): ㉠ 봄에 꾸어 준 곡식에 대하여 가을에 그 절반을 이자로 쳐 받는 변리. *우리 땅이라고는 파 한 포기 심을 땅도 없어 남의 논을 두어 마지기 빌려 소작을 했기 때문에 논 주인에게 돌아갈 몫을 주고 나면 그것으로는 우리 9식구의 식량도 부족해 할 수 없이 해마다 값비싼 장리(長利)벼를 꾸어먹지 않으면 안 되었다. 장리벼란 가난한 가정에서 가을에 조금 거둬들인 곡식으로는 겨울 양식도 안 되고 이른 봄이면 벌써 양식이 떨어지는 데다가 아직 보리는 익지 않아 끼니를 이을 게 없을 때 어쩔 수 없이 남의 집에서 꾸어먹는 벼를 말한다. 이때 꾸어 온 벼는 가을에 농사를 다 짓고 타작을 하면 곱절로 갚아야 한다. 우리 집도 해마다 꾸어 먹는 장리벼로 인해 농사를 짓고 나서도 빚을 갚고 나면 우리 식구가 먹을 양식이라고는 남는 것이 없어져 또다시 남의 장리벼를 내어 먹지 않으면 안 되었다(유동우, 『어느 돌멩이의 외침』). ㉡ 물건의 길이나 양에서 '본디의 것보다 절반을 더한 길이나 양'을 이르는 말.

지주(地主): ㉠ 땅의 임자. 토주(土主). ㉡ 자기 땅을 남에게 빌려 주고 지대(地代)를 받는 사람. *아무리 불경기라 해도 십리 밖 읍내에 있는 지주(地主) 서(徐) 재당은 금년에도 맏아들을 분가시키고 고래 같은 기와집을 지어

주었다(박영준,「모범경작생」). ⓒ 그 땅에 사는 사람.

직부(織婦): 피륙을 짜는 여자. 베를 짜는 여자. 직녀(織女). *아버지는 품팔이 농사꾼이었고 어머니는 직부(織婦)였다. 지금도 내 귀에는 어머니의 그 베 짜는 베틀소리가 쟁쟁히 들리는 듯하다. 북을 주고받으며 째그닥탁 째그닥탁……산에서 나무를 하여 지고 돌아올 때든, 들에서 일하고 돌아올 때든, 집은 보이지 않지만 어머니가 짜고 계시는 그 베틀소리는 들린다(박경수,『동토(凍土)』).

참나무산누에나방: 산누에나방과의 곤충이다. 편 날개 길이 14cm 내외이다. 날개는 누른빛을 띤 갈색이고 붉은 고리 무늬가 있다. 6~7월에 고치를 만들고 한 달 만에 번데기에서 나온다. 애벌레는 상수리나무・밤나무 등 잎을 갉아먹는 해충이다. 일본에서 우크라이나까지 분포한다. 산견아(山繭蛾). 애벌레는 천잠(天蠶)이라고 하며, 이 야생 천잠의 고치로 짠 실이 천잠사다. *나방이었다. 예기치 않은 불꽃과 연기에 놀라 잠깨어 푸드득거리는 그것은 참나무산누에나방이었다. 노란색 날개에 갈색의 테를 두르고 날개의 한가운데에 동그라미 무늬도 선명한, 그것은 누엣골에서 멸종된 지 십오 년이 지났다는 바로 그 참나무산누에나방이었다. 몸길이 삼십 센티미터가 넘고 활짝 편 날개의 길이 십 센티미터가 넘는, 힘 좋은 어깨를 지닌 것이었다. 반가웠다. 죽었던 참나무숲이 부활한 것처럼, 사람의 손으로 기르던 참나무산누에는 모두 멸종되었음에도 한두 마리씩 사람의 손을 벗어나서 자연 속으로 스며들었던 나방들은 스스로의 자생력으로 숲 속의 한가족으로 동화되어 살아낸 것이었다(강병석,「참나무산누에나방」).

채마(菜麻): 채소. 남새. *칠성문 밖 빈민굴의 여인들은 가을이 되면 칠성문 밖에 있는 중국인의 채마 밭에 감자4)며 배추를 도둑질하러 밤에 바구니

---

4) 고구마. '왜감재, 되감재, 양감재, 고구마, 디과'는 '고구마'를 가리키는 '감자'의 평안도 방언이다. 김무림의 논문 「감자와 고구마의 어원」(『새국어생활』 19권 3호, 2009)에 의하면 어원이 한자어 '감져(甘藷)'인 '감자'는 처음에 단지 '고구마[감자(甘藷)]'를 의미했지만, 이후 '감자'가 들어오면서 '고구마[(감자(甘藷)],' '감자[(마령서(馬鈴薯)]'로 확

를 가지고 간다. 복녀도 감자깨나 도둑질하여 왔다(김동인, 「감자」).

춘잠(春蠶): 봄누에. *그러나 원체 가난한 동리인데다가, 그나마 돈이 한창 마른 때라 기부금은 적어 놓은 액수의 십분의 일도 걷히지를 않고, 친목계원들이 춘잠을 쳐서 한장치에 열서너 말씩이나 땄건만, 고치 값이 사뭇 떨어져서 예산한 금액까지 되려면 어림도 없다(심훈, 『상록수』).

타작(打作): ㉠ 곡식의 이삭을 떨어서 그 일을 거두는 일. 마당질. 바심. *그것은 작년 응오와 같이 지주 문전에서 타작을 하는 친구라면 묻지는 않으리라. 한 해 동안 애를 조리며 홀자식 모양으로 알뜰히 가꾸던 그 벼를 거둬들임은 기쁨에 틀림없었다(김유정, 「만무방」). ㉡ 지주와 소작인이, 거둔 곡식을 어떤 비율로 나누어 가지는 소작 제도.

타작마당(打作-): 타작하는 마당. *타작마당 돌가루 바닥같이 딱딱하게 말라붙은 뜰 한가운데, 어디서 기어들었는지 난데없는 지렁이가 한 마리 만신에 흙고물 칠을 해 가지고 바동바동 굴고 있다. 새까만 개미 떼가 물어 뗄 때마다 지렁이는 한층 더 모질게 발버둥질을 한다. 또 어디선지 죽다 남은 듯한 쥐 한 마리가 튀어 나오더니 종종걸음으로 마당 복판을 질러서 돌담 구멍으로 쏙 들어가 버린다(김정한, 「사하촌(寺下村)」).

품앗이: 힘드는 일을 서로 거들어 주면서 품을 지고 갚고 하는 일. *음산한 검은 구름이 하늘에 뭉게뭉게 모여드는 것이 금시라도 비 한 줄기 할 듯 하면서도 여전히 짓궂은 햇발은 겹겹 산 속에 묻힌 외진 마을을 통째로 자실 듯이 달구고 있었다. 이따금 생각나는 듯 살매 들린 바람은 논밭간의 나무들을 뒤흔들며 미쳐 날뛰었다. 산 밖으로 농군들을 멀리 품앗이로 내보낸 안말의 공기는 쓸쓸하였다. 다만 맷맷한 미루나무 숲에서 거칠어 가는 농촌을 읊

장되고, 다시 어원이 일본어 '코코이모(koukouimo, こうこういも, 孝行藷)'인 '고구마'란 말이 들어와 '고구마[감자(甘藷)]'란 의미 영역을 독차지하면서, '감자'는 '감자[마령서(馬鈴薯)]'만을 뜻하게 되었다 한다. 즉 '감자'란 말은 본래의 뜻한 바를 잃고 새로운 의미를 갖게 된 것이라는 것이다. 김동인의 「감자」에서 '감자(고구마)'는 성적 상징성이 있다.

는 듯 매미의 애끓는 노래. 매웅! 매매읆! 춘호는 자기 집— 올봄에 오 원을 주고 사서 들은 묵삭은 오막살이집— 방문턱에 걸터앉아서 바른 주먹으로 턱을 괴고는 봉당에서 저녁으로 때울 감자를 씻고 있는 아내를 묵묵히 노려보고 있었다. 그는 사날 밤이나 눈을 안 붙이고 성화를 하는 바람에 농사에 고리삭은 그의 얼굴은 더욱 해쓱하였다(김유정,「소낙비」).

품팔이: 품삯을 받고 남의 일을 해주는 짓. 고공(雇工). 삯팔이. *그는 이 마을에는 일감이 없으므로 이웃 마을로 품팔이를 다니지만 대부분의 날을 이곳 주막에서 보내고 있다(박경수,『동토』).

피사리: 벼에 섞여 자란 피를 뽑아 냄, 또는 그런 일. *아직 가을걷이 때는 못 되었으므로 마을 사람들은 피사리나 하고 가을 채전이나 하는 정도로, 대부분 집에서 한가히 쉬고 있었다(박경수,『동토』).

후치질: 농작물이 생장하는 도중에 김을 매어 두둑 사이의 골이나 그 사이의 토양을 부드럽게 하는 일. *그는 극도로 게으른 사람이었다. 동네 노인의 주선으로 소작 밭깨나 얻어 주면, 종자만 뿌려 둔 뒤에는 후치질도 안 하고 김도 안 매고 그냥 내버려두었다가, 가을에 가서는 되는 대로 거둬서 '금년에 흉년이네' 하고 전주집에는 가져도 안 가고 자기 혼자 먹어 버리고 하였다. 그러니까 그는 한 밭을 이태를 연하여 부쳐 본 일이 없었다. 이리하여 몇 해를 지내는 동안 그는 그 동네에서는 밭을 못 얻으리만큼 인심과 신용을 잃고 말았다(김동인,「감자」).

2. 수산업 어휘와 표현

간조(干潮): 썰물로 해면의 높이가 가장 낮아진 상태. 저조(低潮). *달은 태양과 비교할 수 없을 만큼 적지만, 지구에 가까이 있으므로 그 인력은 태양의 2배가 된다. 바닷물에 미치는 영향도 태양의 2배가 되는 것이다. 그렇다면, 달은 이 세상의 모든 생물체 속에 흐르는 물의 압력을 강하게 하기도 하고 약하게 하기도 하는 것일까. 대개의 경우, 많은 임신부들이 만조(滿潮)가 되면 진통을 시작하고 간조(干潮) 때가 되면 출산을 하며, 교도소나 정신병원에 수감중인 죄수나 환자들이 집단 폭동을 일으키고 탈출을 시도하는 것도 만월인 때를 그 정점으로 하곤 한다는 점성술사들의 말은 맞는 것일까(한승원, 『바다의 뿔』).

갈바람: 뱃사람들이 '남서풍' 또는 '서풍'을 이르는 말. *돛이 올랐다. 썰물에 갈바람을 받아 배는 미끄러지기 시작한다. 사내들은 노를 걷고 자리를 잡는다(오영수, 「갯마을」).

갑판(甲板): (군함·기선 따위) 큰 배 위의, 나무나 철판으로 깔아 놓은 넓은 바닥. *그는 이제야 생각났다는 듯 항해등을 켠다. 어둠 속에 숨어 있던 갑판이 달려들 듯 확 밝아지고 갑판이 밝아지자 배를 중심으로 빛의 우산이 만들어진다(한창훈, 「나는 여기가 좋다」).

개막이: 긴 그물로 연안 바다를 가로질러 막아서 그 안에 든 고기들을 모두 잡는 원시적인 고기잡이 방법. *정짝귀가 돌아간 뒤 그는 보리죽을 끓여 뱃속에 들이붓듯이 마시고, 석담을 하거나 대발을 하는 사람의 집을 찾아다녔다. 오늘 아침 썰물 때에 저쪽에서 개막이(건강망) 그물을 설치하게 될지 모르니까, 지금 모르는 체하고 모두들 나가서 부숴진 발들을 고쳐 놓으라 했다(한승원, 『해일(海溢)』).

개막이꾼: 어살이나 발로 갯벌을 막고 울타리처럼 그물을 쳐 두어 밀물 때 들어온 고기를 썰물 때 잡는 사람. *아버지는 이때껏 몇 차례 개막이꾼들을 이끌고 들어오긴 했어도 집엔 얼씬도 하질 않았던 것이다(한승원, 『해일』).

갯일: 갯벌에서 해산물을 캐는 일. *본디 갯일이란 게 사람의 뼈를 깎는 혹독한 일이다. 농토가 절대적으로 부족한 섬사람들에겐 해초 양식업이란

생명줄이나 마찬가지이다. 여름철에 하는 다시마라든가, 톳, 우뭇가사리 따위가 있긴 하지만, 무엇보다도 섬사람들에게 가장 큰 갯농사는 역시 겨울철의 해태와 미역이다(임철우, 『붉은 산(山), 흰 새』).

갯가: ㉠ 바닷물이 드나드는 강이나 내의 가. 포변(浦邊). *갯가의 키 작은 갈대숲 위로 해당화 나무 서너 그루가 황갈색 낙엽처럼 말라 비틀어져 버린 꽃잎들을 단 채 잇대어 서 있었다(한승원, 『바다의 뿔』). ㉡ 물이 흐르는 가장자리.

고물: 배의 뒤쪽이 되는 부분. 선미(船尾). 꽁지부리. *바다는 정오의 햇빛을 받아 포도알처럼 투명하다. 경만은 고물에 걸터앉은 채 자기 발밑을 내려다보았다(홍성원, 『역조(逆潮)』).

김발: ㉠ 김을 양식할 때, 김의 홀씨가 붙어 자라도록 대, 섶, 그물 따위로 설치한 물건. *그는 청도댁한테서 자고 나오는 길에 응달연안엘 갔던 것이다. 청도댁의 김발 자리에 접발 해놓은 것을 그사이에 누가 손대지 않았는지 살펴볼 생각이었다(한승원, 『해일』). ㉡ 김밥을 말 때 쓰는 발.

까치놀: 석양에 멀리 바라다보이는 바다의 수평선에서 희번덕거리는 물결. *겨울 눈보라 속에 그녀의 남편 만득이의 시신을 뒷산에 매장하고 내려온 그가 댓돌에 엉덩이를 붙이고 앉아 바야흐로 희번죽하게 뜬 먼 바다의 까치놀을 보고 있을 때, 부엌에서 정화 무당이 상복 차림을 한 채 장례 치르고 내려온 판쇠들을 대접하기 위한 술상을 들고 나왔었다(한승원, 『해일』).

난바다: 육지에서 멀리 떨어진 넓은 바다. 먼 바다. *"배다! 배가 들어온다!" 난바다에서 포구를 향해 배 한 척이 빠르게 들어온다. 산역(山役)을 끝내고 앞서 내려가던 청년들이 뒤처진 어른들 향해 커다랗게 고함을 친다(홍성원, 『마지막 우상(偶像)』).

너덜겅: 돌이 많이 깔린 비탈. *뛰어가지 말라고, 당부를 했지만 그는 소나무 숲 칙칙한 산모퉁이 길과 돌무덤 많은 너덜겅 밑을 이것저것 살피면서 느릿느릿 걸을 수가 없었다(한승원, 『바다의 뿔』).

노(櫓): 배를 젓는 기구. *배가 찌우뚱 소리를 냈다. 물새가 소치섬 주위를 희게 맴돌고 있었다. 파도가 쳐들어가고 있었다. 순간, 그는 노를 놓아버리고 그 자리에 털썩 주저앉고 말았다. 그의 희부윰한 시야에는 분명히 자신의 무명바지와 저고리, 그리고 얼기설기한 배 돛이 파도에 풀어져서 떠밀리고 있었기 때문이었다(백시종,「해구(海狗)」).

누엣결: 드높은 파도 위에 생기는 흰 거품. *회진과 덕도 사이의 바다에는 꽃누엣길이 파도 위에 얹혀 내달리고 있었다(한승원,『해일』).

당도리선: 바다로 다니는 큰 나무배. *도선목엔 이물과 고물을 서로 잇댄 행상선과 당도리선들이 달빛 흔전으로 밀리는 강심에 고즈넉이 떠 있었다(김주영,『객주』).

닻: 배를 한곳에 떠 있게 하거나 멈추게 하기 위하여 밧줄이나 쇠줄에 매어 물 밑바닥으로 가라앉히는, 쇠나 나무 따위로 만든 무거운 물건. *거대한 닻이 양옆으로 누워 있고 각단지게 밧줄로 묶여 있다. 저 닻줄을 풀어 본 게 언제던가. 쿠르릉, 바닥을 향해 닻 풀던 소리가 갑자기 귀에 선하다(한창훈,「나는 여기가 좋다」).

대발: 죽렴(竹簾). 대쪽을 엮어 만든 고기잡이 발. *정짝귀는 판철이의 파리한 얼굴을 건너보다가, "그것은 그것이고, 그 자식들이 우리 대발[竹簾] 돌발[石墻]도 못하게 허물어 버리고 찢어 발게 버린대도 그냥 말아 버릴 것인가?" 하고 물었다(한승원,『해일』). *김 한 속을 만들기 위해서는 백 장의 대발이 필요하고, 천 개의 대발을 말려봐야 겨우 열 속을 만들 수 있다(임철우,『붉은 산, 흰 새』).

도래이: 뱃사람들이 고기를 떠 담는 기구. *도래이잡이들은 도래이로 성문다리가 잠길까 말까한 물에서 고기들을 떠서 구덕에 담느라고 정신들이 없었다(한승원,『해일』).

돌발: 석장(石墻). 돌담을 쌓듯이 둘러막은 원시적인 형태의 고기잡이 발(정치망). *판철이 처마 끝으로 눈길을 던졌다. 대발과 돌발 문제는 그를 끝

없이 곤혹스럽게 만들고 있었다(한승원, 『해일』).

도선(渡船): ㉠ 강가의 양쪽을 건너다니는 배. 나룻배. ㉡ 큰 배와 해안을 건너다니는 배. *배를 해안에 댈 수 없으니 후포(後浦) 선착장 쪽으로 작은 도선(渡船)을 대기시키라는 지시도 했다. 30톤 급의 행정선만 해도 후포 포구의 수심이 얕아 해안까지 접안 시킬 수 없는 것이다(홍성원, 『마지막 우상』).

동력선(動力船): 전동기, 내연 기관 따위와 같이 동력을 일으키는 기계에 의해서 움직이는 배. *그들은 K항을 떠나오긴 했지만 가막도 동력선의 입항을 확인해 보지 않았다는 것이다(홍성원, 『마지막 우상』).

돛폭: ㉠ 돛을 이루고 있는 넓은 천. *배가 돛폭에 바람을 가득 담은 채 포구를 뒤로 하고 큰 바다로 나왔을 때 새는 공중을 선회하면서 따라왔다. 저놈이 흑산도까지 따라올 작정일까(한승원, 『흑산도 하늘길』). ㉡ 돛의 너비.

만선(滿船): (여객・짐・고객 등을) 배 가득히 실음. 또는 그 배. *선장으로서 첫 행보 때 동지나해 거친 파도 뚫고 나아가 배 가라앉을 정도로 민어와 농어를 잡아 만선으로 돌아오던 그 기억은 이제 배 잃은 섬 중년의 아련한 추억으로만 남을 것이다(한창훈, 「나는 여기가 좋다」).

만조(滿潮): 밀물로 해면이 가장 높아진 상태. 고조(高潮). 찬물때. *해상은 날이 갈수록 점점 더 넓이를 더해갔다. 드디어는 만조 때가 되어도 돌둑을 넘어드는 파도가 없어지게끔 되었다. 조수는 몇 군데 절강터로 남겨둔 물길을 타고 둑 안을 길게 뻗어 들어왔다 가곤 할 뿐이었다. 제방을 향해 기세 좋게 달려들던 파도들이 넘실넘실 썰물 때까지 둑 안을 기웃거리다가 하릴없이 다시 심해로 물러가버리곤 했다(이청준, 『당신들의 천국(天國)』).

물때: ㉠ 아침 저녁으로 조수(潮水)가 들어오는 때. ㉡ 밀물이 들어오는 때. *물질은 간난이에게 힘든 노동이긴 해도 즐거움도 있었다. 특히 여름철 땡볕에 앉아 캉캉 마른 조밭에 김을 매다가 북창문 터지듯이 시원하기 이를 데 없었다. 물 위는 비단, 물속은 공단 빛이라고 물속 경치는 언제 보아도 아름다웠다(현기영, 「거룩한 생애」). ㉢ 물마루 바다와 하늘이 맞닿는 것처럼 보

이는 두두룩한 부분. *바람도 쉬어 넘는 저 머나먼 물마루를 어디라고 넘어가나?(현기영, 『변방에 우짖는 새』).

밑창: 배나 그릇 따위의 맨 밑바닥을 속되게 이르는 말. *배가 물결에 따라 좌우로 흔들린다. 배 밑창을 때리는 물결소리가 간지럽다(백시종, 「환상(幻想) 바다」).

바다: ㉠ 지구상에서, 육지 이외의 부분으로 소금물이 괴어 있는 곳. 지구 표면적의 약 4분의 3을 차지하여, 3억 6천 만㎢에 이름. 해양(海洋). *길 끝의 철망을 돌아서자 거기에, 지금 막 생겨난 듯한 바다가 있었다. 멀리 희끄무레한 섬이 엎드린 짐승 같은 모습으로 떠 있었다. 섬은 바다 위에 떠 있었지만 구불구불한 길이 드러난 동안은 섬이 아니었다. 육지와 이어진 땅덩이, 섬이 육지와 만나는 사이 바다는 서로 길 양편으로 갈라서고 다시 바다가 만날 때 섬은 뭍에서 떨어져나간다. 이것은 영원한 이별일까. 계속되는 만남일까(서하진, 「제부도」). ㉡ 액체의 많음을 비유하여 이르는 말. ㉢ 일대에 널리 펼쳐져 있음을 비유하여 이르는 말. ㉣ 달의 표면의 어둡게 보이는 부분.

방파제(防波堤): 난바다로부터 밀려오는 거친 파도를 막아 항구 안의 수면을 잔잔하게 유지기하기 위하여 바다에 쌓은 둑. *바람이 분다. 파도가 거세다. 집채 같은 파도가 와와 소리를 지르며 밀려든다. 방파제를 때리고 부서진 파도가 허옇게 거품이 되어 등대 꼭대기를 넘는다. 훈네 집 앞 들길은 완전히 바닷속에 잠겼다. 포구 안에는 쫓겨 들어온 어선들이 서로 어깨를 비비고 있다. 포구 가장자리에도 파도가 한길은 넘게 한길 위로 추어 오른다(이범선, 「갈매기」).

배: 사람이나 물건을 싣고 물위를 떠다니도록 만든 물건. *움직이기 싫어하는 것은 잔파도에 하늘하늘 흔들리고 있는 배[船]도 마찬가지였다. 시동을 걸면 자던 소가 기지개를 켜는 것처럼 부르르 떨며 기계가 살아났다(한창훈, 『섬, 나는 세상 끝을 산다』).

백파(白波): 흰 물결. *아직은 폭풍도 아닐 텐데 해 떨어진 바다를 하얀 백파(白波)가 거칠게 뒤덮고 있다(홍성원, 『마지막 우상』).

뱃사람: 배를 부리거나 배에서 일을 하는 사람. 선인(船人). 수부(水夫). *세 사람의 선주가 공장 주인을 만나보기 위하여 나간 뒤에 뱃사람들은 각기 자기들의 배에 앉아서 생각을 멀리 그리운 고향의 땅 위로 달리기도 하고, 혹 어떤 사람은 콧노래를 부르다가 그대로 잠들어버렸다(김팔봉, 『해조음(海潮音)』).

뱃전: 배의 양쪽 가장자리 부분. *뱃전에서 부서지는 물보라도 빛을 받아 몸통은 바다 깊은 곳에 숨기고 긴 혀만 날름거리는 괴물의 그것처럼 변했다(한창훈, 「나는 여기가 좋다」).

부두(埠頭): 바다나 강기슭에 배를 대어 뭍으로 사람이 타고 내리거나 짐을 싣고 부리도록 마련된 곳. *포구는 장바닥처럼 부산스러워졌다. 여객선과 관광선의 접안 시설과 부두와 선창이 조성되고, 횟집, 여관, 모텔, 나이트클럽, 은행, 노래방, 냉동공장, 공판장, 조선소, 슈퍼마켓, 양품점, 어구상, 낚시관광안내소, 어패류 집하장, 건어물 집하장, 쌀가게, 과일가게, 빵집, 양식당, 설렁탕집, 한식당, 중국음식점, 이발소, 미용실, 다방, 호프집, 생맥주집, 켄터키찻집, 안마시술소, 쾌속보트 타는 곳, 유람선 타는 곳이 생겼다(한승원, 『연꽃바다』).

사리: '한사리'의 준말. 음력 매달, 보름날과 그믐날에 조수가 가장 높이 들어오는 때. 여섯무날. 대기(大起). 대조(大潮). *때가 마침 사리 무렵이었다. 바다는 어느 때보다도 밀물이 높아지는 대신 썰물 때는 또 어느 때보다 바닥이 얕아진다. 지금은 그 바다 밑이 가장 얕아지고 있는 사리 때의 썰물이었다. 물띠는 바다 밑에 숨어 있던 돌둑이 비로소 그 얕아진 물길 속 어디쯤에서 안타까운 발돋움을 해 올라오고 있는 신호였다(이청준, 『당신들의 천국』).

사방(砂防): (산 바닷가 강가 등에) 흙이나 모래 따위가 비바람에 씻기어 무너져 내리는 것을 막기 위해, 나무를 심거나 돌을 쌓거나 하는 일. *그들에게 그늘을 지어 주고 있는 소나무 숲과 사방(砂防)을 위해 심은 골짜기의 아카시아나무 잎사귀들이 쏴아 하는 소리를 내면서 흔들렸다(한승원, 『바다의 뿔』).

선각(船殼): 기관(機關) 및 기타 항해 장비를 제외한, 배의 골격과 외곽을 형성하는 구조. *선각(船殼)에는 군데군데 뻘건 녹물이 흘러내려 멀리서 보면 배는 마치 붉은 노예선처럼 보였다(천금성, 「가장 긴 항해」).

선령(船齡): 배가 진수(進水)한 때로부터 지난 햇수. 배의 나이. *풍어호의 선령(船齡)이 이미 이십을 넘겼고, 전 선주가 사고를 저질러 싼값으로 긴급하게 내놓은. 왈 재수 없는 배였기 때문이었다(백시종, 「망망대해(茫茫大海)」).

선망(旋網): 물속에 수직으로 둘러친 다음 물고기 떼를 가두고 차차 그 범위를 좁히어 잡는, 크고 기다란 띠 모양의 직사각형 그물. *노인의 말대로라면 아주 값싸게 잘 흥정한 튼튼하고 이상적인 배다. 규모가 작긴 하지만 훌륭한 선망(旋網) 시설을 갖추고 있고 선령(船齡)도 십 년 미만이어서 거의 새 배에 가까우며, 멀리 공동 규제 수역까지 나들이하며 고기를 잡을 수 있을 정도의 속력을 갖고 있다는 것이었다(백시종, 「선창가(船艙街)」).

선수(船首): 배의 앞머리. *"이것 봐" 하고 모처럼 모습을 나타낸 선장이 갑판을 내려다보며 우리들의 시선을 불러 모았다. 선수 쪽 양승기 부근에 있는 선원들은 얼핏 선장의 그 말을 못 알아들었으나 현문 가까이의 몇몇은 무슨 구령이라도 받은 병정들처럼 일제히 얼굴을 들고 상갑판을 올려보았다(천금성, 「은빛 갈매기」).

선주(船主): 배의 임자. *풍어호(豊漁號)가 이박 삼 일째 표류하게 된 원인은 순전히 선주(船主) 겸 선장인 김구식(金九植) 씨 때문이었다. 그날 밤 풍어호는 참으로 오랜만에 거의 만선(滿船)에 가까워 있었다. 한데, 구식이 선장은 욕심을 부려 그물을 계속 내리라고 소리쳤으며, 이어서 배의 최대 속력인 7노트 항해를 명령했다. 결국, 그러다가 늙어 빠지고 병들은 풍어호의 기관이 이상이 생겼고, 선체는 도끼에 얻어맞고 쓰러진 황소처럼 툴툴, 경련을 일으키다가 한순간에 숨을 끊었다(백시종, 「망망대해」).

선착장(船着場): 배를 대는 곳. *배는 이 년 어장 다니다 삼 년 내리 선착장에 묶여 있었다. 어장이 죽고 나자 선원들 인건비와 기름 값이 안 빠졌다. 놀면 손해가, 움직이면 손해가 되었다가 가지고 있으면 있을수록 손해로 바뀌었다. 그는 끝내 배를 내놓았다(한창훈,「나는 여기가 좋다」).

선창(船艙): ㉠ 물가에 다리처럼 만들어 배를 댈 수 있게 마련한 곳. *선창 끝에 맴돌던 갈매기들이 물에 잠길락말락하는 바위 끝으로 날아가 앉아 있었다(한승원,『바다의 뿔』). ㉡ 배다리.

선창가(船艙街): 배를 대고 짐을 실을 수 있도록 만든 부둣가. *동생리 선창가는 또 한 번 들어오고 나가는 사람들로 장관을 이루었다. 들어오고 나가는 사람뿐 아니라 이들을 맞아들이고 떠나보내는 사람들의 수는 그보다도 더 많았다. 어둠이 내리기 시작한 선창 일대는 섬에서 켜들고 나온 횃불로 해서 주위가 온통 대낮처럼 밝았다. 들어오는 사람을 맞는 쪽은 십 년도 더 떨어져 있던 사람을 만난 듯이 흥분에 들떴고, 거꾸로 사람을 일터로 내보내는 쪽은 모처럼 당해보는 이별이 안타까워 눈시울까지 적셔가며 쉽사리 발길들을 돌이키지 못했다(이청준,『당신들의 천국』).

수심곽: 잠녀들이 깊은 물에 들어가서 채취한 미역. *해촌의 어부들은 끽해야 팔을 뻗으면 손이 육지에 닿을 것 같은 연안을 맴돌면서 생선 몇 뭇 낚아 말리거나, 곽전에서 수심곽과 오들곽을 걷어내는 일에 생계를 유지했다. 고포리 해안을 따라 10여 리에 형성된 바위 밭의 돌곽 미역은 얕은 수심에서 햇볕을 보고 자라 검푸른색을 띠고 잡벌레가 없을뿐더러 국을 끓이면 그 향기가 온 방안에 퍼졌다. 동짓달에 시작해서 이듬해 4월 사이에 채취한 미역은 크기도 일반 미역이 따르지 못해 고려시대부터 진상품으로 명성이 자자하였다(김주영,『객주』).

수평선(水平線): 하늘과 바다가 멀리 맞닿아 경계를 이루는 선. *고기마저 시답지 않았다. 그래서 우리들은 먼 수평선이나 멀거니 바라다보며 허망한 기쁨과 흙내음의 공허감과 아릿한 향수 같은 것들을 가슴속 깊숙이서부터 응어리로 게워내고 있다(천금성,「천생 너는 놈」).

어구(漁具): 고기잡이에 쓰는 기구. *묵은 짚단과 멸치잡이 어구들을 방문 앞에 쌓아놓고서, 한낮에도 꼼짝없이 그 안에서 숨을 죽이며 지내던 어느 날 밤이었다(임철우,『붉은 산, 흰 새』).

어유(魚油): 물고기에서 짜낸 기름. *이것을 보고 있던 일꾼들도 신명이 나서 기다란 산대로 가마의 고기를 착기(搾機) 밑에 놓인 통으로 퍼서 옮겼다. 그리고서 그 위를 부대 쪽으로 덮고 통 안에 들어가는 나무뚜껑을 올려 놓고 착기를 손으로 잡아 돌렸다. 거꾸로 매달린 착기가 점점 아래로 향하여 내려오면서 통 안의 고기를 덮어 누를수록 통의 주위로 돌아가면서 벌려진 구멍으로부터 고기에서 흐르는 물과 기름이 겉으로 쏟아져 나오기 시작했다. 그리하여 이렇게 짜지는 기름과 물은 콘크리트 바닥에 옴폭하게 파인 도랑으로 흘러서 한편 끝에 땅을 파고 묻은 커다란 탱크 속으로 흘러 들어갔다. 그리고 이 탱크에 모인 물과 기름은 저절로 유리 작용(遊離作用)을 일으켜 물은 밑으로 가라앉고 기름은 위로 떠서 모였다. 다음에서 다음으로 새로 퍼담은 고기가 충분히 익은 뒤에는 그것이 두 개의 착기 밑에 놓인 통에서 눌려 짜져 가지고 쉴 새 없이 탱크로 모여들어서 순식간에 첫째 탱크 하나가 하나 가득하게 되자, 둘째 탱크와 칸을 막은 송판쪽 위에 있는 문으로부터 노란 기름만이 흘러 넘어갔다. 이와 같이하여 셋째 탱크까지 넘어온 기름은 정제(精製)된 비교적 상등의 어유(魚油)로서 바셀린, 글리세린은 물론이요, 기계유(機械油)와 또는 빨랫비누 등 화학 공업품의 원료(原料)로 쓰이는 것이었다(김팔봉,『해조음(海潮音)』).

어족(魚族): 물고기의 종족. *나는 눈을 감고 잠시 그 행복스러울 어족(魚族)들의 여행을 머릿속에 그려본다. 난류(暖流)를 따라서 오늘은 진주의 촌락, 내일은 해초의 삼림으로 흘러 댕기는 그 사치한 어족들. 그들에게는 천기예보(天氣豫報)도 트렁크도 차표도 여행권도 필요치 않다. 때때로 사람의 그물에 걸려서 호텔 식탁에 진열되는 것은 물론 어족의 여행 실패담이지만 그것도 결코 그들의 실수는 아니고 차라리 카인의 자손의 악덕 때문이다(김기림, 「여행」).

어창(魚艙): 잡은 물고기를 보관하여 두는 어선 안에 있는 창고. *나는 어창 뚜껑을 머리로 치받아 열어젖히고 갑판 위로 뛰어올랐다. 선실 안에서 핸들을 잡고 있던 주인님은 나를 보자 깜짝 놀랐다(김훈, 『개』).

어판장(魚販場): 물고기를 비롯한 수산물을 도매로 파는 시장. *고기를 팔아야 할 사람도 고기를 사야 할 사람도 모두 어판장에 모여 손가락을 폈다 오그렸다, 팔을 들었다 내렸다 하며 고기를 사고파는 것입니다(백시종, 「배가 산으로」).

어획(漁獲): 바다나 강 등에서 물고기, 해초 따위의 수산물을 잡거나 채취하는 것. *그날따라 어획도 신통치 않아 갑판은 매우 한가한 한나절을 보내고 있었다(천금성, 「열길 물속」).

어획물(漁獲物): 바다나 강 등에서 잡거나 채취한 물고기, 해초 따위의 수산물. *우리의 수입은 어획물에 있습니다. 그러니까 고기를 많이 잡으면 많이 버는 것이고, 적게 잡으면 적게 벌고, 못 잡을 때믄 한 푼도 찾을 돈이 없게 되는 것입니다(백시종, 「배가 산으로」」).

역조(逆潮): ㉠ 배의 진행 방향과 반대 방향으로 흐르는 조류(潮流). *뱃전에 부딪친 물결이 뒤로 뒤로 흘러간다. 항로는 한 시간 전에 정남(正南)에서 남동으로 바뀌었다. 바람은 별로 없고 조류는 가벼운 역조(逆潮)다. 그는 고물에서 일어나 기관실 쪽으로 걸어갔다(홍성원, 『역조(逆潮)』). ㉡ 바람의 방향과 반대 방향으로 흐르는 조류.

연락선(連絡船): 해협(海峽)이나 만(灣), 큰 호수 따위에서, 양안(兩岸)의 육상 교통을 연락하는 선박(船舶). *연락선이 두 등대 사이를 미끄러져 들어와서 종의 앞에서 크게 원을 그으며 손님을 맞을 사람들은 빨리 부두로 모이라고 이르기나 하듯 감나무 잎이 파르르 떨도록 한 번 더 크게 고동을 울린다(이범선, 「갈매기」).

예인(曳引): (줄을 매어) 다른 배를 끎. *그러나 결코 구식이 선장이 그 일 때문에 절망하지 않았다. 그는 경험에 비추어 풍어호가 다른 배에 곧 구조 예인(曳引)되리라 믿고 있었다(백시종, 「망망대해」).

오들곽: 얕은 물에서 낫대로 건진 미역.

우현(右舷): 배 뒤쪽에서 뱃머리를 향하여 볼 때, 오른쪽 뱃전. *검은 물체 앞에서 긴장하기는 우현도 마찬가지였다. 그러나 좌현이 먼저 보고하는 소리를 들었을 때 우현은 억울한 발등을 찧었다. "우현 전방이라니?" 좌현이 보고하면서 우현 전방을 들먹거린 건 명백한 영해 침투다. 고자질이다. 설령 자기 영해인 것이 맞다 하더라도 그것을 남의 영역인 것처럼 갖다 댄 것도 비겁했다. 좌현이면 좌현 전방만 책임지든지, 아니면 우현이라고를 말았어야 한다(송하춘, 『태평양을 오르다』).

원양(遠洋): 육지에서 멀리 떨어진 큰 바다. *풍향계 화살이 쉴새없이 방향을 바꾸며 어두운 원양을 가리켰다(김훈, 「항로표지(航路標識)」).

이물: 선두(船頭). 배의 머리. 뱃머리. *구식이 선장은 밧줄이 매어 있는 이물[선두(船頭)] 쪽으로 몸을 날렸다(백시종, 「망망대해」).

입질: ㉠ 낚시할 때, 물고기가 낚싯밥을 건드리는 일. *그때 입질이 왔고 그는 반사적으로 줄을 낚아챘다. 올라온 놈은 갈치. 다행히 물었다(한창훈, 「나는 여기가 좋다」). ㉡ '함부로 입을 놀려 말하는 짓'을 속되게 이르는 말.

잠녀(潛女): 잠수(潛水)하는 일을 업으로 하는 여자. 해녀(海女). *잠녀들이 하얗게 물가로 밀려가 차례차례 물결에 몸을 실었다. 여옥이 바닷물에 물안경을 헹구어 눈에 맞춰 쓰면서 옆을 보니, 영녀가 물옷 입은 채 오줌을 누면서 그것을 받아 물안경을 헹구는데 팡팡한 엉덩이를 내리고 엉거주춤 쪼그려 앉은 품이 꽤나 익살맞았다. 생오줌으로 물안경을 닦으면 뿌연 김이 덜 서리는 법이었다. 셋이 한 동아리가 된 여옥네는 다른 잠녀들 틈에 섞여 물에 뜬 태왁을 안고 앞으로 기운차게 헤엄쳐 나갔다(현기영, 『바람 타는 섬』).

저예망선(低曳網船): 저인망선(低引網船). 저인망(低引網)으로 고기를 잡는 배. 트롤선. *풍어호의 경우 저예망선(低曳網船)이므로 바닷속 깊은 고기만을 잡는다. 바닷속 깊은 고기는 주로 배때기를 벌에 닿게 헤엄쳐 다니는 가자미·장어·낙지·문어·참게·양태·홍어·개가오리·노랑점무늬 참가오리 등인데, 큰 바다로 나올수록 큰 고기가 잡히기 마련이었다(백시종, 「망망대해」).

젓감: 젓을 만들 만한 재료. *멸치가 모래 위에 하얗게 뛴다. 아낙네들은 뛰어오른 멸치들을 주워 담기에 바쁘다. 후리는 끝났다. 멸치는 큰 그물 쪽자로 광주리에 퍼서 다시 돌(시멘트)함에 옮겨 잡어를 골라낸다. 이래서 멸치가 굵으면 젓감으로 날로 넘기기도 하고, 잘면 삶아서 이리꼬를 만든다(오영수, 「갯마을」).

주낙: 물고기를 잡는 제구의 한 가지. 얼레에 감은 낚싯줄에 여러 개의 낚시를 달아 물속에 넣어 두고 물살에 따라 감았다 풀었다 하여 물고기를 낚음. *배는 있는 힘을 다해 주낙을 따라갔고 양승기는 윙윙 소리를 내며 주낙을 감아들이고 있다(천금성, 「은빛 갈매기」).

주낙배: 주낙을 갖추어 고기를 잡는 배. *"조선놈들은 게우 대구리선 몇 척 가지고 길목 나쁜 데를 훑어야 하고 주낙배를 의지해야 하고, 다만 하나 결판낼라꼬 덤비는 기이 봄철의 멸어장이라. 돈푼 있는 것들, 아니믄 빚을 끌어댕기서 대가리 싸매고 디리덤비지마는 그거는 노름과도 같아서 운수 좋으믄 돈방석에 앉고 운수 불길하믄 빚더미 위에 앉고, 해마다 망하는 자 흥하는 자 물갈이가 심하제. 하니 어장애비들 노름하는 기분, 그거야 머 어쨌거나 돈방석에 앉든, 빚더미 위에 앉든 왜놈들한테 비하믄 새 발의 피고 젓꾼들이 거머쥐는 돈이라는 것도 가랑잎 같은 건데"(박경리, 『토지』).

중선(重船): 큰 고기잡이 배. *사포곶은, 충청도 해안에서 그 볼품이 그 중이라는 소리를 예로부터 듣던, 조갑지마냥 오목하면서도 후미진 어항이었다. 좌우론 무챙이와 거른개라는, 중선깨나 붐비는 착실한 어항이 부축하고 있었으며, 도리께, 쇠께, 요까티 등, 바다 없인 못 살아갈 부락이 잇달아 둘러싸고 있은, 무반향(無班鄕)5)이면서도 그렇잖게 조용한 어촌이었다(이문구, 「해벽(海壁)」).

집어등(集魚燈): 밤에 불빛을 보고 모여드는 물고기를 잡기 위하여 배에 켜는 등불. *그는 집어등도 켠다. 엔진을 약하게 해놓은 탓에 보통의 백열등을 켜 놓은 것만하다. 갑판이 조금 더 밝아지고 어둠의 혼령들은 반 뼘 정도 뒤로 물러난다(한창훈, 「나는 여기가 좋다」).

채취선(採取船): 강이나 바다에서 나는 것들을 따거나 잡아서 거두는 배. *앞바다엔 김이며 미역 양식발들이 새까맣게 떠 있고, 참빗살처럼 촘촘한 양식발 사이사이에 채취선들이 떠 있는 게 보였다(임철우, 『붉은 산, 흰 새』).

출어(出漁): 바다로 고기를 잡으러 나감. *바닷가에는 대여섯 척의 어선이 근래 통 출어를 하지 않았는지 바다에 등을 돌린 채, 뭍에 비스듬히 끌어올려져 있었다(최성각, 「앞으로 가는 고기 뒤로 가는 고기」).

출항(出港): 배가 항구를 떠남. 발항(發港). *진수는 시계를 들여다보았다. 일곱시 오십분. 출항 시각이 벌써 이십여 분이 지나도록 낙일도행 객선은 선착장에 묶여 있는 채였다(임철우, 『붉은 산, 흰 새』).

파구(波丘): 물결이나 음파 따위의 파장에서 가장 높은 지점. *물은 파구(波丘)를 횡렬로 연대해서 산맥처럼 달려들었다(김훈, 「항로표지」).

파도(波濤): 큰 물결. 일반적으로 바다에서 발생하는 풍랑이나 너울을 통틀어 이르는 말로 쓰인다. *대답을 해준 것은 아마도 바위 등에 부닥치던 파도의 거친 소리가 아니었을까. 아무것도 생각하지 말라고, 삶이란 흘러가다가 부딪치고, 부딪쳐서는 부서지지만 다시 한몸으로 뒤엉켜 바다가 되는 것이라고, 바다, 바다를 생각하라고, J와 그녀는 그 깊은 바다를 바라보고 있었다. 보온병에 담은 소주 한 병이 단숨에 사라지는 동안 어느새 어둠이 기어오고 있었다. 그리고 그 어둠의 길이만큼 발치 바로 앞까지 대들 듯이 달려드는 파도, 어느새 고개를 들면 다시 바다 속에 편안히 누워 있는 파도, 파도

---

5) 예전에, 사대부나 양반이 살지 않는 궁벽진 시골을 이르던 말.

를(김인숙, 「바다에서」).

패류(貝類): 연체동물 중 패각(貝殼)을 갖춘 동물을 통틀어 이르는 말. *용녀는 어찌할 수 없는 사람이었다. 어류(魚類)도 패류(貝類)도 아니었다(한승원, 『바다의 뿔』).

펄: ㉠ '개펄'의 준말. *허리를 굽혀 게를 구럭으로 집어넣었다. 햇빛은 펄 위로 줄기차게 쏟아져 내렸다. 허리를 구부릴 때마다 등허리가 따가웠다. 바위틈에서 한 마리 두 마리 집어넣은 게가 어느새 구럭을 가득 채웠다(김종성, 「수국(水菊)이 있는 풍경」). ㉡ 아주 넓고 평평한 땅.

항적(航跡): 선박이 지나간 뒤에 남은 자취. *던져진 브이들이 항적을 따라 한 줄로 물 위에 떠서 간들거리는 게 보였다(천금성, 「열 길 물속」).

항해(航海): 배를 타고 바다 위를 다님. *바로 이 항해에서 저는 삶과 죽음의 경계선을 오락가락하기 여러 번일 만치 큰 부상을 입었던 것입니다(천금성, 「무인도(無人島)」).

항해등(航海燈): (밤에 진행 방향 따위를 나타내기 위하여) 항해 중의 배가 켜는 등불. *항해등 불빛은 아내의 머리칼에도 찾아왔다. 끝이 흰색으로 변해 마치 머리카락부터 늙는 병에 걸린 듯 보인다(한창훈, 「나는 여기가 좋다」).

해감: (흙과 유기물질이 섞여) 물속에 생기는 냄새나는 찌끼.

해감내: 해감의 냄새. *칠보는 얼굴을 험상궂게 일그러뜨린 채 눈을 힘주어 감고 있었다. 어머니의 몸 어딘가에서 냄새가 나곤 했다. 견딜 수 없는 냄새였다. 학질을 떼기 위해 꺾어다가 코에 대 주곤 하는 나무 잎사귀 냄새 같기도 했다. 시궁창의 시고 쿠릿한 해감내 같기도 했다. 빈대나 무당벌레를 으깨어 죽였을 때 나는 고약스런 냄새 같기도 하고, 쥐 썩은 냄새 같기도 했다. 그걸 오래 맡고 있다가 보면 구역질이 나고 머릿속이 온통 몽롱해졌다(한승원, 『해일』).

해난(海難): 항해 중에 만나는 재난. *다행이랄까, 그 사이 큰 해난(海難) 같은 건 경험하지 못했다. 태풍을 만나 생명을 떠바칠 만큼의 일도 없었고 대서양의 시퍼런 바닷물 속에다 장사를 지낼 생목숨도 없었다(천금성, 「기나긴 항해」).

해면(海面): 바다의 표면(表面). *해면은 은빛 비단결로 하느작이고 배는 언제나 그 위를 미끄러진다(천금성, 「은빛 갈매기」).

해명(海鳴): (폭풍우의 전조로) 바다에서 들려오는 먼 우레와 같은 소리. *맨날 보아야 그게 그거뿐인 하늘과 바다. 어느 한 나절 잔잔하다 싶으면 다음 순간엔 세상이 온통 해명(海鳴)과 비말과 강풍과 파도의 더미로 바뀌어져 있다! 그 간단없이 뒤바뀌는 시계 속에서 고기를 잡겠다고 낚시를 풀어 던지고 또 걷어 올리는 것이다(천금성, 「출항 연습」).

해송(海松): ㉠ 바닷가에서 나는 소나무를 통틀어 이르는 말. *들릴 듯도 한 강문의 저문 파도소리가/가볍지도 않고 무겁지도 않은 바람에 얹혀/해송 숲에 와서야 솨 솨 풀어질 때/가을 저녁에만 어둑한 솔숲을 걸어/눈물 속으로 사라지는 파도 소리가 거기에 있다는 걸/알게 되었네(심재휘, 「초당이라는 곳」) ㉡ 곰솔.

해신(海神): 바다를 다스리는 신. *해신은 마을 사람들이 '물 아래 긴 서방'이라고 부르는 신이었다. 그 신은 몸을 사리면, 팔 척 장신의 남자만큼 하여지지만, 그 몸을 늘이면 이 바다 안에 꽉 들어찰 만큼 크다고 했다. 그 신은 수천 만의 수부들을 거느리고 있었다. 수부란 억울하게 물에 빠져 죽은 귀신들이었다. 그 해신은 그 귀신들을 그렇듯 많이 거느리고 있는 만큼 권능도 대단하여, 마음이 내키키기만 하면, 이 바다로 수없이 많은 고기나 먹장 같은 김이나 미역이나 조개들을 끌어다가 놓기도 하고, 심술이 끓어나면 그것들을 모두 다른 바다로 몰고 가버리기도 한다고 했다(한승원, 『바다의 뿔』).

해역(海域): 바다 위의 일정한 구역. *그럴 때마다 나는 수평선을 바라보며, 들떠 오른 감정을 가라앉혀야만 했다. 그러나 그런 불안과 흥분은 옛날의 모험을 되풀이해 보려는 것은 아니다. 옛날과 같은 모험은 아니라 해도 내가 찾는 것은 잃어버린 해역(海域)이다. 지금 다시 그 장소를 찾았다 해서,

이미 사라진 추억과 못 박혀진 슬픔이 환희로 바꿔지지 못할 것은 뻔한 일이다(정한숙, 「IYEU도」).

해조류(海藻類): 바다에서 나는 조류를 통틀어 이르는 말. 마풀. 바닷말. 해초(海草). *노을과 해와 달과 구름과 안개와 비와 눈을 따라 타오르고, 반짝거리고, 꽃단장을 하는 강물도 되고, 바닷물로 되고 싶었다. 그 속에 용해되어 있는 해조류(海藻類)나 요정이 되고 싶었다(한승원, 『바다의 뿔』).

해조음(海潮音): 조수가 흐르는 소리. 파도소리. 조음(潮音). *이튿날 아침에는 높바람 긴 샛바람이 전날보다 더 거세게 불었고, 하늘에는 비 실은 먹장구름이 수런거리며 달리고 있었다. 앞산 잔등을 넘어온 해조음은 맹수들의 으르렁거림처럼 두 마을을 흔들어댔다. 여느 해의 늦은 가을에는 잘 불지 않던 높새바람이었다(한승원, 『바다의 뿔』).

해풍(海風): ㉠ 해상에서 부는 바람. ㉡ 낮 동안 바다에서 뭍으로 부는 바람. 바닷바람. 해연풍(海軟風). *나는 선착장에 나와서 해풍에 실려 오는 앞섬 무덤들의 냄새를 맡거나 겨울 달밤에 눈 덮인 무덤을 바라보기를 좋아했다(김훈, 『개』).

현문(舷門): 뱃전에 나 있는 문. *그는 현문 가까이의 갑판에서 종일을 뜨음하다 방금부터 떼지어 잡아올린 고기들을 처리하느라 눈 코 뜰 새가 없었다(천금성, 「해저 아래로」).

화장(火匠): 배에서 밥하는 사람. *봄과 여름 동안 해초를 뜯느라고 비린내가 포구에 넘치고, 토선(土船)과 만장이, 당도리선들이 황산(黃山)과 세도(世道)로 마주 나누어진 포구에 담처럼 둘러서서 꽹과리를 쳐댔고 화장(火匠)들이 내뿜는 연기로 포구의 하늘은 다시 암회색의 바다였다(김주영, 『객주』).

후리막: 후릿그물로 물고기를 잡는 후리질을 위해 임시로 지어 놓은 집. *초여름이었다. 어느 날 밤, 조금 떨어진 멸치 후리막에서 꽹과리 소리가 들려왔다. 여름 들어 첫 꽹과리다. 마을은 갑자기 수선대기 시작했다. 멸치 떼가 몰려온 것이다. 멸치 떼가 들면 막에서는 꽹과리나 나팔로 신호를 한다.

그러면 마을 사람들은 막으로 달려가서 그물을 당긴다. 그물이 올라 수확이 많으면 많은 대로 적으면 적은 대로 '짓'이라고 해서 대개는 잡어(雜魚)를 나눠 받는다. 수고의 대가다. 그렇기 때문에 후리를 당기러 갈 때는 광주리나 바구니를 결코 잊지 않았고 대부분이 아낙네들이다. 갯마을의 가장 풍성하고 즐거운 때다(오영수,「갯마을」).

후리기: 강이나 바다에 넓게 둘러친 후에 그물 양쪽에서 여러 사람이 끌줄을 잡아당겨 물고기를 잡는 큰 그물. *멸치 후리기가 있고 나서 며칠 후인 10월 7일에 제주읍에서 산지항 매축공사를 하던 인부 백여 명이 임금 인상을 요구하며 파업에 들어갔다는 소식이 들려왔다(현기영,『바람 타는 섬』).

흘수선(吃水線): 배가 잔잔한 물에 떠 있을 때 선체와 수면이 접하는 분계선. *바로 뱃전 아래 흘수선(吃水線)을 내려다보면 예쁜 물결이 찰랑이고 있습니다(천금성,「무인도」).

제2장 2차산업 산업어와 표현

　농업, 임업, 목축업, 수산업 같은 1차산업으로부터 공급되는 원료를 가공하여 소비재나 생산재를 만드는 경제활동을 2차산업(二次產業)이라고 지칭한다. 2차산업은 광업, 제조업, 토목, 건축업, 전기, 가스, 수도업 등이 여기에 속한다.

　공업 어휘는 송영(宋武鉉), 이북명(李北鳴) 같은 카프(KAPF)[1]계열 작가들의 작품과 조세희(趙世熙), 황석영(黃晳暎), 방현석2)의 소설에서 많이 채록된다.

　그리고 광업 어휘는 해방 전에는 이기영(李箕永), 안회남(安懷南) 등의 소설작품에서 보이고 해방 후에는 강원도 출신 작가인 김종성(金鍾星), 최용운

---

1) 염군사(焰群社)와 파스큘라(PASKYULA)가 통합하여 1925년 8월에 결성된 사회주의 문학단체인 조선프롤레타리아예술가동맹을 말한다. 프롤레타리아 문학과 계급혁명운동을 목적으로 삼았던 '카프(KAPF)'는 에스페란토어인 'Korea Artista Proleta Federacio'의 약자이다. 대표적인 작가와 작품으로는 소설에 조명희(趙明熙)의 「낙동강(洛東口」, 최서해(崔曙海)의 「홍염(紅焰)」, 송영(宋武鉉)의 「석공조합 대표(石工組合代表)」, 한설야(韓雪野)의 「과도기(過渡期)」, 이기영(李箕永)의 『고향(故鄕)』과 「서화(鼠火)」, 이북명(李北鳴)의 「질소비료공장(窒素肥料工場)」 등이 시에 임화(林和)의 「우리 오빠와 화로(火爐)」, 유완희의 「우리들의 시」 등이 있다. 한편 평론에서는 김남천(金南天), 박영희(朴英熙), 김팔봉(金八峯) 등이 두드러지게 활동했다.
2) 본명은 방재석(邦幸碩)이고, 방현석은 필명이다.

(崔龍雲)의 소설, 그리고 정일남(鄭一南)의 시에서 채록된다. 문학 작품에서 구사된 어휘가 작가의 삶과 분리될 수 없음을 보여주는 사례라고 하겠다.

1. 공업 어휘와 표현

가마(釜): ㉠ 질그릇·기와·벽돌·숯 따위를 구워내는 구덩이. ㉡ 해탄로(骸炭爐)·용광로 따위를 달리 이르는 말. *용광로의 아궁이는 한 개에 세 군데씩 있다. 앞으로 있고 좌우로 있다. 그리고 뒤쪽만은 굴뚝으로 통하게 되었다. 그리고 굴뚝에는 커다란 가마(釜)가 걸렸다. 내버리는 연기조차 그냥 버리기는 아까우니까 나가는 길에 물이나 뜻뜻하게 데어놓고 나가란 말이다(송영(宋武鉉), 「용광로(鎔鑛爐)」).

강철판(鋼鐵板): 강철로 만든 철판. 강판. *두께가 일 촌이 넘는 강철판으로 꾸민 변성탱크……직경이 열 자나 되고 높이가 이십 자 가량 되는 무거운 탱크는 이십 자나 되는 쇠기둥 위에 올라앉았다. 이 탱크로부터 마치 나무가 뿌리를 사방에 퍼듯이 색 페인트로 장식한 파이프가 온 직장 안에 퍼졌다. 이 탱크 안에서 암모니아, 유산, 탄산이 몇 백 기압으로 화합하여 지독한 약품을 만들어낸다. 이 약품을 인광석(燐鑛石)과 화합시키면 유인산비료(硫燐酸肥料)가 되는 것이다(이북명, 「출근정지(出勤停止)」).

경영인(經營人): 기업을 경영하는 사람. *수많은 공장, 그 공장을 움직이는 경영인들, 그리고 그 경영인들을 움직일 수 있는 사람은 서울에 있었다. 그들은 공장 기계를 돌리기 위해 물리적인 힘만을 사용하고, 그 힘의 일부로 은강의 공해도를 측정, 발표했다(조세희, 「기계도시(機械都市)」).

공업용수(工業用水): 공업의 생산 과정에 필요한 물. *세상에 '낙동강 하구

둑 공사'로 알려진 건설계획에 의하면, 세계은행(IBRD) 차관 7천 3백 50만 달러 등 나라 안팎 돈을 합쳐 자그마치 1천 9백 44억 원이 들어갈 이 공사는 하단에서 일웅도, 을숙도, 명지에 걸쳐 높이 여자의 땀내와 고치 삶는 냄새가 끈적하게 공장 안에서 용두리쳤다. 지옥이다. 산지옥이다. 18.7미터에 길이 2.4미터의 제방을 쌓고 그 위에 4차선 도로를 건설하는 것으로 되어 있다. 공사 후 염분을 막아 공업용수 및 상수도 공급원을 확보하고, 매립지에 대규모 공단부지를 조성한다는 것이 건설하는 쪽의 주장이었다(조세희,『침묵의 뿌리』).

공원(工員): 공장의 노동자. *우리는 그룹 본부 이사와 비서실 사람들 사이에 앉아 기다렸다. 서기가 들어와 법대 아래 중앙 그의 자리로 가 앉았다. 공판 때마다 법대 아래 중앙 자리에 앉아 있는 그를 나는 보았다. 법정 안이 더워지기 시작했다. 창문을 모두 닫았기 때문에 공기가 탁했다. 촘촘히 들어찬 공원들의 몸에서 참기 어려운 냄새가 났다. 냉방기에서 뿜어져 나오는 찬 공기가 공원들의 몸 열기를 이겨내지 못했다. 그들이 몸 냄새만 풍기지 않았더라도 참기가 쉬웠을 거였다. 갑자기 생각이 났는지 사촌이 방청석을 돌아보았다. 지섭이 보이지 않는다고 그가 말했다. 나도 돌아보았다. 정말 없었다. 공판 때마다 남쪽에서 기차를 타고 올라왔던 그가 정작 선고 공판정에 모습을 나타내지 않은 까닭을 나는 알 수 없었다. 난장이의 작은아들도 우리처럼 돌아보았다. 부인이 작은아들을 잡아 앉혔다. 겁을 먹었구나! 나는 단정했다. 한지섭은 비겁자다!(조세희,「내 그물로 오는 가시고기」).

공장(工場): 근로자가 기계 등을 사용하여 물건을 가공·제조하거나 수리·정비하는 시설, 또는 그 건물. *계속 조업 공장의 새벽 교대반원 얼굴에는 잠이 그대로 붙어 있었다. 그들은 잠을 쫓기 위해 잠 안 오는 약을 먹고 일했다. 영국의 상태는 아주 끔찍했었던 모양이다. 로드함 공장에서는 어린 공원들이 정신을 차리게 하기 위해 채찍질을 했다는 기록을 나는 읽었다. 이 로드함 공장이 오히려 인간적이었다는 기록도 나는 읽었다. 리턴 공장에서는 어린 공원들이 한 공기의 죽을 먹기 위해 서로 싸웠다. 성적 난행도 당했다. 공장 감독은 무서웠다. 공원들의 손목을 묶어 기계에 매달았다. 공원들의 이를 줄로 갈아버릴 때도 있었다. 리턴 공장의 공원들은 겨울에도 거의 벌거벗고 일했다. 하루 열네 시간 노동은 보통이었다. 공장 주인은 노동자들이 시계를 갖는 것을 금했다. 하나밖에 없는 공장 표준 시계가 밤늦게까지 일을 하게 했다. 이들 노동자와 가족들이 공장 주변에 빈민굴을 형성하고 살았다. 노동자들은 싸고 독한 술을 마셨다. 죽어서 천국에 간다는 복음만이 그들에게 위안을 주었다. 참혹한 생활에서 빠져나오기 위해 아편을 쓰는 사람도 있었다. 자식에게까지 쓰는 사람이 있었다. 공장 주인과 그의 가족들은 상점이 들어선 깨끗한 거리, 깨끗한 저택에서 살았다. 그들은 좋은 옷을 입고 맛있는 음식을 먹었다. 교외에 그들의 별장이 있었다. 신부는 그들을 위해 기도했다. 더 이상 참을 수 없게 된 영국의 노동자들은 공장을 습격했다. 그들이 제일 먼저 때려 부순 것은 기계였다. 프랑스의 철공장에서는 노동자들이 망치 소리에 맞추어 노래를 불렀다. 그 노래는 절망에서 나온 부르짖음이었다 (조세희, 「잘못은 신에게도 있다」).

공장장(工場長): 공장에 딸린 모든 노동 상황을 지휘하고 감독하는 으뜸 책임자. *공장장은 이사였다. 공장장은 서울 본사에서 열리는 이사회에 나가 어깨를 펴고 앉았다. 대표이사가 그를 칭찬했다. 모든 주주들이 그를 칭찬했고, 은강그룹의 총수도 그의 역량을 인정했다. 그들은 낙원을 이루어 간다는 착각을 가졌다. 설혹 낙원을 건설한다고 해도 그것은 우리의 것이 아니라는 생각을 나는 했다. 낙원으로 들어가는 문의 열쇠를 우리에게는 주지 않을 것이다. 그들은 우리를 낙원 밖, 썩어가는 쓰레기더미 옆에 내동댕이쳐 둘 것이다. 그들은 냉·온방기를 단 승용차에 가족을 태우고 가다 교외로 이어진 도로 옆에서 우리를 발견할 것이다. 더럽기도 해라! 그들의 부인이 말할 것이다. 게으른 낙오자들! 그들이 말할 것이다. 그들은 우리에게 일한 만큼 주지 않은 돈에 대해서는 생각하지 않을 것이다(조세희, 「잘못은 신에게도 있다」).

공장주(工場主): 공장을 경영하는 소유주. *이 상태에 비하면 우리 은강 노동자들은 더없이 좋은 환경에서 일하는 것이었다. 매질을 하는 공장주도 없고, 이를 줄로 갈아버리는 공장장도 없었다. 우리 공원들에게는 결코 한 공기의 죽을 얻어먹기 위해 싸울 필요가 없었다. 아편 주사를 맞는 사람도 없었다. 나는 나의 사랑 때문에 괴로워했다. 아버지도 이 사랑 때문에 괴로워했을 것이다. 영국이나 프랑스의 공장주들은 괴로워해본 적이 없을 것이다. 그러나 백육십 년 전에 그 두 나라에 있었던 일을 지금 은강에서 생각한다는 것은 우스운 일이었다(조세희,「잘못은 신에게도 있다」).

공장지대(工場地帶): 공장이 많이 들어선 지대. *내가 흥남(興南) 공장지대(工場地帶)를 찾아온 지도 어느덧 삼 주일이 되었다. 그러나 나는 그 사이에 아무 하는 일 없이 하루를 일 년같이 길게 생각하면서 무심히 지내 보내었다. 원래 주머니가 넉넉지 못한 나는 고향을 떠날 때 동무들에게서 몇 푼씩의 동정을 얻어가지고 내려왔던 것이다. 여관에 들 자력이 없는 나는 흥남에 내려오자 운중리(雲中里)에 있는 인부공동숙박소(人夫共同宿泊所)에 투숙하였다. 바로 지금 내가 있는 집이다. 밥값이 제일 싸기 때문이었다. 나는 하루 이십오 전짜리 밥을 사먹으면서 오늘날까지 직공채용통지서(職工採用通知書)를 기다리고 있다. 내가 흥남에 내려온 목적은 흥남질소비료공장(興南窒素肥料工場)에 들어가서 직공 생활을 해보자는 것이다. 나는 흥남에 내려온 그 이튿날 질소비료공장 본사무실에 서무계장(庶務係長)을 찾아 들어갔다. 나는 나의 고향인 S군 군수의 추천장에서 이력서, 신원증명서, 사진을 첨부한 봉투를 쥐고 접수계에 갔었다(이북명,「공장가(工場街)」).

굴뚝: 불을 땔 때 연기가 빠져 나가도록 만든 구조물. 연돌(煙突). *어머니의 불안한 음성이 높아졌다. 나는 책장을 덮고 밖으로 뛰어나갔다. 영호와 영희는 엉뚱한 곳을 찾아 헤매고 있었다. 나는 방죽가로 나가 곧장 하늘을 쳐다보았다. 벽돌 공장의 높은 굴뚝이 눈앞으로 다가왔다. 그 맨 꼭대기에 아버지가 서 있었다. 바로 한 걸음 정도 앞에 달이 걸려 있었다. 아버지는 피

뢰침을 잡고 발을 앞으로 내밀었다. 그 자세로 아버지는 종이비행기를 날렸다(조세희, 「난장이가 쏘아올린 작은 공」).

금형(金型): 금속으로 만든 주형(鑄型). *용호는 강범의 모습을 물끄러미 바라봤다. 입과는 별개로 강범의 손은 민첩하게 제품을 뽑아 냉각수에 담근다. 이어서 형폐 단추를 누른다. 고속에 맞춰진 금형이 둔탁한 마찰음을 내며 닫힌다. 성형이 되는 동안 냉각수에서 제품을 꺼내 상자에 담근다. 다시 금형이 열리기까지는 3초가 남았다. 강범은 스패너를 두 번 두드리며 자신의 노래에 박자를 넣는다. 신경질적이다. 스패너를 놓는 순간 금형이 열린다. 이 모든 동작에 14초가 걸린다. 표준서보다 5초를 빨리 뽑고 있다(방현석, 「내딛는 첫발은」).

기계(機械): 동력으로 움직여서 일정한 일을 하게 만든 장치. *컨베이어를 이용한 연속 작업이 나를 몰아붙였다. 기계가 작업 속도를 결정했다. 나는 트렁크 안에 상체를 밀어 넣고 두 가지 작업을 동시에 해야 했다. 트렁크의 철판에 드릴을 대면, 나의 작은 공구는 팡팡 소리를 내며 튀었다. 구멍을 하나 뚫을 때마다 나의 상체가 파르르 떨었다. 나는 나사못과 고무 바킹을 한 입 가득 물고 일했다. 구멍을 뚫기가 무섭게 입에 문 부품을 꺼내 박았다. 날마다 점심시간을 알리는 버저 소리가 나를 구해주고는 했다. 오전 작업이 조금만 더 계속되었다면 나는 쓰러졌을 것이다(조세희, 「은강 노동가족의 생계비」).

나사(螺絲): 물건을 죄어 고정시키는 데 쓰는, 나선(螺線) 모양의 홈이 나 있는 것(바깥쪽에 홈이 나 있는 둥근 막대 모양의 것이 수나사, 안쪽에 홈이 나 있는 것이 암나사임). *풍속화 속, 내 앞의 에어드라이버는 공중에 매달려 있다. 피브이시를 고정시킬 나사를 왼손에 쥔 다음 에어드라이버를 잡아당겨 누르면 칙, 바람 새는 소리와 함께 나사가 박힌다. 2번인 외사촌도 마찬가지로 나사를 열 몇 개 박아야 한다. 다만 내 에어드라이버는 공중에 매달려 있고 외사촌 것은 옆에 달려 있다. 말하자면 나는 가운데에 나사를 박는 것이고 외사촌은 앞에 박는 것이다. 처음에 외사촌은 입을 꽉 다물고 컨베이어만 쳐다본다. 공중에서 에어드라이브를 끌어당겨 나사를 박는 일이 천박하게 느껴져 싫은 것이다(신경숙, 『외딴 방』).

노동운동(勞動運動): 근로자가 자기들의 근로 조건의 개선 등 이익을 지키기 위하여 사용자 측을 상대로 단결해서 하는 조직적인 운동. *만약 아버지가 앞으로 우리의 어느 공장에서 노조가 결성될 경우 해당사 중역들은 문책을 당할 것이며, 혼란기에 이미 결성이 된 사의 경우는 그 노조를 접수해 본래의 기능을 바꾸어 놓으라고 곧이곧대로 지시했다면 스스로 권위에 손상을 입힌 모양이 되었을 것이다. 변호인은 끝으로 부연할 말이 없느냐고 물었다. 없을 리가 없었다. 난장이의 큰아들과 자기는 전부터 친교가 있었고, 노동운동을 하면서도 서로의 생각을 주고받아 잘 아는데 난장이의 큰아들은 결국 자기가 가졌던 이상 때문에 많은 고생을 했고, 그가 지금 피고석에 서 있는 것도 그가 가졌던 이상이 깨어지며 나타난 반대 현상으로 생각한다고 지섭이 말했다. 나는 이때부터 심증을 굳혔다. 지섭은 계속해 난장이의 큰아들이 상대한 것은 어떤 계층 집단이 아니라 바로 인간이었다고 말했다(조세희, 「내 그물로 오는 가시고기」).

노사(勞使): 노동자와 사용자. *공장장이 조합 사무실에 큰 화분을 보내왔다. 노사의 경제적인 이익과 산업 평화를 위한 협의가 되기를 바라는 뜻이라고 생산부장이 설명했다. 그들은 조합이 아주 알맞게 힘을 잃었다고 믿었다. 그들은 여느 날과 마찬가지로 해고자와 출근 정지 처분자의 명단을 사무실 앞 게시판에 붙였다. 밤일을 끝낸 아이들과 오후반 아이들이 회의장 앞에 몰려 노사 대표들에게 똑같이 손을 흔들었다. 영이는 나와 함께 토론하고 검토하여 만든 작은 노트를 들고 회의장으로 들어갔다. 영이는 흰 원피스에 흰 구두를 신었다. 영이는 예뻤다. 영희가 영이의 가슴에 진한 보라색 꽃 한 송이를 달아주었다. 아이들이 큰소리로 웃었다. 회사 사람들이 휘파람을 불었다. 영이는 웃지 않았다(조세희, 「잘못은 신에게도 있다」).

녹(綠): ㉠ '동록(銅綠)'의 준말. ㉡ 금속의 표면에 생긴 산화물(酸化物). *종호, 동재는 와이어 브러시로 탱크를 썩썩 닦고는 기름넝마로 문질렀다. 그럴 때마다 녹이 우시시 해어져 떨어진다. 동시에 발간 먼지가 코 안을 쑤신다. 기침이 사태같이 쏟아진다. 이 먼지 가운데서도 마스크도 아무 소용이 없었다(이북명,「암모니아 탱크」).

미싱(sewing machine): (피륙·종이·가죽 따위를) 바느질 하는 기계. 재봉기. 재봉틀. *긴 공장의 밤/시린 어깨 위로/피로가 한파처럼 몰려온다//드르륵 득득/미싱을 타고, 꿈결 같은 미싱을 타고/두 알의 타이밍으로 철야를 버티는/시다3)의 언 손으로/장미빛 꿈을 잘라/이룰 수 없는 헛된 꿈을 싹뚝 잘라/피흘리는 가죽본을 미싱대에 올린다/끝도 없이 올린다(박노해,「시다의 꿈」).

불꽃: ㉠ 붉게 타오르는 불. *오른쪽 언덕 너머 정유공장 굴뚝은 여전히 꽃뱀 같은 불길을 뿜고 있었다. 불꽃은 삼백육십오일 꺼지지 않았다. 불꽃은 바람을 따라 육지 쪽으로 흔들리고, 그 불꽃을 따라 고개 돌리는 순간 발목이 삐끗했다. 왼쪽 무릎을 굽히며 왼손으로 땅바닥을 짚을 때 눈앞의 바다가 비스듬히 기울어졌다. 바다가 만 입구 쪽으로 흘러넘쳤고 만 안의 작은 배들이 덩달아 출렁거렸다. 넘어지는 순간 내가 무엇을 하는지 알아차렸다(김형경,『꽃피는 고래』). ㉡ 금속이나 돌 따위가 서로 부딪칠 때 일어나는 불빛. 화염(火焰).

사용자(使用者): ㉠ 물건이나 시설 등을 쓰는 사람. 사용인. ㉡ 근로 계약(고용계약)에 따라 근로자에게 일을 시키고 그 대가로 보수를 주는 사람. 고용인(雇傭人). *자기와 난장이의 큰아들은 처음부터 평범한 상식에 속하는

---

3) 일하는 사람의 옆에서 그 일을 거들어 주는 사람. '다음 국어사전'에서는 원어가 일본어로 시다바리(したばり)'이며, 순화어가 '곁꾼,' '보조원(補助員)'이라고 기술되어 있다. '시다'의 원어가 일본어인 '시다바리(したばり)'이냐에 대해선 아직 정설이 없다. '시다바리(したばり)'를 일본대국어사전『대사전(大辞泉)』에는 "したばり [下張(り)]: 襖ふすま·壁などの上張(うわばり)の仕上げをよくするため、下地に張る紙や布。また、それを張ること。"(시다바리: 문이나 벽 따위에 종이를 바르기 전에 애벌로 바르는 종이 또는 그러한 일)로 설명되어 있다.

것이지만 일깨워 분명히 해둔 게 있는데 그것은 노동자와 사용자는 다 같은 하나의 생산자이지 이해를 달리하는 두 등급의 집단은 아니라는 것이었다고 설명했다. 그는 한마디 한마디의 말을 또박또박 끊어 정확히 발음하려고 애썼다. 증언대 위의 두 손은 그때 떨렸다. 두 손의 손가락은 다 합해야 여덟 개밖에 안 되었다. 난장이의 큰아들은 고개를 숙이지 않았다. 바로 뒤 방청석에서는 그의 어머니가 목까지 올라온 울음을 눌러 참고 있었다. 나의 심증에 틀림이 없었다. 난장이의 큰아들에게 빛줄기와 같은 깨달음을 준 사람이 지섭이었다. 저희는 사랑이 기본이 되는 같은 이상을 가졌다. 저희는 인간을 괴롭히지 않는다(조세희,「내 그물로 오는 가시고기」).

상여금(賞與金): 관청이나 회사에서 월급과는 별도로 업적이나 공헌도에 따라 직원에게 주는 돈. *노동자1; "일방적인 인상이었습니다. 지급된 상여금도 상여금이라는 이름을 붙일 수 없을 정도였어요. 한 달 잔업 수당 정도였습니다"(조세희,「잘못은 신에게도 있다」).

생산비(生産費): 생산에 드는 비용. 원료비・노임・동력비 등의 가변비용과 사무비, 판매비, 감가상각비, 이자 등의 불변비용(不變費用)으로 나뉨. *지난겨울에 뜨거운 햇볕과 짠 바닷물, 그 바닷물의 짠맛을 그대로 간직한 입맞춤으로 떠올려 본 여름의 향락은 한결같이 추상적인 것들이었다. 우리 동네로 들어서면서 내 작은 차의 유리문을 내리고 바람을 불러들였다. 꽃과 풀 냄새가 바람에 실려 들어왔다. 그 냄새는 법정 방청석을 메웠던 공원들의 몸 냄새와 아주 다른 것이었다. 그들은 너무 더러운 냄새를 풍겼다. 집에 닿자마자 샤워부터 했다. 어머니는 그들이 땀을 흘려 일한 다음 잘 씻지 못해 땀 냄새를 풍기는 것이라고 말했다. 그리고 모든 공장에 충분한 목욕 시설을 갖추려면 생산비 절감을 위한 획기적인 방법을 알아낸다가. 그게 안 될 경우에는 공원들의 임금 인상폭을 낮추어야 한다고 말해 나는 웃었다. 육체를 떠나 영원히 사는 영혼이 정말 있다면 숙부의 영혼은 오늘 어떤 기분일지 모르겠다고 나는 말했다(조세희,「내 그물로 오는 가시고기」).

석공(石工): ㉠ 석수(石手). 돌장이. *쪼고 새기고 갈고 깨트리면서, 서로 웃고 서로 시시덕거리면서, 대동강 물결에 저녁 별빛 나기만 기다리는 그러한 일개 석공의 기분이 되었다. 직업적 기분이 되었다. 요컨대 흥분되었던 감정은 다시 정연한 질서로 돌아왔다. 익진이와 마주앉았다. 장도리로 징을 때렸다(송영(宋武鉉), 「석공조합대표(石工組合代表)」). ㉡ '석공업(石工業)'의 준말.

쇳물: 높은 열에 녹아 액체 상태가 된 쇠. *한쪽 다리를 까딱거리면서 입심 좋게 뽑아대는 그의 재담에 쇳물을 붓던 모두가 키들거렸는데, 그 웃음통에 노련한 천씨도 샤꾸가 흔들려 하마터면 조형틀 구멍 언저리에 쇳물을 질펀히 흘릴 뻔하였다(정화진, 「쇳물처럼」).

수당(手當): 정한 급료 이외에 주는 보수. *노동자 1; "그들은 배운 사람들입니다. 비교할 수가 없어요. 저희들은 배운 사람들에게 아무 기대도 걸지 않아요. 그들은 저희가 줄을 서서 받는 봉투처럼 얇은 것을 받지 않아요. 그들은 또 연 육백 퍼센트의 상여금을 받습니다. 마땅히 받아야 할 연장 근로 수당을 못 받는 것도 그들이 잘못 하는 일예요. 그들이 잘못하는 것을 저희들에게 말씀하실 필요는 없습니다"(조세희, 「잘못은 신에게도 있다」).

여공(女工): '여직공'의 준말. 여자 직공. 공녀(工女). *"거기 여공들이 스트라이크를 일으켰대. 사장은 외제차를 타는데 여공들은 야근수당이 석 달이나 밀렸다잖아. 그것까지는 참았는데 나흘 전에 완제품 납품 숫자가 모자란다고 검사과 여공원들 알몸 수색을 했다더군. 여공원들이 울며불며 야단이 났대. 엎친 데 덮친 격으로 납품 숫자를 채울 때까지 검사과 종업원은 퇴근시키지 말라는 지시가 내렸대"(김원일, 「도요새에 관한 명상」).

연통(煙筒): 양철 따위로 둥글게 만든 굴뚝. *하늘을 찌를 듯이 올라간 저 연통! 그는 바라보기만 하여도 아득하였다. 그는 대동방적공장이 낙성할 때까지 거의 매일 인부로 채용되었다. 그때 그는 그 공장 건축만은 아무러한 위험을 느끼지 않았으나 저 연통을 쌓아 올라갈 때 벽돌 나르던 생각을 하면 지금도 앞이 아찔아찔하고 앞이 핑핑 도는 듯하였다(강경애,『인간 문제(人間問題)』).

열처리(熱處理): 재료를 가열하거나 냉각함으로써 그 기계적 성질을 바꾸는 일. 경도(硬度)를 높이기 위한 담금질 같은 것. *알루미늄 전극제조 공장의 열처리 탱크가 폭발했을 때였다. 주물 공장 용광로에 연결된 탱크가 폭발하는 순간 시뻘건 불기둥이 하늘 높이 솟았다. 쇳물·쇳조각·벽돌·슬레이트 부스러기들이 하늘에서 쏟아져 내렸다. 주위의 공장들도 지붕이 날아가고 벽이 무너지는 피해를 입었다. 우리가 달려가 보았을 때 공장 부근에는 공원들의 몸이 잘려진 채, 여기저기 널려져 있었다. 작은 공장이었으나 한순간 은강에서 제일 큰 소리를 냈다. 겨우 살아난 공원들은 동료의 몸 옆에서 울부짖었다(조세희,「잘못은 신에게도 있다」).

용광로(鎔鑛爐): 높은 온도로 금속 광석을 녹여 무쇠 따위를 제련해 내는 가마. *머지않아 교체될 것이 뻔한 구닥다리였지만 그래도 백상중기 생활 20년이 훌쩍 넘어버린 장씨에게는 더 친숙하게만 느껴지는 역사와 전통의 상징이었다. 조형반의 맨 끝 구석에 우뚝 솟은 그 용광로에는 곡스와 석회, 쇳덩어리들이 수 겹의 층을 이루며 쇳물을 만들어낸다. 노르(쇠를 녹일 때 빼내는 불순물)가 묽은 반죽처럼 로의 옆구리로 꾸역꾸역 밀려나오고 있는 정면 아래쪽에 뚫린 구멍으로는 그래도 순도 높은 물이 찰랑거리며 진흙과 흑연으로 다진 통로를 흘러나와 호이스트에 매달린 수 톤짜리 바가지에 3차 들어간다. 주물생산의 반을 감당하고 있는, 말하자면 엄연한 터줏대감인 셈이다(정화진,『철강지대(鐵鋼地帶)』).

임금(賃金): ㉠ 노동의 대가로 받는 보수. 노임(勞賃). 삯. 삯돈. 노비(勞費). 임은(任銀). *우리는 사랑이 없는 세계에서 살았다. 배운 사람들이 우리를 괴롭혔다. 그들은 책상 앞에 앉아 싼 임금으로 기계를 돌릴 방법만 생각했다. 필요하다면 우리의 밥에 서슴없이 모래를 섞을 사람이었다(조세희,「잘못은 신에게도 있다」). ㉡ 임대차(賃貸借)에 있어서, 차용물 사용에 대한 대가

(代價).

임은(任銀): 임금. *다름질 하는 자, 꼬부린 자, 섰기만 하는 자, 앉았기만 하는 자, 그들은 사나이나 여자나의 구별은 하여간에 사람이라는 것까지도 알 수 없게 되었다. 다만 누르면 들어가고 빼내면 나오는 순전한 기계가 되어 있다. 모두 노래다. 한숨이다. 웃음이다. 부르짖음이다. 역시 전기가 돌아가는 기계소리와 같은 아무런 자유와 또는 감정이 없는 기계의 노래이다. 공장, 사람, 기계의 회전소…… 임은 노예의 대감방!(송영(宋武鉉), 「용광로」).

저임금(低賃金): 낮은 임금. 싼 품삯. *나는 하도 화가나 그의 말을 잘 들을 수 없었다. 그는 콩나물 값, 소금 값, 새우젓 값에서 두통. 치통 약값까지 읽어 내려가더니 도시 근로자의 최저 이론 생계비, 생산 공헌도에 못 미치는 임금, 그리고 노동력 재생산이 어렵다는 생활 상태를 두서없이 주워섬겼다. 물론 아버지를 정점으로 한 거대한 은강그룹의 부의 힘, 그럼에도 불구하고 대기업으로 계속해 받는 지원과 보호, 뛰어난 머리들로 구성된 고학력의 경영집단, 그들이 추구하는 저임금과 높은 이윤, 그래서 이젠 누구나 조금만 생각하면 알 수 있다는 인간 훼손, 자연 훼손, 거기다 신의 훼손까지 들어 이야기했다. 그러니까 아버지에 대한 난장이 큰아들의 말은, 슬픈 일이지만 정말 옳은 것이며, 그가 아버지를 어떻게 할 마음을 가졌던 것은 아버지가 쓴 억압의 중심지에 바로 그가 있었기 때문에 어쩔 수 없는 것이었다고 말했다(조세희, 「내 그물로 오는 가시고기」).

작업복(作業服): 작업할 때만 입는 옷. *영희는 졸음을 못 참아 눈을 감았다. 두 눈을 감은 채 직기 사이를 뒷걸음쳐 걷고 있었다. 그 밤 작업장 실내 온도는 섭씨 삼십구 도였다. 은강방직의 기계들은 쉬지 않고 돌았다. 영희의 푸른 작업복은 땀에 젖었다. 영희가 조는 동안 몇 개의 틀이 서버렸다. 반장이 영희 옆으로가 팔을 쿡 찔렀다. 영희는 정신을 차리고 죽은 틀을 살렸다. 영희의 작업복 팔 부분에 한 점 팔간 피가 내배었다. 새벽 세시였다(조세희, 「잘못은 신에게도 있다」).

잔업(殘業): ㉠ 하다가 남은 일. 유의어 잔무(殘務). ㉡ 정해진 노동 시간이 지난 뒤에 더 하는 일. *한국 제조업자들이 공장노동자를 이렇게 장시간 일하게 만든 주요한 수단은 잔업이었다. 많은 공장에서 정상 근무시간(8~10시간)의 기본급이 너무 낮아서, 노동자들은 그들이 가져가는 임금을 높이기 위하여 어쩔 수 없이 잔업을 하였다(구해근, 『한국 노동계급의 형성』).

전기로(電氣爐): 금속 및 내화물을 녹이고 합금을 만드는 데 필요한 고온을 얻기 위해 전기를 열원으로 이용하는 가열로. *탄가루와 먼지로 맞은편 끝이 보이지 않는, 길이가 200여 미터가 넘는 현장입구로 장씨가 막 들어서자 거대한 덩치의 전기로가 서서히 몸을 기울였다. 아래쪽에 아가리를 맞춰 댄 5톤짜리 바가지에 쇳물이 부어졌다. 완전 자동화된 조절판의 간단한 작동 ―전기 한 방!― 에 의해 크고 작은 쇳덩이들이 부글부글 끓는 진홍빛의 '물'이 되어 2천 도의 열기를 발산하면서 도가니 밖으로 넘쳐 나왔다. 철컥철컥 덜커덩덜커덩 물을 다 채운 바가지가 천장에 매달려 조형반 쪽으로 옮겨졌다(정화진, 『철강지대』).

주강(鑄鋼): 평로(平爐)나 전기로 따위로 정련(精鍊)하여 거푸집에 넣어 주조한 뒤, 열처리로 재질(材質)을 한 강철. *우렁우렁 흉물스런 소리를 지르면서 천정기중기(天井起重機)는 주강(鑄鋼)공장 복판으로 미끄러져 간다. 이천 도의 고열로 끓고 있던 전기로(電氣爐)가 시방 아가리를 벌리고 그 쇳물을 내뿜으려는 것이다(이규원, 「해방공장(解放工場)」).

철매: 연기에 섞여 나오는 검은 가루. 그을음. *동아제사공장 마당 한가운데 하늘을 뚫을 듯이 괴물처럼 높다랗게 솟아 있는 양회 굴뚝에서는 연사흘째 연기가 나지 않았다. 하루도 쉬지 않고 열두 시간 이상씩을 시커먼 연기를 토하던 굴뚝이 편안히 쉬고 있다는 것은 참으로 이상한 일이다. "뚜―소리가 안 나서 때를 몰라 안 됐군." "철매가 날려 오지 않아서 살겠는데." "쉬 끝장이 나지 않으면 밥거리가 걱정이야." 이 제사공장 근처에 살고 있는 사람들 이야기다(윤기정, 「양회 굴뚝」).

철공장(鐵工場): 쇠로 여러 가지 기구를 만드는 공장. *그 가운데 ×철공장은 더 한층 그러한 암흑에 둘러싸여 있다. 넓이 백 간은 되는 광대한 공장 안에는 한 편으로 열두 개의 용광로가 놓여 있다(송영(宋武鉉), 「용광로」).

톱날: ㉠ 톱의 톱니 부분 전체. ㉡ 톱니의 날 선 부분. *그런저런 일을 겪어가는 동안에 나는 차츰 미로(迷路)처럼만 느껴지던 그 공장이 익숙해지게 되었습니다. 무너져 내릴 듯 재인 아름드리 원목과 도회의 골목길을 연상시킬 만큼 단정하게 쌓아 둔 각목들, 톱날이 돌아가는 날카로운 쇳소리와 트럭, 지게차에다 가끔씩 본사에서 지원 나오는 중기의 엔진 소리, 매연, 톱밥, 먼지 그런 것들 속에 뒤범벅이 되어 돌아가다 보면 어느새 퇴근 시간이 되고, 피로와 아직도 귓속에서 째앵째앵 나무를 가르는 톱날 소리로 몽롱한 상태에서 저녁상을 물리고 나면 이내 곯아떨어져 버리는 것이 그 때까지의 내 하루였습니다. 그러나 사장의 보이지 않는 단련 탓인지 그 때부터 차츰 사물이 하나 둘 제대로 보이기 시작하고, 청각도 소음에 적응해 나도 인부들처럼 제재기 옆에서 통상과 다름없는 대화를 나눌 수 있게끔 되었습니다(이문열, 『미로일지(迷路日誌)』).

해고자(解雇者): 고용주에 의하여 고용 관계의 종료를 당한 자. *변호인이 억압이란 말에 대한 설명을 요구했다. 그러자 아버지가 산하 회사 공장 종업원들에게 쓰는 억압은 언제나 생존비, 또는 생활비와 상관이 있는 것이며, 따라서 그것은 모든 사람들이 제일 무서워할 수밖에 없는 경제적인 핍박을 의미한다고 지섭이 말했다. 그는 계속해 이런 억압을 무서워하지 않는 사람은 있을 수 없으며, 그 억압을 정면으로 받는 중심에 있는 사람으로서 자기의 저항권 행사를 생각해 보지 않은 사람이 있다면 그는 바보이든가 생존을 포기한 자일 것이라고 말했다. 들을수록 화가 나는 말뿐이었다. 그의 말을 들어 보면 이 세상 최고의 악당은 반대로 우리였다. 우리가 인간의 존엄과 가치를 파괴해 버렸고, 법 앞에 평등한 사람들을 사회적 신분에 따라 차별하는 사회적 특수 계급을 인정하였으며, 많은 사람들에게서 인간적인 생활을 할 권리를 빼앗았다. 나는 앉아서 화를 눌렀다. 변호인은 지섭에게 노사간의 첫 번째 문제가 되었던 임금 인상과 부당 해고자 복직문제에 대해 알고 있었느냐고 물었다(조세희, 「내 그물로 오는 가시고기」).

화부(火夫): ㉠ 기관 따위에 불을 때는 사람. *벌거벗은(지금은 겨울이다) 화부는 마치 불에서 사는 사람과 같은 이상한 인내력을 가지고 붉은 불꽃이 활활 나오는 아궁이 앞에서 석탄을 넣고 있다. 한 편에는 마주 볼 수 없는 산소불(酸火), 또 쇠 자르는 기계, 머리통만한 장도리, 철퇴, 그리고 힘줄이 불끈불끈 솟은 팔뚝, 땀이 뚝뚝 떨어지는 남녀의 얼굴, 이런 것들은 이편 저편에 꼭꼭 차서 있다(송영(宋武鉉), 「용광로」). ㉡ 절에서, 불 때는 일을 맡은 사람.

2. 광업 어휘와 표현

감독(監督): ㉠ 어떤 일을 잘못이 없도록 보살펴 단속함. 또는 그 일을 맡은 사람. *전설의 그림자 서린 다리/나는 내 생활의 일부가 된/금천교4)를 건널 때마다/죽은 일본 악질 감독의 이야기를/쉽게 떠올리곤 하였다.//물 속에 서 있는 두 번째 교각이라고 했다./거기에 일본 악질 감독을 때려눕혀/그 위에 콘크리트 교각을 세웠다는 전설의 다리/아무도 그걸 믿지는 않았지만/우리들 입에 전설은 오르내렸다./나는 그 무서운 다리 밑에서/몇 모금의 담배를 빨다/갱 속으로 들어가 석탄을 캐곤 하였다./오, 얼마나 많은 동료들이/갱 속에서 죽었는지 헤일 수도 없었다(정일남, 「금천교의 기억」). ㉡연극이나 영

---

4) 강원도(江原道) 태백시(太白市) 장성동(長省洞)에 있는 다리 이름. 석탄을 운반하는 광차(鑛車)와 광부(鑛夫) 수송용(輸送用) 인차(人車)가 다니기 위해 만든 다리.

화, 운동 경기 따위에서, 실질적인 책임을 지고 일의 전체를 지휘하고 관리함. 또는 그 일을 맡은 사람. ⓒ 루터 교회와 감리 교회의 가장 높은 교직자. ㉣ 대한 제국기, 궁내부 각 관아에 속한 칙임(勅任) 벼슬. 수륜원, 철도원, 내장원, 비원, 광학국 따위에 두어 각 책임자의 업무를 돕게 하였다. ㉤ 어떤 사람이나 기관이 다른 사람이나 기관의 행위가 잘되도록 감시하고, 필요한 경우에는 명령이나 제재를 가하는 행위.

갑반(甲班): 갑방(甲方). 오전 8시에서 오후 4시까지 일하는 작업조. *나는 사북에서 어렵게 구해온 몇 권의 어린이 글모음집을 이 세상에서 제일 귀중한 책으로 보관하고 있다. 그 글모음집들을 처음 읽었던 곳은 어느 고마운 광부의 하숙집 가운뎃방이었다. 내가 어린이들의 글을 읽는 밤에 스스로를 '13도 공화국의 몹시 지친 국민'이라고 소개했던 갑반 광부는 잠을 자고, 서울 사람들은 모두 잘 사느냐고 물어보던 병색 완연한 병반 광부는 을반 광부와 교대하기 위해 1천 3백 미터 지하로 일을 나갔다(조세희, 『침묵의 뿌리』).

갱(坑): ㉠ 광물을 캐려고 땅속을 파 들어간 굴. 구덩이. *일본의 탄광에서 그것도 규수 지방에서 예부터 내려오던 미신의 하나였다. 지하갱 안에서 죽는 사람이 나올 경우, 시신을 갱 밖으로 실어 내가더라도 그의 영혼은 남아서 갱 속을 떠돈다는 것이었다. 그래서 시신을 수습한 후 밖으로 나갈 때 함께 일하던 동료들이 다같이, 올라가자 올라가자 소리치면서 죽은 자의 혼을 함께 데리고 나가야 한다는 것이었다(한수산, 『까마귀』). ㉡ 갱도(坑道)의 준말. ㉢ 사금광(砂金鑛)에서, 퍼낸 물을 빼기 위하여 만든 도랑.

갱구(坑口): 굿의 어귀. 갱(坑)의 어귀. *그는 다시 산중턱에 눈을 주었다. 탄차가 사라지고 난 다음 그 자리에 검은 갱구가 나타났다. 그곳은 산의 아팠던 흔적, 곪아터진 종기의 뒷자리 같다. 가슴이 답답해졌다(박기동, 「달과 까마귀」).

갱내(坑內): 갱 속. 굴 속. *갱내는 24시간 동안 어둠뿐이다. 갱내의 시간은 현실의 시간이 아니다. 태양이 한 번도 비치지 않는 어둠 속에서 촉수가 낮은 전구와 갱모의 라이트에 의존하는 정지된 공간이다. 어둠은 정지된 시간이다(김용희, 『길』).

갱내수(坑內水): 갱 속에서 흘러나오는 물. *인차가 그들을 대기하고 있었다. 그들은 다시 인차를 타고 내려갔다. 콰당, 콰당 하는 소리가 바퀴 밑에서 끊임없이 뛰어 올라왔다. 콰당, 콰당 하는 소리가 멈췄다. 그들은 인차에서 내려 걷기 시작했다. 발밑에서 계속 갱내수가 질척거렸다(김종성, 「버력산」).

갱도(坑道): 광산 탄광 또는 토목 공사를 위하여 땅 속에 뚫어 놓은 길. *갱도의 바닥은 레일과 침목, 그리고 레일 한 쪽 옆의 좁은 길은 천장에서 떨어지는 물방울과 탄이 범벅이 되어 질척거렸다(최성각, 「잠자는 불」).

갱목(坑木): 갱도 따위가 무너지지 않도록 받치는 기둥. 동바리. *갱도의 끝을 알리는 돌더미가 얼크러져 있는 틈으로 부러진 갱목들이 비쭉비쭉 고개를 쳐들고 있었다. 천장에서 떨어지는 물소리가 갱도 속을 간간이 울렸다(김종성, 「도탄(盜炭)」).

갱목장(坑木場): 갱목(坑木)을 보관하는 장소 *숲실마을은 숲이 빽빽하게 나무가 들어찬 골짜기라 해서 이름 붙여진 마을이었다. 60년대부터 탄광이 개발되면서 산골짜기를 뒤덮고 있던 나무들은 마구 베어졌다. 트럭이 쉴 새 없이 골짜기를 오르내리며 나무들을 광업소 갱목장으로 실어 날랐다(김종성, 「버력산」).

광꾼(鑛-): ㉠ 광부(鑛夫). ㉡ 광업에 종사하는 사람을 홀하게 이르는 말. *유월 그믐엔 새로 스물두 명의 광꾼이 다복골에 들어왔다. 대개 창성, 구성, 벽동의 금점, 동점(銅店)에서 일하던 패들이었다. 모두 건장하고 사나워 힘깨는 씀직해 뵈는 자들이었다. 그들 따라 세 자루의 화승총, 십여 근(斤)의 화약도 따라 들어왔다(최학, 『서북풍(西北風)』).

광미(鑛尾): 광석을 찧어 금을 잡고 난 뒤에 남는 광석가루. 복대기. *어느덧 길이 넓어지면서 광미처리장(鑛尾處理場)이 가까워지고 있었다. 바람이 불자 밀가루처럼 미세한 광미가 뿌옇게 날아올랐다. 질펀하게 깔린 광미는 어둠 속에서 희뜩하게 드러나 있었다(이광복, 「산촌(山村)의 꿈」).

광부(鑛夫): 광산에서 광물을 캐는 노동자. 갱부(坑夫). 광군. *산을 정복했던 날들은 가고/저물녘 늙은 광부가 돌아온다/말대가리만한 장화를 끌며/손에 밥통을 들고/돌아온다 검은 광물 같은 얼굴이/조금씩 굽어가는 등뼈가/돌아온다(최승호, 「케이블」).

광산(鑛山): 광석(鑛石)을 캐는 곳. *정선에 카지노가 들어선 사실은 당연히 알고 있었다. 그게 석탄산업합리화 정책으로 문을 닫게 된 광산들 때문에 어쩔 수 없었던 선택이라는 사실도 알고 있었다. 그렇지만 그게 사북 바로 곁에 세워졌으리라고는 생각지도 못했다(김남일, 「사북장 여관」).

광산촌(鑛産村): 광산 관계 종사자들이 이룬 마을. *작가 김종성을 통해 한국 문단에 입성케 된 광산촌 문학은 무엇보다도 광부라 불려지는 산업 노동자의 노동 현장, 그 고통스러우면서도 끈질기게 이어지는 '밑바닥 노동,' 그 모질기 그지없는 생존 싸움의 모습을 통해서 그려진다. 그것은 가장 절박하면서도 절실한 삶의 표정이요 그 내용이다(박태순, 「탄(炭)과 인간과 문학」).

광상(鑛床): 땅 속의 유용광물(有用鑛物)이 한곳에 많이 모여 있는 곳. *그들이 태오를 연행해 간 곳은 광업소 정문에서 1km쯤 떨어진 곳에 위치한 노두리(露頭里) 파출소였다. 광상(鑛床)이 발견된 곳이라는 동네 이름 그대로, 그 파출소는 주로 광업소에서 일어나는 사고를 전담하기 위해 세워진 대단히 오래된 파출소였다. 갱내에서 일어나는 낙반, 붕괴, 가스 폭발로부터 갱 밖에서 일어나는 크고 작은 사건에 이르기까지, 거의 모든 문제가 그곳을 거쳐 간다고 해도 결코 과언이 아닐 정도였다(박상우, 『시인 마태오』).

광석(鑛石): 유용(有用)한 금속이 많이 섞여 있는 광물. *그 뒤 운산 광산에서는 끊이지 않고 노다지가 쏟아져 나와 몰스는 금덩어리가 든 궤짝을 수없이 미국으로 실어 날랐다. 그는 갱도에 들어와서도 덕대나 역군들을 만나기만 하면 노타치를 연발했고, 광석을 부수고 금을 녹이는 현장에 나타나서도 사람을 가리지 않고 노타치라고 떠들며 다녔다. 날이 갈수록 더욱더 역군들에 대한 감시와 노다지 도난에 대한 경계의 주리를 틀어갔다(선우 휘, 『노다지』).

광업소(鑛業所): 광물의 채굴권자가 그 사업에 관한 사무를 보는 곳. *도시의 인상이 전체적으로 그늘지고 썰렁한 느낌이었다면, 변두리의 빈 겨울 들판을 지나 다다른 광업소 주변은 그야말로 황량했다. 눈이 드문드문 쌓이기는 했지만, 섬뜩할 정도로 완벽하게 검은 빛깔의 몸을 드러낸 광산을 향하여 승용차는 달리고 있었다(한강, 『검은 사슴』).

광쟁이: '광부'를 홀하게 이르는 말. *광부라기보다는 회사원으로 불리어지기를 원하는 합숙소의 젊은이들은 때때로 숯불집에서 고기를 뒤적이며 우리도 맨 광쟁이지 뭘, 하는 이야기를 하곤 했다. 그들은 입사해서 이곳 광산에 배치되었다는 데 대한 어떤 야릇한 낭패감을 품고 있는 듯했는데, 그것이 광부들에 대해서는 팽팽한 선민의식으로 작용하고 있었다. 우리들은 당신들 광부들하고는 다르다는 얘기였다. 몇 년 고생하다가 재주껏 얼른 서울 본사로 올라가는 게 언제나 그들의 공통적인 희망사항이곤 했다(최성각, 「뿌리박기」).

광차(鑛車): 광산에서, 캐낸 광석을 실어 나르는 지붕 없는 화차(貨車). 광석차. *나는 아버지가 끓여주는 김치찌개를 먹으며/입갱하는 광차를/짙은 황토빛 철분이 달라붙는 도랑물을/"우리는 산업 역군 보람에 산다"는 표어를/탄가루를 묻히고는 햇살처럼 웃는 아버지들을/낯설게 바라보았다(맹문재, 「사북, 골목, 아버지」).

괴탄(塊炭): 덩이 석탄. *궁서네가 기름 솜방망이에 불을 당겼다. 치지직치지직 하는 소리가 바람 소리를 삼켰다. 까맣게 번들거리는 기름 솜방망이에서 불꽃들이 펄렁거렸다. 채탄 막장 같은 어둠 속을 뚫고 세 개의 조그마한 불꽃들이 오르락내리락하며 타올랐다. 기름 솜방망이에 얼비치는 틈새로 궁서네는 번쩍이는 괴탄 덩어리를 낚아챘다(김종성, 「괴탄(塊炭)」).

굿문: 광산에서, 구덩이의 출입문. 갱구(坑口). *그들은 늘 하는 버릇으로

굿문 앞까지 와서는 발을 멈춘다. 잠자코 옷을 훌훌 벗는다. 그러면 굿문을 지키는 감독은 그 앞에 와서 이윽히 노려보다가 이 광산 전용의 굿복을 한 벌 던져 준다. 그놈을 받아 쥐고는 비로소 굿문 안으로 들어간다. 이렇게 탈을 바꿔 쓰고야 저 땅속 백여 척이 넘는 굿 속으로 기어가는 것이다(김유정, 「금」).

권양기(捲揚機): 밧줄이나 쇠사슬을 감았다 풀었다 함으로써 물건을 위 아래로 옮기는 기계를 통틀어 이르는 말. 윈치(winch). *통리5)와 심포6)를 오르내리던 600마력 권양기를 아느냐 명물 중의 명물이었으나 제국주의 일본이 석탄을 일본으로 착취해 가기 위한 시설임을 우린 알았다. 석탄을 실은 50톤 화차가 심포로 내려가면 반대쪽에는 빈 화차가 올라오고//일본은 태백의 무진장의 석탄을 묵호 항구를 통해 빼앗아 갔는데 그 석탄의 양을 지금 아는 자가 없다. 석탄공사 자료실에 알아봐도 근거가 없다. 보상은 받을 길이 없느냐(정일남, 「통리」).

낙반(落磐): ㉠ 굴 안의 천장에서 암반 따위가 떨어짐. *하루는 삼룡이가 일을 하고 있는 우에산쟈꾸레이가다하라이에서 낙반(落磐)이 되었다는 통지가 왔다. 그 동안 나는 삼룡이를 갱외로 끌어올리려고 운동을 해 봤으나 효과가 없었다. "삼룡이에게 기어이 올 운명이 왔나 부다!" 하고 나는 한참 동안 어찌할 줄을 모르고 망연히 서 있었다(안회남, 「소」). ㉡ 떨어진 암반.

낙탄(落炭): 석탄 운송 차량이 석탄을 운반할 때, 길바닥에 흘러내린 석탄. *원산집은 장갑을 두 손에 끼었다. 퉤퉤 하고 침을 바른 뒤 빗자루로 길바닥을 살살 쓸었다. 탄 먼지가 가늘게 생겨났다. 원산집은 허리를 펴고 크게 숨을 토해냈다. 낙탄은 도로가에 얇게 깔려 있었다. 빗자루가 한번 지나갈 때마다 낙탄은 고기비늘처럼 뒤척이며 더미를 이루어 갔다. 원산집의 코끝이 어느새 새카맣게 되었다(김종성, 「낙탄(落炭)」).

난장: ㉠ (광산의) 굴 밖에서 석탄이나 광석을 캐는 일터. ㉡ 광산에서, 굴

---

5) 강원도(江原道) 태백시(太白市)의 마을 이름. 한보탄광(韓寶炭鑛)이 자리잡고 있었다.
6) 강원도(江原道) 삼척시(三陟市) 도계읍(道溪邑)의 마을 이름.

이나 구덩이 속에서 하는 허드렛일. *광업소 난장에는 갱목들이 산더미처럼 쌓여 있었다. 곧 있으면 막장으로 운반되어 끝없이 밀려오는 지압과 맞서 온 몸으로 지층을 떠받게 될 갱목들이었다(박혜강, 『다시 불러보는 그대 이름』).

노다지: ㉠ 목적한 광물이 막 쏟아져 나오는 광맥(鑛脈). *운산금광(雲山金鑛)7)은 노다지라는 유행어(流行語)를 만들 만큼 동양(東洋) 최대(最大)의 매장량(埋藏量)을 지닌 금광(金鑛)이었다. '노다지'란 미국인들이 운산리광산(雲山里鑛山)에서 산출(産出)되는 금(金)을 한국인(韓國人) 광부(鑛夫)들과 운산주민(雲山住民)들에게 '노우 터치(no touch: 손대지 말라)'하라고 호통친 데서 나온 용어(用語)이었다. 이러한 우수(優秀)한 금광(金鑛)에서 미국인(美國人)들은 완벽(完璧)한 근대식(近代式) 시설(施設)을 갖추고 상당한 이득(利得)을 얻어간 반면(反面), 한국(韓國)측의 경제적(經濟的) 손실(損失)은 실로 막대(莫大)하였다(이배용, 『한국근대광업침탈사연구(韓國近代鑛業侵奪史硏究)』). ㉡ 한군데서 많은 이익이 쏟아져 나오는 일, 또는 그런 것.

덕대(德大): 남의 광산에서 광산주(鑛山主)와 계약을 맺고 채굴권을 얻어 경영하는 사람. *탄광의 근로조건(勤勞條件)에 장애가 되는 것이 바로 덕대와 하청(下請)이라고 할 수가 있다. 덕대는 이른바 뜨내기 광부들의 착취계급이기 때문이다. 덕대는 소자본을 투자해서 광구를 일정기간(一定期間) 맡아 정규광산(正規鑛山)에 들어가지 못한 일용인부(日用人夫)를 써서 막대한 이윤을 남긴다(황석영, 「벽지(僻地)의 하늘」).

동발: '동바리'의 준말. 구덩이 양쪽에 세워서 버티는 통나무 기둥. 갱목

---

7) 미국 뉴욕 No.38 브로드스트리트에 본사를 두었던 동양광업개발주식회사(東洋鑛業開發株式會社)가 운영했다. 당시 동아시아 최대의 매장량을 지닌 금광이었으나, 미국인 선교사이자 의사인 알렌(H. N. Allen, 1859~1932)이 대한제국 왕실에 접근하여 1895년 7월 미국인 모스(J.R. Morse)에게 평안북도 운산군(雲山郡) 일대 금광 채굴권(採掘權)이 넘어가도록 했다. 『한국근대광업침탈사연구(韓國近代鑛業侵奪史硏究)』의 저자인 이배용(李培鎔)의 연구에 의하면 미국인들이 1896년부터 1938년까지 42년간 한국인 광부들에게 저임금(低賃金)을 주면서 900만 톤의 금을 캐내 1,500만 달러의 이익금(利益金)을 동양광업개발주식회사 본사로 가져갔다.

(坑木). *김 감독이 구조작업에 필요한 1차 작업지시를 내렸다. "멧 사람씩 구미[(組(조)]를 지어 준비를 하는데, 사끼야마(선산부)패는 꼭괭이와 노미를 벼루시고, 아도무끼(후산부) 패는 고장난 광차를 모두 손질하시오. 또 시구리(보항부) 패는 쓸 만한 동발을 골라놓고, 니구리(검탄부) 패는 간데라와 갸뿌(헬멧에 달린 작업등)를 손질해서 불을 밝히시오. 나는 저탄장에 내려가 안전관리과장과 채탄과장을 불러올 테니까……"(서동익, 「갱(坑)」).

막장(-場): ㉠ 갱도의 막다른 골목. *함 반장이 일어섰다. 빛이 사라진 어둠뿐인 공간이다. 막장에 갇혀 있음을 의식했다. 다리가 휘청거렸다. 머리가 어질어질했다. 손이 오그라드는 것 같았다. 안전등 불빛이 뻗쳐왔다. 갑자기, 작업 칼과 곡괭이가 공중으로 뜨기 시작했다. 도시락이 달그락거리며 갱 천장으로 둥둥 떠올랐다. 갱도에 찬 물 위로 음식물이 떠다녔다. 원산집이 부엌에서 밥상을 차리는 소리가 들렸다. 된장찌개 냄새가 콧속에 끈끈하게 달라붙었다. 김이 모락모락 나는 쌀밥 그릇이 이리저리 굴러다녔다. 숨이 가빠왔다. 쌀밥 그릇을 잡았다. 따스한 감촉이 손샅으로 번졌다. 쌀밥 그릇이 손에서 스르르 빠져나왔다. 쌀밥 그릇은 물 위로 달아났다(김종성, 「채탄(採炭)」). ㉡ 갱도 끝에서 광물을 캐내는 작업.

막장꾼: 광산에서 직접 구멍을 뚫거나 땅을 파는 광부. *발파사고로 두 명이 죽고/돌다리 박씨의 얼굴엔 탄가루가 박혔지/오천리 조차공 이씨는 손가락 둘이 날아가고/산속골 천씨는 도끼날에 발등이 찍혔지/나도 탄덩이에 손이 짓뭉개지고 발톱이 빠졌지만/그 누구도 다치지 않은 사람은 없었지/흉터자리 선연한 훈장 하나쯤/달지 않은 막장꾼은 아무도 없지/이마에 얼굴에 손에 무릎에 발등에 허리에/온몸에 훈장을 달고도 우리는 비겁하게만 살았지/흉터자리가 너무 커/행여 신체검사에 불합격이 되면 어쩌나/하루 아침에 쫓겨나게 될까봐/아픈 몸 감추며 흉터자리 애써 숨겼지/사장이 볼까 감독이 볼까/허리가 쑤셔오고 팔다리가 저려와도/건강한 노예, 멀쩡한 종으로 살아왔지(이원규, 「비겁한 훈장」).

발파(發破): 바위 같은 데 구멍을 뚫고 화약을 넣어 폭파시키는 것. *함 반장은 승갱도로 뛰어가고 있었다. 그것은 오십 미터쯤 떨어진 곳에 동쪽으로 비스듬히 누워 있었다. 마악 승갱도에 다리를 올려놓는 순간이었다. 꾸우웅 하고 막장 저편에서 공기를 세차게 밀치며 강한 발파 소리가 고막을 후려쳐 왔다. 진동이 몸서리치게 온몸을 휩쓸었다. 이상한 일이었다. 막장 쪽에서 계속 지층이 흔들리는 것을 느꼈다(김종성,「채탄(採炭)」).

병방(丙方): 0시부터 오전 8시까지의 작업조. *"벼랑에서 돌이 굴러내리면 반드시 점동 마을에서 누군가가 죽는다는디."/천득이 혼잣소리처럼 중얼거렸다./"그랬지. 우리 영식이 아빠가 병방 나갔다가 죽은 전날에도 벼랑에서 바위가 굴러내렸지."/여량집이 깊이 가라앉은 목소리로 말했다(김종성,「버력산」).

보갱(保坑): 갱내의 붕괴를 방지하는 일. 갱내 동발을 사용한다. *갱내 대기소의 불빛이 보였다. 광부들은 흩어져서 각자가 연장들을 찾아내어 도끼날을 갈고 톱날을 다듬었다. 이윽고 광부들은 하나 둘씩 화약 보따리를 등에 지고 막장으로 향했다. 민보는 보갱할 때 쓸 갱목을 기다리느라 남아 있었다(김종성,「버력산」).

사택(社宅): 사원용 주택. *이곳의 광부 사택은 탄광 측에서 지은 것인데, 탄광 종업원들에게 무료로 입주하게 마련한 것이었다. 우리가 이사를 간 사택은 학수네가 사는 사택에서 몇 채 떨어지지 않은 언덕으로 좀 더 올라가서 있는 집이었다. 이 사택은 네 세대가 살고 있는 길쭉하게 생긴 연립주택이었는데, 우리 집은 14동 4호, 맨 끝에 붙어 있었다. 방이 두 칸이었고, 앞쪽에는 두 방을 길이로 연결하는 쪽마루가 있었고, 부엌은 뒤쪽으로 붙어 있었다(안장환,『사계(四季)의 안개』).

삭도(索道): '가공삭도(架空索道, Aerial Cableway)'의 준말. 험준한 산악지대에서 도로 개통이 어려울 경우에 편리한 운반 수단으로 지주탑을 설치하여 공중에 가로질러 놓은 강삭(鋼索)에 광석 바구니를 일정한 간격으로 여러 개 매달아 광석을 운반하는 설비이다. *따르르, 따르르– 삭도 돌아가는 소리가 온통 마을의 골짜구니로 요란스럽게 기어 올라가고 있었다. 저 아래 장터 쪽에서 바람이 부는 날에는, 그 삭도 돌아가는 소리는 더욱 크게 들려왔다(안장환,『사계의 안개』).

석탄(石炭): 땅 속에 묻힌 식물이 오랜 세월에 걸친 지압(地壓)이나 지열(地熱)의 영향으로 변질해서 생긴 가연성(可燃性)의 퇴적암. 연료나 화학공업의 원료 등으로 쓰임. 매탄(煤炭). *생산되는 것이라고는 석탄뿐인 고장이다. 그 고생대 석탄기의 유물이 없었다면, 해발 7백 미터의 산골짜기에 이런 시가지가 생겼을 이치가 없는 고장이다. 석탄으로 인하여 생겨났고, 석탄으로 인하여 운영되며, 석탄으로 인하여 그 존재 근거가 확보되는 고장이다(최인석,『세때』).

선광장(選鑛場): 광석 가운데 광물을 선광하는 곳. 선광공장. *신 감독이 평상에서 내려서자 인부들은 각자 흩어져 안전모를 썼다. 길호와 전씨도 안전모를 썼고 집에서 가지고 나온 도시락을 챙겼다. 길호는 조회가 끝나는 대로 삼열이를 혼내 줄 참이었는데, 삼열이는 어느 사이엔가 선광장(選鑛場) 쪽으로 내빼는 중이었다(이광복,「산촌(山村)의 꿈」).

선별기(選別機): 여러 가지 대상을 일정한 기준에 따라 골라서 추려내는 기구나 장치. *선별기가 토해내는 진동이 천장을 떠받치고 있는 철골에 부딪쳤다가 내촌댁의 머리 위로 쏟아졌다. 피킹 컨베이어를 타고 석탄이 흘러갔다. 석탄가루는 방금 낚시 바늘에서 빼낸 갈치의 비늘처럼 반짝거리며 뒤척였다. 석탄가루 속에서 수건 터번을 눌러쓴 여자들이 바쁘게 움직였다(김종성,「선탄(選炭)」).

선산부(先産夫): 굴진, 채탄 보갱 등의 작업에서 가장 기술적인 작업을 맡는 숙련공. *천득은 한기가 온몸을 덮쳐 오는 것을 느꼈다. 그의 입술이 파리해지고 얼굴의 근육이 뻣뻣해졌다. 귀가 멍멍해졌다. 가슴이 터질 것처럼 갑갑해져 왔다. 가슴을 부여잡고 피를 토하던 승길의 모습이 눈앞에 어른거렸다. 선산부였던 그는 진폐를 심하게 앓고 있었다(김종성, 「버력산」).

선탄부(選炭婦): 광산에서 석탄을 선별하는 일을 하는 여성. *선탄부는 대개 여자들이었다. 혜옥이 엄마처럼 남편이 멀쩡한 아줌마들도 있었지만 남편을 광산에서 잃은 과부들이 태반이었다. 석탄 속에 섞여 있는 잡석을 고르는 그 일도 아무나 할 수 있는 일이 아니어서 재해자 가족들에게 우선순위가 있었기 때문이었다. 그네들은 말한다. 자신들이 이고 있는 세 겹의 하늘에 대해서. 한 겹의 하늘은 늘 바라보는 참 하늘이요, 두 겹의 하늘은 갱 속에 들어가 일하던 그이의 하늘이니 또한 나의 하늘이요, 또 하나의 하늘은 그이를 잃은 슬픔의 하늘이라고(최성각, 「잠자는 불」).

수갱(竪坑): 광산이나 탄광에서 수직으로 파 내려간 갱도. 수직 갱도(垂直坑道). *'막장인생이여, 혼이나마 고향으로 돌아가라'는 낙서가 기단에 백묵으로 휘갈긴 글씨로 씌어져 있었다. 막장인생……갈 데까지 왔으니 막장인생이란 말인가. 삶의 뜻도, 기쁨도 잊은 채, 살아가야만 한다는 것 때문에 가다보니 막장인생인가. 성기호는 천천히 뒤로 돌아갔다. 석탄을 캐는 광부들의 모습이 동판에 조각되어 있었고, 탑신의 탑명 옆에는 '대통령'이라는 세 글자가 햇볕에 빛나고 있었다. 성기호는 갑자기 머리가 어질어질해지는 것을 느꼈다. 석탄을 캐는 광부들의 머리 위에 지배자의 이름이 갈기갈기 찢어져 수만 개의 총구로 변하여, 성기호의 가슴을 겨누고, 목을 겨누고, 허벅지를 찔러댔다. 골짜기가 깊어 하늘이 백 원짜리 동전 만하다는 이곳에서 지배자는 권력의 총구를 얼마나 휘둘러 왔던가. 성기호는 황산광업소 중앙수갱 완공식 날 강산 그룹 조연훈 회장과 함께 테이프를 끊던 대통령의 얼굴을 떠올리며 답답한 가슴을 쓸었다(김종성, 「폐탄(廢炭)」).

수평갱도(水平坑道): 땅속으로 수평이 되게 판 갱도. *차가운 습기가 천득의 살갗 속으로 파고들었다. 열병식을 하듯 좌우로 늘어선 지주를 따라서 요란한 소리를 끌면서 인차는 달렸다. 인차는 오백 미터, 천 미터, 천오백 미터씩 깊고 깊은 계곡으로 서서히 침전하여 가듯이 깊숙이 굴속으로 들어갔다.

인차가 멎자, 광부들이 내렸다. 그들은 수평갱도를 걸어갔다(김종성, 「버력산」).

사갱(斜坑): 경사로 판 갱도. *갱 입구는 엄지손가락만하게 작아져 있었다. 갱내수가 발밑에서 질척거렸다. 불빛이 보였다. 사갱이 나타났다(김종성, 「버력산」).

산원저탄장(産原貯炭場): 석탄의 산출지(채탄 현장)에 만들어 놓은 저탄장으로 산지저탄장(産地貯炭場)이라고도 한다. *화연산 위로 달이 서서히 떠올랐다. 달빛은 산원저탄장에다 젖빛 같은 입김을 뿜어주고 있었다. 산비탈에 비스듬히 걸려 있는 적재실의 지붕 위로 달빛이 뿌옇게 가라앉았다(김종성, 「운탄(運炭)」).

살장: 광산 구덩이 속에서 동발과 떳장 사이에 끼워서 흙과 돌 따위가 떨어지지 않게 하는 나무나 널. *"토사층 깊어지면 살장을 때려 박으면 되잖나. 두 길짜리 살장 몇 십 개면 해결될 일 가지고 너무 신경쓰지 말게"(채희문, 「선산부(先山夫)」).

안전등(安全燈): 탄광 등의 갱내(坑內)에서 쓰는, 유리와 철망을 씌운 등. (갱내의 가스에 인화(引火)할 염려가 없음) *갱도를 가로 막고 있던 돌 더미가 서서히 무너져 내렸다. 덜컹, 덜컹 하는 소리가 들렸다. 바위 더미를 비집고 들어온 안전등 불빛이 갱도를 가득 메우고 있는 어둠을 한쪽으로 밀어냈다. 7일 만에 보는 바깥의 불빛이었다. 갱도 한가운데를 가로막고 있던 커다란 바윗덩어리가 무너져 내렸다. 커다란 구멍이 뚫렸다. 덜커덩, 덜커덩 하는 소리가 연이어 들려왔다. 여러 갈래의 안전등 불빛이 세차게 뻗쳐왔다. 발자국 소리가 급해졌다. 안전등 불빛이 마구 쏟아져 들어왔다(김종성, 「버력산」).

안전모(安全帽): 공장이나 공사장, 광산, 운동 경기 등에서, 머리를 보호하기 위하여 쓰는 모자. *복조는 겉옷을 벗고 목에 수건을 여몄다. 작업복이 조금 커서 다리가 헐렁했다. 안전등이 부착된 안전모를 머리에 썼다(김종성, 「검탄(檢炭)」).

운탄(運炭): 석탄을 운반함. *운탄 트럭들이 바퀴 밑에서 시커먼 먼지를 뿜어 올리며 지나갔다. 시커먼 탄먼지가 천득의 얼굴을 휘감았다. 탄가루가 입속에서 서걱거렸다(김종성,「버력산」).

운탄로(運炭路): 석탄을 운반하기 위해 개설된 도로. *조씨가 클러치에서 왼발을 뗐다. 비탈길을 벗어나자, 차체의 진동이 작아졌다. 자동차 소리에 놀란 새들이 푸드득거리며 하늘로 날아올랐다. 운탄로는 개천을 따라 구불구굴 이어졌다. 달이 개천을 밟으며 줄기차게 따라왔다. 개천 건너편의 광업소 현장 사무소 유리창에 가득히 달빛이 달라붙고 있었다(김종성,「운탄(運炭)」).

을반(乙班): 을방(乙方). 오후 4시부터 자정까지의 작업조. *대부분은 을반 광부 부인들과 갑반 광부들 중 마른 공수8)들이었다(현길언,『회색도시(灰色都市)』).

인차(人車): 인원 운반에만 사용하는 차량. 운반 엘리베이터. *동삼은 벌써 인차에 올라타 있었다. 인차를 탄 준영의 얼굴에 순간 긴장의 빛이 스치고 지나갔다. 진행 방향을 보고 2명씩 앉게 되어 있는 인차에는 광부들이 줄지어 앉아 있었다. 인차는 시퍼런 불꽃을 끌면서 시커먼 아가리를 향해 출발했다. 꽈당, 꽈당 하는 소리를 연방 뱉어내며 인차가 하나 둘씩 어둠 속으로 빨려 들어갔다(김종성,「버력산」).

입갱(入坑): ㉠ 굿길에 들어감. 갱도 속으로 들어감. ㉡ 갱도 속으로 들어가다. *"자자 합리환지 뭔지 하는 건 우리 광업소와는 상관없는 이야긴 기라. 어서들 입갱(入坑)하시더."/동삼이 궁둥이를 들며 말했다(김종성,「버력산」).

저탄장(貯炭場): 석탄을 쌓아두는 곳. *흑암역두 저탄장의 거대한 구조물이 차창에 나타났다. 컨베이어 벨트가 끝나는 곳에 석탄가루가 폭포수처럼 쏟아지고 있었다. 저탄장 허리를 훑고 지나온 바람이 컨베이어 벨트를 휘감고 지나갔다. 탄가루가 하늘 위로 새까맣게 치솟았다. 흑암마을은 탄가루 회오리바람 속으로 빨려 들어가고 있었다. 탄가루가 버스 차창으로 몰려왔다.

---

8) 일을 하지 않고 인정받는 일당.

승객들이 차창을 닫았다. 천득의 가슴이 답답해 왔다. 쿨룩, 쿨룩, 기침이 터져 나왔다. 여기저기서 기침 소리가 쏟아졌다. 저탄장 부근 하늘을 새카맣게 뒤덮은 탄가루는 화연산으로 몰려가고 있었다(김종성,「벼락산」).

죽탄(粥炭): 물을 먹은 탄. 묽은 탄. *오 감독은 원산집이 앞으로 내민 세숫대야에 죽탄을 퍼 담았다. 죽탄이 삽날에 달라붙어 잘 떨어지지 않았다. 오 감독은 장화 뒤축으로 삽날에 달라붙은 죽탄을 밀어 버렸다(김종성,「죽탄(粥炭)」).

지주(支柱): 갱도나 채굴 현장 등에서 낙반이나 낙석 같은 것을 방지하기 위해 설치하는 구조물. *차가운 바람이 얼굴을 사정없이 때렸다. 바위가 구르는 소리와 갱목 부러지는 소리가 연이어 났다. 바윗덩어리가 무너지면서 지주를 세차게 후려쳤다. 날카로운 신음을 뱉어내며 지주가 부러졌다. 지주가 썩은 생선의 내장처럼 축 늘어졌다. 지주에 바윗덩어리가 부딪혔다가 갱도로 떨어졌다(김종성,「벼락산」).

진폐증(塵肺症): 먼지가 폐로 들어가 호흡 기능에 장애를 일으키는 병. 진폐(塵肺). *탄광 십여 년에 남은 것이라곤/남루한 아내/올망졸망한 자식새끼,/진폐증뿐이니(김월준,「진폐증」).

착암기(鑿巖機): 수직축 끝에 붙인 송곳을 돌려서 구멍을 뚫는 기계. 보르반. 틀송곳. *준영이 착암기로 암벽에 발파공을 뚫기 시작했다. 돌가루가 시야를 가렸다. 막장은 온통 돌가루로 뒤덮였다. 동삼이 쿨럭거리며 기침을 하기 시작했다(김종성,「벼락산」).

채굴하다(採掘-): (사람이 광물을) 땅을 파서 캐내다. *여기는 지층 어디쯤이며/우리가 채굴하는 저것들은/무엇이 변성한 것들인가./절망의 밑바닥./거기 살아서 번쩍이는 잎잎들./지주로 받쳐진 저 속에서/빠개지는 아픔을 견디면서/쏟아져 나오는 저것들은/어느 세기의 햇살들인가(정일남,「채탄 막장(採炭幕場)」).

채탄(採炭): 석탄을 캐냄. *목욕을 한다 하루분의 채탄을 마치고/늙은이 젊은이 발가벗고 모여 목욕을 한다/깨진 무릎이 쓰리고, 까진 어깨가 아려도/ 함께 모여 무사한 봉알, 무사한 좆도 만져보며/킬킬거리며 목욕을 하다보면/ 도대체 검은 탄 물을 쳐바르는 건지 씻는 건지/알 수가 없다(이원규, 「공동목욕」).

철선(鐵線): 쇠로 된 가는 줄. *가 보니까 갱구 차도로 사람들이 하나 빽빽이 서 있고 부상자를 '하꼬'9)로 날르는 판이었다. "들들들들—" 하는 무거운 소리를 내며 굵은 철선(鐵線)이 지하에서 올라올 때 모여 선 수백의 군중은 일제히 갱구의 시커먼 아가리를 쏘아보고 있었다(안회남, 「소」).

캡램프(cap lamp): 안전모에 소형 조명 장비를 갖춘 것. *거기에 갔다./그리고 3월 16일/대한석탄공사 장성광업소의/수갱(竪坑)으로 825미터를 하강한 후 다시 인차(人車)를 타고 지하/3억 년 숲과 짐승들이 현생 인류와 만나는 현장에 닿았다/거기가 막장이었다./비산(飛散) 탄가루가 시야를 가리는 거기,/더운 지열이 들끓는 거기서/방진 마스크를 쓴 채,/캡 램프를 단 안전모를 쓴 채,/무릎을 꿇었다. 그리고 석탄덩이를/집어 올렸다(이건청, 「석탄형성에 관한 관찰 기록—12.010」).

탄(炭): ㉠ '석탄'의 준말. *탄은 고대의/봉인목(封印木)의 향기를 은밀히 풍겨준다/잿더미에 한 번 더/불을 지피는 마음으로 살아가는 오늘(최승호, 「오늘」) ㉡ '연탄'의 준말.

탄가루: 연탄이나 석탄 따위에서 나오는 가루. *카지노의 비질에 쓸려가고 있는/안경다리10)에 걸린 사택들과 채탄 더미들……철로, 창고, 안전 수칙, 겨울밤, 골목길, 부적, 사이렌 소리, 막장, 갱목, 함석지붕, 낙숫물, 탄가루…… 그리고 광부들의 눈물과 함성과 돌멩이들……//나는 더 이상 쓸려갈

---

9) 하꼬(はこ): ㉠ 상자, ㉡ 궤짝, ㉢ 함.
10) 강원도 정선군 사북읍에 있는 다리 이름. 1966년 고한선이 개통될 당시 건립된 길이 19.5미터의 교량이다. 1980년 4월 사북광부항쟁 당시 동원탄좌 사북광업소 본관으로 통하는 관문인 안경다리를 두고 광부들이 바리케이드를 치고 경찰과 대치하던 곳이다. 사북광업소 폐광 이후 강원랜드 카지노와 하이원 리조트를 오가는 차량의 통행로로 이용되고 있다.

수 없다고/안경다리를 묘비명처럼 읽기 시작했다(맹문재, 「사북 안경다리를 읽다」).

탄갱(炭坑): 석탄을 파내는 굴. 석탄갱. *숲실마을 한가운데로 흐르는 황산천은 바위가 모두 시뻘겠다. 바위뿐만 아니었다. 냇물 바닥도 온통 시뻘겠다. 마치 유황을 솥째로 들이부은 것만 같았다. 탄갱(炭坑) 속에 그대로 방치한 갱목과 철구조물 시설에 녹이 슬어 흘러내리는 물이었다. 탄광이 한창 개발되고 있을 때는 먹물을 들이부은 것 같은 시커먼 석탄물이 흘러내리던 곳이었다(김종성, 「버력산」).

탄광(炭鑛): 석탄을 캐내는 광산. 석탄광(石炭鑛). 탄산(炭山). *여든한 살/종근이 할머니/고향에 가고 싶지 않으셔요?//왜, 가고야 싶지/그러나 이젠/혼자선 아무데도 못 가/어지러워//아드님 따라/탄광 오신 지/열네 해//그 아드님/떨어지는 돌에 머리를 맞고/정신병원 들어간 지 2년/며느리가 대신 탄광일 나가 돈을 버는데(임길택, 「종근이 할머니」).

탄맥(炭脈): 석탄의 광맥. *네가 어찌 알겠니? 넌 지하 8백 미터의 갱에 들어가 본 적이 없지. 40도로 경사진 탄맥을 따라 배밀이로 기어 올라가면서 채탄 작업을 해본 일이 없지. 1일 3교대로 일하는 탄광에서 밤 열두시에 갱에 들어가는 기분, 소스라칠 듯 서늘한 그 기분에 대해 무얼 알지? 이틀에 한 명꼴로 죽고 매일 15명씩 다치는 우리 나라 탄광 재해율에 대해서, 전국에 2만 명이 넘는 진폐증 환자들, 돌덩이처럼 굳은 그들의 폐와 산소호흡기로 연명하는 그들의 죽음의 얼굴을 본 일이 없지. 무너진 갱에 갇힌 광부를 구하기 위해 밤새워 삽질을 해본 일이 없고 실신한 광부를 들쳐업고 병원으로 달려갈 때의 캄캄한 절망감, 그런 것들에 대해서 알지 못하지?(김형경, 『새들은 제 이름을 부르며 운다』).

탄부(炭夫): 광물을 캐는 일꾼. 광부(鑛夫). 광꾼. 채공(採工). *바닷가에 버린 원목(原木) 더미에도/죽은 탄부(炭夫)의 돋아나는 귀/지층 밑 껍질 겹겹이/나는 빠져 있고/혀끝이 잘린 시간 속에서도/무한한 가늠대를 세우고/일어서는 자, 나는/빙하 끝으로 둥둥 뜬다(이시영, 「채탄(採炭)」).

탄좌(炭座): 석탄의 합리적인 생산을 위하여, 어떤 일정 지역 내에 있는 여러 광구를 한데 묶은 것, 또는 그 구역. *자본과 노동력이 넉넉한 탄좌(炭座)는 탄맥이 확실치 않은 굴진중의 갱을 시설과 탄층을 확보하라는 조건으로 하청을 줬다. 계약기간은 길어야 2년, 대부분이 1년이었다. 그 계약기간 동안 실적을 좋게 올려야지만 차기의 작업장을 따낼 수 있는 하청주들은 조건을 고려치 않고 광부를 모았다(최용운, 『흰 겨울 검은 봄』).

탄진(炭塵): 탄갱이나 저탄장 같은 데서, 공기 속에 떠다니는 아주 작은 석탄가루. *선로 옆 철조망에 숨 쉬는 빨래처럼 매어달려서 열심히 손을 흔들고 있는 아이들은 연방 입김을 뿜어대고 있었다. 바람이 불어와 탄 더미의 탄진들을 검은 물거품처럼 흩날리게 하였다. 검은 물거품들은 아이들의 입 속으로, 머리칼 속으로, 귓속으로 스며들었다(김향숙, 「겨울의 빛」).

탐광(探鑛): 광산이나 탄전(炭田)·유전(油田) 등을 개발하기 위하여 광상을 찾음, 또는 그 작업. *다만 그는 전서방의 그 성실함에 대하여, 인간 선량함에 대하여, 그리고 무엇보다도 그 넓은 광구를 비록 '예비 보링'이라곤 하지만, 그처럼 짧은 시일에 탐광[探鑛: 探脈(탐맥)]을 마쳐 준 공로에 대하여 못내 고마워하기를 잊지 않았고, 그리하여 우선 (그동안 매우 박했던) 보수를, 전자에 김제의 삼릉광에서 받던 정도에까지 한목 올려주기는 했었다(채만식, 『금(金)의 정열(情熱)』).

토철(土鐵): 철 성분이 많이 포함되어 있는 흙. *독수리는 온갖 말재주를 다 짜내어 달내쇠굿에서 생산되는 토철은 품질이 우수할 뿐만 아니라 노천광이어서 채굴하기가 쉽고 거기다가 매장량도 무궁무진하다. 달내쇠굿의 토철을 공급받는 쇠부리 터가 100여 개가 넘는데, 그 광산 소유권만 차지해 놓으면 무엇이 부럽겠느냐고 입에 침이 마르도록 설명을 했다(김수용, 『불매』).

퇴갱(退坑): ㉠ 굿길에 나옴. 갱도 밖으로 나옴. ㉡ 갱도 밖으로 나오다. *잔솔 밑에 시커먼 아가리를 벌리고 있는 갱 저편에서는 퇴갱하는 광부들의 희미한 불빛이 어른거리고 있었다. 천득은 벨트를 추스른 다음 갱구 검신소로 걸음을 옮겼다(김종성, 「버럭산」).

폐탄(廢炭): 폐석장(경석장)에다 갖다 버린 폐석(경석)을 체로 쳐서 선별한 것으로, 열량이 2~3천 칼로리 정도 나가 발전소나 시멘트 공장 같은 곳에 공급하기도 하나, 대체로 연탄 제조업자들이 원탄에 섞어 연탄을 찍는데 사용하려고 사들인다. 탄광촌 사람들은 이를 '보다탄'이라고도 한다. *강서방은 오전 내내 마을을 돌아, 열다섯 사람의 인부를 모집할 수 있었다. "됐다. 다섯 구미만 부쳐서 폐탄을 쳐내도 금방금방 한 화차씩 빼묵을 수 있을 기라." 강서방이 낮게 중얼거리며 마을 어귀로 들어섰다(김종성, 「폐탄(廢炭)」).

화약(火藥): 충격이나 열 따위를 가하면 격렬한 화학 반응을 일으켜, 가스와 열을 발생시키면서 폭발하는 물질(다이너마이트·면화약·흑색 화약 따위). *후끈거리는 지열이 숨을 조여 왔다. 막장 가득히 출렁이는 어둠을 안전등에서 흘러나온 불빛이 한올한올 걷어내고 있었다. 함 반장은 마지막 뚫은 발파 구멍에 화약을 장전했다. 막장에서 뿜어내는 뜨거운 열기가 야위어 말라붙은 함반장의 얼굴을 후끈 달아오르게 했다(김종성, 「채탄(採炭)」).

후산부(後山夫): 선산부의 일을 보조하는 미숙련 광부. *석바우가 굴러 나오는 광차 바퀴 밑으로 갱목을 집어넣어 광차를 멈추라고 소리쳤다. 그러자 대기 요원이 갱 입구에서 4미터 정도 물러나와 가느다란 갱목 하나를 레일 위에 걸쳐 놓았다. 순간 관성을 타고 굴러 나오던 광차가 갱목에 튕겨 멈췄고, 광차에 붙어오던 후산부 2명이 머리를 처박고 나둥그러졌다(서동익, 「갱(坑)」).

제3장 3차산업 산업어와 표현

　제3차산업(第三次産業)은 상업, 금융업, 운수업, 통신업, 서비스업 등의 주로 제품의 유통과 분배 등을 담당하는 산업이다. 제1차 및 제2차 산업 이외의 모든 산업으로, 넓은 뜻의 서비스 산업 부문을 가리키는 말로 나라의 경제에서 서비스나 무형의 이익을 공급하고 유형의 재화를 생산하지 않지만 부(富)를 창출하는 산업이다.

　상업 어휘의 구사는 김주영(金周榮)이 독보적이다. 조선시대 후기 보부상의 활동상을 그린 『객주(客主)』에서 구사한 어휘는 예술성과 현장성을 획득하는 데 크게 기여한다. 그밖에 홍명희(洪命憙), 박경리(朴景利), 최인호(崔仁浩)의 작품에서 상업 어휘가 활발하게 구사되고 있다.

　한편 금융업 어휘는 김영하(金英夏), 우영창(禹永和)의 소설에서 산견되고 있다.

1. 상업 어휘와 표현

가(家): ㉠ 호적에 등록된 친족의 한 단체. ㉡ 가가(假家). 노점. *가(家)는 가가(假家)라고 하여 가건물 또는 노점을 말하며 방보다 규모가 작은 소매점으로 보통 '가게'라고 한다. 우리가 흔히 쓰는 구멍가게도 이에 속한다. 주가(酒家)는 술집이다. 재가(在家)는 가장 작은 가게이다. 육의전재가(六矣廛在家)란 일종의 육의전의 분점 혹은 지점으로, 전에서 판매하던 상품들을 주인집에서 판매하는 것, 또는 그 집을 말한다(정승모, 『시장(市場)의 사회사(社會史)』).

가가(假家): '가게'의 본딧말. *세 사람은 곧장 행리(行李)를 챙겨 주막을 하직하였다. 잡살전인 듯한 가가(假家)와 옹기전 앞을 훨씬 지나 시계전이 나란한 들머릿길로 나서니, 용수 씌운 긴 장대에 주기가 늘어진 주막이 여럿이었다(김주영, 『객주』).

가게: 작은 규모로 물건을 차려놓고 파는 집. *설렁탕집이라고 볼품없는 간판을 붙여 놓은 식당으로 들어갔다. 오후 세시쯤의 식당이라 가게엔 손님이라곤 없었다(이병주, 『관부연락선(關釜連絡船)』).

가격(價格): 돈으로 나타낸 상품의 교환 가치. 값. 금. *공문 한 통은, 농지개혁 실시를 보름도 채 안 남긴 지금에 와서까지 토지 매매가 성행하고 있으며 농지 가격이 상승하는 데 따른 부산 지방 검찰청장의 담화문 요지였다(김원일, 『불의 제전』).

가전(價錢): 값. 대금. *"네 이년, 장내기도 아닌 무명필을 새벽바람으로 저자에 내다 팔았을 적에 가게에 그만치 다급한 연유가 있었을 것인즉 가전(價錢)을 한 파수가 지난 지금까지도 집에다 둬?" 이방은 앉은자리에서 굽은 떼지 않았으되 결기만은 예사롭지가 않았다(김주영, 『객주』).

가치(價値): ㉠ 사물이 지니고 있는 값이나 쓸모. *물자가 귀하고 양식이 부족해서 남발된 원화의 화폐는 날이 갈수록 가치가 떨어졌다. 쌀 한 가마니에 60만 원을 호가할 만큼 한국의 전 경제는 극심한 인플레에 부닥친 것이다(홍성원, 『남(南)과 북(北)』). ⓒ 상품이나 재화의 효용.

간판(看板): 상점, 영업소, 기관 따위에서 그 이름과 업종, 판매하는 품목 따위를 써서 사람들의 눈에 잘 뜨이게 걸거나 붙이는 표지판. *"아주머니 그만들 하시오. 여관 간판 같아단다면 모를까, 여관업에 청루업까지 겸할 수야 있소?"/방안에 앉은 채 따끔하게 한마디, 길상이 찌른다./"아니 그, 글쎄 그자의 버릇을 내 모르지는 않는데 시끄러운 게 귀찮아서 말이오."/안주인은 당황한다(박경리, 『토지(土地)』).

값: 물건을 사고팔기 위하여 일정하게 정한 액수. *노파의 말을 들은 처녀는 하룻밤 하루낮을 운 끝에 그리하겠다고 마음을 굳혔다. 그런데 노파한테 내세운 조건이 있었다. 닷 마지기의 논 대신 그 값에 해당하는 쌀을 달라는 것이었다. 하나도 어려울 것 없는 조건이었다(조정래, 『태백산맥』).

개업(開業): 영업을 처음 시작함. *그는 개업 즉후에는 손님이 많지 못할 줄을 알고 음식점을 겸한 얼치기 요릿집을 시작했다(이기영, 『신개지(新開地)』).

객주(客主): 지난날, 상인의 물품을 맡아 팔기도 하고, 매매를 거간하기도 하며, 또 그 상인들을 치기도 하던 영업, 또는 그런 영업을 하던 사람. *거래량이 많을 경우 시장에서 처음 만난 판매자나 구매자나 모두 당사자들끼리 바로 거래하는 것을 매우 불안하게 여긴다. 객주는 위탁판매를 맡아 이러한 쌍방 간의 불확실성을 해소시키는 역할을 한다. 이것은 객주와 고객 사이에 신용이 전제되어 있기 때문이다(정승모, 『시장의 사회사』).

거간(居間): '거간꾼'의 준말. 사고파는 사람 사이에서 흥정을 붙이는 일을 직업으로 하는 사람. *당겨 올린 줄을 뒷거둠질하는 사내들이, 데에야 데야를 선창해서 후리꾼들의 기세를 돋우고, 막 거간들이 바쁘게도 서성댄다. 가마솥에는 불이 활활 타고 물이 끓는다. 그물이 가까워 올수록 이 데에야 데야는 박자가 빨라진다(오영수, 「갯마을」).

경영(經營): 방침 따위를 정하고 연구하여 일을 해 나감. 이익이 나도록 회사나 사업 따위를 운영함. *나 사장은 자기 사업이 마치 타의에 의해 부풀어 오르는 걸 보는 것처럼 비명을 지르며 그의 주먹구구식 경영 방법에 연연했지만 시류를 아주 안 타지는 못했다(박완서,『오만(傲慢)과 몽상(夢想)』).

　기미(期米): 미두(米豆). 현물 없이 곡식을 대상으로 하여 거래하는 일. *"그래 그자가 나를 깜박 믿게 되었는데 그 집안의 일이야 석이가 있으니까 명경알 들여다보듯 환한 터이고 물론 조준구는 끝내 석이하고 우리 관계는 몰랐지. 석이는 임역관이 천거했으니까. 미리 알고 드는 데야 도사가 안 될 수 없는 일, 재미나는 것은 기미(期米)에 미친 조준군데 이미 그땐 그도 완전히 내리막길이고 보면 무엇이든 거머잡으려 했겠지"(박경리,『토지』).

　난전(亂廛): 조선 시대, 전안(廛案)에 등록되어 있지 않거나 허가된 상품 이외의 것을 몰래 팔던 가게. *마침 주막거리 앞거리에는 마른 생선을 내다 파는 어물 난전들이 띄엄띄엄 보였다(김주영,『객주』).

　동무장사: 두 사람 이상이 공동으로 하는 장사. *삭불이가 "자네 장가 늦었지. 그래 이쁜 색시라야만 하겠나. 이쁜 색시? 가만 있거라, 어디 생각해 보세."/하고 혼처를 생각하는 모양이더니/"옳지 되었다. 좋은 데가 있다."/하고 무릎을 치고 나서 자기가 전에 동무장사하던 사람이 있는데 성은 피가(皮哥)고 이름은 선이고 별명은 작대기다. 사람이 꿋꿋하고 남의 말을 잘 듣지 아니하고 게다가 키가 커서 작대기라는 별명이 생겼다(홍명희,『임꺽정』).

　되수리: 되밑. 되로 되고 남은 한 되가 못 되는 분량. *이때 마침 상목을 가지고 쌀을 바꾸어 가려고 온 사람이 있어서 감고는 말시비를 그치고 쌀금을 놓고 말질을 하는데 심사로 말질에 농간을 하고 나중에 한 되 넉넉히 되는 것을 되수리로 치고 차지하려고 하였다(홍명희,『임꺽정』).

　도고상(都賈商): 물건을 따로따로 나누지 않고 한데 합쳐서 맡아 팖, 또는 그렇게 하는 개인이나 조직을 말함. *일단 전도가11)나 건방에 넘어온 어물

---

11) 전도가(廛都家): 같은 업종의 장사를 하는 사람들끼리 정해 놓고 모이는 집.

들은 외방에서 온 도고상(都賈商)들에게 넘겨졌다(김주영, 『객주』).

도부꾼: 도붓장수. 물건을 가지고 이리저리 떠돌아다니며 파는 사람을 홀하게 이르는 말. *마을의 인심은 하느님 마음씨하고 통한다. 후하고 박한 것은 노상 일기(日氣)에 좌우되는 것이다. 아직은 논바닥에 물이 질척히 괴어 있었는데 마을을 찾아드는 방물장수, 도부꾼들은 곡식을 바꾸기가 어렵게 되었고 요기를 청하기에도 눈치를 보게 되었다(박경리, 『토지』).

도붓길: 도붓장사로 이리저리 떠돌면서 물건을 팔러 다니는 길. *뱃바닥에 쭈그리고 앉은 농부 세 사람은 담배를 피우며 계속하여 잡담을 하고 있다. 등짐장수가 어떻겠느냐, 여수나 삼천포에 나가서 미역, 건어 등속을 받아 산촌으로 도붓길 나가면 재미를 본다는 둥, 누가 그걸 몰라 땅을 파겠느냐 밑천이 있어야 그것도 할 수 있는 노릇 아니겠느냐는 둥, 차라리 도방으로 나가 날품팔이 하는 편이 낫지 않겠느냐는 둥(박경리, 『토지』).

동맹 철시(同盟撤市): 상인들이 한꺼번에 상점의 문을 열지 않는 일. *지난 삼월에는 경전(京電) 종업원이 파업을 하여 전차는 운행이 중지되었었고 그 무렵 서울의 상가는 한 달 넘게 동맹 철시(同盟撤市)를 했었다(박경리, 『토지』).

뒷장: ㉠ 다음 장날에 설 장. ㉡ 한낮이 지나고 파장이 가까운 무렵의 장. *"그래 어딜 간다구 대답했나?"/"묻는 것이 수상하기에 금교 뒷장 보러 간다구 했소."/"자네두 거짓말할 줄 아네 그려."/"나를 거짓말두 못하는 밥병신으로 알았소."/"자네 같은 사람은 거짓말 아니 하려니 생각했네."/"거짓말 할 줄 아는 사람이 어디 따루 있소"(홍명희, 『임꺽정』).

듣보기장사치: 한군데에 터를 잡지 않고 시세를 듣보아 가며 요행으로 돈 벌기를 꾀하는 장사치. *강경에 닿는 길로 숯막에도 찾아들지 않고 환산나루를 건너다니면서 요행수나 바라는 듣보기장사치처럼 가게와 어게 근방을 어슬렁거리며 해를 보내다가 완전히 어둡기를 기다려 원항교 윗머리에 있는 김학준의 집으로 발길을 옮겼다(김주영, 『객주』).

마수걸이: 하루의 장사에서 또는 장사를 시작하여 맨 처음으로 물건을 파

는 일. *"아직 마수걸이도 못한 처집니다만 할머니께 한 손 공짜로 드릴 테니까 옛날 방식대로 석쇠에 올려 구워 잡숴보세요."/사양할 줄 알았던 노파는 염치 좋게 척 받아넘겼다(김주영, 『아라리 난장』).

막(幕): 조그만 가게. *주막, 술막 할 때의 막(幕)이란 용어도 가게를 뜻한다. 수렵이나 채집을 위해 산중에 설치된 조그만 집도 막이라고 하는데, 이것은 특히 산막(山幕)이라고 하여 주막의 막과 구별된다(정승모, 『시장의 사회사』).

말감고(-監考): 지난날, 곡물 시장에서 마되질하는 일을 업으로 삼았던 사람. 말잡이. *말감고가 쌀을 보고 "이거 산따다기로군. 액미가 너무 많은걸." 하고 쌀을 타박하니 그 총각은 대번에 눈방울을 굴리며/"당신이 살 테요?"/하고 말감고에게 대들었다(홍명희, 『임꺽정』).

도붓장수: 도부를 치는 사람. 물건을 여러 곳으로 가지고 다니며 파는 사람. 행상인(行商人).

말질: '마질'의 본딧말. 곡식을 말로 되는 일. *이때 마침 상목을 가지고 쌀을 바꾸어 가려고 온 사람이 있어서 감고는 말시비를 그치고 쌀금을 놓고 말질을 하는데 심사로 말질에 농간을 하고 나중에 한 되가 넉넉히 되는 것을 되수리로 치고 차지하려고 하였다(-홍명희, 『임꺽정』).

매기(買氣): 상품을 사고자 하는 마음. 살 사람 쪽이 느끼는 상품의 인기(人氣). *품귀현상을 빚어야 상품의 성가나 매기가 유지되는 게 상품 거래의 속성이라 할 수 있겠는데, 흔한 것이 오징어가 되고 난 뒤부터 이 고단백 식품의 성가는 회복될 기미가 보이지 않아 건어물 상인들 사이에 애물단지처럼 여겨지고 있었다(김주영, 『아라리 난장(亂場)』).

매상(賣上): '매상고(賣上高)'의 준말. 일정한 기간에 상품을 팔아서 얻은 대금의 총액. *그날의 매상은 태호의 타령 덕분에 적재함을 깡그리 비울 만치 성공적이었다(김주영, 『아라리 난장』).

모갯돈: 한몫의 많은 돈. 목돈. *"야? 아항, 피장파장 아니겠소? 벌써 딴

고장에는 왜놈들이 여관이라는 걸 지었다 카이 여기도 불원 그런 것이 생길 기고 만사가 다 그런 쪼라요. 아 그러시, 왜놈 점방도 좀 생깄소? 말끔하니 조촐하니, 그러니께 조선사람들 가게는 돼지우리 겉은 꼴이 되고 객줏집도 마찬가진 기라요. 왜놈들이 모갯돈을 가지고 와서 물건을 싸악 거둬가고 질 펀하게 풀어놓으니 장돌뱅이들은 찌들어가고 객주업이 될 기 머요. 아무래 도 왜놈 밑에서 종질하지 않고는 살아남을 사람이 없일 것 같소"(박경리, 『토 지』).

무역(貿易): ㉠ 지방과 지방 사이에 상품을 팔고 사거나 교환하는 상행위. ㉡ 외국 상인과 물품을 수출입하는 상행위. *중국을 상대로 무역을 하는 상 인을 일컬어 만상(灣商)이라 하였는데 이는 의주의 원 이름이 용만(龍灣)으 로 고려시대 때까지 용만현으로 불렸기 때문이다(최인호, 『상도(商道)』).

물상객주(物商客主): 조선 시대에 발달한 일종의 상업 금융 기관의 한 가 지. 주로, 상품의 매매와 거간 및 장사치의 숙박을 업으로 하던 영업, 또는 그 사람. *"시생도 역시 그렇소이다. 내가 상산(商山) 물상객주(物商客主)에 서 동무를 만나 사연을 듣다 보니 그냥 지나칠 수가 없어서 연산(連山) 길로 작로할 작정을 해버린 거요"(김주영, 『객주』).

물숭전: 물감 팔던 가게. *"좋도록 하게나 그러나 우리는 문경지교(勿頸之 交)의 사이가 아닌가? 내가 이런 말하기엔 벌써 체면이 틀린 처지이긴 하네 만 며칠만 더 기다려 봄세. 이참에 물숭전 냈다가 소나기 만난 놈처럼 허둥 거리다간 다 끓인 죽에 코 빠뜨리기 십상일세"(김주영, 『객주』).

물화(物貨): 물품과 재화. *"네놈의 소이가 물화를 헐가로 들이자는 데 있 지 않고 사람을 기롱하자는 데 있어서 그런다"(김주영, 『객주』).

민값: 물건을 받기 전에 먼저 주는 물건값. *늦어도 인시 초까지 나루에 닿는다면 인시 말에 군산포로 뜨는 임선(賃船)이 있었고 이미 임선에 민값의 선가(船價)를 내고 일행이 탈 자리를 마련하였다(김주영, 『객주』).

방(房): 조선시대에, 시전(市廛)보다 작고 가가(假家)보다 큰 가게. *방(房)

은 전보다 작다. 입방(笠房), 옥방(玉房), 은방(銀房) 등 자체 제조판매를 할 수 있는 방만한 크기의 상점이다. 입방(笠房)은 갓을 제조하는 곳, 즉 갓방이다. 현방(懸房)은 고기를 달아놓는다고 하여 붙여진 이름으로 우리말로는 곧 푸줏간[포주(庖廚)]을 말한다(정승모,『시장의 사회사』).

방물장수: 여자들의 일상생활에 필요한 화장품, 바느질 기구, 패물 따위를 팔러 다니는 사람. *장타령하는 각설이 떼들의 목청에는 힘이 없고 아들 만나러 서울 간다던 방물장수 노인의 외침도 힘이 없고 물건들은 묵고 낡아서 땟국이 흘렀다. 그것들은 일찍 온 추위에 오종종 떨고 있는 것 같았다(박경리,『토지』).

보부상(褓負商): 예전에, 봇짐장수와 등짐장수를 아울러 이르던 말. *보부상으로 아주 돌이킬 수 없는 죄과가 있으면 장살(杖殺)에까지 이르기도 하였으니 언제 어디서나 이 보부상의 장문이 놓인 걸 보면 당사자를 추쇄하던 형방 나졸인들 장문의 징벌이 끝나기를 기다려야 했다(김주영,『객주』).

봉놋방: 주막집 대문 가까이 있는, 여러 사람이 한데 모여 자는 큰 방. 주막방. *마을에서 팔자걸음을 걷던 체면치레는 간 곳이 없고 이곳저곳 객줏집 봉놋방에서 뒹굴어 자며 투전판의 구전을 뜯어 술잔으로 날을 보낸 그간의 처지였으니 행색이 처량할 수밖에 없다. 쭈그리고 앉아 장바닥을 바라보고 있는 평산의 옆을 스쳐 주막에는 쉴 새 없이 사람들이 드나든다(박경리,『토지』).

부상(負商): 물건을 등에 메고 다니며 장사하는 사람. 등짐장수. *일은 난감하게 되었으나 부상(負商)들의 체통을 그르치고 법도 어긋난 패악질을 한 담배장수란 놈을 그냥 둘 수는 없었다(김주영,『객주』).

산가지: 예전에, 수효를 셈하는 데 쓰던 나무 막대. *두 사람은 얼른 속으로 산가지를 놓아 보았다(김주영,『객주』).

상고(商賈): 이윤을 목적으로 물건을 파는 것을 업으로 하는 사람. *손가 형제가 본래 광주 분원 사람인데 형은 사기를 구울 줄까지 아는 사람이고,

아우는 사기짐 지고 다니는 도붓장수로 이골난 사람이다(홍명희, 『임꺽정』).

상권(商圈): 상업상의 세력이 미치는 범위. *당시 조선의 상권은 세 곳의 국경지대에서 좌우되었다. 대마도의 일본 장삿배를 상대하던 동래의 왜관, 여진족의 담비 가죽을 사들이던 회령·경원 지방, 그리고 청나라와의 사이에 밀무역시장으로 유명했던 책문후시(柵門後市)12)였다(최인호, 『상도』).

상도(商道): 상행위를 할 때 지켜야 할 도리. *그는 일순 머뭇거림도 없이 단숨에 종이 위에 열 자의 문장을 써내려갔다. '財上平如水 人中直似衡(재상평여수 인중직사형)'13) 단숨에 문장을 종이 위에 휘지(揮之)하고 나서 석전은 붓을 던져 말하였다. "이 열 자의 글 속에 수미산(須彌山)이 다 숨어 있다. 이 열 자의 짧은 문장 속에 임상옥의 상도가 다 깃들어 있는 것이다"(최인호,『상도』).

상부지(商敷地): 장사를 업으로 하는 사람들에게 필요한 용도로 쓰이게 된 땅. *당시 청나라 정부에서는 상부지 안의 토지 전부를 매입하여 민간인에게 조차(租借)하고자 두도구(頭道溝), 백초구(百草溝), 국자가의 상부지소를 모두 매수했다. 그러나 용정촌만은 사정이 달랐다(박경리,『토지』).

상인(商人): 장수. *개시(開市)가 국가에서 공인하는 공무역이라면 후시(後市)는 상인끼리 주고받는 일종의 밀무역이었다(최인호, 『상도』).

상품(商品): ㉠ 사고파는 물품. ㉡ 시장(市場)에서의 상거래를 목적으로 하여 생산된 유형·무형의 재화. *그즈음 용대리 안용주 사장이 반출해 주는 토종 황태의 수량이 점점 줄어드는 형편에 있었다. 황태 중에는 진부령 황태, 진부령 북설악 황태, 내설악 황태, 설악산 황태, 두타산 황태, 속초 황태 같은 상품들이 성가가 있었지만, 그들이 단골로 터놓은 거래선은 안 사장뿐

---

12) 조선시대, 중국 청나라와의 사이에 이루어졌던 밀무역 시장. 조선에서는 금, 인삼, 종이, 모피류 따위를 수출했고, 청나라로부터 비단, 당목, 약재, 보석, 문방구 따위를 수입했다.
13) "재물은 평등하기가 물과 같고, 사람은 바르기가 저울과 같다"라는 뜻으로 조선시대 거상(巨商) 임상옥(林尙沃: 1779~1855)이 남긴 말이다.

이었다(김주영, 『아리랑난장』).

송방(松房): 지난날, 서울에 있는 '개성 사람들의 주단 포목전'을 이르던 말. *이 뒤에 불과 며칠 안 지나서 또 한 군데서 통혼이 들어왔는데, 이것은 금교역말 큰 송방 젊은 주인이 후취로 달라는 것이었다(홍명희, 『임꺽정』).

쇠살쭈: 장에서 소를 팔고 사는 것을 흥정 붙이는 사람. *경기 지경 송파 쇠전거리에 목을 달고 연명하던 쇠살쭈나 소장수들은 김학준의 발호(跋扈)와 농간에 숱한 재물과 계집을 발리지 않은 자가 없었다(김주영, 『객주』).

쇠전(-廛): 쇠장. 우시장(牛市場). *소가 많이 모여드는 우황면 쇠전엔 돈이 겁나게 굴러다녔다. 보따리, 보따리, 돈뭉치가 이 사람 손에서 저 사람 손으로, 저 사람 손에서 또 그 사람 손으로, 소가 소 물결을 타고 돌아다니듯 돈은 사람의 물결을 타고 주머니, 주머니, 넘나들었다(오유권, 「우시장(牛市場)」).

시계전: 지난날, '시장에서 곡식을 파는 노점'을 이르던 말. *벌써 중장이 지나서 장꾼이 많이 풀렸을 때 우락부락하게 생긴 거무무트름한 총각 하나가 쌀자루를 걸머지고 탑거리 편에서 장으로 들어와서 바로 시계전을 찾아왔다(홍명희, 『임꺽정』).

시장(市場): ㉠ 여러 가지 상품을 팔고 사는 장소 *종로 입구와 달라서, 동대문 시장을 끼고 있는 4정목에서 5정목에 이르는 길가 점포는 땅에 엎드린 듯 낮은데다가 구건물이 뒤섞이어 초라하고 을씨년스러웠다. 게다가 진열된 상품도 별로 없어 휑뎅그렁했다. 유리창 안에 시꺼멓게 칠을 한 관(棺)과 백골의 관이 포개어진 광경이 명희의 눈에 띄었다. 삼베 피륙이며 향로 촛대 따위도 눈에 들어왔다. 장의(葬儀)에 소용되는 물품을 파는 장의사 같은 점포였다. 명희는 그 앞을 서둘러 지나쳤다. 시장을 한 바퀴 돌았다. 뭘 사겠다는 생각도 아니했고 살 만한 것도 눈에 보이지 않았다. 시장은 와글와글 떠들고 있는 것 같았다. 사람들은 붕어같이 입만 벙긋거리고 있는 것 같았다. 실상 명희는 아무도 보지 못했고 아무 소리도 듣지 못했는지 모른다.

가까스로 시장을 빠져나왔을 때 '우동'이라 써 붙여 놓은 작은 식당이 있었다(박경리, 『토지』). ⓒ 특정한 상품이 거래되는 곳, 또는 상품의 수요와 공급의 관계에 따라 가격이 결정되는 추상적인 기구(機構).

시전(市廛): 시장거리에 있는 가게. 시중의 상점. 시사(市肆). *"밀매를 한 물화이든 아니든 자네가 알아서 뭣 하겠나. 또 밀매를 한 물화들이라 할지라도 서울 시전(市廛) 도중(都中)에서도 말발 깨나 있다는 신석주(申錫周) 수하의 차인들이 가져올 터이니까 대단 두어 필에 자네 관재 입을 걱정이야 없지 않은가"(김주영, 『객주』).

시정배(市井輩): 저잣거리에서 장사하는 사람들의 무리. *"명색이 양반이면 사내도 못할 짓을, 그래 규중의 규수가 아무리 낯선 땅이기로, 겨우 열아홉 나이의 처녀 몸으로 미천한 시정배하고 한당이 되어 장사라니? 투기사업이라니?"/미천한 시정배란 공노인을 가리켜 한 말이다(박경리, 『토지』).

시탄전(柴炭廛): 땔나무나 숯, 석탄 따위를 사고파는 시장. *강경보다는 산에 가까운 지형이라 제법 큰 시탄전(柴炭廛)이 형성되고 있었다(김주영, 『객주』).

어물전(魚物廛): 어물을 파는 가게. *그 늙은이가 이십 안팎 적에 어물을 가지고 등짐장사를 다니다가 밑천을 모은 뒤에 금교서 장가를 들고 눌러앉아서 어물로 전을 내기 시작하고 내처 한편으로 어물을 파는 까닭에 남들이 전부터 불러내려온 대로 어물전이라고 부르지만, 실상은 곡식, 포목, 재목 여러 가지를 무역하여 파는 금교 장터의 제일 큰 장사라 초상에 와서 일보아 주는 사람도 적지 않았다(홍명희, 『임꺽정』).

에누리: 실제보다 더 보태거나 줄이거나 함. *"야-야, 그런 소리 마라! 세상으 에누리 읎넌 흥정이 어디 있다데야? 나넌 나라에 바치넌 세전(세납)두 에누리를 허넌 사람이다!" 점원은, 농담을 잘하는 재미있는 할아버지라고 빈들빈들 웃고만 있습니다(채만식, 『태평천하(太平天下)』).

억매흥정(抑賣—): ㉠ 물건을 부당한 값으로 억지로 사려는 흥정. *사내 둘과 억매흥정으로 수작이 걸쭉하게 나가려는 판국인데, 조금 전 흥정을 하는 체하다가 사라졌던 석가가 다시 불쑥 나타났다(김주영, 『객주』). ㉡ 물건을 부당한 값으로 억지로 팔려는 흥정.

여리꾼: 점포 앞에 서서 지나가는 사람을 끌어들여 물건을 사게 하고, 가게 주인으로부터 삯을 받는 사람. *떠돌이 장돌뱅이는 물론이요 여리꾼에 장물아비들과 뒷거래를 트고 있는 왈짜, 각다귀들까지 섞여 든 포구 어름은 발 들여놓을 틈 없이 복작거렸다(김주영, 『객주』).

유척(鍮尺): 놋쇠로 만든 표준자. *보상(褓商) 풍습에서는 죄가 경하면 그들이 지니고 다니는 유척(鍮尺)으로 다스리되 중하면 역시 멍석말이로 다스리었다(김주영, 『객주』).

장꾼: 장에 모여 물건을 팔고 사는 사람들. *금교역말 장날 장꾼들이 탈미골이나 청석골을 지나갈 사람이면 다다 일찍이들 나가는 까닭에 금교역말 장은 어느 때든지 중장만 지나면 다른 장터 파장머리와 같이 흩어져 가는 장꾼이 많았다(홍명희, 『임꺽정』).

장날: 장이 서는 날. 일반적으로 닷새 만에 선다. *하동, 구례, 쌍계사의 세 갈래 길목이라, 오고 가는 나그네로 하여, 화개장터엔 장날이 아니라도 언제나 흥성거리는 날이 많았다. 지리산 들어가는 길이 고래로 허다하지만 쌍계사 세이암의, 화개협 시오 리를 끼고 앉은 화개장터의 이름이 높았고, 경상·전라 양도 접경이 한두 군데일 리 없지만 또한 이 화개장터를 두고 일렀다. 장날이면 지리산 화전민들의 더덕, 도라지, 두릅, 고사리들이 화갯골에서 내려오고 전라도 황화물 장사들의 실, 바늘, 면경, 가위, 허리끈, 주머니끈, 족집게, 골백분 들이 또한 구렛길에서 넘어오고, 하동길에서는 섬진강 하류 해물 장수들의 김, 미역, 청각, 명태, 간조기, 간고등어 들이 들어오곤 하여, 산협하고는 꽤 은성한 장이 서는 것이기도 하였으나 그러나 화개장터의 이름은 장으로 하여서만 있는 것은 아니었다(김동리, 「역마(驛馬)」).

장수: 장사하는 사람. 상고(商賈). 상인(商人). *늘어진 버들까지가 강물에

씻기고 저녁 바람에 은어가 번득이고 하는 여름철 석양 무렵이었다./나이 예순도 훨씬 다 넘어 되었을 늙은 체 장수 하나가 쳇바퀴와 바닥 감들을 어깨에 걸머지고 손에는 지팡이와 부채를 들고 옥화네 주막을 찾아왔다. 바로 그 뒤에는 나이 열대엿 살 가량 나 뵈는, 몸매가 호리호리한 소녀 하나가 조금 한 보따리를 옆에 끼고 서 있었다. 그들은 무척 피곤해 보였다./"저기 큰애기까지 두 분입니까?"/옥화는 노인보다 큰애기의 얼굴을 바라보며 이렇게 물었다. 노인은 조용히 고개를 끄덕였다(김동리, 「역마」).

장터(場-): 장이 서는 곳. 장마당. 장판. *장이 서지 않는 날일지라도 인근 고을 사람들에게 그곳이 그렇게 언제나 그리운 것은, 장터 위에서 화갯골로 뻗쳐 앉은 주막마다 유달리 맑고 시원한 막걸리와 펄펄 살아 뛰는 물고기 회를 먹을 수 있기 때문인지도 몰랐다. 주막 앞에 늘어선 능수버들까지 사이사이로 사철 흘러나오는 그 한 많고 멋들은 진양조, 단가, 육자배기 들이 있기 때문인지도 몰랐다. 여기다 가끔 전라도 지방에서 꾸며 나오는 남사당, 여사당, 협률, 창극, 신파 광대 들이 마지막 연습 겸 첫 공연으로 여기서 반드시 재주와 신명을 떨고서야 경상도로 넘어간다는, 한갓 관습과 준례가 이 화개 장터의 이름을 더욱 높이고 그립게 하는 것인지도 몰랐다./가운데도 옥화네 집은 술맛이 유달리 좋고 값이 싸고 안주인 —즉, 옥화— 의 인심이 후하다 하야 화개장터에서 가장 이름이 들난 주막이었다. 얼마 전에 그 어머니가 죽고 총각 아들 하나와 단 두 식구만으로 안주인 옥화가 돌아올 길 망연한 남편을 기다리며 살아간다는 것이라 하여 그들은 더욱 호의와 동정을 기울이는 모양이기도 하였다. 혹 노자가 딸린다거나 행장이 불비할 때, 그들은 으레 옥화네 주막을 찾았다(김동리, 「역마」).

저자: ㉠ 시장에서 물건을 파는 가게. ㉡ 큰 길거리에 아침저녁으로 반찬거리를 팔고 사기 위해서는 장(場). ㉢ '시장(市場)'을 예스럽게 이르는 말. 물건의 거래가 이루어지는 일정한 장소 *이튿날이 전주 남서문 밖에 저자가 서는 날이었다. 남문 밖에는 인근 향시에서 몰려온 보부상들과 장꾼들로 붐

비었는데, 도회청답게 그 수효가 가히 수천을 헤아릴 정도였다. 실복마가 성문 밖에 끊일 사이가 없고 시태질에 바쁜 나귀쇠들이 큰소리로 작경하는 시골고라리들을 꾸짖었다. 두량패(斗量牌)를 쳐든 말감고들이 나귀들이 성문 밖에 닿을 적마다 달려들어 아귀다툼을 하였고 함지박을 인 떡장수들이 남석천교를 쉴 새 없이 건너오고 있었다. 성문 밖에서부터 담배 파는 연초전(煙草廛), 담뱃대를 파는 연죽전(煙竹廛), 말총이나 피물과[향사(鄕絲)]를 파는 상전(床廛), 백미와 잡곡을 파는 시게전[미전(米廛)], 진 어물을 파는 생선전(生鮮廛), 마른 어물을 파는 좌반전(佐飯廛), 놋그릇을 파는 유기전(鍮器廛), 누룩을 파는 곡자전(麯子廛), 솜을 파는 면자전(綿子廛), 돗자리를 파는 인석전(茵席廛), 실만 파는 진사전(眞絲廛), 꿀을 파는 청밀전(淸蜜廛), 각종 물감을 파는 화피전(樺皮廛), 소금 파는 경염전(京鹽廛), 다리머리를 파는 다리전[체계전(髢髻廛)], 목재(木材)를 파는 내장목전(內長木廛), 쇠붙이나 낫을 파는 철물전(鐵物廛), 마구(馬具)만 파는 마전(馬廛), 과일을 파는 우전(隅廛), 잡화를 파는 잡전(雜廛), 제기를 세놓은 세물전(貰物廛), 짚신을 파는 승혜전(繩鞋廛), 가죽신을 파는 혜전(鞋廛), 목물을 파는 물상전(物相廛), 흰 갓만 파는 백립전(白笠廛), 검은 갓만 파는 흑립전(黑笠廛), 바늘을 파는 침자전(針子廛), 볏짚을 파는 고초전(藁草廛), 신창을 갈아주는 이저전(履底廛), 죽기(竹器)를 파는 파자전(笆子廛), 칼 파는 도자전(刀子廛), 돼지를 내다 파는 저전(猪廛), 꿩·오리를 잡아다 파는 어리전[치계전(雉鷄廛)], 분가루를 파는 분전(粉廛), 무명과 기환을 파는 쌘전[입전(立廛)], 씨앗 파는 잡살전[(종자전)種子廛], 족두리와 노리개를 파는 족두리전(簇頭里廛), 간장·된장 내다 파는 외해전[외염전(外鹽廛)], 장롱을 파는 장전(欌廛), 장작을 파는 시목전(柴木廛), 점(店) 사람들이 나와 앉은 옹기전(甕器廛), 한지 파는 지물전(紙物廛). 미처 헤아려 챙길 사이도 없는 갖가지 물화들이 길 양편으로 쩍 벌여 내놓였는데 그 길이가 남문에서 서문까지의 5리 길 행보를 꽉 메우고 있었다. 그런데도 저잣거리 아래로 흘러가는 개천은 쪽빛으로 맑아서 길 위에 선 저자가 물빛에 드리워 또한 5리 길 저자를 이루니 그 분주함에 미처 정신을 가다듬을 틈이 없을 지경이었다(김주영, 『객주』).

전내기(廛-): 가게에 내다팔려고 날림으로 만든 물건. *"이놈, 적반하장도 분수 나름이지, 어느 놈이 먼저 남의 쓸개다 똥물을 끼얹었느냐?"(김주영, 『객주』).

전포(廛鋪): 소규모 가게. 작은 규모로 물건을 차려 놓고 파는 곳. *아래위채에 맞물리듯 동쪽, 그러니까 길거리로 향한 것이 곡식을 쌓아두는 고방에다 싸전의 전포(廛鋪)와 대문인 것이다(박경리, 『토지』).

점(店): ㉠ 지난날, 토기나 철기 따위를 만들던 곳, ㉡ 지난날, 토기나 철기 따위를 만들어 팔던 곳. *점(店)은 철기나 토기 등을 만들어 파는 곳이다. 예를 들면 금점(金店), 은점(銀店), 동점(銅店), 철점(鐵店), 옹기점(甕器店) 등이 있다. 주점(酒店)은 주막 또는 술막이며 점막(店幕)은 숙식을 제공하는 여관을 말한다(정승모, 『시장의 사회사』).

점두(店頭): 가게의 앞쪽. *이들이 회령에 들어서니 땅거미가 질 무렵, 잡화상 점두로부터 비쳐 나온 몇 개의 등불은 희미하고 칠월로 접어든 초여름의 저녁 바람이 살랑거린다(박경리, 『토지』).

좌판(坐板): 땅에 깔아놓고 앉는 널빤지. *아내여./날마다 당신의 좌판 앞에 선 손님들이/당신이 아까워하며 차마 못 입는/날개 같은 옷을 아무렇게나 휘젓다가/한껏 거들먹거리며 발걸음을 돌려도/행여 마음 아파하지 말아라.//누가 나의 생선을 이리저리 만지작거리다가/어깨에 힘을 빳빳이 준 채 값을 깎는다 해도/그 가소로운 꼴들을 모조리 참아 내야 하지 않겠느냐./우리 어깨에 설령 비웃음과 경멸이 꽂힌다 해도/견딜 수 있는 한 견뎌야 하지 않겠느냐(박선욱, 「맞벌이 부부의 노래」).

집물(什物): 살림살이에 쓰이는 온갖 기구. 가구(家具). 집기(什器). *임상옥은 부지런하고 깨끗하게 정돈하는 것을 습성으로 갖고 있었다. 기록에 의하면 임상옥은 다음과 같이 표현 되고 있다. '임상옥은 집물(什物) 관리가 정밀하여 항상 치부책이 잘 정리 되어 있었다.' 치부책(置簿冊)이라 함은 금품을 출납한 내용을 적는 책으로 오늘날의 금전출납부와 같은 성격의 장부인 것이다(최인호, 『상도』).

태가(駄價): 짐을 실어다 준 삯. *"행중(行中)에 지니신 것이 얼마나 되는 지는 모르겠으나, 박살난 젓동이로 말하면 울주땅 언양 옹기를 사장(私匠)14)에게 쇤네가 일삭이나 물지게 품을 팔고도 모자라 마누라쟁이 다리를 끊어 팔아 겨우 얻은 젓동이 셋 중에 기중 상품이오. 나으리들 보시기엔 측간 옆에 있는 똥장군에 불과한지 모르나 십 년이 가도 물 한 방울 새는 법이 없거니와 쇤네에겐 한 죽이나 되는 권솔들의 섭생과 희로애락이 다만 거기에 달렸소이다. 쇤네의 마누라쟁이는 젓장사로 출신할 적에 젓동이에다 떡을 찌고 걸귀를 잡아 굿을 놀아 발빈(拔貧)을 빌었습죠. 운수 사나운 젓장수를 만나 저자 바닥에서 박살이 난 형편이긴 하나 쇤네에겐 가히 보화였소. 그 안에 든 밴댕이젓으로 말하자면, 냄새만은 뒷물 않는 계집의 밑구녁이겠으나 제물포 앞바다에서 난 밴댕이 중에서는 상품으로 절인 것이오. 푼전에는 뚜껑도 열지 않았소이다. 또한 제물포에서 여기까진 오백 리 길이라곤 하나 물길 산길을 거쳐 장바닥을 훑어 오느라면 천 리 길이 족할 게요. 그 태가(駄價)가 어찌 말 곡식이나 몇 필의 피륙으로 대신할까요."/백지 허황하게 지어낸 소리인 줄은 빤히 알 만한데 그러나 앞뒤가 생판 두서없지 아니하고 이미 약점이 잡히고 말았으니 달리 발뺌하고 빠져나갈 궁리도 없는지라 만약 그렇다고 발악하다간 어떤 풍파가 닥칠지 전연 예상하기 어려웠던 도포짜리가 대중없이 묻기를,/"도대체 네 주작대로라면 태가 합쳐 얼마가 된다는 수작이냐? 사설은 그치고 뚝 부러지게 여쭈어라."/"예, 쇤네 역시 아무리 궁리를 터봐도 적당한 값을 말하기 난처합니다. 그런데다 보아하니 궁박한 살림이 틀림없을 나으리 주제에 어찌 과분한 물대를 청할 수 있겠습니까. 보건대 나으리들 행낭 속에 초피(貂皮)15) 싼 것이 든 것 같은데 그 중에서 열 장만 내

---
14) 예전에, 관아에 속하지 않고 혼자 일하던 장인(匠人)을 이르던 말.

어놓으신다면 숯막에서 기다리는 우리 동패를 부르지는 않겠소이다"(김주영, 『객주』).

파시(波市): 고기가 많이 잡히는 철에, 바다 위에서 열리는 생선 시장. *전주에서 왔다면 혹시나 강경포 파시를 거쳐서 내려온 외방돌림들일 테니 재수만 좋다면 조성준의 소식을 들을 수도 있겠거니 하였다(김주영, 『객주』).

포주인(浦主人): 여각의 주인. *"우린 포주인(浦主人)을 만나 금새나 알아보고 오리다. 성님들은 나귀 살피고 바리들 지키고 기다리고 계시오"(김주영, 『객주』).

하매자(下買者): 물건을 사려는 사람. *우선 객주에 물화를 맡겨 하매자(下買者)를 만나자면 날부터 새고 보아야 하겠기에 장터거리로 들어가서 도선목에 가까운 숯막에 행리들을 풀었다(김주영, 『객주』).

호지: 마름. *그가 거느리는 호지집만도 30여 호나 되어, 송파는 물론이요 광주 인근에서 김학준의 비위를 건드릴 사람은 없었다(김주영, 『객주』).

2. 금융업 어휘와 표현

거래소(去來所): 흔히 유가증권이나 상품 따위를 대량으로 거래하는 조직화된 상설시장을 뜻한다. 따라서 선물거래(先物去來)가 행해질 수 있도록 감독관청의 허가를 받아 설립된 조직화된 기구를 말한다. 선물거래가 공정하게 행해질 수 있는 장소를 제공하고 있을 뿐만 아니라 그 거래나 회원들을 자율적으로 규제 및 감독할 수 있는 권한도 갖고 있다. *파생 거래를 최초로 다룬 거래소는 사실 미국 거래소들이 아니라 영국 런던 왕립거래소(Royal

---
15) 담비 종류의 모피를 통틀어 이르는 말.

Exchange)라고 역사는 기록하고 있다. 이곳에서는 거래소를 통해 선도 계약을 맺을 수 있게 했다 1841년에 발간된 기록에서는 17세기 초반 네덜란드의 이른바 튤립 마니아(Tulip Mania)를 다루고 있는데 여기서 튤립 선도 계약에 대한 내용을 찾을 수 있다(권오상, 『파생금융 사용설명서』).

계좌(計座): 예금·자산 등의 계정자리. 예금계좌·우편대체계좌 등과 같이 쓰인다. *P는 화섬, 석유화학 및 전자 제품까지 다루는 중견 종합상사로 탄탄한 재무구조를 갖춘 데다 최근 들어 중국과 동남아 쪽 수출이 늘면서 매출도 호조를 보이고 있었다. 내가 중점 관리하는 13계좌의 총 자산액은 전일 종가 기준으로 171억 원이었고 이 중 65억 원이 12만 주의 P에 잠겨 있었다. 65억 원이면 총 자산액의 40퍼센트에 달해 그 움직임에 따라 계좌의 수익률이 좌지우지되었다. 그 중엔 상대적으로 소액이지만 차명 형태의 내 계좌도 끼여 있었다(우영창, 『하늘 다리』).

근저당(根抵當): 장래에 생길 채권의 담보로서 일정한 금액을 한도로 미리 설정하는 저당권. *"글쎄, 상당히 어려운 거 같애. 채권자들이 아파트 사업 부지에 근저당을 설정해놨는데, 만약에 법원에다 경매를 붙이면 우린 돈을 고스란히 날리는 거지 뭐"(김종성, 「먼 길」).

금융(金融): 경제에서, 자금의 수요와 공급에 관계되는 활동. *한 목수가 돈을 빌려 각종 공구를 구입해 생산성을 높인 결과 돈을 더 많이 벌게 되었다. 이처럼 생산이 늘고 소득이 증대한 것은 목수가 노동 장비율을 높였기 때문이고, 그 노동 장비를 갖추게 된 것은 애초에 돈을 빌릴 수 있었기 때문이다. 만약 목수가 누군가에게 돈을 빌릴 수 없었다면 생산과 소득의 증가는 제한적이었을 것이다. 누구나 알고 있는 사실이지만, 금융은 이래서 중요한 것이다. 금융은 돈이 있는 자가 돈이 부족한 자에게 일시적으로 돈을 융통해 주는 것이다. 이렇게 흑자 주체에서 적자 주체로 돈이 흘러가게 함으로써 실물 경제에 자본을 공급하고 산업 발전과 경제 성장을 이끌며, 나아가 새로운 일자리 창출에 기여한다(이찬근, 『금융경제학 사용설명서』).

당좌거래(當座去來): 당좌예금을 갖고 있는 기업이 상거래 등을 위해 발행하는 약속어음이나 당좌수표 등의 지급업무를 은행에 위탁해 거래하는 것이다. 법인이나 사업자등록증을 가진 개인만이 당좌를 개설할 수 있다. *어떻게 그런 일이 일어날 수 있단 말인가./나는 대한주택은행 능안지점에서 보내온 안내문을 들고 깊이 숨을 들이쉬었다. 부도가 나다니. 온몸이 마치 몽둥이로 흠씬 두들겨 맞은 것처럼 혼곤해졌다./안내문은 "귀댁의 행복을 빕니다"라는 인사말로 시작하고 있었다. 우리가 분양받은 아파트의 사업주체회사인 화인주택개발이 대한주택은행 영등포지점에서 당좌거래를 하고 있었는데, 지난 1월 30일 자로 부도 해약 처리되어 화인주택개발이 적색거래처, 다시 말하면 불량거래자로 규제등록되었다는 것이다. 그리고 덧붙여 말하기를 화인주택개발에 대하여 정확한 사항을 파악한 후 분양받은 아파트로 인한 손해를 입는 일이 없도록 하라는 친절한 충고도 곁들이고 있었다(김종성,「먼 길」).

대출(貸出): 당사자의 일방이 금전, 기타의 물건 또는 유가증권을 교부하고 후일 동종의 것을 받는 유상계약. *지점장을 만나러 왔다고 하자, 대출창구에 앉아 컴퓨터 자판을 두들기고 있던 직원이 잠시 기다리라고 했다. 이윽고 그가 뒤쪽을 가리키며 들어가 보라고 손짓했다(김종성,「먼 길」).

분식회계(粉飾會計): 기업이 고의로 자산이나 이익 등을 크게 부풀리고 부채를 적게 계산하여 재무 상태나 경영 성과, 그리고 재무 상태의 변동을 고의로 조작하는 회계. *무림전자는 외환위기 직후에 부도액 오십억을 안고 무너졌다. 연간 오천억이 넘는다는 매출액과 삼천억의 자산평가는 대부분이 분식회계였다. 부도액 오십억이 큰 액수는 아니었다. 그러나 금융감독기관이 적발한 분식회계 수법과 액수가 신문에 보도되자 거래은행들은 구제금융을 거절했고 분식된 자산을 담보로 대출을 늘려주지도 않았다(김훈,「항로표지(航路標識)」).

불환지폐(不換紙幣): 정화(正貨)와 바꿀 수 없는 지폐. 불환권. 본위화폐와 바꿀 수 없는 지폐. 쉽게 풀이하면 불환(不換)이란 교환해주지 않는다는 말이며, 불환지폐란 상품화폐(금, 은)로 교환을 보장하지 않는 지폐를 말한다.
*"노인장, 그거는 억지 말씀이오."/"뭐가 억지란 말이오."/"동포에게 해악을 끼치는 점을 말할 것 같으면 우리 조선의 경우는 구우일모요. 해악을 끼칠 힘이나 있습니까? 나라가 있어야 힘이 있질 않겠소?"/"……"/"노인장께서는 중국을 과찬하시고 우리를 짓밟았는데 그게 그렇지가 않소이다. 중국의 군벌들을 생각해보십시오. 오히려 등잔 밑이 어두운 모양이오. 너무 땅이 넓어서 보이지 않았던가. 군벌이 가난한 백성에게 무거운 세금을 부과하여 기름을 짜는 것은 제 동포에게 끼치는 해악이 아닙니까? 그들 자신의 권력 투쟁을 위한 전쟁 생각도 해보시오. 전쟁을 위해 불환지폐(不換紙幣)를 발행하여 상공업을 망쳐놓고, 그들의 전쟁을 위하여 식량과 가축을 징발함으로써 농촌을 망쳐놓고, 그리하여 유랑민 비적들이 들끓게 되고, 그것은 동포에 끼치는 해악이 아닙니까? 그런 정도는 약과지요. 열강의 후원을 얻기 위해 혹은 차관을 얻기 위해 제 몸뚱이 중요한 부분을 일본이다 영국이다 떼어주고, 그 잃은 것을 찾겠다고 나서는 학생들, 노동자, 병사, 시민들의 시위를 철퇴로 내리쳐서 그들 상전의 눈치를 보는 놈들, 그것은 동포에게 끼치는 해악이 아니란 말씀이오? 이미 조선은 한 놈이 먹어치웠고, 일본이 약해지면 어떤 놈이 또 손을 내밀지 그건 모르겠소. 그러나 중국은 아직 갈라 먹기 시대요. 중국이 통일이 되면은 갈라 먹기 시절이 끝나는 거고 해서 열강들 손끝에서 춤을 추는 앞잡이들은 계속하여 동포에게 해악을 끼칠 것이오. 영국놈 방직 공장에서 파업이 일어나면 영국놈과 합세하여 제 백성을 치고 일본놈 방직 공장에서 사건이 벌어지면 일본놈들과 합세하여 제 백성을 치고, 하기야 뭐 그네들은 앞잡이라 생각지는 않을 게요. 장차 자신들의 뿌리를 뽑을 백성들의 힘을 두려워하는 게지요. 그들의 적은 외세가 아니라 바로 제 나라 제 백성이니까 이래도 제 동포에게 해악을 끼친다 할 수 없겠소?"/"대사는 어찌 그리 잘 아시오?"/"목탁만 뚜드리고 있었더라면 까맣게 모르고 있었을 일이지요."/"흠,"/공 노인은 한풀 꺾인다(박경리, 『토지』).

선물(先物): 현재 시점에서 계약을 하고 미래의 일정시점에 결제를 이행하는 거래이다. 선물거래는 미래의 불확실을 확실한 것으로 만들길 원하는 인간의 욕구에서 발생된 일종의 예약거래 형태로 계약과 동시에 결제하는 현물거래와는 차이가 있다. 선물거래에는 주식, 주가지수, 금리 등을 거래하는 금융선물뿐만 아니라 금, 은, 구리, 아연 등을 교환하는 상품선물까지 다양하다. *증권 회사에 다니다 개인 투자자로 나선 아들이 허영환을 보증인으로 세우고 여기저기서 많은 돈을 끌어다 선물(先物)에 투자했다가 손실을 크게 입는 바람에 바가지를 차게 되었다. 벼랑 끝에 몰린 허영환은 선교자금에 손을 댔다. 이 사실을 알게 된 청년 회원들이 문제를 제기하고 나섰다. 연이어 남선교회와 여전도회가 비상총회를 소집했다. 교회는 걷잡을 수 없는 혼란에 빠졌다. 급기야 총회 본부에서 개입하게 되자, 허영환은 자신이 개척해 부흥시킨 양재교회의 당회장직에서 물러났다(김종성, 「빈 들에도」).

수익(收益): ㉠ 이익을 거두어들임. 또는 그 이익. ㉡ 기업이 경제 활동의 대가로서 얻은 경제적 가치. *결국 종가에 때렸다. 수수료 제하고 4.3퍼센트, 1억이 넘는 수익이 떨어졌다. 여타 주식에 묶여 있는 다른 계좌들에 비해 운이 좋은 이들이다. 상대적으로 수익이 지지부진했는데 얼마간 위로가 되었으면 한다(우영창, 『하늘다리』).

신용 카드(信用-): 상품이나 서비스 대금의 지급을 은행이 보증하여 일정 기간이 지난 뒤에 그 대금을 결제하는, 신용 판매에 이용되는 카드. *신용 카드는 은행계 카드와 비은행계 카드로 구분되며 현금 카드 기능이 추가되어 CD기에서 현금 인출도 가능하게 되었다. 물품대금을 거래 후 일정 기간이 지난 다음에 결제되기 때문에 일종의 전자 대출(electronic loan)의 성격을 띠고 있다. 신용 카드는 결제 수단뿐만 아니라 현금 서비스와 같은 소액 자금 융통 수단으로도 이용되고 있다(이명훈, 『전자 금융의 발달과 경제 정책의 새로운 패러다임』).

어음: ㉠ 일정한 시기에 일정한 장소에서 일정한 금액을 지불하겠다고 약

속한 유가 증권. ⓒ 지난날, 돈의 지불을 약속하는 문서. 수결이나 도장을 지르고 한가운데를 짜개어 채무자와 채권자가 한쪽씩 나누어 가졌음. *4백 냥짜리 어음을 받아가지고 쫓기듯 밖으로 나온 두 사람은 짚신을 꿰는 둥 마는 둥 단숨에 여각으로 쫓아갔다(김주영, 『객주』).

예금(預金): 은행 등 금융기관이 불특정 다수인으로부터 그 보관과 운용을 위탁받은 자금이다. 법률적으로는 금융기관이 예금주로부터 금전의 보관·운용을 위탁받음으로써 발생한 금융기관의 채무이며, 예금주로서는 금융기관에 대한 지급청구권이다. *예금을 통한 지급 결제 기능과 대출을 통한 여신 기능에 이어 은행이 제공하는 세 번째 역할은 변환 기능이다. 변환 기능이란 유동성(liquidity)을 선호하는 예금자의 니즈(needs)와 수익성을 높이고 싶은 은행의 니즈를 적절히 결합하기 위한 기능이다. 이 역할은 은행이 예금을 수취해 대출로 전환하는 것에서 가능하게 된다(이찬근, 『금융경제학 사용설명서』).

은행(銀行): ㉠ 금융 기관의 하나. 예금의 수수(收受), 유가 증권 또는 기타 채무 증서의 발행 따위에 의하여 사회 일반으로부터 자금을 획득하여 저장하는 한편, 그 자금을 규칙적, 조직적으로 대출하거나 투자하여 영리 활동을 하는 기업의 일종이다. 중앙은행, 일반 은행, 특수 은행으로 구분한다. *중앙은행은 은행의 은행으로서 금융 시스템에서 중심적인 역할을 수행한다. 민간 은행들이 지급 준비 계좌를 창설해주고 중앙은행 전산망을 구축해 은행들 간의 지급 결제 인프라를 지원한다. 또 은행들의 필요에 따라 담보 대출 혹은 레포(repo)[16] 방식의 대출을 제공하며, 특히 은행이 비상사태에 처해 있을 경우에는 담보 없이 특별 대출을 제공하는 최종 대부자 역할을 한다(이찬근, 『금융경제학 사용설명서』). ⓒ 어떤 때에 갑자기 필요해지거나 일반적

---

16) 환매 조건부 채권매매(repurchaser agreement)의 준말이다. 금융 기관이 일정 기간 후 확정 금리를 보태어 되사는 조건으로 채권을 발행하는 것인데, 외견상의 약정 내용은 이렇지만 실제 내용은 채권을 담보로 자금을 빌리는 것과 다름없다.

으로 부족한 것 등을 모아서 등록하여 보관해 두었다가 필요할 때 이용할 수 있도록 편의를 도모하는 기관을 비유적으로 이르는 말.

은행권(銀行券): 중앙은행이 발행하여 현금으로 사용하는 지폐. *한편 합병 (合倂) 이후 금융(金融) 재정(財政)의 지배(支配)를 강화(强化)하였다. 1911년 '조선은행법(朝鮮銀行法)'을 공포(公布)하여 '한국은행(韓國銀行)'을 '조선은행 (朝鮮銀行)'으로 개칭(改稱)하고 은행권(銀行券) 발행(發行), 금융(金融) 통제(統制) 등 중앙은행적(中央銀行的) 역할(役割)을 계승(繼承)하였으며, 1912년 10월 '은행령(銀行令)'을 공포(公布)하여 보통은행(普通銀行)의 설립(設立) 기준(基準)을 설정(設定)함으로써 한국인(韓國人)의 은행(銀行) 설립(設立)을 극력(極力) 저지(沮止)하였다(김운태, 「일제식민통치사(日帝植民統治史)」, 『한국현대문화사대계 6』).

이문(利文): ㉠ 이가 남은 돈. 이전(利錢). *건어물(乾魚物)을 취급하는 황씨(黃氏) 여각에서는 박치구의 어음을 내밀자 두말없이 전주에서 찾을 수 있는 어음으로 바꾸어주었다./"이문이 쏠쏠한 물화가 없겠습니까?"/봉삼이 어음을 건네받는 길로 포주인에게 넌지시 물었다. 육십줄에 든 포주인이 고개도 돌리지 않은 채,/"시절이 없네. 한절이라 염상들도 와 닿질 않아서 산골로 소금을 풀어먹인다면 그런대로 박한 이문을 바라볼 수 있겠지만 워낙 먹을 것이 없으니 소금인들 무슨 소용들이겠는가"(김주영, 『객주』). ㉡ 이자 돈.

자본(資本): ㉠ 사업이나 영업 따위를 이루거나 유지하는 데에 드는 기금. ㉡ 기계, 설비, 원료 등의 생산 수단 내지는 그것을 만들어 내는 데 드는 비용. *외환위기 전부터 회장은 강도 높은 구조조정을 요구했다. 제조업에서의 이윤의 장래가 불투명하기도 했지만, 자본과 경영의 주력을 정보기술산업으로 집중시키려는 전환기에 기존의 제조업에서 머리가 굳은 고위직 인력들은 호봉이 높을수록 낙후되어 있었다(김훈, 「항로표지」).

자산(資産): 현금, 상품, 건물, 비품 등과 같이 개인이나 기업이 경영활동에 사용할 목적으로 소유하고 있는 경제적 가치가 있는 유형, 무형의 재화와 채권. *분식을 모두 걷어내자 회사자산은 삼분의 일 이하로 오그라들었다. 건설 중인 새 공장은 설비투자액을 인정받지 못하고 토지매각대금만 자산으로 계상되었다. 공장부지는 용도변경이 안 되는 땅이었다. 자산평가액은 최우선 면제항목인 퇴직금 전액과 최종 삼 개월분 급여총액에도 미치지 못했다. 차액은 십억이 넘었다(김훈, 「항로표지」).

장체계(場遞計): 예전에, 장에서 비싼 이자로 돈을 꾸어 주고, 장날마다 본전의 일부와 이자를 받아들이던 일. *김학준은 서울의 내수사(內需司)의 관리들에게 인정을 쓰고 구워삶아서 몇몇은 손아귀에 넣고 있었으며, 종실(宗室)에서 쓰고 남은 공물들을 되받아 적잖은 이득을 챙기는 한편, 송파 쇠전거리의 쇠살쭈인 조성준에게도 장체계(場遞計)를 놓을 정도로 저자 바닥 돌아가는 물리에 밝았고 상리를 거둠에 체면치레가 없었다(김주영, 『객주』).

저화(楮貨): 고려시대 말기・조선시대 초기에 발행되었던 종이돈이다. *태종(太宗) 원년(1401년) 4월 6일 정부(政府) 당국(當局)은 우의정(右議政) 하륜(河崙)의 상주(上奏)에 따라 고려말(高麗末)에 유통(流通)시키려다가 중지된 적이 있는 저화제(楮貨制)를 채택 사섬서(司贍署)를 설치(設置)하고, 이듬해(1402년) 정월(正月)에 저화(楮貨)를 발행(發行)하여 포화(布貨)와 병용(併用)토록 하였는데 당시(當時) 저대(楮貸) 1장당(張當) 법정가치(法定價値)는 상(常) 5승(升) 포(布) 1필(疋) 또는 쌀 두 되였다(한국은행, 『한국의 화폐』).

전표(錢票): 가지고 오는 사람에게 적힌 액수만큼의 돈을 주도록 되어 있는 쪽지. 흔히 공사장에서 근로자에게 현금 대신 준다. *하청업자는 작업인부들의 이동을 막기 위하여 일당을 그날그날 현금으로 지급하지 않고 전표로 지급했다. 작업일수가 십오 일이 지나 전표를 열다섯 장 이상 모여야 그 전표를 현금으로 바꾸어주었다. 그 간을 채우지 못하고 급히 작업장을 떠나야 하는 사람들은 모아놓은 전표를 남아 있는 사람들에게 팔고 떠났다. 전표를 사고 팔 때는 모자라는 날 수에 곱하기 이를 한 퍼센트만큼 할인을 했다. 떠나간 사람의 전표를 산 인부들은 모자라는 날 수만큼 자신의 전표를 채워

열다섯 장을 만들어 관리사무에서 현금으로 바꿨다. 업자 측은 남은 전표를 들고 오는 인부들에게 현금을 지급할 때 전표할인으로 발생한 차익금의 오십 프로를 다시 할인했다. 그렇게 해서, 보름을 못 채우고 떠나간 자들이 포기한 몫의 절반이 남아 있는 자의 수중에 떨어졌고 나머지 절반이 업자의 손에 떨어졌다(김훈, 『빗살무늬토기의 추억』).

종목(種目): ㉠ 특정한 갈래에 따라 나눈 항목. ㉡ 증권 시장에서, 매매 거래의 대상이 되는 유가증권을 내용과 형식에 따라 분류한 것. 일반적으로 회사명(會社名)을 붙여 사용하나, 동일한 회사의 주식이라 하더라도 신주(新株)와 우선주(優先株) 등은 보통주와 구별하여 별도의 종목으로 취급한다. *"남들 오를 땐 안 오르고 빠질 땐 같이 빠지고, 이게 바로 원원증권에서 3주 전에 추천했던 종목이에요. 경제 신문에서 보고 산 거란 말이에요"(우영창, 『하늘다리』).

주가(株價): 주식의 시장가격. 주가지수와는 달리 한 종목의 주식 가격을 일컫는 말이다. *재만은 새로 사귄 사람들과 주식시장의 동향, 여배우들의 가슴 크기, 스톡옵션17)에 대해 떠들며 17년간 숙성시킨 스코틀랜드산 위스키를 물처럼 들이켰다. 호시절이었다. 주가는 치솟고 갑자기 벼락부자가 된 친구들의 이름이 경제신문 지면을 화려하게 장식했다. 재만은 20세기의 마지막 해에 여의도에 있는 외국계 컨설팅회사로 옮겨 그 한해에만 2억 가까운 돈을 벌었지만 성에 차지 않았다. 하루아침에 수백억대의 스톡옵션을 손에 쥐는 또래의 사내들을 볼 때마다 이러다 기회란 기회는 다른 놈들이 다 채가는 게 아닌가 싶어 그는 초조했다(김영하, 「보물선(寶物船)」).

주식(株式): ㉠ 주주의 출자에 대해 교부하는 유가증권. *유한회사와 주식회사의 지분을 소유한 이들은 자신들이 출자한 자금을 넘어서는 손실에 대해 책임지지 않는다. 주식회사는 유한책임회사에 대한 소유권을 시장에서

---

17) 스톡옵션(Stock Option). 기업이 회사의 임원 등을 고용하면서 일정 기간 후 채용할 때에 약속한 가격으로 자사의 주식을 우선 매입할 수 있는 권리를 부여하는 제도.

좀 더 쉽게 거래할 수 있도록 제도적, 법적 장치들을 몇 가지 추가한 형태로 보면 된다. 이러한 주식회사에 대한 소유권이 바로 주식(stock, equity)이며, 따라서 주식을 한 주라도 소유한 사람은 그 주식회사에 대한 소유권자의 한 사람인 것이다. 주식 시장이란 이와 같이 주식회사에 대한 지분 소유권을 거래하는 시장이다(권오상,『파생금융 사용설명서』). ⓛ 주쥬(株主)가 회사에 대하여 가지는 법률상의 지위.

지수(指數): ㉠ 물가나 주식, 노임 등의 변동 상황을 시기에 따라 나타내고자 할 때 그 기준이 되는 때를 100으로 하여 비교하거나 나타내는 숫자. *"지수 오를 때 같이 오르고 지수 빠질 땐 홀로 버티는 그날도 올 거예요. 고객님, 마음 가라앉히시고 시세도 좀 멀리 보시고요. 나중에 꼭 한번 전화 주세요. 매매가 밀려 있어서요. 네. 고맙습니다. 들어가세요"(우영창,『하늘다리』). ㉡어떤 수나 문자의 오른쪽 위에 쓰여 그 거듭제곱을 나타내는 문자나 숫자.

주전(鑄錢): 돈을 주조함. 또는 그 돈. *화폐는 상품의 생산과 교환의 긴 역사적 발전의 산물이며 사회적 분업과 사적생산(私的生産)을 전제로 하여 존재하는 것이다. 우리 나라 역사상 고려시대와 조선전기에도 여러 번 주전(鑄錢)이 행해지고 불환지폐인 저화(楮貨)까지 출현하였으나 그 유통에 실패하였다. 대신 미포(米布)가 유통되어 일반적 등가물(等價物)로서 역할하였던 것이다(송찬식,『이조(李朝)의 화폐(貨幣)』).

주화(鑄貨): 쇠붙이를 녹여 화폐를 만듦. 또는 그 화폐. *세계화폐발달사상(世界貨幣發達史上) 화폐유통(貨幣流通)의 변천(變遷)은 실(實)로 천차만별(千差萬別)이라 하겠다. 그러나 시기(時期)를 대별(大別)하면, ① 주전(鑄錢)을 사용(使用)치 아니한 시대(時代)와 ② 주화(鑄貨)를 사용(使用)하는 시대(時代)로 분관(分觀)할 수 있다. 주화(鑄貨)를 사용(使用)치 못한 시대(時代)에서 화폐(貨幣)로 사용된 것은 실(實)로 여러 가지가 있다. 가축(家畜), 모피(毛皮), 다(茶), 연초(煙草), 포목(布木), 지금은(地金銀), 금은기(金銀器) 등(等) 이러한 것이 등장(登場)되었다(유자후,『조선화폐고(朝鮮貨幣考)』).

지점장(支店長): 본점에서 갈려 나와 일정한 지역의 업무를 책임지고 주관하는 지점의 우두머리. *네시 반에 지점장실에서 영업 회의가 있다. 원원의 신사 지점장 백경채에게 회의는 영업 다음으로 중요했다. 영업은 회의로 시작돼 회의록에 의해 완성되었다. 회의에 열의를 보이지 않았던 명동 지점장은 머리 나쁜 아이들이 회의는 도맡아 한다고 말씀하신 바 있다. 둘의 공통점은 안경을 썼다 벗었다 한다는 것이다(우영창, 『하늘다리』).

지폐(紙幣): 종이에 인쇄해서 만든 화폐. *"이보게나, 남재룡이 아닌가? 날쎄. 나 김영석이라고."/팽개치듯, 지폐 한 장을 던져두고 마악 차 안에서 빠져나오려던 참이었다. 소름끼치도록 내 팔목을 부여잡는 그가 틀림없는 김 부장인 것을 낸들 어찌하겠는가./"남재룡입니다. 내가 남재룡이고 말고요."/우리는 손목을 부여잡고 야단법석을 떨었다(송하춘, 「청계천(淸溪川) 가는 길」).

채권(債券): 국가・지방공공단체・특수법인・주식회사 등이 법률이 정하는 바에 따라 일정한 채무이행약속증서를 발행하여 직접 또는 간접으로 일반 대중으로부터 자금을 조달하는 것을 목적으로 발행하는 증권. *그해에 결혼정보주식회사가 주선해준 여자와 결혼도 했지만 하도 바쁠 때여서 언제 어디서 했는지 기억도 못할 지경이었다. 컨설팅 업무 외에도 그는 주식과 채권, 달러로 자기 나름의 포트폴리오를 구성하고 있었는데 그 동향을 체크하려면 하루 24시간도 모자랐다. 그의 새벽은 막 폐장한 뉴욕 증권시장의 각종 지수들로 시작됐다. 부팅하는 시간도 아까워 컴퓨터는 언제나 켜놓은 상태였다(김영하, 「보물선」).

투자자(投資者): 증권발행시장에서 최종적으로 증권을 취득하고, 이것을 다시 증권유통시장에서 매각하고자 하는 사람. *신문에는 사기꾼들의 돈을 환수해 충무공동상 재건립에 써야 한다는 독자투고가 실리기 시작했다. 며칠 후, 가방에 달러를 가득 담아 공항을 빠져나가려던 캡틴이 검거됐다. 그때까지도 이형식의 행방은 묘연했다. 잡히지 않는 범인 대신에 그들이 언론과 대중의 표적이 되었다. 금감원과 검찰은 그들이 관련된 모든 금융거래를 샅샅이 뒤졌다. 비교적 정상적인 거래까지도 작전의 혐의를 받았다. 결국 그들은 다시 영장실질심사에 직면했다. 이번 실질심사는 훨씬 혹독했고 거의 빠져나간 자가 없었다. 주가조작은 선의의 투자자들에게 피해를 입히는 악질 범죄라고 판사는 감정을 실어 말했다(김영하, 「보물선」).

출납(出納): 돈이나 물품 따위를 내주거나 받아들임. *신사 지점의 출납과 계좌 개설, 이전, 공모주 청약 업무를 전담하는 두 여직원은 여상을 거쳐 전문대를 졸업한 비정규직이다(우영창, 『하늘다리』).

통화(通貨): 유통 수단이나 지불 수단으로서 기능하는 화폐. 본위 화폐, 은행권, 보조 화폐, 정부 지폐, 예금 통화 따위가 있다. *이조(李朝)의 화폐제도(貨幣制度)는 1633년(인조11년)에 상평청(常平廳)에 명(命)하여 정원방공(正圓方孔)의 상평통보(常平通寶)를 주조(鑄造)시켜 유통(流通)시킨 이래 대원군(大院君)이 집정(執政)할 때까지의 약 200년간은 상평통보(常平通寶)가 유일(唯一)한 통화(通貨)가 되고 있었다(조기준, 「한국근대경제발달사(韓國近代經濟發達史)」, 『한국문화사대계 2』).

파생상품(派生商品): 주식과 채권 같은 전통적인 금융 상품을 기초 자산으로 하여 새로운 현금 흐름을 만드는 증권. 위험을 감소시키거나 새로운 금융 상품을 만들어 내는 기능을 하며 대표적인 파생상품으로는 선도 거래, 선물 옵션 등이 있다. *거래량 기준으로 한국거래소의 파생상품 본부가 세계 제1위라고 발표할 만큼 많이 거래된다. 우리 경제력과 주식 시장, 자산 시장의 규모가 그래도 아직은 세계 10위권 정도임을 감안하면, 코스피18) 200의 거래량이 세계 1위라는 것은 자랑거리라기보다 우리 선물 시장이 전 세계 핫머니 투기 거래의 놀이터임을 보여주는 것이다(권오상, 『파생금융 사용설명서』).

포은(包銀): 돈. *"나머지 포은(包銀)으로 가전을 쳐드리다. 값을 결단

---

18) 코스피 지수(Korea composite Stock Price Index)의 약어(KOSPI)이다. 한국거래소의 유가증권 시장에 상장된 회사들에 주식에 대한 총합인 시가총액의 기준시점과 비교시점을 비교하여 나타낸 지표다.

내시오."(김주영, 『객주』)

화폐(貨幣): 상품의 교환 가치를 나타내고, 지불의 수단과 가치의 척도 및 저장과 축적의 수단이 되는 금화, 은화, 주화, 지폐, 은행권 따위의 돈. *오늘날 전 세계 거의 모든 나라의 경제는 불환지폐(不換紙幣, fiat money)에 근거하고 있다. 불환지폐란 정부가 법률로 교환수단으로 선언한 것이 화폐로 사용되는 체제를 말한다. 이렇게 법률로 인정한 화폐를 법정화폐(legal tender), 혹은 줄여서 '법화'라고 부른다(김이석, 『시장경제원론(市場經濟原論)』).

환율(換率; Exchange Rate): 외환의 가격으로 외화 1단위를 얻기 위해 지불해야 하는 자국통화의 양으로서, 한 나라 통화의 대외가치를 나타내는 자국통화와 외국통화의 교환비율을 말한다. *외환위기 전해에 무림전자는 국내 가전제품 시장의 사십 퍼센트를 점유했고 그 신장세를 바탕으로 정보기술 산업 쪽으로 진출하기 위해 뒤처진 계열사를 정리하면서 신규 설비투자를 늘려나가고 있었는데, 환율이 무너져나가자 핵심부품을 수입에 의존하고 있는 생산업체가 환차손[19]을 감당해내기는 어려웠다. 매출이 늘어도 수익은 줄었고 영업이윤의 장래는 불투명했다. 내부자금이 없이 주로 대출금융으로 굴러가던 회사는 분기말과 월말마다 목을 죄는 듯한 유동성 위기를 겪었다(김훈, 「항로표지」).

환전(換錢): ㉠ 환표(換標)로 보내는 돈. 서로 종류가 다른 화폐와 화폐를 교환하는 일. ㉡ 멀리 떨어져 있는 사람에게 돈을 보낼 경우 현금 대신 수표, 어음, 증서 따위로 송금을 처리하는 방법. *임상옥은 그 자리에서 수하인을 불러 5만 냥짜리 어음(於音)을 끊어 주고 서울에 가서 환전(換錢)해 쓸 수 있도록 해 주어 보냈다(이용선, 「임상옥(林尚沃): 입산제민(立産濟民)의 인삼왕(人蔘王)」, 『거부열전(巨富列傳)1』).

---

[19] 환차손(換差損). 외화자산(外貨資産) 또는 부채(負債)를 보유하고 있을 경우 환율변동(換率變動)에 따라 자국통화(自國通貨)로 평가한 자산(부채)의 가치(價値)가 변동하게 된다. 이때 이익이 발생한 경우 환차익(換差益)이라고 하고 반대로 손실(損失)이 발생한 경우를 환차손이라고 한다.

[참고문헌]

1. 사서류

계용묵, 『문장 사전』, 고려출판사, 1954.
고려대학교 현대시 연구회, 『김수영 사전』, 서정시학, 2012.
고사성어사전 간행회, 『고사성어 사전』, 학원사, 1961.
교육학사전편찬위원회, 『교육학 대사전』, 교육과학사, 1975.
곽원석, 『염상섭 소설어 사전』, 고려대학교 출판부, 2002.
김광해, 『유의어·반의어 사전』, 한샘, 1987.
김민수 외, 『국어 대사전』, 금성출판사, 1997.
김성배, 『한국 수수께끼 사전』, 집문당, 1988.
김윤식·최동호, 『현대소설 소설어 사전』, 고려대학교 출판부, 1998.
김원중, 『허사 사전』, 현암사, 1989.
김재홍, 『한국 현대시 시어 사전』, 고려대학교 출판부, 1997.
김준민·임양재, 『생물학 사전』, 창원사, 1975.
김진용·김재영·리해산·장의원, 『한어 성구 사전』, 중국 연변인민출판사, 1988.
남광우, 『고어 사전』, 일조각, 1973.
남덕우 외, 『개정증보 경제학 사전』, 박영사, 1980.

남영신, 『국어 용례 사전』, 성안당, 1995.
―――, 『우리말 분류 사전』, 성안당, 1997.
농업대백과사전편집위원회, 『농업대백과사전: 일반농업대사전』, 오성출판사, 1975.
대한기독교서회 편집부, 『기독교 대사전』, 대한기독교서회, 1961.
동아국어사전연구회, 『동아 새국어 사전』, 동아출판사, 1992.
동아출판사 백과사전부, 『동아 원색 세계 대백과 사전』, 동아출판사, 1987.
리형태·류은종, 『동의어·반의어·동음어사전』, 북한 과학백과사전 종합출판사, 1993.
민충환, 『'임꺽정' 우리말 용례 사전』, 집문당, 1995.
―――, 『이문구 소설어 사전』, 고려대학교 민족문화연구원, 2001.
박용수, 『우리말 갈래 사전』, 한길사, 1989.
―――, 『겨레말 갈래 큰 사전』, 서울대학교 출판부, 1993.
북한사회과학원 언어학연구소, 『조선말대사전』, 북한 사회과학출판사, 1992.
서울대학교 동아문화연구소 편, 『국어국문학 사전』, 신구문화사, 1973.
―――, 『한국 정치경제학 사전』, 신구문화사, 1976.
송재선, 『우리말 속담 큰 사전』, 교육출판공사, 1993.
송하춘, 『한국 현대장편소설 사전』, 고려대학교출판부, 2013.
―――, 『한국 근대소설사전』, 고려대학교출판부, 2015.
신기철·신용철, 『새우리말 큰사전』, 삼성출판사, 1985.
안옥규, 『어원 사전』, 중국 연변 동북조선민족교육출판사, 1989.
운허 용하, 『불교 사전』, 동국역경원, 1991.
유교사전편찬위원회, 『유교 대사전』, 박영사, 1990.
유재원, 『우리말 역순 사전』, 정음사, 1985.
윤숙경, 『우리말 조리어 사전』, 신광출판사, 1996.
이기채·최윤근, 『공해사전』, 대진출판사, 1976.
이명영, 『미용사전』, 유신문화사, 1988.
이상섭, 『문학비평 용어 사전』, 민음사, 1978.
이어령, 『문장 대백과』, 금성출판사, 1996.
이승훈, 『문학으로 읽는 문화상징 사전』, 푸른사상, 2009.
이은웅 외, 『농업대사전』, 학원사, 1976.

이훈종, 『민족 생활어 사전』, 한길사, 1993.
임무출, 『김유정 어휘 사전』, 박이정, 2002.
임우기·정호웅, 『'토지' 사전』, 솔, 1997.
임창호, 『혼동되기 쉬운 말 비교 사전』, 우석, 2001.
장삼식, 『대자원(大字源)』, 집문당, 1984.
정수일, 『실크로드 사전』, 창비, 2013.
정종진, 『한국의 속담 용례 사전』, 태학사, 1993.
조병무, 『한국소설 묘사 사전』, 푸른사상, 2002.
최동호, 『정지용 사전』, 고려대학교 출판부, 2003.
최동호·권택영, 『문학비평 용어 사전』, 새문사, 1996.
최래옥, 『한국 민간 속신어 사전』, 집문당, 1995.
최학근, 『한국 방언 사전』, 명문당, 1987.
한국가톨릭대사전편찬위원회, 『한국 가톨릭 대사전』, 한국교회사연구소, 1989.
한국고전용어사전편찬위원회, 『한국 고전용어 사전』, 세종대왕기념사업회, 1991.
한국문화상징사전편찬위원회, 『한국 문화상징 사전』, 동아출판사, 1992.
한국민속사전편찬위원회, 『한국 민속 대사전』, 한국사전연구사, 1994.
한국민족문화대백과사전편찬부, 『한국 민족문화 대백과사전』, 한국정신문화연구원, 1997.
한국인명대사전편찬실, 『한국 인명 대사전』, 신구문화사, 1980.
한국정보과학회, 『컴퓨터 용어 사전』, 정익사, 1990.
한국종교사회연구소, 『한국 종교문화 사전』, 집문당, 1991.
한글학회, 『우리말 큰사전』, 어문각, 1997.
──, 『새한글사전』, 홍자출판사, 1973.
──, 『쉬운말 사전』, 한글학회, 2009.
──, 『큰사전』, 을유문화사, 1961.
한용환, 『소설학 사전』, 고려원, 1992.

2. 단행본

강범모, 『언어: 풀어쓴 언어학 개론』, 한국문화사, 2005.
고영근, 『북한의 말과 글』, 을유문화사, 1989.
고영근·구본관, 『우리말 문법론』, 집문당, 2008.
고정옥, 『국어국문학요강』, 대학출판사, 1949.
국사편찬위원회, 『중국정사조선전 역주 1』, 한국 국사편찬위원회, 1987.
김광해, 『국어어휘론 개설』, 집문당, 1995.
―――, 『어휘연구의 실제와 응용』, 집문당, 1995.
김민수, 『신국어학』, 일조각, 1985.
―――, 『국어문법론 연구』, 통문관, 1960.
―――, 『국어문법론』, 일조각, 1985.
―――, 『국어핸드북』, 일조각, 1960.
김석득·서정수·최기호, 『당신은 우리말을 얼마나 아십니까?』, 샘터. 1992.
김성구, 『중국정사 조선열국전 용어해설 및 주석』, 동문선, 1996.
김영환, 『조선말 속담 분류집』, 중국 연변인민출판사, 1988.
김우종, 『한국현대 소설사』, 선명문화사, 1973.
김윤경, 『한국문자 급 어학사』, 동국문화사, 1954.
김인환, 『언어학과 문학』, 고려대학교 출판부, 1999.
김종성, 『한국 환경생태소설 연구』, 서정시학, 2012.
김종운·김태곤·박영섭, 『은어·비속어·직업어』, 집문당, 1985.
김학주, 『중국 고대문학사』, 민음사, 1983.
김한샘, 『한국 현대소설의 어휘조사 연구』, 한국 국립국어연구원, 2003.
김형규, 『고가요주석』, 일조각, 1968.
남광우, 『국어학 연구』, 선명문화사, 1975.
대한광업진흥공사, 『광산기술용어해설』, 대한광업진흥공사, 1986.
리서행, 『조선어 고어 해석』, 북한 평양고등교육도서출판사, 1965.
민충환, 『이태준 소설의 이해』, 백산출판사, 1992.
박갑수, 『우리 말 바로 써야 한다 1, 2, 3』, 집문당, 1995.

——, 『한국 방송언어론』, 집문당, 1996

——, 『아름다운 우리말 가꾸기』, 집문당, 2001.

박병채, 『국어발달사』, 세영사, 1989.

——, 『고대국어의 연구』, 고려대학교출판부, 1982.

——, 『고려가요 어석연구』, 선명문화사, 1973.

박영섭, 『개화기 국어어휘 자료집: 신소설편』, 서광학술자료사, 1994.

박영순, 『한국어 의미론』, 고려대학교 출판부, 2010.

——, 『한국어 통사론』, 집문당, 1997.

박용순, 『조선어 문체론 연구』, 북한 과학·백과사전출판사, 1978.

배해수, 『한국어 분절구조 이해』, 푸른 사상, 2005.

——, 『한국어 분절구조 연구』, 고려대학교 한국학연구소, 2003.

——, 『한국어와 동적 언어이론』, 고려대학교 출판부, 1998.

서수옥, 『편집·인쇄 용어와 해설』, 범우사, 1986.

송하춘, 『발견으로서의 소설기법』, 고려대학교 출판부, 2002.

신창순, 『국어정서법 연구』, 집문당, 1992.

심재기, 『국어어휘론』, 집문당, 2000.

안병희, 『국어 순화 자료집』, 한국 국립국어연구원, 1992.

안정오, 『훔볼트의 유산』, 푸른사상, 2005.

양주동, 『여요전주』, 을유문화사, 1957.

여증동, 『한국 가정언어』, 시사문화사, 1985.

역사비평편집위원회, 『역사용어 바로쓰기』, 역사비평사, 2006.

오하근, 『원본 김소월 전집』, 집문당, 1995.

오희복, 『봉건 관료기구 및 벼슬이름 편람』, 북한 김일성종합대학출판사, 1989.

우형식·배도영, 『한국어 어휘의 이해』, 부산외국어대학교 출판부, 2009.

유민화, 『'일본서기' 조선 고유명 표기자의 연구』, 혜안, 2000.

유창균, 『신고 국어학사』, 형설출판사, 1979.

유창돈, 『어휘사 연구』, 선명문화사, 1973.

——, 『이조국어사 연구』, 선명문화사, 1973.

이관규, 『학교문법론』, 도서출판 월인. 2006.

――,『국어교육을 위한 국어교육론』, 집문당, 2005.
이기문,『당신의 우리말 실력은?』, 리더스 다이제스트, 1985.
――,『개정 국어사 개설』, 민중서관, 1976.
이기문·이익섭·이병근,『국어학 논문선 6: 방언 연구』, 민중서관, 1977.
이배용,『한국근대 광업침탈사연구』, 일조각, 1989.
이병선,『한국고대 국명 지명 연구』, 아세아문화사, 1988.
이성준,『언어내용 이론』, 국학자료원, 1993.
――,『훔볼트의 언어철학』, 고려대학교 출판부, 1999.
이숭녕,『중세 국어문법』, 을유문화사, 1974.
이을환,『언어학 개설』, 선명문화사, 1973.
이을환·이용주,『국어의미론』, 수도출판사, 1964.
이익섭,『방언학』, 민음사, 1984.
이익섭·이상억·채완,『한국의 언어』, 신구문화사, 2012.
이익섭·임홍빈,『국어문법론』, 학연사, 1984.
이충우,『좋은 국어 어휘교육 어떻게 할 것인가?』, 교학사, 2009.
이희승·안병희,『한글맞춤법 강의』, 신구문화사, 1989.
이희승,『국어학 개설』, 민중서관, 1977.
장일구,『'혼불'의 언어』, 한길사, 2003.
전병용,『매스미디어와 언어』, 청동거울, 2002.
전신재 편,『원본 김유정 전집』, 한림대학교 출판부, 1987.
정재도,『국어사전 바로잡기』, 한글학회, 1999.
정한숙,『소설문장론』, 고려대학교 출판부, 1973.
――,『소설기술론』, 고려대학교 출판부, 1973.
정호성,『주요 어휘용례집: 명사편』, 한국 국립국어연구원, 2003.
――,『주요 어휘 수집 및 정리: 형용사편』, 한국 국립국어연구원, 2001.
――,『주요 어휘용례집: 동사편』, 한국 국립국어연구원, 2002.
――,『주요 어휘용례집: 부사편』, 한국 국립국어연구원, 2004.
――,『주요 어휘용례집: 관형사편』, 한국 국립국어연구원, 2004.
조항범,『예문으로 익히는 우리말 어휘』, 태학사, 2004.

최기호, 『사전에 없는 토박이말 2400』, 토담, 1985.
최동호·강태근·김종성, 『글쓰기의 발견』, 서정시학, 2012.
최동호·이동순·김문주, 『백석 문학전집』, 서정시학, 2012.
최동호, 『디지털 문화와 생태시학』, 문학동네, 2000.
최재석, 『한국의 친족용어』, 민음사, 1988.
최학근, 『한국의 방언』, 중앙일보사, 1981.
최현배, 『우리말본』, 정음사, 1941.
하응백, 『'객주' 재미나게 읽기』, 문이당, 2004.

■ 관용어 찾아보기 ■

[ㄱ]

가려운 데를 긁어주다　18
가면을 벗다　18
가뭄에 콩 나듯이　157
가선이 지다　18
가슴에 맺히다　19
가슴에 못을 박다　19
가슴에 불(이) 붙다　20
가슴에 새기다　20
가슴을 불태우다　20
가슴을 앓다　21
가슴이 뜨끔하다　19
가슴이 미어지다　21
가슴이 벅차다　21
가슴이 뿌듯하다　21
가슴이 설레다　22
가슴이 섬뜩하다　22
가슴이 아프다　22
가탈을 부리다　23
각광(脚光)을 받다　23
간 빼 먹고 등치다　24

간담이 서늘하다　23
간에 기별도 안 가다　24
간을 녹이다　24
간을 졸이다　25
간이 떨어지다　25
간이 붓다　25
간이 작다　25
간이 콩알만 해지다　26
간이 크다　26
간이 타다　27
간장을 태우다　27
갈수록 태산　148
감칠맛이 나다　27
개 발에 땀 나다　28
개 콧구멍으로 알다　28
개나발을 불다　27
개발에 진드기 끼듯 한다　28
개발에 편자　148
개밥에 달걀　148
개밥에 도토리　148

거드름을 피우다　28
건몸이 달다　29
걸신(乞神)이 들리다　30
게 눈 감추듯이　157
경을 치다　29
경종을 울리다　29
고배(苦杯)를 들다　30
고배를 마시다　30
고삐 풀린 망아지　148
골머리를 앓다　30
골수에 사무치다　30
골탕을 먹이다　31
구색을 맞추다　31
국물도 없다　31
국수를 먹다　32
궁둥이가 무겁다　32
귀가 가렵다　32
귀가 따갑다　32
귀가 뚫리다　32
귀가 번쩍 뜨이다　32
귀가 빠지다　33
귀가 솔깃하다　33
귀가 아프다　33
귀가 얇다　34
귀가 어둡다　34
귀가 여리다　34
귀가 절벽　148
귀를 기울이다　35
귀를 의심하다　35
귀를 쫑긋 세우다　35

귀빠진 날　149
귀에 거슬리다　35
귀에 들어가다　35
귀에 못이 박이다　35
귀에 못이 박히도록　158
귀에 익다　36
귓등으로 듣다　36
근처도 못 가다　36
긁어 부스럼　149
금이 가다　36
기가 꺾이다　36
기가 나다　37
기가 막히다　37
기가 죽다　37
기가 질리다　37
기가 차다　38
기를 쓰다　38
기를 펴다　38
김이 새다　39
깨가 쏟아지다　39
꼬리가 길면 밟힌다　39
꼬리를 감추다　39
꼬리를 물다　40
꼬리를 잡다　40
꼭지를 따다　40
꽁무니를 빼다　40
꽁무니를 사리다　40
꿀 먹은 벙어리　149
꿩 대신 닭　150

[ㄴ]

나발을 불다　40
난탕을 치다　41
날개 돋치다　41
날개 돋친 듯이　158
날개 부러진 매　150
남산골 샌님　150
낯가죽이 두껍다　42
낯을 가리다　42
낯을 붉히다　42
낯이 간지럽다　43
낯이 깎이다　43
낯이 두껍다　43
낯이 뜨겁다　43
낯이 부끄럽다　44
낯이 설다　44
냄새를 맡다　44
너 나 할 것 없이　158
네발(을) 타다　44
녹초가 되다　45
누운 소 타기　151
누워서 떡 먹기　151
눈 깜짝할 사이에　156
눈 뜨고 볼 수 없다　46
눈 밖에 나다　46
눈 빠지다　46
눈감다　45
눈도 깜짝 안 하다　45
눈에 거슬리다　47

눈에 넣어도 안 아프다　47
눈에 들다　48
눈에 띄다　48
눈에 밟히다　48
눈에 불을 켜다　48
눈에 불이 나다　49
눈에 선하다　49
눈에 쌍심지를 켜다　49
눈에 어리다　50
눈에 이슬이 맺히다　50
눈에 차다　50
눈에 흙이 들어가기 전　50
눈을 뜨다　51
눈을 붙이다　51
눈이 높다　51
눈이 뒤집히다　52
눈이 맞다　52
눈이 멀다　52
눈이 빠지게　158
눈이 삐다　53
눈치를 채다　53
눈코 뜰 새 없다　53

[ㄷ]

다리를 놓다　54
다리품을 팔다　54
담을 쌓다　54
대포를 놓다　55

더위를 먹다　55
덜미가 잡히다　56
덤터기를 쓰다　56
도마 위에 오르다　56
독안에 든 쥐　151
독을 올리다　57
독이 오르다　57
된서리를 맞다　56
뒤끝이 없다　57
뒤끝이 흐리다　58
듣기 좋은 꽃노래도 한두 번이지　59
들통나다　59
등골이 빠지다　57
등에 업다　59
등을 돌리다　60
등치고 간 내먹다　60
딴 주머니를 차다　60
딴전을 보다　60
딴죽을 걸다　61
땅 짚고 헤엄치기　152

[ㅁ]

마(魔)가 끼다　62
마음을 놓다　62
마음을 먹다　62
마음을 쓰다　63
마음을 잡다　63
마음이 무겁다　63

맥을 못 추다　63
맥이 빠지다　64
머리가 굳다　64
머리가 크다　64
머리를 굴리다　65
머리를 깎다　65
머리를 맞대다　66
머리를 숙이다　66
머리를 얹다　66
머리를 흔들다　67
머리칼이 곤두서다　68
명암이 엇갈리다　68
명함도 못 내밀다　69
모골이 송연하다　69
목구멍에 풀칠하다　69
목에 칼이 들어와도　159
목에 핏대를 세우다　70
목에 힘을 주다　71
목을 걸다　71
목을 놓아　159
목을 빼다　71
목을 빼들다　71
목을 죄다　72
목을 축이다　72
목이 달아나다　72
목이 막히다　73
목이 붙어 있다　73
목이 빠지다　73
목이 잠기다　74
목이 타다　75

관용어 찾아보기　491

몸에 배다　75
몸이 달다　75
무섬을 타다　76
물 샐 틈 없다　77
물거품이 되다　76
물망에 오르다　77
물불을 가리지 않다　76
물에 빠진 생쥐　152
미역국을 먹다　77

[ㅂ]

바가지를 긁다　78
바가지를 쓰다　78
바닥을 보다　79
바람을 맞다　79
바람을 피우다　80
바람이 들다　80
발 디딜 틈이 없다　82
발 벗고 나서다　83
발 뻗고 자다　84
발걸음을 재촉하다　80
발뒤꿈치도 못 따르다　81
발뒤꿈치를 물리다　81
발등에 불이 떨어지다　81
발등을 찍히다　82
발목을 잡히다　83
발뺌을 하다　83
발에 차이다　84

발을 구르다　85
발을 끊다　84
발을 들여놓다　85
발을 빼다　85
발이 넓다　86
발이 닳다　86
발이 떨어지지 않다　88
발이 묶이다　88
발이 손이 되도록 빌다　88
밤이슬을 맞다　89
배가 남산만하다　89
배가 등에 붙다　89
배가 부르다　90
배꼽을 잡다　90
배를 두드리다　91
배를 채우다　91
배보다 배꼽이 더 크다　91
배알이 꼴리다　92
배에 기름이 오르다　92
법석을 떨다　93
베일에 가리다　92
벽에 부딪히다　93
변죽을 울리다　94
보따리를 싸다　94
보따리를 풀다　94
복장이 터지다　95
부아가 나다　95
북새통을 이루다　96
불똥이 튀다　96
붓을 꺾다　97

붙임성 있다　97
비위가 상하다　97
비위가 좋다　98
비위를 맞추다　98
비행기를 태우다　99
빛 좋은 개살구　153
뼈대가 있다　99
뼈도 못 추리다　99
뼈를 깎다　99
뼈에 사무치다　100
뼛골이 빠지다　100

[ㅅ]

산통 깨다　100
삼십육계(三十六計)를 놓다　101
색안경을 끼다　101
생사람을 잡다　101
서슬이 시퍼렇다　101
세상을 뜨다　101
속을 긁다　101
속을 달래다　101
속을 떠보다　101
속을 썩이다　101
속을 차리다　102
속이 뒤집히다　102
속이 보이다　102
속이 시원하다　102
속이 타다　102

속이 풀리다　103
손(을) 잡다　107
손끝이 맵다　103
손때가 묻다　103
손발이 되다　103
손발이 맞다　104
손사래를 치다　104
손에 땀을 쥐다　104
손에 익다　105
손에 잡히지 않다　105
손에 쥐다　105
손을 끊다　105
손을 놓다　105
손을 늦추다　105
손을 떼다　105
손을 맞잡다　106
손을 빼다　106
손을 털다　107
손이 가다　107
손이 거칠다　107
손이 나다　107
손이 놀다　108
손이 뜨다　108
손이 맵다　108
손이 작다　108
손이 크다　108
손톱도 안 들어가다　109
쇠귀에 경 읽기　153
수박 겉 핥기　153
숨 쉴 틈도 없다　109

관용어 찾아보기　493

숨을 돌리다　109
숨이 넘어가는 소리　153
숨이 턱에 닿다　109
시치미를 떼다　110
식은 죽 먹기　154
신(神)이 내리다　111
심금(心琴)을 울리다　111
싹수가 노랗다　111
쌍수를 들다　111
쐐기를 박다　112
쓴맛 단맛 다 보다　111
쓸개가 빠지다　112
씨가 마르다　112

[ㅇ]

아귀가 맞다　113
아닌 밤중에 홍두깨　150
애가 마르다　113
애가 타다　113
애간장이 녹는다　113
애를 끊다　113
약이 오르다　114
얄이 나다　114
양다리를 걸다　114
어깃장을 놓다　114
어깨가 가볍다　115
어깨가 무겁다　115
어깨가 움츠러들다　116

어깨가 처지다　116
어깨를 겨누다　116
어깨를 나란히 하다　116
어깨를 으쓱거리다　117
어깨를 짓누르다　117
어안이 벙벙하다　117
어처구니가 없다　117
억장이 무너지다　117
언질을 주다　118
얼굴에 먹칠을 하다　118
얼굴에 철판을 깔다　119
얼굴이 반쪽이 되다　119
얼굴이 팔리다　119
얼굴이 피다　119
엄포(를) 놓다　120
엉덩이가 구리다　120
엉덩이가 무겁다　121
엎친 데 덮치다　121
옆구리를 찌르다　122
오금이 쑤시다　122
오금이 저리다　122
오지랖 넓다　123
올가미를 쓰다　123
용빼는 재주　154
울며 겨자 먹기　154
이가 갈리다　123
이골이 나다　124
이를 갈다　124
이를 악물다　124
임자를 만나다　124

입 밖에 내다　125
입만 살다　124
입만 아프다　125
입술을 깨물다　125
입에 거미줄 치다　125
입에 담다　126
입에 발리다　126
입에 발린 소리　154
입에 침이 마르다　126
입에 풀칠을 하다　126
입을 맞추다　127
입이 귀에 걸리다　127
입이 짧다　127
입이 천 근 같다　128
입추의 여지가 없다　128

[ㅈ]

잔뼈가 굵다　129
재갈을 물리다　129
재를 뿌리다　128
젖비린내가 나다　129
제 눈에 안경　155
제발 덕분에　156
좀이 쑤시다　130
주눅이 들다　130
죽 끓듯 하다　130
죽도 밥도 아니다　130
죽을 쑤다　131

죽이 맞다　131
줄행랑을 놓다　131
쥐구멍을 찾다　131
진을 치다　131
짝 잃은 원앙　155

[ㅊ]

찬물을 끼얹다　132
철퇴를 가하다　132
초를 치다　133
초를 치다　137
출사표를 던지다　133
치(齒)가 떨리다　133

[ㅋ]

칼자루를 쥐다　134
코가 꿰이다　134
코가 납작해지다　134
코가 높다　134
코가 비뚤어지게　160
코가 빠지다　135
코를 찌르다　135
콧대가 높다　136
콧대가 세다　136
콧대를 꺾다　137

콧방귀를 뀌다　137

[ㅌ]

타월을 던지다　137
트집을 잡다　138

[ㅍ]

파김치가 되다　138
파리를 날리다　139
팔을 걷어붙이다　139
포문을 열다　140
피가 거꾸로 솟다　140
피가 끓다　141
피가 되고 살이 되다　141
피가 마르다　141
피도 눈물도 없다　142
피를 나누다　142
피를 보다　142

피를 빨다　142
피와 살이 되다　142

[ㅎ]

하늘의 별 따기　155
한눈을 팔다　143
한몫을 잡다　143
한물 가다　143
허리를 굽히다　143
허리를 잡다　144
허리를 펴다　144
혀를 내두르다　144
혀를 차다　145
호들갑을 떨다　145
호박씨를 까다　145
호흡을 맞추다　146
홍역을 치르다　146
화촉을 밝히다　146
활개를 치다　147
획을 긋다　147

■ 한자성어 찾아보기 ■

[ㄱ]

가가대소	231	감언이설	236	고담준론	241
가가호호	231	감탄고토	183	고당명기	241
가담항설	207	강구연월	219	고복격양	220
가담항의	207	개과천선	163	고식지계	241
가렴주구	162	거안사위	163	고장난명	242
가렴주구	208	건곤일척	236	고진감래	243
가인박명	232	격물치지	237	곡학아세	176
가장집물	232	격세지감	238	공전절후	243
가정맹어호	209	격화소양	185	과대망상	243
가화만사성	232	견강부회	176	괄목상대	215
각골난망	223	견리사의	164	광대무변	244
각골명심	233	견마지치	238	괴력난신	244
각양각색	233	견인불발	239	구경열반	244
각인각색	234	결가부좌	239	구곡간장	245
각주구검	183	결초보은	224	구곡양장	245
간난신고	162	경거망동	239	구밀복검	215
간담상조	234	경박재사	240	구우일모	221
간불용발	235	경자유전	240	구전문사	245
간어제초	235	경천동지	240	구전성명	245
갈이천정	235	계륵	185	구절양장	184
감불생심	163	고관대작	241	구종별배	246

구중궁궐 247
구중심처 247
국가불행 시인행 247
군계일학 248
굴건제복 248
권선징악 165
권토중래 176
극기복례 165
극락왕생 249
근묵자흑 186
금과옥조 177
금란지계 187
금상첨화 184
금성철벽 178
금어비구 249
금의야행 187
금의환향 178
금지옥엽 250
급기야 228
급전직하 251
기기묘묘 251
기미상합 251
기생점고 251
기암괴석 252
기우 225
기지사경 252
기화요초 253
길상천녀 253

[ㄴ]

남가일몽 187
남남북녀 254
남부여대 255
남상 225
낭중지추 254
내우외환 166
노류장화 187
노심초사 255
논공행상 255

[ㄷ]

다다익선 256
단기천리 256
당리당략 257
당연지사 257
대경실색 257
대동소이 258
대서특필 258
도로무익 166
도청도설 207
도탄지고 208
동가식서가숙 259
동문서답 178
동병상련 180
동분서주 179

동상이몽 259
동서고금 259
두문불출 260
득롱망촉 188
등화가친 188

[ㅁ]

마이동풍 189
만세불이 260
망연자실 261
망자존대 166
매일매일 261
맹모삼천 183
맹자단청 218
면종복배 214
명명백백 261
명실상부 262
명철보신 167
목불식정 217
목불인견 262
무가 무불가 262
무골호인 263
무궁무진 263
무념무상 264
무릉도원 264
무사안일 265
무사태평 265
무소부지 266

무여열반	266	백년하청	190	불철주야	287
무위자연	267	백미	190	불초자식	287
무인지경	267	백의종군	180	불편부당	169
무자귀신	267	백전백패	275	비국당상	288
무지몽매	268	백절불굴	276	비기윤신	288
무참괴승	268	백척간두	276	비옥가봉	219
묵묵부답	268	백해무익	277	비일비재	288
문경지교	269	번문욕례	277, 279	빙공영사	170
문이재도	269	변화무쌍	278	빙탄불상용	289
문전박대	270	별유천지	279		
문전성시	271	별유천지비인간	280		
문전여시	271	부국강병	281	[ㅅ]	
물아일체	168	부귀영화	282		
미목수려	271	부지기수	280	사고무친	289
미사여구	272	부지불식간	282	사면초가	192, 289
미인박명	272	부화뇌동	282	사멸전변	290
밀화장도	272	분골쇄신	283	사무사	290
		분막심언	283	사문난적	291
		분서갱유	283	사바세계	292
[ㅂ]		분식회계	470	사발통문	293
		불구대천지수	283	사방팔방	293
박이부정	272	불령도배	284	사불여의	293
박학다식	273	불문가지	285	사상누각	294
반가부좌	273	불문곡직	285	사통팔방	294
반신반의	274	불석신명	286	사필귀정	170, 294
반의지희	212	불성모양	286	사해동포	295
반포지효	210	불야성	229	삭탈관직	295
방약무인	168	불언실행	286	산자수명	296
배은망덕	274	불온도배	287	산전수전	296
백골난망	224, 275	불요불굴	287	산해진미	296

한자성어 찾아보기 499

살신성인	297	순망치한	192	야단법석	317
삼고초려	191, 298	시산혈해	307	야반도주	318
삼라만상	192	시시각각	309	양두구육	194, 214
삼륜공적	298	시종일관	309	양자택일	318
삼생연분	298	시화연풍	310	양춘가절	319
삼순구식	299	식자우환	310	양호위환	316
삼인성호	299	신겸노복	311	어부지리	195
삼한갑족	300	신언서판	311	어불성설	172
상분지도	301	신체발부	311	어차어피	319
상재지향	301	신출귀몰	311	어차피	230
상전벽해	301	실사구시	311	억강부약	320
새옹지마	191	심기일전	312	억매흥정	462
색즉시공	302	심사숙고	312	억지춘향	319
생면부지	302	심지어	230	억하심정	320
생자필멸	171	십상팔구	313	언감생심	320
서시봉심	303	십시일반	192	언중유골	321
서천취경	303	십중팔구	313	언청계종	322
석고대죄	303			업감연기	321
선영봉사	303			여민동락	172
설상가상	304			여반장	322
섬섬옥수	305	**[ㅇ]**		여산여해	322
세강속말	305			여시아문	322
세세생생	305	아비규환	194	여항비언	323
세요흉당	305	아장부피장부	314	역발산기개세	324
속수무책	306	아전인수	194	역지사지	324
수미상관	306	안고수비	314	연락선	412
수불석권	171	안하무인	314	연목구어	195
수수방관	180	암중모색	315	연부역강	325
수신제가	307	앙사부육	316	연작불생봉	325
수어지교	307	애매모호	316	열반적정	325
		애이불상	317		

영원불변	325		유일무이	333		일촉즉발	342
오리무중	326		육도윤회	333		일취월장	216
오불관언	326		의기상투	334		일확천금	343
오비이락	327		의기소침	334		임기응변	174
오월동주	196		이단사설	334		입신양명	343
오체투지	327		이실직고	335			
옥골선풍	327		이심전심	335			
옥석구분	196		이열치열	336		[ㅈ]	
온고지신	173		이하부정관	197			
온유돈후	327		이해득실	336		자가당착	344
와신상담	196		인간고해	336		자격지심	344
완전무결	328		인면수심	337		자급자족	344
외보살 내야차	329		인명재천	337		자승자박	345
외손봉사	329		인의예지	337		자업자득	345
요원지화	197		인자무적	174		자중지란	345
용군여신	329		인정가화	338		자화자찬	182
용두사미	197		일가친척	338		작심삼일	346
용왕매진	329		일각천금	181		장삼이사	350
우청좌청	330		일거양득	339		장하지혼	346
욱일승천	330		일구월심	339		재도지기	346
운니지차	330		일렬횡대	339		재세이화	347
운수소관	330		일부종사	340		적반하장	347
원교근공	173		일사천리	340		적수공권	348
원형이정	331		일석이조	340		전광석화	198
위리안치	331		일심협력	340		전전긍긍	351
위정척사	331		일자무식	217		전화위복	348
유만부동	332		일장춘몽	341		절대절명	347
유부족앙시	333		일족절린	341		절차탁마	199
유유상종	173		일진월보	216		절체절명	348
유유자적	333		일창삼탄	342		절치부심	348

점입가경	349	창해일속	221	충간의담	369
정문일침	199	천고마비	358	충언역이	175
제법무아	349	천만다행	358	취생몽사	369
제행무상	350	천방지축	359	치신무지	370
조강지처	352	천변만화	359	칠거지악	370
조삼모사	352	천병만마	359	칠보단장	370
종무소식	352	천사만물	360	침소봉대	371
종시일관	352	천생배필	361		
좌불안석	353	천생연분	361		
주객전도	353	천신만고	361	**[ㅋ]**	
주마가편	199	천애고아	361		
주마간산	200	천양지차	362	쾌도난마	201
주야불식	353	천우신조	362		
죽마고우	353	천의무봉	363		
준열무비	354	천인합일	363	**[ㅌ]**	
중과부적	354	천자만홍	363		
중도이폐	354	천차만별	364	타산지석	202
중언부언	355	천편일률	365	타산지석	371
지록위마	355	천하무적	365	태두	202
지리멸렬	174	천하장사	366	태연자약	372
지옥업력	356	철두철미	366	태평성대	218
지옥일정	356	청렴개결	366	토사곽란	372
지함절벽	357	청정무구	367		
진퇴양난	357	청천벽력	367		
진퇴유곡	182	청출어람	222	**[ㅍ]**	
		청풍당석	368		
		초로인생	368	파사현정	175
[ㅊ]		초열지옥	368	파생상품	479
		측경생정	369	팔방미인	372
차일피일	358	춘하추동	369		

패가망신	373	함포고복	220	환과고독	380
평신저두	373	함흥차사	376	황공무지	381
평평탄탄	373	허랑방탕	376	횡설수설	383
폐포파립	373	형형색색	376	효빈	206
포락지형	208	호시탐탐	377	효시	226
포복절도	374	호연지기	377	후생가외	222
표리부동	213	호호탕탕	377	후안무치	382
풍수지탄	212	혹세무민	377	후회막급	382
풍전등화	203, 374	혼정신성	210	홍진비래	383
풍찬노숙	375	홍로점설	204	희로애락	383
		홍익인간	378		
		홍일점	205		

[ㅎ]

		화룡점정	205
		화무십일홍	379
한우충동	204	화중지병	380
함구무언	375	환골탈태	381

■ 어휘 찾아보기 ■

[ㄱ]

가	453	갯일	403	공장지대	424
가가	453	갱	435	공출	389
가게	453	갱구	435	광꾼	436
가격	453	갱내	435	광미	436
가마	421	갱내수	436	광부	437
가전	453	갱도	436	광산	437
가치	453	갱목	436	광산촌	437
간조	402	갱목장	436	광상	437
간판	454	거간	454	광석	437
간평	388	거래소	468	광업소	438
갈바람	403	건조장	389	광쟁이	438
감독	434	경영	455	광차	438
감자꽃	388	경영인	421	괴탄	438
갑반	435	계좌	469	굴뚝	424
갑판	403	고래실	389	굿문	438
값	454	고물	404	권양기	439
강철판	421	고지	389	근저당	469
개막이	403	고지논	389	금융	469
개막이꾼	403	곡초	389	금형	425
개업	454	공업용수	421	기계	425
객주	454	공원	422	기미	455
갯가	404	공장	422	김발	404
		공장장	423	까치놀	404
		공장주	424	끝밭	390

504 한국어 어휘와 표현Ⅱ

[ㄴ]

나락 390
나사 425
낙반 439
낙탄 439
난바다 404
난장 439
난전 455
남새 390
너덜겅 404
노 405
노다지 440
노동운동 426
노사 426
노적가리 390
녹 427
논둑 390
논물 390
논배미 391
논틀밭틀 391
농사일 391
누엣결 405

[ㄷ]

당도리선 405
당좌거래 470
닻 405

대발 405
대촌 392
대출 470
덕대 440
도고상 455
도래이 405
도부꾼 456
도붓길 456
도붓장수 457
도선 406
도열병 392
도조 393
도지 393
돌발 405
돌서덜밭 393
동력선 406
동맹 철시 456
동무장사 455
동발 440
돛폭 406
되수리 455
뒷장 456
든보기장사치 456

[ㅁ]

마수걸이 456
막 457
막장 441

막장꾼 441
만석꾼 393
만선 406
만조 406
말감고 457
말질 457
매기 457
매상 457
모 393
모갯돈 457
모순 190
모춤 394
모판 394
몽리구역 394
묘목 394
무논 394
무역 458
무자위 394
물꼬 395
물두멍 395
물때 406
물상객주 458
물숭전 458
물화 458
미싱 427
민값 458
밑창 407

[ㅂ]

바다	407
바심	395
발파	442
방	458
방물장수	459
방파제	407
밭고랑	395
밭곡식	395
밭도지	395
배	407
백파	407
뱃사람	408
뱃전	408
버덩	396
볏모	396
병방	442
보갱	442
보부상	459
보습	396
복잡다단	280
봉놋방	459
부두	408
부상	459
불꽃	427
불환지폐	470
빈촌	396

[ㅅ]

사갱	445
사경	397
사리	408
사방	408
사용자	427
사이	397
사택	442
삭도	442
삯메기	396
산원저탄장	445
살장	445
상고	459
상권	460
상도	460
상부지	460
상여금	428
상인	460
상품	460
색갈이	397
생산비	428
석공	429
석탄	443
선각	409
선광장	443
선령	409
선망	409
선물	472
선별기	443

선산부	443
선수	409
선주	409
선착장	410
선창	410
선창가	410
선탄부	444
소작	397
소작권	397
소작료	398
송방	461
쇠살쭈	461
쇠전	461
쇳물	429
수갱	444
수당	429
수심곽	410
수익	472
수평갱도	444
수평선	410
시계전	461
시장	461
시전	462
시정배	462
시탄전	462
신용 카드	472
써레질	398

[ㅇ]

안전등	445
안전모	445
양석	398
어구	411
어물전	462
어유	411
어음	472
어족	411
어창	412
어판장	412
어획	412
어획물	412
에누리	462
여공	429
여리꾼	463
역조	412
연통	429
열처리	430
예금	473
예인	413
오들곽	413
용광로	430
우사	398
우현	413
운탄	445
운탄로	446
원양	413
유척	463
은행	473
은행권	474
을반	446
이문	474
이물	413
인차	446
임금	430
임은	431
입갱	446
입질	413

[ㅈ]

자본	474
자산	474
작업복	431
작인	399
잔업	432
잠녀	413
장꾼	463
장날	463
장리	399
장수	463
장체계	475
장터	464
저예망선	413
저임금	431
저자	464
저탄장	446
저화	475
전기로	432
전내기	466
전포	466
전표	475
점	466
점두	466
젓감	414
종목	476
좌판	466
주가	476
주강	432
주낙	414
주낙배	414
주식	476
주전	477
주화	477
죽탄	447
중선	414
지수	477
지점장	478
지주	399
지주	447
지폐	478
직부	400
진폐증	447
집물	466
집어등	415

[ㅊ]

착암기	447
참나무산누에나방	400
채굴하다	447
채권	478
채마	400
채취선	415
채탄	447
철공장	433
철매	432
철선	448
추고	203
추호	225
축록	201
춘잠	401
출납	479
출어	415
출항	415

[ㅋ]

캡램프	448

[ㅌ]

타작	401
타작마당	401
탄	448
탄가루	448
탄갱	449
탄광	449
탄맥	449
탄부	449
탄좌	450
탄진	450
탐광	450
태가	467
토철	450
톱날	433
통화	479
퇴갱	450
투자자	478

[ㅍ]

파구	415
파도	415
파시	468
패류	416
펄	416
폐탄	451
포은	479
품앗이	401
품팔이	402
피사리	402.

[ㅎ]

하매자	468
항적	416
항해	416
항해등	416
해감	416
해감내	416
해고자	433
해난	416
해면	417
해명	417
해송	417
해신	417
해역	417
해조류	418
해조음	418
해풍	418
현문	418
화부	434
화약	451
화장	418
화폐	480
환율	480
환전	480
후리기	419
후리막	418
후산부	451
후치질	402
흘수선	419